Filosofia helenística e romana

Dados Internacionais de Catalogação na Publicação (CIP)
(Câmara Brasileira do Livro, SP, Brasil)

Adamson, Peter
Filosofia helenística e romana / Peter Adamson ; tradução de Luiz Gonzaga Fragoso. – Petrópolis, RJ : Vozes, 2025.

Título original: Philosophy in the hellenistic and roman worlds
1ª reimpressão, 2025.
ISBN 978-85-326-7171-4

1. Filosofia antiga I. Título.

25-257198 CDD-180

Índices para catálogo sistemático:
1. Filosofia antiga 180

Eliane de Freitas Leite – Bibliotecária – CRB-8/8415

PETER ADAMSON

FILOSOFIA HELENÍSTICA E ROMANA

Tradução de Luis Gonzaga Fragoso
Revisão técnica de Israel Vilas Bôas

EDITORA VOZES
Petrópolis

Esta obra foi publicada originalmente em inglês no ano de 2014. A presente tradução é publicada mediante acordo com a Oxford University Press. A Editora Vozes é a única responsável por esta tradução e a Oxford University Press não se responsabiliza por qualquer erro, omissão ou informações imprecisas ou ambíguas eventualmente encontradas ou por qualquer perda causada pela confiança nela depositada.

Tradução do original em inglês intitulado
Classical Philosophy - A history of philosophy without any gaps - Vol. 1

Direitos de publicação em língua portuguesa - Brasil:
2025, Editora Vozes Ltda.
Rua Frei Luís, 100
25689-900 Petrópolis, RJ
www.vozes.com.br
Brasil

Editoração: Israel Vilas Bôas
Diagramação: Editora Vozes
Revisão gráfica: Nilton Braz da Rocha/Fernando Sergio Olivetti da Rocha
Capa: Pedro Oliveira
Ilustração de capa: *Triunfo de Aureliano*, de Giambattista Tiepolo

ISBN 978-85-326-7171-4 (Brasil)
ISBN 978-0-19-967453-4 (Reino Unido)

Este livro foi composto e impresso pela Editora Vozes Ltda.

Para meu irmão Glenn Adamson

SUMÁRIO

Parte II
A filosofia pagã no Império Romano

Parte III
A filosofia cristã no Império Romano

Prefácio

À semelhança de uma banda de tributo particularmente devotada, esta série de livros propõe-se a abarcar não apenas os maiores sucessos da filosofia, mas também a totalidade de seu acervo pretérito. Este projeto nasce da convicção de que só seremos capazes de compreender a história da filosofia se decidirmos contá-la como uma narrativa contínua, em vez de ficarmos pulando de um ponto culminante a outro. Isso também me permite examinar os inúmeros argumentos e ideias que encontramos nos textos de autores menos famosos. Comecei a adotar este manifesto "sem lacunas" no primeiro volume desta série, intitulado *Filosofia clássica*. A leitura dele não é pré-requisito para a compreensão deste volume, mas isso não lhe causaria mal algum (de vez em quando, farei referência ao volume 1 nas notas de rodapé). O volume *Filosofia clássica* dedica alguns capítulos a temas demasiado incomuns, como o *corpus* hipocrático e os discípulos de Platão e Aristóteles. No entanto, grande parte daquele volume foi dedicada à análise de dois gigantes, Platão e Aristóteles, duas presenças constantes nas listas bibliográficas dos cursos de graduação em universidades de todo o mundo. Em contrapartida, este livro dedicará a maior parte de seu percurso ao preenchimento de lacunas.

Esta obra está dividida em três seções, e, à medida que progredimos na leitura, cresce o risco de que uma seção nos pareça mais estranha do que a anterior: a filosofia helenística, a filosofia da Antiguidade Tardia entre os pagãos, e a filosofia cristã da Antiguidade. Somente numa época relativamente recente as escolas helenísticas – que incluem os cínicos, os cirenaicos, os estoicos, os céticos e os epicuristas – despertaram um interesse mais sério entre os historiadores da filosofia profissionais. Hoje em dia as escolas helenísticas estão incluídas em grande parte das fontes secundárias de pesquisa. Mesmo assim, na maioria das universidades, é possível passar por toda a graduação em filosofia sem a menor necessidade de aprender algo acerca do período helenístico. Com uma frequência ainda menor, departamentos de filosofia oferecem cursos acerca do neoplatonismo, a tradição predominante da filosofia pagã da Antiguidade Tardia. No que se refere à terceira seção deste livro, até mesmo especialistas em filosofia antiga talvez se surpreendam ao verificar o número de páginas que dediquei à análise de pensadores cristãos. Porém, minha expectativa é que o pensamento cristão da Antiguidade seja cada vez mais incorporado à nossa concepção de filosofia antiga nas décadas vindouras, assim como a filosofia helenística e o neoplatonismo também foram incorporados a este campo de estudos. Um aspecto que caracteriza os historiadores é o fato de eles estarem sempre em busca de novos textos dignos de reflexão, e os textos cristãos representam a última fronteira inexplorada no campo da filosofia da Antiguidade.

Porém, não me interprete mal. As personalidades analisadas neste volume talvez sejam menos famosas do que Platão e Aristóteles, mas algumas delas não são tão desconhecidas assim. Há pelo menos dois gigantes retratados neste volume, a saber: Plotino, a quem se atribui a fundação do neoplatonismo; e Agostinho, que a meu ver dispensa apresentações. Tendo em vista a importância deles, dediquei inúmeros capítulos a uma série de aspectos do pensamento destes autores. Em meio à tradição helenística, encontramos mais alguns nomes familiares (embora o adjetivo "familiar" dependa muito das famílias a que nos refiramos), incluindo Epicuro e os chamados "estoicos romanos": Sêneca, Epiteto e Marco Aurélio – merecidamente valorizados por um amplo número de leitores em virtude de seu estilo de escrita intimista e seus inspiradores ensinamentos a respeito de ética. Cícero é outro romano deveras famoso, embora sua fama duradoura esteja ligada mais às suas tentativas malsucedidas de preservar a República romana do que com as ideias filosóficas tratadas neste livro.

Será muito mais fácil compreender melhor todas estas personagens assim que aprendermos algo a respeito dos pensadores, supõe-se, menos importantes que os influenciaram, os interpretaram e que com eles interagiram. Não posso afirmar que realizei uma análise minuciosa de cada um dos filósofos dignos de estudo entre a época de Alexandre, o Grande, e a queda do Império Romano do Ocidente – mais ou menos o intervalo histórico abarcado neste livro. Para antecipar-me ao comentário de críticos impiedosos, eu poderia ter reverenciado Possidônio, Filodemo de Gádara ou Mário Vitorino, dedicando um capítulo a cada um deles, em vez de apenas mencioná-los de passagem. Mesmo assim, estou certo de que este volume contém uma análise mais detalhada deste período do que qualquer outro livro direcionado a um público mais amplo. Espero que este nível de detalhamento também possa tornar o livro interessante aos leitores com um considerável conhecimento prévio quanto à filosofia da Antiguidade Tardia. Dentre eles, não haverá muitos já familiarizados com todos os personagens a serem tratados aqui. Eu certamente não tinha tal familiaridade quando comecei a escrever este livro, embora pesquisar a filosofia da Antiguidade Tardia seja uma de minhas principais áreas de interesse.

Antes de conhecermos este elenco de personagens, permita-me dizer algo a respeito dos temas filosóficos que serão recorrentes ao longo de nossa história a fim de que as árvores não nos impeçam de ter uma visão completa da floresta. Para tanto, o ponto de partida mais apropriado é a ética. Conforme explicarei no primeiro capítulo, as escolas helenísticas inspiraram-se na crença de Sócrates de que a filosofia consiste em aprender a viver. Muitos dos pensadores tratados aqui consideravam que o tipo de vida mais adequado deve ser o que está sob o nosso pleno domínio, isto é, invulnerável às adversidades. Isso se aplica até mesmo a hedonistas como os epicuristas e os cirenaicos. Na Antiguidade Tardia, era frequente atribuir a fraqueza de espírito a um rigoroso pensador moral como Aristóteles, por ele acreditar que a felicidade possa estar relacionada a ter uma família feliz, bons amigos e um pouco de dinheiro, além de virtudes. Quando o ideal de uma inabalável perfeição individual finalmente passou a ser questionado, isso não ocorreu porque os especialistas em ética afrouxaram seu rigor. Pelo contrário, isso se deveu a razões teológicas. Agostinho condenava os filósofos helênicos pela soberba de ousarem julgar que poderiam alcançar a virtude perfeita sem nenhum auxílio externo. O auxílio necessário deveria vir não da família, de amigos ou da fortuna, mas de Deus.

A relação entre o humano e o divino é mais um fio condutor deste livro. É redundante dizer que este foi um tema central para nossos filósofos cristãos. Era também uma preocupação constante dos estoicos, dos neoplatônicos, e até mesmo dos epicuristas – embora, no caso destes últimos, seu objetivo fosse demonstrar a ausência de qualquer relação entre nós e os deuses que fosse digna de nossa atenção (ou preocupação). Todos estes grupos tentaram conciliar a crença religiosa helênica e as doutrinas filosóficas. Porém, a natureza deste desafio era muito diferente, digamos, para um estoico primitivo, em comparação com o desafio enfrentado por um neoplatônico tardio. Isso se deve ao fato de as visões de mundo metafísicas destas duas escolas serem opostas entre si. De modo geral, o período helenístico era uma época em que vigorava o fisicalismo, de modo que tanto os estoicos quanto os epicuristas negavam a realidade de entidades imateriais. Trata-se de uma mudança atipicamente radical no contexto da história da filosofia, como se Alexandre, o Grande, tivesse enviado um memorando a todos os filósofos, dizendo-lhes que as substâncias incorpóreas não eram mais bem-vindas. O consenso realista começou a se fragmentar já na época em que Cícero e seus apoiadores se revelaram incapazes de impedir a queda da República romana. Nos primeiros séculos antes de Cristo e da era cristã, o platonismo começou a recuperar sua popularidade. Pouco tempo depois já havia, entre todos os filósofos, a plena convicção da existência de seres incorpóreos.

O compromisso dos platônicos e dos cristãos com a existência de coisas que não podem ser vistas ou tocadas dá origem a uma nítida dificuldade: de que modo seremos capazes de conhecê-las? Era frequente que filósofos gregos de épocas anteriores buscassem fundamentar o conhecimento na experiência sensorial. Aristóteles foi um deles, e esta perspectiva se tornou ainda mais enfática com Epicuro. Porém, na visão dos filósofos e teólogos neoplatônicos e cristãos, as coisas mais importantes dentre todas as coisas eram inacessíveis aos sentidos. Desse modo, numa tentativa de mostrar que os humanos são capazes de alcançar um conhecimento superior àquele que resulta das sensações, estes pensadores eram levados a contemplar a própria natureza da contemplação No entanto, eles estavam cientes dos limites deste conhecimento superior. O princípio supremo – seja o uno incognoscível de Plotino, seja o ainda mais incognoscível inefável de Damáscio, seja o Deus criador dos judeus e dos cristãos – era frequentemente considerado como algo que escapa à nossa compreensão. Esta era uma versão mais teológica de um problema que há tempos afligia os filósofos. Uma das principais escolas helenísticas era conhecida por um nome que, de certa maneira, fala por si: os céticos. Estes buscavam solapar as categóricas assertivas de seus rivais, os estoicos e os epicuristas. As estratégias e os hábitos mentais adotados pelos céticos se mantiveram presentes nas obras de autores que os próprios céticos certamente considerariam "dogmáticos", particularmente Plotino e Agostinho.

Assim, a filosofia da Antiguidade Tardia é caracterizada tanto pela indagação "O que somos capazes de conhecer, e como podemos ter acesso a este conhecimento?" quanto pela pergunta "Como devemos viver?" Uma preocupação com a amplitude e com as fontes de nosso conhecimento emerge também nas disciplinas científicas, em especial no caso da medicina. No primeiro volume desta série, conforme já mencionei, tratei da contribuição filosófica que nos foi legada pelo *corpus* hipocrático. Neste volume, parafraseando Lucy, da tira em quadrinhos *Peanuts*, os médicos ainda estão à disposição para o trabalho. Pretendo examinar não apenas as escolas de medicina e seus debates epistemológicos, mas também o maior médico da Antiguidade, Galeno. Examinaremos também a ciência dos astros, tendo como figura central seu maior expoente, Ptolomeu. Incluo estes tópicos como parte de minha estratégia "sem lacunas". A íntima ligação das histórias da filosofia e da ciência da Antiguidade é tamanha que uma análise completa de qualquer uma delas precisa incluir, no mínimo, um olhar de relance à outra. Nos casos da medicina, da astronomia e da astrologia, isso é particularmente fácil de documentar, uma vez que Galeno e Ptolomeu beberam diretamente de fontes filosóficas como Platão, Aristóteles e os estoicos.

Portanto, neste livro encontraremos contribuições às três áreas mais cruciais da filosofia: a ética, a metafísica e a epistemologia. Haverá também incursões por ramificações destas áreas, como a lógica, a filosofia da linguagem e a teoria da mente. E os filósofos da religião decerto encontrarão aqui uma grande ressonância com tópicos que lhes dizem respeito. No que se refere à filosofia política, embora o livro, de modo geral, esteja baseado no roteiro de minha série de *podcasts* "História da filosofia", acrescentei um capítulo acerca do pensamento político na Antiguidade Tardia, com enfoque num paralelo muitas vezes estabelecido entre o lar e o Estado[1]. Isso me dá a oportunidade de discorrer acerca das mulheres e dos escravos, dois grupos de pessoas de que amiúde se esquece quando se pensa na filosofia da Antiguidade. Além desta análise geral das atitudes dos filósofos em relação às mulheres, você também encontrará a análise de várias personagens femininas. Infelizmente, seria um exagero enorme dizer que as mulheres tiveram um papel de relevo em qualquer época da filosofia antiga. Para isso, será preciso esperarmos, de fato, por melhores oportunidades que lhes serão oferecidas no início da Era Moderna europeia. Porém, teremos um encontro com a cínica Hipárquia, com a mártir pagã Hipátia, e com várias mulheres cristãs, como Macrina de Capadócia, e Mônica, a extraordinária mãe de Agostinho.

Por mais completa que seja nossa estratégia histórica e temática, não há como deixar de mencionar que os registros históricos do período que analisaremos ainda apresentam muitas lacunas. Ao tratarmos dos estoicos primitivos e dos céticos, assim como ocorreu no tratamento dos pré-socráticos, uma vez mais filtraremos os fragmentos e os relatos enviesados encontrados em textos de autores de eras posteriores. Uma melhora considerável deste quadro tem início com os estoicos romanos e na Antiguidade Tardia. Porém, à exceção de Plotino, nenhum outro autor apresentado neste livro nos deixou uma significativa coleção de obras que tenha sido integralmente preservada. Por outro lado, autores como Galeno e Agostinho estão representados por um volume tão grande de textos acessíveis a nós que não temos do que lamentar. Nossa situação é semelhante à de Diógenes o Cínico, a quem eram oferecidos grandes nacos de carne crua: o material que nos está disponível é abundante para saciar nossa sede. Portanto, sem mais delongas, passemos ao volume 2 da *História da filosofia sem lacunas*.

1. Em um capítulo adicional trataremos de Galeno, o qual, na série de *podcasts*, foi tratado numa entrevista realizada com James Hankinson. De modo geral, recomendo estas entrevistas por elas permitirem ao leitor uma maior profundidade e uma perspectiva distinta em relação ao material contido neste livro. Por exemplo, você poderá obter mais informações da filosofia política da Antiguidade nas entrevistas com Tony Long e com Dominic O'Meara, bem como da estética da Antiguidade em um episódio com Anne Sheppard. Todas as entrevistas, acompanhadas dos *podcasts* originais, estão disponíveis gratuitamente na página www.historyofphilosophy.net

Agradecimentos

Assim como é impossível fazer uma omelete sem quebrar ovos, não se pode escrever acerca da filosofia da Antiguidade Tardia sem o incentivo e a solidariedade de colegas, de amigos e de familiares. Entre meus colegas e amigos, gostaria de agradecer especialmente a meus colegas entusiastas da Antiguidade, em particular a Verity Harte, Fiona Leigh, M. M. McCabe, Oliver Primavesi, Christof Rapp, Sir (!) Richard Sorabji e Raphael Woolf. Estes dois últimos fizeram a gentileza de conceder entrevistas para os *podcasts* de filosofia da Antiguidade Tardia, assim como vários outros acadêmicos maravilhosos: George Boys-Stones, Sarah Byers, Charles Brittain, Serafina Cuomo, Jim Hankinson, Tony Long, John Marenbon, Dominic O'Meara, Jan Opsomer, David Sedley, John Sellars, Anne Sheppard, James Warren e James Wilberding. Para a produção do *podcast*, pude contar com a destreza de Fay Edwards, que editou os episódios de filosofia na Antiguidade Tardia, e de Julian Rimmer, que criou e é responsável pela manutenção da página do *podcast* na internet. Agradeço também a Stefan Hagel por me autorizar a usar neste *podcast* a maravilhosa música de sua autoria, bem como a Fedor Benevich por seu trabalho com o índice remissivo deste volume.

Recebi comentários muito úteis a respeito dos roteiros dos episódios no *podcast* e da versão impressa no livro, os quais foram feitos por Dirk Baltzly, Marc Delcogliano e Brad Inwood, além de ouvintes que me escreveram enviando sugestões e correções. Eu não ficaria surpreso se constatasse que todos estes conselhos não me impediram de cometer erros ao longo do percurso. Na verdade, li o suficiente acerca do ceticismo antigo para me certificar de que devo ter cometido erros (a menos, claro, que isso não tenha acontecido; mas, infelizmente, caso a frase anterior esteja errada, então, no fim das contas, terei cometido um erro).

É claro que minha maior dívida de gratidão é para com minha família. Gostaria de fazer uma menção especial a meu avô Arthur Adamson, cuja vida incrivelmente produtiva e inovadora findou enquanto eu revisava o texto final deste livro. Creio que até mesmo um estoico da Antiguidade teria identificado em Arthur um homem virtuoso. O amor e o apoio que recebi de meus pais sempre foram ininterruptos. Dediquei este livro a Glenn Adamson, meu irmão gêmeo, como gratidão, entre outras coisas, por seu entusiasmo com o *podcast*. Por fim, claro que quero agradecer à minha esposa, Ursula, e a nossas filhas, Johanna e Sophia. As três são a prova viva de que Aristóteles tinha razão e de que Epicuro estava errado: a vida mais feliz é aquela que se vive em família.

Breve nota quanto às referências bibliográficas

A única abreviatura mais geral usada para as citações é LS, iniciais dos autores da inestimável obra de referência intitulada *The hellenistic philosophers*: A. A. Long e D. N. Sedley. Nas primeiras menções a determinados textos, as demais referências a fontes primárias referem-se a textos identificados nas notas. Em geral, tais referências remetem o leitor a traduções para a língua inglesa, e não para edições em grego ou em latim. No que se refere a fontes secundárias, no volume 1, intitulado *Filosofia clássica*, incluí referências para tópicos particularmente controversos ou muito debatidos. Este procedimento fez sentido sobretudo nos casos de Platão e Aristóteles, filósofos acerca dos quais existe uma imensa quantidade de fontes secundárias, bem como longas disputas travadas quanto a certos aspectos de seu pensamento. Para este volume, nos casos em que os personagens e os temas soam, de certa maneira, menos familiares ao leitor, adotei um procedimento-padrão: recomendar fontes secundárias essenciais ao longo do percurso. No final do livro também incluí uma extensa bibliografia com sugestões adicionais de leitura.

DATAS

As iniciais "fl." são a abreviação de *floruit*, "floresceu", período em que a personagem provavelmente escreveu, enquanto "ca." refere-se a *circa*, "aproximadamente"; "gov." indica o período em que o imperador governou, e "m.", o ano de morte.

Filósofo ou autor	Data do filósofo ou do autor	Eventos históricos selecionados	Data dos eventos históricos selecionados
a.C.		a.C.	
		Data mítica da fundação de Roma	753/2
		Destruição do Templo em Jerusalém	586
		Construção do segundo Templo em Jerusalém	515
		Morte de Alexandre o Grande	323
		Tratado de paz estabelece a tripartição do império de Alexandre	311
		Fundação da Biblioteca de Alexandria	década de 290
Crates	m. ca. 285	Morte de Ptolomeu I	283/2
Epicuro	342-271	Morte de Lisímaco, rei da Macedônia, morte de Seleuco	281
Pirro	m. ca. 275-270	Início da Primeira Guerra Púnica	264
Zenão de Cítio	344-262		

Filósofo ou autor	Data do filósofo ou do autor	Eventos históricos selecionados	Data dos eventos históricos selecionados
Euclides	fl. 300		
Arcesilau	ca. 316-241		
Cleantes	m. 232		
Timão de Fliunte	ca. 320-230		
Erasístrato	fl. primeira metade século III		
Herófilo	século III		
Arquimedes	ca. 287-212	Início da Segunda Guerra Púnica	219
Crisipo	m. ca. 206		
Carnéades	ca. 214-129	Início da Primeira Guerra Macedônica	214
		Início da Segunda Guerra Macedônica	201
		Morte de Aníbal	183
		Início da Terceira Guerra Macedônica	171
		Judas Macabeu purifica o Templo	164
Filo de Larissa	158-83	Embaixada de filósofos enviada a Roma	155
		Destruição de Cartago pelos romanos	146
Antíoco de Ascalão	ca. 130-69	Primeira Guerra Mitridática	88
		Saque de Atenas por Sula, general romano	86
		Segunda Guerra Mitridática	82
		Pompeu anexa a Síria ao Império Romano	64
		Primeiro Triunvirato em Roma (César, Crasso e Pompeu)	60
Lucrécio	m. ca. 50	Júlio César no Egito	48
Filodemo de Gádara	século I	Assassínio de Júlio César	44

Filósofo ou autor	Data do filósofo ou do autor	Eventos históricos selecionados	Data dos eventos históricos selecionados
Cícero	106-43	Batalha de Ácio: Otaviano derrota Marco Antônio e Cleópatra	31
Enesidemo	século I	Morte de Cleópatra VII, fim do regime ptolomaico	30
Agripa	século I		
Andrônico	século I		
Boécio de Sídon	segunda metade do século I		
Eudoro	fl. ca. 25	Senado declara Otaviano como imperador	27
		Nascimento de Jesus	ca. 7
d.C.		**d.C.**	
Filo de Alexandria	primeira metade séc. I	Morte do Imperador Caio Calígula	41
Trásilo de Mendes	m. 36	Epístolas de São Paulo	50-64
Sêneca	m. 65	Morte do Imperador Nero	69
Quintiliano	ca. 35-100	Destruição do Segundo Templo	70
Plutarco	ca. 50-120	Revoltas dos judeus no norte da África	115-17
Epiteto	ca. 55-135		
Calvino Tauro	primeira metade séc. II		
Aspásio	ca. 100-50		
Justino o Mártir	ca. 100-65	Guerra entre Roma e o Império Parta	161-6
Ptolomeu	ca. 100-70		
Marco Aurélio	121-80 (gov. 161-80)	Marco Aurélio funda cátedras de filosofia em Roma	176
Irineu de Lyon	ca. 130-200	Morte do Imperador Cômodo	192
Sexto Empírico	fl. ca. 200		

Filósofo ou autor	Data do filósofo ou do autor	Eventos históricos selecionados	Data dos eventos históricos selecionados
Clemente de Alexandria	ca. 150-215		
Tertuliano	155-ca. 220		
Galeno	129-ca. 216	Morte do Imperador Sétimo Severo	211
Alexandre de Afrodísias	fl. ca. 200		
Numênio	meados do século II		
Apuleio	meados do século II		
Alcino	século II		
Orígenes	185-253		
Plotino	205-70	Plotino em campanha com o Imperador Gordiano	243
Porfírio	234-ca. 305	Invasão dos sassânidas	251
Jâmblico	ca. 245-ca. 320	Morte do Imperador Aureliano	275
Calcídio	fl. década de 320	Morte do Imperador Diocleciano	305
Ário	ca. 260-336	Constantino é proclamado imperador	306
Lactâncio	ca. 260-340	Constantino vence a Batalha da Ponte Mívia	312
Antonio, o Grande (Antão)	m. 356	Morte do Imperador Constantino	337
Victorino	fl. 353-62	Altar da Vitória removido do Senado de Roma	357
		(Restaurado por Juliano, e removido novamente no ano 384)	
Juliano ("o apóstata")	331-63 (gov. 361-3)		
Atanásio	295-373		
Basílio de Cesareia	330-79	Juliano malogra na campanha persa	363

Filósofo ou autor	Data do filósofo ou do autor	Eventos históricos selecionados	Data dos eventos históricos selecionados
Macrina	m. 379	Exército gótico derrota romanos na Batalha de Adrianópolis	378
Temístio	ca. 317-88		
Gregório de Nazianzo	ca. 328-ca. 390		
Gregório de Nissa	ca. 331-ca. 395		
Ambrósio	ca. 340-97		
Evágrio	ca. 345-99	Vândalos cruzam o Rio Reno	406
Rufino	ca. 345-410	Exército romano retira tropas da Bretanha	410
Hipátia	m. 415	Liderados por Alarico, visigodos saqueiam Roma	410
Jerônimo	m. 420		
Marciano Capela	fl. início séc. V		
Macróbio	fl. início séc. V		
Hiérocles de Alexandria	primeira metade séc. V		
Agostinho	354-430		
Plutarco de Atenas	m. 432		
Siriano	m. 437		
Cirilo de Alexandria	ca. 378-444		
Nestório	ca. 381-ca.451	Morte de Átila, o Huno	453
Proclo	412-85	Vândalos saqueiam Roma	455
Pseudo-Dionísio	fl. ca. 500	Justiniano elabora seu Código de Leis	527-33
Boécio	ca. 480-524 ou 525	Morte de Teodorico, rei dos ostrogodos	526

Filósofo ou autor	Data do filósofo ou do autor	Eventos históricos selecionados	Data dos eventos históricos selecionados
Amônio, filho de Hérmias	ca. 435/45-517/26		
Damáscio	ca. 462- m. depois de 538		
Simplício	ca. 480-560	Morte do Imperador Justiniano	565
Olimpiodoro	m. depois de 565		
João Filopono	ca. 490 – década de 570		
Máximo o Confessor	580-662	Morte do Imperador Maurício	602
		Os persas saqueiam Jerusalém	614
		Morte do Profeta Muhammad	632
		Forças árabes derrotam o Império Bizantino na Batalha de Yarmuk	636

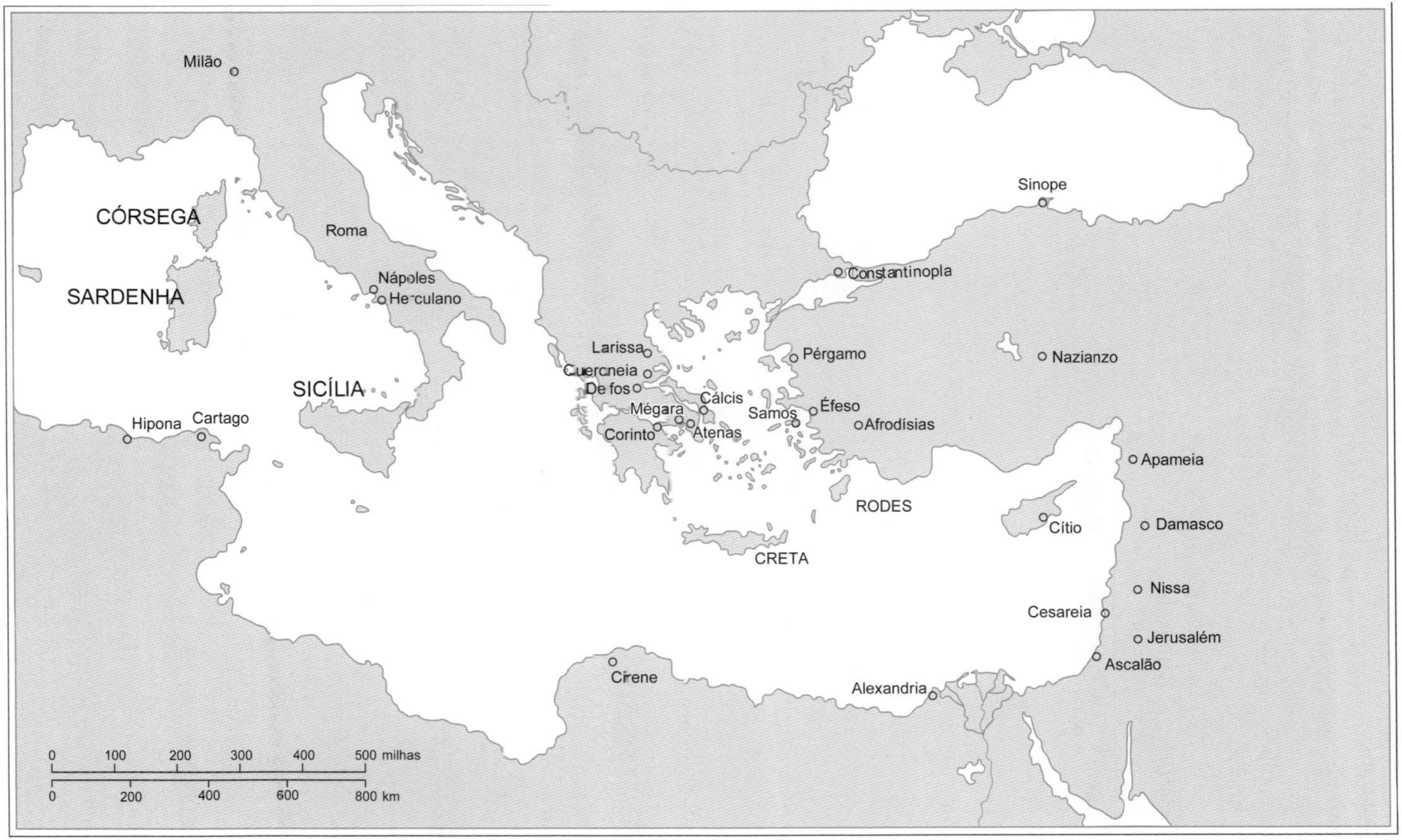
Milão
CÓRSEGA
SARDENHA
Roma
Nápoles
Herculano
SICÍLIA
Hipona
Cartago
Larissa
Quercneia
Delfos
Mégara
Corinto
Cálcis
Atenas
Samos
Éfeso
Pérgamo
Constantinopla
Sinope
Nazianzo
Afrodísias
RODES
CRETA
Cítio
Apameia
Damasco
Nissa
Cesareia
Jerusalém
Ascalão
Alexandria
Cirene
0 100 200 300 400 500 milhas
0 200 400 600 800 km

Parte I
A filosofia helenística

1

Em defesa de Sócrates: As escolas helenísticas

Costuma-se alegar de modo categórico que Sócrates foi o mais influente filósofo que não escreveu nem sequer uma linha[2]. Platão não foi o único autor da literatura "socrática" a ter usado Sócrates como personagem e a retratar suas obstinadas investigações a respeito de temas relacionados à ética. Um contemporâneo de Platão, o soldado e historiador Xenofonte, também escreveu memórias estilizadas de Sócrates e de seus diálogos. Porém, nem Platão nem Xenofonte podem ser classificados como "socráticos" no sentido mais preciso de alguém cujo estilo de vida é inspirado pelo moscardo de Atenas. Se fosse este o caso, eles andariam descalços pelas ruas e circulariam pela área do mercado interpelando abruptamente os transeuntes e insistindo que estes reconheçam sua sabedoria. Platão e Xenofonte certamente foram inspirados por Sócrates, mas não tentavam imitá-lo. Na verdade, o fato de escrever acerca de Sócrates já consistia, por si, num malogro na tentativa de imitá-lo, uma vez que Sócrates nunca escreveu texto algum.

Mas isso talvez nos dê uma ideia superficial de qual seria o significado de seguir o exemplo de Sócrates. Ele, decerto, não estava tão somente de pedir-nos para descartarmos nossos sapatos e sermos grosseiros com os pedestres. Sua intenção era nos levar a uma séria reflexão dos assuntos mais importantes, como, por exemplo, o da virtude. E esta certamente era também a intenção de Platão e de Xenofonte. Mesmo assim, poderíamos nos perguntar se Platão, Xenofonte, ou mesmo Aristóteles, chegaram a *conclusões* diferentemente socráticas em relação a estes assuntos cruciais.

2. Cf. *Filosofia clássica*, cap. 13.

Ser um indivíduo realmente socrático não implicava a simples opção pela pobreza, tampouco na formulação de certo tipo de perguntas, mas em oferecer as respostas certas para tais perguntas – por exemplo, que a virtude significa conhecimento, ou que a origem de todo valor está na virtude e na sabedoria. Portanto, ser "socrático" poderia ter significados diferentes para diferentes admiradores. Isso poderia estar relacionado ao estilo de vida, com uma provocadora exibição de autossuficiência; ao implacável questionamento; bem como ao mero fato de que Sócrates parece ter alcançado a felicidade, e o fez por meio da filosofia. Porém, o modo de seguir o caminho socrático rumo à felicidade não era óbvio. O indivíduo deveria apoiar as "doutrinas" características de Sócrates? Ou, pelo contrário, deveria adotar uma postura de ignorância socrática e, por conseguinte, reconhecer que a única coisa que sabia era que nada sabia?

Portanto, quando voltamos nossa atenção à filosofia da Antiguidade posterior a Platão, a Aristóteles e a seus colaboradores mais próximos, não nos surpreende descobrir que Sócrates tinha seguidores de vários tipos. Havia alguns homens que, até onde sabemos, se contentavam com o mero fato de conviver um tempo ao lado de Sócrates – companheiros fiéis, ainda que não fossem discípulos, como Critóbulo ou Apolodoro. Estes homens não deixaram vestígio algum de ideias filosóficas independentes. Mas eles, ao contrário de Platão, que relata no *Fédon* ter adoecido no dia da execução de Sócrates, ao menos estavam presentes na ocasião. Porém, o que nos desperta um maior interesse é uma escola de pensamento que imitava o estilo de vida socrático, assim como refletia quanto ao significado de tal estilo de vida. Trata-se dos cínicos, talvez o mais extravagante grupo de filósofos que o mundo da Antiguidade jamais conheceu. Eles, de fato, optaram pela pobreza e faziam comentários cáusticos a respeito dos habitantes da cidade, acusando-os de hipocrisia e de desinteresse pela virtude. Não há dúvida de que os bons cidadãos de Atenas e de outras cidades da Antiguidade lamentavam esta forma particular de lealdade a Sócrates. Ao se darem ao trabalho de condenar o homem à morte, o deparar-se com todo um movimento dedicado à preservação dos hábitos de Sócrates deve ter sido irritante para estes cidadãos. Porém, os cínicos eram fiéis aos ideais filosóficos de Sócrates, não apenas aos hábitos do filósofo. Eles estavam convencidos – em parte devido aos argumentos de Sócrates, e em parte pelo exemplo mostrado por ele em vida – de que a virtude não consiste apenas em sua própria recompensa, mas de que era a única recompensa que valia a pena buscar.

Os estoicos adotavam uma postura semelhante. Em termos de impacto histórico e de predominância no cenário filosófico, esta escola de pensamento foi mais bem-sucedida do que a dos cínicos. Os primeiros estoicos, entretanto, receberam influência da Escola Cínica e seguiram o caminho dela ao considerarem Sócrates um exemplar ético, bem como ao insistirem na primazia da virtude e da sabedoria. Conforme veremos mais adiante, eles reconheciam que o valor das coisas que não estavam associadas à virtude, como a saúde física e a segurança, era inferior. Porém, para eles, o objetivo da vida filosófica – na verdade, o único objetivo racional da vida de qualquer pessoa – eram apenas a virtude e a sabedoria. Por outro lado, os estoicos não imitavam os cínicos na adoção do estilo de vida de Sócrates. Se o estoicismo exigisse das pessoas a pobreza voluntária e um comportamento antissocial, teria sido muito pequena a probabilidade de um filósofo estoico tornar-se imperador romano.

Outro grupo de filósofos no período posterior a Platão e a Aristóteles se concentrou em outra faceta de Sócrates: seu ininterrupto questionamento. Estes filósofos, que chamamos de céticos, adotavam uma permanente postura de... bem, de ceticismo, respondendo às proposições dos demais filósofos com uma habilidosa contra-argumentação, mas sem apresentar suas próprias perspectivas positivas. Alguns céticos chegavam a adotar o que poderíamos chamar de modos de ver *negativos*. Enquanto Sócrates admitia que tudo o que sabia era que não sabia de nada, tudo o que estes céticos radicais alegavam saber era que *ninguém* pode saber coisa alguma. Havia outros céticos – a meu ver, os mais interessantes – com uma postura mais próxima à de Sócrates, isto é, abertos ao debate e sempre dispostos a reconhecer, em princípio, que uma determinada proposição filosófica é bem-fundamentada, porém sempre capazes de identificar lacunas em cada um dos argumentos positivos quando estes eram apresentados.

Uma última tradição filosófica que surgiu mais ou menos na mesma época tornou-se conhecida, assim como o estoicismo, por um nome familiar: o epicurismo. Ao contrário de outros grupos a que me referi anteriormente, os epicuristas não parecem ser particularmente socráticos. Com o seu atomismo, que remonta a teorias pré-socráticas tais como as apresentadas por Demócrito e por Leucipo, e ao hedonismo destes – ou seja, a perspectiva segundo a qual o prazer equivale ao bem –, os epicuristas parecem ser, de modo quase deliberado, antissocráticos. Porém, isso pode conduzir a uma interpretação equivocada. Em uma determinada ocasião, o próprio Platão descreve Sócrates defendendo a ideia de que as coisas são boas nas situações em que elas são agradáveis, e ruins naquelas em que são dolorosas (*Protágoras.*, 351c)[3]. O hedonismo epicurista é um exame meticuloso daquilo que é sugerido por Sócrates neste diálogo, a saber: se o prazer equivale ao bem, então a sabedoria será um elemento essencial, pois ela nos dará a habilidade de medir e de dimensionar o que é capaz de nos proporcionar o maior prazer em nossas vidas (*Protágoras.*, 357b).

Estas quatro escolas de pensamento – os cínicos, os estoicos, os céticos e os epicuristas – são as principais tradições filosóficas do período que chamamos de helenístico. Este é geralmente definido como o período que se inicia com a morte de Alexandre o Grande, em 323 a.C., e que termina no momento que o historiador com quem você estiver conversando achar que ele deve terminar – uma data comumente aceita é a da morte de Cleópatra, em 30 a.C. A esta altura, já entramos no período em que os territórios da Bacia do Mediterrâneo – e até mesmo outros além desta região –, estão completamente dominados pelo Império Romano, a princípio sob o governo de Augusto César, e, posteriormente, sob uma série de imperadores, alguns bons, outros maus; e um destes é um filósofo estoico. O lento colapso da hegemonia romana nos séculos V e VI d.C. será seguido pelo fim daquilo que se costuma considerar a filosofia antiga. Mas convém nos determos um pouco nesta cronologia. Platão e Aristóteles escreveram suas obras no século IV a.C. Em 322, ano da morte de Aristóteles, a filosofia antiga já existia havia alguns séculos. Ele já poderia se referir a pensadores pré-socráticos, como os milésios, com a denominação de "os antigos". No entanto, o período da filosofia antiga estava apenas no início. Teríamos o decorrer da melhor parte de todo um milênio antes do fim da filosofia antiga, e a filosofia da Antiguidade Tardia foi transmitida a pensadores medievais em meio às tradições cristã, muçulmana e judaica. Mas, por ora, não vamos nos antecipar. Teremos o restante deste livro para examinar as escolas helenísticas e os desenvolvimentos filosóficos até a queda do Império

3. Como costuma acontecer no caso de Platão, é difícil saber se, ao apresentar a ideia, a intenção de Sócrates refletia sua própria perspectiva ou se ela deve tão somente ser considerada para fins dialéticos.

Romano do Ocidente. No restante deste capítulo, apresentarei, de início, o esboço do contexto histórico no qual estas escolas se inseriam. A seguir, direi algo quanto ao que me levou à decisão de denominá-las "escolas". Por fim, retornarei à matéria da resposta helenística a Sócrates, a seu discípulo Platão e ao discípulo deste, Aristóteles.

Comecemos, então, pelo contexto histórico. Acabo de dizer que, segundo a tradição, o período helenístico inicia com a morte de Alexandre. E isso se justifica pela devastadora sequência de eventos que ocorrem a partir de sua morte. A partir de sua base na Macedônia, Alexandre conquistara a área continental da Grécia, e, então, avançou rumo ao leste através da Ásia Menor, isto é, da Pérsia, até chegar ao território onde hoje é a Índia. Alexandre e seus exércitos deixaram marcas indeléveis da cultura grega por todo lugar onde passaram. Porém, mesmo que a personalidade e as façanhas militares de Alexandre tenham sido úteis para unificar um território tão vasto em um único e duradouro império, sua morte precoce, quando ainda era tão jovem, eliminou esta possibilidade. Depois de um assíduo conflituo entre vários de seus tenentes, a área de seu domínio foi fragmentada em três unidades territoriais mais ou menos estáveis, as quais se mantiveram ativas por alguns séculos até que os romanos se transformassem numa nova – e praticamente incontestável – potência.

Estas unidades consistiam, primeiramente, nos vestígios do poderio macedônio, que manteve o domínio da área continental da Grécia e dos Bálcãs; em segundo, pela dinastia ptolomaica que controlava as férteis e ricas terras do Egito; e por último, pela potência oriental dos selêucidas, dinastia fundada por Seleuco, um general do exército de Alexandre que logrou consolidar seu poder nas províncias orientais depois da morte de Alexandre. No transcorrer do período helenístico, a dinastia de Seleuco governou um vasto território do Oriente, que se estendia da região do atual Iraque e chegava à Pérsia e à Ásia Central. Devo admitir que fico satisfeito com a escolha de me dedicar, nesta série de livros, à história da filosofia, e não à simples história da Antiguidade, pois as dinastias helenísticas podem, às vezes, ser um pouco confusas[4]. É particularmente irritante o fato de todos os governantes do Egito terem o nome de Ptolomeu, a não ser que

4. Para uma introdução a este período, cf. Errington (2008).

fossem mulheres – neste caso, era grande a probabilidade de que se chamassem Cleópatra (a famosa Cleópatra que conhecemos era, na verdade, Cleópatra VII). Nos impérios macedônico e selêucida também predominava um padrão confuso de denominação a estas dinastias. Podemos reconhecer a origem grega dos nomes destes governantes. Um importante resultado das conquistas de Alexandre foi, na verdade, a disseminação da língua e da cultura gregas por todas as regiões por ele conquistadas. Por exemplo, os governantes ptolomaicos do Egito falavam grego, e não o idioma egípcio; a famosa biblioteca que eles fundaram em Alexandria tinha como principais objetivos a preservação de obras gregas e a pesquisa em língua grega.

No final do período helenístico, época em que a República romana estava prestes a completar sua transição – até tornar-se um vasto império governado por um único homem, e não pelo Senado –, um grande advogado, retórico e filósofo chamado Cícero visitou a Grécia. Para ele, esta viagem significava ir a um lugar que ainda exercia uma influência cultural, apesar de ter perdido sua importância política. Cícero tinha domínio da língua grega, o que lhe permitiu aprender e escrever acerca da filosofia helenística. Em seus textos, ele faz frequentes referências ao fato de ter de buscar no latim expressões que correspondam a termos técnicos em grego (cf. capítulo 17). É bem verdade que Lucrécio, o maior epicurista que já existiu além de Epicuro, foi um poeta que escreveu em latim. Porém, o mais importante filósofo cético, Sexto Empírico, escreveu suas obras em grego. No devido tempo, o neoplatonismo se tornaria a principal escola filosófica da Antiguidade Tardia. Ela foi fundada por Plotino, um homem que nasceu no Egito, viveu em Roma, mas escreveu... em grego.

Desse modo, as escolas filosóficas do período helenístico compreendiam divisões culturais, políticas e linguísticas. No entanto, cada uma delas, mesmo com o desenvolvimento de suas doutrinas características, manteve um razoável grau de unidade e de continuidade. Os filósofos helenísticos estavam dispostos – e até mesmo ávidos – a identificarem-se como fiéis adeptos do estoicismo, do epicurismo, e assim por diante. Por esse motivo, tomei a liberdade de chamar tais grupos de "escolas". Em certa medida, estas escolas desenvolveram um sentimento de lealdade ao longo de gerações graças à sua devoção pela autoridade de seus fundadores[5]. No caso dos estoicos, isso significava conferir a

5. Cf. Sedley (1989, p. 97-119).

Zenão de Cítio uma posição de autoridade. Para os céticos, o fundador do movimento foi Pirro; Sexto Empírico se autodenomina um "pirrônico", em vez de "cético". Os cínicos se inspiravam nos ideais de Diógenes de Sinope, enquanto a atenção dos epicuristas se voltava, obviamente, para Epicuro.

Representantes das escolas helenísticas sempre reverenciaram a memória e os ensinamentos de seus fundadores. Embora o mais importante dos estoicos primitivos tenha certamente sido Crisipo, em vez de Zenão, e ainda que Crisipo tenha sistematizado os ensinamentos que todos os estoicos passariam a defender ao longo de séculos, Zenão é que foi considerado e admirado como o fundador desta escola. Portanto, todos os autoproclamados estoicos deveriam, no mínimo, fingir concordar com a veracidade das declarações de Zenão. Infelizmente, contudo, não temos acesso a nenhuma obra escrita por ele. Tampouco temos acesso a textos de Crisipo ainda existentes, embora não tenha faltado empenho de sua parte: ele escreveu centenas de textos. Na verdade, se Sócrates é o mais influente pensador da Antiguidade sem ter escrito nem sequer uma linha, Crisipo certamente é o filósofo mais importante da Antiguidade cujos textos se perderam no tempo. Na verdade, eu tendo a acreditar que, se um número considerável de suas obras tivesse subsistido, hoje ele seria um nome familiar, isto é, objeto de estudo nos departamentos de filosofia em todo o mundo, e considerado um dos quatro maiores filósofos da Antiguidade, juntamente com Platão, Aristóteles e Plotino. Na situação atual, no que se refere aos estoicos primitivos não podemos nos dar ao luxo de fazer referência a uma extensa quantidade de escritos subsistentes, como é o caso dos grandes nomes que acabo de mencionar. Como alternativa, precisamos recorrer à consulta dos autores de épocas posteriores que relataram as perspectivas daqueles autores. Isso significa que, em relação à filosofia helenística, de certo modo estamos retornando à situação que encontramos com os pré-socráticos. Nosso conhecimento é indireto, muitas vezes fragmentário, ou, então, na forma de resumos ou de testemunhos acerca do pensamento destes filósofos.

O lado positivo disso tudo é que as informações de que dispomos são mais extensas do que no caso dos pré-socráticos. Em grande medida, isso se deve a um homem que já mencionei anteriormente: Cícero. Ele escreveu uma série de tratados – em latim, claro –, nos quais apresenta os modos de ver das várias escolas helenísticas (ou seja, os céticos, os estoicos e os epicuristas – Cícero não considerava os cínicos dignos de tal atenção). Ele próprio mostrava uma inclinação à perspectiva dos céticos, mas isso não o impedia de apresentar explicações elaboradas quanto a como os estoicos e os epicuristas defendiam suas doutrinas. Muitos autores que viveram na época do Império Romano também preservaram testemunhos de representantes das escolas helenísticas. Incluem-se neste grupo os cristãos que refutaram ideias dos estoicos ou adaptaram-nas para adequá-las a seus próprios propósitos. Deste mesmo período, temos acesso a importantes obras originais da filosofia estoica. Estas foram escritas pelos assim chamados estoicos romanos: não apenas Sêneca e Marco Aurélio, mas também Epiteto – talvez o maior expoente dentre os estoicos além de Crisipo – o qual nos deixou uma significativa coleção de escritos (em grego), graças a um de seus discípulos.

No que tange aos epicuristas, nosso legado não se limita ao grande poema *Sobre natureza das coisas*, de Lucrécio, que apresenta e defende as doutrinas desta escola em versos latinos (esse texto foi escrito antes da queda da República). Também temos acesso, ainda hoje, a várias obras e provérbios do próprio Epicuro. Devemos isso ao biógrafo Diógenes Laércio, aquele que considerou adequado citar cartas de Epicuro na íntegra em sua obra *Vidas e doutrinas dos filósofos ilustres*. Para o ceticismo primitivo, as coisas funcionam de modo muito semelhante ao dos estoicos primitivos: conhecemos a tradição somente por meio de fragmentos e de testemunhos. Porém, muitos destes são encontrados nas obras do maior representante da escola cética, Sexto Empírico. Ele viveu depois do fim do período helenístico, no século II d.C., época em que o aristotelismo e o platonismo já começavam a recuperar seu predomínio. Mesmo assim, com Sexto Empírico, Cícero e alguns outros autores, já temos informações suficientes do desenvolvimento da filosofia cética.

Mas o que dizer de Platão e de Aristóteles? Fiz há pouco a menção a um renascimento do pensamento destes autores no século II d.C. Na verdade, este processo teve início pelo menos um século antes. E o que ocorreu nesse ínterim de mais ou menos 300 anos? Afinal, Aristóteles fora professor de Alexandre, o que nos permitiria concluir que, depois das conquistas de Alexandre, a filosofia aristotélica é a que teria exercido a maior das influências. Porém, o pensamento de Aristóteles não esteve em voga durante o período helenístico. Uma história antiga afirma que nessa época suas obras já estavam absolutamente perdidas, literalmente enterradas no solo até serem redescobertas. Isso, por certo, é um exagero, como explicarei mais adiante (capítulo 25). E Aristóteles talvez tenha exercido influência em aspectos específicos da doutrina das escolas helenísticas. Porém, tal influência foi pequena – durante os primeiros séculos não havia o menor sinal de que a filosofia, em seu devido tempo, passaria a ser diretamente associada aos ensinamentos de Aristóteles, o que ocorreu apenas na Antiguidade Tardia, e sobretudo no período medieval.

Com Platão, as coisas foram um pouco diferentes. Os estoicos dedicaram reflexões e uma cuidadosa atenção aos diálogos, sobretudo ao *Timeu*, de Platão, obra que significou para eles uma importante influência. Obviamente, a própria Academia de Platão perdurou como uma potência intelectual no período helenístico. Porém, a breve irrupção da teoria pitagórica entre os sucessores imediatos de Platão não representou uma ascensão duradoura do platonismo metafísico, mas um "falso nascimento" para esta corrente de pensamento. No período helenístico, a filosofia "acadêmica" acabou adquirindo a conotação de ceticismo. Por volta de 400 d.C., Santo Agostinho ainda promovia ataques ao ceticismo numa obra intitulada *Contra os acadêmicos*. Isso pode parecer estranho, pois em geral não consideramos que Platão seja um cético. Mas tente imaginar sua leitura de Platão circunscrita aos diálogos que hoje são classificados como os mais antigos, também chamados de diálogos "socráticos". Estes invariavelmente apresentam um problema filosófico, em geral acerca da natureza de alguma virtude, como a piedade ou a coragem, para então chegar, no final, a um impasse inconclusivo. Os céticos se voltaram para estes diálogos socráticos ao transformarem sua filosofia negativa na posição oficial da Academia de Platão. Eles se satisfaziam em adotar Sócrates como um filósofo exemplar. Sempre questionador e ávido por reconhecer que nada não sabia, era plausível que Sócrates pudesse ser considerado um cético antes mesmo de existir algo como o ceticismo.

À medida que as escolas helenísticas competiam pelo posto de verdadeiro herdeiro de Sócrates, todas adotaram uma postura amplamente socrática em relação ao objetivo fundamental da filosofia. É bem verdade que nos deparamos com estes pensadores a especular acerca da lógica, do universo e do divino. Porém, para todos eles, a preocupação essencial da filosofia estava ligada ao tópico de como viver. A ética tornou-se uma preocupação central no período helenístico, assim como havia sido para Sócrates. As escolas helenísticas também compartilhavam uma devoção ao ideal socrático de autocontrole e de autossuficiência. No entanto, havia profundas divergências entre elas. Enquanto os estoicos não mostravam a menor preocupação com o prazer, os epicuristas o consideravam a essência de sua ética. Os céticos, por óbvio, mostravam-se sempre determinados a desabonar os ensinamentos de todas as demais escolas. No entanto, todas as escolas, incluindo a dos céticos, ofereciam a seus adeptos a promessa de que alcançariam aquilo que denominavam *ataraxia*, ou "a ausência de perturbações". Outros temas filosóficos geralmente eram considerados dignos de consideração somente na medida em que pudessem conduzir as pessoas àquele objetivo ético. Estas escolas compartilhavam da convicção de que a *ataraxia* caminha de mãos dadas com a *eudaimonia*. Em outras palavras, trata-se da ideia de que a felicidade requer um estado de imperturbabilidade.

Dentre as escolas helenísticas, nenhuma fez tantos progressos na busca da autossuficiência e na imitação de Sócrates quanto a dos cínicos. Famosos por seu comportamento indecoroso, fosse por viver no interior de ânforas de vinho ou por praticar sexo em público, os cínicos eram críticos sociais que se mantinham à margem da sociedade que criticavam, de modo que eram herdeiros da prática socrática de incitar seus concidadãos a uma reflexão filosófica. Conta-se que Platão teria comentado que Diógenes, o maior expoente dos cínicos, era como um "Sócrates que enlouqueceu" (DL, 6.54). As façanhas inconformistas e nada convencionais de Diógenes, aliadas aos seus comentários cáusticos, fazem dele uma das personagens mais divertidas da filosofia da Antiguidade; ao menos, da distância em que nos encontramos – encontrá-lo na praça do mercado talvez fosse uma experiência nada divertida. Mas será que Diógenes era capaz de nos oferecer mais do que uma simples série de histórias divertidas e picantes? Podemos dizer que o cinismo tinha legitimidade para dar continuidade ao legado de Sócrates? É o que descobriremos no próximo capítulo.

2

Tenha cuidado com o filósofo: Os cínicos

Em 1967, um manifesto filosófico foi apresentado à população dos Estados Unidos. Ele encorajava as pessoas a manter a atenção nas necessidades básicas. Nas necessidades simples e essenciais. A esquecer suas preocupações e seus conflitos. Em vez disso, elas deveriam contentar-se com suas necessidades básicas – as receitas da mãe natureza que, conforme prometido por este filósofo, poderiam satisfazer as necessidades essenciais da vida. Este filósofo, claro, era o urso Balu, e este conselho, apresentado em um formato musical, apareceu no filme de animação *Mogli: o menino-lobo*. Não sei se Balu chegou a estudar filosofia antiga. Se o fez, provavelmente não se dedicou muito a seus estudos, tendo em vista o modo como ele geralmente encarava a vida. Mas, caso tenha estudado filosofia, ao deparar-se com Diógenes de Sinope deve ter reconhecido nele uma alma gêmea.

Só que Diógenes não era um urso, mas um cachorro. A palavra grega para cachorro é *kuon*, e Diógenes e seus colegas filósofos eram chamados de "cínicos" em homenagem a este animal, e não a alguma fera do universo grego pela qual teriam admiração. Portanto, é claro que Diógenes não buscava alcançar a admiração de ninguém. Este filósofo conduzia a sua existência à maneira de um cão errante, por assim dizer, tendo por opção mendigar restos e dirigir imprecações a quem quer que, segundo seu juízo, fosse merecedor de tal tratamento. O mais canino dos pensadores introduziu um ensinamento que tem muito em comum com a canção de Balu. Os cínicos também ensinavam que as pessoas deveriam se contentar com as necessidades básicas e viver em conformidade com a natureza. No caso deles, isso significava não colher frutas das árvores da floresta, mas subsistir com base numa dieta simples à base de lentilhas; viver não somente desprovido de qualquer posse além de um cajado e uma algibeira de couro, como também num abrigo improvisado, qual o famoso tonel de barro. Este estilo de vida marginal atendia aos propósitos também recomendados por Balu: não se preocupar ou criar conflitos a respeito de nada. Assim como outras escolas helenísticas, o objetivo mais elevado dos cínicos era livrar-se das perturbações, viver num estado de imperturbabilidade, o que correspondia aos termos gregos *ataraxia* e *apatheia*.

Os métodos radicais adotados pelos cínicos para evitar as perturbações alimentava em algumas pessoas a suspeita de que era bem provável que fossem desequilibrados. O suposto comentário de Platão, de que Diógenes era "um Sócrates que enlouqueceu", oferece-nos um indício de que Diógenes não era, estritamente falando, um personagem helenístico. Ele já constituía uma personalidade digna de nota, se não nos dias de Platão, então, no mais tardar, durante a existência de Aristóteles, o qual não somente faz referência a Diógenes, mas também chega mesmo a denominá-lo "o cão". Os cínicos devem ser considerados não como um fenômeno pós-aristotélico, mas como um movimento pós-socrático. Antes mesmo de Diógenes, houve Antístenes. Ele começou sua carreira como discípulo do sofista Górgias, mas acabou abandonando a retórica e, ao encontrar-se com Sócrates, queimou seus próprios escritos. Ele é descrito como uma espécie de socrático radical nos textos de Xenofonte e de Diógenes Laércio – o autor da compilação biográfica *Vidas e doutrinas dos filósofos ilustres*, o qual não deve ser confundido com Diógenes o Cínico.

Antístenes não era simplesmente um socrático, mas um protocínico. Para ele, a pobreza era como uma insígnia de honra, que ele afirmava ser sinônimo de verdadeira riqueza. Em seu entender, mais vale ser insano do que sentir prazer. A rejeição da riqueza e dos prazeres é uma marca característica do cinismo. Entre os cínicos, Antístenes também foi pioneiro na prática de ridicularizar as pretensões de sua sociedade. Zombando da ostentação ateniense de que seriam descendentes de homens que nasceram da terra, ele dizia que algo similar acontecia com os caracóis e com os insetos (6.1)[6]. Ele também sugeriu que as pessoas deveriam se encontrar numa

6. As referências entre parênteses neste capítulo referem-se à obra de Diógenes Laércio, *Vidas e doutrinas dos filósofos ilustres*. Infelizmente, não dispomos de uma coleção acessível de relatos acerca dos cínicos, mas muitos deles foram reunidos e comentados em Desmond (2008). Cf. também Boys-Stones; Rowe (2013).

assembleia democrática para aprovar uma resolução a fim de estabelecer que os burros são cavalos – afinal de contas, eles não tinham o menor receio de considerar que os tolos eram suficientemente sábios para exercer a função de generais (6.8). De acordo com Diógenes Laércio, Antístenes já adotava o clássico figurino cínico, isto é, não portava nada além de um bastão e de uma pequena sacola, mantendo a barba desgrenhada e vestindo apenas um fino manto que, durante o inverno, tão somente dobraria para se aquecer (6.11). Neste aspecto, cabe perguntar em que medida os relatos e os pormenores apresentados a respeito de Diógenes o Cínico, bem como dos cínicos de modo geral, aplicam-se, em retrospecto, a Antístenes. Porém, nossos relatos acerca de Diógenes originam-se das mesmas fontes e são, sem sombra de dúvida, em grande medida ficcionais, de modo que é difícil termos certeza quanto à sua veracidade. Na verdade, não há nem sequer como termos certeza quanto à origem do nome "cínico". Este talvez faça referência não a hábitos caninos, mas ao uso que Antístenes fazia do Cinosargo, o ginásio e templo público de Atenas reservado àqueles que não eram cidadãos.

Por maior que seja a importância do papel de Antístenes em inspirar a filosofia e a denominação dos cínicos, Diógenes de Sinope é quem personificou o cinismo na imaginação dos povos antigos. Neste capítulo, não tenho como reunir todos os maravilhosos relatos a seu respeito, mas mencionarei os mais célebres, e tecerei alguns comentários acerca de seu significado filosófico. Podemos começar pelo mais famoso deles. Conta-se que Alexandre o Grande ouviu falar deste famoso filósofo, Diógenes, e foi procurá-lo. Encontrou o sábio cínico tomando banho de sol deitado no tonel de barro que lhe servia de lar. Parado diante dele, Alexandre perguntou-lhe: "Que tipo de favor posso conceder-lhe?" Diógenes respondeu: "Saia da frente do Sol" (6.38). Em outra narrativa, Alexandre diz que, se ele não fosse Alexandre, gostaria de ser Diógenes (6.32). Combinadas, estas duas lendas renderiam vários livros a respeito dessa figura. Ele é um indigente e não tem nenhuma posse; no entanto, sua autossuficiência é completa. O maior imperador da Antiguidade não é capaz de oferecer-lhe coisa alguma, pois a natureza – neste caso, a luz do sol – é tudo de que ele precisa. Sua sabedoria consiste precisamente em não desejar aquilo de que não tem necessidade. A suposta admiração de Alexandre por Diógenes é igualmente reveladora. Até mesmo homens ricos e poderosos eram capazes de admirar os cínicos, pois estes desfrutavam de um tipo de independência, de liberdade e de autocontrole que eles só poderiam alcançar – se é que poderiam – por meio de um grande esforço. Conforme comentou um filósofo estoico, o cinismo é "um atalho no caminho rumo à virtude". Daqui nasce a atemporal atração exercida por Diógenes e seus seguidores, que chega até Friedrich Nietzsche, o qual afirmara que "o cinismo é a única forma pela qual as almas vulgares roçam o que se chama sinceridade" (Nietzsche, BM, § 26).

Na época da Antiguidade Tardia, Diógenes já se tornara um personagem muito mais fictício do que real. Toda uma tradição da literatura cínica começou a se desenvolver tomando-o como protagonista. Até mesmo a literatura árabe medieval continha compilações de relatos edificantes e divertidos deste filósofo que morava num tonel – ainda que, em decorrência de uma confusão histórica, seja Sócrates o personagem em geral descrito nestes relatos[7]. Quanto à biografia do verdadeiro Diógenes, não há como ter muita certeza. Ele decerto provinha de Sinope, no litoral do Mar Negro, e seu pai, ao que parece, trabalhava na cunhagem de moedas para a cidade. Por razões que desconhecemos, o pai de Diógenes as adulterava. Segundo uma versão alternativa desta história, é o próprio Diógenes que adultera as moedas. Esse gesto tornou-se um símbolo do movimento dos cínicos: "desfigurar a moeda corrente", isto é, uma metáfora para o ataque aos valores e convenções sociais. Contribui para isso o fato de a palavra grega que designa a moeda, *nomisma*, ter um som semelhante ao da palavra *nomos*, que designa os costumes e normas que regem a vida social. A propósito, impressiona o fato de os arqueólogos terem encontrado moedas desfiguradas de Sinope que remontam a meados do século IV a.C.

De todo modo, Diógenes foi obrigado a deixar sua cidade natal. Nada indica que se arrependeu disso, pois afirmou: "o exílio fez de mim um filósofo". Segundo um relato provavelmente fantasioso, mas que costuma soar divertido, durante uma de suas viagens ele foi escravizado. Ele teria sido colocado num estrado para ser leiloado, e então disse que deveria ser vendido a alguém que precisasse de um mestre (6.29). É difícil localizar com exatidão os deslocamentos geográficos de Diógenes, mas diversos relatos, incluindo seu encontro com Alexandre o Grande, situam-no em Corin-

---

7. Cf. Adamson (2014, p. 675).

to. Outros autores situam-no em Atenas, onde ele teria aceitado o desafio de viver como Sócrates, assim como Antístenes fizera. Como era de se esperar, fontes antigas retratam Diógenes como discípulo de Antístenes, em conformidade com a tradição de apresentar cada um dos filósofos como discípulo de outro filósofo famoso. Onde quer que estivesse, Diógenes vivia de modo independente, criando suas próprias regras e leis. Ele se dava ao direito de se comportar e de falar o que bem entendia. Para ele, a liberdade de expressão era o bem mais valioso de um homem, e usava tal liberdade para criticar a hipocrisia de seus compatriotas gregos. Uma história famosa narra que Diógenes apareceu no mercado à luz do dia com uma lanterna, dizendo que procurava um ser humano (6.41). Se isso tudo não bastava para ofender seus concidadãos, quando indagado em que lugar da Grécia era possível encontrar bons homens, ele respondeu: "Homens, em nenhuma parte. Garotos, na Lacônia" (6.27) – um território espartano. (É um deleite atestar que este comentário de Diógenes, em si, é um tanto lacônico).

O que levava Diógenes a nutrir um profundo desprezo por seus compatriotas gregos? Uma possível resposta é sua incapacidade de acolher a pobreza, bem como a total liberdade e a autossuficiência que, paradoxalmente, esta condição trazia consigo. Se ele se tornou um filósofo por causa do exílio, é porque este lhe deu um inestimável presente: a pobreza. Diógenes Laércio cita Teofrasto, dizendo que Diógenes o Cínico adotou este estilo de vida depois de ter observado um camundongo e verificar que esta humilde criatura contenta-se em não possuir nada (6.22). Em uma narrativa semelhante, ele já era retratado como um cínico, tendo como posses pouco mais do que sua algibeira, um cajado e uma caneca para beber água. Ao ver um pequeno garoto bebendo água com as mãos em concha, ele jogou a caneca fora, para que uma criança não pudesse superá-lo em termos de frugalidade (6.37). Diógenes adotava estas posturas rígidas tanto em relação aos outros quanto em relação a si mesmo. Certa vez, ele foi convidado a ir à maravilhosa mansão de um homem rico. Ao chegar, observou a opulência da mobília em seu redor, e, na sequência, cuspiu no rosto do dono. Ao homem que acabara de ficar atônito, explicara seu gesto dizendo que não poderia ter cuspido no restante na casa, que era belo demais (6.32).

Há inúmeras outras narrativas no que tange ao desprezo de Diógenes por moedas, tanto literais quanto metafóricas. Ele teria dito que o ouro tem uma cor pálida porque sente medo, pois muitos homens tramam contra ele (6.51). Também teria afirmado que o amor ao dinheiro é a mãe de todas as maldades, antecipando um famoso trecho que apareceria nos evangelhos. Isso tudo suscita uma pergunta: Como é que Antístenes e Diógenes não morreram de inanição? Maltratar cidadãos ricos pode ser divertido, mas este gesto contém um diminuto número de calorias. Como eles viviam? A resposta, pelo menos no caso de Diógenes, parece estar no fato de que mendigava. Isso pode soar mais do que uma pequena hipocrisia, dada a alegação cínica quanto à autossuficiência. Porém, Diógenes defendia seu próprio direito às propriedades de outrem ao recorrer a um silogismo satírico: todas as coisas pertencem aos deuses; os sábios são amigos dos deuses; amigos compartilham tudo; portanto, todas as coisas pertencem aos sábios (6.72). Sua vida de mendigo, é claro, propiciou o surgimento de novas histórias relacionadas às escolhas. Ao importunar um homem que demorava para dar-lhe dinheiro, ele disse: "Estou lhe pedindo somente uma esmola, e não dinheiro para despesas com meu funeral" (6.56). E aqui está uma que aprecio em particular: ele foi visto pedindo esmolas a estátuas; explicou, então, que estava tão somente exercendo a prática de ser rejeitado (6.49).

Como se trata, aqui, da Grécia antiga, tais estátuas deveriam desempenhar algum papel religioso, o que nos remete a outra característica das atitudes antissociais dos cínicos. Nada era mais valorizado pela sociedade grega do que a religião, e os cínicos seguiam os passos de pensadores como Xenófanes e Platão ao criticar crenças religiosas populares. Antístenes encontrou-se com um sacerdote que se vangloriava do fato de que iniciados religiosos como ele receberiam uma rica recompensa no além-túmulo. Antístenes respondeu em tom cáustico: "Por que você não morre, então?" (6.4). Ao olhar para o ladrão de um templo que havia sido apanhado pelos funcionários que o guarneciam, Diógenes comentou: "Grandes ladrões a carregar em seus braços um pequeno ladrão" (6.45). Ao deparar-se com ofertas trazidas pelas pessoas a outro templo, ali deixadas em agradecimento por terem sobrevivido a maremotos, ele comentou que a quantidade de ofertas teria sido muito maior se estas tivessem sido feitas pelas pessoas que *não* sobreviveram (6.59). Nada disso significa que os cínicos eram necessariamente ateus. O silogismo satírico que acabo de mencionar sugere que os deuses existem, e parece mais coerente com a estratégia cínica de afirmar que eles rejeitavam os falsos conceitos do divino, mas não o próprio divino, assim como rejeitavam os falsos conceitos de liberdade e de riqueza, mas não a verdadeira liberdade ou a verdadeira riqueza.

Até aqui, averiguamos que os cínicos apresentam suas ideias com certa radicalidade. No entanto, em que medida tais ideias eram realmente radicais? Outros filósofos não ficariam espantados ao ouvir a afirmação de que a riqueza não tem nenhum valor. Aristóteles reserva um lugar para a riqueza numa boa vida, mas somente se ela consistir em um instrumento para a virtude[8], e o próprio Sócrates já vivera uma vida que conciliava a virtude e a pobreza. Observei, linhas acima, que outros filósofos também já haviam se distanciado da religião popular. Contudo, os cínicos parecem mais autenticamente radicais quando o tema em discussão é o prazer. Embora Platão e Aristóteles não fossem hedonistas, eles não negavam de todo o bem contida no prazer. Uma filosofia que demande o abandono de todos os prazeres lhes parecia excessivamente exigente. O truque consistia em mostrar que, embora o prazer não seja equivalente ao bem, a melhor vida é, contudo, prazerosa, pois contém os prazeres seja da virtude, seja da contemplação.

Os cínicos não aceitavam nada disso. O indício mais próximo de anuência cínica ao prazer é o comentário, atribuído a Diógenes, de que a prática de abster-se do prazer já é, em si, prazerosa. Você talvez considere que este não passa de um típico paradoxo dos cínicos, mas Diógenes parece ter praticado as ideias que pregava. Ao deparar-se com um doce no meio de seu frugal café da manhã, Diógenes atirou-o longe, exclamando: "Mantenha distância dos tiranos!" (6.55). E já vimos, anteriormente, Antístenes afirmando que preferia a loucura ao prazer. No lugar do prazer, os cínicos defendiam uma vida de dores e de um esforço que implica sofrimento – em grego, *ponos*. O significado disso não parece ser um verdadeiro trabalho físico. Diógenes vivia da mendicância, sem executar trabalho manual algum. Em vez disso, significa optar, de modo deliberado, por uma vida difícil –

8. *Filosofia clássica*, cap. 38.

por exemplo, vestir apenas aquele fino manto e andar descalço no inverno. Quer dizer, então, que os cínicos afirmam que o prazer não é simplesmente diferente do bom, mas é, na verdade, *mau*? Isso significaria ir além da interpretação de outros filósofos anti-hedonistas como os estoicos, para quem o prazer, em si, não era nem bom nem mau. E os colocaria na surpreendente companhia de alguns discípulos de Platão que excluíam completamente o prazer da boa vida[9].

Porém, não se alcança uma melhor compreensão da postura ética dos cínicos ao considerar tão somente aquilo que ela rejeita. Sim, é verdade que eles ridicularizavam as normas sociais, recusavam-se a buscar prazeres, e suspeito que tampouco demonstravam grande interesse pelos bons e velhos hábitos de higiene pessoal. Mas tudo isso estava a serviço de uma ideia positiva do que deve ser valorizado na vida, que pode ser resumido a uma palavra: a natureza. É interessante compararmos, aqui, os cínicos a Aristóteles. Para Aristóteles, a boa vida dos humanos também era determinada pela natureza. Porém, ele considerava que nós somente aperfeiçoamos nossa natureza por meio de uma excelência extraordinária, ao explorarmos todo o nosso potencial. Os cínicos discordavam. Para eles, a sociedade era antinatural, e a prática cínica de desprezo pelas normas sociais estava em conformidade com essa perspectiva. Eles equiparavam a virtude a uma existência natural semelhante àquela que os cães vivem. A riqueza, ou até mesmo o vestir-se adequadamente, consistiria num obstáculo para alcançar este estilo de vida natural. Conta-se que Diógenes chegou a tentar ingerir carne crua, numa tentativa de entrar em contato com seu cão interior (6.34).

Isso explica uma característica do estilo de vida dos cínicos, que em outras circunstâncias poderia soar paradoxal: embora desprezassem o prazer, eles satisfaziam seus anseios naturais sempre que sentiam necessidade. Por exemplo, quando indagado por que comia no meio da praça pública, Diógenes disse: "foi ali que eu senti fome" (6.58). Diógenes também é conhecido pela infame prática de saciar seus prazeres sexuais em público; quando indagado a esse respeito, respondeu com uma frase que se tornou célebre: "Eu só gostaria de conseguir me livrar da fome ao esfregar minha barriga" (6.69). Ou, então, lembremos do famoso encontro entre Alexandre e Diógenes. Naquela cena, o que Diógenes está fazendo não é, por exemplo,

9. *Filosofia clássica*, cap. 43.

bater a própria cabeça em seu tonel numa tentativa de fazer de sua vida a experiência mais desagradável possível. Ao contrário, ele está desfrutando de um agradável banho de sol. Portanto, ao que parece, os cínicos não se opunham ao prazer em si; eles se opunham aos prazeres que não são oferecidos pela natureza. Se você puder obter prazer sem qualquer esforço, então vá em frente, assim como os cães o fazem. Porém, não permita que sua felicidade dependa de prazeres mais difíceis de serem alcançados.

Isso nos remete de volta à busca dos cínicos, a saber, a de evitar perturbações. Negando-se a desejar qualquer coisa que a natureza não lhes possa oferecer, os cínicos tornaram-se, com efeito, invulneráveis, ou pelo menos chegaram mais próximos deste ideal do que qualquer outro ser humano. Desse modo, Diógenes declarava que a filosofia pode prepará-lo para qualquer movimento da roda da fortuna, e torná-lo rico ainda que não se possua dinheiro. Muitos contemporâneos seus sem dúvida compilavam e liam relatos dos cínicos pelo fato de eles serem agradáveis e divertidos. Porém, as pessoas que encararam o cinismo com a devida seriedade a ponto de converterem-se a seu estilo de vida, caminhando descalços e também usando uma linguagem nua e crua, sentiam-se atraídos não apenas por seu humor, mas também por sua promessa de autossuficiência. Um excelente exemplo disso é a personagem cínica que surge logo depois de Diógenes: Crates. Embora a maioria das melhores frases conhecidas seja atribuída a Antístenes, não há melhor resumo do conjunto de crenças cínicas que esta frase dita por Crates: "A filosofia é ter um quarto de feijão e não ter de se preocupar com mais nada" (6.86). Em busca deste ideal, ele renunciou à sua propriedade e passou a viver uma vida de ostentadora pobreza e ascetismo, assim como Diógenes vivera. Em relação ao sexo, ele afirmou: "A fome acaba com a luxúria; se isso não acontecer, o tempo se encarregará disso; mas se você não puder fazer isso, use uma corda" (6.86). Isso é o que eu chamaria de amor severo. Porém, o rigor de Crates não o impediu de encontrar o amor – num célebre relacionamento na literatura da Antiguidade, uma mulher bem-nascida chamada Hipárquia casou-se com ele, e juntou-se ao estilo de vida dos cínicos. Como costuma acontecer com filósofas da Antiguidade, sabemos muito menos a respeito de Hipárquia do que gostaríamos. Ela não deixou nenhum texto escrito, embora tenhamos o relato da justificativa dada por ela para viver como uma filósofa, em vez de passar o tempo em atividades femininas como a tecelagem. Também temos acesso a cartas de sua autoria, as quais foram supostamente endereçadas a Crates, acerca de temas previsivelmente domésticos, como a criação e a educação dos filhos[10]. Também de modo previsível, esta filósofa é reduzida a um objeto de interesse sexual pela tradição posterior, a qual relata, com respiração ofegante, que Crates e Hipárquia seguiram o exemplo de Diógenes de autoprazer público ao terem relações sexuais expostos à vista de todos.

Se você pensa que os libertinos gregos não ficariam escandalizados com estas cenas, pense duas vezes: eles ficavam escandalizados. E aqui está a principal diferença. Enquanto Sócrates tentava converter as pessoas à virtude por meio de argumentos, os cínicos o faziam por meio do exemplo, pela renúncia às riquezas e pelo uso de meios ainda mais chocantes para criticar a sociedade em que viviam. Com o passar do tempo, contudo, os cínicos acabaram recorrendo a obras escritas, numa tentativa de disseminar suas mensagens. Diógenes talvez não tenha escrito nada, assim como Sócrates. Mas Crates por certo o fez; uma obra a ele atribuída é intitulada *Elogio da sopa de lentilhas*, a refeição frugal predileta dos cínicos. À medida que avançamos e chegamos ao século III a.C., deparamo-nos com autores a compor diatribes cínicas, numa tentativa de captar a verve e o humor cáusticos de Diógenes em obras denominadas "jocossérias". Dois dentre os principais autores de tais obras são Bion de Boristene e Menipo de Gádara, cujo estilo satírico influenciou a literatura romana.

Na verdade, um aspecto que o cinismo compartilha com as demais escolas helenísticas que examinaremos na primeira parte deste livro é o fato de ele ter sido transmitido da sociedade grega para a romana, bem como de ter sobrevivido até a era imperial. Muitos autores romanos acusavam os autoproclamados cínicos de sua época de serem hipócritas. Na sociedade romana, o cinismo, ao que parece, tornou-se uma espécie de postura "em voga" (ou antivoga), em vez de uma tradição filosófica viva. No entanto, sabemos que alguns filósofos autoproclamados cínicos eram corajosos e íntegros o suficiente para dizer a verdade aos poderosos. O filósofo Demé-

10. Quanto à tendência, predominante na Antiguidade, de associar mulheres filósofas a assuntos domésticos, cf. *Filosofia clássica*, cap. 42, e este volume, capítulo 35.

trio recusou um presente oferecido por Calígula, o mais despreparado dos imperadores. E quando o Imperador Nero fundou uma suntuosa casa de banhos, Demétrio ironizou, dizendo que as pessoas que tomavam banho ali estavam se sujando.

Em meio a outros filósofos da época romana, as reações diante dos cínicos eram variadas. Cícero considerava um escândalo o vergonhoso comportamento deles, mas Epiteto, Sêneca e outros estoicos tratavam os cínicos com, ao menos, relutante respeito. Muitos escusavam os cínicos de seu estilo de vida marginal e de seu exibicionismo escandaloso, pois eles tinham a delicadeza de desdenhar dos prazeres. O estilo de vida dos epicuristas era muito mais aceitável na sociedade, e, de uma perspectiva filosófica, eles eram muito mais sofisticados. No entanto, poucos representantes das demais escolas mostravam algo mais do que desprezo em relação a eles, em parte devido ao fato de eles serem hedonistas. No período helenístico, o prazer raramente se mantinha afastado do centro das atenções. E, por vezes, elevava-se mesmo ao cerne da vida boa, além de permanecer no núcleo do interesse. Os hedonistas mais célebres eram, por certo, os epicuristas, mas não eram os únicos.

3

Gratificação instantânea: Os cirenaicos

Cerca de 200 anos antes do nascimento de Cristo, um historiador chamado Hipóboto sentou-se à escrivaninha para escrever a respeito das nove escolas filosóficas que ele considerava as mais importantes. Ele incluiu os suspeitos de sempre: os platônicos, os aristotélicos, os estoicos e os epicuristas. Porém, pelo menos três das nove correntes filosóficas que ele menciona soam pouco familiares aos nossos ouvidos, hoje: os cirenaicos, os anicerianos e os teodorianos. Mas não entre em pânico, pois precisarei dedicar os próximos três capítulos a estes grupos obscuros. O fato é que os anicerianos e os teodorianos foram tão somente desdobramentos de uma tradição mais ampla conhecida como a escola cirenaica. Não que esta tradição tenha sido muito grande. À época de Hipóboto, os cirenaicos já haviam desaparecido, e não constariam em lista alguma dos movimentos filosóficos mais influentes na Antiguidade. Mesmo assim, vale a pena apresentá-los. Juntamente com os cínicos, eles nos oferecem uma útil introdução aos principais debates da filosofia helenística. Eles adotaram uma postura um tanto radical em tais debates, e fizeram o que filósofos tendem a fazer na situação em que têm de defender posições radicais: apresentaram modos inovadores e provocativos ao defender suas ideias.

E há mais uma razão pela qual pretendo tratar deles: na próxima vez que alguém lhe perguntar qual a escola filosófica helenística de sua predileção, você poderá impressionar seu interlocutor dizendo: "Ah, eu sempre tive uma queda pelos cirenaicos". Claro que uma pequena multidão se juntará em seu redor e sorverá cada uma de suas palavras enquanto você lhes apresenta as ideias dos cirenaicos. Infelizmente, contudo, não é tão fácil dizer que ideias eram essas. Assim como no caso dos cínicos, as evidências de que dispomos dos cirenaicos consistem em relatórios e relatos, mais do que em tratados filosóficos bem-preservados. Na verdade, a comparação com os cínicos é deveras adequada. Enquanto os cirenaicos eram hedonistas convictos, os cínicos optavam, de maneira deliberada, por ter uma vida repleta de adversidades. Porém, eles partilhavam do mesmo objetivo, a saber, a liberdade total, e trilhavam o mesmo caminho rumo a este objetivo: seguir a natureza. Eles tinham até mesmo muitos aspectos em comum, segundo uma perspectiva histórica. Fontes da Antiguidade indicam que os cirenaicos e os cínicos interagiam entre si[11], e, desse modo, refletiam uma conexão filosófica que remonta a Sócrates. Nos cirenaicos, identificamos outra variação no tema da ética socrática. Enquanto os cínicos se consideravam herdeiros das ideias de Antístenes, seguidor de Sócrates, os cirenaicos afirmavam dar continuidade às ideias de outro filósofo socrático: Aristipo.

Caso você esteja incomodado por todos estes nomes – cínicos e cirenaicos, Antístenes e Aristipo – estarem lhe parecendo todos semelhantes, eu lhe trago más notícias. Na verdade, este seguidor de Sócrates chamado Aristipo é o avô do homem responsável pelo desenvolvimento da filosofia cirenaica em todo o seu esplendor. E qual é o nome deste neto? Também é Aristipo. Portanto, é preciso distinguir entre o avô Aristipo o Velho, que era companheiro de Sócrates, e o neto Aristipo o Jovem, que foi o verdadeiro cérebro do empreendimento familiar. O nome deles, "cirenaicos", deve-se ao fato de Aristipo o Velho, ser proveniente de uma cidade chamada Cirene, na atual Líbia. Ele ficou conhecido como parceiro de Sócrates, e já aparece como personagem na obra de índole socrática *Memoráveis*, escrita por Xenofonte (cf. *Memoráveis*, 2.1; 3.8). Na obra de Xenofonte, Aristipo, o Velho, defende seu estilo de vida hedonista, ao passo que Sócrates o insta a buscar uma vida com maior autocontrole.

Com o passar do tempo, Aristipo o Velho ganhou fama – talvez eu devesse dizer má fama – por seu hedonismo. Assim como a pobreza e a postura jocosa de Diógenes o Cínico serviram de fonte de inspiração para várias histórias, Aristipo também é o herói de inúmeros contos formados por uma única frase, e cada um deles poderia ser intitulado "O meu ne-

11. Diógenes Laércio traz um relato em que Aristipo e Diógenes o Cínico se encontram (DL 2.68), e menciona que o cirenaico Teodoro se encontra com o cínico Metrocles (DL 2.102).

gócio é o prazer". Em geral, estes relatos mostram Aristipo numa festa, ou então numa visita a prostitutas. Em um deles, por exemplo, ele diz a um discípulo que o problema em visitar um prostíbulo não é entrar neste lugar, mas não poder mais sair dele (2.69). Em outra história, uma mulher de moral imprecisa o acusa de tê-la engravidado. Ele redargui: "você é como uma pessoa que se embrenha no meio da mata, e culpa um espinho específico pelo arranhão que sofreu" (2.81). Em outras histórias, ele aparece pedindo dinheiro a seus alunos, em nítido contraste com Sócrates que era conhecido por não pedir nada a ninguém, além da amizade. Por exemplo, um pai levou seu filho a Aristipo a fim de que se tornasse seu discípulo. Aristipo, então, lhe diz que o preço por seu trabalho seria de 500 dracmas. O pai lhe disse: "Com esse dinheiro, eu poderia comprar um escravo!" Aristipo respondeu: "Então vá em frente. Faça isso e você terá dois escravos" (2.72).

À primeira vista, Aristipo pode passar a impressão de ser, em vez de um filósofo, um libertino desprezível, que recicla material de segunda categoria a partir das histórias mais famosas de Diógenes o Cínico. As fontes antigas por certo são responsáveis por esta impressão – na verdade, elas atribuem o crédito destas histórias de frase única tanto a Aristipo quanto a Diógenes. Porém, uma leitura mais atenta nos permite atestar que Aristipo o Velho dedicou reflexão ao seu próprio hedonismo. Conta-se que ele praticava uma espécie de autodisciplina. De fato, ele se agarrava a qualquer tipo de prazer com que se deparasse, mas ao mesmo tempo era capaz de obter prazer em quaisquer circunstâncias. A história que se passa no prostíbulo – onde ele diz ao seu discípulo: "Você tem de ser capaz de sair de lá" – mostra que ele valorizava um tipo limitado de autocontrole. Ele enfatizava a necessidade de satisfazer-se com os prazeres que se pode obter *neste exato momento*, e argumentava que, assim, esta vida poderia ser mais fácil, mais agradável e mais livre. Portanto, Aristipo o Velho tem realmente muitos traços em comum com Diógenes e com os demais cínicos. Ele claramente tinha um maior interesse do que os cínicos nos prazeres luxuosos e na riqueza, a não ser que consideremos estes indícios como boatos difamatórios. E ele colocava o prazer no cerne de sua teoria acerca da melhor vida a ser vivida, uma postura que os cínicos decerto não adotavam. Porém, assim como eles, Aristipo o Velho considerava a satisfação do desejo momentâneo como um modo natural de viver, e empenhava-se para viver livre e desimpedido de quaisquer convenções sociais.

Porém, para ser sincero, creio que Aristipo o Velho, por si só, não mereceria ter um capítulo em nossa história da filosofia. Aristipo o Jovem foi quem elaborou as teorias filosóficas características que constituem o que conhecemos hoje por Escola Cirenaica. Uma característica essencial de sua perspectiva filosófica é o hedonismo: o argumento de que o prazer é bom. Ele também herdou de seu avô a ideia de que devemos nos interessar pelos prazeres *do presente*. Esta visão contrasta com a dos epicuristas, hedonistas que valorizavam um prazer a longo prazo. Para estes, a busca do prazer não é algo espontâneo, que surge no calor do momento, mas um modo estratégico de vida que envolve um treinamento cuidadoso, treinamento no qual a privação dos prazeres do presente é feita em benefício dos prazeres futuros, bem como para evitar sofrimentos no futuro; envolve também o usufruto da lembrança de prazeres passados e da antecipação de prazeres futuros. Para Aristipo o Jovem nada disso tinha importância. Para ele, sua vida é tão boa quanto as experiências que você está tendo no momento presente.

Isso tudo nos leva a um fato incomum e surpreendente acerca de Aristipo o Jovem. Praticamente todos os filósofos da Antiguidade seguem o exemplo de Platão e de Aristóteles, ao identificar a vida feliz como a melhor das vidas. Conforme afirmei no volume 1 desta série, ao tratar de Aristóteles[12], eles centram o cerne de sua ética no objetivo de atingir a felicidade, ou *eudaimonia*. Para os estoicos e para Platão – a depender de seu estado de espírito – a sabedoria e a virtude são garantias para alcançar a felicidade. Portanto, para eles a sabedoria e a virtude representam o bem, pelo menos no que diz respeito à ética. Aristóteles é um pouco mais difícil de definir – ele considera que a virtude é essencial para a felicidade, mas ainda reserva espaço para outros bens, como os amigos, a família, e até mesmo o conforto material, e acaba defendendo a ideia de uma vida de contemplação. Porém, há entre todos o consenso de que, quando tratamos de ética, estamos tentando descobrir o que é que nos faz feliz. É claro que um hedonista poderá pensar da mesma maneira. Os epicuristas eram hedonistas precisamente por considerarem que a vida que contém a maior quantidade de prazeres é a vida boa e feliz.

Quem destoa de todos os demais são os cirenaicos. Eles não estão particularmente interessados na *vida* feliz. Sua atenção está na felicidade do aqui e do agora, e não naquilo que seria melhor de modo geral e no longo

12. Cf. *Filosofia clássica*, cap. 37.

prazo[13]. Mas por que Aristipo o Jovem adota esta perspectiva? Seria necessário investigar, mas meu palpite é que ele percebeu a pressão que um hedonista sentiria caso tivesse de reconhecer a necessidade de planejamentos e de cálculos. De acordo com Platão, em seu diálogo *Protágoras* (357a-b), Sócrates afirma que um hedonista bem-sucedido terá de recorrer àquilo que ele denomina "a arte de medir" para decidir o que lhe trará um maior prazer. Isso soa como dar um passo na escorregadia ladeira que conduz à tentativa de identificar o bem com a sabedoria e a racionalidade, e, em última instância, com tudo o que a razão nos recomenda – a virtude, por exemplo. No entanto, Aristipo prefere ater-se à ideia de que o bem consiste no que quer que proporcione uma boa sensação.

Ou então, talvez Aristipo se preocupasse com a simples impossibilidade de alcançar o objetivo de sentir um máximo prazer durante uma vida inteira[14]. Isso porque talvez o objetivo fosse demasiado indefinido (é sempre possível completá-lo com um folhado de amêndoas), ou porque tão somente faz parte da condição humana ter mais experiências de sofrimento do que de deleite ao longo da vida (este argumento será apresentado de modo explícito por outro filósofo cirenaico chamado Hegésias). Portanto, devemos nos concentrar nas coisas que realmente podemos alcançar, ou seja: o prazer aqui e agora. Para dissipar toda e qualquer dúvida de que as lembranças de prazeres passados e as antecipações de prazeres futuros não são o objetivo de sua filosofia, Aristipo observa que tais prazeres nem sequer existem para nós neste exato momento. O que existe para nós é aquilo que nos afeta no momento presente. Aristipo trata desse tema como um tipo de movimento: ele define o prazer como um movimento "suave", e a dor como um movimento "turbulento". Em uma das inúmeras metáforas náuticas espalhadas por toda a filosofia antiga ele compara a dor a um maremoto, o prazer a um vento favorável, e a ausência de ambos a um mar totalmente sereno[15].

Mas por que, para início de conversa, Aristipo identifica o prazer com o bem? É como se ele se apercebesse de que começaria a defender um hedonismo de prazeres do momento presente, e a livrar-se de qualquer coisa

---

13. Este argumento foi enfatizado por Irwin (1991, p. 55-82).

14. Agradeço a Dirk Baltzly por esta sugestão.

15. Texto 4 no Apêndice de Zilioli (2012), relatado por Eusébio, autor da Antiguidade Tardia. Cf. também Zilioli, textos 19 e 30.

que pudesse interferir com isso – a felicidade, a sabedoria, as lembranças, a esperança. Em filosofia, agarrar-se a todo custo a um modo de ver geralmente não é considerado uma boa conduta moral e social. Então, trata-se aqui de uma deslocada devoção filial ao avô? Ou será que Aristipo o Jovem, tem algum argumento a apresentar em nome de Aristipo o Velho? Sim, ele tem, e trata-se de um argumento interessante, sobretudo por ter sido usado por uma série de filósofos hedonistas daquela época – bem como por seus adversários. Denominado às vezes de "argumento do berço", ele postula que, desde os primeiros anos da infância, todo ser humano busca o prazer[16]. Eudoxo, um matemático que ficou célebre por seus trabalhos na astronomia, foi um membro da Academia de Platão que adotou o hedonismo. Ao que parece, ele apresentou sua versão do argumento do berço, evocando o fato de que todos os animais se envolvem numa luta constante em busca do prazer[17]. Mais adiante, quando tratarmos de Epicuro, veremos que este argumento é evocado uma vez mais como defesa do prazer, e posteriormente veremos que os estoicos recorrem à ideia de que a ética pode ser baseada nas reações instintivas e naturais das crianças.

Poder-se-ia pensar que o argumento do berço é um argumento cuja falácia até uma criança conseguiria desvendar. O simples fato de que os animais e as crianças humanas buscam o prazer independentemente de quaisquer outras considerações não significa que nós, humanos adultos maduros, devamos fazê-lo. Você poderá até mesmo achar que abdicar do prazer em nome de ideais mais nobres é um sinal de maturidade. Porém, o argumento do berço adquire uma maior força se você reconhecer, como o fizeram filósofos da Antiguidade, que a natureza determina o que é melhor para os humanos. Pense, por exemplo, no argumento aristotélico da função[18]. Ainda hoje, muitas pessoas consideram que se uma coisa não é "natural", ela não é aceitável. A conexão entre a natureza e a bondade ética é claramente uma intuição que tem raízes profundas. E mais: a ênfase que os cirenaicos conferem ao prazer do momento presente lhes é útil para atingir um objetivo que eles partilham não apenas com os cínicos, mas também com outras escolas helenísticas: a *ataraxia*, a ausência de perturbações. Nesse sentido, estão seguindo o exem-

---

16. Texto 22 in Zilioli (2012) = DL 2.88.

17. Cf. Aristóteles (*Ética a Nicômaco*, 1172b.)

18. Cf. *Filosofia clássica*, cap. 43.

plo de Aristipo o Velho, que declarou buscar uma vida que fosse das mais fáceis e das mais agradáveis. O homem capaz de sentir prazer neste exato momento e, ademais, se satisfazer com isso, não sente ansiedade em relação ao futuro e não tem arrependimento algum quanto ao passado.

Aristipo o Jovem defendia esta ideia radical acerca da absoluta importância dos prazeres do presente ao propor ideias igualmente radicais quanto ao conhecimento humano. Começou com a observação aparentemente inocente de que só posso ter a experiência daquilo que sou quando sou afetado por tudo que está em meu redor. Assim, por exemplo, se vejo algo branco, isso me afeta na medida em que me faz sentir que vejo algo branco. Aristipo enfatizou a passividade deste processo ao afirmar que, se me parece que vejo algo branco, então sou "embranquecido"[19]. O autor posterior, Plutarco, ridiculariza isto ao sugerir que, para os cirenaicos, se me parece que vejo uma parede ou um cavalo, então sou "aparedado" ou "encavalado"[20]. Porém, é provável que Aristipo fazia referência apenas a experiências mais simples, tais como enxergar uma cor, ou então provar um sabor doce ou amargo. Porém, este tópico é secundário. O ponto principal é que a nossa experiência não consiste em nada além de ser afetado de diversas maneiras; e, claro, é possível que as coisas afetem você de um modo, e a mim, de outro. Por exemplo, se você estiver doente, o sabor de todos os alimentos poderá lhe parecer amargo. Nessa situação, o mel, por assim dizer, "amargurará" aquele que se encontra adoecido, ao passo que "adoçará" aquele que se encontra saudável.

É claro que o senso comum poderia argumentar: se o mel tem para mim um sabor doce e, para você, amargo, isso é um sinal de que meu paladar está funcionando bem, e o seu, não. Afinal de contas, o mel realmente é doce. Se você achar que ele é amargo, então a culpa é sua, não é culpa do mel, e tampouco minha, decerto. Porém, os cirenaicos consideram que o senso comum precisa de certas correções. Aristipo nos lembra de que experimentamos somente as várias formas pelas quais o mel afeta cada um de nós. Tais experiências não são algo que se possa compartilhar. Jamais serei capaz de participar da sua experiência com o mel, assim como não tenho como realmente sentir a dor que você sente quando lhe dão um tapa no rosto. Isso tudo certamente nos fará lembrar da posição que Platão atribuía ao sofista Protágoras no diá-

19. Texto 32 in Zilioli (2012) = Sexto Empírico, M 7.191.

20. Texto 16 in Zilioli (2012) = Plutarco, *Contra Colotes,* 1120C.

logo intitulado *Teeteto*[21]. Protágoras afirma não haver uma verdade absoluta, por exemplo, no que tange a um determinado vento ser frio ou morno. Se você sente que ele é frio, ele é frio para você, e se para mim a sensação é morna, ele é morno para mim. Em geral, todas as verdades são verdadeiras apenas em relação à maneira pela qual as coisas parecem ser para alguém.

Talvez não haja nada além de uma semelhança familiar entre o relativismo de Protágoras e a teoria dos cirenaicos. Os cirenaicos parecem ter se centrado tão somente nas experiências sensoriais, como, por exemplo, se algo é doce, ou então branco, ao passo que Protágoras, segundo a maneira que Platão o apresenta a nós, mostrou um igual interesse por juízos acerca de coisas como a justiça ou o que é benéfico. Porém, assim como ocorre com Protágoras, os leitores de hoje não têm como evitar considerar a postura dos cirenaicos como uma estimulante premonição de perspectivas radicais, as quais surgiriam em uma época posterior. Estariam eles adotando uma postura cética em relação ao conhecimento de modo geral? Duvidariam eles, à semelhança de Descartes, da existência de objetos externos no mundo que aparentemente vemos à nossa volta? Certamente não creio nisso. Existe, com efeito, um matiz cético no modo de ver dos cirenaicos, porquanto suspendem o juízo quanto a ser o mel, por natureza própria, verdadeiramente doce ou amargo, e assim por diante. Mas não há indício algum de que tenham suspendido o juízo quanto à existência do próprio mel. O que buscam é, antes, uma postura ética, a saber, a de que nada existe nem poderia existir de importante para mim além do modo como as coisas me parecem.

É claro que isso caminha lado a lado com o hedonismo dos cirenaicos. Se minha consciência em relação à vida, ao universo e a tudo o mais se resume ao modo como as coisas me parecem *neste exato momento*, então é lógico afirmar que o prazer e as dores do momento presente terão uma importância primordial. Ora, poder-se-ia argumentar que as coisas, neste exato momento, podem nos parecer injustas ou belas – isso nos traria inúmeros motivos para preocuparmo-nos com outras coisas além do prazer do momento presente. Porém, Aristipo talvez tenha acrescentado uma peça adicional a este quebra-cabeças. Talvez ele tenha dito que todas as

21. *Filosofia clássica*, cap. 19.

nossas experiências consistem, na verdade, em prazeres ou dores. Portanto, se uma coisa tem um sabor doce, este é um tipo de prazer; se tem um sabor amargo, este é um tipo de dor. Se o sabor desta coisa não proporciona o menor prazer, e tampouco uma mínima dor, então não se está experienciando coisa alguma – esta coisa será insípida, sem nenhum sabor. Isso poderia explicar por que os cirenaicos comparam o estado no qual não há prazer e nem dor a um mar sereno, que não tem nenhum vento.

Façamos uma avaliação geral do que vimos até agora. Ao tratar das perspectivas de Aristipo o Jovem, percebemos que, em seu entender, o que existe para mim é a experiência que tenho neste exato momento – que talvez não seja nada além de uma série de prazeres e de dores. Não é de se admirar que a única coisa boa a ser alcançada na vida é o prazer que posso sentir neste exato momento, ao passo que a única coisa ruim é a dor que sinto agora. Esta perspectiva é coerente e intransigente, mas não fez muito sucesso. A filosofia de Epicuro relegou os cirenaicos a um distante segundo lugar na disputa pelo título de escola hedonista mais influente. Mesmo assim, Aristipo o Jovem teve seus seguidores, e é por esta razão que o historiador que citei no início deste capítulo menciona várias ramificações da escola cirenaica. Estas ramificações desenvolveram as ideias de Aristipo em três direções distintas.

Uma maneira óbvia de defender a teoria cirenaica era lhe fazer limitadas concessões para torná-la mais plausível. Esta parece ter sido a estratégia adotada por Aniceres, que também identificava o prazer com o bem, mas considerava o prazer de um prisma mais amplo[22]. Tanto Aristipo o Velho quanto Aristipo o Jovem parecem ter se concentrado no prazer físico essencial, enquanto Aniceres chamou a atenção para o fato de que a honra e a amizade também são prazerosas. Esta versão mais descomplicada da teoria traz um contraste gritante com um desenvolvimento posterior feito por um pensador chamado Teodoro. Ele não tinha o menor interesse pela versão socialmente domesticada de Aniceres das ideias de Aristipo; no entanto, tampouco dava grande importância ao prazer físico. Isso surpreende, dado que era um homem ligado à escola cirenaica; mas ele se ateve a dois

22. Um útil panorama que contém o desenvolvimento do pensamento dos cirenaicos de épocas posteriores é apresentado em Long (1999, p. 635-639).

outros temas centrais do pensamento cirenaico: a autoconfiança e a autossuficiência. Ao que parece, estamos aqui caminhando rumo a uma direção um tanto deprimente, e esta impressão é confirmada por uma terceira vertente da tradição: um filósofo chamado Hegésias aderiu ao hedonismo e à epistemologia cética de Aristipo o Jovem. Porém, de modo semelhante a uma obscura versão grega de Arthur Schopenhauer, Hegésias ensinava que não devemos esperar que a vida contenha mais prazeres do que dores. O melhor que podemos fazer é evitar as dores, na medida do possível. Esta postura absolutamente pessimista rendeu a Hegésias a alcunha de "persuasor da morte". Este filósofo poderia literalmente conduzi-lo ao suicídio. Com isso, a filosofia cirenaica em si parece ter se extinguido, e talvez o merecesse – uma teoria que considera o prazer como o lugar central de uma boa vida não deveria ser tão desagradável assim. Mesmo assim, os cirenaicos representam uma nota de rodapé incrivelmente fascinante na história da filosofia, na medida em que distinguiam, em especial, por suas ideias inovadoras da experiência humana, bem como pelo contraste que apresentam em relação a seus grandes rivais, os epicuristas.

4

O JARDINEIRO FIEL: OS PRINCÍPIOS DE EPICURO

Você aprecia um belo jardim? Desfruta da companhia de amigos? Acredita que o mundo seja formado por partículas minúsculas, chamadas átomos? Você confia nas provas que lhe são dadas pelos seus sentidos? Para você, a política é enfadonha? Você olha com ceticismo para aqueles que vivem temendo a Deus? Se a sua resposta a estas perguntas for "sim", então talvez você possa considerar a possibilidade de tornar-se um epicurista. Tornar-se um membro deste clube tem suas vantagens. Esta é uma filosofia dedicada ao prazer, ainda que, para sermos honestos, você possa se decepcionar em relação a isso no momento que estiver lendo as letras miúdas do contrato. E, embora eu esteja sendo sincero, devo alertá-lo de que nem tudo será um mar de rosas. Você terá de passar por um regime de memorização e por um treinamento. Ah, e caso você decida se tornar um membro, é melhor reservar uma data a cada ano para celebrar o aniversário do fundador desta escola: Epicuro.

Dentre os fundadores das escolas helenísticas, Epicuro é o homem que melhor conhecemos. Dispomos somente de fragmentos e de alguns relatos de Zenão, o fundador do estoicismo, e de Pirro, o primeiro cético. Mas de Epicuro inúmeros escritos subsistiram até nossos dias, bem como uma coleção de inesquecíveis provérbios que sintetizam seus ensinamentos fundamentais. Podemos agradecer ao nosso velho amigo Diógenes Laércio por ter preservado três cartas de Epicuro, que tratam, respectivamente, de suas ideias acerca da física, da cosmologia e da ética[23]. Outras quatro cartas, incluindo uma endere-

23. DL, 10. Acerca desses textos, cf. também Bailey (1926).

çada à mãe de Epicuro, e mais alguns provérbios foram preservados por outro homem chamado Diógenes. Sei bem que, incluindo Diógenes o Cínico, já mencionei neste livro, até agora, três homens com o nome de Diógenes, e ainda estamos no capítulo 4! Peço desculpas por isso. Esta menção mais recente em nossa coleção de Diógenes em constante expansão é o Diógenes de Enoanda, o qual, assim como Diógenes Laércio, viveu pelo menos meio milênio depois de Epicuro. Diógenes de Enoanda foi, ele próprio, um epicurista, que pagou para insculpir ensinamentos e textos da escola epicurista em pedras, as quais foram descobertas no território da atual Turquia[24].

Isso nos diz algo quanto à longevidade dos ensinamentos de Epicuro. Em cartas enviadas a amigos e em aforismos sucintos, ele sintetizou suas doutrinas de uma maneira fácil de estudar e de memorizar, e recomendou explicitamente aos adeptos da escola que aproveitassem estes documentos. O truque funcionou: ao contrário de seu companheiro hedonista, Aristipo o Jovem, Epicuro fundou uma escola filosófica que ainda se mostraria viva e em pleno vigor durante o Império Romano. O século I a.C., período em que se testemunhou a queda da República de Roma, também foi uma época agraciada por Lucrécio, cujo magistral poema *Sobre a natureza das coisas* condensou o epicurismo em forma de versos. Este talvez tenha sido o problema de Aristipo: ele não tinha à sua disposição um poeta razoavelmente bom que trabalhasse para ele. Analisaremos Lucrécio em breve. Por ora, quero concentrar-me no próprio Epicuro, tentando compreender de que modo os elementos de sua filosofia se entrelaçam.

Assim como Platão e Aristóteles, Epicuro tinha um projeto sofisticado, que comentava aspectos relacionados a praticamente todas as áreas da filosofia, desde a ética até a física, passando pelos deuses. Da mesma maneira, assim como Platão e Aristóteles, Epicuro apresentou seu sistema filosófico em Atenas, que, aliás, não era sua cidade natal – ele nasceu na Ilha de Samos, em 341 a.C., seis anos depois da morte de Platão. E, sim, esta é a mesma Samos onde nasceu Pitágoras. Se isso ainda não o deixou impressionado, esta mesma ilha foi a terra natal de Aristarco, um contemporâneo mais jovem de Epicuro que postulou, pela primeira vez, que a Terra gira em

24. Para uma breve introdução a estas inscrições e a referências à edição e comentários de Smith, M. F., cf. Erler (2009, p. 54-59).

torno do sol, e não o contrário (este parágrafo teve o patrocínio do Departamento de Turismo da Ilha de Samos). Epicuro mudou-se para Atenas por volta do ano 307 a.C. Ali ele adquiriu o terreno de um jardim, que podia usar como base para sua escola filosófica. Deveras significativa é a localização deste jardim, fora dos muros da cidade de Atenas: parece ser um símbolo geográfico da ausência de interesse dos epicuristas por um engajamento político. O ideal aristotélico de uma ação prática, ou até mesmo heroica, não era uma flor cultivada no jardim de Epicuro. Esta escola, por sua vez, se dedicaria a uma vida agradável, com tranquilos debates filosóficos.

No entanto, isso tudo poderá lhe dar uma falsa impressão, pois os epicuristas podiam mostrar-se obstinados não só na defesa de suas teorias mas também da memória do fundador de sua escola. Esta escola filosófica não teria sobrevivido e prosperado ao longo de centenas de anos caso não se mostrasse disposta a envolver-se em polêmicas com outras escolas, e a promover a lealdade, ao tratar o próprio Epicuro como uma personagem literalmente divino. É por esta razão que eles comemoravam seu aniversário todos os anos. O sucesso do epicurismo como um empreendimento social é comprovado por aquela custosa inscrição patrocinada por Diógenes de Enoanda. Não são muitos os filósofos que contratam alguém para gravar meticulosamente em pedra cartas escritas à mamãe, vários séculos depois de sua morte. Por sua vez, o sucesso do epicurismo como um empreendimento filosófico é demonstrado pelo fato de que os historiadores da filosofia de nossos dias consideram o valor de dissecar, frase por frase, os preciosos escritos remanescentes de Epicuro. Portanto, comecemos com um desses escritos, mais especificamente com uma das cartas preservadas por Diógenes Laércio em sua coleção biográfica, *Vidas e doutrinas dos filósofos ilustres*. Esta carta foi endereçada a um dos discípulos de Epicuro, um homem chamado Heródoto – o mesmo nome do famoso historiador, mas um homem diferente (estes gregos, de fato, não tinham grande variedade de nomes). Epicuro usa esta carta para apresentar sua teoria física, que remonta ao atomismo do pré-socrático Demócrito, contendo, contudo, algumas diferenças significativas. Ao expor sua teoria, Epicuro resvala noutro tema, que pretendo usar como ponto de partida: suas ideias acerca do conhecimento humano.

Epicuro é um empirista. Ele acredita que as sensações são a base e a fonte de todo o nosso conhecimento. Em um de seus provérbios afirma que, se não confiarmos nas sensações, não teremos parâmetros a partir dos quais julgar nossas crenças. Epicuro propõe aqui, pela primeira vez, um tópico que predominará em todo o período da filosofia helenística: qual é o critério da sabedoria, que ele denomina *kanon* ou "vara [instrumento] de medida"? Sua resposta a essa pergunta é que, em última instância, todo o nosso conhecimento tem origem nas sensações e deve ser medido em comparação a elas. Isso não implica dizer que Epicuro não está disposto a considerar nada mais além dos sentidos. Afinal, não podemos enxergar os átomos separadamente; no entanto, de modo deveras confiante, ele apresenta uma teoria atomista da física. Porém, insiste em afirmar que as hipóteses a respeito daquilo que os sentidos humanos não podem determinar precisam ser verificadas com base nas sensações. Ele também usa analogias baseadas nas sensações em relação a coisas que os sentidos são incapazes de determinar.

Mas por que deveríamos confiar nos sentidos humanos? De acordo com Epicuro, a resposta é simples: não há como eles errarem (LS 16A). Os seus sentidos são guias infalíveis para indicar o modo pelo qual o mundo externo interage com seu corpo. É claro que isso não assegura que você conseguirá evitar crenças falsas. Um exemplo epicurista clássico é a torre quadrada que, quando observada a distância, parece redonda (LS 16E). Ao observar a torre, você poderá acreditar que a torre é redonda. Você estará equivocado, mas a culpa não é de suas sensações: é exatamente assim que as torres parecem ser, quando observadas de longe. Se você olhar para o mundo através de óculos com lentes cor de rosa, tudo lhe parecerá ter esta coloração. Uma vez mais: o problema, aqui, não está na sensação. A sua experiência lhe mostra exatamente o que deveria lhe mostrar, uma vez que você está usando este tipo de óculos. Epicuro insiste nesse ponto, pois receia que, se se permitir que os sentidos sejam falsos em alguns casos, jamais haverá termo para a incerteza. O resultado disso seria um ceticismo que permeia tudo, algo que Epicuro rejeita logo de partida: "Se você entrar em conflito com todas as sensações, não terá um parâmetro que lhe permita julgar até mesmo aquelas sensações que você acredita estarem equivocadas" (LS 16D). Por outro lado, se as sensações forem sempre verdadeiras, os sentidos podem oferecer aquele instrumento de medida com o qual poderemos testar todas as nossas crenças. Desse modo, poderemos descobrir que algumas crenças são falsas – por exemplo, ao chegarmos mais próximos da torre, veremos que ela, na verdade, é quadrada; porém, não há nenhuma falsidade na sensação em si, a qual permite o surgimento da crença.

As sensações também permitem o surgimento de algo mais essencial do que a crença. Isso é o que Epicuro chama de "preconcepção" – a palavra grega é *prolepsis*, um dos inúmeros termos técnicos cunhados por Epicuro para a explanação de suas teorias. Seu argumento é que a experiência baseada nos sentidos nos fornece uma gama de conceitos rudimentares que podemos usar no mundo[25]. Nossa preconcepção de uma girafa talvez seja: "animal que vive na savana, com pintas em todo o corpo e um longo pescoço". Esta não é uma definição de girafa, mas é o suficiente para ajudá-lo a identificar girafas e ser cauteloso ao pensar nelas. As preconcepções podem compor uma base a partir da qual se faz filosofia, bem como ser um meio de verificar as teorias filosóficas que desenvolvemos. Se acabarmos formulando uma teoria que contraria as nossas preconcepções, isso lançará dúvidas a seu respeito. Mais importante ainda é aquilo que Epicuro denomina uma "concepção comum". Trata-se de uma preconcepção compartilhada por praticamente todas as pessoas, por exemplo, a de que os deuses são felizes (LS 17E, 23C). Estas concepções comuns são importantes, pois são consensuais para todos. Elas nos oferecem não apenas um ponto de partida para a filosofia, mas um ponto de partida incontroverso.

Com esta teoria das preconcepções, Epicuro parece apresentar uma resposta ao problema identificado por Platão em seu diálogo *Mênon*. De acordo com o paradoxo de Mênon, a investigação é impossível, pois ou bem conhecemos o objeto de nossa busca, ou não o conhecemos (80d-e)[26]. Se já o conhecemos, nem sequer faz sentido começar a investigação. Se, por outro lado, não o conhecemos, então de que modo devemos começar a investigar? A solução apresentada por Epicuro não é evocar o conhecimento esquecido, que nos acompanha desde o nascimento, tal qual Platão ilustra seu mestre, Sócrates, sugerindo nos diálogos *Mênon* e *Fédon*. Em vez

25. Quanto a este tópico, cf. Glidden (1985, p. 175-217).

26. *Filosofia clássica*, cap. 18.

disso, ele argumenta que, ao recordarmos de nossas experiências baseadas nos sentidos, nós criamos preconcepções (LS 17E). Estas não constituem um conhecimento realmente sólido, do tipo que Platão buscava. Mas são suficientemente boas para seguirmos em nossa investigação. Assim como a categoria da crença verdadeira platônica, elas nos proporcionam uma espécie de meio-termo entre um conhecimento seguro e a total ignorância. Quando começamos nossa investigação, não precisamos partir do zero.

Podemos notar estas ideias epistemológicas sendo colocadas em prática na *Carta a Heródoto*, de Epicuro, na qual ele defende sua nova versão da teoria atômica. Ao apresentá-la, ele ousa adentrar no território daquilo que denomina "incerto" ou "não visível". Portanto, ele precisa se certificar de que permanece fiel às suas sensações. Em primeiro lugar, ele observa que nada pode ser totalmente destruído ou criado (LS 4A-C). Está de acordo com Parmênides e seus seguidores, os eleatas, para quem algo que existe (o ser) não pode se tornar não existente (um não ser), ou vice-versa. Se fosse possível reduzir o ser a um absoluto não ser, então ele desapareceria aos poucos, até sumir completamente – mas basta olhar em redor e você verá que o mundo, em grande medida, continua a existir. Portanto, os elementos fundamentais do mundo não podem ser destruídos de todo, tampouco criados a partir do nada. Por outro lado, Epicuro, contrariando a visão de Parmênides, enfatiza a ideia de que o mundo está repleto de mudanças. Olhe novamente em seu redor: percebemos que há corpos e que eles estão mudando e se movimentando o tempo todo. A fim de explicar como isso é possível, Epicuro apresenta um argumento teórico deveras influente, e que também parece estar baseado na experiência dos sentidos. Se um corpo se movimenta, sua movimentação deve acontecer na direção de um espaço vazio, um espaço em que não há nenhum corpo (LS 6A)[27]. Portanto, devemos afirmar que o mundo inclui tanto os corpos quanto o espaço vazio. Este consiste no vácuo, um elemento já presente no atomismo de Demócrito, embora apresentado com uma metodologia mais cautelosa.

Pode-se imaginar Aristóteles se revirando em seu túmulo relativamente recente por lamentar o fato de a cautelosa metodologia de Epicuro não impedi-lo

27. Esta ideia já havia sido proposta por Melisso de Samos, filósofo eleático. Cf. *Filosofia clássica*, cap. 7.

de presumir as coisas para as quais ele deveria estar apresentando provas. Aristóteles rejeitava o conceito de vácuo. Ao contrário, para ele o mundo já está, por assim dizer, "cheio". A cada vez que uma coisa se movimenta, outra coisa tem de lhe abrir passagem – eu empurro o ar à medida que caminho, e este ar precisa fluir em meu redor e ocupar o espaço que eu acabo de deixar, de modo que nenhum espaço seja deixado vazio (*Física* 214a). Epicuro discorda. Para ele, se o mundo já estivesse realmente cheio, nada poderia se movimentar. O universo inteiro seria como uma lata cheia de sardinhas, na qual sardinha nenhuma teria o menor espaço para se movimentar. Um mundo sem vácuo, portanto, seria parecido com aquele antevisto por Parmênides, estático e imutável, mas este não é o mundo de nossa experiência. Portanto, o vácuo deve existir. Esta linha de raciocínio talvez nos pareça convincente, mas Epicuro parece supor algo que Aristóteles não admitiria: que os corpos devem ser inflexíveis. Podemos notar sua discordância quando afirmamos que a concepção aristotélica do corpo permite-lhe uma grande fluidez, de maneira que ele possa mudar para acomodar movimentos, ao passo que, segundo a tese de Epicuro, todos os corpos devem ser igualmente sólidos e resistentes, ao contrário do vácuo, que não oferece nenhuma resistência e é intangível.

Repare que ainda estamos falando de *corpos* e de vácuo, sem argumentar que os corpos são compostos por átomos. Mas esta concepção está prestes a se alterar, o que irritará ainda mais nosso fantasmagórico Aristóteles, tendo em vista que ele foi um severo crítico do atomismo. Para Aristóteles, ao menos em tese, é possível dividir qualquer corpo, e, então, tornar a dividi-lo quantas vezes quisermos. Isso é o que chamamos, às vezes, de teoria dos corpos como um "*continuum*" – nenhuma parte de um corpo é pequena demais para ser dividida. Ser um atomista, pelo menos no sentido antigo do termo, significa simplesmente rejeitar a ideia de que o corpo é um *continuum*. A palavra grega *atomon* significa "indivisível"; portanto, os átomos são simplesmente partes de corpos que não podem ser fisicamente divididas[28]. Epicuro chega à sua teoria dos átomos ao considerar algo semelhante ao paradoxo da dicotomia de Zenão. Se permitirmos que cada corpo individual seja infinitamente divisível, cada um deles será composto de inúmeras e infinitas partes. Porém, cada parte desses corpos ainda terá um determinado tamanho, portanto, cada um desses corpos será infinitamente grande.

---

28. Cf. *Filosofia clássica*, cap. 8.

A fim de evitar esta consequência absurda, Epicuro adere ao atomismo. Porém, este será um atomismo aperfeiçoado, pois se beneficia da capacidade de responder às críticas de antiatomistas, como as que foram apresentadas por Aristóteles. Um dos desafios é o de explicar o movimento do átomo. Os críticos poderiam argumentar: como é que um átomo pode ser indivisível se ele se movimenta? Imagine um átomo atravessando uma linha. No meio da travessia, a parte dianteira do átomo terá cruzado a linha, e a parte traseira, não. Portanto, parece que o átomo indivisível, no final das contas, é divisível. Caso este argumento não lhe pareça convincente, aqui está outro. Imagine um átomo sendo tocado, em cada um de seus lados, por dois outros átomos. Portanto, ele está sendo tocado do lado direito e também do lado esquerdo. Então, ele tem duas partes; isso quer dizer que ele pode ser dividido.

Um momento, redarguirá Epicuro. Não afirmei que os átomos são conceitualmente indivisíveis, só disse que eles são fisicamente indivisíveis. Os átomos, em si, são compostos por partes, assim como os corpos, mas tais partes não podem ser fisicamente separadas umas das outras. Ele as chama de "*minima*" ou "partes mínimas" (LS 9A-C)[29]. Estas partes, literalmente subatômicas, consistem tão somente no menor tamanho possível. Não há como conceber nada menor. Elas não têm, por exemplo, um lado esquerdo e um lado direito. Além disso, quando um átomo se movimenta, isso sempre significará que pelo menos uma parte mínima dele se movimentou completamente. Você nunca terá a situação em que somente a metade de uma parte mínima atravessou a linha: ou esta parte já atravessou a linha, ou não a atravessou. Imagine só quanta polêmica que envolve a validação de um gol (a bola cruzou ou não a linha?) poderia ser evitada se partes mínimas fossem usadas no lugar de bolas de futebol! Também neste caso, para defender seus conceitos, Epicuro recorre às sensações. Tendo nascido antes da invenção das bolas de futebol, ele faz referência ao menor corpo visível (LS 9C). Algo como uma partícula minúscula de poeira não contém partes visíveis; no entanto, se juntarmos um número suficiente de partículas de poeira, teremos um montinho de poeira. Da mesma maneira, partes mínimas não têm lados nem divisões, mas elas podem se agrupar de algum modo especial, e, assim, formar átomos inteiros.

E elas podem, de fato, se agrupar e formar átomos de diversos formatos e tamanhos. "Quantos formatos e quantos tamanhos?", você poderá me

29. Cf. Vlastos (1965, p. 121-147).

perguntar. Um número incrivelmente numeroso, diria Epicuro. Ele não aceita a teoria democritiana de que existem átomos únicos suficientemente grandes para serem vistos. Porém, existe todo tipo de configurações de átomos e, conforme Demócrito nos ensinou, um número infinito de átomos. Estes se juntam para formar corpos maiores quando se agrupam e vibram enquanto se chocam e se afastam, já que os átomos nunca deixam de se movimentar em meio ao vácuo, mas só mudam de direção quando colidem entre si. Estes corpos complexos se agrupam para formar todo um cosmo: na verdade, isso ocorre muitas vezes. Haverá um número inimaginável de mundos, com todo tipo de configurações, espalhado pelo vácuo, o qual também é infinito em todas as direções (LS 10A-B; 13A, D).

Este é, portanto, o universo para Epicuro: um vácuo de extensão inimaginável, que dura um tempo infinito, e que contém em seu interior um número infinito de átomos que se movimentam e colidem entre si, formando corpos e sistemas cósmicos completos espalhados por um vazio infinito. Trata-se de uma concepção espetacular, ainda que seja, em grande medida, familiar a todos os seus antecessores. Porém, Epicuro, ao contrário de seus antecessores, mostra-se meticuloso diante das objeções apresentadas quanto às sensações. Uma dessas objeções é deveras básica: quando você deixa cair um objeto, ele cai? Aristóteles havia explicado isso ao afirmar que os elementos pesados, a terra e a água, naturalmente buscam um lugar que se dirige ao centro do universo. Porém, o universo de Epicuro não tem um centro. Portanto, ele novamente aperfeiçoa a teoria de Demócrito ao postular que todos os átomos têm peso (LS 10C; 11E, H; 12D)[30]. Deixados à própria sorte, eles caem – o universo tem uma parte alta e outra baixa, embora não tenha um centro. Isso parece sugerir que, quando objetos são largados na Austrália, eles caem na direção do céu. Até onde eu saiba, isso não acontece, mas caso eu esteja enganado os leitores australianos podem entrar em contato comigo para me corrigir. Imagino que isso poderia explicar como os cangurus podem pular tão bem.

Mas, deixando isso tudo de lado, consideremos outra objeção; desta vez, apresentada por Aristóteles (*Física* 215a-216a). Ele observou que, quando as coisas se movimentam, elas o fazem mais lentamente quando tal movimento

30. Acerca deste amplamente debatido aspecto do atomismo antigo, cf. sobretudo O'Brien (1981; 1984).

ocorre num meio mais denso. Por exemplo, você se desloca com maior rapidez no ar do que na água, e com maior rapidez na água do que na lama. Portanto, se você estivesse se movimentando em meio ao vácuo, que não tem nenhuma densidade, seu movimento deveria ser infinitamente rápido! Mas isso é absurdo. A esta objeção, Epicuro responde afirmando tão somente que todos os átomos se movimentam na mesma velocidade – e você nunca saberá que velocidade é esta. Sim, "uma velocidade de uma rapidez inimaginável". Lucrécio argumenta que esta velocidade deve ser ainda maior do que a da luz do sol (LS 11B). Afinal de contas, a luz do sol deve sofrer uma desaceleração ao colidir com os átomos que compõem o ar que seu brilho transpassa, ao passo que um movimento atômico ininterrupto não se deparará com obstáculo algum.

O modo como Epicuro antecipa e responde a tais objeções nos mostra como ele usa a experiência sensorial para formular sua teoria. Ele não apenas usa as sensações como ponto de partida, como também as usa para verificar sua teoria, segundo prometera. Se sua teoria é incapaz de explicar por que os objetos caem, então ela precisa ser aperfeiçoada. Por outro lado, Epicuro se satisfaz em manter-se fiel a uma teoria enquanto esta se revelar coerente com as sensações. Devemos acreditar em coisas que estão baseadas em evidências sensoriais, e evitar acreditar naquilo "que é contraditado", como ele diz (LS 18A). Por exemplo, podemos nos aproximar da torre que parece redonda e atestar que, na verdade, ela é quadrada. Epicuro se recusa a participar dos jogos platônico e aristotélico da busca pela certeza. Para ele, basta um respaldo suficiente para uma crença e a ausência de experiências que a contrariem. Às vezes, ele deixa isso explícito, sobretudo quando se propõe a debater aspectos menos essenciais do que os princípios fundamentais da teoria atômica. Por exemplo, ele reconhece a possibilidade de teorias alternativas serem igualmente aceitáveis em contextos cosmológicos (LS 18C, D). Isso não se deve a uma indolência de Epicuro, mas sim porque a busca de certezas relacionadas à física não é o objetivo de sua filosofia. Em vez disso, seu objetivo é ético: a felicidade, a qual ele identifica com a ausência de perturbações; eis o que analisaremos com mais pormenores no próximo capítulo.

5

Isso me perturba?: A ética epicurista

Cínicos, estoicos, céticos e epicuristas. Todos nós, quer tenhamos ou não algum interesse pela história da filosofia, já falamos a seu respeito. Estes nomes já foram incorporados à nossa linguagem cotidiana. Um político pode manipular "cinicamente" os resultados de uma eleição, e em seguida demonstrar uma determinação "estoica" ao perder a eleição, pois ele se mostrava "cético" em relação à possibilidade de desfrutar da experiência de exercer seu cargo. Se ele for daquelas pessoas que apreciam as boas coisas da vida, particularmente uma comida ou uma bebida requintada, então poderíamos descrevê-lo como um "epicurista". Para nós, um epicurista não é apenas alguém que valoriza os prazeres – afinal, quem não o faz? –, mas aquele que mostra ter um gosto refinado em seus prazeres. O uso moderno da palavra "epicurismo", contudo, não é um bom guia para a filosofia de Epicuro. Epicuro ficaria perplexo – mas não perturbado, já que não se permitia ficar perturbado por coisa alguma – ao verificar seu nome associado à vida de um indivíduo gastrônomo. Na verdade, ele nos estimula a estarmos dispostos a apreciar os simples deleites de um pão comum e da água, e sua filosofia, por certo, não gravitava em redor da busca por um prazer requintado.

No entanto, é bem verdade que ele era um hedonista. Eis outro termo que pode nos confundir. Ele tem origem no termo *hedone*, palavra do grego antigo que designa o prazer. Hoje em dia, usamos "hedonista" com referência a alguém que busca o prazer de maneira desmedida. Embora Epicuro fosse um hedonista, ele certamente não recomendava uma busca *desmedida* pelo prazer. Em vez disso, ele era um hedonista no sentido de alguém que acredita que o prazer é o bem e o único critério que deveríamos adotar para saber qual é o modo certo de viver, as escolhas certas a fazer e as ações certas a praticar. À medida que trilhamos nossa jornada de vida, o prazer é a única estrela que deve nos servir de guia. Porém, isso não implica uma ausência de limites, tampouco uma adesão irrefletida a todo e qualquer tipo de prazer que surja em nosso caminho. Ao contrário: Epicuro nos ensina que a vida mais prazerosa é uma vida que contém moderação, disciplina e cuidadoso planejamento. Nesse sentido, o epicurismo estabelece um contraste com o ensinamento cirenaico de Aristipo o Jovem. Os epicuristas e os cirenaicos partilhavam de um compromisso com o hedonismo, portanto, é claro que havia entre eles uma acirrada rivalidade. Nada pode ser pior do que um adversário cuja opinião seja parecida à sua a ponto de isso lhe causar constrangimento. Como já vimos anteriormente, os cirenaicos valorizavam apenas os prazeres do momento presente. Em contraste, Epicuro considerava que a lembrança de prazeres passados e a antecipação de prazeres futuros podem proporcionar felicidade ao homem sábio mesmo quando ele está passando por um sofrimento extremo[31]. Não há exemplo mais perfeito do que o próprio Epicuro. Sabe-se de uma carta que ele escreveu em seu leito de morte endereçada a um amigo, num momento que ele vivia um sofrimento angustiante com a doença que culminou em seu falecimento. Nessa missiva, ele assevera que aquele é o dia mais feliz de sua existência, porquanto evoca as amenas conversações que, em tempos idos, travara com o amigo (LS 24D).

Isso talvez pareça bom demais para ser verdade, mas trata-se nada menos do que a postura que Epicuro esperaria de si mesmo, e de nós. Seu ensinamento ético não é apenas teórico; é uma proposta de estilo de vida, cuja intenção é tornar-nos praticamente invulneráveis às mudanças das circunstâncias externas. O objetivo de sua filosofia é mostrar como podemos evitar perturbações até mesmo diante, digamos, de uma doença excruciante. É claro que este também era o objetivo das escolas dos cínicos e dos cirenaicos: o tipo de autossuficiência que nos tornaria praticamente invulneráveis às reviravoltas da roda da fortuna. Veremos mais adiante que este mesmo objetivo era responsável por motivar a ética dos estoicos, e

31. Quanto ao contraste entre estas duas escolas, cf. Warren (2001, p. 135-179); O'Keefe (2002, p. 395-416).

que mesmo os céticos argumentavam que sua filosofia agnóstica conduz à ausência de perturbações. Porém, se este é o destino que as escolas helenísticas tinham em comum, elas trilham caminhos distintos para alcançá-lo. Para os epicuristas, o caminho recomendado era memorizar e internalizar um ensinamento que elevava o prazer a seu grau máximo ao longo de uma vida inteira, e não apenas no momento presente. Em seu leito de morte, Epicuro demonstrou o modo pelo qual um treinamento meticuloso nestes preceitos lhe permitiu superar até mesmo o maior dos tormentos físicos. Esta possibilidade era negada pelos cirenaicos, cujo argumento era de que o sofrimento físico do momento presente seria muito mais intenso do que qualquer lembrança ou expectativa futura. Já prestes a morrer, Epicuro talvez tenha se permitido um prazer adicional, quando provou, de uma vez por todas, que seus adversários estavam errados.

Uma invulnerabilidade como esta não pode ser conquistada sem muito despender. Ela exige disciplina, e os epicuristas se consideravam mais disciplinados do que os cirenaicos, seus colegas hedônicos. Aristipo e os demais cirenaicos demandam de nós a satisfação com quaisquer prazeres que tenhamos no momento presente. A principal estratégia que eles oferecem em relação ao futuro é imaginarmos um possível sofrimento antes de passarmos por ele, a fim de que nos desviemos de seu caminho. Os epicuristas rejeitavam tal estratégia, considerando-a ineficaz, e apresentavam instruções mais exigentes para que a felicidade possa se estender ao longo de uma vida inteira. Não estamos tão somente tentando desfrutar de nossa situação atual, como os cirenaicos. Portanto, muitas vezes nos será exigida a abstenção de um prazer do momento presente em razão do sofrimento que ele nos causará (LS 21A-B, G, J). Alguns óbvios exemplos disso são os hábitos de comer em excesso e de embriagar-se. Eles podem até ser divertidos aqui e agora – na verdade, vamos admitir: eles *são* divertidos aqui e agora –, mas nos causarão arrependimento quando tivermos uma dor de barriga ou uma ressaca. Epicuro também nos alerta quanto à indulgência com o sexo, em parte porque, por mais prazeroso que o sexo possa ser, ter filhos acarreta preocupações e problemas mais do que suficientes para sobrepujar este prazer. No caso de Epicuro, o cálculo hedonista dá preferência à castidade, em detrimento da vida familiar.

Por esta mesma razão, sempre que possível, os epicuristas evitavam o envolvimento com a vida política do cotidiano, pois as preocupações a ela relacionadas seriam muito maiores do que o prazer que a política poderia oferecer. É claro que estes mesmos epicuristas talvez estivessem dispostos a ocupar um cargo público a fim de evitar transtornos e preocupações pessoais. Se a cidade de Atenas tivesse, de súbito, tentado expulsar Epicuro e seus amigos de seu Jardim, é bem provável que eles mostrassem a disposição de enfrentar esta ameaça na esfera política. Porém, de modo geral, a política é um jogo de tolos, uma fonte de preocupações, mais do que de prazeres. Ela poderá dar-lhe a *aparência* de lhe proporcionar um grande prazer. O político bem-sucedido poderá ser aclamado pela multidão, ter estátuas construídas em sua homenagem e, como resultado disso, obter prazer. Porém, os epicuristas tentam dissuadir-nos da busca de tais prazeres, considerando-os não naturais. Prazeres não naturais são cálices que contêm veneno, que, a longo prazo, tendem a nos proporcionar mais sofrimento do que prazer (LS 22C, L).

Epicuro nos diz que, ao invés disso, devemos nos voltar à natureza para descobrir quais prazeres são dignos de serem buscados. Este é mais um aspecto consensual entre cínicos e cirenaicos. Na verdade, em um texto que compara as várias escolas helenísticas, Cícero nos diz que Epicuro recorre a um argumento em favor do hedonismo que também foi usado pelos cirenaicos[32]. De acordo com este argumento, até mesmo os animais e as crianças buscam o prazer. O instinto está enraizado em nossa natureza a tal ponto que não somos capazes de conceber nenhum bem além da sensação de prazer. À luz de sua epistemologia, Epicuro é capaz de aprimorar o uso que os cirenaicos fazem deste argumento. Tendo em vista que, para ele, as sensações são o instrumento de medida de todas as crenças, ele não julga necessário argumentar em favor dos benefícios do prazer. Qualquer criatura dotada de sensações e da capacidade de ter sentimentos buscará o prazer. Com base no exemplo das crianças pequenas e dos animais, Cícero tentou ilustrar este argumento, a saber, o de que a própria natureza nos convida a identificar o prazer com o bem. Porém, a natureza não nos convida a ir atrás de estátuas ou de multidões em êxtase do mesmo modo que nos insta a comer quando temos fome e beber quando temos sede. Estes desejos naturais são os únicos que devemos satisfazer. Saciar nossos desejos naturais e

32. Cícero *(Fin.*, § 1.30). Cf. também Brunschwig (1986, p. 113-144).

estarmos satisfeitos com este nível de saciedade: eis o caminho mais seguro para a ausência de perturbações. Conforme Epicuro afirma, remetendo-nos novamente às ideias dos cínicos e dos cirenaicos, o prazer natural é fácil de ser obtido, já que ele está sempre à mão (LS 21B). Além disso, tais prazeres podem ser tão intensos quanto qualquer outro. Diante da autêntica necessidade de comer ou de beber, o prazer que sentimos com um pão simples e um pouco de água é tão grande a ponto de nada poder superá-lo.

O louvor de Epicuro aos prazeres naturais e necessários – prazeres realmente necessários se quisermos evitar o sofrimento – levou muita gente a considerá-lo o mais paradoxal dos filósofos, isto é, um hedonista ascético. Em sua epístola acerca da ética, dirigida a um amigo chamado Meneceu, Epicuro declara, de modo digno de memória, que, quando nos exorta a perseguir o prazer, não se refere ao deleite de rapazes, de mulheres e de peixes, isto é, à pederastia, ao comércio carnal e às iguarias (LS 21B). Tais passagens reforçam a ideia de que Epicuro nos pede para evitarmos, a todo custo, os prazeres extravagantes, e manter distância de qualquer outro prazer mais agradável do que as necessidades mais básicas. Afinal de contas, ele poderia lhe dizer, o luxo lhe trará mais problemas do que benefícios. Porém, isso parece equivocado. Afinal, Epicuro não é Diógenes o Cínico. Ele tem a profunda convicção de que o prazer é bom, de que o prazer, na verdade, é *o bem*. Epicuro seria incoerente se tentasse evitar um prazer se pudesse tê-lo sem, com isso, causar um sofrimento que poderia ser maior do que este prazer.

A interpretação que prefiro dar é que Epicuro nos pede para que pratiquemos a fim de buscar a felicidade com uma variedade moderada – mínima, até – de prazeres[33]. Precisamos buscar a disposição de viver felizes à base de pão e de água, caso as circunstâncias não nos ofereçam nada mais do que isso. Ademais, não devemos passar por um grande estresse, tampouco enfrentar esforços dolorosos para termos acesso aos luxos. Isso seria contraproducente. No entanto, ainda assim, o epicurista desfrutará de luxos caso eles surjam em seu caminho ou se for fácil obtê-los. Considere o seguinte exemplo: se um epicurista estiver embarcando num voo, e

33. Respaldo aqui a interpretação de Woolf (2004, p. 303-322; 2009, p. 158-178). Peguei emprestado (aliás, roubei) o exemplo a seguir, a saber, o de voar na primeira classe, deste artigo (Wolf, 2009, p. 160).

a comissária de bordo interpelá-lo, oferecendo-lhe, a título de "promoção", uma transferência para a primeira classe, ele aceitará? A resposta é: sim. A área da primeira classe é mais agradável do que a da classe econômica, e esta situação não lhe custará nada em termos de preocupação ou de sofrimento. A exceção se daria na situação em que, em voos futuros, depois de ter desfrutado dos deleites da primeira classe, ele soubesse que precisaria viajar em classe econômica, de modo que devesse aguentar o desconforto que não teve na primeira classe. Porém, um epicurista bem treinado não teria este problema, pois em diversas ocasiões ele já pôde praticar os ensinamentos que o lembram de que os prazeres naturais e essenciais já lhe bastam.

Portanto, um crítico das atitudes de Epicuro precisará fazer mais do que simplesmente insultá-lo por buscar prazeres com atitudes libertinas e irrefletidas. A esta acusação, Epicuro responderá: "Creio que a pessoa que você tem em mente é Aristipo o Jovem. O meu hedonismo é fruto de uma ponderação, e exige de mim que eu resista ao prazer com a mesma frequência com que desfruto dele". O crítico poderá, então, apresentar um argumento melhor? Sim, caso ele tenha lido Platão. Em vários de seus diálogos, seus personagens apresentam um argumento anti-hedonista que segue mais ou menos a seguinte linha (*Górgias,* 495e-497b, *República,* 585a-b). Imagine que você está com sede. Isso certamente lhe traz desconforto, e concordamos que isso não é uma coisa boa. Felizmente, há uma solução: você pode beber algo. Beber é prazeroso justamente porque traz o corpo de volta a seu estado de equilíbrio. Porém, assim que a condição de desconforto ou de sede desaparecem, o prazer também desaparece. Não é agradável continuar a beber se você já saciou sua sede. Se todos os prazeres forem como este, o hedonista estará em apuros. O melhor que podemos fazer é buscar o equilíbrio entre o desconforto da sede e o prazer de beber. Quando nos livramos do desconforto, o prazer também desaparecerá – e muito em breve o desconforto voltará a surgir, quando tivermos sede novamente. Portanto, uma vida dedicada a esse tipo de prazer está fadada ao malogro, pois você jamais conseguirá se colocar numa situação de vantagem, assim como a pessoa que não consegue economizar dinheiro por ganhar um salário que é suficiente apenas para pagar as dívidas que contrai constantemente. No *Górgias* (493b),

Platão faz a célebre comparação entre a pessoa nesta situação e o homem que tenta encher com água um jarro que contém um furo.

Epicuro responde a esta crítica à vida hedonista, mas, ao fazê-lo, é obrigado a apresentar uma tese demasiado ousada. Em primeiro lugar, ele considera que, no momento que tenho prazer, isso me impede de sentir desconforto – portanto, enquanto estou bebendo, a sede não traz desconforto. Porém, isso não me bastará, se eu atestar que todo prazer que tiver for equilibrado por um desconforto prévio ou futuro. O que ele precisa fazer é me mostrar que há uma alternativa melhor do que simplesmente buscar um equilíbrio. Aqui vem a parte ousada da tese: o argumento de Epicuro é que o momento no qual não sinto mais nenhum desconforto, em si, já consiste no maior dos prazeres possíveis. Como ele afirma numa das sucintas observações que costumava oferecer aos seus discípulos para que praticassem de modo autônomo, o "grito da carne" é não sentir fome, sede ou frio. A pessoa que não sente nada disso e nutre a expectativa de, no futuro, livrar-se destes anseios, rivaliza com o deus Zeus na busca pela felicidade (LS 21G).

Autores de épocas posteriores afirmam que Epicuro, ao explicar este seu conceito, desenvolveu uma terminologia ultramoderna. Estes termos não aparecem nas obras subsistentes de Epicuro, mas ele apreciava a prática de cunhar termos técnicos, o que pode ser comprovado em fontes posteriores. Conta-se que ele fazia a distinção entre dois tipos de prazer, o "cinético" e o "estático" (LS 21R). A diferença entre eles é que um prazer cinético envolve algum tipo de mudança ou de processo – a palavra "cinético" tem origem no termo grego *kinesis*, que significa movimento ou mudança. Em contrapartida, um prazer estático é estável e não envolve nenhum processo de transição. Comer, beber e praticar sexo são exemplos paradigmáticos de prazeres cinéticos. Claro que estes são prazeres que, de acordo com os argumentos anti-hedonistas, consistem em simples restaurações do corpo. Epicuro contorna a crítica platônica ao enfatizar a ideia de que o estado no qual o desconforto foi eliminado não é apenas uma trégua breve e neutra que surge antes do início do próximo ciclo de desconforto e de prazer cinético. Pelo contrário, esse estado livre de desconfortos é prazeroso; na verdade, tão prazeroso que nada pode aperfeiçoá-lo.

Este argumento oferece a Platão uma resposta apropriada, e nos fornece um quadro detalhado da vida epicurista ideal. Trata-se de uma vida de moderação, cujo objetivo é minimizar as flutuações dos prazeres e do prazer cinético, bem como maximizar o tempo que passamos com o prazer sereno e estático que acompanha a eliminação de todo tipo de desconforto. Isso ajuda a explicar por que devemos valorizar somente os prazeres mais essenciais e naturais. Se permitirmos ser perturbados, ainda que minimamente, pelo fato de não termos uma refeição requintada ou de não sermos reverenciados, corremos o risco de jamais alcançar o prazer supremo, que é a completa ausência de sofrimento. Isso também possibilita a Epicuro a combinar duas de suas respostas prediletas à pergunta acerca do que constitui uma vida feliz: por um lado, há o prazer; por outro, a *ataraxia*, a ausência de perturbações. Ocorre que estas duas são, na verdade a mesma coisa, já que a ausência de sofrimento e de perturbações é simplesmente o prazer estático, o melhor prazer que pode existir.

Este é um passo brilhante dado por Epicuro. Infelizmente, ele é, na melhor das hipóteses, polêmico, e, na pior, evidentemente falso. Críticos de épocas posteriores, como Cícero, afirmam que é implausível afirmar que a mera ausência de sofrimentos é o melhor prazer que podemos sentir (cf. Cícero, *Fin.*, § 2.8). Em alguma medida, isso se resume a um conflito de percepções distintas. A premissa de Platão é que a ausência de sofrimento é compatível com a ausência de prazer, e que alguém que esteja simplesmente livre de sofrimento talvez não sinta coisa alguma, boa ou má. Por outro lado, Epicuro considera que esse mesmo estado representaria o êxtase completo. Haverá algum modo de resolvermos esta discussão? A meu ver, é plausível a ideia de que posso ter uma profunda satisfação com uma existência sem sofrimentos. Saber que não tenho nenhuma necessidade não atendida, e, desse modo, nenhum sofrimento, decerto é um tipo de consciência, e não um simples estado de inconsciência. Poderíamos descrever esse estado positivo como um estado de tranquilidade. O que mais pode se desejar, além da consciência de que não se deseja nada? Por outro lado, um adversário poderia argumentar que até mesmo a pessoa livre de sofrimento poderá ter razões para buscar prazeres cinéticos adicionais. Isso provaria que a ausência de prazer não é a melhor coisa que podemos alcançar. Por exemplo, se me encontro num estado de liberdade absoluta em relação à sofrimentos ou desconfortos, e alguém me oferece um folhado de amêndoas, posso muito bem aceitá-lo, ainda que eu não esteja com fome, tão somente porque ele é saboroso. Epicuro não nega isso, mas enfatiza que, ao comer este folhado, não estou tornando minha vida mais agradável; estou simplesmente proporcionando a ela uma maior variedade. Uma pessoa que conseguiu passar pela vida sem sofrimento, mas também sem folhados de amêndoas, seria tão feliz quanto Zeus. Porém, assim como ocorre com os luxos de maneira geral, posso encontrar uma razão para comer folhado de amêndoas ainda que isso não aumente meu nível de felicidade.

Com base em tudo que já mencionei até o momento, talvez você conclua que o estilo de vida correto para um epicurista seria a moderação aliada ao isolamento, pois assim minimiza-se o contato com as demais pessoas e seus projetos – como já vimos antes, a vida familiar é uma potencial fonte de perturbações. Mas, o que dizer destes amigos de Epicuro, os destinatários destas cartas? É verdade que uma destas cartas foi endereçada à sua própria mãe, e a relação entre os dois era de grande intimidade (felizmente para Epicuro, o conselho que ele costumava dar, o de evitar ter filhos, chegou tarde demais para ter alguma serventia a ela). Mas e o que dizer dos demais amigos de Epicuro, bem como daqueles que passavam tempo ao seu lado, em seu jardim? Tais encontros não poderiam ser, em tese, fonte de sofrimento, a ser evitada a todo custo? Longe disso. Na verdade, Epicuro afirma que literalmente nada, além da amizade, pode significar uma maior garantia de felicidade (LS 22E-F, O). Para começar, a amizade e a conversa amistosa são, em si, os maiores prazeres que podemos ter – não é à toa que uma lembrança desse tipo de prazer foi o que consolou Epicuro em seu leito de morte.

Ademais, Epicuro atesta que mesmo a pessoa que não sente fome, sede ou frio talvez se preocupe em como conseguir sua próxima refeição, ou então como se manterá aquecida quando o inverno chegar. Lembre-se, para alcançar uma vida como a de Zeus também precisamos da esperança de podermos evitar sofrimento no futuro – o oposto da ideia cirenaica de ensaiar a probabilidade de um futuro sofrimento. Nesse sentido, os amigos são a maior dádiva com que se pode contar, a apólice de seguros suprema. Os amigos fazem bem uns aos outros, e sabem que, caso um dia precisem da ajuda alheia, poderão contar com esta possibilidade. Se tenho vários amigos, sei que nunca passarei fome, pois se um dia chegar a esse extremo poderei conseguir uma refeição na casa de um amigo. Portanto, a amizade, nos diz Epicuro, está enraizada no benefício recíproco. Não me refiro aos benefícios concretos que podemos oferecer uns aos outros, mas à confiança de que poderemos receber mais benefícios posteriormente, caso deles precisemos. Portanto, a amizade é essencial para uma vida feliz por duas razões: ela é, em si mesma, uma grande fonte de prazer; além disso, ela nos ajuda a nos proteger das perturbações, até mesmo a perturbação de ter de se preocupar com o amanhã.

Isso tudo parece tornar Epicuro vulnerável a uma objeção que também pode ser feita à teoria de Aristóteles, no que concerne à amizade. Pois não devemos valorizar nossos amigos por razões que transcendam a nossa própria felicidade? Epicuro nos passa a impressão de que meus amigos são meros instrumentos para que eu evite as perturbações. Talvez ele possa me explicar por que eu estaria disposto a enfrentar sofrimentos e desconforto em nome de meus amigos, a saber, para construir a confiança recíproca em um comportamento que poderá ser benéfico no futuro. Porém, isso tudo, em última instância, se resume ao ditado "uma mão lava a outra". Esta parece uma concepção egoísta e deprimente de amizade. Porém, alguns intérpretes veem nisso uma razão para otimismo[34]. Eles sugerem que uma estratégia ocorre aqui, em dois níveis: em geral, quero ter amigos porque isso me beneficia, mas para alcançar isso preciso realmente estimar algumas pessoas como amigos. Parece tudo muito sensato, você poderá dizer. Porém, em última instância, há pelo menos uma ameaça da qual amizade nenhuma, e tampouco uma vida de moderação, poderá me proteger. Por mais que você esteja gostando deste livro, o seu prazer diminui com a lembrança de que você terminará a leitura dele. O mesmo acontece com a vida: jamais poderei me livrar das aflições e das perturbações, pois sei que um dia vou morrer. Você talvez ache que este é o verdadeiro problema de não ser Zeus: ele alcançou a imortalidade, e nós nunca a teremos. E, falando em Zeus, eu também não deveria me preocupar com o fato de que os deuses também poderão me infligir todo tipo de tormentos no pós-túmulo? Se você achava que toda aquela fome e aquela sede eram ruins, espere só até chegar ao Tártaro! Portanto, temos sorte por Epicuro não apenas ter esboçado as linhas gerais de um sólido hedonismo, mas também por nos ter oferecido alguns argumentos que nos ajudam a ter um sono profundo à noite.

---

34. Acerca deste tema, cf. O'Connor (1989, p. 165-186); Evans (2004, p. 407-424); O'Keefe (2001, p. 269-305).

6

NADA A TEMER: OS EPICURISTAS, A MORTE E OS DEUSES

"Não é que eu tenha medo de morrer, só não quero estar aqui quando acontecer", disse Woody Allen (Allen, 1975, p. 104). Não acredito, contudo, que ele não tenha medo de morrer. Para começar, este é o mesmo homem que afirmou: "Não quero alcançar a imortalidade por meio do meu trabalho, quero alcançá-la em razão de não morrer". Isso é bem parecido com a maneira como me sinto em relação à morte. Lembro-me de que, por volta de meus 15 anos, durante uma aula de inglês, fui invadido por uma percepção repentina e avassaladora de que um dia eu deixaria de existir. Uma intimação enviada pelo *nada* absoluto – não um vazio negro, mas um autêntico *nada*, a não existência. Foi então que tocou o sinal e saímos para o recreio. Mas um dia, claro, o sino da morte realmente tocará para mim, para você, para todos nós. Nossa expectativa é partir com serenidade, enquanto dormimos, e numa idade avançada; mas, de uma maneira ou de outra, todos nós partiremos e descobriremos se Sócrates tinha razão ao argumentar, no *Fédon*, que a morte é uma mera separação entre a alma e o corpo, ou se, por outro lado, ela é de fato o mais absoluto esquecimento. Seja como for, de minha parte, não estou ansioso pela chegada deste dia.

Epicuro diria que eu – e provavelmente Woody Allen, também – preciso fazer um curso intensivo de sua filosofia. Ele acreditava que o objetivo da filosofia, de modo geral, era aliviar o sofrimento humano. Na verdade, ele afirmou que um filósofo cujo trabalho não representasse uma terapia para lidar com tal sofrimento estaria tão somente desperdiçando palavras (LS 25B-C). Na condição de hedonista, é natural que ele encarasse a dor física como uma importante forma de sofrimento, de modo que dava conselhos de como evitá-lo. Porém, o sofrimento psíquico é pior do que o sofrimento físico, assim como o prazer que obtemos na ausência de quaisquer dores é melhor do que os voláteis prazeres físicos do sexo, da comida e da bebida. Se o epicurismo tem um objetivo principal, é o de dissipar as angústias, as ansiedades e os medos psíquicos. Portanto, eis como os epicuristas resumem a mensagem de seu mestre: "Não se deve temer os deuses, ou a morte; o prazer está sempre à mão, e com boa vontade é que se deve suportar o sofrimento". Trata-se do assim chamado *tetrapharmakon*, ou "remédio quádruplo", citado por autores como Filodemo de Gádara[35]. É significativo que isso seja descrito como um *remédio*. Para Epicuro, a ética funciona como um regime médico, só que voltado à alma, mais do que ao corpo.

E é da alma que precisamos tratar, caso queiramos compreender os argumentos de Epicuro em defesa do destemor aos deuses e à morte. A importância destas duas fontes de ansiedade fica clara quando atestamos que elas compõem a primeira metade do *tetrapharmakon*. Já vimos anteriormente de que modo Epicuro defenderia as duas outras formas de garantia: a de que sempre conseguiremos encontrar o prazer, bem como a de que sempre seremos capazes de superar a dor. Relembre, por um instante, a capacidade de Epicuro de autocontrolar sua própria agonia em seu leito de morte por meio da lembrança de momentos agradáveis passados com amigos. Mas... não temer a morte nem os deuses? Isso já é mais difícil de compreender, e a teoria do prazer, em si, não é suficiente para nos ajudar nesta compreensão. Em vez disso, teremos de considerar o que Epicuro tem a nos dizer a respeito da alma. Se você tivesse de adivinhar o que ele diria, é bem provável que acertasse já na primeira tentativa. Você se lembra que Epicuro foi um materialista, e, portanto, que acredita que todas as coisas do mundo são formadas por átomos e pelo vácuo. Portanto, não lhe causará surpresa descobrir que, em sua visão, a alma é uma entidade material formada por átomos.

Porém, não apenas por átomos. Assim como outros filósofos, incluindo Aristóteles e os estoicos, Epicuro acredita que a alma é como ar quente. Por vezes, ela é associada com *pneuma*, palavra grega para "respiração" – esta, claro, é a origem de palavras como "pneumático". Em certa medida, isso faz sentido: temos de continuar a respirar para viver e, enquanto estivermos vivos, nosso corpo está quente. Mas é claro que a teoria de Epicuro tem um viés

35. A seu respeito, cf. Tsouna (2007).

atomista. Em uma de suas cartas, ele afirma que a alma é formada por átomos que lembram ar quente ou vento (LS 14A). Ela também contém outros átomos de uma espécie muito especial, os quais chegam a ser mais finos que os átomos que compõem o vento. Isso confere à alma uma capacidade exclusiva de produzir sensações. Uma vez que este complexo de átomos – que se assemelham ao ar quente e ao vento – é tão fino e tão sutil, ele pode se espalhar por todas as partes do corpo, e por esta razão cada parte dele é sensível à dor, ao prazer e a outras sensações físicas. Porém, por esta mesma razão, a alma não consegue sobreviver fora do corpo – Epicuro acredita que uma rede de átomos tão refinada simplesmente se dissiparia caso fosse retirada do corpo.

Igualmente importante, para os propósitos de Epicuro, é a ideia de que, mesmo que a alma pudesse sobreviver fora do corpo, não conseguiria ter nenhuma experiência sensorial. As sensações demandam não apenas uma alma, e não apenas um corpo, mas uma mescla de ambos – segundo Epicuro, a alma e o corpo exercem uma mútua influência (LS 14A, C, D). Isso é importante na medida em que contribui para demonstrar por que não devemos temer a morte. Voltaremos a este ponto. Por ora, quero mencionar a principal consequência desta teoria: depois de minha morte, minha alma deixará de existir. Mesmo que ela pudesse sobreviver, seria incapaz de passar pela experiência da dor ou de qualquer outra sensação. Portanto, é duplamente inútil temer experiências dolorosas depois da morte. Woody Allen pode ficar tranquilo: de fato, ele *não estará* lá no instante em que morrer.

Infelizmente, isso só poderá trazer algum conforto a Woody Allen caso ele acredite que sua alma é realmente formada por finos átomos espalhados por seu corpo. Mas, e se o Sócrates retratado no *Fédon* estiver certo? E se cada um de nós de fato tiver uma alma imortal, talvez imaterial, que nos permita sermos enviados ao Tártaro, ou aonde quer que as almas más sejam enviadas, como punição para seus pecados? É óbvio que a teoria atômica de Epicuro exclui esta possibilidade. Porém, conforme ele observa, sua teoria na verdade inclui algo que é imaterial e incorpóreo: o vácuo. Para ele, o vácuo não é apenas um espaço vazio, mas algo que não pode interagir fisicamente com outras coisas. Daqui podemos extrair uma lição importante. Se algo é imaterial, não pode afetar ou ser afetado por nada mais. Desse modo, a alma imaterial dos platônicos não seria capaz de ter experiências ruins mais do que um pedaço de espaço vazio – no aspecto causal, ela está isolada de tudo –, o que inclui qualquer coisa que poderia machucá-la.

Mas eu compreendo sua possível ansiedade em relação a toda essa história relacionada à morte. Talvez eu possa, com a colaboração de Epicuro, tranquilizá-lo um pouco. Proponho refletirmos acerca do fato de que precisamos tocar ou ser colocados próximo às coisas para que possamos senti-las. Ademais, como acabamos de ver, sem a interação física nada pode ser afetado, e as sensações são, por certo, uma maneira de sermos afetados. Considere, por exemplo, o sentido da visão. O que provavelmente acontece aqui é que imagens visuais chegam até nossos olhos a partir das coisas que vemos. Tais imagens – a palavra grega que designa isso é *eidola* – devem ser formadas por átomos porque... bem... tudo é formado por átomos. Quando as imagens chegam aos nossos olhos, a presença de átomos da alma nos olhos permite-nos registrar este impacto como uma experiência visual (LS 15A). O fenômeno ocorre com os demais sentidos. Esta análise pode ser estendida e aplicada a experiências aparentemente não sensoriais, como, por exemplo, a experiência na qual imaginamos algo. Isso também deve ter alguma causa física. Lucrécio sugere que se, por exemplo, imaginamos um centauro, isso ocorre porque misturamos a imagem de um cavalo à de um homem (LS 15D). Somos capazes também de captar estas imagens misturadas. Podemos explicar os sonhos de um modo semelhante. Em suma, todas as nossas experiências, até mesmo as imaginárias, de algum modo têm como base uma interação física com o mundo de átomos que nos cerca.

Talvez você considere pouco convincentes alguns dos pormenores apresentados acima. Porém, terá de reconhecer que esta dose particular do remédio prescrito por Epicuro realmente produz a eficácia prometida em sua bula. É uma teoria da sensação, e das experiências de modo geral, que impede uma alma desencarnada ou imaterial de viver qualquer tipo de experiência, seja ela dolorosa ou de qualquer outra natureza. Na verdade, ao que parece, esta teoria da alma e das sensações foi concebida de modo preciso para visar a este resultado. Trata-se de uma teoria criada para eliminar o medo da morte; ela não foi concebida para estabelecer, de uma vez por todas, qual é a natureza da alma. Para Epicuro, enquanto sua teoria se mantiver condizente com a experiência, e enquanto cumprir o objetivo de dissipar o medo, ele poderá dizer que "sua missão foi cumprida". Afinal de contas, sua missão é dissipar o medo. Portanto, pode-se considerar toda a sua teoria psicológica como nada mais do que um sofisticado argumento que visa a combater o medo da morte.

Os epicuristas, contudo, não se detiveram nesse argumento. Lucrécio dedicou a íntegra do terceiro livro de seu poema *Sobre a natureza das coisas* a argumentos contra o medo da morte. Apurou-se que ele apresenta trinta e três desses argumentos – quantia suficiente para dispor de um por dia ao longo de todo um mês, sobrando ainda dois, caso a apreensão se mostre particularmente intensa[36]. O ponto mais fundamental, no entanto, é que não existiremos depois da morte. Qual é o sentido de temer uma situação em que já não estaremos mais presentes? Lucrécio apresenta uma convincente versão desta ideia, amiúde chamada de "argumento simétrico" (LS 24E). Tal versão convida-nos a compararmos o tempo posterior à nossa morte e o tempo que antecede nosso nascimento. No primeiro caso, já teremos deixado de existir; no segundo, ainda não existíamos. Porém, as duas situações são iguais, no sentido de que não estamos aqui. Não vemos nada que possa nos amedrontar, e não lembramos de nada horrível que possa estar relacionado aos tempos anteriores a nosso nascimento. Portanto, não devemos temer nada de horrível depois da morte. Lucrécio reconhece que, em tese, os átomos que compõem nossa alma poderiam, um dia, se reagrupar para formar uma nova alma, particularmente em razão do infinito futuro que temos diante de nós. Da mesma maneira, contudo, eles poderiam ter formado uma alma num passado distante. No entanto, não temos a menor recordação disso tudo. Portanto, diz ele, devo concluir que não haverá nenhuma continuidade da experiência entre mim e uma possível pessoa no futuro que contenha os mesmos átomos desta alma. Mesmo que minha alma esteja num determinado lugar, eu não estarei ali.

Este argumento o convence? Bem, cabe aqui uma clara objeção a ele: na verdade, o medo que sinto não tem que ver com as experiências dolorosas ou com o tormento no pós-túmulo. Como eu disse antes, quando eu tinha 15 anos o que me impactou, na verdade, foi a simples ideia de um dia eu deixar de existir. Mas será que essa possibilidade não é digna de ser temida?

---

36. A contagem (33) que adoto aqui foi apresentada por Gill (2009, p. 138, n. 49). Um excelente estudo dos argumentos epicuristas acerca deste tema é o de Warren (2004). Cf. também Rosenbaum (1986, p. 217-225); Segal (1990); Tsouna (2006, p. 79-117).

Os epicuristas dizem que não, da mesma forma que não o são as ansiedades e expectativas em relação a este fato. Se a morte não é nem dolorosa nem agradável, não devemos temê-la nem aguardá-la com ansiedade. A única razão para que eu a tema é que eu deixarei de sentir os prazeres de que poderia desfrutar caso vivesse mais tempo. Porém, isso tampouco deve ser razão para aflição. Trata-se de uma postura inútil – não devo arruinar o tempo de que disponho me preocupando com o tempo que meu prazer durará –, mas não só isso: ao adotá-la, demonstro que não compreendi a natureza do prazer. Para Epicuro, o estado de ausência de dor, o qual ele denomina de prazer "estático", já é a maior bem-aventurança que um homem poderia alcançar. O indivíduo que alcançou esse estado não precisa de nenhum outro aperfeiçoamento, seja pelo preenchimento de sua vida com mais prazeres cinéticos, seja prolongando-a. A essência do prazer estático é que você não deseja nada, e isso inclui não desejar coisas que não pode obter, tal como a imortalidade. Como afirma Epicuro, quando se trata da morte, vivemos todos numa cidade que não tem muralhas de proteção em seu redor (LS 24B). A única maneira de vencer este inimigo é não ter medo algum dele.

Imaginemos que já chegamos a este nível de compreensão do epicurismo. Estamos de acordo quanto ao atomismo. Já estamos familiarizados com a prática de nos contentarmos com prazeres simples, mesmo que possamos desfrutar, e de bom grado, dos prazeres do luxo, caso eles surjam em nosso caminho. Já construímos boas amizades com pessoas que nos proporcionaram segurança caso tenhamos má sorte. E já deixamos de temer a morte. Somos atraídos pela serenidade, enquanto, sentados no jardim, temos conversas informais, ao mesmo tempo em que memorizamos os preceitos do mestre. Infelizmente, ainda nos resta um motivo para preocupação: os deuses. Se eles existem e se forem temperamentais como Homero os retrata na *Ilíada*, na verdade temos muito o que temer. Nesta obra, eles são seres poderosos e aterrorizantes que precisam ser apaziguados, caso contrário eles… bem… eles decerto podem nos fazer coisas ruins. Nesta vida, eles poderão causar todo tipo de tormentos a nós e a nossos amigos. Em uma breve alusão a uma cultura antiga diferente, posso citar o Livro de Jó, que mostra os danos que um deus com uma imaginação fértil pode nos infligir, caso esteja realmente determinado[37]. E isso não é nada comparado ao que os deuses poderão fazer conosco depois desta vida. Todo esse discurso acerca dos átomos e da sensação é deveras plausível; não obstante, cumpre dirigir-se ao templo para oferecer sacrifício a Atena, por precaução.

O fato é que Epicuro não tentaria nos dissuadir de ir ao templo para oferecer tais sacrifícios. Em geral, os epicuristas não evitavam a participação em rituais religiosos tradicionais. Mas isso não decorria de algum tipo de temor diante da reação dos deuses caso decidissem não participar. Epicuro ensina que não se deve temer os deuses mais do que se teme a morte. Ele nos pede para examinar aquilo que ele denomina de "nossa preconcepção" de um deus (LS 23B, C). Lembremos que as preconcepções são conceitos rudimentares cuja origem está em nossas sensações e em nossa memória. Neste caso, nossa concepção essencial de um deus é que se trata de um ser magnificamente abençoado e eterno. Tendo em vista que todas as pessoas – ou, pelo menos, todas as que Epicuro conhecia – aceitam a existência de deuses, não há por que negarmos a existência deles. E, no entanto, a maioria das pessoas tem conceitos ridículos acerca dos deuses, isto é, ideias incompatíveis com a preconcepção essencial do que significa ser divino. Por exemplo, elas acreditam que os deuses entram em conflito uns com os outros, que eles se irritam, e assim por diante. Esta crença é incompatível com o estado de bem-aventurança destes deuses, mormente do prisma de Epicuro – lembremos que, para ele, a bem-aventurança equivale a estar completamente livre de perturbações.

Está claro, portanto, que os deuses não darão a menor atenção ao fato de lhes oferecermos ou não sacrifícios. Na verdade, não se sentirão minimamente preocupados conosco. Não nos mostrarão nem sinais de aprovação nem de desagrado, já que prestar atenção às insignificantes ações humanas poderia comprometer sua glorificada e beatífica tranquilidade. Epicuro também afirma que o mundo está repleto de males, o que não condiz muito bem com a ideia de os deuses exercerem sua providência em relação a nós (LS 13F, G). Em vez de atribuir a estas divindades abençoadas a culpa por estes males, devemos simplesmente aceitar que os deuses não sujam as mãos em tentativas de consertar o mundo à nossa volta. Epicuro

37. No próximo volume desta série, analisarei comentários ao Livro de Jó feitos por filósofos judeus medievalistas.

parece estar radicalizando a crítica teológica apresentada por Platão e, em épocas anteriores, por Xenófanes, o filósofo pré-socrático. Ambos reclamavam que os conceitos tradicionais dos deuses eram degradantes para a majestade do divino. Epicuro não só concorda com isso, como vai além: elimina, de fato, qualquer interação que os deuses possam ter conosco ou com o mundo em que vivemos[38].

Porém, se nossa distância em relação aos deuses é tão grande, por que deveríamos sequer acreditar na existência deles? À primeira vista, a resposta de Epicuro é simples. Devemos acreditar neles, pois temos uma preconcepção a seu respeito. Porém, como se pode ter tal preconcepção, se nunca tivemos uma experiência direta de um deus? Minha preconcepção em relação às girafas deriva do fato de eu já ter visto uma girafa, mas não me recordo de jamais ter visto um deus. Mas lembre-se: Epicuro amplia seu conceito de "sensações" a fim de incluir coisas como as imagens com as quais nos deparamos em nossa imaginação e em nossos sonhos. Da mesma maneira, ele supõe que nossa preconcepção em relação aos deuses nasce das imagens que captamos até agora. Ele nos permite retratá-los como humanos em tamanho ampliado, e muito semelhantes a nós, pois esta seria a forma mais digna de designá-los. Filodemo, filósofo do epicurismo tardio, chega a insinuar que os deuses provavelmente falam grego (cf. Filodemo, *De dis, 3.14*).

Esta descrição levou alguns estudiosos à suspeita de que, no recôndito de sua consciência, Epicuro era, na verdade, ateu. Esta imagem de um deus semelhante a um humano de dimensões ampliadas e dotado dos melhores atributos que se possa imaginar soa perigosamente ficcional. Ela talvez tenha origem no mesmo tipo de processo que me faz evocar imagens de centauros. Já vi seres de grande dimensão, como as girafas, e já vi humanos; portanto, sou capaz de combinar ambos os conceitos para chegar à ideia de deus com a aparência de um humano grande, do mesmo modo que combinamos um cavalo e um homem se quisermos imaginar um centauro. Portanto, talvez os deuses não sejam mais reais do que os centauros. Nem Epicuro nem qualquer de seus seguidores admitem abertamente que são ateus, mas não se esperaria isso deles. Na verdade, seus adversários já os

38. A respeito da compreensão de Epicuro acerca dos deuses, cf. Obbink (1989); Mansfeld (1993); Konstan (2009); Sedley (2009).

acusavam disso por defenderem modos de ver que poderiam facilmente ser considerados típicos de um ateu, já que os deuses epicuristas não se dispõem a envolver-se conosco. Sem tentar dar uma solução a este tópico, quero apenas lembrá-lo de que o propósito da teologia de Epicuro é o mesmo de sua psicologia: dissipar as aflições. Na verdade, a matéria mais premente não é saber se os deuses existem, mas saber se devemos ou não temê-los. Talvez eles sejam fictícios, ou reais e indiferentes a nós; seja como for, não há o que temer.

Epicuro tem um motivo adicional para manter sua preconcepção do divino: os deuses representam um ideal ético ao qual podemos aspirar. Lembremos de sua provocadora afirmação, a saber, de que a pessoa que não sente nenhuma dor e espera permanecer nesse estado vive uma vida semelhante à de Zeus. Isso nos revela a grande utilidade de termos um conceito de deus. Trata-se do conceito de um ser completamente livre de aflições e de sofrimentos. Em outras palavras, Epicuro se mostra em sintonia com a famosa observação de Platão: nosso objetivo deveria ser "a semelhança com Deus, na medida do possível" (Platão, *Teeteto*, 176b). Como regra geral, esta possibilidade, infelizmente, é demasiado remota. Por sua própria natureza, os humanos buscam o bem, ou seja, o prazer. Esta ideia é essencial para o "argumento do berço" epicurista que analisamos anteriormente. Porém, mostramos pouca sabedoria no modo como buscamos o prazer, muitas vezes provocando dor a nós mesmos, por exemplo, quando comemos em excesso, ou então quando namoramos pessoas estimulantes que, conforme já sabemos, nos magoarão.

Pior ainda é nossa tendência de ficar remoendo medos perturbadores e arruinar, com isso, as chances de alcançarmos e permanecermos no estado divino de prazer estático. É por isso que Epicuro oferece sua terapia para tais medos; é por isso que tenta nos convencer a abandonar nossas aflições. Mas, por mais admirável que isso possa parecer, poderá ser visto como um desperdício de tempo. É verdade que uma crença falsa pode me causar medo. Mas as coisas nem sempre funcionam assim. Eu, por exemplo, não sou apaixonado por viajar de avião, seja na primeira classe ou na econômica (na verdade, nunca viajei na primeira classe, mas, tendo lido Epicuro, tento não ser perturbado por este fato). Sei muito bem que as chances de ocorrência de um acidente de avião são mínimas, que provavelmente corro um maior perigo no trajeto de carro até o aeroporto do que durante o voo, e assim por diante. Mesmo assim, percebo que as palmas de minha mão ficam suadas diante do menor sinal de turbulência. Não adianta nada tentar me convencer de que muito provavelmente não haverá acidente algum: estou ciente disso, e, mesmo assim, sinto medo. De modo geral, o mesmo acontece com o medo. Mesmo que eu passe a aceitar os argumentos epicuristas que tentam me dissuadir de temer a morte ou os deuses, ainda assim talvez eu sinta medo. Cabe aos epicuristas o mérito de ter compreendido a dificuldade de eliminar o medo. O próprio Epicuro não se limitou a registrar seus argumentos em textos escritos; ele estimulou seus seguidores a repeti-los e a refletir diariamente acerca de tais textos. Epicuristas tardios desenvolveram suas próprias maneiras de transmitir a mensagem do mestre de modos cada vez mais eficazes – em especial, colocando tais teorias no formato de versos em latim.

7

Colheita dos frutos: Lucrécio

Tudo começou no início da tarde, em agosto. De longe, via-se uma nuvem de fumaça que se erguia como uma torre, assemelhando-se a um enorme pinheiro de copa espalhada. Pessoas que a observavam de perto foram quase de pronto soterradas pelas cinzas e atingidas pelas pedras que caíam – e mortas praticamente sem tempo para receber sinais de alerta. Isso tudo aconteceu na cidade mais próxima, Pompeia. A uma pequena distância dali, em Herculano, a população ainda teve tempo para evacuar a cidade. Mas não puderam ir muito longe. Naquela mesma noite, uma mistura de gases e cinzas vulcânicas atingiu a região, matando todos os que tinham sobrevivido, bem como várias centenas de pessoas que haviam buscado abrigo no litoral. Transcorria o ano de 79 d.C., e a causa dessas mortes foi a erupção do vulcão Vesúvio. Plínio o Jovem foi uma testemunha do evento. Ele morava numa cidade mais distante de Herculano, e escreveu cartas ao historiador Tácito a respeito do acontecimento. Nelas, ele descreve a escuridão que cobriu a cidade – não, como diz ele, a escuridão de uma noite sem luar, mas um breu total, como a de um quarto fechado onde as luzes são apagadas. Parecia uma chuva, mas de cinzas e fragmentos de pedras, ao passo que todos em redor entravam em pânico; algumas pessoas se agarravam à esperança de serem salvas por seus deuses, mas a maioria delas abandonava sua fé, desesperada diante deste apocalipse.

Não teria sido nenhum consolo para as vítimas saber que, para os historiadores da filosofia, este cenário particularmente sombrio teve um lado positivo. Assim como em qualquer outra cidade respeitável, em Herculano havia cidadãos respeitáveis que moravam em vilas respeitáveis. Em uma delas havia uma biblioteca que abrigava incontáveis rolos de papiro. Estes livros foram carbonizados, transformando-se em blocos sólidos e soterrados em metros de cinzas e rochas, onde seriam descobertos quase dois mil anos depois. No século XVIII, arqueólogos desenterraram estes rolos de papiro e começaram a separá-los. Hoje, a leitura deles pode ser feita com escaneadores avançados, o que não lhes causa danos materiais. A descoberta mais sensacional em meio a estes papiros de Herculano foi a de uma coleção de livros acerca do epicurismo. Ela parece ter sido compilada por um filósofo epicurista chamado Filodemo. Desse modo, depois da erupção do Vesúvio foram preservadas ruínas de várias obras de Filodemo, bem como – o que é ainda mais extraordinário – a obra *Sobre a natureza*, do próprio Epicuro.

Esta descoberta evidencia a enorme influência do epicurismo. É claro que os textos, por mais fragmentários que possam ser depois de terem passado por esta provação, são uma rica fonte de informações acerca do pensamento epicurista. Mas sua mera presença no acervo de uma biblioteca aristocrática de uma cidade romana é, em si, reveladora. Já vimos que, em tempos relativamente recentes, no século II d.C., Diógenes de Enoanda, um entusiasta do epicurismo, ordenou que cartas de Epicuro e outros ensinamentos de sua escola fossem inscritos em pedra no território da atual Turquia. A cidade de Herculano nos mostra que o epicurismo já fizera incursões na elite da sociedade romana no século I a.C. Este fato foi confirmado por Cícero, o qual viveu neste mesmo século. Conforme veremos mais adiante neste livro, embora Cícero não tenha sido epicurista, ele escreveu diálogos filosóficos que apresentavam os ensinamentos de várias escolas em confronto umas com as outras. Em seu ver, o epicurismo merecia lugar entre as principais tradições, a ser contraposto aos estoicos e aos céticos.

Na verdade, todas as principais escolas helenísticas fizeram a transição da literatura filosófica grega para a latina. Isso é particularmente verdadeiro no caso dos estoicos, os quais tiveram uma espécie de renascimento no universo do Império Romano. O epicurismo viveu um grande florescimento antes disso, no século I a.C., na ocasião em que a própria Roma passou de república, governada pelo senado aristocrático, a império. Esta é a era de César, de Cleópatra e do próprio Cícero – neste palco político não havia atores medianos. Além da vasta quantidade de informações apresentadas por Cícero em seus diálogos a respeito dos ensinamentos epicuristas em sua época, ele também faz alusão a um homem que devemos reconhecer – com o devido respeito a Filodemo – como o maior representante do epicurismo depois do próprio Epicuro: o poeta Lucrécio. No ano 54 a.C., Cícero (*QFr.*, 2.9) elogia a poesia de Lucrécio; poucas décadas depois, o poeta Virgílio (*Georg.*, 2.490-492) insere nas suas *Geórgicas* um verso de louvor a Lucrécio. Portanto, Lucrécio era famoso entre os seus contemporâneos. Infelizmente, como figura histórica, ele é praticamente desconhecido entre nós.

Sabemos, porém, que ele escreveu uma das grandes obras da literatura latina, uma das mais importantes tentativas de traduzir a filosofia em versos. Trata-se de *Sobre a natureza das* coisas[39]. O livro entrega o que está prometido em seu título. Lucrécio apresenta uma explanação da natureza das coisas, desde a estrutura atômica do universo à mecânica dos raios e do magnetismo, do medo da morte à ética sexual. O poema parece ter uma íntima relação com o livro *Sobre a natureza*, de Epicuro, como podemos observar ao compará-lo com os remanescentes desta obra que foram encontrados na cidade de Herculano. Porém, Lucrécio não escreveu apenas uma versão poética expandida do tratado grego de Epicuro acerca da física. Ele escreveu uma versão poética expandida deste tratado grego *em latim*. Assim como Cícero, seu contemporâneo, Lucrécio trabalha diretamente com textos gregos e tenta transmitir as ideias de tais textos num novo idioma. Em mais de uma ocasião, tanto ele quanto Cícero pedem desculpas por serem incapazes de traduzir com perfeição para o latim termos filosóficos gregos[40]. Tanto o epicurista Filodemo quanto Cícero fizeram uma peregrinação a Atenas, o berço da filosofia, e estudaram com os mestres desta cidade. Ser um amante da sabedoria na sociedade romana significava, pelo menos nessa época, ser um amante de tudo que fosse grego.

---

39. Uma tradução facilmente encontrada é a de Lucretius, On the nature of things, trad. LATHAM, R. E. (Nova York, 1951; rev. edn. 1994). Aqui, as citações fazem referências aos livros e aos números das linhas que são mencionados na margem desta tradução em inglês.

40. Quanto a Lucrécio, cf. 1.136-9, 2.260; e quanto a Cícero, cf. capítulo 17 deste volume.

O grego que Lucrécio venera, em particular, é Epicuro. Dos seis livros de *Sobre a natureza das coisas*, quatro começam com um extravagante elogio a Epicuro, que é exaltado, quase que à letra, como um deus (5.8). Ignora-se o fato de Lucrécio afirmar, neste mesmo poema, que os deuses nada têm que ver conosco, e que a existência deles se dá muito longe de nós, no vácuo infinito. Lucrécio mostra uma total transparência quanto ao fato de seguir os passos de Epicuro e transmitir suas ideias em versos latinos. Os seis livros do poema nos conduzem aos aspectos mais relevantes da teoria epicurista, os quais incluem o atomismo, a importância fundamental do prazer e o absurdo contido no medo da morte ou dos deuses. Lucrécio afirma que o poema tem por objetivo apresentar seus ensinamentos de uma maneira mais agradável – como passar um pouco de mel na borda de uma xícara que contém remédio, antes de dá-lo a uma criança (1.936-8). Seu objetivo declarado é converter o leitor à sabedoria de Epicuro – o leitor, neste caso, é um aristocrata chamado Gaio Mêmio, o destinatário do poema.

Será que Lucrécio oferece alguma contribuição ao epicurismo além de sua habilidade de traduzir suas ideias em complicados – porém belos – versos hexâmetros em latim? Por certo, e insisto no argumento de que a realização literária é indissociável da realização filosófica. A principal capacidade de Lucrécio talvez seja sua habilidade de evocar imagens poderosas e plausíveis para as ideias de Epicuro. Ele compara os átomos da alma, que se movimentam com rapidez, a sementes de papoula (2.453); os átomos em constante movimento no interior de um organismo aparentemente imóvel ao frenesi de uma cena de batalha observada a distância como um borrão imóvel (2.308-16). Em uma de minhas passagens prediletas, ele tenta persuadir-nos de que os átomos têm muitas formas, cujas diferenças entre si são deveras sutis. Para ilustrar isso, menciona um bezerro abatido cuja mãe se mostra desesperada em sua dor. A vaca é descrita com carinhosos pormenores, em busca de seu rebento perdido, percorrendo o terreno com o olhar na tentativa de achar as pegadas dos cascos de seu filhote, de todo indiferente aos demais bezerros, embora todos eles tenham para nós, humanos, a mesma aparência (2.352-66). De igual modo, os átomos de figura diversa parecem permutáveis enquanto não se examina a matéria com cuidado. Por acaso, Lucrécio afirmará que cada forma de átomo ocorre em um número infinito de vezes no universo, o que praticamente enfraquece seu argumento. Porém, quando um argumento como este é apresentado em tão grande estilo, isso mostra-se desimportante. O final do poema é igualmente poderoso. Nele, Lucrécio tenta explicar as causas das doenças. Inspirado pelo historiador Tucídides, ele faz uma aterrorizante descrição da peste que assolou Atenas. Ao que parece, Lucrécio deseja que partilhemos da mesma percepção que, segundo Plínio, as vítimas do vulcão Vesúvio quando se viram diante da morte iminente: os deuses não se importam conosco. Estamos sozinhos.

Ora, tudo isso parece muito razoável, mas... há alguma ideia nova, aqui? Sim e não. É verdade que surgem aqui algumas ideias que estavam ausentes nos escritos subsistentes de Epicuro. Porém, em geral presume-se que todas as ideias inéditas de Lucrécio são extraídas dos fragmentos perdidos dos escritos de Epicuro. Um exemplo disso é a explicação lucreciana do magnetismo. Ao evocar a teoria atômica, ele sugere que o ímã emite um poderoso feixe de partículas na direção do metal que está próximo. Estas partículas afastam o ar existente entre o ímã e o metal, de modo que criam um espaço dominado pelo vácuo. Mas como o ar pressiona o ímã e o metal – uma pressão que ocorre de todas as direções –, eles se movem um em direção ao outro neste espaço, que oferece menos resistência (6.1002-89). O que tem uma maior importância filosófica é a característica especial que ele atribui à teoria epicurista da alma. Ele estabelece um contraste entre dois aspectos da alma. Empregando seu latim inovador, ele denomina estes dois aspectos de *animus*, às vezes traduzido por "mente", e *anima*, às vezes traduzida por "espírito" (3.94, 117). O aspecto dominante da alma é a mente (*animus*), que se localiza no peito, conforme nos ensinaram Aristóteles e os estoicos. O espírito (*anima*) está espalhado pelo corpo todo. Você pode continuar a viver ainda que não tenha partes de seu espírito – o que é comprovado pelo fato de as pessoas sobreviverem depois de terem seus membros amputados. Porém, sua vida depende da permanente presença da mente. Ela é que controla nossas ações e decisões, e, por conseguinte, é a responsável por nossos movimentos. Mesmo assim, cabe observar que a *animus* de Lucrécio não é, na verdade, a mente no sentido que damos a esta palavra, ou ainda no sentido atribuído por Aristóteles. Lucrécio ilustra os poderes da *animus* sobretudo por meio de exemplos de emoções, mais do que, digamos, de atividade intelectual ou de consciência.

Isso nos leva a um tópico fundamental já examinado por Epicuro, e um tema recorrente na filosofia helenística como um todo. Lucrécio é um dos primeiros filósofos a referir-se a esta matéria usando um nome técnico: *libera voluntas*, o que significa "vontade livre", ou "livre-arbítrio". Ele nos chama a atenção para uma diferença essencial entre as criaturas capazes de exercer o livre-arbítrio e outras coisas, como objetos inanimados. Com seu talento para encontrar exemplos nítidos e precisos, ele descreve o que acontece no início de uma corrida de cavalos. No momento da largada dos cavalos, ocorre um brevíssimo instante antes de eles se movimentarem – poderíamos também pensar nos centésimos de segundo entre o momento em que é disparado o tiro de largada e o instante em que o atleta tira os pés dos blocos de saída onde se apoiavam (2.263-5). Isso é diferente, digamos, da situação em que uma rocha atinge outra. A rocha que é atingida não faz uma pausa antes de reagir, ela tão somente se movimenta. Isso se dá porque ela própria não está se movendo, mas sendo movimentada por outro objeto.

Tanto Platão quanto Aristóteles já chamavam a atenção para a capacidade de movimento dos seres animados. Porém, os epicuristas talvez tenham sido os primeiros a se ocuparem das condições que possibilitavam tal movimento. Sua preocupação específica era a de que se tudo no universo acontece em virtude de necessidade, e os acontecimentos do mundo se desenrolavam, inevitavelmente, do passado em direção ao futuro; assim, nada teria a capacidade do livre-arbítrio. Tal preocupação era deveras plausível. Afinal de contas, a física dos epicuristas descreve o mundo como o resultado de colisões de átomos, colisões essas que se assemelham a rochas que colidem umas com as outras. Isso sugere que a diferença entre o cavalo e a rocha é apenas aparente. Talvez leve um breve intervalo para que a reação em cadeia produza um resultado visível no cavalo, mas ainda assim trata-se de uma série de colisões, uma inevitável cadeia de causas e efeitos. Dito de outra maneira, tendo em vista as imutáveis leis da física, a distribuição e o movimento dos átomos neste exato momento tornarão todas as coisas no futuro completamente inevitáveis e necessárias.

Foi com a aparente intenção de evitar isso que os epicuristas postularam o conceito que denominaram *clinamen*, ou "desvio aleatório". Este conceito não é encontrado em textos subsistentes de Epicuro, embora pareça ser uma ideia de sua autoria; Lucrécio o examina com algum grau de detalhamento (2.216-93). De acordo com esta famigerada doutrina, nem sempre os átomos sofrem uma queda vertical. Na maioria das vezes, sim, é o que ocorre. Porém, haverá momentos em que um átomo, de modo aparentemente aleatório, se desloca ligeiramente para o lado. Lucrécio apresenta duas razões para explicar isso. A primeira é que se todos os átomos tão somente caíssem, então o mundo nunca teria surgido, pois os átomos jamais passariam a colidir entre si. Eles seriam como gotas de chuva que se chocam umas com as outras no vácuo, todas na mesma velocidade. Porém, é provável que a verdadeira razão não é esta. Afinal, uma vez que o mundo epicurista é eterno, nunca houve um momento em que os átomos não se colidiram uns com os outros, bem como movimentaram-se em todas as direções. Portanto, eles não precisam *começar* a colidir. A verdadeira motivação para este "desvio" é provavelmente a segunda razão: evitar a consequência de que tudo é necessário.

Mas aqui convém sermos cautelosos. O simples fato de um sistema físico conter a aleatoriedade não nos ajuda, de fato, a explicar o poder da escolha. Se o que me preocupa é ter ou não o controle de minhas próprias ações, ou se minhas ações são, por outro lado, induzidas por movimentos atômicos dos quais nem sequer tenho consciência, então o desvio não me servirá de consolo. Ocorre que os movimentos atômicos que determinam minha ação são, às vezes, mais aleatórios do que deterministas. Mas quem é que se importa com isso? O importante é que as coisas estejam em meu controle, e não que as minhas ações tenham origem em coisas aleatórias igualmente fora de meu controle. Por isso, seria bom se os epicuristas deixassem de afirmar, por exemplo, que cada escolha individual minha envolve um átomo "desviante". O que eles estão dizendo, na verdade, é somente que o indeterminismo é parte integrante do universo. A intenção disso é mostrar que as ações humanas não são eventos necessários e inevitáveis, uma vez que, em um mundo que não é determinista, não existem eventos necessários e inevitáveis. Uma interpretação de Lucrécio acerca do "desvio" pode servir de base para este argumento: ele não parece afirmar que as escolhas são "desvios", ou vice-versa. Ao contrário, ele construindo uma analogia. Assim como os átomos podem se movimentar por si próprios no instante em que se desviam, também somos capazes de nos movimentar por nós próprios ao escolhermos.

No entanto, parece estar claro que as escolhas pelas quais opto e as ações que pratico devem envolver movimentos atômicos, com átomos que se desviam ou não. Afinal de contas, nada mais há no mundo além de átomos a movimentar-se no vácuo. Isso poderia nos levar à conclusão de que as escolhas, bem como qualquer outra coisa que você queira nomear, não são reais, a não ser na medida em que elas são idênticas aos átomos e a seus movimentos. Esta talvez seja a consequência do atomismo segundo a perspectiva democrítica. Demócrito afirmou: "Por convenção, a cor, por convenção, a doçura, por convenção, o amargor, mas, em verdade, os átomos e o vazio"[41]. Este fragmento sugere que Demócrito desejava eliminar os atributos que fazem parte de nossa experiência real, tais como o sabor e a cor, ou considerá-los, pelo menos, como algo tão somente convencional. Uma explicação científica adequada do universo poderia prescindir da referência a tais propriedades. Você poderá achar que os epicuristas, por serem adeptos do atomismo, seguiriam o exemplo de Demócrito. Pelo contrário; eles rejeitam de maneira enfática estas ideias de Demócrito, uma vez que todas estas propriedades são absolutamente reais, ainda que elas dependam de movimentos atômicos. Isso vale tanto para as escolhas humanas quanto para as cores e os sabores.

Em outra área de seu pensamento filosófico, contudo, os epicuristas aderiram, de bom grado, a um tipo diferente de convencionalismo. Tal adesão permitiu-lhes explicar a sociedade e a linguagem humanas, um tema tratado por Lucrécio no quinto livro de seu poema. Recorrendo a imagens tipicamente intensas, Lucrécio oferece uma explicação totalmente naturalista das origens dos arranjos políticos humanos. Ele já havia explicado, neste livro, como se dera a origem dos animais, ao recorrer a uma teoria que nos remete às ideias de Empédocles, filósofo pré-socrático. Assim como acontecera com Empédocles, muitas vezes considera-se Lucrécio como o responsável por antecipar a teoria evolucionária de Darwin. Segundo sua explicação, os animais surgiram por meio de entrelaçamentos atômicos

41. Cf. *Filosofia clássica*, cap. 8.

aleatórios, e passaram a reproduzir-se na medida em que se mostravam aptos para a sobrevivência. Por exemplo, animais desprovidos de órgãos reprodutores eram incapazes de procriar, de modo que morriam depois de uma geração. De maneira muito similar, a sociedade humana se desenvolve a partir de um processo longo e doloroso. No início, conforme a nítida descrição de Lucrécio, os humanos viviam numa espécie de estado de natureza. Só quando desenvolveram aspectos rudimentares de confiança e de cooperação é que eles puderam transcender sua condição mais primitiva na qual cada homem luta por sua própria sobrevivência (5.958-1027).

Foi nessa época que os humanos começaram a desenvolver a linguagem. Tal desenvolvimento também consistia num aprimoramento convencional de tendências naturais. O homem primitivo naturalmente se comunicava por meio de grunhidos e de gestos, um traço ilustrado por Lucrécio quando ele mostra que crianças novas demais para ter uma fala articulada simplesmente apontam o dedo para seu objeto de desejo (5.1031-2). Os animais também se comunicam por meio de ruídos rudimentares; basta observar os diferentes ruídos produzidos pelos cães quando estão irritados, amedrontados, ou, então, quando estão cuidando de seus filhotes. As palavras nada mais são do que um uso mais refinado desta mesma habilidade. Até aqui, tudo bem; mas na sequência Lucrécio atenua o otimismo da explicação do progresso que ele vinha apresentando. Uma vez que a linguagem e a cooperação humanas já estavam em cena, o passo seguinte seria o desenvolvimento das cidades, dos regimes políticos e do dinheiro. Este tornou-se o terreno fértil para os desejos desnecessários em relação aos quais o sábio Epicuro alertou. Em meio à luta para satisfazer tais desejos, a sociedade começou a regredir a um estado de violência. Surgiu então a necessidade de uma espécie de segundo contrato social para o restabelecimento da ordem, e isso explica a imposição das leis que regem nossa sociedade contemporânea (5.1146). Podemos nos perguntar qual teria sido a reação de Lucrécio diante das guerras civis que devastaram a sociedade romana neste século I a.C. Talvez este seja um indício de que esta sociedade estava prestes a regredir, já que ignorara o alerta de Epicuro de que a honra e o poder são cálices que contêm bebida envenenada.

Já virou praticamente um chavão observar que o epicurismo surgiu na sociedade grega e que ressurgiu na sociedade romana em tempos de grande agitação política. As escolas helenísticas pós-aristotélicas começaram a emergir logo depois de Alexandre o Grande ter conquistado a Grécia. A confiança e a independência de cidades-estado como Atenas e Esparta, que até pouco tempo antes eram os centros do império, foram perturbadas para sempre. Daquele momento em diante, a situação política das cidades gregas passou a depender tão só da potência estrangeira que estava no comando naquele momento – os macedônios? Os romanos? Fosse como fosse, um aristocrata inteligente por certo estava fadado a buscar uma filosofia que o tranquilizasse quanto à incerteza das circunstâncias e quanto à sua própria impotência recém-descoberta. Da mesma maneira, no século I a.C., com a queda da República romana, a classe senatorial perdeu seu poder de influência social. Será que o epicurismo teve êxito por ter oferecido tranquilidade em tempos de turbulência política? Se a resposta for sim, é compreensível que o poema de Lucrécio tenha causado certa agitação ao ser redescoberto no início do século XV, depois de tanto tempo e de quase ter sido perdido na Antiguidade Tardia e na Idade Média (cf. Greenblatt, 2011). Uma vez redescoberto, o poema *Sobre a natureza das coisas* inspirou figuras de peso como Maquiavel, que copiou seu texto à mão; Pierre Gassendi, que adotou várias de suas doutrinas; e Montaigne, que, com frequência, o cita em seus *Ensaios*. Lucrécio tampouco foi o único pensador helenístico a exercer influência no período inicial da Europa moderna. Neste período, a filosofia também sofreu a influência do ceticismo primitivo (David Hume é um bom exemplo disso) e do mais bem-sucedido dos movimentos filosóficos surgidos depois de Platão e Aristóteles: o estoicismo.

8

TER MIL CUIDADOS: A LÓGICA ESTOICA

Quando a máquina do tempo for inventada, aposto que a primeira viagem que seus inventores desejarão fazer será rumo aos tempos da antiga Atenas a fim de terem um encontro com Sócrates, bem como um passeio pela Acrópole. Também aposto que eles ficarão decepcionados. É bem provável que se esqueçam de levar consigo uma pessoa capaz de falar o grego antigo, de modo que terão dificuldades para compreender o que dirá Sócrates. No que se refere às esculturas e às construções, lhes causará surpresa, e um certo choque, a descoberta de que todas elas eram pintadas em cores vivas, e até mesmo espalhafatosas. Para nós, a escultura clássica é imaculada e branca – mármore transformado em carne. Porém, isso só acontece porque a tinta original se desgastou. No centro da cidade hão de se deparar com mais pinturas, num espaço adjacente à *ágora*, ou mercado público. Trata-se de um local amplo, coberto e sustentado por colunas, onde as pessoas circulavam, denominado *stoá poikíle*, o "pórtico pintado", em referência aos murais que o decoravam. Se os viajantes do tempo cometerem um ligeiro erro na configuração de suas coordenadas, e chegarem a algumas décadas depois da morte de Sócrates, ainda poderão encontrar-se com alguns filósofos, caso ousem entrar neste pórtico público. Isso porque o pórtico não era apenas um pórtico, mas também o nome de uma escola filosófica batizada com o nome do local de encontros predileto de seus membros.

Os antigos membros do pórtico – mais conhecidos entre nós pelo nome de "estoicos" – buscavam seguir o exemplo de Sócrates de muitos modos, até em seu hábito de praticar a filosofia em meio à vida urbana. Havia um gritante contraste entre o pórtico deles e o Jardim, a Academia e o

Liceu. Enquanto Epicuro, Platão e Aristóteles fundaram suas instituições nos arredores de Atenas, os estoicos se fixaram próximos ao mercado da praça. Assim como Sócrates, o que eles buscavam era um envolvimento com seus concidadãos, fazendo-lhes algumas exigências. A filosofia de Epicuro consiste num convite, numa sedução, numa promessa. Busque alcançar uma vida com prazeres moderados, diz ele, e aprenda a evitar todo tipo de perturbações. Nas mãos dos estoicos, pelo contrário, a filosofia consiste numa acusação, num convite para um confronto. Aqueles que deixam de buscar e alcançar a sabedoria não estão simplesmente perdendo um grande bem – eles são irracionais. Os estoicos chegavam até mesmo a considerá-los insanos. É claro que Epicuro também reprovava o estilo de vida adotado pela maioria dos gregos, mas ele se mostrava disposto a fazer concessões. Os gregos compreendiam a essência da ideia de busca pelo prazer, só que a estratégia por eles adotada para obtê-lo estava completamente equivocada. Os estoicos eram muito mais radicais. Assim como a honra e todas as demais coisas valorizadas pelos não filósofos, o prazer, na verdade, não tem valor algum. Sócrates estava certo: busque a sabedoria; do contrário, viverás uma vida tola, uma vida condizente com a condição de escravo.

É claro que esta é uma postura diante da filosofia e uma maneira de imitar Sócrates, cuja presença já testemunhamos com os cínicos. E, de fato, o fundador da escola estoica, Zenão de Cítio, supostamente foi discípulo de Crates – filósofo cínico que se casou com Hipárquia, a qual também era uma filósofa cínica. Para tornar-se discípulo de Crates, Zenão teve de viajar de Cítio (atual Lárnaca, no Chipre) até Atenas. No capítulo anterior, mencionei que filósofos do século I a.C., tais quais Cícero e Filodemo, o epicurista, ainda faziam peregrinação a Atenas, cidade que se manteve como o centro da filosofia ao longo de séculos desde então. A Atenas da Antiguidade estava para a filosofia assim como a cidade de Las Vegas está hoje para os jogos de azar. Este fenômeno já estava demasiado enraizado no período helenístico inicial no qual os principais estoicos se dirigiam a Atenas, ainda que tenham nascido em outro local.

De acordo com fontes antigas, Zenão iniciou sua carreira de filósofo na condição de admirador de Sócrates e de discípulo de Crates. Deparamo-nos com a costumeira coleção de relatos a seu respeito, alguns dos quais descrevem como Crates tentou instruí-lo no estilo de vida cínico, exigindo, por exemplo, que ele carregasse consigo um recipiente com lentilhas onde quer que estivesse. Há algumas evidências independentes desta sua ligação com o cinismo. Zenão escreveu uma obra intitulada *República*, que só ficou conhecida por meio de relatos posteriores (cf. Schofield, 1991; Sellars, 2007, p. 1-29). Apesar de seu título platônico, a *República* de Zenão, ao que parece, propunha a adoção de um programa político mais cínico no geral. Esta obra defendia a abolição de muitas das convenções sociais que haviam sido rejeitadas por Diógenes o Cínico. A moeda corrente não deveria ser apenas desfigurada, e sim eliminada; não se deveria construir nenhum templo aos deuses; a educação tradicional era considerada inútil; e todos os homens deveriam ser considerados como companheiros nossos, reunidos numa comunidade que tivesse como base a virtude, em vez das relações de parentesco (LS 67A-B).

As ideias utópicas de Zenão não foram mantidas como parte essencial do manifesto estoico, mas sua intransigente postura ética foi, decerto, preservada. No entanto, este é apenas um dos aspectos do estoicismo; aspecto que está longe de sintetizar toda a abrangência de sua visão filosófica. Os estoicos foram pioneiros em praticamente todas as áreas da filosofia, e conciliaram o seu absolutismo ético com uma meticulosa análise técnica. Em sua condição de fundador desta escola filosófica, Zenão detinha uma autoridade e uma posição de exemplo moral que nenhum estoico convicto seria capaz de contradizer. Grande parte das doutrinas características do estoicismo pode ser atribuída a ele. Porém, foi somente com os sucessores de Zenão que o estoicismo se desenvolveu até se transformar no sistema predominante na filosofia antiga até a época do Império Romano. Depois da morte de seu fundador, em 262 a.C., a liderança desta escola foi assumida por um homem chamado Cleantes de Assos. Trinta anos mais tarde, ele foi sucedido por Crisipo de Solos, o qual dirigiu a escola estoica do ano 232 a.C. até sua morte, em 206 a.C. Devemos a Crisipo a sutil e rigorosa sistematização do estoicismo, sem a qual ela jamais teria se transformado na maior das escolas helenísticas.

Infelizmente, nenhuma das obras de Crisipo – e ele escreveu mais de uma centena de livros – subsistiu até nossos dias. Por outro lado, relatos de suas ideias são geralmente encontrados em autores hostis ao seu pensamento, como Galeno, bem como em autores do cristianismo primitivo e em membros de escolas rivais. Também não é uma tarefa fácil distinguir as obras particulares de Crisipo dos relatos mais gerais a respeito da doutrina estoica. Ainda assim, as provas de que dispomos nos mostram que Crisipo foi provavelmente o filósofo antigo de maior influência entre as épocas de Aristóteles e de Plotino (Desculpe-me, Epicuro). Ele se destacava nos dinâmicos debates que ocorriam entre as escolas filosóficas, e para isso aprimorou as doutrinas e as técnicas de argumentação estoicas. Até o momento que chegar ao tratamento predominantemente ético de "estoicos romanos" como Epiteto, o estoicismo gravitará em torno dos ensinamentos de Crisipo. No entanto, era admirável a predisposição dos estoicos para fazer ajustes em suas doutrinas em decorrência dos debates internos e externos de que participavam.

Para compreendermos a proficiência técnica que Crisipo deu ao estoicismo, temos de considerar outra influência histórica da época de Zenão. Lembremos do momento histórico a que nos referimos aqui: uma ou duas gerações depois de Aristóteles, mais ou menos na mesma época em que Epicuro defendia suas ideias hedonistas, as quais competiam com o princípio dos prazeres mais ilimitados dos cirenaicos. A essa altura, o cinismo também estava em plena atividade – e exercendo poderosa influência no jovem Zenão, como vimos anteriormente. A Academia de Platão e os seguidores de Aristóteles também se mantinham ativos. Portanto, era uma época de grande efervescência intelectual na qual todas as escolas filosóficas primitivas se envolviam em críticas mútuas e polêmicas. Uma figura menos expressiva deste período, mas ainda assim relevante para nossa história, é Diodoro de Cronos. Fontes antigas apontam Diodoro como o principal pensador da "escola dialética" – conhecida por sua ênfase na lógica rigorosa e na clareza conceitual. Em vários tópicos, ao que parece, Diodoro e seus seguidores estimularam os estoicos – e particularmente Crisipo – a uma reflexão cuidadosa acerca das formas de argumentação, das falácias, e assim por diante. Com isso, os estoicos foram incitados a desenvolver algumas de suas ideias filosóficas mais sutis, assim como os sofistas haviam feito com Platão e Aristóteles.

Em parte, foi graças à frutífera competição com a escola dialética que os estoicos chegaram a um grande desenvolvimento no campo da lógica. Os estoicos atribuíam um grande valor a ela, considerando-a uma das três principais partes da filosofia, ao lado da física e da ética (LS 26A-D)[42]. Seguindo o exemplo de Zenão, um filósofo que sempre recorria a uma metáfora brilhante, os estoicos comparavam as três partes da filosofia a um ovo: a lógica é a casca; a física, a clara; e a ética, a gema (numa versão alternativa, a física e a ética tiveram seus lugares trocados, mas a lógica permaneceu sendo a casca). Há ainda outras metáforas: a lógica é um muro que cerca um campo aberto; as árvores deste campo são a física e os frutos destas árvores são a ética. Pode parecer que esta divisão tríplice deixou de lado alguns elementos, como a filosofia da mente e a metafísica. Porém, este esquema é, em igual medida, uma declaração, a um só tempo, quanto ao que os estoicos *não fazem* e uma afirmação quanto ao que fazem. A omissão de qualquer metafísica que se diferencie da física é deliberada: os estoicos são materialistas. A teoria estoica da mente também é parte integrante de sua física.

Parte do sentido destas metáforas tem que ver com o fato de essas três partes da filosofia estarem intimamente ligadas. Assim, eles também comparam a filosofia a um corpo vivo – a lógica são os ossos; a ética é a carne; e a física é a alma. Tempos depois, os aristotélicos afirmaram, de modo categórico, que as disciplinas filosóficas deveriam ser aprendidas numa ordem exata, isto é, que deveria começar pela lógica – e isso, por óbvio, significava as obras lógicas de Aristóteles. Os estoicos discordavam: para eles, a filosofia era uma unidade orgânica, de modo que uma matéria suscitada pela ética poderia conduzir-nos à física ou à lógica, e vice-versa. Em última análise, a sabedoria consiste em dominar todas as três partes da filosofia. Um conhecimento especializado em apenas uma destas partes não seria apenas inadequado; seria impossível, pois as três partes estão intimamente interligadas.

Os aristotélicos também faziam objeções à própria afirmação de que a lógica fosse uma "parte" da filosofia. Segundo sua visão, a lógica deve ser considerada como algo menos elevado, e não uma parte essencial da filosofia. Para eles, ela é um instrumento. É por esta razão que os textos de lógicos de Aristóteles foram denominados *Órganon*, que significa "ferramenta" ou "instrumento". Para contradizer a visão estoica, eles observaram que uma forma de argumentação lógica é vazia até o momento em que é, por assim dizer, preenchida com termos específicos. Um lógico lhe dirá que é

42. Cf. Ierodiakonou (1993, p. 57-74).

válido argumentar: "Todo A é B. Todo B é C; logo, todo A é C". Porém, não se estará fazendo filosofia enquanto as letras não forem substituídas por palavras. Substitua "A" por "girafas", "B" por ruminantes, e "C" por animais que comem plantas", e então você poderá começar a trabalhar. Para sermos específicos, trabalhar com a biologia: acabou-se de dar uma demonstração da razão pela qual girafas comem plantas. De um modo mais geral, pode-se afirmar que, para os aristotélicos, a lógica ainda não fazia parte da filosofia em virtude de não ser capaz de, por si só, conduzir-nos ao conhecimento. Ela nos oferece apenas uma compreensão das formas de argumentação que podem ser *usadas* para alcançar o conhecimento.

Ora, os estoicos decerto não eram negligentes quando se tratava de considerar esquemas argumentativos. Porém, sua compreensão da lógica ia muito além. Para eles, a lógica incluía não somente a análise da linguagem, mas também a retórica. Eles também se deram conta de que os argumentos lógicos nem sempre são filosoficamente inocentes, como sustentavam os aristotélicos. Por exemplo, sua compreensão do conceito lógico de possibilidade está intimamente ligada à física estoica. Na verdade, os aristotélicos tinham uma concepção de lógica igualmente abrangente – eles também incluíram a retórica nos estudos da lógica, e a obra *Analíticos posteriores* – um tratado de Aristóteles de filosofia da ciência e de epistemologia – era considerada por eles como o ponto culminante do *Órganon*. À luz disso tudo, tendo a considerar que, neste debate, os estoicos se saíram melhor.

No entanto, a divergência entre as lógicas estoica e aristotélica é mais profunda do que isso. No instante em que os estoicos começam a lidar com a lógica propriamente dita, sua estratégia é deveras diferente daquela que encontramos na obra *Analíticos anteriores*[43]. A lógica de Aristóteles constitui teoria da predicação: essa teoria escrutina as relações suscetíveis de se estabelecer entre proposições do tipo "A é B" e "algum B não é C". Os estoicos, por sua vez, preferem ilustrar a matéria mediante proposições tais como "é dia" ou "este homem caminha". Eles as chamam de afirmações "simples" e dizem que são "completas", pois podem tanto ser verdadeiras como falsas. Uma afirmação incompleta, por exemplo, seria "este homem..."; precisar-se-ia acrescentar algo a ela, do tipo "anda" ou "se chama Pedro" ou "é extremamente

43. Para mais pormenores, cf. Bobzien (1996, p. 133-192); Frede (1987a, p. 99-124).

bonito", a fim de obter algo que pode ser considerado verdadeiro (ou mesmo falso). O passo seguinte será pensar de que modo afirmações simples podem ser combinadas com afirmações mais complexas. Basicamente, existem três maneiras de conectá-las: com as palavras "se", "ou" e "e".

É bem provável que você não ache que estas palavrinhas poderiam causar polêmica, mas isto é precisamente o que elas fazem. A que mais cria problemas é a palavra "se". Imagine que eu decida conectar duas afirmações não relacionadas entre si com as palavras "se" e "então". Por exemplo: "*Se* as girafas são animais, *então* Sócrates morreu por ter tomado cicuta". Isso é verdade? Ou, então, eu poderia apresentar uma afirmação falsa, do tipo: "*Se* as girafas voam, *então* Sócrates morreu por ter tomado cicuta". Não está muito claro o que devemos concluir a partir destas inferências, concorda? Os lógicos contemporâneos, e alguns lógicos da Antiguidade, tendem a achar que afirmações do tipo "se... então..." são verdadeiras apenas na medida em que não inferem algo falso a partir de algo verdadeiro. Imagine que eu diga "*Se* Sócrates morreu por ter tomado cicuta, *então* as girafas voam". Esta afirmação é necessariamente falsa. Afinal de contas, Sócrates de fato morreu por causa da cicuta, mas as girafas não voam, assim como porcos tampouco voam. Mas a inversão dos elementos da frase parece aceitável; ou, ao menos, não é problemática: já que as girafas nunca voam, não há prejuízo algum em dizer que se elas voassem, então Sócrates morreria por ter tomado cicuta, ou ainda que ele não morreria por tê-la tomado.

Porém, isso tudo não satisfazia alguns lógicos da Antiguidade, tal como nosso novo amigo Diodoro Cronos. E aqui sentimos a tentação de concordar com ele. É claro que o propósito de afirmar "Se X, então Y" é sustentar que X e Y têm algum tipo de ligação entre si. Diodoro propõe algo similar, só que acrescenta um requisito: *nunca* acontecerá de X ser verdadeiro e Y ser falso. Isso lhe permite eliminar a verdade em afirmações do tipo "se as galinhas são pássaros, então Sócrates morreu por ter tomado cicuta", pois já houve uma época em que as galinhas eram pássaros, mas Sócrates ainda não tinha morrido por ter tomado cicuta. Em essência, Crisipo concorda com Diodoro, mas vai além: ele e outros estoicos mencionam uma "coerência" entre as duas partes de uma afirmação do tipo "Se... então..." (LS 35B). Só posso inferir Y a partir de X se a verdade de X de alguma maneira *eliminar* a falsidade de Y. Por exemplo, imagine que sempre seja verdade que os pinguins são aves e que as girafas são ruminantes. Ainda assim, *não é* verdadeira a afirmação de que "se os pinguins são aves, então as girafas são ruminantes", pois o fato de os pinguins serem aves nada tem a ver com as girafas. Temos aqui um vislumbre da maneira como Crisipo enxerga a conexão entre a lógica e a física. A conexão que Crisipo está descrevendo nos soa como uma relação causal: se temos uma causa, ela deve ser seguida de uma consequência.

Uma vez resolvidas estas matérias que envolvem afirmações complexas, estamos prontos para apresentar alguns argumentos. Estes envolvem pelo menos duas afirmações, das quais pelo menos uma terá de ser complexa. Portanto, um argumento tipicamente estoico pode ser "se já é dia, então há luz; ora, já é dia; logo, há luz". Da mesma maneira que Aristóteles enumerou as formas silogísticas ao considerá-las válidas ou inválidas, Crisipo identificou cinco formas de argumentação que ele denominava de "indemonstráveis" – em outras palavras, eles são, por óbvio, argumentos válidos (LS 36A). O exemplo que acabo de apresentar quanto à luz do dia seria o primeiro argumento indemonstrável, que contém o formato "Se o primeiro, então o segundo; ora, o primeiro; logo, o segundo". Isso se parece um pouco com o que encontramos em Aristóteles. A lógica é o estudo dos argumentos. Portanto, primeiro consideramos partes de afirmações do tipo "este homem" ou "anda"; em seguida, analisamos de que modo elas se combinam para formar afirmações completas do tipo "este homem anda"; por fim, combina-se as afirmações a fim de compor formas argumentativas do tipo "se este homem anda, então ele se movimenta; este homem anda; portanto, ele se movimenta".

Porém, as diferenças em relação a Aristóteles são mais marcantes. Os estoicos não dão uma ênfase especial à predicação; na verdade, eles não se sentem nada à vontade com o tipo de predicação que Aristóteles considerava a mais importante: a predicação universal do tipo "todas as girafas são ruminantes". Os estoicos prefeririam afirmar isso de um modo diferente, a saber: "se esta coisa é uma girafa, então ela é um ruminante". Neste caso, com esta reformulação, os estoicos registram sua relutância em considerar entidades universais. Para eles, tudo que existe é material. Portanto, não existe algo com uma forma universal ou uma espécie universal, isto é, *a girafa*; existem apenas girafas individuais. Notamos, uma vez mais, que argumentos lógicos podem ter sérias consequências filosóficas. A visão estoica faz uma clara distinção entre eles e Platão, com sua teoria das formas, e também em relação a Aristóteles, o qual tende a acreditar que as características universais do mundo têm algum grau de realidade.

Além de construir um sistema lógico, os estoicos dedicaram uma energia considerável à solução de enigmas lógicos. Este tema era um dos prediletos de Crisipo, uma vez que dedicou livros inteiros a paradoxos e enigmas específicos, os quais incluíam dois famosos paradoxos, o do mentiroso e o de Sorites. No próximo capítulo veremos como Crisipo lida com eles. Somente como uma prévia antes de refletirmos acerca deles, desejo considerar aqui outro enigma lógico com que ele se deparou e que introduz um tema essencial no estoicismo: a "modalidade" – em outras palavras, os conceitos de necessidade, de possibilidade e de impossibilidade. Uma vez mais, Diodoro Cronos trouxe à tona uma provocação, com uma coisa chamada de argumento dominante, ou argumento mestre (LS 38A). Sua ideia parece ter sido a seguinte: imaginemos que eu jamais consiga me tornar um governante, por exemplo, o presidente de um país. Parece que eu *poderia* ser o presidente, ainda que eu jamais ocupe este cargo no futuro. Porém, o argumento de Diodoro vai na direção contrária. Ele se aproveita do fato de que tudo que se refere ao passado parece ser necessário. Afinal de contas, já é tarde demais para fazermos algo que esteja relacionado ao passado. Por exemplo, não podemos alterar o fato de que Sócrates morreu por ter tomado cicuta. Portanto, o fato de ele ter morrido pela ingestão de cicuta é necessário. Por outro lado, se é verdade, como imaginamos anteriormente, que eu jamais serei presidente, então este fato já deve ter sido verdadeiro em algum momento do passado. Mas, neste caso, esta deve ser uma verdade necessária. Afinal, tudo que diz respeito ao passado é necessário. Portanto, se já era verdadeiro, ontem ou cem anos atrás, que eu jamais serei presidente, neste caso o navio já zarpou: é impossível que um dia eu seja um presidente.

Este argumento – assim como outros argumentos da escola dialética – resulta numa conclusão inquietante: se algo nunca acontecerá, então ele *não pode* acontecer. Outros argumentos deterministas tentaram demonstrar uma certeza ainda maior: cada evento deve acontecer no momento em que acontece. Aristóteles já manifestara sua oposição a este modo de ver em seu famoso argumento da batalha naval[44]. Ele também tratou deste tópico em uma

44. *Filosofia clássica*, cap. 30.

passagem de sua *Metafísica* (1046b). Nela, Aristóteles analisa um grupo que denomina megáricos, aqueles que defendiam a ideia de que tudo que de fato acontece precisa acontecer. Para Crisipo, assim como para Aristóteles, estas consequências eram preocupantes. Portanto, ele propôs uma nova concepção de possibilidade e de necessidade. Para Crisipo, uma coisa é possível contanto que não seja, em si, impossível, e que, além disso, não seja impedida de ocorrer (LS 38E-F). Desse modo, muitas coisas que poderiam acontecer não acontecem. Eu não falo chinês, mas é possível que eu fale algum dia, pois sou (mais ou menos) capaz de aprender este idioma e nenhuma circunstância externa me impede de aprender esta língua. Outros tipos de coisa que jamais acontecem são impossíveis. Em primeiro lugar, coisas que por si mesmas são uma impossibilidade, como, por exemplo, eu erguer um arranha-céus. Em segundo lugar, coisas que poderiam acontecer por si mesmas e que, não obstante, são impedidas de acontecer. O exemplo clássico disso é um pedaço de madeira que se encontra no fundo do mar e que poderia ser queimado: o que o impede de ser queimado é o fato de ele estar permanentemente debaixo d'água.

O interesse de Crisipo em enigmas como os argumentos do mentiroso, de sorites e o argumento dominante não se limita a uma mera especulação ociosa. Já vimos anteriormente que a controvérsia que envolve afirmações condicionais está ligada à física dos estoicos, pois a causalidade é uma relação condicional – *se* eu assistir a um filme de Buster Keaton, *então* darei risada. Algo similar se aplica à controvérsia a respeito da modalidade. Crisipo e outros estoicos eram deterministas em relação à causalidade: para eles, as verdadeiras causas inevitavelmente geram consequências, e todas as coisas são produzidas desta maneira. Porém, eles não eram deterministas em relação à lógica, tampouco fatalistas: ainda julgavam necessário distinguir entre verdades possíveis e verdades necessárias. Em breve, veremos o porquê disso. No que tange aos argumentos do mentiroso e o de sorites, Crisipo também precisava resolvê-los. Isso é uma consequência de sua epistemologia, uma vez que antevê a possibilidade de existência de um sábio infalível cuja resposta lhe é sempre conhecida ou então que não há uma resposta correta. Este seria um tipo de superfilósofo que nunca incorre em erros. Esta seria a teoria epistemológica mais ambiciosa e sofisticada das teorias da Antiguidade, e será o tema de nosso próximo capítulo.

9

Ninguém é perfeito: Os estoicos e o conhecimento

De que modo, então, Crisipo lidou com esta dupla ameaça, a do paradoxo de sorites e o paradoxo do mentiroso? E o que explica seu grande interesse por tais paradoxos? Em primeiro lugar, consideremos os paradoxos em si, a começar pelo de sorites[45]. Este nome tem origem na palavra grega *soros*, que significa "monte". Podemos compreendê-lo melhor como uma espécie de jogo dialético no qual eu lhe pergunto se um grão de areia pode ser considerado um monte. Bem, é óbvio que não. Mas... e se eu tiver dois grãos? Talvez você responda que ainda não temos um monte de areia. Mas eu continuo: e três grãos? E quatro? E cinco? Até que você reconheça que, agora sim, temos um monte. Assim que você reconhecer isso, pergunto-lhe: "Você está me dizendo que, ao pôr um grão de areia aqui, terei um monte?" É absurdo supor que o acréscimo ou a subtração de um grão faria uma diferença decisiva. No entanto, em algum momento, o monte passará a existir. Portanto, onde é que podemos demarcar o limite? Uma variação desta situação – que, no meu caso, toca num ponto sensível – lhe pede para imaginar alguém que arranca fios de cabelo da cabeça de um homem, um por vez, até deixá-lo totalmente careca. É absurdo supor que um fio de cabelo poderia fazer diferença; no entanto, em algum momento ele por certo ficará careca. Este paradoxo é interessante. Porém, podemos dizer que ele se encontra no mesmo patamar elevado da filosofia?

Ocorre que este enigma, e outros que lhe são semelhantes, causam uma grande perplexidade entre os filósofos de nossos dias. Eles trazem à tona o

45. Cf. também Mignucci (1999, p. 54-70); Bobzien (2002, p. 217-238).

tema da vaguidade. Certos conceitos parecem não ter limites bem definidos, como "careca" e "monte", conforme o enigma ilustra. Estes são, se me é permitida a expressão, casos particularmente claros de vagueza. Porém, nem de longe eles são os únicos. Pense, por exemplo, na evolução: os macacos lentamente se transformam em humanos, à medida que as gerações passam. Será que é mais fácil identificar qual é a geração que separa os macacos dos humanos do que afirmar qual é precisamente o fio de cabelo que diferencia o cabeludo do careca? É provável que não. Portanto, "humano" parece ser um termo "vago", assim como provavelmente são vagos todos os demais conceitos biológicos. Conceitos de objetos produzidos pelo homem, como mesas e aviões, parecem ser ainda mais vagos. Algo semelhante se aplica a cores e a outros atributos, como magro e gordo. Quanto mais você reflete acerca do mundo, mais vago ele parece. Os filósofos são praticamente incapazes de evitar seu interesse por esta vaguidade assim que a percebem, e eles vêm tentando desenvolver conceitos mais precisos para definir a vaguidade. Daqui nasce o fascínio pelo paradoxo de sorites.

Ao que tudo indica, Crisipo foi o primeiro filósofo a sentir tal fascínio. Ele escreveu tratados inteiros a respeito do paradoxo; portanto, tem razões para reivindicar a fama de primeiro pensador a lidar com o tema da vaguidade. Infelizmente, suas obras se perderam. Sabemos, com base em relatos posteriores, que a solução que ele encontrou para o paradoxo foi a seguinte: silencie-se, tão somente, antes que a incerteza quanto ao fato de os grãos de areia serem ou não considerados um monte se estabeleça (LS 37H). Caso sinta esta incerteza por volta do vigésimo-quinto grão, então simplesmente não diga nada quando lhe perguntarem a respeito do vigésimo grão de areia – recuse-se a opinar acerca do assunto. Ora, esta não parece ser uma solução para o paradoxo de sorites. Trata-se de uma simples estratégia para tratar do jogo dialético previsto pelo paradoxo: Crisipo lhe diz que, se quiser evitar cair na armadilha de um absurdo, deverá manter-se em silêncio. Como afirmara Cícero ao relatar essa estratégia, você será como o cocheiro que puxa as rédeas de seu cavalo antes que eles caiam num precipício (LS 37H). Note que Crisipo não nos pede para ficarmos em silêncio na primeira vez que sentimos a incerteza, mas *antes mesmo* que esta incerteza apareça. Seu objetivo é puramente defensivo. Sua intenção é tão só nos ajudar a evitar afirmar algo falso ou absurdo: por exemplo, que vinte e quatro grãos de areia não formam um monte, mas que vinte e cinco, sim. Isso poderá parecer-nos meio frustrante. Esperávamos aprender algo acerca do problema da vaguidade, mas o conselho que Crisipo nos oferece parece ser simplesmente: "Não vá por este caminho".

No que diz respeito ao paradoxo do mentiroso, isso envolve uma afirmação nos seguintes termos: "O que digo agora é falso". Se for verdadeiro, é falso; e se for falso, é verdadeiro. Este problema se encontra no centro de todos os paradoxos lógicos, o que sempre gera uma autocontradição. Uma vez mais, Crisipo dedicou uma série inteira de tratados (hoje perdidos) a este tema. E lembremos: seu aparente objetivo era impedir desde o início o surgimento de qualquer contradição ou absurdo – encontrar uma estratégia defensiva. Até onde podemos verificar, seu diagnóstico do paradoxo era que uma afirmação do tipo "O que digo agora é falso" não é uma afirmação autêntica. Ela simplesmente *parece* ser autêntica. Não é o tipo de coisa que pode ser considerada verdadeira ou falsa.

Por que, então, Crisipo teria despendido tanta energia à explicação destes paradoxos? Os enigmas, decerto, deviam combinar com seu talento nato para a análise lógica. Porém, também é certo que ele tinha em mente um projeto filosófico mais abrangente. Ele herdou de Zenão, o fundador da escola estoica, uma ambiciosa teoria do conhecimento. Sua teoria antevia a possibilidade da existência de um sábio perfeito que jamais cometeria erros. Isso não quer dizer que o próprio Zenão era este sábio ou que ele soubesse onde tal figura poderia ser encontrada. Os estoicos apenas tentavam defender a possibilidade teórica da existência deste sábio. Não se comprometiam com a ideia de que esta pessoa existe ou que já existiu. O argumento deles era filosófico: na ausência da possibilidade de uma racionalidade infalível, não há parâmetros pelos quais possamos nos mensurar.

Um dos principais dramas da filosofia helenística era a oposição entre o extremo otimismo estoico e o ceticismo da Antiguidade. Os céticos antigos argumentavam que toda busca pelo conhecimento parecia envolver algum grau de incerteza. As posições de cada lado foram estabelecidas com clareza: os estoicos argumentavam que é possível haver certezas, os céticos diziam que não – alegavam, de maneira menos pretensiosa, que até onde podemos afirmar, nunca poderemos alcançar a certeza. Porém, aqui devemos ter cautela. Os estoicos não estavam dizendo que podemos ter certezas acerca de tudo, ou que o sábio poderia saber tudo. Na verdade, o que eles diziam é que o sábio teria um certo conhecimento em alguns casos, bem como que seria capaz de apontar a diferença entre a certeza e a dúvida. Em casos de dúvida, ele se absteria de emitir qualquer tipo de julgamento (LS 40D, I). Isso explica a resposta oferecida por Crisipo ao paradoxo de sorites, isto é, manter-se em silêncio a fim de não se comprometer. O fato de tal opção estar disponível significa que um sábio perfeito pode evitar dizer qualquer coisa acerca da qual ele não tem certeza, mesmo quando estiver diante de situações vagas. A ideia da suspensão do juízo também está no cerne do projeto cético. Com efeito, podemos resumir a diferença entre essas duas escolas filosóficas com a afirmação de que, para os estoicos, deve-se suspender o juízo sempre que nos depararmos com a incerteza. Os céticos concordavam com esta visão, mas acrescentavam que, até onde podemos verificar, a certeza nunca está a nosso alcance; portanto, deve-se sempre suspender o juízo.

Portanto, a epistemologia dos estoicos gravita em torno da tarefa de demonstrar a possibilidade de haver certezas. Nesse sentido, os estoicos estavam retomando um projeto muito estimado por Platão e por Aristóteles. O que eles buscavam é a distinção entre o verdadeiro conhecimento (ou compreensão) e a mera opinião. Os estoicos davam uma grande ênfase a esta distinção. Para eles, as pessoas que têm opinião, mas carecem do conhecimento, só conseguem chegar à verdade por acaso – afinal, como lhes falta a certeza, é bem possível que elas estejam erradas. Na verdade, os estoicos vão mais longe, pois comparam-nas a pessoas insanas, já que os insanos também podem ter razão por mera obra do acaso (LS 40E). Ou então talvez eu deveria dizer que os estoicos nos comparam (bem como eles próprios, isto é, qualquer pessoa que não seja um sábio) a pessoas insanas. Isso tudo poderá, em si, parecer loucura. Porém, os estoicos não faziam concessões em relação a este argumento, com apenas uma exceção: algumas pessoas não sábias são melhores que outras. Aqueles que, assim como os próprios estoicos, ao menos tentam alcançar as certezas são melhores do que as pessoas que permitem que suas crenças lhes fujam ao controle ao respaldar qualquer pensamento que lhes venha à mente.

Qual será, então, a origem destas certezas? Assim como os epicuristas, os estoicos argumentam que elas provêm da sensação. Em última instância, todo o nosso conhecimento tem como base nossas experiências sensoriais, pois é por meio dos sentidos que temos acesso ao mundo material que nos cerca (LS 39D-E). Isso não é surpreendente, uma vez que, tal qual os epicuristas, os estoicos acreditam que somente corpos físicos existem. Eles denominam "impressões" os impactos sensoriais que os corpos exercem em nós. Assim, uma impressão seria o modo como as coisas aparecem para você. Por exemplo, caso entre na cozinha e sinta o aroma de café, terá a impressão de que alguém o está preparando. Os epicuristas confiam plenamente nas experiências sensoriais. Para eles, todas as sensações são verdadeiras, ainda que possamos interpretá-las de modo equivocado.

Os estoicos são mais céticos – perdoe-me pelo uso deste termo. Eles diriam que algumas impressões são verdadeiras, mas outras são falsas. Talvez você sinta este aroma na cozinha porque alguém derrubou pó de café no chão. Parte do debate, aqui, está relacionada ao conteúdo que nos é transmitido pela sensação. Para os estoicos, sua experiência faz com que lhe pareça verdade que o café está sendo preparado. Para os epicuristas, ela apresenta apenas o aroma do café. Você é quem acrescenta a esta experiência a inferência agradável – mas possivelmente falsa – de que o café de fato está à sua espera. Claro que os estoicos não estão dizendo que os seus sentidos o induzem – e muito menos o sábio – a acreditar que há café no bule. Porém, eles analisam o erro de um modo diferente. Para eles, a partir de seu olfato você tem a impressão de que há café no bule, mas cabe a você *concordar* ou não com esta impressão (LS 39G). Você poderia rejeitá-la; por exemplo, porque também reparou que há pó de café espalhado no chão. Ou então você poderia fazer como o sábio: suspender o juízo até ter absoluta certeza do que ocorreu; por exemplo, ao saborear, de fato, o café.

Porém, se algumas impressões sensoriais são falsas, então de que modo a sensação pode oferecer certezas? A resposta é simples. Embora algumas impressões sejam falsas, outras são verdadeiras, e algumas destas são tão obviamente verdadeiras que não há a menor possibilidade de serem falsas. Os estoicos dão a estas experiências especiais o nome de "impressões cognitivas" (LS 40A-C, E, K). Estas são as impressões com as quais nós "apreendemos" algo – esta metáfora da "apreensão" está por trás da expressão grega usada pelos estoicos primitivos: *phantasia kataleptike*. A palavra grega *katalepsis* foi traduzida para o latim por Cícero como *cognitio*, razão pela qual os acadêmicos que escrevem a respeito do estoicismo em língua inglesa geralmente denominam estas experiências de "impressões cognitivas". Menciono isso em parte porque as línguas antigas são interessantes, mas também porque o adjetivo "cognitivo", aqui, pode induzir-nos a equívocos de compreensão. O importante não é que as demais impressões nada que ver têm com o pensamento ou com a cognição, mas a possibilidade de que as demais impressões sejam falsas. Uma impressão cognitiva é inabalável e pode servir como base para o conhecimento certo de maneira mais geral.

Para ilustrar esta teoria, Zenão apresentou uma analogia muito nítida (LS 41A). Estendendo sua mão com a palma aberta, ele afirmou que ela é a representação de uma simples impressão – o modo como as coisas aparecem para você. A seguir, juntou as pontas dos dedos, dizendo que isso significa um assentimento – concordar com o fato de que as coisas realmente são do modo como aparecem. Na sequência, cerrou o punho, dizendo que aquela era a impressão cognitiva – o punho indica que a pessoa segura objetos com firmeza em sua mão, e que ela concorda com algo que deve ser verdadeiro. Por fim, colocou a outra mão acima de seu punho, dizendo que isso representa o conhecimento. Repare que a impressão cognitiva ainda não é o conhecimento. Na verdade, ela é *a base* para o conhecimento. Alcança-se o conhecimento apenas quando se é sistemático, isto é, quando várias impressões racionais são combinadas a uma compreensão global do mundo.

Para entendermos esta compreensão temos de reavaliar nosso percurso até aqui. Voltemos ao estágio mais básico: a impressão. Toda a nossa experiência é formada por impressões. O modo exato pelo qual nós a recebemos foi um tema de debate entre os estoicos primitivos. Seguindo o exemplo do *Teeteto* de Platão, os primeiros diretores da escola estoica, Zenão e Cleantes, argumentavam que as impressões são semelhantes a impressões feitas em cera. Crisipo discordava; ressaltava que nós podemos receber e reter muitas impressões a um só tempo, o que é impossível de ocorrer no caso da cera (LS 39A). Ainda assim, havia consenso entre todos os estoicos de que as impressões contêm alguma realização física – afinal de contas, para eles nada que seja não físico existe. Na sequência, temos a etapa do assentimento. Os estoicos acreditam que esta capacidade de assentir já é um grande talento, uma característica que nos diferencia dos animais e das crianças pequenas. Poder-se-ia dizer que ela é o cerne da racionalidade. Um animal poderá ter a percepção do mundo de uma certa maneira. Porém, apenas um ser humano maduro pode adotar uma postura crítica em relação ao mundo e dizer a si mesmo: "Bem, as coisas podem parecer assim, mas não tenho tanta certeza".

No mundo ideal, o ser humano continuará vacilante de um modo autoconsciente, a não ser que exista uma certeza, a qual surge apenas por meio de uma impressão cognitiva. Os sábios não são os únicos que podem ter tais impressões. De acordo com os estoicos, até mesmo crianças podem tê-las. Sua impressão de estar lendo a respeito dos estoicos nesse exato momento pode ser considerada como uma destas impressões – não há como você estar equivocado quanto a isso. Ou então, se este exemplo não o convenceu porque nenhuma cafeína está envolvida, considere sua impressão de que o café que você está tomando agora está quente. Não há como você estar errado quanto a isso. No entanto, é possível aprimorar-se a esse respeito. Os estoicos referem-se à impressão cognitiva como algo "técnico" ou "artístico". Isso significa que nosso conhecimento e nossas crenças moldam a maneira pela qual temos as experiências (LS 39A). Olho para uma pessoa e percebo que sua pele tem um tom amarelado; ao olhar para esta mesma pessoa, um médico enxerga um indivíduo acometido por icterícia, de modo que é muito provável que esteja com uma doença no fígado.

Portanto, é de se esperar que o aumento da sabedoria seja acompanhado pelo aumento da extensão e dos pormenores de nossas impressões cognitivas. Da mesma maneira, o conhecimento nos ajuda a correlacionar as impressões cognitivas. Poderíamos até mesmo dizer que o conhecimento simplesmente *significa* a compreensão da inter-relação entre as impressões cognitivas. Para chegar a tal compreensão, recorremos àquilo que os estoicos denominam "preconcepções" (LS 39E, 40A, T). Se para os epicuristas esta palavra tinha o sentido de conceitos rudimentares que, não obstante, estão prontos para serem usados, para os estoicos isso se refere às crenças confiáveis que surgem para todos os seres humanos por meio da observação cuidadosa do mundo. Isso nos permite inserir nossas impressões em uma estrutura mais ampla. É claro que o sábio é a pessoa cuja estrutura é irrepreensível. Ele maximizou sua oportunidade de ter as impressões cognitivas moldadas pela experiência, e está sempre atento para não inferir conclusões precipitadas em casos que contêm alguma dose de incerteza, ainda que pequena.

Esta teoria é interessante. Porém, os céticos da Antiguidade chamaram a atenção para o fato de que ela tem uma lacuna potencialmente fatal. A solidez de uma casa é a mesma de seus alicerces, e, para os estoicos, o conhecimento é construído no alicerce das impressões cognitivas. Os céticos, então, surgem com uma quantidade considerável de dinamite para explodir estes alicerces. Eles afirmaram que qualquer impressão, por mais confiável que pareça, não será indistinguível de uma impressão possivelmente enganosa (LS 41C). Imagine-se vendo seu melhor amigo em pé à sua frente, num lugar com boa iluminação. Você não hesitará em concordar com a impressão de que é seu amigo que está em pé diante de você. Porém, não existe a possibilidade de que seu amigo tenha um irmão gêmeo? Seu amigo pode não ter revelado esta informação a você; ou então eles foram separados logo depois do nascimento, de modo que seu amigo nem sequer sabe da existência do próprio irmão. Concordo; esta possibilidade é remota, porém não pode ser eliminada. Portanto, há alguma probabilidade de que você esteja diante do irmão gêmeo de seu amigo, e não diante dele. Para os céticos, este problema é geral e inescapável. Não existe uma impressão convincente a ponto de eliminar todas as possibilidades de erro.

Diante desses argumentos, os estoicos poderiam ter seguido por dois caminhos distintos. O primeiro deles seria afirmar que as impressões cognitivas de fato nos conduzem à verdade, de modo que dispomos da garantia de estar certos ao concordar com elas – a despeito de que talvez não saibamos quais impressões são cognitivas. Esta seria, para usarmos o jargão moderno, uma solução "externista". Ao olhar de fora para a situação da pessoa que julga, diríamos que esta pessoa realmente tinha conhecimento, por concordar com uma impressão que não poderia estar errada. Porém, os estoicos parecem ter sido o que hoje em dia denominamos "internistas". Eles afirmavam, de maneira deveras categórica, que a pessoa que julga deve não apenas estar isenta da possibilidade de errar, mas deve *ter consciência* de estar isenta de tal possibilidade. Assim, contra os céticos, os estoicos sustentavam que as "impressões cognitivas" são "distintas", pois estas ostentam qualidade singular que as distingue como absolutamente fidedignas para o sujeito suficientemente versado para conceber tal impressão[46].

46. Cf. Frede (1987a, p. 151-178).

A razão pela qual eles precisam insistir neste argumento é clara: os estoicos querem preservar a possibilidade da existência do sábio ideal, aquele que jamais comete erros. O fato de o sábio sempre acertar não pode ser uma mera matéria de sorte. Ao contrário, ele sempre acerta, pois sabe que está de acordo somente com impressões cognitivas, as quais são sempre confiáveis. Nas demais circunstâncias, o sábio optará por não se arriscar, e, assim, "suspenderá o juízo". Ou seja, ele evitará concordar com impressões que deixam alguma margem de dúvida. É claro que os céticos dirão que isso implicará a atitude de jamais concordar com quaisquer impressões, já que sempre há margem para dúvidas. Uma bela – ainda que decerto apócrifa – história de um estoico chamado Esfero ilustra a dificuldade enfrentada pelos estoicos (LS 40F). No período em que se hospedou numa corte da realeza, prepararam-lhe uma "pegadinha": ofereceram-lhe romãs de cera que pareciam muito reais. Quando ele tentou apanhar uma das frutas, o rei zombou dele, por ter acreditado numa falsa impressão. Porém, Esfero comentou que havia acreditado apenas na impressão de que era *razoável supor* que se tratava de romãs.

Também seria razoável tratarmos de uma última matéria relacionada à visão dos estoicos quanto às crenças e ao assentimento, matéria que para eles está inscrida no campo da lógica, ao passo que para nós também é uma boa maneira de nos "aquecermos" para um debate acerca da compreensão estoica do mundo físico (este "aquecimento" não seria uma má ideia, já que eles acreditam que o mundo físico é permeado pelo fogo). Imagine que eu diga: "esta girafa é um animal majestoso". Como explicar o fato de que esta série de palavras, ou qualquer outra série de palavras, se relaciona com o mundo que nos circunda? Este é o tópico mais fundamental da filosofia da linguagem, e tamanha era a atenção que os estoicos dirigiam a ela que eles formularam uma de suas doutrinas mais originais: a ideia dos *lekta*, ou os "exprimíveis" (LS 33)[47]. Lembremo-nos de que os estoicos eram materialistas: acreditavam que, além dos corpos, nada mais existe. Quando digo que "esta girafa é um animal majestoso", o único corpo que aqui parece relevante é o da girafa. Mas é óbvio que minha frase não *diz*, tampouco *significa* a girafa em si. Posso tocar uma girafa com as mãos, mas não posso *dizê-la*. Em vez disso, sugerem

47. Cf. Frede (1994, p. 109-128).

os estoicos, há uma coisa chamada *lekton*, o "exprimível", isto é, aquilo que passo a compreender no momento em que enuncio a frase. Os "exprimíveis" erguem uma espécie de ponte entre a linguagem e o mundo, entre os ruídos que saem de minha boca e a girafa propriamente dita.

Seria fácil imaginar que os "exprimíveis" são algo como pensamentos em minha mente, mas não parece ser este o caso. Afinal, existem muitas coisas exprimíveis que não foram ditas nem por mim nem por mais ninguém, e tampouco o serão. Portanto, os exprimíveis parecem fazer parte do mobiliário do mundo, por assim dizer. Mas como isso é possível, a considerar o rigoroso comprometimento dos estoicos com o materialismo? Afinal, os exprimíveis não são corpos. Os estoicos compreenderam isso, e perceberam a existência de um problema semelhante em outros casos, por exemplo, em relação ao tempo e ao vácuo. Estes dois elementos parecem ser essenciais para termos uma compreensão filosófica completa do mundo; no entanto, eles não são corpos. Por conseguinte, os estoicos reconhecem que os "exprimíveis", o tempo e o vácuo, são "coisas", mas não os reconhecem como realmente verdadeiros (LS 27D, 33C). Ou então, tal qual eles formulam com um toque adicional de terminologia técnica, elas "subsistem", sem existirem de fato. Considerando as credenciais materialistas dos estoicos, isso pode parecer uma surpreendente concessão em relação a entidades que eles mesmos qualificam como "incorpóreas". Afinal, eles salientam que não aceitam entidades imateriais como as formas platônicas, que, para eles, absolutamente não existem. A diferença é que os exprimíveis, o tempo e o vácuo, são necessários para dar inteligibilidade ao mundo físico em nosso redor, ao passo que as formas jamais poderiam nos ajudar nesta tarefa. Elas deveriam ser causas; porém, como os estoicos enfatizam, nenhuma coisa que não seja, ela própria, corpórea, pode ser a causa de um corpo. Para sabermos que tipo de causas eles aceitam como possíveis teremos de examinar a compreensão estoica do cosmo e do lugar que ocupamos nele.

10

Não fomos nós que começamos o incêndio: Os estoicos e a natureza

"Ó, mais glorioso dos imortais, deus de muitos nomes e sempre poderoso, Zeus, senhor da natureza, que tudo governas com leis, salve! Pois a todos os mortais é lícito falar-te. Em ti está a nossa origem; a sorte de ser a imagem de um deus só a nós coube, entre tantos seres mortais que vivem e rastejam na terra. Por isso te entoarei um hino e cantarei sempre o teu poder. A ti obedece todo este mundo que gira em torno da Terra, por onde quer que o leves, e de boa mente te é submisso. Seguras nas invictas mãos, como teu servidor, o raio incandescente e de dois gumes, sempre vivo. Sob o seu impulso, caminha toda a obra da natureza: com ele diriges a tua Palavra universal, que passa através de tudo, misturando-se com o astro luminoso maior, e também com os menores"[48].

Este é o parágrafo inicial de um hino a Zeus escrito pelo estoico Cleantes de Assos[49]. Cleantes, conforme se mencionou acima, foi tanto o sucessor de Zenão, o qual fundou o estoicismo, quanto o predecessor do grande Crisipo. Isso nos mostra que no cerne do estoicismo primitivo havia uma atitude piedosa diante do divino. Isso pode parecer surpreendente, já que eles eram materialistas. Eles afirmavam, de modo deveras categórico, que o que realmente existe é aquilo que pode ter efeito em alguma coisa, ou então

48. Tradução de PEREIRA, Maria Helena da Rocha, in Hélade: *Antologia da cultura grega*, São Paulo: Edições Asa, 2003.

49. Tradução de LS 54I.

que pode ser influenciado por algo (LS 45A, C). E, para eles, esta coisa significa um corpo. Dessa maneira, eles estavam de acordo com Aristóteles ao considerar as formas (ou ideias) platônicas como uma mera fantasia: como é possível que uma forma do grande torne algo grande? Fazemos com que uma coisa se torne grande ao, por exemplo, inflá-la com ar, ou então ao esticá-la. Algo semelhante se aplica a qualquer característica do mundo que nos cerca: isso é causado pela interação dos corpos. Aristóteles também criticou Platão ao argumentar que as formas não podem realizar nada, mas os estoicos foram mais longe em suas críticas. Afinal, Aristóteles invocava um deus imaterial como a causa original de seu cosmo[50].

No entanto, os estoicos também incluíram Deus em sua concepção do cosmo. Na verdade, foi de maneira muito literal que eles o incluíram em sua concepção do cosmo, considerando-o um ser físico que permeia todas as coisas. Aqui, eles novamente mencionam seu conceito – que, aliás, e ironicamente, é tomado de empréstimo de Platão – de que aquilo que existe é o que pode influenciar algo ou que pode ser influenciado por algo. Em geral, eles veem Deus como a causa ativa no universo, e referem-se à "matéria" como a causa passiva que está sendo influenciada por algo (LS 44B). Porém, em certa medida, isso não passa de uma distinção conceitual, pois na verdade Deus nunca está separado da matéria. A causa nunca está separada daquilo em que ela gera consequências. Ao contrário, tanto Deus quanto a matéria são princípios materiais que, ao interagirem de modo permanente e mútuo, compõem o corpo do cosmo. Portanto, os estoicos preferem chamar seu deus de "natureza", ao invés de considerar o divino como algo sobrenatural, como Aristóteles poderia sugerir. Na verdade, haverá posteriormente na história da filosofia uma longa tradição na qual o título da obra de Aristóteles, *Metafísica*, será considerado adequado justamente por estudar aquilo que "vem depois" ou que "está além" da natureza, isto é, Deus.

Portanto, o deus estoico é imanente, bem como fisicamente interconectado a todas as coisas corpóreas e, portanto, presente em tudo que existe.

---

50. Na verdade, Aristóteles apresenta seu deus como uma causa imaterial que serve como alternativa às formas platônicas sob a alegação de que sua teoria tem uma maior capacidade de explicar o cosmo. Cf. *Metafísica* (1075b).

Porém, se este deus é físico, que tipo de entidade física ele é? Neste ponto, os estoicos recorrem ao passado pré-socrático em busca de inspiração, aliando-se, dentre todas as demais pessoas, a Heráclito. Para este filósofo, Deus era como um fogo, ou "um raio que governa todas as coisas", um conceito que aparece em nossa citação do hino de Cleantes. Assim como Heráclito, os estoicos descrevem um deus cuja natureza é flamejante, embora não seja adequado imaginar deus tão somente como uma chama, tal como a que emerge do pavio de uma vela. Deus é considerado como fogo, na verdade, no sentido de que ele é fisicamente sutil e ativo. Ele tampouco se assemelha ao fogo terreno, pois sua atividade não é cega ou irrefletida. Pelo contrário. Os estoicos dão a deus a denominação de "fogo criativo", de "fogo artesão" ou então de "demiurgo criador", o que nos traz ecos do nome que Platão atribui a deus no *Timeu* (LS 46A-B). Ele não apenas permeia todo o cosmo, como o constrói de maneira sábia e habilidosa a partir de dentro, como se a habilidade de um carpinteiro estivesse dentro da madeira e, de lá, essa habilidade pudesse transformar a madeira numa mesa.

Por essa razão, os estoicos referem-se à aparente criação do mundo que nos cerca como uma evidência da existência de deus (cf. Meijer, 2007). Este tipo de evidência, comumente denominado de "argumento da criação", por certo foi trazido à tona no *Timeu* de Platão e nas obras de Aristóteles. Porém, os estoicos o tornaram algo explícito com a alegação de que nada é mais óbvio do que o fato de existir um princípio de sabedoria que permeia todo o universo. Negar isso, afirmou Zenão recorrendo a uma imagem estranha e surpreendente, seria como deparar-se com uma árvore cujos frutos são flautas que tocam melodias, e então negar a existência de um princípio de música nesta árvore (LS 54G). Para os estoicos, cada característica única do cosmo é o resultado da sabedoria e do propósito divinos, de modo que afirmam que todas as coisas são tão boas quanto poderiam ser e se dedicam à realização do plano de Deus. Em geral, o plano de Deus coincide com o nosso. Meu argumento predileto dentre os argumentos estoicos da criação é o de que os porcos são evidentemente concebidos pela providência para serem alimentos para o homem, pois a carne deste animal é naturalmente salgada, o que a impede de apodrecer! (cf. Cícero, ND 2.63).

O deus estoico, portanto, é um princípio tanto ordenador quanto ativo e, no entanto, imanente ao interior do corpo do cosmo. Isso não se parece mais com a descrição de uma alma do que a de um deus? Não soa semelhante, de fato, a assim chamada "alma do mundo" do *Timeu* de Platão? Na verdade, não se trata de uma coincidência: embora a alma do mundo, de Platão, seja imaterial, à luz de outros aspectos ela é, de fato, comparável ao deus estoico, o qual também está entrelaçado com o corpo do cosmo. Na verdade, pode-se ver a teologia estoica como um entrelaçamento de um tipo diferente que incorpora tanto a alma do mundo quanto o artesão divino – ou demiurgo – do *Timeu* de Platão, combinando-os num único princípio. Isso não parece ser uma coincidência. Os estoicos primitivos reagiram com demasiada cautela à tese de Platão, assimilando algumas de suas ideias ao mesmo tempo que rejeitavam outras, sobretudo as próprias formas, ou ideias, platônicas. Estas eram incompatíveis com o materialismo dos estoicos; todavia, a comparação de deus a um artífice, a analogia entre o cosmos e um ser vivo, bem como a noção de que a providência e a sabedoria se patenteiam no desígnio do universo, tudo isso foi colhido no *Timeu* e recebeu um matiz estoico, materialista, inconfundível[51].

Em seu hino, Cleantes afirma que, dentre todos os seres terrenos, somente nós guardamos alguma semelhança com Deus, o que parece ser mais uma alusão platônica ao diálogo *Teeteto*, bem como sua insinuação de que o propósito da humanidade seja alcançar a semelhança com Deus (176a-c). É claro que, por serem materialistas, ao afirmar isso os estoicos provavelmente querem dizer que a alma também é uma coisa corpórea, isto é, que de alguma forma se assemelha à natureza divina que permeia fisicamente todas as coisas[52]. Nossas almas podem ser consideradas porções desta natureza divina, e elas oferecem ao nosso corpo aquilo que Deus oferece ao mundo: ordem e princípio de atividade. Assim como Deus, a alma humana é como o fogo, uma centelha divina. Ela é inicialmente identificada por Crisipo como uma espécie de respiração quente – *pneuma*, em grego. Graças a esta respiração, os animais vivos têm um "calor vital" que, juntamente com

51. Cf. também Reydams-Schils (1999).

52. Cf. Long (1982, p. 34-57); Baltzly (2003, p. 3-33).

a alma, se espalha pelo corpo, da mesma maneira que Deus, o fogo criador, se espalha pelo cosmo (LS 54I). Para os estoicos, a localização natural do centro da alma é aquela na qual encontramos o centro do calor, ou seja (tal qual Aristóteles já havia afirmado), o coração. É nele, e não no cérebro, que encontramos a chamada *hegemonikon* – ou faculdade diretiva – da alma (LS 53D, G). Mais adiante neste livro, veremos como esta tese foi refutada com veemência pelo grande médico Galeno.

Os estoicos certamente sabiam que sua compreensão materialista da alma se revelaria tão controversa quanto sua representação materialista de Deus. Uma das provas que eles apresentavam em defesa desta ideia é que as crianças se assemelham a seus pais tanto no que se refere ao caráter quanto à aparência (LS 53C). É por meio de um processo físico que os pais geram seus filhos. Sendo assim, se a alma não fosse, em alguma medida, física, como poderíamos herdar as atitudes características de nossa personalidade? Os estoicos também descrevem a forma pela qual a alma atua fisicamente no corpo, bem como em seu interior. Ao tomar como referência a respiração, eles imaginam a alma como uma espécie de respiração que se move para dentro e para fora do corpo, mantendo-o num estado equilibrado de tensão. Na verdade, isso pode ser aplicado até mesmo às coisas inanimadas, como rochas, que também têm "essência interna" (LS 47P). É isso que mantém a unidade de uma rocha e a diferencia de outros objetos que a cercam. Porém, os humanos têm um tipo de unidade muito mais elevada que lhes confere os atributos divinos da razão e da inteligência.

Neste ponto, no entanto, os estoicos se deparam com um problema. Eles afirmam que Deus e a alma são coisas físicas que se disseminam em meio a todas as outras coisas físicas, ou seja, o cosmo e o corpo dotado de alma. Mas como isso é possível? Parece pressupor a existência de algo absurdo, a saber, o fato de dois objetos materiais poderem ocupar o mesmo lugar ao mesmo tempo. Se isso fosse verdade, todos os nossos problemas de moradia seriam resolvidos. Porém, infelizmente, cada objeto físico parece ser cioso na preservação de seu próprio espaço. É necessário algum tipo de força para deslocá-lo a fim de encontrar espaço para outro objeto. Por exemplo, quando despejo vinho numa taça, o ar que está em seu interior é empurrado para fora. Portanto, ao que parece, Deus não pode estar em todos os lugares do cosmo, pois não há espaço suficiente: o cosmo teria de lhe abrir passagem. Mas a essa altura os estoicos poderão perguntar: o que acontece quando o vinho é despejado dentro de uma taça que contém água? Nesse caso, o vinho não faz com que a água se desloque. Na verdade, ele se mistura com a água, de modo que ambos permaneçam juntos no mesmo lugar. De modo semelhante, afirmam os estoicos, Deus está completamente misturado ao corpo do cosmo, assim como a sua alma está misturada ao seu corpo (LS 48C).

Esta teoria da mistura suscitou muitos debates, bem como foi alvo de escárnio no mundo antigo. É claro que alguns filósofos, como os atomistas, defendiam a ideia de que não existe uma mistura total – apenas a justaposição de partículas misturadas de modo desordenado, assim como seixos ou grãos de feijão podem ser agrupados sem se fundir. Crisipo, que defendia a visão estoica acerca deste tema, decerto aceitava o fato de que a mistura pode ocorrer por meio da justaposição. Porém, ele afirmava de modo categórico que duas coisas podem estar no mesmo lugar e ao mesmo tempo caso suas características sejam adequadas para esse tipo mais completo de mistura, como as do vinho e as da água. Oponentes contestavam esta tese com a alegação de que, nesse caso, um corpo poderia se estender a ponto de tornar-se coextensivo com outro corpo, a despeito de seu tamanho. Uma gota de vinho poderia ser misturada a um oceano inteiro, e se expandiria por todo o oceano: haveria um pouquinho daquela gota em cada gota de água. Uma versão mais macabra, sugerida pelo cético Arcesilau, afirmava que, se Crisipo estivesse certo, uma única perna humana que apodrecesse no oceano poderia se tornar grande o suficiente para permitir que duas frotas de navios lutassem acima dela, já que a perna decomposta se espalharia por todo o mar (LS 48E). Se a intenção desta versão era a de amedrontar Crisipo, não surtiu efeito: ele seguia afirmando categoricamente que uma gota de vinho pode, em princípio, continuar a existir em toda a extensão do mar (LS 48E). É claro que seus adversários consideravam que as "pernas" do argumento de Crisipo eram frágeis demais para sustentá-lo.

Portanto, o deus estoico não é apenas a origem de toda ordem e de todas as atividades; aquele que, como o raio de Heráclito, governa todas as coisas. Ele também está presente em todas as coisas. Desse modo, não poderia ser mais distinto dos deuses epicuristas, considerados como entidades distantes e desinteressadas que vivem num estado de bem-aventurança marcado pelo desapego. Em contraste, o deus estoico mostra o maior envolvimento possível. Na verdade, a física estoica, de modo geral, é diametralmente oposta à física epicurista. Ao invés de átomos separados que colidem uns com os outros aleatoriamente, temos corpos divisíveis e misturados que estão entrelaçados por uma racionalidade providencial. Em relação à teoria dos estoicos, a de Aristóteles apresentava um contraste mais sutil. É claro que o deus aristotélico, em sua condição de forma platônica, consiste numa causa imaterial, uma ideia totalmente contestada pelos estoicos. Porém, estes concordam com Aristóteles – e com a maioria dos demais filósofos da Antiguidade – ao considerar o cosmo como uma esfera na qual os céus mais divinos cercam um reino terrestre. Eles aceitam o sistema que contém quatro elementos: ar, terra, fogo e água. E, à semelhança de Aristóteles, eles admitem que tais entes são "contínuos", isto é, que se podem dividir e, de novo, dividir *ad infinitum*, sem jamais se atingir partes indivisíveis, ao passo que os átomos de Demócrito e de Epicuro, tidos como indivisíveis, não admitem ulterior divisão.

Desse modo, os estoicos encontram muitos pontos de concordância com a física de Aristóteles. Porém, eles discordam no que tange ao passado e ao futuro. Aristóteles acredita que o cosmo não somente é eterno como também sempre teve uma organização similar à que vemos hoje. Para os estoicos, por sua vez, a ordem do cosmo com que nos deparamos é apenas um capítulo de uma história ininterrupta. Muito tempo atrás, o cosmo consistia em nada mais do que o fogo divino – uma pura fusão entre deus e matéria em que tudo era sabedoria e na qual não havia quaisquer males. Nosso mundo emergiu a partir desse estado quando o fogo se condensou nos demais elementos e, assim como em muitas cosmologias pré-socráticas, transformou-se na Terra, embaixo, e nos céus, acima. Igualmente sintonizada à filosofia pré-socrática – ainda que esse conceito também esteja presente em alguns diálogos platônicos – está a ideia de que nosso mundo passa por ciclos. Os estoicos acreditam que o cosmo retornará a seu estado original numa "conflagração", quando então será consumido pelo fogo e reduzido – ou então expandido – até transformar-se em nada além de fogo (LS 46E-F, I, K).

Uso aqui a palavra "expandido", pois a teoria estoica leva em conta o fato de os elementos variarem em densidade. Quando o fogo se transforma em água ou em terra, ele passa a ocupar um espaço muito menor, e, claro, o contrário também é verdadeiro. Isso significa que, quando o cosmo estiver num estado de conflagração, acabará por ocupar um espaço infinitamente maior do que quando está parcialmente condensado na sua forma atual. Para que isso seja possível, os estoicos postulam que nosso cosmo é cercado por um vazio infinito – um vácuo. Aqui, uma vez mais, é útil compararmos os estoicos aos epicuristas e a Aristóteles. Aristóteles refuta de todo a possibilidade de existência do vácuo. Para ele, o cosmo é uma esfera finita que não é cercada por nada, nem mesmo pelo vácuo de vazio absoluto. Por sua vez, Epicuro considera a existência de um vácuo infinito, um vazio no qual os átomos podem movimentar-se e colidirem-se uns com os outros, combinando-se num número indefinido de mundos. Assim como Aristóteles, os estoicos admitem a existência de apenas um mundo, o nosso mundo. Eles afirmam, contudo, que este mundo pode se expandir em volume, pois há muito espaço em seu redor, uma vez que eles também admitem a existência de um vácuo infinito, tal qual os epicuristas. Em contraposição a Aristóteles e a quem possa duvidar de que o cosmo seja cercado pelo vácuo, os estoicos questionam o que aconteceria se uma pessoa parada na borda do cosmo estender seu braço (LS 49F). Se ela puder estender seu braço além da borda do cosmo, então o espaço vazio existe. Mas, caso não seja capaz de fazê-lo, alguma coisa externa ao cosmo deve estar impedindo seu movimento. Portanto, se o cosmo realmente tiver uma extremidade e não houver nada além dela, este nada deve ser considerado o vácuo.

Quando os estoicos somam a seu ciclo cósmico o respeito que têm pela divina providência, chegam a uma inquietante conclusão. Deus cria o universo inteiro com a mais absoluta sabedoria. É muito provável, portanto, que, quando o mundo for consumido pelo fogo e renascer novamente, poderemos esperar que Deus faça novamente as mesmas escolhas. Dito de outro modo, cada um dos ciclos cósmicos será exatamente o mesmo (LS 46O). Esta é a ideia do eterno retorno que foi celebrizada por Nietzsche em sua obra. Não se trata tão somente de uma ociosa especulação cosmológica; a intenção é fazer-nos ponderar cada uma de nossas escolhas, como se elas fossem inúmeras muitas vezes, infinitamente. Nietzsche via neste conceito um significado ético de grande importância, considerando-o como a afirmação suprema da vida neste mundo, em oposição à suposta vida do além-túmulo da tradição judaico-cristã[53]. Marco Aurélio (que tampouco simpatizava com o cristianismo) também o considerava importante em seu aspecto ético, mas por uma razão muito diferente: ele coloca as coisas numa perspectiva muito ampla (cf. Med., 9.28). Por exemplo, por que deveria eu temer escolher uma morte honrosa em vez de uma segurança covarde, se a minha vida houver de repetir-se por um número infinito de vezes, de modo que viverei eternamente, seja qual for a minha escolha?

É claro que, para formular este tipo de moral, era necessário que Marco Aurélio e outros estoicos acreditassem que sou *eu* quem literalmente existirá repetidas vezes, em um ciclo depois do outro. Alguns estoicos, pressionados por seus críticos, negavam esta crença (LS 52E-F, H). Porém, ao que parece, a perspectiva original dos estoicos era a de que o próprio Sócrates existirá em cada um dos ciclos terrenos, entornará cicuta em cada um deles, e assim por diante. Chegou-se até mesmo ao ponto de se sugerir que a consequência disso, para os estoicos, é que o tempo é circular[54]. Se esta ideia estiver correta, os estoicos enxergam o futuro não como uma série infinita de repetidos eventos com uma exata semelhança, mas como um circuito fechado de eventos de fato idênticos, que ocorrem repetidas vezes. Esta ideia pode ser sintetizada na imagem do tempo como uma corda desenrolada, à qual Cícero recorreu para descrever a teoria estoica (LS 55O).

Porém, caberia agora perguntarmos: como podem Marco Aurélio ou qualquer outro estoico falar em escolhas, quer tenham ou não em mente o eterno retorno? Se Deus ordena o mundo de uma forma que visa a alcançar os melhores e mais racionais resultados, e se nossas ações também estão inseridas dentro deste ordenamento, então podemos realmente dizer que as "escolhemos"? Não seremos, na verdade, marionetes de uma causalidade divina? Assim como filósofos de épocas posteriores, os estoicos talvez tenham buscado reconciliar a providência divina com a ideia de que nos-

53. Cf. A sua obra intitulada *A gaia ciência*, § 285; 341.

54. Esta hipótese foi apresentada por Sorabji (1983, p. 184-185).

sas ações não são causadas por Deus, ou por qualquer outra coisa. Porém, eles optaram por seguir um caminho diferente. Eles aderiram ao conceito de que todas as coisas, até mesmo as ações humanas, são produto de uma causa. Revelaram, assim, sua visão determinista, convencidos de que todos os eventos – incluindo as escolhas e ações humanas – surgem a partir de cadeias indestrutíveis de eventos anteriores, uma inescapável teia de causas e efeitos fruto da sabedoria divina.

Para os estoicos, todas as partes da filosofia estão interconectadas, e aqui chegamos à conexão entre a física e a ética. Na verdade, já atestamos anteriormente que a doutrina física do eterno retorno tinha um significado prático. Porém, o determinismo traz para a ética consequências ainda mais profundas. A lembrança de que todas as coisas estão destinadas a acontecer do modo que ocorrem, por obra da providência divina, poderá nos trazer uma paz profunda, levando-nos a aceitar de modo equânime até mesmo os eventos mais terríveis. Ou seja, podemos adotar o que passamos a denominar uma atitude "estoica" diante das adversidades e do sofrimento: já que aquilo que nos acontece é inevitável, não faz sentido nos perturbarmos por causa disso. Ademais, como tudo já foi predestinado por Deus, mostrar-se incomodado significaria nada mais do que uma incompreensão demasiado humana do plano divino mais amplo. Por outro lado, esta mesma ideia, em si, poderá nos parecer deveras perturbadora. Ela parece retratar-nos como simples peões movimentados pela irresistível vontade divina em uma partida de xadrez cósmico, ainda que se trate de uma partida que é jogada repetidas vezes, com um imenso fogo que irrompe no final. Então, para usar as palavras usadas pelos estoicos e por outros filósofos deste período, não nos cabe decisão alguma em relação a nada? Cabe a você a decisão de virar a página para descobrir a resposta.

11

Como uma pedra rolante: A ética estoica

Imagine-se caminhando nos trilhos de uma linha de trem. Você está apenas a passeio, refletindo acerca dos aspectos mais sutis da filosofia antiga. De repente, um sentimento de pavor o invade: você vê uma criança inocente andando nos trilhos, e, ademais, um trem que se aproxima em alta velocidade – rápido demais para desacelerar a tempo. Sem nem sequer pensar por um segundo em sua própria segurança, você instintivamente corre até a criança, agarra-a em seus braços e salta com ela para o lado, salvando a vida de ambos. O trem segue acelerado, em completa indiferença quanto a vocês, mas espectadores da cena testemunharam seu ato de coragem. Você é aclamado como um herói em sua comunidade local, e aproveita suas breves semanas de fama para estimular seu público de admiradores a comprar este excelente livro de filosofia que ora lê.

Trata-se de uma história com final feliz. Porém, será que ela contém alguma parte que seja confusa e infeliz? Já mencionamos sua coragem, o heroísmo de sua decisão – tomada numa fração de segundo, para salvar a criança. No entanto, dissemos também que você atuou movido pelo instinto, sem parar para sopesar as consequências de seu arriscado gesto. Se isso estiver correto, por que você deveria receber algum mérito pelo ato que praticou? Pode-se dizer que você atuou de modo automático, de modo que sua corrida em direção à criança foi tão inevitável quanto a chegada do trem. Ao que tudo indica, você é tão somente o tipo de pessoa que reage deste modo em situações em que crianças são ameaçadas por trens. Claro que é uma sorte para a criança que você estivesse ali naquele exato momento. Porém, aquela situação não envolvia uma escolha deliberada sua. Você não fez uma pausa a fim de escolher algo, e mesmo que tivesse tido tempo para esta pausa, não teria, de qualquer modo, considerado a hipótese de deixar a criança ser atropelada. Que sentido faz o elogiarmos e escrevermos artigos de jornal em louvor à sua coragem uma vez que, naquela situação, não havia alternativa de escolha alguma?

Neste livro, tenho buscado não me desviar do tema principal ao apresentar um número excessivo de termos técnicos – todas estas palavras que terminam com "ismo". Porém, nesse caso particular, poderemos perder o fio da meada se não incorporarmos à nossa trama dois destes termos: "determinismo" e "compatibilismo". O determinismo consiste na ideia de que tudo o que acontece é... sim, predeterminado. Nada pode ser evitado, ou, dito de outra maneira, tudo que pode acontecer, acontecerá. Mas por que alguém pensaria desta maneira? Bem, há várias razões para isso. De acordo com um tipo de determinismo, nada pode ser verdadeiro sem ser necessário, segundo o chamado "argumento do mestre" ou o célebre argumento da "batalha naval" de Aristóteles poderiam demonstrar[55]. Outro tipo de determinismo é o que poderíamos chamar de determinismo "causal", isto é, a visão segundo a qual tudo o que acontece tem uma causa, e toda causa faz com que certos efeitos sejam necessários. Se isso for verdade, então existe uma indestrutível cadeia de causas e efeitos que remonta ao passado, e que, portanto, carregam consigo a certeza de que o presente não poderia ter ocorrido de outra maneira, bem como de que só existe um futuro possível. Esta é a visão dos estoicos.

O determinismo torna mais complexo o problema que envolve o seu heroísmo e o trem. Já dissemos que, se você não poderia ter tomado outra atitude além da que tomou, fica difícil entendermos a razão pela qual você merece algum mérito. Da mesma maneira, se não posso evitar, digamos, empurrar você na frente de um trem que vem em nossa direção – se, portanto, sou literalmente incapaz de tomar qualquer outra atitude –, então como posso ser responsabilizado pelo meu ato? Em suma, se o determinismo for verdadeiro, como alguém pode ser moralmente responsável por qualquer coisa? Isso nos leva a nosso segundo "ismo": o compatibilismo. Trata-se aqui

55. *Filosofia clássica*, cap. 30.

tão somente da concepção de que a liberdade, ou a responsabilidade moral, ou algo nesse sentido, é, no fim das contas, compatível com o determinismo[56]. Em outras palavras, na visão de um compatibilista, até mesmo em um mundo determinista as pessoas devem ser elogiadas ou criticadas pelos atos que praticam – não como uma ficção conveniente, mas porque, como os próprios estoicos afirmam, a decisão de tais atos realmente "depende delas". Este segundo "ismo" também é aceito pelos estoicos. Crisipo, um estoico primitivo, dedicou uma atenção especial ao tópico de como a escolha relacionada às nossas ações pode "depender de nós", mesmo quando tais ações estão destinadas a acontecer em razão de cadeias inevitáveis de causas e efeitos que concretizam a irresistível providência divina.

Vale a pena enfatizar que Crisipo e os demais estoicos estavam de fato comprometidos com estas ideias. Não há como escapar do destino, nem mesmo nos seus pormenores mais insignificantes. Portanto, não se trata de simplesmente dizer que, por exemplo, quaisquer que sejam as ações de Édipo, no fim ele acabará por assassinar seu pai e por casar-se com sua mãe, conforme previsto pela profecia. Na verdade, mesmo as ações que Édipo pratica para evitar seu destino também são predestinadas. O destino determina não apenas o patricídio, o desmesurado amor de Édipo por sua mãe e o fato de ele furar os próprios olhos, mas também qual dos olhos ele arrancará primeiro, qual prendedor de roupa ele usará para fazer isso, e até mesmo o que ele terá comido no café da manhã naquele dia fatídico. Para os estoicos, todos os dias e todas as ações, por mais triviais que possam ser, são fatídicos. No entanto, eles afirmam categoricamente que cabe ao próprio Édipo a decisão de suas ações. Cabe a ele decidir o que comerá no café da manhã, assassinar o próprio pai numa encruzilhada, e furar os próprios olhos.

Isso poderá lhe parecer paradoxal, mas vale a pena examinar o modo pelo qual os estoicos defendiam essa perspectiva, sobretudo pelo fato de que muitos filósofos contemporâneos nossos também respaldam o compatibi-

56. Uma diferença importante entre esse tipo de compatibilismo e o compatibilismo contemporâneo, contudo, é que os estoicos primitivos não consideravam esta matéria em termos de "liberdade" (*eleutheria*, em grego). Eles tentavam reconciliar a responsabilidade e o "depende de nós" com o determinismo causal, mas eles não afirmavam categoricamente que os humanos são "livres", mesmo quando determinados de um modo causal. Quanto a esse aspecto cf. Bobzien (1998, p. 330-331). Segundo a autora, é somente com Epiteto que esta conversa acerca da liberdade passa a ser associada ao "depende de nós".

lismo. Talvez tenhamos de atribuir a Crisipo a primeira defesa sofisticada deste "ismo". Na essência, seu argumento era de que cabe ao ator decidir a maneira como atuará, contanto que estes atos decorram de seus desejos e de seu caráter. Ele exemplifica: se você empurrar um cilindro, ele rolará numa linha reta; se empurrar um cone, ele rolará em círculos (LS 62C). De modo semelhante, esta mesma situação causará diferentes reações em homens diferentes. O fato de Édipo ter assassinado o próprio pai deveu-se, em grande medida, ao orgulho e ao temperamento do próprio Édipo. Um homem mais manso não teria cometido um tal assassínio numa encruzilhada. É justamente nesse sentido que coube a Édipo a decisão de praticar sua ação, e isso é válido para todas as ações pelas quais somos moralmente responsáveis.

Se a escolha relacionada a um acontecimento qualquer não cabe a nós, então não somos responsáveis por ele. Se eu atirasse Crisipo da janela de um alto edifício e ele caísse em cima de um homem, matando-o, Crisipo afirmaria categoricamente que tal assassínio *não* foi decisão sua, e que não caberia a ele, portanto, a responsabilidade por esta morte. Ele também afirmaria que os atos que dependem de nós não são, em rigor, necessários. Como já vimos no capítulo 8, Crisipo argumentava que a possibilidade está relacionada ao que uma coisa é capaz de fazer, bem como que tal possibilidade pode ser eliminada pela ação de forças externas. Por exemplo, é sempre possível que um pedaço de madeira queime, ainda que isso jamais aconteça. Porém, se este pedaço de madeira estiver no fundo do oceano, a água eliminará esta possibilidade. Podemos agora perceber quais eram as intenções de Crisipo. Com base nesta definição, Crisipo pode alegar que eu "posso" ou não praticar uma determinada ação, contanto que eu seja fisicamente capaz de praticá-la. Em uma situação normal, eu posso caminhar, ou, então, abster-me de caminhar. Porém, se eu estiver amarrado a uma cadeira, deixo de ter a capacidade de decidir se posso ou não caminhar, de modo que ninguém poderá me responsabilizar por não ter colocado o lixo para fora da casa.

Este engenhoso entrelaçamento entre lógica e ética é um traço deveras típico de Crisipo, bem como dos estoicos, de modo geral. Isso significa que eles podem ter acesso simultâneo ao melhor de dois mundos: podem acreditar no determinismo e também nas contingências do mundo. Porém, não se iluda: tudo o que você faz ainda é necessário num sentido diferente – no sentido de que suas ações se tornaram inevitáveis em razão das relações causais do destino. Plotino, filósofo neoplatônico de uma época posterior, criticava a concepção estoica de reduzir os humanos a pouco mais do que pedras sendo roladas (Plotino, En., 3.1.5.) – o que é um tanto irônico, à luz da analogia do cilindro e do cone apresentada por Crisipo. Embora os estoicos reconheçam a garantia de que faremos aquilo que a providência divina tiver decretado para nós, eles enfatizam que parte do que nos está destinado está relacionada à nossa própria atitude interna e ao nosso próprio caráter, o que, por si só, ajuda a explicar as coisas que fazemos. Como dizem os estoicos, somos como um cão amarrado a um carro em movimento: depende de nós decidir se seguiremos os ditames do destino de forma alegre, ou com muito queixume e muita relutância – seja como for, nós os seguiremos[57].

O sábio é aquele que sempre segue este caminho de forma alegre. Como você deve se lembrar, o sábio é uma figura ideal que jamais comete erros, tal é a perfeição de sua sabedoria. Isso é verdadeiro tanto na esfera da ética quanto na esfera dos julgamentos não éticos. Na verdade, o julgamento ético é o que os estoicos tinham especificamente em mente ao defender a possibilidade de existência do sábio perfeito. Seja qual for o desafio colocado diante do sábio estoico, ele reagirá de modo apropriado, tanto em termos de crença quanto de açoes. De acordo com os estoicos, somente o sábio é realmente virtuoso, pois a verdadeira virtude implica não apenas ser uma pessoa razoavelmente confiável, mas ser infalível, e, portanto, praticar as ações corretas. Além disso, os estoicos seguem o exemplo de Sócrates quando alegam que somente a sabedoria e a virtude são verdadeiramente valiosas. Eles adotam a visão socrática segundo a qual coisas como riqueza, saúde e poder político podem tanto contribuir para o mal quanto promover o bem. Na verdade, eles parecem ir além desta visão. Sócrates, pelo menos da maneira como nos é apresentado por Platão, afirmou que a riqueza e a saúde são, de fato, boas, mas só quando usadas com sabedoria. Os estoicos, adotando uma perspectiva ligeiramente diferente, mas crucial, enfatizam que a riqueza e a saúde permanecem sempre "indiferentes" – não são nem boas nem ruins. Qualquer atributo positivo que seja associado a

57. Quanto a esta comparação, cf. Bobzien (1998, p. 351-357). Ela argumenta que esta imagem não foi descrita por Crisipo, mas pelos estoicos "romanos" de épocas posteriores.

elas é uma mera decorrência da virtude; portanto, elas não têm valor algum por si próprias (LS 58A, B).

Podemos detectar aqui uma semelhança familiar entre o estoicismo e o cinismo. A crença do filósofo cínico em si mesmo como uma pessoa autossuficiente e simplesmente virtuosa ecoam o conceito estoico de que, com exceção da própria virtude, tudo é indiferente. Mas cabe, então, perguntar: por que os estoicos não viviam em barris de vinho e levavam uma vida como a dos cães, como faziam os cínicos? Bem, os estoicos concordam com os cínicos na defesa de que tudo, com exceção da virtude e da sabedoria, é indiferente, e, por conseguinte, carece de um valor intrínseco genuíno. No entanto, para eles, nem tudo que é indiferente foi criado da mesma maneira. Deve-se dar preferência a algumas destas coisas indiferentes em detrimento de outras (LS 58B, C). A saúde é um bom exemplo disso. Este exemplo não é intrinsecamente bom, pois não passa no teste que Platão aplica às causas, em seu *Fédon*: uma coisa que é realmente boa não causaria algo que seja ruim. E a saúde é certamente capaz de dar origem a coisas ruins, por exemplo, no caso em que a saúde pertence a um tirano. No entanto, argumentam os estoicos, ainda assim é evidentemente razoável preferirmos a saúde à doença, se tudo o mais permanecer igual. Portanto, o sábio escolherá a saúde – ele "preferirá" isso – a não ser que essa escolha contrarie as exigências da virtude.

Esta atitude levou a uma ruptura entre os representantes do estoicismo primitivo. Crisipo defendia a teoria dos indiferentes preferidos, e esta se tornaria a postura convencional dos estoicos. Porém, Aristo de Quio, filósofo contemporâneo seu, enfatizava que os indiferentes deveriam realmente ser indiferentes (LS 58F). Se a saúde não é uma coisa boa, não faz sentido algum que alguém dê preferência a ela. De acordo com Aristo, Crisipo introduziu um tipo inferior de valor para a saúde: de fato, ela é uma coisa boa, porém, esta bondade da saúde pode ser superada pela bondade da virtude. Isso nos parece uma objeção poderosa. Porém, antes de adotarmos a postura dissidente de estoicos como Aristo, devemos lembrar que Crisipo apresenta um contra-argumento igualmente poderoso, o de que algo somente é bom de fato se for necessário para nossa felicidade. E a saúde simplesmente não é um pré-requisito para a felicidade. Como poderia ser, se às vezes somos mais felizes quando, de modo deliberado, evitamos a saúde, na situação, por exemplo, em que nos apresentamos como voluntários para uma expedição militar suicida com o objetivo de salvar nossa cidade? Caso você queira um exemplo mais atual, sem ser atual *demais*, imagine-se assistindo a filmes num festival de cinema mudo. Você tem vontade de assistir a um filme de Buster Keaton, mas o festival não exibirá nenhuma película deste diretor. Porém, mesmo assim, você não está disposto a permitir que isso afete o prazer que este festival pode lhe proporcionar. Você então ficará contente por assistir a um filme de Charlie Chaplin, e igualmente feliz por assistir aos demais filmes do festival.

O sábio estoico é capaz de manter seu implacável apego à felicidade porque compreende que todas as coisas concorrem para o bem maior, já que são regidas pela providência, bem como sabe, de maneira inequívoca, como deve proceder em cada situação específica. Porém, a essa altura talvez nos inquiete o fato de os estoicos não nos dizerem o suficiente quanto a qual seria, na verdade, a atitude do sábio. Eles nos disseram que ele dará preferência a algumas coisas indiferentes, como a saúde, mas não há como sabermos, com plena certeza, em que situações ele abdicaria das coisas que prefere. Caso o conselho dos estoicos se limite a dizer "faça o que um sábio ideal faria", isso será um tanto frustrante, uma vez que nenhum de nós jamais conheceu um sábio ideal, e é pouco provável que isso aconteça. Mas, alto lá, tem mais. Lembre-se de que, para os estoicos, a natureza, em alguma medida, é idêntica a deus. Não é de surpreender, portanto, a descoberta de que os estoicos têm mais um ponto em comum com os cínicos quando afirmam que uma vida boa e feliz é aquela vivida em comunhão com a natureza (LS 63A-C)[58].

Em uma situação mais rara de consenso em relação aos epicuristas, os estoicos fazem referência ao comportamento dos animais e de crianças pequenas ao explicarem este conceito (LS 57B). Na visão deles, até mesmo estes seres irracionais têm uma noção daquilo que lhes é apropriado. A palavra grega para "apropriado" é *oikeion*, e está associada à palavra grega que designa "lar". Quando um bebê se aninha no seio da mãe em busca de leite ou quando um leão ataca violentamente a sua presa, eles estão, poderíamos dizer, "no aconchego do lar", ou seja, tentando obter aquilo que lhes é apropriado. Extraviamo-nos de nosso caminho quando nos desviamos daquilo

58. Cf. Striker (1991, p. 1-73).

que é natural e apropriado, por exemplo, ao desejar que alguém construa estátuas em nossa homenagem. É claro que, se isso tiver de servir como fundamento para a nossa ética, será preciso investigarmos a nossa natureza mais a fundo. Porém, agora somos capazes de compreender o modo pelo qual o sábio pode atingir tamanha perfeição em seu julgamento ético. Pois ele conhece sua própria natureza e a natureza das demais coisas, isto é, a natureza do próprio cosmo. Portanto, suas crenças e seus desejos estão alinhados com a ordem da divina providência.

Temos aqui mais do que uma mera alusão a Aristóteles, na medida em que a compreensão estoica da ética está baseada na natureza. Podemos também detectar aqui uma dose saudável de Platão – os estoicos parecem ter incorporado à sua própria ética a noção de ordem providencial de Platão apresentada no *Timeu*[59]. Porém, há outro aspecto que distancia os estoicos da visão de Aristóteles e da de Platão (pelo menos no que diz respeito a alguns estados de espírito dele). Trata-se da insistência dos estoicos em afirmar que somente o sábio ideal é virtuoso. Aqui, eles deixam claro que não têm papas na língua: uma pessoa que não é sábia é incapaz de praticar atos virtuosos (LS 61I, T). Porém, isso lhes traz um problema adicional. Para ser um sábio são necessárias uma perfeição total e uma imunidade à falsidade nas crenças, bem como às fraquezas da ação. Este não parece ser um objetivo alcançável. Se o mundo está dividido entre tolos e sábios, parece que estou fadado a continuar sendo um tolo. Nesse caso, eu poderia, no mínimo, me divertir um pouco. Se eu não puder ser virtuoso, talvez possa me contentar com um pouco do bom e tradicional prazer. Passem-me o jarro de vinho e chamem as mulheres com suas flautas![60] Ou então, caso hesite em me tornar um libertino, eu poderia buscar um tipo mais refinado de hedonismo e optar por deixar o pórtico estoico e ir visitar o jardim de Epicuro.

Fica claro, portanto, que cabe aos estoicos explicar o por que de alguns tolos serem melhores do que outros, e de que modo eu poderia me aprimorar em meu caminho rumo à sabedoria. Por esta razão, eles desenvolveram o conceito de ações "apropriadas", *kathekonta*, em grego (LS 59B,

59. *Filosofia clássica*, cap. 26.

60. Referência às "aulétrides", um grupo específico de mulheres na Grécia antiga que eram dançarinas e tocadoras de flauta [N.T.].

C). Respeitar seus pais, por exemplo, ou então saldar uma dívida, é uma ação apropriada. Em geral, uma pessoa que pratica tais ações é melhor do que outra que não as pratica, mesmo que nenhuma delas seja sábia ou que sua prática não seja movida por uma autêntica virtude. Isso não significa que você deva praticar tais ações em quaisquer circunstâncias. Tomando emprestado um exemplo de Platão (Rep., 331c), se alguém me empresta uma arma e logo depois enlouquece, não cabe a mim a responsabilidade de saldar esta dívida devolvendo-lhe a arma. Porém, de modo geral, a estratégia de escolher ações adequadas nos permite alcançar uma virtude de qualidade um pouco inferior: não a infalível perfeição do sábio, mas a zelosa – e às vezes inapropriada – retidão do cidadão íntegro. Outra boa notícia é que a busca das coisas que em relação à virtude são indiferentes, mas que ainda são racionalmente preferíveis, como a saúde, também pode ser considerada apropriada. Portanto, percebemos, uma vez mais, que os estoicos podem nos estimular a buscar estas qualidades à medida que nos empenhamos para alcançar uma autêntica virtude.

Na verdade, à medida que o estoicismo foi se desenvolvendo, atentou-se cada vez mais ao problema de como podemos nos aprimorar, mesmo que, no longo prazo, tornarmo-nos sábios seja uma perspectiva distante. Panécio de Rodes, um estoico do século II a.C., parece ter se interessado particularmente por este tópico. Sêneca o cita quando lhe perguntam se um sábio poderia, em algum momento, apaixonar-se (LS 66C). A resposta de Panécio, na verdade, é: "Como é possível saber? Porém, para pessoas não sábias, como você e eu, provavelmente esta não é uma ideia muito boa". Panécio o estimula a refletir acerca de seu próprio caráter e a buscar um estilo de vida que lhe seja adequado. Isso já parece marcar uma grande distância da atitude quase cínica dos primeiros estoicos, como Zenão e Crisipo, para quem a ideia essencial parecia ser a de que a ética é um jogo de tudo ou nada. Porém, uma atitude mais tolerante em relação àqueles que tão somente se aprimoram é condizente com a perspectiva de Crisipo, e portanto contrária à de Aristo, cujo argumento é que a virtude tem um valor único e absoluto, e que nada mais é digno de valor a não ser ela. Ao adotar o que parece ser uma atitude sensata, nos permitindo dar preferência a coisas como a saúde, em detrimento da doença, Crisipo legitimou um julgamento com o qual até mesmo nós, os tolos, podemos concordar. Com estas óbvias e inegáveis preferências, todos nós, ao que parece, temos certa consciência instintiva do que é natural – um instinto que, conforme enfatizado pelos estoicos, podemos detectar até mesmo nos animais e nas crianças.

Encontramos outro belo exemplo de reflexão de estoicos de épocas posteriores quanto ao tópico do progresso moral em Hiérocles de Alexandria, que viveu entre os séculos II e I a.C., e que, de modo não deliberado, deu uma grande ênfase ao fato de os animais aparentemente compreenderem o que lhes é apropriado. Por exemplo, ele observou que animais com chifres entendem, de modo instintivo, como usar estas armas naturais (LS 57C). Porém, a melhor teoria de Hiérocles é a que nos explica como podemos nos tornar pessoas melhores. Segundo ele, todas as pessoas naturalmente valorizam a si mesmas. Imagine-se, portanto, no interior de um pequeno círculo, e, então, amplie-o, de modo que seus amigos e sua família estejam incluídos – trazendo-os para o interior do círculo de pessoas valorizadas. Melhor ainda seria expandir seu círculo a fim de incluir seus compatriotas. Porém, ainda melhor seria expandi-lo de modo que todos os seres humanos, até mesmo o estrangeiro mais distante, estejam incluídos (LS 57G). Esta impactante imagem do desenvolvimento moral nos traz uma pequena dúvida: devemos considerar que somos pessoas realmente unidas às outras de alguma maneira ou devemos tão somente incluí-las em nosso círculo de afetos? (cf. McCabe, 2005, p. 413-444).

Porém, seja como for, Hiérocles nos mostra como as ideias estoicas relacionadas à natureza e à adequação podem servir de base para uma atitude poderosa, ética, e até mesmo inspiradora. Nesse sentido, Hiérocles estava criando uma tendência que continuaria em vigor no período do Império Romano. Com o desenvolvimento do estoicismo, esta escola filosófica se volta cada vez mais para preocupações éticas, isto é, para o desenvolvimento da ética e para uma reflexão concreta acerca do significado do estoicismo em nossa vida cotidiana. Os chamados "estoicos romanos" nos mostram que esta é uma filosofia que tem algo a dizer a todos nós, sejamos escravos ou imperadores.

12

O CONTROLE DA RAIVA: SÊNECA

Cneu Calpúrnio Pisão foi um homem poderoso. Ele nasceu em meio à classe senatorial da sociedade romana, e, no ano 7 a.C., ocupou o cargo de cônsul ao lado de um amigo que se tornaria o futuro Imperador Tibério. E Pisão também tinha um temperamento explosivo. Certa vez, dois de seus soldados subordinados tiraram licença e somente um deles voltou ao trabalho; de imediato, Pisão concluiu que o soldado que não retornara foi assassinado pelo colega, e ordenou que este fosse executado. Um centurião foi incumbido de levar a cabo esta sombria tarefa, mas na última hora o soldado ausente apareceu e a execução foi suspensa. No momento que Pisão soube disso, ficou furioso, em vez de aliviado. Seu julgamento precipitado havia sido exposto, de modo que a ordem de execução que ele havia dado fora revogada à sua revelia. Ele anunciou que agora haveria a execução de três pessoas: o primeiro soldado teria de ser executado, conforme o plano inicial, assim como o centurião que se absteve de assassiná-lo; também teria de morrer o soldado que demorou para retornar ao trabalho, uma vez que tudo aquilo acontecera por sua culpa.

Tivesse Pisão vivido duas ou três gerações antes, ele poderia ter encontrado nas obras de Sêneca bons conselhos de como controlar melhor o seu temperamento[61]. Sêneca nasceu no território espanhol no domínio de Roma entre os anos 4 e 1 a.C., pouco antes da época em que Pisão ocupou o cargo de cônsul e bem no meio do longo período em que Augusto César foi

61. A história de Pisão foi contada em Sêneca (*Ira*, 1.18). As referências feitas no texto principal deste capítulo dizem respeito a esta obra.

o imperador. Sêneca não foi contemporâneo de figuras como Catão, Júlio Cesar e Cícero, mas apresenta relatos a respeito deles em sua obra. Podemos notar nos textos de Sêneca que a aristocracia romana ainda digeria os efeitos da mudança sísmica ocorrida com a transição de uma república controlada pelo senado para um império controlado por um único homem – em primeiro lugar, Augusto e, posteriormente, os imperadores que o sucederam: Tibério, Calígula, Cláudio e, claro, Nero. O papel de Nero em nossa história é particularmente importante, pois Sêneca desempenhou a função de conselheiro deste jovem imperador. Uma de suas obras filosóficas, o *Tratado sobre a clemência*, é considerado um registro de suas tentativas de moderar as tendências desmedidas de Nero. No fim, este projeto malogrou e Sêneca teve de pagar este malogro com a própria vida.

Embora Sêneca continue sendo, em nossos dias, um filósofo admirado, é inegável que seu legado foi maculado por sua ligação com Nero. Antes do célebre dia em que Nero teria tocado sua lira enquanto Roma ardia em chamas[62], Agripina, sua mãe, foi assassinada no ano 59 d.C. Terá Sêneca, um homem que foi um modelo de obstinada virtude e que valorizava muito mais a integridade do que a própria vida, corrido o risco de ser condenado à morte por ter denunciado Nero em público? Infelizmente, não. O que ele fez, na verdade, foi escrever um discurso para o imperador a fim de ajudá-lo a se recuperar deste desastre em termos de relações públicas. Por certo este não foi dos melhores momentos da vida de Sêneca. Caso a sua motivação, aqui, tenha sido o desejo de exercer alguma influência benéfica em Nero, seu plano malogrou: no ano 65, Nero acusou Sêneca de ter conspirado para assassiná-lo, e, assim, ordenou-lhe que cometesse suicídio. Esta ordem fatal, aliás, não foi a primeira experiência de Sêneca com a dura realidade da política romana. No ano 41, no império de Cláudio, ele foi exilado na ilha da Córsega. Em uma carta enviada à sua mãe, Hélvia, na qual ele busca confortá-la por seu exílio, Sêneca lhe dá conselhos de como lidar com este revés.

Portanto, Sêneca foi, em grande medida, um "filósofo na política", para tomarmos de empréstimo o título de um dos principais estudos já reali-

62. A veracidade desta história é questionada. De acordo com Chauí (2010, p. 299) "[...] Nero forçava Sêneca a acompanhá-lo em suas viagens e, em 64, Sêneca encontrava-se em Nápoles em sua companhia quando chegou a notícia do incêndio de Roma, obra secreta do imperador" [N.T.].

zados deste homem (cf. Griffin, 1992). Na verdade, seu legado transcende a política e a filosofia. Seus textos filosóficos são, por si próprios, um dos principais pontos de referência da literatura latina. E ele também escreveu dramas, dentre os quais oito obras do gênero trágico subsistiram até nossos dias. Porém, no que diz respeito à filosofia, o que nos interessa é o estoicismo de Sêneca[63]. Ele é a primeira das três grandes figuras históricas que criaram sua obra no período imperial, conhecido como o grupo dos "estoicos romanos": Sêneca, Epiteto e Marco Aurélio. Dedicaremos nossa atenção a eles em vários dos capítulos seguintes. Dos três, Sêneca foi o único a escrever filosofia em latim (cf. Inwood, 2005, p. 12) e, como alguém já observou com muita propriedade, Sêneca pensa em latim, ainda que ele seja herdeiro de ideias cuja origem está na tradição grega. No entanto, suas obras filosóficas – e particularmente uma série de cartas e dos chamados "diálogos" – exibem tendências compartilhadas por todos os três estoicos romanos. Ele ignora grande parte dos tópicos lógicos e metafísicos que fascinaram Crisipo séculos antes, e dedica sua atenção, de modo incansável, ao problema de "como viver". Sêneca atinge o auge de suas habilidades quando se propõe a dissecar as fraquezas humanas e a oferecer-nos conselhos de como podemos superar tais fraquezas. Sua obra filosófica é quase sempre dirigida a um destinatário real, quer se trate de sua própria mãe ou de um de seus amigos da aristocracia. No entanto, ao ler seus textos, nós mesmos somos repreendidos, persuadidos e estimulados a adotar um estilo de vida virtuoso – se não a virtude perfeita do sábio estoico ideal, pelo menos uma vida que seja melhor do que a que vivemos hoje.

Isso não significa que Sêneca abandonou aspectos técnicos do sistema estoico. A alegação da possibilidade de existência de um sábio ideal era, em si, um conceito deveras sofisticado, que pressupõe um conhecimento potencialmente perfeito e infalível. Talvez por não ter sido alvo de arremetidas céticas constantes, como foi o caso de Crisipo e de outros estoicos pregressos, Sêneca pouco diz no sentido de defender a possibilidade de um sábio perfeito. Porém, ele realmente pressupõe tal possibilidade. Mesmo assim, em Sêneca ocorre uma mudança de ênfase, ou talvez uma mudança de doutrina. Uma das preocupações de Crisipo, por exemplo, havia sido de

63. Um estudo que associa uma das obras de Sêneca do gênero trágico a suas ideias filosóficas é o de Nussbaum (1997, p. 219-249).

que maneira o sábio seria capaz de preservar sua infalibilidade quando se deparasse com paradoxos e ilusões. Sêneca, por sua vez, está mais interessado em como as pessoas de verdade, aquelas que não são sábias, podem se aperfeiçoar. Da mesma maneira, ele faz alusão ao determinismo estoico, mas sem o intuito de tratar de modo leviano a teoria da possibilidade e da necessidade de Crisipo. Pelo contrário, ele nos instiga a refletir acerca do significado ético do conceito estoico de que vivemos num mundo onde tudo está predestinado por um Deus providencial (Sêneca, *Providência divina*, 5.8). Até mesmo a sua obra filosófica menos voltada às matérias éticas, as *Questões naturais*, pode ser vista desta luz. Um texto que, à primeira vista, é um alentado estudo de fenômenos como terremotos e cometas, é também uma investigação acerca das forças divinas que compõem o cosmo, bem como acerca do lugar relativamente modesto que os seres humanos ocupam neste cosmo (Sêneca, 1990).

Não é surpreendente descobrir que as perspectivas de Sêneca acerca da ética revelaram ter uma maior durabilidade do que a explicação que ele oferece dos terremotos. Muitos de seus conselhos são realmente úteis, até mesmo para quem não é um estoico convicto. Caso você queira ler um diálogo poderoso acerca de como aproveitar ao máximo o limitado tempo de vida que lhe resta, não há nada melhor do que o livro *Brevidade da vida*, de Sêneca. Aqui, ele nos lembra que tudo o que fazemos está relacionado ao aproveitamento de um recurso escasso, o tempo, e argumenta que até mesmo a mais breve das vidas terá valido a pena se o tempo for bem aproveitado. Seu texto é poderoso devido a seu estilo permeado pela retórica, a seu olhar apurado para a nitidez de pormenores e a histórias inesquecíveis. Por exemplo, em *A tranquilidade da alma,* Sêneca faz menção a um homem virtuoso chamado Júlio Cano, o qual fora condenado à morte por Calígula. No momento que foram buscá-lo em sua cela para executá-lo, encontraram-no numa disputa de um jogo de tabuleiro com seu carcereiro, e enquanto Júlio era arrastado para fora da prisão, ele disse ao centurião: "Você será testemunha de que estou um ponto à frente" (Sêneca, *Tranq*., 14.7). Se este homem pôde enfrentar sua execução iminente e inevitável com tamanha serenidade, por que deveríamos nos preocupar com a perspectiva de que um dia também morreremos?

Neste trecho, assim como em muitos outros, Sêneca tenta fazer com que nos aproximemos de uma total liberdade em relação às perturbações. Este é o objetivo do estoicismo romano, assim como o foi para os estoicos primitivos. Uma das contribuições filosóficas mais importantes de Sêneca é sua análise da principal ameaça à nossa tranquilidade: as emoções. Os estoicos sempre argumentaram que devemos nos empenhar para evitar que nossas emoções nos controlem. Eles usavam a palavra grega *pathos* para designar a emoção e as experiências a ela relacionadas, uma palavra que enfatiza a passividade da emoção. Quando uma pessoa se irrita, se entristece ou sente medo, isso significa que, de algum modo, ela está "afetada". O termo latino correspondente usado por Sêneca, *adfectus*, preserva esta conotação. Sêneca se mantém fiel ao pensamento estoico tradicional ao defender a ideia de que a emoção significa uma renúncia à nossa autodeterminação, e, assim, é o mesmo que deixar que sejamos controlados por fatores externos. A ira é a emoção que se encaixa melhor neste padrão, razão provável pela qual Sêneca dedicou um longo e fascinante diálogo a este tema.

Em *Ira*, Sêneca apresenta uma coleção particularmente inesquecível de histórias que ilustram seus argumentos, incluindo a história de Pisão, que mencionamos anteriormente. Nesse livro, bem como em outras obras, Calígula é retratado, acima de qualquer outra coisa, como o homem cruel, uma espécie de antissábio. Sêneca nos relata que Calígula convida um homem para um jantar, e então se queixa, em alto e bom som, de que a esposa deste homem não é boa na cama (Sêneca, *Const.*, 18). Em outra ocasião, Calígula leva um homem a concluir que está sendo obrigado a beber o sangue de seu próprio filho (*Ira*, 2.33). Na outra extremidade do espectro estão os heróis de Sêneca. Entre os romanos, ele mostra uma grande admiração por Catão o Jovem, cuja vida honrosa culminou em um suicídio honroso. Ele deu fim à própria vida assim que Júlio César destituiu a República romana, o que leva Sêneca a escrever um de seus graciosos aforismos: "nem Catão sobreviveu à liberdade, nem a liberdade a Catão" (Sêneca, *Const.*, 2). Sêneca o exalta como o mais próximo que se pode chegar de um sábio perfeito, comparando-o, de modo positivo, a Hércules e a Ulisses. Platão também é descrito de maneira elogiosa. Sêneca narra que certa vez Platão, tomado pela ira, estava prestes a bater em um escravo, mas controlou-se a tempo. Ele permitiu que o escravo saísse ileso, mas manteve a mão paralisada no ar, congelada na posição em que o golpearia. Horas depois, um discípulo de Platão se aproximou dele, e espantou-se de vê-lo imóvel naquela posição estranha. Platão lhe explicou que estava a aplicar a punição a um homem irado, ou seja, a ele próprio. Sêneca ainda acrescenta um segundo relato cuja moral é semelhante: nele, Platão ordena a Espeusipo que chicoteie um escravo desobediente, pois o próprio Platão estava tomado pela ira, e uma pessoa jamais deve punir alguém quando estiver dominado por esta emoção (Sêneca, *Ira*, 3.12).

Mas a ira não nos leva, com frequência, a punir aqueles que devem ser punidos? E não é justo encolerizar-se em certas ocasiões? Suponha-se que um tirano venha e, injustamente, assassine minha família. Seria realmente virtuoso reagir a tal ato sem nenhum vestígio de ira? Sêneca enfrenta essas objeções de modo direto. Assim como outras obras de Sêneca classificadas como "diálogos", *Ira* é um livro dirigido a um destinatário específico, e Sêneca, repetidas vezes, imagina este destinatário apresentando objeções. A perspectiva do próprio Sêneca fica visível pelas respostas que ele apresenta a tais objeções. É claro que em *Ira* a objeção mais premente é a de que ela pode ser um sentimento adequado e benéfico. Se isso for verdade, o homem virtuoso pode se permitir a irritação. Como diria Aristóteles, ele manifestará a ira nas situações certas, pelas razões certas e da maneira certa. Na verdade, aqui Sêneca faz uma referência a Aristóteles, assim como a Teofrasto, colega de Aristóteles (Sêneca, *Ira*, 1.9; 1.12). Na citação feita por Sêneca, ambos acreditam que a raiva é um elemento inevitável da vida humana e que devemos almejar a moderação na expressão deste sentimento, assim como em todas as outras coisas.

Em sua resposta, Sêneca descreve uma imagem muito nítida da situação em que somos dominados pela raiva. Ele chama a atenção para os sintomas físicos – bochechas coradas, respiração acelerada e expressões faciais contorcidas. Estes sinais externos denunciam a violência de um estado emocional interior. A raiva, em virtude de sua própria natureza, nos faz perder o controle de nós mesmos. Sêneca compara a perda do controle emocional com a queda de um penhasco: uma vez que você perde o controle, é tarde demais para voltar. A ideia de uma raiva moderada é uma contradição em termos. Isso equivaleria à raiva na influência limitadora da razão, mas a raiva é precisamente um estado no qual a razão deixou de exercer o seu poder limitador.

Disso nasce outro aforismo de Sêneca: "Os demais vícios impelem a mente, a ira precipita-a" (Sêneca, *Ira*, 3.1). À objeção de que a raiva em certos casos leva-nos a punir aqueles que merecem punição, Sêneca argumenta que a punição de alguém deve ser motivada pelo desejo de se fazer justiça, e não pelo desejo de retaliação ou de vingança. Se a justiça for a nossa motivação, teremos todas as chances de aplicar uma punição justa; se, por outro lado, nossa motivação for a raiva, acabaremos atuando como Pisão.

Não há dúvidas de que Aristóteles criticaria esta visão de Sêneca, dizendo que ela parece quase desumana. Sêneca poderia, então, enfatizar que a tendência a enraivecer é algo natural, e que tudo o que é natural serve a algum propósito. Aos olhos de Aristóteles, um homem que jamais se enraivece por qualquer razão seria decerto considerado como distante ou impassível. Tal homem estaria aquém da moderação, assim como um homem que se enraivece com facilidade ultrapassa os limites da moderação. Nenhum destes homens seria virtuoso. Em certa medida, Sêneca consegue evitar este resultado ao enfatizar que a raiva, em si, é algo excessivo, pois trata-se da perda da razão. Ponho-me de acordo com ele, e, ademais, acrescentaria que o modo como nos referimos à raiva respalda esta concepção. Dizemos coisas do tipo: "Perdi totalmente o controle". Mas o que dizer a respeito do argumento de que a raiva é, de certa maneira, natural? Sêneca também consegue lidar bem com esta objeção ao apresentar uma interessante alteração de concepções estoicas anteriores acerca das emoções.

Para compreendermos seu argumento, talvez seja útil considerarmos um contexto em que um sábio perfeito se depara com uma situação que envolve uma grave ofensa ou cause grande indignação. Por exemplo, sem razão alguma, alguém o esbofeteia na rua; ou então um tirano assassina toda a sua família; ou ainda, o sábio ouve por acaso alguém dizer que os filmes de Buster Keaton não são aquela maravilha que todos dizem ser. Ele ainda terá bom-senso e discernimento, os quais o impedirão de perder o controle e partir para ataques verbais. Porém, isso não garante que ele possa evitar uma reação natural e perfeitamente humana: por exemplo, ele poderá enrubescer ou seu coração poderá começar a bater mais acelerado. A história em que Platão ergue o braço para bater no escravo e, em seguida, congela seu movimento, é um claro exemplo disso, embora Sêneca talvez afirmasse que um verdadeiro sábio não chegaria ao ponto de erguer o braço, tampouco de cerrar os dedos da mão em riste. Em vez disso, ele tão somente reagiria com um leve espasmo no rosto. Sêneca dá a estas reações instintivas, naturais e inevitáveis o nome de "primeiros movimentos" (Sêneca, *Ira*, 2.4).

Tais movimentos acompanham a impressão inicial que recebemos a partir do meio que nos cerca, por exemplo, que fomos insultados, ou, pior ainda, que Buster Keaton foi insultado. O sábio não é capaz de evitar tais movimentos, mas ele evitará respaldar tais impressões por meio de um segundo movimento – uma atitude de discernimento que avalia que esta impressão é, de fato, verdadeira. Isso, por sua vez, poderá dar lugar a um terceiro movimento por meio do qual ele perde o controle racional e se entrega à raiva. Aqui, Sêneca adere a um antigo e duradouro conceito estoico das emoções: o de que elas estão, em última análise, fundamentadas na razão. Ao contrário das aparências, as reações emocionais consistem em julgamentos. Da mesma maneira que, ao olhar para o mel, podemos ter a impressão de ver algo doce, ao ouvir alguém desprezar os filmes de cinema mudo de Buster Keaton podemos ter a impressão de que, se esta pessoa aprecia tanto os sons do cinema falado, cabe a nós dar a ela uma sonora reprimenda. Porém, temos a capacidade de não concordar com estas impressões. Talvez tenhamos a impressão de que o conteúdo do interior do jarro é mel, mas, na verdade, pode se tratar de vinagre; poderemos concluir que a atitude correta a ser tomada será educar o bufão inculto, dando-lhe de presente um ingresso para uma sessão de cinema em que será exibida a obra-prima de Keaton, *A general*.

O elemento que Sêneca adiciona a este quadro é a sensibilidade às nossas primeiras reações involuntárias junto com as primeiras impressões – as involuntárias contrações faciais, o rubor das bochechas – e também um nítido retrato do que acontece quando perdemos a razão. Tem havido debates quanto à relação entre os modos de ver de Sêneca e os de um estoico primitivo chamado Possidônio de Apameia[64]. De acordo com algumas evidências apresentadas sobretudo por Galeno, Possidônio adotava uma psicologia complexa segundo a qual a alma contém um aspecto racional e um aspecto irracional. Estas evidências têm sido questionadas, mas se a descrição de Galeno das ideias de Possidônio estiver correta, este deve ter

64. Cf. Cooper (1998, p. 71-111); Sorabji (2000); Gill (2006), cap. 4.

se inspirado em Platão. *A República* também postula a existência de uma alma racional e uma irracional, e ensina que a justiça na alma consiste em controlar, ao mesmo tempo, ambas as partes[65]. Há quem suspeite que a visão de Sêneca é semelhante a esta, mas tendo a concordar com as pessoas para as quais Sêneca se atém à perspectiva tradicional dos estoicos. A alma é completamente racional, portanto, nossas reações emocionais devem envolver algum tipo de julgamento, um assentimento em relação ao modo como as coisas aparecem a nós. É precisamente por esta razão que somos tomados pela sensação de alienação sempre que a razão avalia que devemos partir para a retaliação ou então exigir vingança. Neste momento, a raiva assume a posição de comando, e, então, perdemos o controle.

Esta perda de controle – seja ela motivada pela raiva, por um prazer, pela luxúria ou pela dor – é justamente o que Sêneca sempre nos estimula a evitar. Ele nos estimula a enfrentar não apenas os insultos, mas toda e qualquer reviravolta da roda da fortuna com a maior serenidade possível. Embora este objetivo possa parecer despretensioso, Sêneca o apresenta como algo absolutamente heroico. Como ele afirma a certa altura, quando enfrentamos as adversidades com coragem, praticamos um ato de que nem sequer Deus é capaz, já que Deus nunca vive a experiência da adversidade. Ademais, Sêneca acrescenta vários conselhos práticos. Por exemplo, ele aprovaria a conhecida estratégia de contar até dez quando estamos com raiva, já que ele também nos recomenda a abster de atuar quando sentimos que estamos dominados pela raiva. No que diz respeito a conselhos mais gerais acerca de estilo de vida, Sêneca lembrou-nos de que a paz e a tranquilidade consistem na maior conquista que podemos alcançar, portanto não surpreende atestar sua simpatia com a ideia de retirar-se da vida pública. Já ficou claro que, para Sêneca, a melhor das vidas é uma vida de estudos realizados num estado de tranquilidade, e não uma vida com o objetivo de ganhar dinheiro ou de alcançar realizações políticas. No comovente texto endereçado à sua mãe, a saber, *Consolação à minha mãe Hélvia*, durante o período em que estivera exilado, Sêneca a aconselha a buscar conforto neste tipo de vida (cf. Sêneca, 2017). Ao mesmo tempo, a própria vida de Sêneca deixa claro que ele se mostrava disposto a envolver-se politicamente – na

65. *Filosofia clássica*, cap. 21.

verdade, uma disposição que às vezes era exagerada. Sêneca estava sendo puxado em duas direções distintas: o dever de envolver-se com os demais seres humanos e o ímpeto de buscar a sabedoria por meio da contemplação solitária. Nesse aspecto, ele está bem acompanhado: ao viver um conflito interno, Platão também se perguntava por que o filósofo deveria retornar à caverna depois de ter contemplado a realidade material do mundo externo à luz do dia; e o mais famoso ponto de tensão em Aristóteles é aquele entre uma vida de virtudes práticas e uma vida de contemplação. Sêneca conclui que convém distanciar-se das obrigações e do estresse da vida pública, contanto que este distanciamento seja disciplinado.

Porém, em certo sentido o homem virtuoso de Sêneca, sejam quais forem suas atividades, estará envolvido em alguma espécie de isolamento. Ele alcança o estado de ausência de perturbações e de total autocontrole quando faz uso de sua razão e não dá espaço a nada mais, sejam às emoções, às desventuras ou às tentações. Esta é a marca registrada do estoicismo romano: não apenas um interesse pela ética, mas uma concentração implacável em nossa vida interior, em nossa razão e em nosso discernimento. O poder dos ensinamentos de Sêneca reside na promessa de que, munidos de paciência e por meio da prática, podemos transformar-nos para de fato estarmos em nosso próprio controle. Porém, isso demanda a renúncia à nossa obsessão com as coisas que não podemos controlar. Um derradeiro aforismo de Sêneca resume esta ideia: "não deveríamos tentar planejar o que depende da Fortuna, enquanto negligenciamos o que depende de nós" (cf. Sêneca, *Brev. vit.*, 9.1). Este pensamento conduz-nos ao nosso próximo estoico romano, cuja filosofia gira em torno desta noção de que a nossa vida interior, e nada mais, verdadeiramente "depende de nós".

13

Você pode acorrentar a minha perna: Epiteto

"O homem está condenado a ser livre", afirmou Jean-Paul Sartre, filósofo existencialista francês[66]. E talvez apenas um existencialista francês seria capaz de achar que estamos condenados a ser livres. Esse é o tipo de coisa que lhe viria à mente enquanto você está sentado à mesa de um café parisiense numa tarde chuvosa, fumando cigarros sem filtro e sentindo a vastidão da existência lhe pesar nos ombros, enquanto contempla, com um sentimento de inefável e inexplicável horror, o copo de cerveja em cima da mesa à sua frente. Mas será que este argumento de Sartre não fazia sentido? Se realmente somos livres – livres, ainda que acorrentados, como diz o ditado –, então também somos responsáveis por nossos atos. Este era o argumento de Sartre, ou parte do argumento. Somos livres de modo irredutível e inevitável e, por conseguinte, não podemos escapar à responsabilidade, não podemos culpar outrem nem outra coisa por nossos malogros, por nossos pensamentos impuros, por nossas intenções equivocadas. Estamos, neste sentido, sempre por nossa própria conta. É um pensamento aterrador e que pode, paradoxalmente, ser paralisante. Perto do final do romance que tem o cativante título *A náusea*, Sartre apresenta seu protagonista parado na rua, sozinho, a contemplar a infinidade de escolhas à sua disposição. Ele se dá conta de que sua vida, até aquele momento, não determina as ações que praticará na sequência, e esta liberdade radical lhe parece semelhante à morte. Eis o tipo de pensamentos que podem lhe provocar náuseas.

66. A expressão aparece tanto no livro *O ser e o nada* (Sartre, 2015, p. 720) quanto no livro *O existencialismo é um humanismo* (Sartre, 2024, p. 30).

É claro que Sartre não foi o primeiro filósofo a se preocupar com a liberdade de escolhas. Este é um dos temas filosóficos mais antigos, a ponto de supormos que remonta aos tempos anteriores ao advento da filosofia. Ora, não é verdade que o ser humano sempre se sentiu livre e sempre especulou acerca da natureza de sua liberdade? Talvez, em alguma medida, isso esteja correto, mas o conceito de "livre-arbítrio", na verdade, aparece relativamente tarde nos registros filosóficos da história. Já o vimos surgir brevemente com Lucrécio, mas ele emerge com maior clareza apenas durante a Antiguidade Tardia, em parte porque falar em "livre-arbítrio" exige de nós as ideias e um vocabulário, bem como que tenhamos, de saída, uma vontade. O jogo predileto dos estudiosos é buscar o primeiro filósofo que afirma que, de fato, somos dotados de vontade – seja qual for o significado exato desta palavra – e que esta vontade é livre – seja qual for o significado exato deste adjetivo[67]. Uma das respostas mais frequentes que se dá a este jogo é o nome do maior dos estoicos romanos, um homem que descobriu o exato significado do que é estar acorrentado: Epiteto.

Embora ele seja denominado como um dos estoicos "romanos", Epiteto não nasceu em Roma, tampouco foi nesta cidade que ele disseminou seus ensinamentos. Ele nasceu escravo no ano 55 d.C., na Frígia. Esta região, localizada no território da atual Turquia, estava no domínio de Roma. Porém, assim como em grande parte da área oriental do império, o idioma local era o grego. Dali ele partiu para Roma a fim de prestar serviços a um mestre chamado Epafrodito, um dos administradores da corte do Imperador Nero. Em seu período ali, Epiteto foi aluno de um filósofo estoico chamado Musônio Rufo, uma personagem influente cujas obras infelizmente se perderam no tempo. Rufo foi um dos poucos homens que conseguiram impressionar Epiteto ao longo de sua vida. No transcorrer de boa parte dela, ele dedicou sua admiração a duas figuras exemplares, Diógenes o Cínico e, inevitavelmente, Sócrates. Para compor seu estilo de ensino, Epiteto inspirou-se em Sócrates ao formular perguntas provocativas em interações animadas, as quais foram preservadas com uma admirável vivacidade nos escritos a seu respeito[68]. Epiteto também imitou Sócrates em sua decisão de não deixar nenhum registro por escrito. Tudo o que temos hoje são regis-

67. Cf. Dihle (1982); Frede (2011); Kahn (1988, p. 234-259).

68. Conforme argumento apresentado em Long (2002).

tros de conversas e de diatribes que ocorriam na escola de Epiteto, a qual ele fundou em Nicópolis, na Grécia Ocidental, depois de tornar-se liberto de sua condição de escravo.

Devemos a existência desses textos a um discípulo de Epiteto, que também foi historiador: Flávio Arriano[69]. Ele compilou os chamados *Discursos*, uma extensa coleção de diálogos de Epiteto nos quais seu estilo filosófico agressivo, mas de inebriante capacidade de persuasão, emerge em plena exuberância. Uma obra bem mais breve e de qualidade inferior é intitulada *Manual* – em grego, *Enchiridion*, com o sentido de algo que cabe perfeitamente numa mão. Trata-se, antes, de uma coleção de "textos principais", em geral no formato de aforismos ou de parágrafos curtos que podem ser facilmente memorizados e resumidos para serem usados no ensino da ética. Com efeito, a ética ocupa um lugar central nestes registros do pensamento de Epiteto, de modo que sua filosofia está mais centrada na ética do que nas demais áreas da doutrina estoica: a lógica e a física. A partir dos *Discursos*, fica claro que Epiteto de fato incluiu a lógica nos ensinamentos de sua escola, bem como que muitos de seus discípulos o interpelavam com a expectativa de aprender as ideias e os instrumentos teóricos associados ao maior dos estoicos primitivos, Crisipo. Porém, em relação a isso, Epiteto mostra-se dividido. Por um lado, ele realmente acredita que se deve estudar lógica. Ele chega a apresentar uma breve explicação para isso, uma vez que afirma que o indivíduo que alega a inutilidade da lógica deve estar apto a apresentar argumentos que provem tal inutilidade; porém, apresentar argumentos convincentes que sirvam de base para esta alegação – ou para qualquer outra – já implica recorrer à lógica para poder argumentar (*Discursos*, 2.25).

No entanto, Epiteto, em geral, traz à tona matérias técnicas como a lógica a fim de repreender seus discípulos por concentrarem-se em demasia nesses aspectos, em vez de tentarem aperfeiçoar-se como seres humanos (*Discursos*, 1.4). Em uma passagem típica, a um discípulo que lhe pede mais pormenores acerca da solução apresentada por Crisipo ao paradoxo do mentiroso, seu conselho é que ele se enforque, a não ser que também queira se autoaperfeiçoar (*Discursos*, 2.17). Este não é o único trecho em que Epiteto sugere o suicídio a um de seus ouvintes. De modo constante,

69. Cf. Gill; Hard (1995). Citado a partir dos números das seções da tradução dos *Discursos*.

ele também chama seus discípulos com o nome de "escravos" – uma irônica alusão às suas próprias origens humildes, bem como um contundente alerta de que, a não ser que alcancem a virtude, seus discípulos continuarão sendo verdadeiros escravos. Epiteto enfatiza este mesmo argumento quando lamenta o fato de seus discípulos não estarem verdadeiramente interessados em tornarem-se estoicos, e muito menos cínicos – uma vocação descrita por Epiteto como algo praticamente inatingível para a maioria dos homens. Um verdadeiro estoico ou um verdadeiro cínico é um filósofo dotado de total autocontrole, pois é capaz de valorizar o que realmente é valioso e de fazer suas escolhas com base tão somente na razão. Tendo em vista que até mesmo aqueles que buscavam Epiteto por causa de seus ensinamentos são, em seu entender, escravos de seus desejos mais básicos, de suas vãs ambições e de sua arrogante autoilusão, a dificuldade destas pessoas para o aprendizado está fadada a ser grande.

Isso nos remete de volta à mais importante contribuição de Epiteto à história do estoicismo e, na verdade, à história da filosofia de maneira geral: seu conceito de escolha ou de vontade. Para tanto, ele recorre à palavra grega *prohairesis*, que significa a capacidade de escolher ou de preferir algo. Esta palavra já fora usada por Aristóteles em sua explicação acerca da ação voluntária (*Ética a Nicômaco*, 1111b). Para Epiteto, a *prohairesis* é o ponto central de sua teoria da ética. Embora esta teoria seja claramente inovadora, ela se constrói a partir dos alicerces assentados por estoicos de épocas passadas. Para os estoicos, a maioria das coisas valorizadas e estimadas pelas pessoas são, na verdade, indiferentes. Coisas como o prazer, a reputação, a riqueza, e até mesmo a saúde, não têm qualquer valor intrínseco. Somente a virtude, que serve de guia para o uso correto de todas estas coisas, é genuinamente boa e digna de ser buscada. Epiteto adapta sua teoria ao argumentar que nossa virtude consiste, de fato, no uso correto da *prohairesis* – ou seja, em fazer a escolha correta (*Discursos*, 1.30). Por exemplo, o dinheiro, em si, não tem valor algum; mas ele adquire valor à medida que escolhemos usá-lo da maneira correta.

Epiteto tem um argumento poderoso em defesa desta perspectiva, que se conecta, uma vez mais, a ideias de estoicos de épocas anteriores. Os estoicos sempre rejeitaram certas coisas ao considerarem-nas inúteis em razão de sua vulnerabilidade: a riqueza pode ser perdida, a beleza se esvanece, familiares e amigos morrem. Porém, a virtude e o conhecimento, uma vez conquistados, permanecem estáveis, além de estarem ao nosso alcance. Em conformidade com o que os estoicos sempre afirmaram, a escolha destas coisas "depende de nós". Epiteto, entretanto, dá um passo além, afirmando que, na verdade, nossa capacidade de escolha, e *tão somente* nossa capacidade de escolha, é que depende de nós. Por exemplo, posso escolher ir ao zoológico ver as girafas, e esta escolha depende de mim. Porém, se serei ou não capaz de chegar ao zoológico para ver as girafas, trata-se de algo que já não depende de mim – talvez eu me depare com um congestionamento no trajeto até lá; talvez as girafas tenham sido acometidas por um vírus, ou, então, um tirano que odeia girafas poderá enviar seus soldados para me capturar antes que eu chegue ao zoológico. Em última instância, só posso controlar de todo as minhas escolhas e as minhas intenções. As situações às quais respondo e o meu grau de êxito ao responder-lhes jamais podem depender inteiramente de mim

É claro que posso apresentar todo tipo de razões, ou de razões aparentes, para fazer uma escolha em detrimento de outra. Um tirano talvez tente me obrigar a obedecê-lo ao me trancar numa prisão ou talvez com a ameaça de execução pública. Em um dos trechos mais famosos de seus *Discursos*, Epiteto imagina exatamente esta situação. Ele antevê a ameaça de prisão deste tirano, e afirma que podemos reagir, dizendo: "Você pode acorrentar a minha perna, mas não poderá acorrentar a minha capacidade de escolha" (*Discursos*, 1.1; 1.18). Com base nesta linha de raciocínio, até mesmo o meu corpo é uma coisa descartável e externa. Se o tirano me disser que atirará na prisão, posso responder-lhe: "Não, é somente o meu corpo que você aprisionará". Se ele disser que cortará minha cabeça, posso dar de ombros e dizer-lhe: "Alguém já lhe disse que minha cabeça não pode ser cortada?" O verdadeiro filósofo é aquele que não valoriza nada que não dependa dele; e não depende de mim decidir se meu corpo será ou não jogado na prisão, bem como se serei ou não decapitado. O que depende de mim é a minha escolha. Nada – seja a sedução exercida pela área cercada onde está a girafa, as ordens dadas por um tirano, uma promessa de que terei prazeres ou a ameaça de ser submetido a algum tipo de sofrimento – pode coagir-me a escolher. Aqui, Epiteto traça um paralelo entre nossa capacidade de escolha e nossa capacidade de assentimento. Assim como nenhum poder terreno pode me obrigar a acreditar em algo que me parece falso, poder algum será capaz de me obrigar a escolher.

Porém, aqui temos um problema. Epiteto havia afirmado que nossas escolhas dependem de nós e que o valor de nossas vidas consiste apenas em usar bem esta capacidade de escolha. No entanto, ele não deixou claro o significado de um bom uso de tal capacidade. Isso parece particularmente enigmático se considerarmos que todas as coisas, exceto a capacidade de escolha, são indiferentes[70]. Se o fato de eu ser rico ou pobre, saudável ou doente, um escravo ou um imperador, for, de fato, algo completamente indiferente, então que diferença fazem as minhas escolhas? Na verdade, como poderei evitar o desespero expressado por um dos heróis existenciais de Sartre? Se não vale a pena buscar nada além daquilo que está dentro de minha capacidade de escolher, então a própria vida começa a perder o sentido. Felizmente, Epiteto nos dá orientações adicionais. Assim como outros estoicos, ele defende o objetivo de viver de acordo com a natureza, e acredita que podemos recorrer à razão para discernir entre o que é e o que não é natural. Em um trecho que considero particularmente admirável, ele critica os homens que aparam a barba, uma vez que isso vai contra a natureza (*Discursos*, 1.16). Este argumento é menos banal do que parece: no mundo antigo, a barba era muitas vezes considerada o símbolo de um filósofo. A propósito, este foi o motivo que levou o Imperador Adriano, grande admirador da cultura grega, a deixar de apará-la, para espanto de seus colegas aristocratas de Roma.

Epiteto também trata daquilo que chama de "deveres primários" – os deveres naturais que nos cabem em decorrência, por exemplo, de nossas relações familiares. Duas célebres passagens dos *Discursos* referem-se à atitude que um pai deve adotar em relação a seus filhos. Em uma delas, um pai interpela Epiteto e lhe conta que, desesperado diante da doença de seu filho, decidiu abandonar a própria casa (*Discursos*, 1.11). De modo firme, Epiteto orienta o homem dizendo que este não foi um gesto natural, ainda que pareça ter sido uma manifestação de amor paterno. Por outro lado, num trecho que talvez seja o mais assustador de toda a filosofia antiga, Epiteto pergunta que mal poderia haver em sussurrar para seu filho enquanto o beija à

70. Cf. também Brennan (2005, cap. 12).

noite: "Amanhã você vai morrer" (*Discursos*, 3.24). Ao fazer isso, você se lembrará de que seu filho não lhe foi dado para sempre, e, assim, se preparará para a possível morte dele. Juntas, essas duas passagens sintetizam a rigorosa ética de Epiteto: não devemos nos esquivar de nossas responsabilidades, tampouco podemos nos dar ao luxo de atribuir valor às coisas de uma maneira insensata. Se uma criança morre, devemos estar preparados para lembrar que todos os seres humanos morrem – assim como ninguém nunca lhe disse que sua cabeça não pode ser cortada, ninguém nunca disse que o seu filho é imortal. Além disso, se for a vontade de Deus que seu filho morra mais cedo do que se poderia imaginar, então mostrar uma objeção a isso seria não só irracional, como também blasfêmia.

Epiteto oferece vários outros conselhos concretos, muitos dos quais podem ser aplicados à nossa atual realidade, embora alguns se refiram a práticas sociais romanas específicas. Por exemplo, era comum que romanos menos abastados se tornassem clientes de cidadãos ricos e fizessem visitas diárias às suas casas para tentar lhes extorquir dinheiro em troca de apoio. Ao ser indagado quanto à adequação deste comportamento, Epiteto responde que depende: se você for o tipo de pessoa que pede esmolas, então este comportamento é adequado (*Discursos*, 3.24). É preciso decidir se se é esse tipo de pessoa. Todos devem saber a que preço colocam seu autorrespeito à venda (*Discursos*, 1.2). Esta é uma atitude típica de Epiteto: lembrar seus ouvintes daquilo que, no fundo, elas já sabem muito bem. Repare, a propósito, que, nesse caso e em vários outros, não precisamos acrescentar mais nada à teoria da escolha para sabermos qual é a escolha correta. Degradar a si mesmo para obter dinheiro é uma atitude que podemos aprender a evitar por meio da mera lembrança de que o dinheiro, ao contrário da escolha, é algo indiferente.

Portanto, podemos resumir a perspectiva de Epiteto ao dizer que tudo que é externo a nossas escolhas é indiferente, mas a maneira como *usamos* estas coisas externas não o é. Na verdade, isso faz toda diferença. Assim como devo, conforme dizem os estoicos, "fazer bom uso das impressões", quando sei em que momento assentir ao modo como as coisas parecem e em que momento suspeito de que sou induzido ao erro, devo igualmente utilizar o meu poder de escolha para fazer bom uso das coisas externas. Talvez pareça paradoxal atribuir grande importância ao modo como eu uso coisas que carecem de um valor intrínseco. Epiteto não tenta evitar este paradoxo. Ele compara nossas vidas a um jogo de bola (*Discursos*, 2.5). Nada mais é preciso, para que alguém seja bom jogador, do que saber manejar habilmente a bola, embora seja irrelevante que ela, por fim, entre ou não no gol. Outra forma de olhar para isso é tomada de empréstimo de Sócrates: embora o dinheiro, a saúde e outras coisas não tenham um valor intrínseco, elas passam a ser valorizadas em relação à escolha, contanto que esta escolha seja virtuosa. Em um trecho maravilhoso, Epiteto compara a virtude à varinha mágica de Hermes (*Discursos*, 3.20). Esta varinha é capaz de transformar qualquer coisa em ouro. Da mesma maneira, a virtude transforma tudo aquilo que toca em algo bom.

Um traço que Epiteto compartilha com outros filósofos da Antiguidade é uma teoria tão rigorosa da ética que é difícil imaginarmos como alguém poderia estar à altura de suas exigências. Porém, se há um aspecto que caracteriza o estoicismo romano, trata-se da atenção à dificuldade de progredirmos no caminho rumo a uma virtude perfeita. Assim como os estoicos primitivos, Epiteto realmente enfatiza o abismo existente entre os vícios e as virtudes. Porém, ele não se satisfaz com a alegação pessimista dos estoicos primitivos de que todos os que carecem de uma virtude perfeita são totalmente ignorantes e podem até mesmo ser pessoas insanas. Em princípio, ele demonstra uma atitude de impressionante tolerância com relação àqueles que nem sequer se empenham para alcançar a virtude. Epiteto sugere que as pessoas que não podem ser convertidas à prática da filosofia devem ser tratadas do modo como tratamos as crianças – nós as acalmamos por meio de mimos, batemos palmas junto delas quando comemoram algo e lhes damos leves tapinhas na cabeça quando estão irritadas. Como de hábito, Sócrates lhe serve como modelo: Epiteto faz uma alusão ao final do *Fédon*, de Platão, a saber, o trecho em que Sócrates repreende seus companheiros de filosofia por estarem lamentando sua morte, e, na sequência, expressa uma gratidão aparentemente sincera ao guarda que, num gesto nobre, chora por causa de sua execução (*Discursos*, 1.31).

De certa maneira, Epiteto chega de fato a ser tolerante com os malfeitores. Ele os vê não como merecedores de vingança, mas de compaixão. Novamente em conformidade com o pensamento de Sócrates, ele presume que a prática do mal se origina numa espécie de ignorância em relação ao verdadeiro bem. Um homem mau é tão somente um homem ignorante, e condenar um homem ignorante à morte equivale a executar uma pessoa por ser cega e surda. Além disso, se alguém se surpreende consumido de ira diante de uma ação censurável, em muitas ocasiões isso se deve ao fato de comungar dos valores do próprio transgressor. Imagine que alguém rouba seu dinheiro. Suponha-se que alguém roube o dinheiro de determinada pessoa. Se esta pessoa não puder encarar este fato com calma e compostura, isto somente pode decorrer de que, tal como o ladrão, ela considera que vale muito a pena ter dinheiro (*Discursos*, 1.18). Ao contrário, a pessoa deve lembrar-se de que o dinheiro nunca lhe pertenceu primeiramente – somente a sua escolha é verdadeiramente sua, visto que esta é a única coisa que não lhe pode ser tirada. Portanto, Epiteto reserva suas duras críticas àqueles que afirmam querer se transformar em boas pessoas. Estas são as únicas pessoas com alguma chance de se beneficiar do rigoroso amor de Epiteto. E, em razão do grande rigor contido em seu ensinamento ético, somente o mais rigoroso dos regimes tem alguma chance de êxito. Ele também nos adverte que devemos precaver-nos contra o cultivo de uma exibição de virtude cujo único objetivo é sinalizar a outrem quão virtuosos somos. Como exemplo de um tipo de prática que pode funcionar, ele nos dá a seguinte sugestão: num dia muito quente, no momento em que você sentir muita sede, leve à boca um grande gole de água gelada e então... cuspa toda esta água. Na sequência, não diga a ninguém o que você acaba de fazer (*Discursos*, 3.12).

Como seria de se esperar, nem toda pessoa que interpela Epiteto em busca de ajuda é capaz de se beneficiar desse tipo de conselho. Em várias passagens de seus *Discursos* ele claramente recusa um envolvimento maior com seus ouvintes por considerar que eles não terão como se beneficiar de suas ideias. A certa altura, ele imagina uma pessoa que visita sua escola filosófica e, frustrada, decide ir embora, queixando-se: "Encontrei-me com Epiteto, e foi como se eu estivesse falando com uma pedra" (*Discursos*, 3.9). Esta pode parecer uma estratégia ardilosa. Epiteto menciona que Rufo, seu próprio mestre, costumava mandar as pessoas embora, num tom de severidade, tão somente para testar até que ponto elas estavam determinadas a permanecerem suas discípulas (*Discursos*, 3.6). Quando aspirantes a discípulos se revelam incapazes de aprender com Rufo ou com Epiteto, a responsabilidade disso não cabe a estes mestres.

Mas imaginemos que você, sendo um tipo melhor de pessoa, foi ao encontro de Epiteto, ou então leu seus *Discursos*; ou ainda, mesmo sem ter feito nada disso, leu este capítulo até o final. Já está convencido de que não deve valorizar nada além de sua própria capacidade de escolha, de que deve aceitar a vontade de Deus e estar sempre disposto a retribuir de imediato qualquer coisa que lhe for dada, quer se trate de riquezas, da família ou da própria vida. Será que, com isso, você se tornará, de imediato, um sábio perfeito? É claro que não. Assim como os epicuristas, os estoicos, e sobretudo os estoicos romanos, dão grande ênfase à prática terapêutica – uma jornada de autodisciplina que perdura pela vida toda. Em seus *Discursos*, Epiteto aconselha seus discípulos a fazer uma revisão diária de seus princípios estoicos. O fato de suas palavras não terem sido totalmente ignoradas fica visível no grande estoico romano acerca do qual discorreremos no próximo capítulo, um homem que, influenciado por Epiteto, registrou por escrito suas ideias num ritual diário de autoanálise. No entanto, no que tange à sua biografia, nosso próximo filósofo não poderia ser mais diferente de Epiteto. Enquanto Epiteto foi um escravo, este filósofo foi, à letra, um mestre em relação a tudo o que estudou e analisou em vida. Na verdade, ele foi o filósofo político mais poderoso que já viveu neste planeta.

14

O imperador filósofo: Marco Aurélio

Há alguns anos, foi publicado um livro intitulado *E se Aristóteles dirigisse a General Motors*? (cf. Morris, 2004). É um título interessante, não? Mas tenho uma pergunta que supera a deste autor: E se um filósofo estoico governasse o Império Romano? Bem, com meu devido respeito à General Motors, esta empresa só fabrica automóveis, enquanto o Império Romano foi... bem, o Império Romano. Além disso, a situação que proponho apresenta uma vantagem significativa: ela nada tem de hipotética. Um filósofo estoico realmente governou o Império Romano. Ele foi imperador, de início em conjunto com Lúcio Vero, e a seguir, sozinho, durante 20 anos. Recebeu elogios de seus contemporâneos e de historiadores romanos de épocas posteriores por seu estilo de vida moderado e seu senso de justiça, bem como foi considerado o último dos assim chamados "cinco bons imperadores". Seu império enfrentou inúmeras ameaças, incluindo uma praga de grandes dimensões e guerras com tribos partas e germânicas. Ademais, teve de lidar com a morte da maioria de seus filhos. Seu nome era Marco Aurélio.

Marco Aurélio nasceu durante o governo do terceiro "bom imperador", Adriano, que ficou célebre pela construção da Muralha de Adriano, na Grã-Bretanha. Ele não estava numa linha direta de sucessão ao trono imperial, mas ninguém mais estava. Adriano apontou como seu herdeiro oficial o futuro Imperador Antonino Pio, que, por sua vez, a pedido do próprio Adriano, adotou Marco Aurélio. Aliás, este costumava ser o padrão entre os cinco bons imperadores. O primeiro deles, Nerva, havia adotado Trajano, seu sucessor (famoso pela construção da Coluna de Trajano, em

Roma) e Trajano, por sua vez, adotou Adriano. O êxito destes bons imperadores não se deu por mera coincidência: cada um deles foi escolhido a dedo, conforme um sistema muito mais meritocrático do que o que viria a predominar no período de declínio do Império Romano. Há quem argumente que o início deste declínio se deve a um grande erro cometido por Marco Aurélio. Em vez de escolher e adotar um homem talentoso para ser seu herdeiro, ele permitiu que Cômodo, seu filho biológico, o sucedesse. Se alguém resolvesse compilar uma lista dos cinco imperadores ruins, Cômodo decerto seria incluído. Ele era tão ruim que, no filme *Gladiador*, o final feliz se dá quando Cômodo acaba assassinado por Russell Crowe, no papel do gladiador Máximo.

Porém, além de seu filho megalomaníaco, Marco Aurélio tinha muitos motivos para vangloriar-se. Ele ascendeu ao trono no ano 161 d.C. De imediato, exibiu autoconfiança e inteligência. Antecipando a constatação posterior de que seriam necessários vários imperadores para governar um território vasto como o do império, ele nomeou um homem chamado Lúcio Vero para, a seu lado, governar na função de coimperador. Marco Aurélio governaria sozinho somente a partir do ano 169 d.C. com a morte de Lúcio Vero, provavelmente vitimado pela chamada peste antonina. Esta doença, que pode ter sido a varíola, foi somente uma das inúmeras ameaças ao império durante o governo de Marco Aurélio. Assim como vários outros imperadores, ele passou os anos de seu governo em inúmeras campanhas militares. Travou uma guerra com os partos – estes foram os sucessores dos persas, os quais se apresentavam como uma ameaça constante à porção oriental do Império Romano, assim como os persas representavam uma ameaça aos gregos antigos. Marco Aurélio também liderou campanhas contra inúmeros grupos de bárbaros germânicos ao longo do Rio Danúbio. Estas guerras ainda foram travadas quando Marco Aurélio morreu, no ano 180 d.C.

Foi aqui, nesta região de fronteiras, que Marco Aurélio supostamente escreveu um conjunto de anotações feitas para uso próprio intituladas, de maneira deveras adequada, de *O Imperador Marco Aurélio para si mesmo*, um texto que passou a ser conhecido como *Meditações*. Trata-se de uma obra de grande poder e influência, um legado literário que quase compensa o legado político de legar as vestes púrpuras do poder imperial a Cômodo.

Uma nota acrescentada ao final do primeiro livro da série nos informa que as *Meditações* foram escritas "na terra dos Quados", uma tribo germânica. Se dermos crédito a esta nota, em vez de descartá-la como a invenção de um escriba de épocas posteriores, deve-se então imaginar Marco Aurélio na reta final de sua vida noites a fio em recolhimento depois de suas campanhas militares, fazendo uma pausa para reunir suas ideias e escrever uma série de reprimendas direcionadas à sua própria alma. Ele recorria a ideias estoicas para superar seus próprios medos, sua vaidade e sua irritabilidade. Não restam dúvidas de que as *Meditações* também visavam a atingir um público mais amplo, mas é muito mais razoável considerá-las como uma obra de autoinvestigação e de terapia filosófica.

Há quem duvide que Marco Aurélio tenha escrito as *Meditações* motivado por causas pessoais. A historiadora Mary Beard comentou que se decidirmos esquadrinhá-las em busca de sinais dos conflitos interiores de Marco Aurélio, poderíamos também buscar sinais de distúrbios psíquicos no ensaio de um aluno de graduação em filosofia moderna (cf. Beard, 2009). Não há dúvida de que as *Meditações* se encaixam em um gênero de escritos antigos no qual temas filosóficos eram entrelaçados a uma exibição ostentatória de virtude autoconsciente. Se quisermos ler uma reinterpretação radical deste gênero, devemos nos voltar não a estas *Meditações*, mas às *Confissões* de Santo Agostinho (na verdade, mais adiante dedicaremos um capítulo a elas). No entanto, há sinais de que Marco Aurélio estivesse realmente se dirigindo a si mesmo, e não apenas tentava impressionar um público leitor culto, dando-lhe mostras de erudição e de integridade. Ele faz frequentes referências às tensões e aos aborrecimentos da vida de um governante. A certa altura, escreve: "Nunca mais permita que alguém ouça você se queixando da vida na corte [...] e este alguém inclui você mesmo" (*Meditações*, 8.9). Em outro trecho, ele compara a corte à própria madrasta, e escala, para desempenhar o papel de mãe, a filosofia (*Meditações*, 6.12). Relatos contemporâneos quanto ao caráter de Marco Aurélio dão credibilidade à ideia de que, mais do que alguém com adoração pelo poder, ele foi um amante dos livros, de modo que fora descrito até mesmo na Antiguidade como um "imperador filósofo". Um observador com a importância de Juliano o Apóstata – o outro filósofo imperador da Antiguidade Tardia –

tinha uma enorme admiração por Marco Aurélio. Portanto, embora não devamos necessariamente buscar nos escritos de Marco Aurélio inovações para a doutrina estoica, creio que podemos considerar as *Meditações* como uma incondicional aplicação desta doutrina a uma vida extraordinária.

As *Meditações* estão divididas em 12 livros, o primeiro dos quais poderia muito bem ter sido intitulado "como me tornei um homem grandioso". Porém, Marco Aurélio jamais permitiria que uma ideia tão imodesta lhe ocorresse sem ser questionada. Ele atribui os créditos por sua virtude e por sua sabedoria a uma longa lista de mestres e de familiares. Antonino Pio, seu pai adotivo e imperador que o precedeu, é particularmente elogiado por sua imensa virtude, um elogio que culmina com a comparação de Antonino a uma figura da grandeza de Sócrates (*Meditações*, 1.16). Porém, a maioria das pessoas que o influenciaram é de mestres. Nada além do melhor satisfaria o jovem e futuro imperador: os principais intelectuais de Roma eram trazidos à sua mansão aristocrática para instruí-lo em temas como gramática, retórica e, claro, filosofia. Um destes intelectuais foi o estoico Júnio Rústico, o qual apresentou a Marco Aurélio a obra de Epiteto. Só por este feito, devemos, juntamente com Marco Aurélio, ser gratos a Rústico. Chamar a atenção do futuro imperador para a obra de Epiteto era semelhante a dar a Charlie Parker o seu primeiro saxofone. No decorrer dos anos de formação de Marco Aurélio, seus vários mestres lhe ensinaram diversas lições, mas as *Meditações* consistem, acima de tudo, numa variação de temas encontrados em Epiteto.

É claro que o próprio Epiteto alimentou-se da antiga tradição estoica, de modo que Marco Aurélio é herdeiro da ética de Crisipo e de outros estoicos primitivos. Desse modo, seu tema principal, ao qual ele retorna repetidas vezes, é a importância de controlarmos nossos próprios julgamentos e desejos. Ao coroar Marco Aurélio, o destino o presenteou com riquezas e com o acesso a prazeres ilimitados, mas também com uma quantidade considerável de inimigos. Assim, o imperador filósofo deparou-se com uma série de tentações, incluindo inúmeras oportunidades de ceder à ira. No entanto, o conselho fundamental que ele dava a si próprio poderia ser aplicado a qualquer pessoa: quando o mundo provocá-lo e exigir de você uma reação, reflita, antes de tudo, para saber se esta reação é a mais correta. Um homem ofendeu o seu orgulho? Lembre-se de que ele logo morrerá, assim como você. Você está usando as vestes púrpuras, símbolos de um poder inconteste? Lembre-se de que estas vestes não passam de trapos tingidos de púrpura. Está sendo consumido pelo desejo que sente por uma mulher? Não ore a deus lhe pedindo que ele a traga a você; ao contrário, ore para ser libertado de sua luxúria. Em um de meus trechos prediletos, ele recomenda um método para lidar com as adversidades. Não lamente as adversidades. Em vez disso, alegre-se com o fato de ser o tipo de homem que é capaz de conviver com elas sem que isso o perturbe (*Meditações*, 4.49).

Marco Aurélio descreve este processo de autodisciplina e de ponderação racional como uma "arte de viver". Para ele, esta é uma arte que se assemelha mais à luta livre do que à dança, pois ela exige que estejamos em um constante estado de alerta (*Meditações*, 7.61). Mas sei bem o que você está pensando: este conselho poderia ter sido inspirado por praticamente qualquer teoria ética da Antiguidade. Platão enfatizava que nosso desejo fosse subordinado à razão; para Aristóteles, a virtude, em grande medida, consiste em usar a razão para controlar nossos desejos; e até mesmo para os epicuristas o hedonismo consiste em usar a razão para escolher de maneira criteriosa entre os prazeres que surgem diante de nós. Os estoicos não tinham qualquer monopólio da perspectiva de que a razão deve imperar acima dos desejos. E, na verdade, as palavras de Marco Aurélio soam praticamente como as de um platônico quando ele considera o papel da razão em nossas vidas. Ele descreve o corpo como um "instrumento" da alma (*Meditações*, 10.38), a qual é o verdadeiro homem, e compara a nossa capacidade racional ao piloto de um navio (*Meditações*, 11.20) – uma imagem que remete a passagens da *República*, de Platão, e também a passagens da obra *Da alma*, de Aristóteles.

No entanto, o compromisso de Marco Aurélio com os estoicos continua sendo evidente, e não apenas porque os mestres filosóficos por ele mencionados em sua autobiografia eram estoicos. Para começar, a descrição que ele faz da racionalidade é tipicamente estoica. Não se trata apenas de ter as crenças adequadas e atuar em conformidade com elas; é antes uma matéria de controlar o assentimento que damos às impressões que o mundo nos apresenta. A argumentação de Marco Aurélio não recorre a estes termos técnicos, mas esta certamente é a maneira como ele descreve a ação ética. De um modo notável, ele afirma que renunciar à crença de que você foi tratado de maneira injusta já é suficiente para dissipar a raiva que decorre deste tratamento que você recebeu (*Meditações*, 4.7). Portanto, temos aqui uma maneira deveras convencional com a qual os estoicos descrevem a vida ética dos humanos: uma impressão nos é apresentada, nós damos assentimento a ela ou nos abstemos de fazê-lo, e, então, nossas reações emocionais surgem em conformidade com tal assentimento (ou com a ausência deste). Outro fio estoico entrelaçado ao tecido das *Meditações* é o conceito de destino. Com efeito, Marco Aurélio compara sua própria vida a um fio pertencente à rede do destino, e lembra a si mesmo que este fio será desenrolado de modo que conduzirá ao melhor resultado possível, uma vez que ele é parte integrante da rede divina que é tecida por todo o universo (*Meditações*, 4.40; 7.57).

Ao considerar seu pequeno pedaço nesta rede, Marco Aurélio costuma enfatizar a natureza transitória e efêmera de sua própria vida e de tudo que ela contém. O remédio que ele usa para curar-se da sensação de ter sido insultado é lembrar-se da morte iminente de todas as pessoas envolvidas nesta situação, e esta é uma de suas ideias típicas que também pode ser aplicada à fama e à honra: por que buscar a aprovação das outras pessoas, se dentro em pouco elas estarão mortas? Ele também a aplica às desventuras e ao sofrimento: encaradas a partir da perspectiva da eternidade, todas as experiências pelas quais passamos terminarão em breve. Por óbvio, não é qualquer um que consegue considerar esta perspectiva mais ampla no contexto de suas situações cotidianas. Talvez somente um sábio estoico seja capaz de lembrar-se, no transcorrer de sua vida, de que seus assuntos particulares não passam de um pontinho minúsculo na grande ordem das coisas. Porém, Marco Aurélio também reflete a respeito dos aspectos mais positivos de qualquer reviravolta que tenhamos de enfrentar. Tudo que é natural, ele diz a si mesmo, depende de mudanças. Por exemplo, seria impossível obter nutrição de um alimento sem que este seja transformado (*Meditações*, 7.18).

Quando compara o mundo a um rio que corre (*Meditações*, 5.23), é impossível não lembrarmos que Marco Aurélio, aqui, não se refere ao universo estável e providencial do estoicismo, mas ao cosmo instável de Heráclito, um cosmo regido pelo fluxo. Ou ainda, ao cosmo de Heráclito tal qual Platão o descreve. Lembre-se, no entanto, de que, desde os seus primórdios, o estoicismo já considerava Heráclito como um predecessor intelectual[71]. Embora Marco Aurélio enfatize mais o tema das mudanças constantes do que um estoico comum, trata-se de uma ênfase que se adequa à linhagem filosófica desta escola. Algo similar pode ser dito acerca da postura de Marco Aurélio em relação a Sócrates. Muitos estoicos, sobretudo Epiteto, parecem ter tido Sócrates como sua principal inspiração. De certa maneira, esta tendência é menos evidente em Marco Aurélio, mas ainda assim ela está presente. Em uma determinada passagem, ele comenta que Alexandre, César e Pompeu – os quais Marco Aurélio provavelmente considerava como seus três maiores heróis políticos – tiveram uma vida inferior às de Sócrates, de Heráclito e de Diógenes o Cínico (*Meditações*, 8.3). Contudo, em outra passagem, com sua atenção tipicamente centrada na vida interior, e não nas aparências externas, Marco Aurélio se abstém de opinar acerca de Sócrates. Conhecemos apenas as palavras e as atitudes de Sócrates, porém ignoramos o estado de sua alma: ele ficou famoso por enfrentar a própria morte sem demonstrar medo, mas somente Sócrates seria capaz de dizer se, no fim das contas, havia algum medo em seu coração (*Meditações*, 7.66).

Portanto, Marco Aurélio tem seus heróis filosóficos, e estes são, mais ou menos, os suspeitos estoicos de sempre. No entanto, em suas *Meditações*, ele também faz várias referências positivas a Platão. Na verdade, alguns trechos se resumem a meras citações de Platão e de outros autores. Fica claro que Marco Aurélio considerava estes trechos particularmente úteis ou poderosos. O mais próximo que este imperador filósofo chegou de uma crítica a Platão é o momento em que ele diz a si mesmo que é capaz de contentar-se com pequenos êxitos, em vez de nutrir a expectativa de alcançar a perfeição, tal qual Platão a vislumbrara em sua *República* (*Meditações*, 9.29). Porém, mesmo esta afirmação soa mais como uma típica aceitação das circunstâncias dadas do que uma profunda objeção ao idealismo platônico. Em geral, o modo como Marco Aurélio se refere a autoridades filosóficas parece ser idêntico à sua própria postura ética: ele considera cada uma destas autoridades de maneira isolada, assimila o que lhe parece sensato dentre as ideias destas pessoas, e não dá grande importância às ideias de que discorda.

---

71. Cf., neste mesmo volume, o capítulo 10.

O melhor exemplo disso é o modo como ele lida com os epicuristas. Pode-se imaginar que, por ser um estoico, Marco Aurélio não atribuiria um grande valor à escola epicurista. E, de fato, uma de suas ideias centrais é de que a natureza deprecia o epicurismo. Em diversas passagens, ele lembra a si mesmo que o mundo talvez seja um amontoado aleatório de átomos, tal qual postulara Epicuro, ou então regido pela providência (*e.g.*, em *Meditações*, 4.3). Tendo em vista que, para Marco Aurélio, a hipótese epicurista soa absurda, só lhe resta a segunda alternativa: a de que o mundo é, de fato, regido por uma mão divina. No entanto, ainda assim, Marco Aurélio costuma mencionar Epicuro e sua escola a fim de explicitar sua concordância com as ideias desta corrente de pensamento. Tudo indica que ele encontra apenas um tema acerca do qual está em pleno acordo com os epicuristas; porém, trata-se de um grande tema: o medo da morte. Ou melhor, o tema do combate ao medo da morte. Ele parece ser sincero em seu elogio a Epicuro pela coragem com que enfrentou a morte, de modo que também repete o argumento epicurista de que a morte não tem o menor sentido para nós, pois quando deixarmos de existir não teremos mais nenhuma sensação (*Meditações*, 11.41; 8.59).

Marco Aurélio retoma diversas vezes este tema da morte, um dos aspectos que o distingue em meio à tradição estoica. É como se ele tentasse demonstrar, assim como Lucrécio e outros epicuristas já haviam feito, que o estoicismo pode estar à altura deste desafio. É provável que fatores de ordem pessoal também estivessem em jogo, aqui. Os estoicos afirmam que, com exceção da morte e dos impostos, não existe nenhuma certeza. Porém, em sua condição de imperador, Marco Aurélio não pagava imposto algum, o que lhe deixava a morte como única preocupação. E, se for mesmo verdade que as *Meditações* foram escritas durante suas últimas campanhas ao longo do Rio Danúbio, Marco Aurélio não estava muito distante da morte no momento que as escreveu. Seja como for, ele foi atormentado por uma saúde precária ao longo de toda a vida, bem como testemunhou a morte de quatro de seus filhos. Portanto, ele teria razões mais do que suficientes para refletir a respeito da própria morte, e acerca da morte de modo geral. É claro que os argumentos em que ele se baseia para lutar contra as aflições e as tristezas em outras áreas da vida também se aplicam aqui. Assim, ele observa que, se todas as coisas naturais são transitórias, seria irracional fazer algum tipo de objeção à nossa própria morte. Afirma também que a morte faz parte do plano divino que rege o universo com sabedoria. E, ademais, que, no esquema mais amplo das coisas, pouco importa se morreremos hoje ou daqui a algumas décadas (*Meditações*, 4.47).

Marco Aurélio também nos instiga a encarar a morte, assim como o envelhecimento e outros aspectos aparentemente lamentáveis da vida, como parte de um ciclo natural. Ele decerto argumenta que todas as coisas mudam, mas também argumenta que elas mudam de maneiras que se repetem de contínuo. No nível mais universal, há a ideia de que todos os acontecimentos no universo serão recorrentes em ciclos universais futuros. Marco Aurélio faz uma alusão a este conceito (*Meditações*, 9.28, e também mencionado anteriormente, no capítulo 10), mas ele costuma defender uma ideia menos pretensiosa em relação aos ciclos; por exemplo, os estágios da vida, da juventude à velhice (*Meditações*, 9.21). Ele chega a aplicar este conceito à sua própria condição de imperador, lembrando-se de que a sua própria corte assemelha-se à reencenação de uma peça já representada outrora nas cortes de Alexandre, de Adriano e de outros imperadores (*Meditações*, 10.27). Um traço típico de Marco Aurélio é o fato de ele conhecer um conceito estoico técnico como os ciclos universais, mas sempre chamar a atenção para a situação ética enfrentada numa determinada circunstância. Por exemplo, ele afirma que sua alma não é nada além de vapor exalado do sangue, e diz isso não com a intenção de apresentar uma nova teoria da natureza humana, mas para lembrar a si mesmo de que não deve levar demasiadamente a sério os elogios que lhe são feitos (*Meditações*, 5.33).

Sua teoria de que apenas desempenha o papel de imperador, um papel já vivido por outros imperadores antes dele, também é típica de Marco Aurélio. Isso nos leva ao aspecto que, a meu ver, é a essência de suas realizações como filósofo. Se Marco Aurélio, quando afirma que o mundo inteiro é um palco, antecipa Shakespeare, também antecipa a mais célebre personagem do dramaturgo, Hamlet, pois se recolhe a uma vida interior, rica e dianoética, a qual já não se confunde em absoluto com o papel que desempenha. Esta interioridade não chegou a paralisar Marco Aurélio, como o fez com Hamlet. Os partos e outros povos, ao serem alvos das flechas disparadas pelos arcos das legiões de Marco Aurélio, foram testemunhas disso. Porém, é provável que Marco Aurélio concordaria com a afirmação da personagem de que nada é intrinsecamente bom ou ruim; o pensamento é que nos dá esta percepção. Ele foi um homem de ação que não identificava a si mesmo com suas atitudes, mas com seus pensamentos. Ao menos em termos teóricos, Marco Aurélio não atribui importância ao fato de viver o papel de um imperador, ao invés do papel de um fazendeiro. O próprio Marco Aurélio não é a personagem que ele vive no mundo exterior, mas sim a alma que vive no mundo interior. Tanto quanto o imperador, o fazendeiro tem uma alma que pode fazer as pazes com o destino divino ou, então, travar contra este uma batalha infrutífera.

É por esta razão que a obra *Meditações* tem a capacidade de falar ao coração de qualquer pessoa, ainda que tenha sido escrita por um imperador e para seu próprio benefício. O que Marco Aurélio nos oferece aqui é uma terapia intensiva para a alma, e esta terapia pede-nos para que nos refugiemos em um eu desapegado e invulnerável – o qual Marco Aurélio denomina de sua "fortaleza" interior (*Meditações*, 8.48). A base filosófica para isso já é encontrada em Epiteto. Porém, Marco Aurélio descreve a interioridade do estoicismo romano com um estilo incomparavelmente direto que adota, muitas vezes, um charme estilístico, em vez da verve cáustica de Epiteto. É muito oportuno que Marco Aurélio tenha apresentado um remédio tão eficaz para a alma, uma vez que ele teve como médico particular o maior profissional de sua época – e, na verdade, de todas as épocas: Galeno. Trata-se de uma personagem imponente na história da medicina, e, longe de ser considerado irrelevante para a história da filosofia, Galeno foi contratado como médico de Marco Aurélio e de seu filho, Cômodo. Faço menção a este fato pois em breve trataremos de Galeno e da relação entre a medicina e a filosofia antigas. Antes disso, contudo, trataremos da última das grandes escolas helenísticas; na verdade, uma escola filosófica cujo maior representante foi um médico: a escola dos céticos.

15

Além da crença: Pirro e o ceticismo

Há alguns problemas filosóficos tão profundos e inquietantes que se rodam películas para tratar deles. Não me refiro a películas intelectualistas europeias, mas a produções cinematográficas genuínas, com orçamentos vultosos para efeitos especiais. A indústria cinematográfica de Hollywood produziu superproduções acerca do livre-arbítrio e da verdade futura. Tenho em mente a película protagonizada por Tom Cruise, intitulada *Minority Report – A nova lei*, cujo tema procede diretamente do argumento determinista presente na obra *Da interpretação*, de Aristóteles. A própria natureza do tempo constitui outro exemplo manifesto. Basta me mencionar *De volta para o futuro*, sem contar *De volta para o futuro, Parte 2* e *De volta para o futuro, Parte 3*. Porém, talvez o tema filosófico mais cinematograficamente proveitoso seja o ceticismo. O cético indaga de que modo podemos ter certeza de que sabemos aquilo que julgamos saber. Quiçá somos presas de uma falsidade sistemática em nossas crenças, porque somos… ora, nem sei ao certo, quiçá estamos a ser utilizados como baterias vivas numa fazenda energética construída por máquinas inteligentes, enquanto os nossos cérebros são, por razões ainda precariamente explicadas, entretidos com uma realidade virtual denominada "matriz".

Chegamos a um ponto em que se tornou obrigatório, quando debatemos acerca do ceticismo em aulas de filosofia, mencionar este filme, *Matrix* – ainda que isso não se aplique às continuações, *Matrix 2* e *Matrix 3*, que são uma grande bobagem. Este filme realmente nos permite poupar tempo. Caso tenha de apresentar um argumento em favor do ceticismo, basta chamar a atenção para o fato de que Keanu Reeves não sabia que estava na matriz. E se ele próprio não percebeu isso, qual a probabilidade de nós percebermos? Na verdade, qualquer filme que contenha uma sequência onírica na qual os personagens ou a plateia acreditam que o sonho é real trata do tema do ceticismo. Este é um dos truques mais velhos da história do cinema. Isso remonta, pelo menos, a Sherlock Jr., o maravilhoso filme mudo de Buster Keaton no qual um projecionista adormece e sonha que ele próprio é personagem de um filme. Nessa época, Keaton já havia percebido que a pergunta quanto ao que é real, e como podemos distinguir o que é real, está naturalmente relacionada ao cinema, pois o cinema é, por si próprio, uma versão alternativa da realidade.

No entanto, o que eu gostaria de analisar, em vez de uma versão alternativa da realidade, é uma versão alternativa do ceticismo. O ceticismo do mundo antigo influenciou o ceticismo moderno, e continua a fascinar filósofos que se dedicam aos estudos desta área. Porém, ele não é idêntico ao ceticismo moderno. O fundador do ceticismo moderno foi Descartes, que propôs o uso da dúvida radical como um trampolim para chegarmos a conclusões das quais não se pode duvidar. Em seu livro *Meditações metafísicas*, Descartes submete todas as suas crenças a uma crítica cética – na verdade, o problema proposto por ele é: como é possível saber que não se está sonhando? Para isso, apresenta um cenário não muito diferente do de *Matrix*, no qual um demônio lhe traz uma porção de crenças falsas (cf. Descartes, 2022). O motivo que leva Descartes a fazer isso é seu desejo de saber quais crenças resistem à dúvida – se é que alguma resiste. A partir de Descartes, o ceticismo adquiriu mais ou menos o seguinte formato: consideramos crenças de vários tipos e nos perguntamos se podemos duvidar delas. Caso possamos, o que isso significa em relação à condição de tais crenças? Por exemplo, pode lhe parecer que, neste exato momento, você tem um livro nas mãos. Mas, na realidade, não há como você saber que tem um livro nas mãos, já que é possível que você esteja na matriz, à espera de que Laurence Fishburne o liberte de sua confusão mental.

Os céticos da Antiguidade adotavam uma estratégia bem diferente. Isso já nos é mostrado pelo significado da própria palavra "cético". Imagino que não lhe causará surpresa saber que este termo tem origem no grego antigo. *Skeptikós* significa "aquele que investiga ou que busca". O cético da Antiguidade não está, portanto, testando suas próprias crenças em contraste com algum tipo de cenário radical que suscite dúvidas, como a matriz ou como o cruel demônio de Descartes. Ao contrário, ele é uma pessoa que está engajada em um processo de investigação filosófica. Ele tampouco apresenta dúvidas radicais ou sistemáticas como uma pergunta mais geral. O que ele faz é investigar o êxito de outras pessoas que acreditam, particularmente o de outros filósofos, como os estoicos. O cético enfrenta várias objeções em sua tentativa de determinar a verdade das coisas. Com frequência, depara-se com teorias incompatíveis que parecem ter argumentos igualmente válidos. Ele também atesta que as teorias dos demais filósofos ficam aquém dos padrões de prova apresentados por eles próprios. Em resumo, o cético sempre encontra espaço para dúvidas. No entanto, ele se mantém comprometido (pelo menos, em tese) com seu projeto de buscar a verdade. Diante da descoberta de que várias propostas relacionadas à natureza das coisas são duvidosas, ele não desiste de sua busca. Porém, ao perceber que sua investigação ainda é incapaz de conduzi-lo à verdade, o cético suspende o juízo.

Esta ideia de "suspender o juízo" está na essência do ceticismo antigo, ao passo que não encontra espaço algum no ceticismo cartesiano. A palavra grega para a expressão "suspensão do juízo", *epokhé*, tornou-se uma espécie de padrão que passa a servir de fundamento para a tradição cética. Isso não significa que a suspensão do juízo era um conceito exclusivo dos céticos. Como já vimos ao tratar da teoria do conhecimento dos estoicos, estoicos primitivos como Zenão e Crisipo defendiam que o perfeito sábio estaria disposto a suspender o juízo em vez de concordar com impressões que lhe pudessem suscitar algum tipo de dúvida. Entretanto, os céticos assinalaram que os próprios critérios estoicos de conhecimento se fixaram em nível tão elevado que tornaram o conhecimento inatingível: todas as impressões deixam margem à dúvida (LS 1A, F; 71D, 72A-K). Assim, o sábio suspenderia sempre o juízo.

Temos aqui mais uma notável diferença entre o ceticismo antigo e o moderno. Uma vez que costumamos encarar o ceticismo como um desafio a ser superado – se é que isso é possível – não consideramos o ceticismo como uma atitude filosófica estável, isto é, como um estilo de vida possível. Porém, um traço em comum que os céticos compartilham com as demais escolas helenísticas é apresentar uma descrição do sábio ideal, bem como de uma vida imperturbável. Esta talvez seja a característica mais surpreendente do ceticismo da Antiguidade: ele foi apresentado como uma receita para a felicidade. Em certa medida, isso revela sintomas da competição existente entre os céticos e as demais escolas filosóficas. Tal qual as escolas rivais, como os estoicos e os epicuristas, tinham sua própria concepção do sábio e de uma vida feliz, os céticos também se viram na necessidade de dizer algo acerca desses temas. Porém, esta não foi uma mera reflexão dialética tardia, como ficará claro quando analisarmos o homem que costuma ser reconhecido como o primeiro cético: Pirro de Élis.

Pirro nasceu por volta de 360 a.C., e morreu na década de 270, aproximadamente uma geração antes de Aristóteles e uma depois de Epicuro. Foi uma personagem admirada em Élis, sua terra natal, na região noroeste da área meridional da Grécia continental. Assim como Sócrates e Diógenes o Cínico, não deixou nada escrito. A imagem que dele temos como uma personagem importante se baseia nos relatos de seus seguidores e de pessoas que deixaram registros da história da filosofia da Antiguidade. A obra *Vidas e doutrinas dos filósofos ilustres*, de Diógenes Laércio, uma valiosa fonte para tantos pensadores helenísticos, contém um relato a respeito de Pirro. Ademais, as informações mais importantes de que dispomos são as apresentadas por Timão de Fliunte, discípulo de Pirro e um grande apoiador de seu tratamento cético da filosofia. Este ceticismo se materializou de modo irreverente numa obra de Timão intitulada *Silloi*, ou "*Sátiras*" – os filósofos eram o alvo das sátiras de Timão. Não fica claro em que medida a postura filosófica que associamos a Pirro era realmente de sua autoria, bem como o quanto fora criação de Timão. Porém, foi Pirro, e não Timão, quem, em seu devido tempo, passou a ser reverenciado como o fundador de uma tradição cética. Quer no século I a.C., quer no período do Império Romano, alguns céticos se autodenominaram, com orgulho, de "pirrônicos".

Embora seja atribuído a Pirro o crédito por ter iniciado um movimento novo, sua postura cética não surgiu do nada. Uma hipótese acerca de sua inspiração já empolgava autores da Antiguidade que escreveram a seu respeito. Na década de 320 a.C., Pirro participou da campanha militar de Alexandre o Grande, o que lhe permitiu viajar a terras longínquas, como a Índia. Conforme os relatos de que dispomos, Pirro encontrou indianos sábios que talvez lhe tenham servido de fonte para ideias céticas (LS 1A). Este relato não deve ser desconsiderado, uma vez que o ceticismo teve, de fato, um papel importante na filosofia indiana clássica. Por outro lado, na filosofia grega já havia antecedentes que defendiam as ideias de Pirro. O próprio Pirro parece ter reconhecido Demócrito como um importante antecessor (LS 1C). Depois de apresentar seu atomismo, Demócrito tirou desta teoria conclusões de natureza cética, afirmando que aspectos de nossa percepção, como o gosto e a cor, não passam de convenções sensoriais, já que, na verdade, nada mais existe exceto os átomos e o vácuo. De modo geral, Pirro – ou, pelo menos, seu fiel discípulo Timão – tratava os demais filósofos com desdém, mas Demócrito era respeitado por ter antecipado o conceito de ceticismo[72].

Cabe também dizer que, a despeito de uma possível influência vinda da Índia, a imagem e o estilo de vida de Pirro são perfeitamente compatíveis com a era de Diógenes o Cínico, bem como de Epicuro e de Zenão, o fundador do estoicismo. Assim como eles, e até mesmo como Sócrates, Pirro construiu a imagem pública de um sábio imperturbável. Ele não se esquivava de situações perigosas como maremotos, e, de bom humor, abaixava-se para realizar tarefas manuais, como lavar porcos. Nem mesmo as dores físicas o incomodavam – uma lenda da época narra que ele passou pelos horrores de uma cirurgia da Antiguidade sem a menor hesitação. Para descrever seu próprio estilo de vida, supõe-se que Pirro teria recorrido ao mais essencial dos termos técnicos da ética helenística: *ataraxia*, isto é, a ausência de perturbações (LS 1F, 2C, 71A). Portanto, Pirro alegava ter alcançado o Santo Graal buscado por praticamente todos os filósofos de sua época. Assim como Diógenes o Cínico, alcançou tal realização sem precisar elaborar uma complexa teoria filosófica segundo os moldes das apresentadas por Epicuro e por Zenão. Longe disso. A indiferença de Pirro em relação ao perigo e à dor supostamente se devia ao fato de ele não ter crenças ou compromissos.

72. Outros filósofos pré-socráticos considerados precursores do ceticismo foram Xenófanes e Zenão de Eleia. Cf. DL, 9.72.

Mas e por que uma vida sem crenças seria uma vida serena, uma vida sem problemas? Ora, poderíamos muito bem supor que tal vida seria marcada pelas preocupações. Se me faltam crenças sólidas a respeito do mundo que me cerca, minha tendência não será a de encarar cada situação nova num estado de ignorância e de confusão? Acaso não estará certa a afirmação dos estoicos de que o conhecimento e a compreensão é que nos proporcionam a autoconfiança e a serenidade? Para ser sincero, nesse aspecto eu tendo a concordar com os estoicos, mas há um aspecto dos argumentos de Pirro que merece ser levado em consideração. Consideremos, uma vez mais, as histórias que envolvem a indiferença de Pirro em relação às circunstâncias externas. Por exemplo, sua capacidade de suportar dores lancinantes sem o menor desânimo pode ser explicada pelo fato de ele não acreditar que a dor é uma coisa ruim. Sua disposição para realizar alegremente as tarefas manuais decorreria da ausência de crenças quanto à indignidade de determinadas tarefas. No plano externo, a vida de Pirro é, na verdade, muito semelhante à do sábio estoico. O sábio estoico também é imune ao sofrimento e a sentimentos convencionais de vergonha, pois seus compromissos positivos se encontram num plano diferente: ele acredita que a virtude é a única coisa que vale a pena, de modo que tem uma teoria sólida acerca da natureza da virtude. É claro que, em seu íntimo, Pirro não tem estas crenças positivas. Porém, ele não precisa delas. Tudo que lhe cabe fazer é evitar crenças que possam conduzi-lo a um estado de perturbação; e, claro, ele não tem tais crenças, uma vez que não tem nenhum tipo de crença.

No entanto, para que vejamos Pirro como mais do que um simples exemplo de invencível sábio helenístico, é preciso que ele nos ofereça algum tipo de justificativa filosófica para a postura cética que conduz à *ataraxia*. Para isso, temos de nos fiar sobretudo em uma única prova (LS 1F) que nos chegou por meio de uma versão filológica da tradicional brincadeira infantil "telefone sem fio". Este relato se encontra em um texto de Eusébio de Cesareia, teólogo cristão do século IV d.C. – um lugar nada propício para encontrar pormenores das ideias de um cético do século IV a.C., mas a cavalo dado não se olha os dentes. Eusébio descreve um relato a respeito de Pirro preservado por um filósofo aristotélico de uma época anterior, e que, por sua vez, teve acesso a estas informações junto a Timão, seguidor de Pirro. E não se esqueça: os textos a que temos acesso são manuscritos que consistem em meras cópias, ou cópias de cópias, do texto redigido pelo próprio Eusébio. Ou você acredita que os estudiosos poderiam ter sugerido fazer alterações no texto grego de modo que se mudasse, na essência, a lógica desta passagem inteira? Ora, é claro que eles fizeram isso (cf. Svavarsson, 2010, p. 41-53). Depara-se com este tipo de deleite ao se tentar reconstruir antigos textos filosóficos helenísticos.

Mesmo assim, temos razões suficientes para concluir que este trecho nos diz algo minimamente confiável a respeito de Pirro, ou pelo menos a respeito da compreensão de Timão a respeito de seu mestre, o que, no limite, é o que podemos esperar. Ademais, este trecho é muito interessante. Vejamos, então, o que ele diz. O relato nos diz que as coisas, em si, não são nem de um jeito nem de outro – elas são indiferentes, bem como não se pode mensurá-las ou emitir juízo acerca delas. Nossas percepções e crenças não nos levam à verdade, tampouco à falsidade. Portanto, devemos continuar a dispensar as crenças sem nos predispormos a escolher um caminho ou outro; a consequência disso é que evitaremos afirmações categóricas e, com isso, chegaremos, por fim, à *ataraxia*. Visto que o próprio Pirro alcançou tal liberdade, pode ele, com razão, ser tido por guia fidedigno do método; além disso, o presente trecho pretende, ao menos, constituir a descrição que ele mesmo dele forneceu. Em suma, esta passagem é exatamente o que nós buscávamos. Infelizmente, ela não é fácil de ser compreendida.

Pode-se começar com a observação básica de que Pirro nos pede para evitar as opiniões e as crenças. A palavra que ele emprega, *doxa*, é a mesma palavra usada por Platão e por Aristóteles para descrever o estado mental em que a pessoa considera algo como verdadeiro, mas carece de conhecimento no sentido preciso da palavra. Na clássica formulação de Platão, a crença se encontra a meio caminho entre a ignorância e o conhecimento (*República*, 478d). É claro que Platão e Aristóteles nos instigam a evitar a ignorância e insistem para que não nos contentemos com crenças verdadeiras. Ao contrário, devemos perseverar até alcançarmos o conhecimento e a compreensão de como as coisas são. Porém, segundo Pirro, isso é impossível: as coisas, em si, não são deste ou daquele modo. Infelizmente, esta passagem da obra não traz nenhuma defesa desta afirmação alarmante, mas isso não é novidade para nós. Pense-se, por exemplo, em Protágoras, no *Teeteto* de Platão, o qual declara que, se o vento se afigura frio a uma pessoa e quente a outra, não existe verdade acerca de o vento ser quente ou frio em si mesmo; toda verdade é relativa a um observador. Pondere-se, ainda, em Demócrito, o qual afirma que as qualidades sensíveis dos entes dependem unicamente do costume, porquanto, na realidade, eles se compõem de átomos e vazio. A referência que Pirro faz à percepção, além do que afirmara quanto às crenças, sugere que ele também tinha em mente exemplos como este.

A moral deste relato cético é que Platão e Aristóteles estavam errados: a crença não é inadequada por estar aquém do conhecimento; ao contrário, ela está muito além deste. Ter uma crença pressupõe a nossa capacidade de determinar a natureza das coisas, mas isso é impossível. Significa isto que o cético se resigna à ignorância, pois não somente perdeu as esperanças na crença verdadeira, mas também, e principalmente, no conhecimento pleno? Bem, é óbvio que o cético, em certo sentido, deve ser ignorante, pelo menos no caso em que "ignorante" significa tão somente "aquele que carece de conhecimento". O cético aceita o fato de que o conhecimento não foi alcançado, nem por ele nem por ninguém mais, salvo melhor juízo. No entanto, também é óbvio que a "ignorância" do cético é especial. Ela não implica ter falsas crenças, é claro, uma vez que ele não alimentará crença de nenhuma espécie. Ao contrário, esta ignorância consiste numa ausência de conhecimento madura, autoconsciente e bem-aventurada, na qual ele suspende todo tipo de crença e alcança, desse modo, a paz de espírito.

No entanto, há uma série de dificuldades que persistem. Farei menção a duas delas. A primeira é que, no relato acerca de Pirro que acabamos de mencionar, ele parece propor uma ousada tese filosófica: a de que não se pode determinar a natureza das coisas. Ora, Pirro não põe em dúvida a existência das coisas que nos cercam. Ao que tudo indica, ele não expressou nenhuma preocupação de estilo cartesiano quanto à real existência do vento; ele simplesmente insinuou que o fato de o vento ser quente ou frio não contém verdade alguma. Mas o problema não é este; trata-se, com efeito, tão só de outra diferença entre o ceticismo antigo e o moderno. Os antigos céticos geralmente não expressavam nenhuma preocupação quanto à real existência das coisas externas; eles apenas questionavam as tentativas de determinar a natureza de tais coisas[73]. O problema é que, pelo menos em relação à interpretação que acabo de apresentar, Pirro afirmou categoricamente que não há como conhecer a natureza das coisas[74]. Ele parece ter a plena convicção de que as coisas não podem ser determinadas, razão pela qual devemos nos abster das crenças. Porém, esta convicção é, em si mesma, uma crença! Céticos de épocas posteriores se mostrarão mais cautelosos em relação a esse aspecto, sugerindo apenas que suspendem o juízo quanto à possibilidade de conhecermos a natureza das coisas.

O segundo problema que eu gostaria de mencionar é um tópico com a qual céticos de épocas posteriores se depararam. Vimos Pirro descrever sua própria capacidade de renunciar a qualquer tipo de crença, bem como dizer-se também capaz de libertar-se de todas as perturbações, à medida que dispensa qualquer compromisso de construir crenças. Esta é a vida feliz, de acordo com o que descobriu. Porém, não apenas uma vida como esta parece ser um tanto infeliz, mas também não parece viável. Para darmos apenas um exemplo: como posso evitar morrer de fome se eu decidir suspender o juízo em relação a quais produtos são comestíveis no ambiente em que vivo? Este tipo de preocupação impregnou os relatos biográficos de Pirro a ponto de passarmos a ouvir lendas excêntricas de discípulos seus que o seguem por toda parte, impedindo-o, no último minuto, de ser atropelado por carroças que vêm em sua direção, ou de cair de penhascos (LS 1A). A ideia de que Pirro realmente se comportava feito Mr. Magoo, a personagem de desenho animado, cuja visão é impedida por sua ausência de crenças, mais do que por uma verdadeira cegueira, é uma clara tolice. Porém, há um aspecto sério por trás dessas histórias, a saber, o de que uma vida desprovida de crenças parece ser completamente impossível, pelo menos para os seres humanos. Talvez Pirro concordasse com isso: em certa anedota, ele se assusta com um cão e reage, o que revela sua crença de que o cão é perigoso. Depois de recuperar a compostura, observa que é difícil despojar-se da própria humanidade.

73. Neste aspecto, concordo com as ideias de Burnyeat (1982, p. 3-40).

74. No que tange às dificuldades de interpretação desse trecho, cf. Svavarsson (2004, p. 249-295).

Porém, as evidências de que dispomos quanto a Pirro não nos permitem dizer, na verdade, de que modo ele teria resolvido estes problemas, nem mesmo se tentaria resolvê-los. Felizmente, a tradição cética está apenas emergindo. Logo surgirá um novo grupo de pensadores que evitam os compromissos, as crenças e as declarações, e que têm respostas aos dois problemas que apresentei aqui: primeiro, o de que o ceticismo é, em si, um tipo de compromisso; segundo, a impossibilidade de vivermos sem crenças. Estes novos céticos, oriundos de vários lugares, surgem dentro da Academia de Platão. É fácil imaginarmos Platão – sem mencionar Espeusipo e Xenócrates, seus sucessores imediatos – a se revirar no túmulo diante da ideia que sua Academia fora administrada por filósofos céticos. Porém, os céticos podiam reivindicar uma legitimidade platônica. Eles não buscavam inspiração em Demócrito ou em Pirro. Ao contrário: assim como muitos outros pensadores helenísticos, o ídolo deles era Sócrates. Afinal, Sócrates de fato afirmou ter a consciência de saber que nada sabia. Os céticos da Nova Academia começarão a se perguntar se estão conscientes disso.

16

O GRUPO DOS QUE NADA SABEM: A ACADEMIA DOS CÉTICOS

Todos apreciam uma boa rivalidade. Ali contra Foreman. Os Montéquios contra os Capuletos. Grifinória contra Sonserina. A história da filosofia também apresenta as suas rivalidades. Considere-se Platão contra os sofistas, os racionalistas contra os empiristas, ou Nietzsche contra Deus. Poucas rivalidades filosóficas foram tão centrais para sua época quanto a disputa entre os estoicos e os céticos, controvérsia que se estendeu por gerações, desde o início do período helenístico até a época do Império Romano. Júlio César encaminhou Roma para a senda imperial ao assumir o papel de ditador, em meados do século I a.C. Um de seus críticos foi o grande orador, jurista e intelectual Cícero. Este escreveu obras filosóficas durante toda a sua carreira, especialmente em momentos de inatividade política forçada, como aquele que resultou da ascensão de César. Quando Cícero contemplava retrospectivamente a história da filosofia, tal como se desenvolvera desde Platão, via esta disputa entre céticos e estoicos como de importância primordial, equiparável às discussões a respeito da natureza do prazer na vida boa e à indagação da natureza dos deuses. Escreveu tratados a respeito de todos estes assuntos, e dedicou uma obra denominada *Academica* ao tema do ceticismo. Esta constitui uma de nossas principais fontes acerca do ceticismo no período helenístico.

Mas por que Cícero teria escolhido o título *Academica* para uma obra acerca do ceticismo? A resposta é simples, embora pareça surpreendente: nas gerações que se seguiram até a época de Cícero, a Academia de Platão, em Atenas, passou a incorporar elementos do ceticismo. Isso, por certo, causaria surpresa aos principais diretores da Academia, Espeusipo e

Xenócrates, depois a morte de Platão. Estes poderiam ser chamados de qualquer coisa, menos de céticos; Espeusipo e Xenócrates postulavam uma interpretação da cosmologia e da metafísica de Platão[75]. O próximo diretor da Academia foi um homem chamado Polêmon, o qual promoveu mudanças que tenderam ao campo da ética, mas continuou a propor aquilo que considerava ser a doutrina platônica. Estes sucessores de Platão provavelmente estariam satisfeitos, de maneira geral, com a maneira como se trata dos ensinamentos de Platão nas universidades de hoje: supõe-se que os diálogos platônicos contêm certas doutrinas, e cabe ao fiel intérprete de tais diálogos a tarefa de descobrir – e talvez de melhor explicar – tais doutrinas.

A real mudança ocorreu no ano 268 a.C. Um filósofo chamado Arcesilau assumiu a direção da Academia. Os platônicos dedicados ao estudo sério da doutrina que ainda a frequentavam devem ter se sentido como carnívoros cujo restaurante predileto passa a ser administrado por vegetarianos militantes. Aquilo representou o fim de uma dieta constante de argumentos que se propunham a estabelecer verdades metafísicas e éticas. Os argumentos, decerto, continuaram a fazer parte do cardápio da Academia de Arcesilau. Porém, tratava-se agora, para tomarmos emprestado uma frase antiga, de uma "Nova" Academia, com novos argumentos – argumentos que visavam a destruir teorias, ao invés de propor novas teorias. Para uma Academia, esta mudança de direção talvez soe como escandalosa. Porém, os céticos podiam recorrer a Sócrates para justificar sua legitimidade institucional. Podiam lembrar das alegações de Sócrates a respeito de sua própria ignorância, bem como do fato de Platão ter permitido que muitos de seus diálogos terminassem numa espécie de impasse, ou aporia – situação em que os personagens foram incapazes de encontrar o objeto de sua busca.

Ainda assim, os alvos de Arcesilau não foram o platonismo doutrinal da Velha Academia ou as sugestões quanto a doutrinas positivas contidas nas ideias do próprio Platão. Na verdade, seu maior adversário e rival era o estoicismo, ou, se preferirmos personalizar as coisas, Zenão de Cítio, o fundador da tradição estoica. A rivalidade entre os dois teve continuidade com os principais sucessores do pórtico, a comunidade estoica, e a Academia. O grande Crisipo era o principal representante da doutrina estoica, ao passo que Carnéades era o principal representante da Academia. A fim de glosar

---

75. *Filosofia clássica*, cap. 43.

o frequente comentário de que sem Crisipo o pórtico não teria surgido, Carnéades afirmou: "Sem Crisipo, eu não existiria" (DL, 4.62). Diante de Crisipo, ele desempenhava o papel que Muhammad Ali representava diante de George Foreman, de modo que seu objetivo era nocautear a alegação dos estoicos de que é possível alcançar um certo conhecimento.

O ceticismo e o estoicismo podem ter sido concebidos particularmente como filosofias antagonistas e, na verdade, elas o foram em grande medida. Alguns dos aperfeiçoamentos das ideias de Zenão foram feitos como uma reação direta ao ataque dos céticos, e os céticos da Academia de raro em raro se mostravam interessados em algo que não fosse lançar ideias estoicas em descrédito. Talvez isso seja exatamente o que se poderia esperar da atitude dos céticos, uma vez que eles não tinham uma doutrina própria. O que eles postulavam não era uma teoria rival, como a dos epicuristas, mas um arsenal de artilharia dialética que visava a desacreditar e a lançar dúvidas nas posições estoicas. Os céticos se dispunham a entrar em conflito em qualquer área do conhecimento, da lógica à física, e até mesmo a ética. Porém, no cerne desta controvérsia estava, inevitavelmente, a natureza do próprio conhecimento.

Conforme já foi descrito anteriormente nesse livro, Zenão, seguido de Crisipo e de outros estoicos, alegava ter descoberto o critério para o julgamento da verdade, um parâmetro que lhe permitiria distinguir entre crenças possivelmente falsas e crenças definitivamente verdadeiras. Com tais crenças em mãos, podemos chegar à compreensão sistemática daquilo que os estoicos homenageiam com o nome de *episteme*, "conhecimento" ou "compreensão". Um rápido lembrete: para os estoicos, o critério para aferir a verdade é o que eles denominam de impressão cognitiva, ou seja, uma impressão das coisas que não somente corresponde à realidade delas como também não pode ser enganosa. Os estoicos dizem, ademais, que um homem realmente sábio jamais dará assentimento a impressões não cognitivas, embora ele possa admitir que algumas destas impressões são mais razoáveis do que outras e, assim, atuar em conformidade a elas. Por exemplo, se o homem sábio tem a impressão de que um tigre está prestes a pular de uma árvore próxima para atacá-lo, ele não esperará até ter uma total clareza de percepção ou até descobrir se a situação não é mais do que uma "pegadinha" de alguém – ele tão somente tentará se proteger. Mesmo assim, ele não formará necessariamente a crença positiva de que há um tigre por perto a não ser que esteja satisfeito com o fato de sua impressão em relação ao tigre ser, de fato, de natureza cognitiva. Se as circunstâncias derem margem a alguma dúvida, ele suspenderá o juízo.

A partir do que foi exposto, já deve ter ficado clara a razão de os estoicos serem os adversários ideais para os céticos. Para começar, os estoicos enfatizam que a certeza é algo possível e insistem no fato de a sabedoria exigir certezas. Nesse aspecto, os epicuristas, por exemplo, seriam inimigos menos satisfatórios. Já vimos que Epicuro estava disposto a aceitar teorias desde que elas não fossem descartadas pelas evidências e contanto que conduzissem o indivíduo a libertar-se das perturbações. Embora Epicuro tenha, de fato, dado ênfase à veracidade de todas as sensações – uma teoria que os céticos teriam prazer de refutar –, ele não se preocupava com certezas absolutas. Em segundo lugar, os próprios estoicos adotam a ideia de suspensão do juízo, a qual, por acaso, é o ponto central da estratégia dos céticos. Os estoicos adotam critérios rigorosos no que tange às crenças: no caso de dúvidas, eles nos aconselham a suspender o juízo e a evitarmos assentir ao que nos está sendo apresentado. Os estoicos quase rogavam que surgisse alguém e lhes afirmasse que, segundo esses padrões, ninguém devesse crer jamais em coisa alguma.

E isso, claro, é precisamente o que Arcesilau lhes disse logo de início. Seu argumento, como já vimos quando apresentamos os estoicos, era que, em princípio, qualquer impressão, por mais nítida e aparentemente simples que fosse, poderia ser idêntica a outra impressão capaz de induzir-nos a erros (LS 40D). A probabilidade de haver erros talvez seja remota, mas, se ela existe, os estoicos precisam reconhecer que a impressão aqui em jogo não é cognitiva. Esse aspecto enfatiza uma diferença entre o ceticismo de Arcesilau e o ceticismo com que em geral nos deparamos na filosofia contemporânea. Hoje em dia, os céticos se concentram no problema do conhecimento, isto é, se há alguma possibilidade de alcançarmos o estado em que sabemos algo e, talvez, o estado em que temos ciência de que sabemos algo. Arcesilau detém-se em um estágio muito anterior a este, ao expressar a seguinte dúvida: precisa-se, em algum momento, acreditar em alguma coisa e, além disso, chegar a um conhecimento a respeito dela? Esta é claramente uma estratégia cética muito mais fundamental: quando Descartes se preocupa que talvez suas crenças sejam alimentadas por um demônio maligno, isso não o leva a concluir que talvez precise abandoná-las. Sua preocupação é tão somente que as crenças que tem, e continuará a ter, talvez não representem o conhecimento.

Esta mudança de rumos do ceticismo, iniciada com Arcesilau, adquire grande parte de sua credibilidade por meio dos requisitos rigorosos que os estoicos impõem às crenças. Foram os estoicos, e não Arcesilau, que propuseram a suspensão do juízo sempre que o requisito da verdade não fosse atendido. Isso nos leva ao ponto essencial de Arcesilau, uma pergunta que também emergirá em relação a Carnéades, seu sucessor: Em que medida as conclusões de ambos eram meramente dialéticas, isto é, apresentadas pura e simplesmente no contexto de argumentação contra os estoicos? E em que medida estas eram, paradoxalmente, crenças defendidas pelos próprios céticos? Considere a argumentação de Arcesilau contra Zenão. Ele demonstra que o sábio suspenderá sempre o juízo. Eis precisamente aquilo em que um cético deveria crer. Contudo, reflita-se; um cético não deve crer em coisa alguma, deve? Tampouco deve crer que se deva carecer de crenças, pois tal juízo constituiria contradição.

Neste ponto, uma interpretação dialética poderá nos ser útil. Segundo esta interpretação, Arcesilau não respalda a perspectiva de que ninguém jamais deveria ter crenças; está apenas dizendo que, se quiséssemos adotar o critério estoico em relação às crenças, ninguém jamais deveria ter crença alguma. Já que ele próprio não está disposto a adotar este critério estoico, tampouco estabeleceria alguma proibição em relação às crenças como uma crença sua. Na verdade, para manter a coerência, o que Arcesilau deveria fazer é suspender o juízo quanto ao fato de o critério estoico ser ou não o mais adequado. Com efeito, ele também deveria suspender o juízo quanto ao fato de as impressões cognitivas existirem ou não. O próprio Arcesilau não se compromete com nada disso. Seu argumento, ao considerar a incerteza que envolve todas estas coisas, é que os estoicos erram quando se comprometem, quando defendem ambiciosos critérios de exigência para a crença e quando insistem na existência de impressões cognitivas.

Se este é ou não o caminho correto para compreendermos Arcesilau, esta é uma discussão polêmica[76]. Um problema adicional é o fato de tanto Arcesilau quanto Carnéades não terem deixado nada por escrito, legando-nos apenas provas indiretas de seus ensinamentos orais. Porém, é certo que alguns intérpretes, incluindo Sexto Empírico, o grande cético da Anti-

76. Cf. Thorsrud (2010, p. 58-80), e os demais estudos aos quais ele se refere no tópico 17.

guidade, não adotaram a intepretação dialética. Na realidade, ele acusou a Nova Academia de incorrer em "dogmatismo", isto é, na defesa de um compromisso ou de uma doutrina – este é o sentido da palavra grega *dogma*, em geral usada no contexto de decisões políticas, ou, em épocas posteriores, de princípios teológicos. É claro que Arcesilau viria a ser um dogmático atípico, um *dogmático negativo*, cuja doutrina determina, justamente, que o indivíduo não deve seguir doutrina alguma. Porém isso era suficiente para condená-lo, aos olhos de Sexto Empírico, de ser insuficientemente cético. Um ceticismo completo se revelaria cético até mesmo em relação a discussões como as de determinar se um indivíduo pode ter acesso ao conhecimento ou se ele precisa ter alguma crença.

É claro que esta atitude não é fácil de ser compreendida, e teremos de fazer certo esforço para compreendê-la quando tratarmos das ideias de Sexto Empírico. Por ora, consideremos outro problema que Arcesilau enfrentava, além desta acusação de autocontradição e de dogmatismo negativo. Trata-se da objeção da suposta *apraxia* ou "inatividade". De acordo com esta objeção, se o cético não crer em nada, não poderá fazer o que quer que seja de maneira eficaz (LS 69A). Considere, por exemplo, o ato de ir ao zoológico para ver as girafas: sair de casa; entrar num meio de transporte público que respeita o meio ambiente; chegar até onde estão as girafas. Tudo isso requer toda uma série de crenças, por exemplo, a de que o ônibus realmente o conduzirá até o zoológico, que o mapa em suas mãos de fato mostra a localização exata do cercado onde estão as girafas, e assim por diante. Uma total ausência de crenças parece condenar-nos a uma total ausência de visitantes ao zoológico para ver as girafas, uma perspectiva que ninguém estaria disposto a considerar. E é claro que este mesmo argumento se aplica para qualquer ato que se possa ter em mente.

Para lidar com esta objeção, Arcesilau recorria, uma vez mais, às armas que os estoicos inadvertidamente colocaram em suas mãos. Tal qual vimos anteriormente com o exemplo do tigre prestes a atacar, os estoicos consideram que, de vez em quando, o sábio confiará em impressões que lhe parecem razoáveis sem que, em virtude disso, necessariamente concorde de todo com estas impressões. O próprio Arcesilau poderia agora se apropriar deste argumento e alegar que o que é válido para evitar o ataque de tigres se aplica muito bem à decisão de visitar o zoológico. O cético considerará que algumas coisas são razoáveis, e isso bastará para permitir que ele atue sem jamais formar crenças fixas (LS 69B). Esta é uma resposta típica de Arcesilau, na medida em que é eficaz dentro do sistema estoico que ele critica. Uma vez mais, é difícil afirmar se aqui ele está sendo dialético ou se está nos apresentando seu próprio modo de ver. Caso se trate de sua própria perspectiva, isso lhe permitiria evitar o problema anterior relacionado à autocontradição. Ele poderá dizer que não acredita, realmente, que um indivíduo jamais deva formar crenças; na verdade, ele próprio não tem tanta certeza disso. No entanto, dadas as argumentações que minam qualquer possível critério para estabelecer a verdade, parece-lhe razoável que nunca se deve formar crenças, portanto, ele nunca o faz.

Assim, qual é exatamente a diferença entre acreditar em algo e considerar que algo é razoável? É claro que este é um desafio tanto para os estoicos fiéis a Zenão quanto para Arcesilau, mas parece ser um desafio mais premente para este último, pois sua posição filosófica gira em torno desta distinção. Portanto, não surpreende que o próximo diretor da Academia dos céticos, Carnéades, tenha dedicado uma considerável atenção ao tópico de saber o que orienta as ações dos céticos. Ao empregar uma terminologia diferente, Carnéades afirma que certas impressões nos parecem *pithanon* – a palavra significa "persuasivo" ou "plausível" (LS 69D)[77]. Assim como Arcesilau, ele afirma que estas impressões serão usadas pelo cético como um guia prático. Mas aquele filósofo avançou ainda mais, ao notar que os critérios utilizados por nós diferem consoante a magnitude dos interesses em jogo. No curso ordinário dos acontecimentos, um único indício basta. Por exemplo, caso eu procure as girafas, simplesmente indagarei a outro visitante do jardim zoológico e seguirei suas indicações. Porém, e se o assunto for de extraordinária relevância – se, por hipótese, eu necessitar estar no recinto das girafas dentro de cinco minutos a fim de pagar um resgate aos sequestradores de girafas, os quais exigem um milhão de reais pela devolução incólume de Hiawatha, a qual, por circunstância fortuita, é precisamente a minha girafa predileta? Então desejarei certificar-me com extraordinário zelo.

De modo semelhante, Carnéades sugere que a nossa cautela variará conforme a importância da matéria em apreço, e que, em situações ver-

77. Cf. também Bett (1989, p. 59-94).

dadeiramente cruciais, não me limitarei, por exemplo, a olhar várias vezes para o que eu quiser ver, mas considerarei também as condições de luminosidade, bem como se alguém poderia estar tentando enganar-me, e assim por diante. Em suma, caso me deparar com uma situação complicada ou perigosa, farei tudo o que um sábio estoico faria para se certificar de que está diante de uma impressão cognitiva. Somente quando tiver passado por esses testes é que passarei a me considerar "persuadido". Porém, os argumentos contrários à atitude estoica ainda são considerados decisivos. Portanto, nem mesmo nestas circunstâncias posso julgar que tenho certezas. Não me deixarei iludir pela crença de que minhas impressões são realmente cognitivas e, portanto, não acreditarei que elas não podem ser falsas. Sempre haverá margens para a dúvida.

Carnéades nos coloca diante de um dilema. Por um lado, temos este Carnéades que acabo de descrever, o qual, ao que parece, está disposto a nos permitir termos certezas em relação a praticamente tudo, ainda que o critério estoico de definição da verdade não seja atendido. Por outro lado, temos o Carnéades que surgiu em Roma no ano 155 a.C. Ele foi membro de uma embaixada de filósofos em Roma, para onde foi enviado com a missão de tentar suspender uma multa imposta aos atenienses pelos romanos[78]. Nesta ocasião, Carnéades escandalizou seus ouvintes ao argumentar em favor da justiça, e então, logo no dia seguinte, argumentar de maneira igualmente persuasiva contra tudo o que dissera em seu primeiro discurso (LS 68M). Este tipo de campanha lógica de terra arrasada não era visto desde os dias dos sofistas. É possível imaginar Platão quase caindo para trás ao atestar que um diretor de sua Academia mostra que é possível argumentar, com a mesma credibilidade, em favor de ambos os lados das querelas mais importantes a serem tratadas. Claro que a verdadeira pergunta é: O que Carnéades desejava que seu público aprendesse com sua exibição?

Até mesmo os colaboradores mais próximos de Carnéades já vinham enfrentando a dificuldade de saber qual era, exatamente, sua perspectiva. Clitômaco, seguidor de Carnéades que assumiu a direção da Academia no

78. Os atenienses enviaram um estoico (Diógenes da Babilônia), um aristotélico (Critolau) e um cético (Carnéades). Conforme foi observado por Sedley (2003, p. 7-32, n. 24), a ausência de um epicurista nesta embaixada provavelmente é um sinal da ausência de envolvimento desta escola de pensamento com a política.

ano 127 a.C., apresentou uma interpretação dialética semelhante àquela que examinamos no caso de Arcesilau. Clitômaco admitiu com toda a sinceridade que era impossível compreender Carnéades totalmente. Esta frase sua não foi dita com a intenção de criticar seu precursor, e sim como uma expressão de sua admiração pelo pensamento de Carnéades, cujo ceticismo tinha uma profundidade simplesmente impossível de se compreender. No entanto, ele estava certo de que Carnéades era um completo cético que defendia a total suspensão da crença, bem como que recorria a seu critério prático da credibilidade apenas no contexto das controvérsias com os estoicos (LS 69H). Porém, outros discípulos de Carnéades, os quais também haviam estudado com seu mestre, discordavam. Para eles, Carnéades havia, de fato, afirmado que podemos nos permitir ter crenças de algum tipo e concordar com impressões que nos parecem plausíveis, embora enfatizasse, é claro, que esse tipo de crença está sempre sujeita a equívocos. O principal defensor dessa interpretação foi outro discípulo de Carnéades chamado Filo de Larissa[79].

Na opinião de alguns céticos, a postura de Filo era excessivamente moderada. Para marcar com clareza a diferença entre o ceticismo obstinado que prescindia de toda espécie de crenças e o ceticismo mais brando de Filo, eles adotaram um novo patrono. Este também era a figura mais antiga à disposição: Pirro. Ao retornarem a este pioneiro do ceticismo, os céticos passaram a rejeitar a Academia Cética em razão das mudanças desta, percebidas como uma "queda de prestígio", de modo que deram início à última fase do ceticismo antigo, a qual batizaram de pirronismo. Esta forma de ceticismo foi adotada por Sexto Empírico no século II d.C. Enfim estamos diante de um cético importante que deixou uma obra extensa e cujos escritos foram preservados. A sutil defesa que Sexto apresenta em favor do não dogmatismo do ceticismo pirrônico está entre as maiores conquistas da filosofia da Antiguidade Tardia, de modo que a examinaremos em breve.

Porém, antes disso, convém continuarmos no século I a.C., na companhia de Filo de Larissa. Em certa medida, sua importância tem que ver com uma matéria geográfica. Carnéades já visitara Roma, mas Filo, na verdade, mudou-se para lá. Nessa cidade, causou uma excelente impressão, principalmente em Cícero, cuja própria versão deveras moderada resulta

79. A seu respeito, cf. Brittain (2001).

na Academia Cética, sobretudo de seu contato com Filo. Cícero também apresenta-nos pormenores de uma rivalidade mais acirrada, desta vez entre Filo e seu discípulo Antíoco de Ascalão. Ambos alegavam ser membros da Academia, mas Antíoco rompeu com a Nova Academia ao adotar o dogmatismo e ao apresentar uma espécie de grande síntese que identificava interesses comuns entre os estoicos, Platão e até mesmo Aristóteles. Antíoco manifestou seu desagrado quando Filo, recém-chegado a Roma, publicou livros que expunham seu ceticismo moderado. Sua rejeição a estes livros representava nada menos do que uma disputa pela alma da Academia. Estes conflitos serviram de preparação a Cícero para a escrita de seu livro *Academica*, e, de modo mais geral, para as contribuições filosóficas deste famoso orador e político.

17

Assuntos retóricos: Cícero

Júlio César foi um indivíduo acostumado a conseguir as coisas de seu jeito por meio do enfrentamento à oposição dos outros. Portanto, quando um homem chamado Quinto Ligário manifestou apoio à oposição ao líder militar numa guerra na África, Júlio César ordenou que ele fosse conduzido à corte para ser executado. Isso tudo parecia uma conclusão predeterminada: César já havia alcançado um poder inconteste como "ditador perpétuo" dos romanos. Nesse caso, entretanto, César não contava com a presença do advogado de defesa, um homem de considerável eloquência. Este advogado deu início a um discurso em favor da absolvição de Ligário, o qual pode ser lido ainda em nossos dias. Neste discurso, admitia-se que Ligário participara da campanha militar na África, mas argumentou-se com veemência que ele nada fizera para se opor à vontade de César. À medida que o discurso prosseguia, César começou a tremer de raiva, indignado com o fato de que o veredito estava sendo colocado em dúvida por esse pretensioso advogado. Ao final do julgamento, Ligário foi absolvido. No que diz respeito a César, desta vez, ele veio, viu e fora vencido[80].

O nome deste advogado pretensioso era, claro, Marco Túlio Cícero. Ele foi uma das mentes mais brilhantes de Roma, nessa época ou em qualquer outra, e, ademais, uma figura das mais eloquentes da cidade. Cícero nasceu no ano 106 a.C., nas proximidades de Roma, numa família de classe equestre, mas sua carreira se consolidou mais em virtude de seu talento do que por alguma origem familiar. Cícero atuou tanto na função de questor quanto na de cônsul, e muito antes de defender Ligário já havia construído

80. Este relato é narrado em Feeney (2011).

a reputação de ser o mais brilhante orador jurídico de Roma. O auge de suas conquistas retóricas talvez tenha sido uma série de discursos nos quais ele denunciava um homem chamado Lúcio Sérgio Catilina, por sua conspiração para derrubar a república. Estes discursos conhecidos como *Catilinárias*, juntamente com várias outras demonstrações da oratória de Cícero que subsistiram até nossos dias, são considerados um monumento de um bom estilo latino. Para muitos leitores, tal qual Santo Agostinho, o latim de Cícero era praticamente sinônimo de um lídimo latim. Porém, Cícero foi mais do que um orador e um político – caso contrário, teríamos poucas razões para lhe dedicar um capítulo neste livro. Ele também fora filósofo.

Na verdade, sem os escritos filosóficos de Cícero[81] este livro seria bem mais curto. Ao lado de Diógenes Laércio, Cícero é considerado a fonte mais importante para a preservação das ideias dos estoicos, dos epicuristas e da Academia Cética. Ele também é a principal fonte para vários dos maiores pensadores de sua época. A própria visão filosófica de Cícero resultou de uma reflexão crítica dos ensinamentos desses pensadores. Ele nos diz que somente os tolos aderem a uma perspectiva filosófica motivados pela devoção a uma escola de pensamento mais do que por uma reflexão independente. Embora seus escritos filosóficos mostrem que Cícero encontrou muitas razões para admirar o estoicismo, foi o modo de ver dos céticos que conquistou seu coração. É por isso que decidi tratar dele neste livro, enquanto seguimos o desenrolar da história do ceticismo antigo.

Cícero viveu na época mais apropriada para analisar com seriedade os méritos relativos das escolas helenísticas. O século I a.C. foi um período crucial para a introdução de ideias gregas na sociedade romana. Uma série de guerras permitiu que Roma mantivesse o domínio na Grécia, de modo que, em meio às revoltas desses anos, muitos gregos cultos buscaram refúgio nos braços de Roma. Um deles foi Filo de Larissa, figura central na Academia Cética, com quem Cícero estudara. No entanto, Cícero era uma pessoa aberta a novas ideias, e, por ter esse traço, abriu as portas de sua casa a um filósofo estoico chamado Diódoto. Se Roma ofereceu outro lar além de seu território a filósofos como Filo e Diódoto, Atenas proporcionou algo

81. Quanto às obras de Cícero, cf. as edições latinas em página dupla e as traduções para o inglês disponíveis na série Loeb, editadas pela Harvard University Press. Farei a citação destas fontes de acordo com os números das seções correspondentes.

igualmente cativante a romanos como Cícero: esta cidade foi a terra natal da filosofia. Quando tinha vinte e poucos anos, Cícero fez uma peregrinação a Atenas. Ali, teve a chance de estudar junto de filósofos epicuristas. Mas ainda mais essencial para o desenvolvimento intelectual de Cícero foi a oportunidade de estudar aos pés de Antíoco de Ascalão. Temos sorte por Cícero ter desfrutado desta oportunidade, pois Antíoco parece ter sido um dos pensadores mais interessantes do século I a.C., de modo que, se não fosse o testemunho de Cícero, muito pouco saberíamos a seu respeito (Cf. Barnes, 1989, p. 51-96). Assim como o próprio Cícero, Antíoco foi discípulo de Filo de Larissa. Porém, Cícero relata que foi com furor que Antíoco rompera com os ensinamentos de Filo no momento que recebera exemplares de livros que este escrevera em Roma (*Academica*, 2.4). Ao ler esses textos, Antíoco ficara perplexo, pois mal conseguia acreditar que Filo fosse de fato o autor. Porém, tão logo superou este ceticismo, repudiou o mestre, desafiando-o com uma visão diametralmente oposta acerca das principais discussões filosóficas da época, bem como acerca da própria história da filosofia.

No capítulo anterior, vimos que Filo foi membro da chamada "Nova" Academia, a qual, ao que parece, tornou mais brandos os ensinamentos dos céticos. Ele manteve a visão acadêmica oposta à dos estoicos ao enfatizar que nunca podemos ter certeza de que nossas impressões são verdadeiras. Porém, ainda que a certeza absoluta esteja fora de alcance, é possível comprometer-se e aderir a uma crença plausível. Esta era uma nova forma de atitude dos céticos que possibilitava que seus adeptos dessem assentimento a suas próprias impressões. Filo deve ter até mesmo defendido a ideia de que, quando concordamos com o que é plausível e descobrimos que estamos certos, isso pode ser considerado como conhecimento, ainda que seja um tipo mais frágil de conhecimento do que aquele previsto pelos estoicos. Imagine que um amigo lhe peça para dizer o nome de um animal ruminante, exceto a girafa (seu amigo tem lido meus livros e já está farto de ouvir histórias de girafas). Você responde: "cabra". E você tem razão: cabras são, de fato, animais ruminantes. Mesmo tendo certeza disso, talvez você reconheça a possibilidade de estar errado – mês passado houve um episódio constrangedor em que você classificou o macaco-aranha como um aracnídeo. Filo afirma que devemos nos contentar com estes juízos verdadeiros que deixam em aberto a possibilidade de erro. Melhor do que isso, impossível, pois ninguém pode ter certeza total a respeito de coisa alguma. Nem mesmo quanto a cabras estarem ou não na mesma gloriosa categoria das girafas pelo fato de terem quatro estômagos.

Antíoco provavelmente não se incomodava com o fato de Filo não ter estômago para defender uma postura cética mais enérgica. Sua intenção era adotar uma postura ainda menos cética. O que realmente o irritou foi a afirmação de Filo quanto à herança filosófica compartilhada entre ambos. Para Filo, toda a tradição da Academia Cética era unificada. Sócrates e Platão já haviam adotado a postura recomendada pela Nova Academia: aceite com entusiasmo aquilo que mais se parece com a verdade, ao mesmo tempo em que atesta nossa total ausência de certezas. Sabemos, com base nos diálogos de Platão, que tudo o que Sócrates sabia era que ele nada sabia. Porém, isso não o impedia de assentir a várias crenças, por exemplo, a de que é bom buscar a sabedoria e a virtude. Nas palavras de Cícero, "eles chamam a Academia (Cética) de Nova Academia, mas para mim ela parece velha" (*Academica*, 1.12). Por outro lado, Antíoco defendia uma versão alternativa. Para ele, a Nova Academia provocara uma cisão na filosofia fundamentalmente unificada dos antigos.

Antíoco antecipou-se nos rumos que a filosofia platônica seguiria ao longo das gerações subsequentes, de modo que adotou uma estratégia sincrética: ele admirava vários filósofos e várias tradições filosóficas, e, assim, conciliou-os numa perspectiva, ao mesmo tempo, única e abrangente. Ele identificava sua linhagem sobretudo com Platão e com Aristóteles, mas também acreditava que os estoicos primitivos faziam parte desta família. Ao apresentar o modo de ver de Antíoco, Cícero afirma que, na visão de Antíoco, os estoicos seguiam basicamente as doutrinas da "Velha" Academia platônica, e só corrigiam pormenores (*Academica,* 1.12). Para todos estes pensadores, o conhecimento é uma possibilidade. Sem o conhecimento acerca do que é o bem não podemos ser pessoas boas, e pessoas boas são pessoas felizes. Ao concentrar-se sobretudo nestas discussões relacionadas ao conhecimento e a preocupações éticas, Antíoco apresenta um argumento sensato em favor de uma reivindicação histórica que talvez nos pareça absurda. Para nós, Platão, Aristóteles e os estoicos certamente não compartilham da mesma perspectiva filosófica. Porém, Antíoco estabeleceu um contraste entre, de um lado, estas personalidades tão admiradas e, de outro, a Nova Academia, cujos representantes acreditam na impossibilidade de alcançar o conhecimento, e os epicuristas, que consideram que a felicidade é encontrada no prazer em vez de na virtude. Em comparação, ele considerava relativamente secundárias as diferenças entre o platonismo, o aristotelismo e o estoicismo. Por exemplo, ele observou que Aristóteles rejeitava a existência das formas. Porém, em sua opinião, tal rejeição tem uma importância muito menor do que a fidelidade de Aristóteles a debates relacionados ao conhecimento e à virtude.

Ora, se este capítulo é dedicado a Cícero, por que continuo a tratar de Filo e de Antíoco? Não é somente pelo fato de Cícero ser nossa fonte primária de informações da controvérsia entre eles. É também porque esta controvérsia foi crucial do prisma filosófico do próprio Cícero. Depois de ponderar acerca deste ponto, Cícero concluiu que Filo venceu este debate. Em suas próprias obras filosóficas, ele adota a prática mais tipicamente cética de examinar os argumentos de todas as escolas filosóficas. Cícero deixa clara a sua opção por esta estratégia quando afirma que examina a filosofia *in utramque partem*, "levando em conta os argumentos de ambos os lados" de cada controvérsia[82]. Por exemplo, em sua obra *Sobre a natureza dos deuses*, Cícero reúne um porta-voz dos epicuristas e um porta-voz dos estoicos, e coloca-os em confronto com Cota, um crítico da Nova Academia. Aos adeptos das duas escolas dogmáticas é oferecida uma ampla oportunidade de defender suas respectivas perspectivas teológicas – na verdade, um dos três livros desta obra é de todo dedicado à exposição da teoria estoica. Porém, Cota desmonta o modo de ver de cada um dos lados, deixando o leitor na mesma situação em que o próprio Cícero se encontra: em um estado de dúvida bem ponderada.

É claro que, ao longo deste percurso, aprende-se informações valiosas acerca das escolas helenísticas, de modo que a obra *Sobre a natureza dos deuses* continua a ser uma das fontes mais importantes à nossa disposição para o estudo das teologias estoica e epicurista. Porém, Cícero representa mais do que uma simples fonte da qual se extrai informações de outros pensadores. Mesmo quando escreve textos filosóficos, Cícero permanece um retórico, e, por conseguinte, muitas vezes enfatiza que a boa filosofia deve ser atraente de um prisma estilístico (cf. *Tusc.*, 3.3). Ele critica pensadores que lhe eram

82. Cf. Powell (1995, p. 98). Cf. também Baraz (2012).

contemporâneos pela indigência de estilo – parece se referir sobretudo a autores epicuristas, o que é irônico, uma vez que ele fora contemporâneo de Lucrécio, o grande poeta epicurista. Por outro lado, Cícero revela uma imensa admiração por Platão e por Aristóteles, não apenas pelo método dialético da filosofia de ambos, mas também por suas habilidades retóricas. Cícero elogia Aristóteles por suas investigações acerca da retórica, e descreve Platão, repetidas vezes, como um mestre da linguagem e do pensamento. Para Cícero, Platão – citando as palavras ditas por um porta-voz dos estoicos – "é praticamente um deus dos filósofos" (*Sobre a natureza dos deuses*, 2.12). Este argumento é enfatizado até mesmo quando Cícero elogia outros autores; por exemplo, quando afirma que Aristóteles é o melhor dos filósofos, com a óbvia exceção feita a Platão, o maior dentre todos.

Cícero prestou homenagens a estes gregos, por ele considerados exemplares, não apenas ao apresentar suas ideias, mas também ao traduzi-las para o latim. Ele deu início a uma tradução latina do *Timeu*, de Platão, mas não conseguiu terminá-la. Seus próprios livros estão repletos de traduções de trechos do grego, especialmente de Platão. Cícero orgulha-se, e com razão, não apenas de sua proficiência em latim, mas também de sua habilidade de traduzir textos gregos de forma precisa e num estilo refinado. Chama ele frequentemente a atenção para a dificuldade de traduzir termos técnicos gregos, e discute com brevidade os méritos de versões latinas alternativas – por exemplo, sugere *perturbatio* ("desordem"), em vez de palavra que signifique "doença", para captar o termo estoico *páthos* (*Tusc.*, 4.5). Em alguns casos, as decisões de Cícero prevaleceram até os dias atuais. Por exemplo, ele traduz o grego *poiotetes* para o latim como *qualitates*, e nós o seguimos ao traduzir esta palavra como "qualidades" (Acad., 1.5). Sêneca afirma que a palavra latina *essentia*, raiz da nossa palavra portuguesa "essência", foi inventada por Cícero para corresponder ao grego *ousia* (Ep., 58).

A paixão de Cícero pelo grego e suas grandes habilidades retóricas não eram as únicas características de sua biografia pessoal que se sobressaiam em seus textos filosóficos. Na verdade, a razão pela qual Cícero escreveu tantos textos de filosofia só pode ser explicada caso dediquemos uma atenção maior à sua biografia. No início deste capítulo, mencionei que ele nunca foi grande admirador de Júlio César; tal sentimento era recíproco. Cícero foi obrigado a deixar Roma durante o primeiro triunvirato, quando

Júlio César uniu-se a Crasso e a Pompeu para exercer o controle político de Roma. Cícero só pôde retornar a Roma no ano 57 a.C., mas sua renovada oposição ao regime fez com que, quando César assumiu sua posição de ditador, Cícero fosse efetivamente excluído da política. Isso deixou-lhe com tempo livre, uma situação pela qual, hoje, podemos ser gratos. Cícero escreveu a maioria de suas obras filosóficas em meados da década de 40 a.C., no transcorrer do período de seu ostracismo político. Nessa época, ele também fora vítima de uma tragédia pessoal: no ano 45 a.C., sua amada filha veio ao mundo natimorta. Portanto, um tema central da filosofia helenística passou a ter uma grande ressonância para Cícero: a filosofia é capaz de oferecer-nos algum tipo de consolo diante do sofrimento?

Não obstante as suas inclinações céticas, Cícero responde a esta indagação com um "sim" bastante retumbante em um dos seus maiores escritos filosóficos, os *Diálogos em Túsculo*. Apesar do título, não se trata de um conjunto de argumentos acerca de elefantes, mas de um diálogo ambientado em Túsculo, onde Cícero tinha uma vila. (Esta incluía duas áreas de exercício, denominadas Academia e Liceu!) Trata-se de um diálogo entre duas personagens anônimas que debatem argumentos filosóficos concernentes a temas como o medo da morte, se alguma vez um homem sábio é acometido por angústias e também se devemos ou não tentar eliminar todas as nossas emoções. Reitera Cícero a sua postura oficialmente acadêmica ao afirmar que segue sempre o que parece persuasivo em vez de buscar a certeza. Mas, à parte esta ressalva, defende ele um ponto de vista notavelmente estoico. Cícero elogia Epicuro quando este diz que todo sofrimento pode ser controlado, mas este elogio revela-se totalmente frágil: acrescenta Cícero que é difícil ver como um hedonista pode oferecer tal conselho de maneira congruente (*Tusc.*, 2.19). Isso é típico da atitude que ele mostra em relação aos epicuristas, bem como em relação aos aristotélicos. É frustrante atestar que Cícero parece seguir a linha de outras escolas helenísticas quando reduz a ética aristotélica à afirmação de que bens externos, como a riqueza e a saúde, têm seu valor intrínseco. Cícero reage a estas ideias com impaciência, considerando-as pouco convincentes.

Não surpreende, portanto, que ele dê preferência aos estoicos, os quais considera como os filósofos mais rigorosos, e, portanto, como legítimos herdeiros dos ensinamentos éticos de Sócrates e de Platão. Assim como estes, os estoicos enfatizavam que a virtude e a sabedoria perfeitas são a garantia de felicidade. Para Cícero, esta concepção, se não traz certezas, é persuasiva, além de ser potencial fonte de um grande consolo. Portanto, ele concorda com a visão estoica de que a filosofia é a arte de curar a alma, assim como a medicina é a arte de curar o corpo (*Tusc*, 3.3). Isso não quer dizer que Cícero hesita em tomar emprestadas ideias de outras escolas filosóficas além da estoica. Ele elogia até mesmo os cirenaicos pelos úteis conselhos que oferecem em relação a antecipar-se ao sofrimento, de modo que ele não seja tão insuportável no momento que sobrevier (*Tusc.*, 3.15). Os estoicos – dogmáticos helenistas que estão entre os prediletos de Cícero – tampouco estão imunes às suas críticas. Em mais de uma ocasião, Cícero queixa-se do pedantismo deles, e considera que a teoria ética dos estoicos primitivos, de "tudo ou nada", é demasiadamente simplista. Em uma maravilhosa virada retórica, ele escreve: "Eles afirmam que todos os tolos são insanos, assim como toda lama tem cheiro ruim. Mas nem sempre: se você a mexer bem, ela exalará um odor. Da mesma maneira, o homem habituado a sentir raiva nem sempre é raivoso. Irrite-o, e ele demonstrará sua fúria" (*Tusc.*, 4.24). Não obstante, nos *Diálogos em Túsculo*, poderia Cícero amiúde passar por um estoico, como quando argumenta que emoções como a ira não têm lugar na vida boa (*Tusc.*, 4.19). Em tais trechos, Cícero evoca Sêneca, um estoico de uma época consideravelmente posterior, em vez de representantes da antiga Academia Cética, como Arcesilau.

Cícero também parece tomar partido em outras controvérsias filosóficas. Já mencionei sua obra *Sobre a natureza dos deuses*. Nela, o autor se expressa de modo deveras agressivo em relação aos epicuristas, mas termina o texto com um apoio moderado à teologia estoica: "ela parece ter uma maior semelhança com a verdade" (*Tusc.*, 3.40). Outra obra sua inspirada nos estoicos é intitulada *De Officiis* – em tradução livre, "Das ações convenientes", já que Cícero optou pela palavra latina *officium* como tradução do original grego *kathekon*. Como você deve se lembrar, os estoicos usavam esta palavra com referência a ações convenientes praticadas por pessoas não sábias. Em grande medida, o tratado de Cícero acerca desse tema é inspirado nos ensinamentos de Panécio, filósofo estoico com quem tivera a oportunidade de estudar ao visitar a cidade de Rodes. Portanto, foi graças a Cícero que o conhecimento filosófico adquirido em Rodes chegou a Roma.

Outra obra que argumenta em favor de várias afirmações filosóficas é um tratado antigo intitulado *Da república*, um título que nos soa familiar.

Embora haja aqui uma clara alusão à *República* de Platão, não podemos deixar de notar uma associação com a própria República romana. Cícero foi um eterno defensor do tradicional modelo romano segundo o qual o poder é deixado nas mãos de um órgão legislativo da aristocracia, o senado. Ele concordava com Platão e com Aristóteles em sua desconfiança em relação à democracia, considerando pouco provável que o povo pudesse tomar decisões de forma eficaz. Porém, ele também se opunha ao tipo de governo autocrático exercido por Júlio César. Para Cícero, um Estado legítimo obtém sua legitimidade do fato de governar em prol dos interesses do povo, o qual delegou direitos e liberdade aos órgãos legislativos aristocráticos para atenderem a tais interesses (cf. Powell, 1995, p. 74). A propósito, assim como Platão na *República*, Cícero conclui esta obra com uma espécie de narrativa mítica que integra a cosmologia à estrutura de um tratado de política. Na versão ciceroniana, Cipião Africano, o famoso general romano, aparece nos sonhos de seu neto como uma visão. Esta obra foi posteriormente tema de influentes comentários feitos por um autor chamado Ambrósio Teodósio Macróbio, de quem trataremos no final deste livro.

De modo geral, portanto, Cícero apresenta uma dose considerável de doutrinas filosóficas positivas, algo que não se esperaria exatamente de um filósofo autodeclarado acadêmico. Embora tenham surgido suspeitas de que a devoção de Cícero às ideias da Academia tenha perdido a força, creio que devemos nos lembrar de que ele foi um seguidor de Filo de Larissa. Filo estimula-nos a buscar aquilo que é plausível ou persuasivo, e Cícero faz precisamente isso. Ele muitas vezes afirma de modo explícito, ao preferir uma opinião em detrimento de outra, que tal preferência se dá tão somente em razão de ela ser mais persuasiva, e não por ser uma verdade absoluta. Daí a última linha – deliberadamente evasiva – de seu texto acerca dos deuses: nela, Cícero afirma que a visão dos estoicos é mais *semelhante* à verdade, mas não a considera necessariamente verdadeira.

Decerto, Cícero tinha a capacidade de converter doutrinas persuasivas em doutrinas de persuasão ainda mais elevada em razão de as estruturar em um latim muito bem arquitetado. Na verdade, se tivéssemos de nomear a principal contribuição filosófica de Cícero, esta seria o seu papel de transpor ideias da filosofia grega para o latim. Ele próprio faz menção a isso ao observar, nas *Tusculanas*, que em suas obras a filosofia nasce na língua latina. A marca do ceticismo acadêmico de Filo não duraria para além de

Cícero, seu mais famoso expoente. O modo como Cícero acolheu a filosofia grega em sua prosa latina foi uma conquista muito mais perene. Um autor da importância de Agostinho faria mais tarde referências a Cícero como uma fonte da maior importância, chegando até mesmo a examinar o tema do ceticismo numa obra intitulada *Contra os acadêmicos*. Trataremos de Agostinho mais adiante. Por ora, temos um último cético a ser analisado – e, nesse caso, deixei o melhor dentre eles por último.

18

O CETICISMO SAUDÁVEL: SEXTO EMPÍRICO

Os médicos são profissionais muito respeitados pelas pessoas. Estão, juntamente com os professores de filosofia, entre os membros mais admirados de nossa sociedade. Recorremos a eles nos momentos de necessidade, isto é, quando buscamos encontrar neles não apenas as habilidades essenciais, mas um comprometimento total, certeza e segurança de si. Hesitação e incerteza são traços que não se espera encontrar na expressão facial de seu médico, assim como não se espera encontrá-las na voz de um piloto enquanto se dirige aos passageiros de seu voo durante uma turbulência. Portanto, é uma ironia o fato de que o maior de todos os céticos antigos tenha sido um médico. Ele é conhecido como Sexto Empírico. "Empírico" refere-se à sua condição de membro da escola empírica de medicina, um fato que retomarei no final deste capítulo.

Além disso, sabemos muito pouco a seu respeito. Até mesmo as datas exatas de seu nascimento e de sua morte são – muito apropriadamente – incertas, porém acredita-se que ele tenha vivido no século II d.C. Isso o situa dois séculos mais tarde em relação aos últimos representantes do ceticismo que analisamos – os discípulos de Carnéades, bem como Filo de Larissa, e, por certo, Cícero, viveram no século I a.C. Esta foi uma época de transição. O centro das atividades políticas desloca-se aos poucos de Atenas – uma cidade devastada pela guerra – para Roma, o centro do poder político que então era transferido das mãos do senado para as de um único governante – Júlio César, na condição de ditador, o qual fora seguido por Augusto, na condição de primeiro imperador de Roma, bem como uma série subsequente de imperadores que incluiu, decerto, Marco Aurélio, que, assim como Sexto Empírico, viveu no século II d.C. Nessa época, o aristotelismo e o platonismo já começavam a ressurgir. Em breve, ambos substituiriam as escolas helenísticas; o neoplatonismo assumiria o centro das atenções por incorporar muito das ideias de Aristóteles, certa dose de estoicismo, pouquíssimo do epicurismo e uma pequena dose da escola cética.

Portanto, Sexto Empírico, sem dúvida de maneira involuntária, acabou por escrever o último capítulo da filosofia cética quando introduziu os argumentos de sua escola. Porém, ele não se deixaria incomodar por este fato. Pois Sexto tornara-se um mestre na arte de não ser perturbado por coisa alguma. Desde os tempos de Pirro, a *ataraxia* fora associada ao ceticismo. Pirro viveu cerca de 500 anos antes de Sexto, mas este adotou-o como modelo a ser imitado e como fundador da atitude cética, a qual ele denominou de "pirronismo". Sua obra mais lida são os *Esboços pirrônicos*, na qual Sexto explica minuciosamente todos os argumentos e os raciocínios céticos de modo didático e conciso. Temos acesso a vários outros tratados que versam acerca de temas filosóficos e científicos específicos de um modo de ver cético. É possível que, em sua origem, todos pertencessem a um único tratado. Como o tratamento cético praticamente morreu com Sexto Empírico, seus escritos não exerceram grande influência nos séculos subsequentes. Somente quando foram redescobertos no século XVI é que passaram a provocar grande repercussão, suscitando debates filosóficos favoráveis e contrários ao ceticismo entre filósofos da primeira Modernidade, de Gassendi a Hume.

Mas Sexto Empírico não foi o criador da designação "pirronismo". Para compreender isso, temos de retornar ao século I a.C. Filo de Larissa defendia um ceticismo moderado ou atenuado que recomendava o assentimento a crenças ao se ter plena ciência de que se trata de um assentimento sujeito a erros. Assim como radicais que criam um novo partido político depois de seus colegas se deslocarem para o centro do espectro político, alguns céticos consideraram que esta postura moderada não era suficientemente... cética. O principal destes críticos foi Enesidemo, para quem as controvérsias entre os membros da Academia se resumiam a "estoicos a digladiarem com estoicos" (LS, 71C). O novo grupo que ele fundou foi o dos pirrônicos, cujo projeto era a abolição das crenças. Pirro, que morrera há tempos, teve seu nome usado para batizar o grupo, pois ele parecia representar essa espécie de ceticismo mais intransigente. Tratava-se de uma retórica com um caminho "de volta à essência" que tentava anular as concessões feitas pela Academia Cética.

É claro que os pirrônicos, assim como a Academia Cética, se empenhariam de modo considerável para tentar solapar perspectivas dogmáticos como a dos estoicos. Porém, Enesidemo também adotou uma postura ofensiva quando criou um dos traços mais característicos do ceticismo pirrônico: os Modos (LS 72)[83]. Uma maneira breve de descrever os Modos seria dizer que eles consistem em argumentos que visam a demonstrar que tudo deve permanecer em constante estado de incerteza. Mas esta descrição ainda não seria exata. Sexto Empírico deixa claro que uma afirmação tão generalizada seria, em si, uma espécie de doutrina, ainda que negativa; portanto, seria considerada um dogmatismo (PH 1.14)[84]. Na verdade, os Modos são como uma caixa de ferramentas para suscitar dúvidas relacionadas a uma determinada crença ou a um conjunto de crenças. Não cabe aqui uma descrição detalhada de todos os Dez Modos, porém tratarei de alguns deles, apenas para dar-lhe, caro leitor, uma ideia geral.

O primeiro modo faz referência aos animais; afirma-se que, como há uma enorme variação no que diz respeito à sua constituição física, eles estão propensos a perceber as coisas de maneiras diferentes. Por exemplo, para alguns tipos de inseto os perfumes são repulsivos, o que, por sua vez, implode a crença de que o odor dos perfumes é agradável. Ao apresentá-lo, Sexto Empírico argumenta que não se deve rejeitar as impressões apresentadas pelos animais. Ele afirma que os cães, por exemplo, não só são dotados de percepções sensoriais mais refinadas do que os humanos como também são capazes de raciocinar (PH 1.66) – trata-se de uma ideia incomum no contexto da filosofia antiga, a qual retomaremos mais adiante ao tratarmos de Porfírio. Há, ainda, modos que fazem referência à variação entre os indivíduos – por exemplo, uma pessoa saudável poderá achar que o mel é doce, enquanto uma pessoa doente talvez o considere amargo – ou entre diferentes grupos de pessoas. Sexto se deleita com a menção de atitudes culturais de países estrangeiros como uma maneira de solapar as crenças éticas de seus leitores. Uma de suas afirmações inesquecíveis é que, na Índia, as pessoas fazem sexo em público (PH 1.148).

---

83. Cf. Striker (1983, p. 95-115); Annas; Barnes (1985); Hankinson (1995), cap. 9; Woodruff (2010, p. 208-231).

84. As demais citações no restante deste capítulo referem-se ao livro e ao número das seções em Annas; Barnes (2000).

Ora, é claro que nem Enesidemo nem Sexto Empírico tentavam demonstrar que perfumes são, de fato, repulsivos, bem como que não há problema algum em fazer sexo em público. Ao contrário, o argumento em debate é que, por meio desses modos, pode-se levantar uma dúvida quanto a praticamente qualquer crença. Este é um passo crucial, pois a não ser que uma dúvida inicial possa ser apresentada, os adversários dogmáticos dos céticos dirão que não há razões para suspendermos o juízo. Ora, o simples fato de se poder apresentar uma dúvida não implica a imediata suspensão do juízo. Os Dez Modos representam apenas uma primeira ferramenta, a qual precisa ser complementada por outro conjunto de Cinco Modos, cuja criação Diógenes Laércio atribui a outro cético chamado Agripa (DL 9.88)[85]. Vale a pena examinarmos estes modos com muita atenção, pois eles representam um desafio gigantesco à possibilidade de crenças racionais.

Os Cinco Modos retomam o debate no ponto em que os Dez Modos iniciais foram interrompidos: o primeiro destes cinco modos é o modo da discordância: de acordo com ele, pode-se apontar a divergência de opiniões quanto a qualquer crença em apreço. Por exemplo, as abelhas não gostam do cheiro dos perfumes, ao contrário de nós, humanos. Na visão dos estoicos, o prazer é inútil, ao passo que os epicuristas o veem como algo bom. A maioria de nós acha que o movimento existe, mas Parmênides nega esta hipótese. Acrescente-se a isso o quarto modo, o da relatividade: segundo ele, percepções e juízos são relativos, e, por conseguinte, fazem referência tão somente àqueles que percebem e julgam. Estes dois modos cumprem, *grosso modo*, a mesma função dos Dez Modos de Enesidemo, na medida em que apresentam uma dúvida inicial. Os outros três modos avançam para desferir o golpe fatal. Uma vez que uma dúvida inicial foi aventada, de que maneira cada uma das partes envolvidas espera conseguir resolver a controvérsia? Não será por tão somente insistir no fato de estar com a razão. Isso seria petição de princípio, pois tão somente pressupõe que seu lado da disputa é o correto. Esse tipo de afirmação arbitrária é eliminado pelo chamado modo da hipótese. Imagine, por exemplo, que estejamos num debate acerca de quem, entre Buster Keaton e Charlie Chaplin, seria o comediante mais importante do cinema mudo. Se você me disser que Chaplin é o mais importante, mas negar-se a apresentar argumentos em favor de sua opinião, este modo explicita as razões por que não seria convencido.

---

85. Cf. Laércio, Diógenes, *Vidas e doutrinas dos filósofos ilustres.*

Porém, suponha que você me apresente tais argumentos. Poderá me dizer, por exemplo, que Chaplin é mais famoso do que Keaton. Mas por que eu deveria concordar que ser mais famoso significa ser o mais importante? Você poderia tão somente enfatizar, sem apresentar outra argumentação lógica, que a fama, nesse caso, é o fator determinante, porém até isso é discutível. Portanto, você poderá tentar defender seu argumento quanto à fama de Chaplin com base em outra alegação, por exemplo: é impossível que um número tão grande de pessoas esteja equivocado. Contudo, o problema que aqui se apresenta é evidente: esta nova alegação também é questionável. De acordo com o modo da regressão ao infinito, não faz sentido algum recorrer a uma série infinita de argumentos discutíveis. Em algum momento, caso queira evitar discussões ulteriores, você se verá obrigado a deixar de apresentar outras razões. A essa altura, você apenas dará ênfase ao fato de estar com a razão – o que, como já vimos, não funcionará. A única alternativa a isso é argumentar em círculos, o que nos conduz, assim, ao último modo, o modo da reciprocidade. Caso me diga que Chaplin é o mais importante porque é mais famoso, e que sua fama decorre precisamente do fato de ser o mais importante, então você não defendeu opinião alguma, uma vez que fui tão somente conduzido por um argumento circular.

O resultado de tudo isso tem dois aspectos. Primeiro, pelo que podemos perceber, todas as crenças são discutíveis. Em segundo lugar, parece haver um equilíbrio em todas as controvérsias, uma vez que nenhuma das partes parece capaz de vencer o oponente com um golpe decisivo. As coisas são deixadas no estado que Sexto Empírico chama de *isosthéneia*, em outras palavras, um equilíbrio de diferentes opiniões ou argumentos que parecem ser irreconciliáveis (PH 1.8). É importante notar que Sexto realmente quer dizer que a disputa está *equilibrada*; não é que um lado do argumento pareça mais persuasivo, embora reste alguma dúvida, pois isso deixaria em aberto a solução cética moderada de respaldar o lado mais persuasivo enquanto se está ciente de que se carece de certeza. Pelo contrário, o propósito dos modos é demonstrar que qualquer tema relacionado a crenças que se possa excogitar envolve uma controvérsia na qual nenhum dos lados é superior ao outro. A suspensão do juízo, portanto, decorre do impasse que surge assim que os modos são empregados.

Esta estratégia cética pode ser usada de uma maneira mais abrangente ou de uma maneira muito específica. Pode-se aplicá-la não apenas a comediantes do cinema mudo ou ao gosto do mel, mas também a percepções sensoriais como um todo. Este parece ser o sentido do primeiro modo de Enesidemo, já que ele insinua que os animais têm experiências sensoriais sistematicamente diferentes. Sexto Empírico tenta chegar a esta mesma conclusão quando contrapõe os sentidos à própria mente (PH 1.170; 2.48-76). Filósofos de épocas anteriores, como Demócrito e Epicuro, haviam expressado preocupação diante da possibilidade de divergências entre as sensações e a mente – por exemplo, quando a mente nos diz que as coisas são formadas por átomos, mas nossos sentidos humanos indicam o oposto. Sexto Empírico investiga esta possibilidade e termina por afirmar que esta controvérsia essencial pode, de imediato, colocar em dúvida todas as nossas percepções e todos os nossos pensamentos. Como exemplo disso, ele cita Anaxágoras (PH 1.33), o qual afirmara que a mente sabe que a neve é feita de água. Como a água é preta, os sentidos são refutados pela mente, pois ela se dá conta de que a neve, na verdade, é preta, e não branca.

É a esta altura que a *ataraxia* entra em cena. Começamos nossa investigação porque o estado de nossa crença causava-nos perturbação. Sabíamos que a crença era contestável, e queríamos descobrir a verdade do ponto em discussão. O que nos incomodou talvez tenha sido o fato de não conseguirmos provar que a neve é branca, que o odor do perfume é agradável e que fazer sexo em público é uma prática deveras inadequada. Você poderá achar que o processo cético poderia resultar em ainda mais frustração. Porém, os pirrônicos afirmam que, ao contrário, a suspensão do juízo liberta-nos das perturbações – exatamente o objetivo que deu início a nosso processo, só que alcançado por meios inesperados. Sexto Empírico compara isso ao caso do pintor que tentava reproduzir na tela a escuma que escorria da boca de um cavalo exausto. Repetidas vezes ele tentara alcançar o efeito desejado, mas malograva a cada tentativa. Por fim, já desesperado, desistiu e atirou sua esponja na tela. E eis então que... a esponja deixou na tela uma perfeita imagem de escuma em redor da boca do cavalo (PH 1.28)! Esta é uma ótima imagem, a despeito de ser, em certo sentido, enganosa: se, por um lado, o frustrado pintor desistiu de pintar sua tela, por outro, segundo Sexto Empírico, o cético não desistiu de investigar. Lembre-se de que a palavra "cético" significa "inquiridor, aquele que investiga". Fiel a esta etimologia, Sexto Empírico afirma que, enquanto os dogmáticos têm suas doutrinas, e a Academia Cética já determinou que toda investigação é improfícua, ele e seus colegas pirrônicos são os que ainda permanecem na investigação (PH 1.3). O estado de imperturbabilidade pirrônica consiste em um relaxamento que resulta da suspensão do juízo. Apesar dos modos, tal estado, decerto, não resulta da descoberta de que nenhuma controvérsia jamais poderá ser resolvida. Isso representaria outro dogma, isto é, uma crença ou uma doutrina estabelecida, ou ainda um tipo de autocomplacência a que um pirrônico jamais se entregaria.

Isso nos leva ao aspecto mais complexo das ideias de Sexto Empírico: saber se ele é de fato capaz de evitar ter crenças, e se ele realmente deseja isso. Assim como acontecia com Pirro e com a Academia Cética, temos duas razões para achar que Sexto talvez tenha de aceitar alguma forma de assentimento ou de crença. A primeira delas é seu comprometimento com o próprio ceticismo. Sexto não crê, por exemplo, que as disputas estão igualmente equilibradas, que é correto suspender o juízo, que a *ataraxia* resulta da suspensão do juízo? Em segundo lugar, há a objeção de que o cético precisará ter certas crenças para sobreviver. Sexto resolve estes dois problemas da mesma maneira: ele afirma que o cético pirrônico sempre suspende o juízo, porém não consegue evitar que as coisas surjam diante de si de uma determinada maneira. Portanto, por exemplo, parece-lhe haver equilíbrio em uma determinada controvérsia, assim como lhe aparece que o mel é doce. O cético não se compromete com nenhuma verdade relacionada a esses assuntos. Porém, ele de fato assente ao modo como as coisas lhe aparecem (PH 1.13). Por esta razão, ele passa mel em sua torrada, busca um aposento privativo quando sente algum tipo de atração romântica e suspende o juízo depois de ter aplicado os modos.

Será que se trata, aqui, de um ceticismo moderado, só que com um nome diferente? Qual é a diferença entre seguir o aparecer e formar uma crença? Sexto não estaria recomendando uma forma frágil de assentimento, assim como Filo de Larissa havia feito? Ele enfatiza que este não é o caso. Para começar, Sexto mantém a promessa de que o cético se mantém realmente receptivo em relação a qualquer tema em apreço. Ele não julga como mais persuasivo o fato de o mel ser doce – o pirrônico não tem absolutamente nenhuma opinião quanto ao que quer que seja, uma vez que suspendeu o juízo. Se passa mel em sua torrada, em vez de óleo de motor, ele o faz movido por uma rendição passiva à maneira como as coisas lhe aparecem, mais do que por uma formação reflexiva de crença ou do assentimento reflexivo em relação às aparências. O cético se rende às aparências e permite que elas o orientem em sua vida. Por outro lado, no que tange à verdade subjacente destas aparências, ele permanece distanciado, pois se recusa a comprometer-se até mesmo com a relativa probabilidade ou plausibilidade de cada uma das aparências.

Isso também se aplica aos próprios argumentos dos céticos. Sexto compara-os a um purgante, que é evacuado do corpo junto com a matéria que o remédio está destinado a eliminar (PH 2.188). Portanto, por exemplo, o cético não se compromete com a afirmação de que não existe um critério de verdade, ou com o fato de os Modos de Agripa mostrarem a impossibilidade de resolução de todas as controvérsias. Em vez disso, os argumentos céticos tão somente lhe dão a aparência de que as controvérsias são irresolúveis, de modo que, em razão disso, ele consente com isso. Quando o cético diz, por exemplo, que as coisas não parecem ser mais desse jeito do que daquele, Sexto refere-se a isso como uma declaração ou um relato de como as coisas aparecem para o cético. Não se trata de uma afirmação quanto ao que há de verdadeiro nestas coisas, e sim uma espécie de observação autobiográfica: analisei este tópico a fundo, e as coisas não parecem estar resolvidas.

Ao menos no que diz respeito à interpretação que acabo de apresentar, portanto, Sexto realmente tenta evitar as crenças e dar seu completo assentimento. Devo admitir que existem diferentes interpretações[86]. Por exemplo, já foi aventada a possibilidade de que Sexto admitia ter crenças, ao menos em relação à maneira como as coisas lhe aparecem. Ele não acreditaria que Buster Keaton é um gênio ou que o mel é doce, mas acreditaria que lhe aparece que Keaton é um gênio, assim como lhe aparece que o mel é doce. Afinal, o próprio Sexto Empírico deve ser um juiz confiável quanto a como as coisas aparecem para ele; aqui, não há margem para dúvidas. Outra proposta atribui a Sexto um leque ainda maior de crenças. De acordo com esta interpretação,

86. Acerca deste debate (que, de maneira muito coerente, ainda não foi resolvido), cf. Burnyeat; Frede (1997).

o cético pirrônico não aplica seu ceticismo a todos os temas, mas apenas aos assuntos técnicos considerados por outros filósofos. Portanto, por exemplo, ele acreditaria que o mel é doce, mas não acreditaria que esta doçura fizesse parte da natureza do mel, já que essas naturezas subjacentes nada mais seriam do que ideias postuladas por filósofos, e não por pessoas comuns.

Discordo desta interpretação. Creio que ela pressupõe uma divisão nítida entre crenças filosóficas e crenças comuns, divisão que simplesmente não é reconhecida por Sexto – nem, aliás, por outros filósofos da Antiguidade. Ainda assim, Sexto se apresenta como uma pessoa que se coloca ao lado do homem comum. A passividade do cético diante das impressões significa que ele tão somente aceitará as coisas da maneira que elas aparecem, e, com isso, levará uma vida aparentemente normal. Isso incluirá, por exemplo, as normas culturais predominantes numa sociedade. Se um pirrônico vive na Índia, ele se contentará em fazer sexo em público; se vive na Grécia, irá ao templo para oferecer sacrifícios aos deuses, embora, por certo, ele suspenda o juízo quanto ao fato de divindades existirem ou não. Ele também se guiará pelas aparências que surgem naturalmente. Por exemplo, ele come quando sente fome e quando um alimento lhe parece ser comestível, e assim por diante. E ele até mesmo adotará as práticas ensinadas pelos peritos, de modo que exercerá, de maneira automática e sem envolvimento emocional, seu ofício de ferreiro, ou ainda de médico, mas jamais nutrirá crenças.

No início deste capítulo afirmei que era irônico o fato de Sexto Empírico, o mais importante filósofo cético, ter sido médico, uma vez que buscamos a opinião dos médicos quando precisamos de certezas e de um sentimento de segurança. Porém, em sintonia com o espírito pirrônico, apresento aqui uma ideia que serve de contraponto. A medicina é uma arte imprecisa, e raramente nos oferece certezas. Isso é verdadeiro mesmo nos dias de hoje, mas é claro que a medicina antiga era uma atividade ainda mais incerta. Naquele tempo, os médicos conheciam seus limites. Eles salientavam o fato de que a medicina lida com probabilidades, que suas regras se aplicam de maneiras incertas a diferentes pacientes, com toda sua miríade de variedades. Desse prisma, talvez pareça oportuno o fato de Sexto Empírico ter sido médico. Também é oportuno que ele tenha apresentado o ceticismo como um tipo de terapia ou de cura. Tal qual o epicurismo, a filosofia de Sexto é uma forma de dissipar as perturbações. Um indivíduo que não se sente perturbado por um tema de investigação não sente a necessidade de trilhar o caminho dos céticos. Daí a comparação feita por Sexto entre os argumentos céticos e os purgantes. Com frequência, os céticos reúnem argumentos dos dois lados de uma controvérsia sem uma aparente preocupação com a solidez de tais argumentos. Ao levar seu público à suspensão do juízo e a alcançar a *ataraxia*, eles têm como objetivo a cura. Para alguns públicos, um argumento fraco pode ser tão eficaz quanto um argumento mais forte, e o cético escolhe os argumentos mais eficazes do mesmo modo que um médico receitaria um determinado remédio para um paciente à sua frente.

Ainda assim, não há como deixarmos de ver uma tensão entre a filosofia de Sexto e a sua atividade profissional como médico. A medicina pode lidar com probabilidades, mas, como já vimos, Sexto não daria seu assentimento nem sequer àquilo que parece provável. Como ele mesmo observa, havia uma Escola de médicos da Antiguidade que pareciam ser um tanto quanto céticos – estes eram os metódicos, cujo tratamento se dava com base em um simples conjunto de aparências. Porém, Sexto não era um metódico, mas empírico, ou seja, o membro de uma tradição médica que dava grande ênfase à observação dos fatos, ao mesmo tempo que evitava teorias relacionadas a causas subjacentes, como as teorias formuladas pela chamada Escola racionalista. Na sequência, expor-se-á tais escolas de pensamento dado o interesse filosófico de suas teorias médicas. No entanto, não é minha intenção tentar solucionar o enigma de como Sexto pôde ser, ao mesmo tempo, um médico empírico e um cético – uma vez que ele mesmo afirma que o empirismo não se adequa bem com o ceticismo pirrônico (PH 1.236). Haverá, afinal, algo mais apropriado do que terminar este capítulo em um estado de desorientação e de incertezas?

19

A ALEGRIA DAS ESCOLAS FILOSÓFICAS: A MEDICINA ANTIGA E A FILOSOFIA

A prática de mumificação dos egípcios da Antiguidade era prolongada e complexa, uma vez que o processo poderia demorar várias semanas. O primeiro passo para iniciá-lo, decerto, era ter a absoluta certeza de que a pessoa a ser mumificada estava mesmo morta. Assim, o processo de embalsamento começava, o que implicava remover os órgãos internos da pessoa. Seu abdômen era esvaziado por meio de uma incisão, enquanto o cérebro era extraído pelas narinas. Depois disso, estes órgãos eram embrulhados em bandagens e colocados em vidros que seriam colocados na tumba, junto do corpo mumificado. Nojento, certo? Os gregos antigos também reagiriam assim. Na civilização grega clássica havia um forte tabu contra a dissecação de corpos humanos. Assim, Aristóteles, por exemplo, limitava seu programa de exames biológicos a peixes e a outros animais. É claro que ferimentos ocorridos durante as batalhas às vezes ofereciam às pessoas um vislumbre dos aspectos mais recônditos do corpo humano, mas a ciência grega não incluía nenhum exame sistemático de nossa anatomia.

Isso perdurou até o século III a.C. Por volta do ano 300 a.C., Ptolomeu I escolheu Alexandria como local para a realização de um ambicioso projeto: tratava-se de uma biblioteca, a qual reuniria todos os escritos que pudessem ser encontrados a respeito de todos os temas possíveis, bem como de um suposto "museu". O nome refere-se às Musas, em cuja honra e com cuja orientação realizar-se-iam as atividades do museu. A estudiosos e cientistas seria oferecida hospedagem gratuita no museu, além de um local para a realização de pesquisas e de colaboração mútua. Assim, Alexandria tornara-se um centro de pesquisa intelectual, e essa posição privilegiada fora mantida até a Antiguidade Tardia. Aqui, e possivelmente no interior do próprio museu, foram feitas as primeiras dissecações anatômicas de corpos humanos. Não dispomos de textos originais com relatos destas dissecações, no entanto, com base em relatos de autores de épocas posteriores, sabemos que os dois principais anatomistas se chamavam Herófilo e Erasístrato. É interessante especular por que estes dois homens tiveram a coragem de fazer incisões em humanos, algo que ninguém jamais fizera. Por certo, a proteção dos próprios ptolomaicos constituiu um fator relevante, e é possível que a remoção de órgãos nas práticas funerárias egípcias tenha proporcionado um precedente. Se um ente querido de sua família pode ter o cérebro extraído pelas narinas para que se faça um enterro religioso, talvez a prática de destrinchar estranhos em nome da ciência não esteja de todo fora de cogitação. Porém, Herófilo e Erasístrato eram representantes da cultura helênica, e não da egípcia, de modo que, por certo, não tomavam parte em nenhuma prática religiosa local. Na verdade, há comprovações na Antiguidade de que eles ignoraram este passo inicial e crucial no processo de mumificação: ter a absoluta certeza de que a pessoa está morta. Segundo relatos de autores de épocas posteriores, estes anatomistas alexandrinos dissecavam corpos de criminosos condenados à morte enquanto ainda estavam vivos (cf. Longrigg, 1998, § 7.2).

Independentemente da veracidade de tais relatos, não restam dúvidas de que os médicos de Alexandria deram um salto gigantesco não só em relação à compreensão do corpo humano mas também em relação à medicina como um todo (cf. Nutton, 2004, cap. 9). Talvez o avanço mais extraordinário tenha sido a descoberta do sistema nervoso, bem como a compreensão de que esse sistema é demasiado distinto do sistema sanguíneo. Isso era uma demonstração da existência de duas grandes redes que se espalham pelo corpo humano: uma delas se ramificava a partir do cérebro e da medula espinhal (sistema nervoso), e a outra a partir do coração (sistema cardiovascular). Isso, por sua vez, deu origem a discussões de enorme importância, até mesmo de natureza filosófica: de que modo estes sistemas se relacionam com outros fenômenos, como a respiração e o movimento dos músculos? Qual é o significado destas descobertas para nossa concepção da própria natureza humana? Se nossa alma é imaterial, será possível dispormos agora de uma explicação mais detalhada capaz de relacioná-la com estas estruturas físicas? Ou, pelo contrário, o corpo humano deve ser compreendido como uma máquina cuja complexidade é nada a não ser que desconcertante? Afinal, ele contém partes que funcionam como instrumentos do dia a dia que já eram usados pelos povos antigos. Conforme Erasístrato observou, os pulmões podem ser comparados aos foles de forja de um ferreiro, ao passo que o fígado e a bexiga parecem funcionar de modo semelhante a filtros e a escorredores (cf. Nutton, 2004, p. 134-135).

Portanto, as descobertas feitas em Alexandria tornaram-se um desafio para os filósofos, os quais teriam, a partir de então, de adequar a nova anatomia às tradições das escolas filosóficas que eles seguiam. Ora, é evidente que um diálogo entre a medicina e a filosofia já vinha acontecendo há alguns séculos. Platão cita Hipócrates (*Protágoras.*, 311 b-c), cujos supostos escritos, aliás, foram reunidos pela primeira vez na Biblioteca de Alexandria. Embora muitas vezes sejam negligenciadas por historiadores da filosofia, as obras hipocráticas são, em si, de grande interesse filosófico[87]. Platão e Aristóteles podem não ter mostrado grande interesse pela dissecação de seres humanos, mas ambos tinham suas teorias acerca da anatomia humana e acerca de outros temas da medicina. A influência também era exercida no sentido inverso: Aristóteles, em particular, teve um grande impacto em autores médicos. Por exemplo, Díocles de Caristo foi praticamente contemporâneo de Aristóteles, e enfatizou a importância dos quatro humores: sangue, fleuma, bílis amarela e bílis negra. Ao acatar sugestões oferecidas pelo *corpus* hipocrático, Díocles concebia a saúde como um equilíbrio destes humores (cf. Nutton, 2004, p. 121). Embora esta sofisticada teoria dos humores não esteja presente na obra do próprio Aristóteles, o Estagirita faz alusão a ideias semelhantes quando, por exemplo, descreve pessoas de um certo caráter como "melancólicas" (a palavra tem origem no termo grego que designa a "bílis negra").

Outra personagem influenciada por Aristóteles foi Praxágoras, que nos permite uma associação com nossos pesquisadores de Alexandria pelo fato de ter sido mestre de Herófilo. Praxágoras deu uma importante – ainda que equivocada – contribuição para a anatomia ao defender uma teoria dos vasos sanguíneos e do modo como eles se relacionam com a respiração. Ele acreditava que as veias têm sangue em seu interior, mas que as artérias estão repletas de sopros de ar – ele usava a palavra grega *pneuma* (cf. Nutton, 2004, p. 126). Esta é a mesma perspectiva que encontramos em Erasístrato e, em alguma medida,

---

87. *Filosofia clássica*, cap. 11.

trata-se de uma visão que remonta a Aristóteles, o qual enfatizara a *pneuma* como uma espécie de sopro vital que não só permeia como também sustenta o corpo. Até mesmo em autores de épocas posteriores, tal qual Galeno, que descobriram que as artérias contêm sangue, assim como as veias, a *pneuma* permanece uma substância vital – em todas as acepções da palavra "vital". Tornou-se convencional pressupor que os nervos nos permitem controlar o corpo por meio da *pneuma* que flui por dentro de canais ocos em seu interior.

É claro que, para chegar ao desenvolvimento de tal teoria, os gregos precisariam, antes, descobrir a existência dos nervos. Uma personagem que desfruta de particular importância nessa história é Herófilo, cujo procedimento desumano no tratamento de criminosos é compensado por suas contribuições à pesquisa médica. A posição que ele ocupa numa classificação qualitativa mais geral talvez seja um debate que teremos de deixar de lado por um período de alguns anos, a saber, até tratarmos do utilitarismo de John Stuart Mill num próximo volume desta série. Foi Herófilo quem estabeleceu a distinção entre o sistema nervoso sensorial e o sistema nervoso motor. Sua obra revela-se vívida na própria terminologia empregada pela anatomia moderna: por exemplo, foi ele que batizou de "glândula pineal" uma parte de nosso corpo em razão de sua semelhança com uma pinha (cf. Nutton, 2004, p. 132). Tanto ele como seu mestre Praxágoras foram pioneiros na formulação dos diagnósticos médicos ao atribuir uma grande ênfase ao pulso, isto é, ao ritmo e à frequência dos batimentos cardíacos. Muito tempo depois, no Império Romano, Galeno ainda considerava o pulso como um dos indicadores mais importantes para os diagnósticos. Igualmente importante é o fato de Herófilo ter escrito acerca da medicina voltada às mulheres em um tratado no qual descrevia os atributos de uma boa parteira. A medicina antiga é uma das tradições mais ricas para debates clássicos a respeito das mulheres, de modo que, séculos mais tarde, veremos personagens como Galeno escrevendo longos textos acerca de ginecologia.

É claro que a anatomia e a ginecologia eram apenas duas ramificações da tradição médica da Antiguidade. No período helenístico também nos deparamos com autores que contribuíram para a área da farmacologia ao compilarem listas de substâncias, de remédios e de receitas naturais. Estas viriam a servir de base para a escrita de textos a respeito de remédios ao longo de muitos séculos. Atesta-se, aqui, mais uma conexão com os aristotélicos, já que os remédios muitas vezes eram fabricados a partir de plantas, e Teofrasto, discípulo de Aristóteles, de fato escreveu um livro acerca desse tema. De igual importância para toda a medicina clássica fora a ideia de que os médicos não deveriam apenas curar os doentes e os feridos, mas também ajudar as pessoas sadias a manterem-se saudáveis por meio da prescrição de hábitos alimentares corretos e da prática de exercícios físicos. Tudo isso faz emergir uma discussão premente: dado o objetivo de curar os doentes ou de prevenir doenças, de que modo os médicos devem lidar com as descobertas acerca de terapias mais adequadas? Este ponto suscitou um dos debates mais interessantes da filosofia da ciência na Antiguidade. Diferentes médicos tinham ideias demasiado distintas quanto a como progredir no conhecimento da medicina; ademais, tais ideias muitas vezes não somente interagiam com debates filosóficos mais gerais acerca do conhecimento como também eram inspiradas por eles.

Temos conhecimento destes debates em grande parte graças a uma personagem que mencionei várias vezes neste capítulo: Galeno. Ele viveu no século II d.C., numa época deveras posterior à dos primeiros cientistas de Alexandria. Porém, ele nos oferece ao menos uma coisa que personagens como Erasístrato e Herófilo não puderam oferecer: uma vasta quantidade de textos médicos que chegaram até nós. E quando digo "vasta" não se trata de um exagero. Você pode começar a ler os textos de Galeno agora mesmo e não acabará até que esteja pronto para ser mumificado. Ele é o autor grego de quem temos hoje a maior obra disponível, ainda que parte de seus escritos tenha se perdido. Ele era incrivelmente prolífico, e representa a fonte da maior parte do que conhecemos a respeito da medicina pré-galênica. Assim como ocorreu com Aristóteles – uma fonte igualmente importante para os pré-socráticos –, estamos diante de uma faca de dois gumes: tanto Galeno quanto Aristóteles raramente relatam ideias de pensadores anteriores a eles sem tentar angariar algum tipo de vantagem nesse processo. Isso faz com que seu testemunho seja visto como duvidoso e enviesado, mas nem por isso menos valioso, uma vez que, às vezes, trata-se da única informação de que dispomos.

Um dos debates que fascinava Galeno era este que acabo de expor quanto ao que poderíamos chamar de "epistemologia médica": de que maneira os médicos descobrem os tratamentos? Em várias obras dedicadas a este tema, Galeno descreve três das mais importantes "escolas" médicas: a dos racionalistas, a dos empíricos e a dos metódicos[88]. Já tivemos a oportunidade de discorrer acerca de um empírico: Sexto. Ele foi mais ou menos contemporâneo de Galeno. Porém, a escola empírica remonta a tempos muito anteriores ao de ambos. Ela foi fundada em meados do século III a.C. por um discípulo de Herófilo chamado Filino de Cós, o qual teve como sucessor outro médico cujo nome era Serapião. Em consonância com o nome da escola já explicitado, os empíricos acreditavam que a fonte de nosso conhecimento médico é a experiência – em grego, *empeiria*. Embora possa parecer óbvio que a experiência deve ter um papel importante no desenvolvimento de teorias médicas, os empíricos enfatizavam seus argumentos de uma maneira deveras polêmica. Eles afirmavam que precisamos recorrer apenas à experiência, e que, na verdade, teoria alguma é necessária (*Sobre as escolas de medicina*, cap. 1).

Em defesa de uma visão contrária, há os chamados racionalistas, aos quais às vezes se refere como dogmáticos. Eles não necessariamente rejeitavam por completo a importância da experiência, mas defendiam de modo categórico que qualquer médico digno deste título também deveria ter alguma compreensão das causas subjacentes à doença. A explicação dos humores, mencionada anteriormente, era um exemplo clássico de uma teoria racionalista. Conforme veremos no próximo capítulo, a melancolia costumava ser atribuída a um excesso de bílis negra que poderia ser tratada por meio do combate a esse desequilíbrio. Uma vez que a bílis negra é fria, a pessoa poderia fazer uso de remédios quentes para alcançar a cura. À primeira vista, pode parecer que os racionalistas e os empíricos prescreveriam, com isso, tratamentos muito diferentes entre si. Entretanto, Galeno afirma o contrário de maneira deveras explícita: ambos os membros das escolas filosóficas prescreviam os mesmos remédios e os mesmos procedimentos, recomendavam o mesmo tipo de hábitos alimentares, e assim por diante (*Sobre as escolas de medicina*, cap. 4). As divergências entre ambos estão mais relacionadas aos métodos e à maneira pela qual cada lado os justificava. Os empíricos prescreviam os mesmos remédios que os racionalistas não porque eram "quentes" e, em virtude disso, serviriam para compensar a frieza da bile negra, mas tão somente porque, com base em sua experiência, as pessoas que apresentavam aqueles sintomas tendiam a uma rápida recuperação depois de os ingerirem.

---

88. Cf. os textos reunidos em Walzer; Frede (1985). Este volume inclui *Sobre as escolas de medicina para os iniciantes,* ao qual farei referência a seguir.

Portanto, enquanto os racionalistas apontam para causas "ocultas" e para princípios subjacentes, os empíricos atêm-se ao que é facilmente observável, ou, como eles mesmos dizem, "evidente". Eles tentam estabelecer uma relação entre sintomas que são evidentes aos sentidos humanos e os remédios que, conforme puderam observar anteriormente, aliviaram aqueles sintomas. Os racionalistas queixam-se de que é difícil entrever, nesse caso, como alguém poderia fazer algum progresso na medicina. Na verdade, por trás disso parece haver um paradoxo: estamos apenas seguindo o que nossos predecessores fizeram, mas como eles chegaram aos remédios que consideraram eficazes? Os empíricos ofereciam respostas variadas a essa pergunta. Para começar, terapias úteis podem ser descobertas por um mero golpe de sorte. Ademais, o indivíduo pode ter uma súbita inspiração ou uma intuição em relação a um remédio potencialmente eficaz, e, então, tentar usá-lo. Se a experiência for bem-sucedida, ela pode ser tentada novamente no futuro e se revelar como uma terapêutica confiável. Por fim, os empíricos referem-se a um método que denominam "transição para o semelhante" (*Sobre as escolas de medicina*, cap. 2). Por exemplo, pode acontecer de atestarmos a utilidade de fazer uma compressa gelada na coxa quando ela está avermelhada e inchada, e em seguida fazer o mesmo em um braço avermelhado e inchado.

A partir de nossa perspectiva, o desprezo dos empíricos em relação às teorias racionalistas talvez não pareça infundado. Afinal, explicações racionalistas tais como a teoria baseada nos humores não se revelaram verdadeiras. Por outro lado, os empíricos rejeitavam boa parte daquilo que hoje é reconhecido como uma boa prática científica. Por exemplo, eles negavam a necessidade da pesquisa acerca da anatomia, e repetiam o lema de que o indivíduo deve estar atento àquilo que se mostra evidente – o que não inclui as coisas escondidas no interior do corpo. Ao adotarem uma postura um tanto quanto otimista, eles afirmavam que qualquer informação útil a ser aprendida a respeito da anatomia provavelmente já havia sido descoberta (cf. Nutton, 2004, p. 149). Em nossos dias considera-se que as ciências naturais como a medicina são "empíricas", mas este primeiro grupo de pensadores autointitulados "empíricos" não estavam interessados na descoberta de causas subjacentes, algo que hoje, supõe-se, seria de inegável interesse para a ciência. Na verdade, há uma semelhança entre o empirismo da medicina e o ceticismo antigo – Galeno compara os empíricos ao cético Pirro, e seria desnecessário repetir, uma vez mais, que Sexto era um médico empírico. Por estas mesmas razões, os empíricos se opõem aos pioneiros de Alexandria. Por exemplo, Erasístrato certa vez pesou um pássaro, parou de alimentá-lo por algum tempo e depois o pesou novamente junto com os excrementos que ele havia produzido nesse meio-tempo. Ele atestou que o peso total no final era menor do que o peso original do pássaro, demonstrando que alguma matéria tinha sido perdida por emanações invisíveis do corpo do pássaro (Nutton, 2004, p. 134). Este foi um caso de observação meticulosa, só que a serviço da teoria racionalista das causas.

Galeno concordava com o modo de ver de Erasístrato e dos racionalistas, isto é, de que um bom médico precisa compreender as causas subjacentes às coisas. Para Galeno, isso muitas vezes significava servir aos propósitos da natureza. Ele concordava com Aristóteles quanto à crença de que coisas naturais, como os órgãos do corpo, têm funções direcionadas a determinados objetivos. Em uma extensa obra intitulada *Sobre as faculdades naturais*, Galeno apresenta um argumento contrário ao de Erasístrato, dada sua postulação de que os órgãos do corpo não funcionam como peças mecânicas – filtros, foles e bombas –, mas têm capacidades que lhes são inerentes, por exemplo, a capacidade de digerir alimentos ou de expelir excrementos. Em outro tratado, *Da utilidade das partes do corpo*[89], exalta a arquitetônica do funcionamento de todos os órgãos do corpo. Quando se estuda as causas ocultas das doenças, argumenta Galeno, está-se a desvendar a sofisticada engenharia da própria natureza – para ele, a natureza é, em si mesma, uma espécie de artesã, e, nesse sentido, ela se assemelha ao artesão divino, ou "demiurgo", descrito por seu herói Platão, no *Timeu*. Galeno também se mostra receptivo a outras ideias tipicamente racionalistas, como por exemplo a teoria dos humores, sem nunca perder a oportunidade de lembrar-nos de que esta teoria remonta aos tempos de seu outro herói, Hipócrates.

Por outro lado, a intenção de Galeno é deixar claro que ele não é tão somente um racionalista. Um bom médico também deve dedicar uma grande atenção às experiências, as quais incluem tanto as descobertas alheias quanto aquilo que se pode descobrir sozinho. Assim, ele sugere que o melhor método é uma espécie de mescla das estratégias racionalista e empíri-

89. Para mais acerca destas duas obras, cf. capítulo 20.

ca. Por outro lado, ele não encontra nada que julgue valioso numa terceira escola de médicos, os metódicos (*Sobre as escolas de medicina*, cap. 6). É particularmente lamentável o fato de dependermos de Galeno para ter mais informações dessa escola de medicina. Ele se mostra praticamente incapaz de mencionar os metódicos sem apelar de imediato à zombaria e a injúrias; portanto, seu testemunho é mais enviesado do que o normal. Ainda assim, é certo que o método adotado pelos metódicos de fato produziu um efeito significativo no que diz respeito às suas práticas médicas. Para compreendermos as razões disso, teremos de nos voltar ao avô desta terceira escola, Asclepíades. Ele viajou a Roma, vindo de Bitínia, sua terra natal (na atual Turquia), no fim do século II a.C. Assim como outros filósofos gregos que se dirigiram a Roma por volta desta época, ele exercera grande impacto. Por exemplo, um admirador de Asclepíades foi um médico da corte do Imperador Augusto (Nutton, 2004, p. 190). Sua teoria médica evoca o atomismo antigo e está em sintonia com descrições epicuristas do corpo humano, tais como as que encontramos em Lucrécio. Para Asclepíades, o corpo é composto de partículas minúsculas. A doença se manifesta quando os glóbulos se agrupam de uma certa maneira que ocasiona o bloqueio dos movimentos apropriados no corpo ou então se dispersam de modo que as coisas passam a fluir com excessiva liberdade. Outros autores se mostraram de acordo com Asclepíades e avaliavam que esta teoria era preferível à teoria dos quatro humores das tradições hipocrática e aristotélica. Duas personalidades do século I a.C., em particular, Temisão de Laodiceia e Téssalo de Trales, passaram a adotar suas ideias de um modo radicalmente simplificado. Trata-se, aqui, do metodismo.

De acordo com a teoria dos metódicos, todos os distúrbios do corpo surgem em razão de um dentre estes três fatores: uma obstrução, um defluxo ou uma mistura de obstrução e defluxo. Eles identificaram um número limitado de certos "aspectos em comum", isto é, de tipos específicos de obstruções ou de defluxos que se revelavam a partir de sintomas evidentes, como uma inflamação ou o vazamento de um líquido como o pus ou o muco. Como a variedade desses aspectos por eles identificados era relativamente pequena, concluíram que era fácil lembrar de ambos e dos remédios apropriados para cada caso. Indignado, Galeno relata que os metódicos acreditavam que qualquer pessoa poderia aprender o suficiente para tornar-se um médico no intervalo de alguns poucos meses. Em uma inversão do sentido de um famoso aforismo hipocrático, afirmavam que "a vida é longa, mas a arte é breve" (Galeno, *Sl*, cap. 6). Uma das características do metodismo que mais irritava Galeno era sua recusa em oferecer tratamentos médicos elaborados por medida para cada paciente. Afinal de contas, Galeno era um médico que atendia a ricos e a poderosos – já mencionei anteriormente que ele era o médico de Marco Aurélio e de seu filho –, e, de acordo com a imagem profissional que ele projetava, seus pacientes receberiam um tratamento por medida que se adequaria às condições de seus corpos, do local onde moravam, da estação do ano, e assim por diante. Eis aqui outra ideia que ele encontra em Hipócrates, em obras como *Ares, águas e lugares*, as quais investigam os efeitos do meio ambiente na saúde humana. Tal noção foi acolhida tanto pelos racionalistas quanto, inclusive, pelos empiristas, os quais teriam levado em consideração as circunstâncias do paciente ao avaliar quais experiências pretéritas seriam pertinentes ao seu caso. Somente os metodistas não dispunham de tempo nem manifestavam interesse por tais sutilezas.

É possível que a medicina cotidiana praticada nas ruas e nas casas da sociedade romana se assemelhasse mais àquela praticada pelos metódicos do que com as práticas médicas que Galeno prometia aos pacientes. Porém, no que tange ao futuro da literatura médica, Galeno sairia vitorioso. Uma das razões que explica o grande volume de suas obras preservadas é o fato de que os médicos de épocas posteriores o tiveram em alta estima. Nas tradições medievais grega, latina e árabe, Galeno fora praticamente um sinônimo de medicina, assim como Aristóteles fora para a filosofia. E por razões justas: Galeno não apenas fundiu os métodos de várias escolas num conjunto híbrido e mais sofisticado, mas também estabeleceu conexões entre a medicina e a filosofia de uma forma inédita. Ele também exibiu sua maestria em técnicas médicas tais como a farmacologia, as cirurgias e a dissecação. Tais habilidades permitiram-lhe provar de uma vez por todas que os estoicos e os aristotélicos estavam errados: a faculdade de comando da alma não se encontra no coração, mas no cérebro. Mas de que modo Galeno chegou a esta conclusão, e onde, exatamente, ele se insere na tradição filosófica da Antiguidade? É o que descobriremos no próximo capítulo.

20

O melhor médico é um filósofo: Galeno

Já examinamos o método. Portanto, proponho agora direcionarmos nossa atenção à loucura. Em seus volumosos textos, Galeno discorre longamente a respeito de distúrbios psicológicos. Por exemplo, ele faz menção a um homem que acreditava ser feito de barro e que temia ser despedaçado ao tocar em outras pessoas. Outro doente era obcecado pela possibilidade de que Atlas pudesse se cansar de carregar o mundo nas costas, e, por fim, o deixaria cair (*Sobre as partes afetadas*, K 8.190)[90]. Galeno explicava tais eventos com base na teoria humoral de médicos de épocas anteriores, como Díocles de Caristo e (segundo a interpretação de Galeno) o próprio Hipócrates. Nesse caso, ele atribui o problema psicológico a um desequilíbrio da bílis negra no corpo. Tal desequilíbrio pode causar o que autores antigos denominavam "melancolia", palavra derivada dos termos gregos *melas* (negro) e *khole* (bile). Galeno também aponta a parte do corpo que é particularmen-

90. Este trecho é retirado da obra *On the diferences of symptoms*, de Galeno, incluída em Johnston (2006). A convenção determina que se cite as obras de Galeno com referência à edição de 20 volumes publicada por Kühn (1821-1833). Neste capítulo farei referência ao volume e ao número da página que constam nesta edição, prefaciada por Kühn (1821-1833), pois as edições modernas e as traduções das obras de Galeno em geral incluem as referências às páginas indicadas por Kühn (1821-1833). Há também uma série intitulada *Corpus Medicorum Graecorum* (abreviado como CMG), com várias edições em página dupla e traduções de Galeno. Este material está disponível online no endereço http://cmg.bbaw.de. Textos em página dupla de Galeno também estão disponíveis em inúmeros volumes da série Loeb, publicada pela Harvard University Press. Para acesso a uma útil seleção de textos em inglês, cf. Singer (1997). Este volume contém vários dos textos apresentados no presente capítulo. Por fim, há uma série de volumes com traduções de textos de Galeno para o inglês, a qual agora está sendo publicada pela Cambridge University Press, sob a edição de Van der Eijk.

te relevante em tais distúrbios da razão: a cabeça e, mais especificamente, o cérebro. Quando, a partir de um estômago inchado e repleto de bílis negra, vapores sobem ao encéfalo, o resultado são alucinações.

Galeno não foi o primeiro autor a postular que o cérebro é o centro do intelecto. Esta ideia foi apresentada de modo explícito no *Timeu* de Platão (69c-e), e (uma vez mais, segundo a interpretação de Galeno) por Hipócrates. Estes são os dois autores por quem Galeno tinha uma especial estima, mais do que pelos demais, de modo que se empenhou muito para enfatizar a convergência entre os modos de ver de Platão e de Hipócrates. Chegou até mesmo a dedicar um extenso tratado intitulado *Sobre os pontos de vista de Hipócrates e Platão* para provar este argumento[91]. No entanto, Galeno também empenhou-se em enfatizar que nunca adotaria as opiniões de outro autor às cegas, por maior que fosse sua autoridade. Em vez disso, tentava demonstrar suas doutrinas, de preferência por meio de provas empíricas. Nesse aspecto, ele era deveras meticuloso: uma obra de Galeno intitulada *Sobre a demonstração* se perdeu, mas temos um conhecimento suficiente a seu respeito para atestar que ela consistia, *grosso modo*, em críticas dirigidas a autores de épocas anteriores (*e.g.* Aristóteles), os quais, em seu entender, defendiam teorias cujas provas eram insuficientes (cf. Chiaradonna (2009, p. 43-77).

É esse tipo de provas que Galeno prometia apresentar com relação ao papel desempenhado pelo cérebro. Em uma das mais brilhantes – embora um tanto quanto cruel – séries de experimentos na história da ciência, Galeno recorreu a suas respeitáveis habilidades nas áreas de anatomia e de dissecação. Ao seguir o caminho de descobertas anatômicas realizadas em Alexandria por Herófilo e por Erasístrato, Galeno tinha uma compreensão complexa e sofisticada do corpo humano. Ele também percebeu a existência de similitudes íntimas entre a anatomia do corpo humano e a anatomia dos animais. Assim, comprometeu-se a demonstrar que o cérebro – e não o coração, como alegavam Aristóteles e os estoicos, é o centro da "faculdade diretiva da alma" (*hegemonikon*). Era capaz de demonstrar isso graças à compressão de diferentes partes do cérebro exposto de um animal vivo, o que lhe permitiria observar diferentes deficiências. Com dissecações públicas, Galeno também demonstrou que a prática de amarrar ou de cortar

91. Em geral, abreviado como PHP, do título em latim, *De Placitis Hippocratis et Platonis*. No volume 10 de Kühn (1821-1833), volume V 4,1,2 do CMG.

nervos que se ramificam a partir do cérebro do animal poderia causar a invalidez de alguns de seus membros, ou inutilizar sua voz. Ele observa que isso é particularmente eficaz no caso de um porco, já que os guinchos deste animal antes do corte de seus nervos são muito altos; cria-se, assim, um efeito mais impressionante quando o animal é emudecido de repente (*Sobre procedimentos anatômicos*, K 2.663)[92].

Galeno nunca se cansa de ridicularizar os argumentos impróprios apresentados por Aristóteles e pelos estoicos (sobretudo por Crisipo) para explicar sua teoria centrada no coração. A sua anatomia defeituosa é o resultado de sua metodologia defeituosa. Galeno escreveu sua obra *Sobre a demonstração* para mostrar a seus leitores como poderiam evitar tais erros. Ao adotar uma atitude mais positiva, estimulara todos os médicos a comprometerem-se com o estudo da filosofia. Chegou até a escrever um pequeno texto a respeito desse tema, cujo título autoexplicativo era *O melhor médico também é um filósofo*. Ao recorrer à divisão tríplice que os estoicos fizeram da filosofia (cf. capítulo 8), ele afirmara que os médicos podem se beneficiar de todas as três áreas (cf. *O melhor médico também é um filósofo*, K. 1.60-1). A ética os ajudará a concentrar-se no bem-estar de seus pacientes, mais do que no potencial lucrativo de sua arte. A física os ajudará a compreender a composição do corpo humano: os quatro elementos, por exemplo, que conferem suas propriedades (quente, frio, seco e úmido) aos humores. E a lógica poderá familiarizar os médicos com as regras de demonstração; com isso, garantir-se-á que eles aceitarão teorias que não são tão somente plausíveis, mas que, na verdade, têm uma sólida fundamentação.

Como corolário deste rigor metodológico, Galeno se recusa a empenhar-se em debates que não podem ser resolvidos por meio de comprovações sólidas. Debates cosmológicos tendem a inserir-se nesta categoria. Poderia ser agradável especular se o universo teve ou não início; se ele é cercado pelo vácuo, como defendiam os estoicos, ou pelo nada (isto é, nem sequer por um espaço vazio), como acreditava Aristóteles; e se poderia existir mais de um universo. No entanto, uma vez que tais discussões não podem ser respondidas com base em evidências empíricas, elas estão fada-

92. A capacidade de Galeno de criar um espetáculo com suas demonstrações médicas está ligada ao florescimento da retórica neste mesmo período (cf. capítulo 27). Acerca deste tema, cf. Gleason (2009, p. 85-114), e acerca do público de Galeno, cf. Johnson (2010, cap. 5).

das a continuar a ser precisamente o que são: tópicos acerca dos quais só se pode especular (*Sobre os pontos de vista de Hipócrates e Platão*, K. 5.766-7). Isso não significa que Galeno recusava toda e qualquer atração por tópicos de filosofia natural. Ele se revela particularmente dogmático quando a filosofia natural se conecta, de alguma maneira, com a medicina. Um bom exemplo disso é um dos temas que acabei de mencionar, o vácuo[93]. Talvez não se possa afirmar se há ou não vácuo fora do universo, visto que é praticamente impossível verificarmos este fato nós mesmos. Porém, Galeno faz uma fervorosa refutação de Erasístrato, seu antecessor, o qual, em suas teorias, dedicava-se à evocação de uma espécie de "princípio do vácuo".

Para Erasístrato, fenômenos como a respiração e o (suposto) papel do coração de distribuir o ar por todo o organismo podia ser explicado em termos do que ele chamava de "preenchimento do que está vazio". Por exemplo, quando o coração se dilata, ele absorve o ar dos pulmões a fim de impedir a formação de vácuo no espaço mais amplo que é criado pela expansão do coração. De modo semelhante, o alimento é atraído para o estômago, assim como a urina para os rins, a fim de impedir a formação de vácuo no interior destes órgãos. Embora Galeno concorde que a tendência da natureza de impedir a formação de vácuo é capaz de explicar alguns fenômenos anatômicos, em geral ele se opõe às explicações de Erasístrato. Ele dá preferência a uma explicação diferente que evoca "poderes naturais". Os rins não absorvem a urina graças a algum tipo de mecanismo físico automático, como os foles que absorvem o ar. Em vez disso, os rins exercem na urina um "poder de atração" (*Sobre as faculdades naturais*, K. 2.62-3). Nesse sentido, a posição de Galeno se assemelha à de Aristóteles, para quem as plantas, os animais e os humanos contêm partes que desempenham certas funções específicas.

Galeno também se alinha a Aristóteles em sua divergência quanto a outra teoria que poderíamos considerar mais mecanicista: o atomismo. Já vimos anteriormente que o atomismo seguiu vivo depois de Demócrito e de Leucipo, ambos teóricos pré-socráticos, na escola helenística fundada por Epicuro, bem como na teoria médica de autores como Asclepíades. Galeno escreveu um livro, que se perdeu, no qual criticava as teorias de Asclepíades, assim como rejeitou o atomismo em sua obra (também perdida) *Sobre a demonstração*. Felizmente, inúmeros textos de Galeno subsistiram, de modo

93. Cf. Adamson (2013, p. 197-211).

que ele nunca teve receio de causar uma boa polêmica repetidas vezes. Podemos ter acesso a seus argumentos em favor da refutação do atomismo se recorrermos a seu tratado *Sobre os elementos*, de acordo com Hipócrates[94], que também subsistiu. Nesse texto, a crítica que ele faz está relacionada ao destino dos átomos, a saber, de que permanecem inalterados e "não afetados". Eles podem ser movimentados para lá e para cá, e colidir uns com os outros, mas jamais poderão sentir algo. Imagine que você espeta sua pele com uma agulha (*Sobre os elementos*, K 1.420-4). Se seu corpo fosse formado de átomos, como você poderia sentir dor? Um átomo não poderá sentir a picada da agulha, já que não tem como ser afetado por ela. Tampouco importa a quantidade de átomos em que a agulha toca: a agitação dos átomos nunca poderá provocar a sensação de dor.

Com suas críticas às teorias mecanicistas apresentadas por Erasístrato e pelos atomistas, Galeno não estava determinado apenas a criticar severamente seus adversários polêmicos – embora seja inegável que Galeno se deleita em fazer estas coisas. Ele também tentava encontrar espaço para uma compreensão mais voltada à finalidade ou aos propósitos da natureza, ou, em suma, "teleológica". Já afirmei anteriormente que as opiniões de Galeno a respeito desse tema mostram uma influência exercida por Aristóteles, mas Platão é quem ocupa um lugar de maior relevo em suas ideias. Para Galeno, o universo inteiro carrega as marcas de um desígnio inteligente[95]. Claro que o exemplo mais extraordinário disso é o corpo humano. Um extenso tratado de Galeno, *Da utilidade das partes do corpo*, descreve a sagacidade com que o corpo humano foi concebido. Até mesmo os cílios têm o comprimento ideal: curtos o bastante para não nos impedir a visão e suficientemente longos para proteger os olhos. Neste mesmo tratado, ele faz uma defesa apaixonada da providência da natureza em um suposto "hino" (*Da utilidade das partes do corpo*, K 3.236-42). Este texto é uma contestação direcionada a qualquer leitor que ouse insinuar a possibilidade de que o corpo possa ser aprimorado de alguma maneira; por exemplo, pessoas que consideram que seria bom se o ânus estivesse no lugar dos pés, de maneira a lhes permitir ir ao banheiro no meio da noite sem precisar sair da cama (isso, sim, é sinal de preguiça). Galeno também acredita, em sintonia com

94. Cf. Leith (2013, p. 213-234).

95. Hankinson (1989, p. 206-227).

o *Timeu* de Platão, que as possibilidades da matéria de fato impõem limites ao que a natureza é capaz de fazer[96]. Ele chega a dizer que a natureza exibe a providência de um artesão ou demiurgo divino. Por outro lado, as autoimpostas restrições metodológicas impedem-no de fazer qualquer afirmação categórica acerca do princípio divino que é responsável pelo desígnio da providência que vemos em nosso redor. Galeno acredita piamente em teleologia natural, ao mesmo tempo que mantém uma atitude agnóstica em relação à sua fonte[97].

Com todo este desígnio realizado pela providência, bem como este zelo da natureza, por que, então, as coisas ainda assim malogram? É evidente que, se as enfermidades jamais ocorressem, Galeno ficaria sem emprego, e os seus escritos médicos, naturalmente, discorrem muito tanto acerca da doença quanto acerca da saúde. Ele define a saúde como aquela boa condição que nos permite executar todas as nossas atividades conforme a natureza determina (*Sobre a melhor constituição de nossos corpos*, K. 4.739-40). Como já vimos no caso da melancolia, uma explicação convencional seria a existência de um desequilíbrio dos humores no interior do corpo ou ainda em uma parte específica do corpo. Um exemplo famoso disso é a história de Galeno quanto a como descobrira as causas das dolorosas câimbras que atormentavam Marco Aurélio. Descobrira-as quando mediu o pulso do imperador: o problema não tinha que ver com doença alguma, como alegavam os médicos que o tratavam até então, mas com um simples excesso de muco causado pelo excesso de comida em seu estômago (*Sobre o prognóstico*, K 14.660). Este relato é algo típico de Galeno, no sentido de que o mostra superando o desempenho de outros supostos especialistas na área médica. Neste caso, sua longa experiência em tratamentos com doenças relacionadas ao pulso é que lhe permitiu chegar a um diagnóstico: ele sabia exatamente quais eram as condições ideais para o pulso de uma pessoa com a idade de Marco Aurélio, bem como quais seriam as implicações de grandes variações nele.

No capítulo anterior, mencionei que Galeno apresenta sua própria metodologia médica como uma espécie de meio-termo entre o tratamento dos racionalistas e o dos empíricos. O relato a respeito de Marco Aurélio mos-

---

96. Um ótimo exemplo disso, descrito no *Timeu*, é o crânio humano, conforme comentei no volume *Filosofia clássica*, cap. 25.

97. Cf. Hankinson (2008, p. 210-241); Jouanna (2012, cap. 14).

tra-nos ambos os lados. Embora a teoria humoral tenha um papel importante (o acúmulo do muco), nada substitui a experiência. Ela é quem torna o médico sensível e capaz de reagir com rapidez à gama quase infinita de variáveis que podem ser relevantes no diagnóstico de um paciente específico: a idade, a sensibilidade do corpo, o gênero, a estação do ano em que a pessoa adoeceu, sua localização geográfica, e assim por diante. Este é um dos aspectos mais interessantes da medicina praticada por Galeno, ao menos para os defensores da ideia de que os médicos devem adotar uma estratégia personalizada que adeque o tratamento às necessidades particulares do paciente. Até mesmo a ideia básica de que os humores precisam estar equilibrados deve ser compreendida à luz do que é apropriado para cada pessoa. Pode-se supor, de modo um tanto quanto ingênuo, que o objetivo a ser alcançado aqui seja uma proporção precisamente igual para todos os quatro humores ou para seus atributos, como frio e seco (na verdade, é o que Galeno propõe em sua obra *Sobre os poderes e misturas de remédios simples*, K. 1.555). Porém, na verdade, o corpo das pessoas mais velhas é naturalmente mais frio do que o dos jovens, e, por certo, não se trata de algo que um médico deve tentar reequilibrar. Ademais, órgãos diferentes têm atributos diferentes que variam de pessoa para pessoa, ideais para cada caso particular. Se seu cérebro não for mais frio do que seu coração, há algo de muito errado com você. Portanto, o diagnóstico requer um tratamento individual que se baseie não apenas na teoria, mas na extensa experiência com um conjunto de pacientes diferentes que foram tratados em circunstâncias diferentes, bem como na compreensão de cada uma das partes do corpo do paciente.

Uma vez que o médico descobre a causa de sua doença, é chegada a hora de iniciar o tratamento. Assim como a maioria dos médicos da Antiguidade e da Idade Média, Galeno adota uma estratégia um tanto conservadora. É óbvio que figuram opções drásticas no cardápio de opções para o médico galênico: a cauterização de feridas, a administração de medicamentos purgativos, a sangria ou a efetiva realização de procedimentos cirúrgicos. Procedimentos radicais como estes eram adotados à luz de teorias anatômicas e fisiológicas. Por exemplo, para Galeno a eficácia dos remédios se dava por meio da manipulação dos opostos fundamentais de um corpo. Os remédios têm a capacidade de aquecer, de esfriar, de secar ou de umedecer, e remédios diferentes provocam tais efeitos em graus distintos.

Porém, os remédios, e sobretudo a cirurgia, são procedimentos que devem ser adotados somente como último recurso. Pode-se conseguir uma considerável melhora por meio do ajuste da alimentação do paciente, bem como do ajuste de seu "regime" num sentido mais amplo, isto é, a prática de exercícios físicos, a quantidade de banhos, e assim por diante. Seria um exagero dizer que é tarde demais para chamar o médico, uma vez que a doença acometeu o indivíduo. Porém, Galeno considera que a prevenção da doença por meio de um tratamento correto tem, no mínimo, a mesma importância que a cura da doença. Por conseguinte, era inevitável que ele escrevesse uma volumosa obra acerca desse tema, intitulada *Sobre os regimes*[98].

Tudo isto pode ser aplicado não apenas a cólicas estomacais e coisas desse tipo, mas também a doenças psicológicas e até mesmo a atributos humanos que estão relacionados à ética. Isso nos remete à obra galênica que, por óbvio, desperta um interesse filosófico maior. Seu título é em grande medida autoexplicativo: *As faculdades da alma seguem a mistura do corpo*[99]. Embora Galeno apresente argumentos enfáticos em defesa de sua teoria, reconhece, ao mesmo tempo, a própria incapacidade de definir a alma com exatidão. Ele parece inclinado a crer que a alma não é nada além do produto resultante dos elementos físicos do corpo, isto é, de seus humores e de suas características, perspectiva que ele atribui a Andrônico, filósofo aristotélico, a respeito do qual discorreremos no devido momento (cf. capítulo 25). Porém, no que tange a Galeno, nenhum filósofo de sua época foi capaz de apresentar uma demonstração da verdadeira natureza da alma; portanto, ele suspenderá seu juízo quanto a esta discussão. Ele tem plena consciência da crença platônica de que a alma pode existir sem o corpo (*As faculdades da alma seguem a mistura do corpo*, K 4.772-3), e, nesse aspecto, recusa-se a aceitar as ideias de um de seus antecessores mais estimados. Porém, é claro que a independência de espírito de Galeno lhe permitia estes desvios do poder de influência e de persuasão exercido por Platão.

Por outro lado, em inúmeros aspectos Galeno põe-se de acordo com Platão. Baseando-se, uma vez mais, no *Timeu*, bem como nas *Leis*, Galeno apresenta numerosas provas de que Platão concordava que "as faculdades da

98. Para mais informações a respeito desse tema, cf. Eijk (2008, p. 283-303).

99. Em geral intitulado QAM, acrônimo de seu título em latim: *Quod Animi Mores Corporis Temperamenta Sequuntur.*

alma seguem as misturas do corpo". Esta mesma concepção é defendida por Aristóteles e pelos estoicos. Este argumento claramente se aplica até mesmo às funções da alma racional, como se pode verificar ao tão somente considerarmos os efeitos do vinho. Por demonstrar que Platão tinha plena ciência disso (*As faculdades da alma seguem a mistura do corpo*, K. 4810-12), Galeno tem a autoridade necessária para criticar os platônicos de sua época por terem traído os autênticos ensinamentos de Platão, uma vez que alegavam que a alma racional não é afetada pelo corpo. Galeno também ressalta que, de acordo com a teoria postulada por eles, não é possível nem sequer compreender por que a alma se separaria do corpo numa ocasião em que, para usar um exemplo não muito fortuito, um indivíduo ingere cicuta (*As faculdades da alma seguem a mistura do corpo*, K 4.775). Ao menos nesse aspecto, os estoicos se saem melhor. A teoria estoica de que a alma controla o corpo por meio de um "sopro vital", ou *pneuma*, que permeia tudo, é amplamente usada por Galeno em seus escritos médicos e subjaz a seu entender de que os nervos funcionam como canais condutores da "pneuma psíquica". Na verdade, pode-se perdoar aqueles que acreditam que, segundo Galeno, a alma nada mais é que *pneuma*, ainda que ele evite fazer explicitamente esta afirmação, ou ainda outras afirmações doutrinárias, a respeito da natureza da alma.

A influência decisiva do corpo na alma também explica por que entre as crianças existe uma tão grande variação de humores desde a tenra idade. Isso se deve tão somente ao temperamento do corpo da criança, ou à sua "mistura" própria, um dos aspectos que o médico deve levar em consideração ao escolher um tratamento por medida para um paciente. Em relação a isso, Galeno pode até mesmo se deleitar, uma vez mais, com a possibilidade de reivindicar o consentimento de Hipócrates. Ora, uma das obras do *corpus* hipocrático, intitulada *Ares, águas e lugares*, explica justamente o longo alcance dos efeitos exercidos pelo meio ambiente nos seres humanos. É evidente que tais efeitos ocorrem por meio da manipulação das misturas de elementos do corpo (Galeno, *Sl*, K 4.798). Pressupõe-se que o mesmo tipo de mecanismo pode explicar a observação em estilo aforístico com a qual Hipócrates encerra seu tratado: os povos citas [da Cítia] deram ao mundo apenas um filósofo, ao passo que, entre os atenienses, surgiram muitos; em Abdera [na Trácia] há muita gente idiota, ao passo que os atenienses são inteligentes (Galeno, *Sl*, K 4.821) – mas o que dizer de Demócrito de Abdera? Bem, ele foi idiota o suficiente para tornar-se um atomista.

A razão pela qual os melhores filósofos da Antiguidade, ao contrário dos contemporâneos de Galeno, compreendiam isso tudo é que eles seguiam os métodos apropriados. Em outras palavras, suas teorias estavam baseadas em experiências vividas (K 4.817). E o que os filósofos contemporâneos poderiam fazer para aperfeiçoar-se, além de adotar esta metodologia empírica e mais rigorosa? Bem, sugere Galeno, para começo de conversa eles poderiam consultá-lo e deixar que ele lhes prescrevesse um regime de alimentação (K 4.808). Isso poderia deixá-los menos propensos a discutir e mais propensos a aceitarem argumentos sensatos. Aqui, Galeno atinge o auge de sua capacidade de insultar e de criar polêmicas. Porém, não se trata, aqui, apenas de insultos e de polêmicas. A perspectiva que ele apresenta a respeito da relação entre a alma e o corpo constitui a base para obras que ele escreveria acerca da ética. De uma destas obras, *Sobre os traços de caráter*, restou-nos apenas uma tradução para o árabe, cuja versão teve um grande impacto nos textos relacionados à ética no mundo islâmico (como poderemos verificar no próximo volume desta série). Uma obra intitulada *Sobre as afecções e os erros da alma* mostra, e com pormenores, que um médico como Galeno deve ter a capacidade de diagnosticar e de tratar problemas psicológicos tanto quanto enfermidades físicas.

Com efeito, não seria um exagero afirmar que Galeno considera os vícios éticos como um tipo de doença. Estes são um resultado do desequilíbrio das partes da alma (*Sobre as afecções e os erros da alma*, 5.27-8), assim como as doenças do corpo decorrem de um desequilíbrio dos humores. Aqui, é claro que Galeno recorre à explicação que encontramos na *República* de Platão, bem como no *Timeu* (mais uma vez, este diálogo). Assim como Platão, uma explicação segundo a qual a alma humana conteria três partes, a saber: a razão, o espírito e os desejos. Em sintonia com a modo de ver platônico, Galeno acredita que a virtude consiste em adestrar as partes inferiores da alma a fim de que se submetam à razão. Este parece ser um pré-requisito para o bom funcionamento da razão, razão pela qual Galeno divide um de seus tratados éticos em duas seções, "Sobre as afecções" e "Sobre os erros da alma". Dados os efeitos da constituição física na totalidade da alma, e também o efeito da alimentação na constituição do corpo, revela-se como uma autêntica concepção galênica a teoria de que a alimentação adequada é um grande passo para a elaboração de ideias filosóficas corretas e bem fundamentadas. Portanto, espero que você tenha tomado um café da manhã reforçado hoje cedo antes de ter começado a ler este livro.

Tendo em vista a mera dimensão do *corpus* galênico, mesmo depois de um café da manhã reforçado só consegui mencionar alguns dos temas filosóficos mais relevantes de seus textos. É claro que ele foi um médico, e considerado, portanto, como uma das maiores (se não for a maior) personalidades da história da medicina, e não da história da filosofia. No entanto, eu diria que ele é um dos cinco autores da Antiguidade que mais influenciaram a filosofia desenvolvida em épocas posteriores, juntamente a Platão, a Aristóteles, a Plotino e a Agostinho. Isso porque muitos filósofos, desde a era medieval e até tempos relativamente recentes, também foram médicos. E, até uma época relativamente recente, a medicina usara como base as obras de Galeno, assim como a filosofia, em grande medida, baseara-se nas obras de Aristóteles. Na verdade, a centralidade de Galeno na medicina superou a que Aristóteles teve na filosofia. Mesmo autores tão diversos entre si quanto o pensador medieval e muçulmano Avicena e o pensador francês e moderno René Descartes tiveram que ter em conta a anatomia e a fisiologia as mais atualizadas de que dispunham quando meditaram acerca da natureza da humanidade. Em tempos medievais e no início da Era Moderna, isso equivalia a levar em consideração a medicina de Galeno: empírica e centrada no cérebro e nos humores.

Parte II

A filosofia pagã no Império Romano

21

Cesariana: A filosofia no Império Romano

As sociedades relativamente abastadas sempre foram um solo fértil para o florescimento da filosofia. Não é por acaso que a filosofia pré-socrática surgiu pela primeira vez na Jônia, uma região de rico comércio, ou o fato de Atenas ter se tornado o centro da atividade filosófica somente depois de ter se transformado no centro do império mediterrâneo. Uma pequena dose de caos social talvez não seja um obstáculo insuperável, uma vez que pode até mesmo tornar-se uma provocação útil – pense, por exemplo, no envolvimento de Platão com os eventos políticos que culminaram na morte de Sócrates. Entretanto, é claro que certa dose de estabilidade também se faz necessária para garantir que alguns membros da sociedade possam tornar-se não apenas letrados, mas indivíduos cultos capazes de desfrutar de certo tempo de lazer para dedicar suas vidas à reflexão e aos estudos. Portanto, é de se esperar que a filosofia tenha tido uma boa receptividade no Império Romano. À época de Augusto César, que ascendeu ao trono no ano 27 a.C. e morreu em 14 d.C., os romanos já dominavam não apenas todo o território da Itália, mas também dos territórios que hoje correspondem à França e à Espanha, de parcelas da Alemanha, da Grécia, da Ásia Menor e das férteis terras do norte da África. Com algumas alterações de fronteira – por exemplo, a incorporação de uma ilha remota que os romanos designavam Britânia –, o império pôde, primeiro, prosperar e, depois, ao menos subsistir durante vários séculos.

Enquanto a cidade de Atenas permaneceu intrinsecamente associada à filosofia, Roma serviu de "anfitriã" para muitos filósofos, incluindo os que falavam e escreviam em grego. Encontraremos Plotino, o mais importante filósofo da Antiguidade Tardia, a escrever em grego e a viver em Roma no século III d.C. Um terceiro centro de convergência filosófico era a Alexandria, no litoral do Egito; a cidade fora assim nomeada em homenagem a Alexandre o Grande, e fora construída para tornar-se um centro de atividades filosóficas na dinastia ptolomaica no transcorrer da era helenística. A importância de Alexandria para a filosofia perdurou até o século VI d.C. Platino nasceu no Egito, sinal de que os filósofos que usavam o grego como idioma de fala e de escrita provinham de regiões de todo o Império Romano, e não apenas da área continental da Grécia. Na verdade, um número considerável de filósofos, como, por exemplo, Jâmblico, um importante pensador platônico, era de origem síria. Na Síria a filosofia continuaria a despertar interesse mesmo depois da queda do império do Ocidente. No século IX d.C., mecenas muçulmanos em busca de tradutores para verter obras da filosofia grega para o árabe podiam valer-se do conhecimento especializado de cristãos de origem síria.

Contudo, adianto-me demais aqui. Na verdade, já me adiantei demais antes mesmo de começar este capítulo. Estou apresentando uma introdução da filosofia no Império Romano e, no entanto, já tratamos de várias personalidades que escreveram suas obras na era imperial, até mesmo, claro, os chamados estoicos romanos. É difícil ignorar o fato de que viveram depois da queda da república dado que um deles, Marco Aurélio, foi, na verdade, um imperador. Entre outras personalidades da era imperial que já analisamos está Galeno, médico de Marco Aurélio, e Sexto Empírico, o maior dos céticos, o qual, assim como Marco Aurélio e Galeno, também viveram no século II d.C. Preciso reconhecer que lidar com datas nunca foi meu ponto forte, mas neste caso particular estou isento de toda culpa desta confusão cronológica. Encaixar o conhecimento filosófico em períodos históricos é tarefa sempre delicada e um tanto arbitrária, e este caso não é uma exceção à regra. As chamadas escolas "helenísticas" sobreviveram muito bem até depois do período helenístico, de modo que pouco importa as datas usadas para definir o início e fim deste ínterim. Portanto, vemos que estoicos, céticos e epicuristas ainda defendem a doutrina – ou a ausência de doutrinas – de suas respectivas escolas até mesmo na época do Império Romano. Por outro lado, a característica filosófica mais marcante da Antiguidade Tardia tem início já no século I a.C.: o renascimento do platonismo dogmático e do aristotelismo, bem como a posterior fusão de ambos.

Ao longo do período helenístico, Aristóteles teve um pequeno número de seguidores, mas ele não foi uma figura predominante nessa época, ao passo que a Academia platônica adotou uma inclinação cética. Quando o aristotelismo e o platonismo dogmático readquiriram seu poder de influência, houve uma espécie de vale-tudo em que cinco ou seis escolas filosóficas distintas reivindicavam a posse das mentes mais brilhantes do período inicial do império. Entre o século I a.C. e o século II d.C., as ideias de Aristóteles passaram por um processo de renascimento que levaria todas as tradições medievais a entronizá-lo como o principal dos filósofos. O platonismo também emergiu como uma força a ser levada em consideração. Nessa época, Plutarco, filósofo, historiador e ensaísta grego, autodeclarou-se um orgulhoso seguidor da "Academia". Isso, por certo, não significava que ele era um cético, mas que adotara o tipo de platonismo pitagórico existente entre os seguidores mais próximos de Platão. No entanto, durante este período de transição do início do império, a que algumas pessoas se referem como a era filosófica "pós-helenística", as escolas helenísticas ainda estavam em plena atividade. Já mencionei anteriormente os adeptos do estoicismo e do ceticismo ao longo destes séculos, de modo que cabe também mencionar aqui a figura do epicurista Diógenes de Enoanda. Você deve estar lembrado de que um sexto grupo, o dos cínicos, estava sempre à espreita, pronto para ridicularizar as atitudes pretensiosas de imperadores quais Nero e Calígula.

E já que estamos nos recordando de algumas coisas, relembremos a embaixada de filósofos gregos enviada a Roma no ano 155 a.C.[100]. Eles representavam três escolas distintas: a dos estoicos, a dos céticos e a dos aristotélicos. Como reverberação tardia da ideia de que estas escolas poderiam ter seus porta-vozes oficiais, Marco Aurélio funda em Atenas quatro cátedras públicas de filosofia. Para ele, as quatro principais escolas eram o estoicismo (obviamente), e, em seguida, o platonismo, o aristotelismo e o epicurismo. Mecenas e governantes abastados continuaram a exercer influência nas práticas filosóficas até os últimos dias do Império Ocidental. Sabe-se, por exemplo, que Plotino se beneficiou de sua associação com pecuniosos aristocratas de Roma. Era típico que os aristocratas enviassem seus filhos para serem instruídos, especialmente em gramática e retórica, prática que influenciou o desenvolvimento da filosofia. Um caso deveras ilustrativo é o de Filo de Alexandria. Na condição de aristocrático judeu helenizado do século I d.C., Filo teve uma formação que incluía o estudo de gramática, de geometria e dos grandes poetas gregos. Agostinho, nascido na segunda metade do século

100. Cf. capítulo 16.

IV d.C., seguiu o estudo de uma versão latina deste currículo e quase acabou por se tornar um mestre de retórica. João Filopono de Alexandria, um cristão neoplatônico, foi sarcasticamente apelidado de "O gramático" por Simplício, seu arqui-inimigo, por ser um professor de Gramática.

Esta mesma estrutura das escolas viria a ser muito útil para a filosofia na era imperial. Tal qual Platão, Aristóteles e Epiteto, que o antecederam, Plotino fundou uma escola filosófica. Tempos mais tarde, tanto em Alexandria quanto em Atenas houve importantes escolas de platônicos. Porém, os ricos e poderosos podem muito bem retirar aquilo que doam a alguém: Justiniano, imperador cristão, fechou a Escola de Atenas no ano 529 d.C., uma atitude que se tornou símbolo da morte da filosofia pagã nos últimos anos do império. Como grande parte da filosofia do período da Antiguidade Tardia era praticada no contexto de uma escola, é preciso sempre ler as obras deste período tendo com a pedagogia em mente. Alguns dos tratados de Plotino foram escritos como uma resposta direta a inquirições que discípulos apresentaram em sua escola. Na verdade, o conjunto mais volumoso de textos filosóficos na Antiguidade Tardia tinha um propósito educacional explícito. Tais escritos consistiam em comentários acerca dos diálogos platônicos e dos tratados aristotélicos; às vezes, pouco mais do que anotações de palestras realizadas na escola com a explanação de textos destes dois grandes mestres. Eis uma estatística espantosa: por contagem de palavras, metade de todo o *corpus* de escritos filosóficos gregos que sobrevivera consiste em comentários da Antiguidade Tardia acerca de Platão e de Aristóteles[101].

De modo mais geral, em termos meramente quantitativos, a maior parte da literatura filosófica escrita em grego que subsistiu até hoje não foi escrita no período da Antiguidade Clássica, mas na Antiguidade Tardia – no período do Império Romano. Algumas destas obras foram escritas cerca de mil anos depois da época de Platão e de Aristóteles. No decorrer deste período, os textos podiam tão somente desaparecer: foi esse o destino dos escritos dos pré-socráticos e dos estoicos antigos, por exemplo. Este sumiço não foi um mero acidente, em razão das muitas bibliotecas que fecharam ou que se incendiaram. Trata-se, antes, de um sinal de evolução dos gostos intelectuais. Até muito recentemente, a preservação de qualquer texto escrito era uma tarefa que demandava muito tempo e muito dinheiro. Para que os tex-

101. De acordo com os cálculos de Goulet (2007).

tos fossem disseminados, era preciso copiá-los, e isso tinha uma particular importância sempre que envolvia mudanças na técnica relacionada ao livro. Ora, na Antiguidade Tardia ocorreu uma mudança, a saber, a passagem dos rolos de papiro para o códice – algo demasiado semelhante ao nosso livro contemporâneo, cujas folhas de papel são dobradas, costuradas e inseridas entre duas capas. Platão jamais folheou páginas; seu trabalho era enrolar e desenrolar papiros. Porém, na época em que os escribas do Império Bizantino copiavam os primeiros manuscritos de Platão que subsistem até hoje, os rolos de papiro já eram uma tecnologia ultrapassada. O códice passou a ser a única alternativa disponível. Os diferentes estilos de escrita também passaram por transições: uma mudança de grandes proporções ocorreu no século IX com a passagem da escrita uncial – a qual se assemelha a escrever todos os caracteres em maiúsculo – à escrita em minúsculas, muito parecida com a atual letra cursiva, que também é escrita desse modo.

Na época desta mudança na tecnologia e na prática da escrita, textos eram facilmente perdidos: um livro escrito com uma letra antiquada era como os discos de vinil que você guarda no sótão, superados de início pelas fitas cassete, e, posteriormente, pelos CDs (a não ser que você tenha menos de 30 anos; nesse caso, convém perguntar a uma pessoa de meia-idade o que é um disco de vinil). A cada mudança, por conseguinte, alguém tinha de fazer a escolha deliberada de copiar o texto à mão e usar o estilo mais atual. Portanto, à medida que os textos eram transmitidos de uma geração à outra, tomava-se decisões implícitas quanto a quais obras eram dignas de serem copiadas. Isso significa que os gostos filosóficos das pessoas da Antiguidade Tardia e do período bizantino foram um filtro por meio do qual a literatura grega teve de passar em seu caminho até nós (fenômeno similar se aplica aos gostos na Europa Medieval e à literatura latina da Antiguidade). Portanto, não é nada acidental que as obras de platônicos e de aristotélicos tenham subsistido melhor do que as obras dos estoicos e dos epicuristas. Afinal, eles eram os responsáveis por decidir quais textos deveriam ser preservados.

É claro que uma explicação também se faz necessária, aqui. Acabou-se de ver que no século II d.C. o estoicismo e o epicurismo foram reverenciados com a fundação de cátedras públicas em Atenas. Por que estas duas escolas desapareceram, enquanto o platonismo e o aristotelismo passaram a predominar? Como veremos mais adiante, tanto as obras de Platão quanto as de Aristóteles foram reeditadas mais ou menos nessa época, o que certamente contribuiu para este predomínio. Mas o que aconteceu para que as novas edições fossem lidas com tamanha avidez, isto é, com a simultânea exclusão de outros autores clássicos? Se tivéssemos de escolher um único homem a quem se possa atribuir o mérito – ou a culpa – por este fato –, este seria Plotino. Seu sistema filosófico, baseado na tradição platônica, viria a tornar-se a filosofia predominante na Antiguidade Tardia, e, assim, exerceria uma ampla influência na filosofia medieval, seja em árabe, seja em latim. Certos estudiosos propõem a distinção entre o sistema de Plotino e o seu precedente ao denominá-lo de "neoplatonismo". Nem todos gostam desta palavra, mas, por ora, não temos alternativa melhor[102]. Portanto, seguirei em frente e discorrei com liberdade acerca do "neoplatonismo" e dos "neoplatônicos" ao longo de todo este livro – com algumas ressalvas. Em primeiro lugar, cabe sempre lembrar que os platônicos da Antiguidade se autodenominavam tão somente deste modo: "platônicos", e nunca "neoplatônicos" – este último termo só foi inventado na Era Moderna. Em segundo lugar, Plotino não surgiu do nada pura e simplesmente. Houve, na verdade, um desenvolvimento constante do platonismo dogmático a partir do século I a.C. Uma última ressalva que segue nesta mesma linha de raciocínio: não se trata de dizer que os neoplatônicos posteriores a Plotino simplesmente concordavam com todas as suas ideias. Na verdade, não raro eles o citam apenas para expressar sua divergência de opinião em relação a ele, e, ademais, existem inúmeras diferenças entre o pensamento de Plotino e o que encontraríamos, digamos, no texto de um comentador neoplatônico na Alexandria do século VI.

No entanto, permanece verdadeiro que o neoplatonismo, com toda a sua variedade, predominou no cenário da Antiguidade Tardia. Em alguma medida, ele tão só incorporou o pensamento de seus rivais. Uma dose considerável de cosmologia e de ética estoicas foi incorporada ao neoplatonismo. Esta estratégia de apropriação já havia sido empregada por platônicos antes de Plotino, de modo que este a aperfeiçoou. Em grande medida, algo similar pode ser dito em relação ao aristotelismo. A atitude de Plotino em relação a Aristóteles é alvo de algumas controvérsias, mas não restam dúvidas de que ele conseguiu integrar muitas ideias aristotélicas à sua filosofia, mesmo ao fazer críticas explícitas a Aristóteles em alguns aspectos. Teremos várias oportunidades de observar que os neoplatônicos exibem um conflito de emoções em relação a Aristóteles. Mas tratava-se sempre, no mínimo, de uma relação

102. Na verdade, um editor chegou a propor a eliminação deste termo: cf. Gerson (2010, p. 3).

de amor e ódio e, não raro, uma relação de puro amor. Para os neoplatônicos, o objetivo, de modo geral, não era refutar as ideias de Aristóteles, mas demonstrar de que modo tais ideias poderiam ser conciliadas com as de Platão.

No que tange ao epicurismo e ao ceticismo, estas duas escolas sumiram de cena na Antiguidade Tardia. Os neoplatônicos só as consideravam úteis na condição de adversárias a serem vencidas, e muitas vezes pareciam considerar que o epicurismo, em particular, era uma corrente filosófica que mal era digna de refutação. Há explicações históricas plausíveis para este fato. Com as mudanças dogmáticas do platonismo, os céticos careciam de uma base institucional sólida, como a da Academia. O programa antidogmático dos céticos havia sido enfraquecido no início do período imperial, o que, por sua vez, causou um movimento de resistência de céticos "pirrônicos" mais rigorosos. Porém, o pirronismo só voltaria a exercer alguma influência no início da Era Moderna, época em que despertou o interesse de autores importantes como Montaigne e David Hume. Da mesma forma, o epicurismo nunca mais recuperou a aura de devoção e de expressividade que encontramos em Lucrécio, e, assim, foi amplamente rejeitado na época imperial tardia. Esta foi uma consequência por certo imprevisível, caso adotemos a perspectiva do século II d.C., período no qual as inscrições de Epicuro são esculpidas em um pórtico na Turquia e no qual, em Atenas, é fundada uma cátedra pública para o epicurismo. Assim, o que terá acontecido?

Tanto no caso do ceticismo quanto no caso do epicurismo uma possível resposta é: na Antiguidade Tardia não havia espaço para mostrar-se antirreligioso. Os céticos suspendiam o juízo quer em relação à natureza dos deuses, quer em relação a tudo o mais. É verdade que os epicuristas admitiam a existência dos deuses, mas logo acrescentavam que estes deuses nada têm a ver conosco; portanto, não temos razão alguma para temê-los. Ora, não havia espaço para estes conceitos em meio à efervescência religiosa do Império Romano tardio, quando o paganismo lutava para manter sua reputação cultural diante de uma nova fé que despontava: o cristianismo. Esta nova religião foi disseminada de maneira intensa e com um repentino sucesso que, aos olhos de seus adversários, eram desconcertantes – por vezes, até mesmo aterrorizantes. Para os adeptos da religião tradicional era impossível não considerar os cristãos como fanáticos radicais. As crenças pagãs sempre permitiram alguma dose de inclusão religiosa de natureza ecumênica. Deuses egípcios e gregos eram identificados com os deuses tradicionais da Península Itálica, ou eram então acrescentados ao panteão. Em contrapartida, judeus e cristãos alegavam exclusividade na posse da verdade. E o Deus destas duas religiões não se satisfazia com a companhia de outras divindades. Isso ocasionou um violento conflito entre judeus e romanos, bem como a um conflito ainda mais violento entre romanos e cristãos.

De início, é claro que os cristãos se apresentaram como vítimas de perseguição. Entretanto, ao longo de vários séculos, e de modo constante, o cristianismo conquistou aos poucos poder e influência, até que, por fim, conquistou o poder absoluto. No início do século IV, Constantino transformou o Império Romano em um império cristão, de modo que a maioria de seus sucessores passou a adotar a nova fé (mais adiante neste livro veremos uma exceção a isto ao tratarmos do caso de um imperador que também foi um filósofo pagão neoplatônico). É claro que a extinção dos cultos e das crenças tradicionais não ocorreu tão somente da noite para o dia. Na verdade, muitos dos filósofos importantes da Antiguidade Tardia ainda eram pagãos. Já mencionei anteriormente que a hostilidade dos cristãos em relação ao paganismo afetaria o cenário filosófico ainda no ano 529, quando o Imperador Justiniano fechou a Academia de Platão em Atenas. Também já fiz menção ao acirrado conflito entre João Filopono e Simplício, um conflito relacionado, obviamente, ao fato de Filopono ser um cristão, e Simplício um pagão. Em suma, nesse período a filosofia esteve intimamente associada a crenças religiosas. Era de se esperar que, em um ambiente como este, o epicurismo e o ceticismo fossem relegados praticamente a um estado de esquecimento.

O que não se esperava era o êxito do neoplatonismo em apropriar-se de – ou melhor, deixar-se ser apropriado por – uma última tradição: o próprio cristianismo. Desde uma época anterior a Plotino, o platonismo dogmático já era um empreendimento com profundas bases religiosas. Plutarco dedicou inúmeras obras a discussões filosóficas de temas religiosos, tais como a natureza dos demônios ou dos oráculos. Jâmblico, o neoplatônico de origem síria, colocou as crenças religiosas pagãs no centro de sua filosofia, e, neste processo, foi seguido por gerações de platônicos fervorosamente religiosos. Eles modificaram o sistema inicial de Plotino e abriram espaço à multiplicidade de deuses e de entidades semidivinas reconhecidas pelo paganismo da Antiguidade Tardia. Portanto, era provável que qualquer tipo de casamento entre o neoplatonismo e o cristianismo estaria fadado a ser turbulento. No entanto, a despeito das eventuais brigas conjugais, os cristãos viram no neoplatonismo a presença de um parceiro digno de ser amado e honrado, e até mesmo obedecido.

Isso tudo também merece uma explicação. Em parte deve-se atribuir o crédito por esta parceria, uma vez mais, a Plotino. Ele certamente não era cristão, mas seu neoplatonismo era, de uma perspectiva metafísica, um tópico demasiado sério. Plotino postulava um simples princípio primordial que é incrivelmente semelhante ao Deus monoteísta das religiões reveladas. Esta semelhança permitiu ao neoplatonismo livrar-se de suas estruturas pagãs mais barrocas e abriu espaço para um cenário metafísico que seria considerado atraente nos mais variados lugares e épocas, como na Bagdá do século IX, na Constantinopla do século XI e na Itália renascentista. Na verdade, a tradição dos comentários acerca de Aristóteles pôde ser transmitida dos pagãos aos cristãos sem praticamente dar saltos. Mestres pagãos ensinavam discípulos cristãos, os quais transmitiram a interpretação neoplatônica de Aristóteles a gerações subsequentes. Encontramos as mesmas práticas de ensinar e comentar textos de Aristóteles não apenas no Império Bizantino – onde se falava grego –, mas também entre cristãos que escreviam em siríaco e em árabe até a época do islamismo.

Eis outra razão que possibilitou às religiões monoteístas incorporarem este elemento da antiga tradição filosófica: a prática delas era intensa. Cristãos e judeus apropriavam-se aos poucos de ideias da filosofia grega desde a época de Jesus de Nazaré. Praticamente contemporâneo de Jesus, e, tal como Ele, judeu, fora Filo de Alexandria, o qual merece ser reconhecido como o primeiro representante destas religiões a ter um envolvimento sério com a filosofia grega. Entre os cristãos, os Padres da Igreja dos primeiros séculos da era cristã também foram profundamente influenciados pelo platonismo e pelo estoicismo. Na verdade, até mesmo o apóstolo São Paulo parece ter sido influenciado pelas ideias filosóficas que foram introduzidas na visão de mundo da Antiguidade. Em razão disso, daqui em diante este livro terá de seguir duas histórias paralelas que se cruzam na história da filosofia: não apenas o ressurgimento e o êxito de Platão e de Aristóteles em meio a pensadores pagãos, mas também a apropriação da herança intelectual pagã empreendida seja por judeus, seja por cristãos.

Isso nos conduz a uma última dificuldade, que não difere muito do problema de definir os limites entre a filosofia helenística e a filosofia da Antiguidade Tardia. Quando termina o período da filosofia da Antiguidade Tardia e quando se inicia o da filosofia medieval? Hoje em dia é frequente a presença de autores como Agostinho e Boécio no contexto de ensino da filosofia medieval. Porém, estes homens viveram, incontestavelmente, durante a Antiguidade Tardia. Agostinho viveu entre os séculos IV e V, e Boécio, entre os séculos V e VI. A visão de mundo de ambos foi moldada não apenas pela Bíblia, por controvérsias acerca da graça e da natureza da Trindade, mas também pelos pensamentos de Plotino e de Aristóteles. Portanto é difícil dividir a história da filosofia na Europa Ocidental em períodos distintos e contrapor o período antigo ao medieval. Algo semelhante se aplica, é claro, à simples história da antiga Europa Ocidental. Estruturas feudais relacionadas à propriedade da terra começaram a emergir já na Antiguidade Tardia, à medida que um sólido centro imperial se desintegrava em meio a guerras civis e a ataques de povos bárbaros. Esta instabilidade talvez tenha sido um fator adicional que contribuiu para a popularidade do neoplatonismo. Esta filosofia nos estimula a darmos as costas à nossa existência corpórea e a nos voltarmos em direção a um reino mais perfeito e mais estável.

Porém, antes de tratarmos do neoplatonismo, temos antes de analisar suas raízes no período anterior, o chamado período "pós-helenístico". À medida que Roma fazia sua transição de república para império, os admiradores de Platão se afastaram do ceticismo. Isso implicou um retorno à obsessão pitagórica pelos números, bem como às ousadas especulações metafísicas da Velha Academia[103]. Isso não significa que Xenócrates e Espeusipo – sucessores mais imediatos de Platão – eram tidos como autoridades incontestáveis. Para estes representantes do platonismo antigo, Platão era o único pensador imune a críticas; ademais, era comum uma atitude de desprezo em relação às interpretações da Velha Academia a respeito do mestre. Estes pensadores por vezes são denominados de platônicos "médios", ou "ecléticos", pois situam-se em um período posterior à antiga tradição platônica da Velha Academia e anterior ao neoplatonismo de Plotino. Contudo, este rótulo ligeiramente depreciativo dissimula o papel crucial destes autores no pensamento da Antiguidade, dado que o platonismo médio preparou o caminho para grande parte do que viria a ser considerado novo no "neoplatonismo".

---

103. *Filosofia clássica*, cap. 43.

22

Período intermediário: O renascimento do platonismo

Se sua caligrafia tiver uma mínima semelhança com a minha, então talvez você não consiga ler o que escreveu. Certas letras, em particular, podem ser facilmente confundidas. Um "b" minúsculo e um "k" minúsculo, por exemplo. Se eu escrever em minúsculas o nome de meu comediante predileto do cinema mudo é provável que, ao ler, você se pergunte por que nunca tinha ouvido falar neste "kuster beaton", já que ele é considerado tão sensacional. E não estou sozinho, aqui. No capítulo anterior comentei que os manuscritos gregos passaram por uma transição: escritos, de início, em maiúsculas, passaram a ser escritos em minúsculas, e em certos tipos de escrita minúscula, a letra grega *Beta*, ou o nosso b, se assemelha ao *kappa*, ou o nosso k. Fato é que, em meio a uma das mais espetaculares polêmicas filológicas da filosofia da Antiguidade há uma potencial confusão entre estas duas letras[104].

O que está em jogo é o nome do autor de um livro intitulado *Didaskalikos*, também conhecido como *Didascálico* das doutrinas de Platão, um guia para a compreensão de sua filosofia. É provável que tenha sido escrito no século II d.C. De acordo com um manuscrito do século IX – a versão mais antiga deste documento –, o nome de seu autor é Alcino. Contudo, eis a parte interessante: não temos conhecimento algum a respeito de um platônico deste período cujo nome seja Alcino, mas sabemos da existência de um pensador chamado Albino de Esmirna. Então, em 1879 alguém apresentou a criativa hipótese de que o nosso "Alcino (*Alkinoos*)"

104. Cf. Dillon (1993, p. ix-xi).

poderia ser a transcrição equivocada que algum escriba fizera do nome "Albino (*Albinos*)" – a letra grega *kappa* teria sido substituída pela letra *beta*. Com isso, Alcino teria saído de cena e Albino passaria a ser considerado o autor de *Didaskalikos*. Porém, um século mais tarde, na década de 1970, alguém chamou a atenção para o fato de que até mesmo nos manuscritos redigidos em minúsculas, o título dos textos, que inclui o nome do autor, é escrito em maiúsculas e em negrito – de modo que nenhum leitor possa confundir um K (em maiúscula) com um B (em maiúscula). Portanto, hoje é amplamente aceito que Alcino é a única alternativa que nos restou.

Mas, afinal, qual é a importância de saber a autoria de *Didaskalikos*? Ora, trata-se de um dos raros textos completos que nos chegaram, oriundo de um movimento filosófico do período inicial do Império Romano, o qual restituiu ao platonismo o prestígio intelectual. Antes desta autoria havia a Academia Cética; depois dela, firmou-se a tradição dominante do neoplatonismo inaugurado por Plotino, e os possíveis responsáveis por este texto situaram-se entre os céticos acadêmicos e os neoplatônicos. Por essa razão, passaram a ser designados "platônicos médios". O próprio nome já denota o descaso com que foram tratados pelos historiadores da filosofia. Se a totalidade da história da filosofia consistir em notas de rodapé, por vezes eles parecem ser uma nota de rodapé no interior de outra, isto é, meras figuras de transição cujas ideias muitas vezes são preservadas de maneira inadequada em fragmentos e em testemunhos apresentados por autores de épocas posteriores. Porém, neste capítulo pretendo dar um tratamento mais afetuoso aos platônicos médios. Eles definiram os tópicos essenciais do platonismo da Antiguidade Tardia e defenderam o platonismo doutrinário numa época em que o ceticismo ainda era considerado relevante, bem como uma época em que os estoicos e os aristotélicos ainda eram sérios concorrentes.

Este período da tradição platônica também nos legou duas personalidades que deixaram uma quantidade extensa de textos que foram preservados: Filo de Alexandria e Plutarco. Em breve, nós os analisaremos em profundidade. Mas antes quero examinar o movimento de uma maneira geral. Em termos de cronologia, a referência se dá basicamente aos séculos I e II d.C., período em que o Império Romano viveu seu auge. Porém, a movimentação começa antes, com dois pensadores do século I a.C. Já tratamos aqui de um deles: Antíoco de Ascalão. Em nossa apresentação de Cícero, observamos que Antíoco refutava a interpretação de Sócrates e de Platão proposta pelos céticos da Nova Academia. Para ele, os diálogos platônicos constituíam fonte abundante de doutrinas positivas, os quais julgava, em essência, concordes com Aristóteles e com os estoicos. Ele também admirava até mesmo personalidades de épocas anteriores, como Pitágoras. Porém, em sua história da filosofia, Pitágoras não tinha um lugar de relevo.

Para isso, teremos de voltar nossa atenção a um segundo filósofo do século I a.C., de uma época ligeiramente posterior: Eudoro de Alexandria. Ao que parece, Eudoro não foi o primeiro pitagórico dogmático dessa época. Cícero faz menção a um homem com o maravilhoso nome de Públio Nigídio Fígulo, um pensador de uma geração que lhe era anterior. Cícero atribui a Fígulo a revitalização da tradição pitagórica que caíra no esquecimento em sua terra natal, a Itália[105]. Lamentavelmente, isso é tudo o que sabemos a seu respeito. Contudo, há mais evidências da atividade pitagórica contidas em textos que eram enganosamente tidos como escritos de figuras consideradas como autoridades na Antiguidade. O mais interessante desses textos finge ser um tratado escrito por Timeu, o principal personagem do diálogo homônimo de Platão. Não é claro em que época estes textos pitagóricos foram escritos. Com Eudoro, dispõe-se ao menos de um nome, de um lugar e de uma data estimada de suas atividades. Porém, nós tampouco sabemos muito a seu respeito: nenhum de seus escritos subsistiu, e, além disso, temos informações demasiado limitadas quanto à sua personalidade.

Eudoro adotou algo parecido com o conceito de Antíoco de uma tradição unificada e centrada nos textos de Platão[106]. Porém, ao contrário de Antíoco, ele não defendia a ideia de que todos os filósofos não céticos estavam, em essência, de acordo uns com os outros. Em vez de aceitar Aristóteles em sua condição de mais fiel discípulo de Platão, Eudoro criticava aspectos da obra *Categorias*, cujo propósito era dedicar-se ao estudo da lógica. Ele também se diferenciava de Antíoco no sentido de não considerar Platão como a fonte de toda a sabedoria filosófica; para ele, Pitágoras era a figura eminente. Por exemplo, de acordo com Eudoro, a famosa exortação platônica de que

105. Cícero apresenta este relato na introdução à sua tradução do *Timeu* de Platão. Cf. Dillon (1996, p. 117).

106. Quanto a seus ensinamentos, cf. Dillon (1996, p. 115-135); Bonazzi (2007, p. 365-387).

a humanidade deveria buscar uma "semelhança com Deus" é um plágio de textos de Pitágoras. Presume-se que Platão teria simplesmente acrescentado a ressalva de que devemos buscar uma tal integração somente "na medida em que isso for possível para a humanidade". Em sintonia com isso, Eudoro adotava uma estratégia um tanto quanto seletiva na interpretação dos diálogos platônicos quando enfatizava trechos e temas que poderiam ser conciliados com o pitagorismo, segundo a maneira como ele o compreendia.

O esquema de Eudoro dos primeiros princípios teve uma importância especial. Com algumas alterações em seus pormenores, este esquema está presente em quase todos os platônicos médios, de modo que, mais tarde, será revisado a fim de tornar-se o aspecto central da metafísica de Plotino no século III. Para compreender o que Eudoro busca é preciso que nos imaginemos na mentalidade pitagórica. Isso significa, é claro, pensar em números. Para Pitágoras e para seus primeiros seguidores, os números eram fundamentais para analisarmos a realidade como um todo[107]. Não se trata de uma ideia insana: a ciência moderna não é necessária para atestar que o mundo material contém regularidades matemáticas que permeiam desde as revoluções das esferas celestes até os dedos de nossas mãos. E, já no mundo antigo, a matemática era considerada como o paradigma de certos conhecimentos. Por exemplo, Aristóteles, em sua obra *Analíticos posteriores*, recorre a inúmeros exemplos matemáticos para explicar o significado de conhecimento demonstrativo (*e.g.*, 85a-86a).

Só que os números envolvem um pequeno problema: sua quantidade é exorbitante. Quem quer que tenha tentado contá-los, desistiu no meio do caminho; caso contrário, ainda estaria contando. É claro que os filósofos da Antiguidade se deram conta da infinitude dos números. Em geral, eles consideravam o infinito como algo do qual *não se é capaz* de conhecer – ele não tem limites, e esta natureza ilimitada é uma ameaça para nós na medida em que escapa à compreensão humana. Portanto, de modo paradoxal, os números surgem na Antiguidade tanto na condição de um objeto paradigmático de conhecimento quanto na de algo potencialmente incognoscível. Eudoro e outros pitagóricos lidaram com este problema aparentemente insolúvel ao seguirem o caminho proposto pelos sucessores imediatos de Platão, a "Velha Academia". Eles postularam que um número indefinido de números pode

107. *Filosofia clássica*, cap. 4. Acerca da Velha Academia, cap. 43.

derivar de somente dois princípios básicos, as chamadas mônada e a díada. Estes são, respectivamente, os princípios da unidade e da multiplicidade. Ao recorrer à terminologia usada pelo próprio Platão, Eudoro às vezes refere-se a estes dois princípios como o limitado e o ilimitado. Sejam quais forem os nomes empregados, o quadro geral continua o mesmo: há uma fonte de unidade e uma fonte de multiplicidade. Quando estes dois princípios se juntam, cria-se uma série ordenada, embora infinita. A mônada (ou o limite) oferece-nos, além da ordem, a possibilidade de que algo seja conhecido, ao passo que a díada confere à série de números uma multiplicidade ilimitada.

É deste mesmo modo que os representantes da Velha Academia explicavam a estrutura matemática das coisas. A partir da mônada e da díada eles criaram não apenas os números, mas também as formas, as figuras geométricas e os corpos – em suma, tudo. Esta teoria pode parecer obscura, contudo, em sua raiz jaz o conceito deveras simples de que as propriedades e a determinação das coisas são criadas por meio da imposição de um limite – ou ordem – a algo que é indefinido. Ademais, a unidade (ou a limitação) é vista como uma fonte de bondade e de beleza, uma vez que a bondade de cada coisa consiste em ter ordem correta e proporção justa. Tomemos o próprio exemplo pitagórico da corda de um instrumento musical, como o violão ou a lira grega. Para produzir notas musicais é preciso dedilhar ou tocar em cordas de comprimentos específicos. Pode-se aplicar esta mesma ideia a cores e até mesmo a formas tridimensionais. Um cubo, por exemplo, é o espaço cercado pelos limites, que são os seus lados. E, no *Timeu* de Platão, argumenta-se que os elementos fundamentais consistem em átomos geométricos. A Terra, por exemplo, no nível atômico, é formada por cubos. Tais exemplos demonstram a razão pela qual os platônicos pitagóricos, da Velha Academia em diante, descreviam o universo como uma escada ordenada de estruturas matemáticas e de harmonias na qual todas as coisas são criadas, e, recorde-se, criadas para serem boas, a partir de uma junção entre a unidade e a indefinida multiplicidade.

Eudoro acrescentou um degrau a esta escada metafísica. Talvez ele estivesse incomodado com a ideia de que uma oposição entre dois princípios tenha de ser algo fundamental. Afinal, a *República* antevê uma única forma do bem que não tem uma contraparte. Portanto, ele insistia em afirmar que, acima da dupla criadora e primordial, a mônada e a díada, deve existir um princípio ainda mais elevado. Ao longo dos séculos seguintes, os platônicos dariam a isso várias denominações. Em sintonia com a religiosidade da época, este primeiro princípio não é apenas "o bem", mas também o "pai" e até mesmo "deus". Com frequência, adotou-se o nome que lhe foi atribuído por Eudoro: o uno[108]. Este foi um grande passo em direção do neoplatonismo. Plotino também postulará a existência de um único uno que existe acima de todas as coisas, uma fonte de bondade, de ordem e de unidade para tudo que existe. Outros neoplatônicos concordarão com ele nesse aspecto ao sustentarem que o princípio fundamental da unidade também é o princípio fundamental da bondade. Em outras palavras, o uno é o bem.

Embora Eudoro tenha desempenhado um papel importante no desenvolvimento deste conceito, não foi ele a fonte mais imediata de Plotino. Esta distinção cabe a Numênio de Apameia, um platônico de meados do século II d.C.[109]. As obras de Numênio eram lidas na escola de Plotino e, na verdade, os críticos de Plotino alegavam que sua filosofia era um plágio das ideias de Numênio[110]. Como temos menos evidências a respeito de Numênio do que evidências a respeito de Plotino, é difícil saber a procedência desta acusação. Porém, Numênio decerto deve ter sido uma inspiração direta para a doutrina de um uno mais elevado (ou do bem). Além disso, antecipou-se a Plotino ao tratar do uno com imagística deveras evocativa; talento esse que, tanto quanto se pode aferir, faltava em grau à maioria dos platônicos médios. Em um dos fragmentos, Numênio compara o filósofo que vislumbra o bem a um vigia que avista um barco a remo que flutua pelo oceano infinito (Dillon, 1996, p. 370).

Com Eudoro e Numênio nós também vislumbramos um problema com que se depararam, em igual medida, os platônicos médios e os neoplatônicos. Se o princípio da bondade é idêntico ao princípio da unidade não seria melhor se o uno não criasse multiplicidade alguma? Por que ele não pode tão somente continuar sozinho, serenamente improdutivo e perfeito? Esta é provavelmente a principal dificuldade do platonismo da Antiguidade Tardia. Eu a menciono agora dado que Eudoro e Numênio

---

108. Dillon (1996, p. 126-127).

109. A seu respeito, cf. Dillon (1996, p. 361-379); Frede (1987, p. 1.034-1.075).

110. Cf. Porphyry (1966, p. 1-90).

parecem ter adotado duas soluções óbvias, porém incompatíveis. Para Eudoro o uno mais elevado é o princípio de todas as coisas, até mesmo da mônada e da díada. Ele é, portanto, a causa única e absoluta de tudo que existe. Numênio não aprova esta ideia – não consegue compreender como um princípio de multiplicidade como a díada poderia se originar a partir de um princípio de unidade. Então ele afirma que tanto a mônada quanto a díada são fundamentais: seu sistema reduz todas as coisas a um par de opostos, em vez de a uma única fonte. Isso lhe permite evitar o problema da possibilidade de que apenas um dê origem a muitos. Porém, se Deus tem um oposto – um antagonista, caso prefira chamar assim – isso transforma o universo numa espécie de campo de batalhas em que a unidade luta para vencer uma fonte de multiplicidades que lhe é semelhante? Como veremos mais adiante, esta é justamente a visão que seria defendida por um grupo religioso denominado de gnósticos. Plotino, eventualmente, sentiu-se tentado a seguir esta perspectiva, mas decidiu rejeitá-la, juntamente com os elementos dualistas que encontramos na obra de Numênio e na de outros platônicos médios.

Com Numênio, nossa história chegou ao século II d.C., e é nessa época que pretendo permanecer até o final deste capítulo. Portanto, retomemos a análise de nosso amigo Alcino. Sua obra *Didaskalikos* serviu de guia para a leitura – ou para o ensino – das obras de Platão. Ela percorre rapidamente as principais características da filosofia platônica e recorre particularmente ao *Timeu*, mas também se baseia em uma série de outros diálogos. Alcino considera como fato consumado que os diálogos são uma fonte de doutrinas positivas, e, por conseguinte, dá pouca atenção à caracterização dos céticos acerca de Platão ou de Sócrates – na verdade, não chega nem sequer a mencioná-la. Outros platônicos médios não eram tão diplomáticos. Numênio, por exemplo, escreveu uma obra polêmica intitulada *Sobre as divergências da Academia em relação a Platão* (cf. Dillon, 1996, p. 309). Para os platônicos médios, assim como para Antíoco, Platão era o que os céticos teriam denominado de dogmático.

Em alguns casos, os platônicos médios também se mostravam em sintonia com Antíoco quando apresentam os filósofos clássicos não céticos como uma tradição unificada. Alcino é um exemplo disso. É óbvio que ele considera Platão o melhor filósofo de todos os tempos, com um nível de qualidade tão alto que teve todas as ideias de Aristóteles e dos estoicos muito antes deles próprios. Alcino nos levaria a acreditar que a totalidade das lógicas aristotélica e estoica já estava contida nos diálogos, argumento que ele comprova por meio do duvidoso expediente de observar que as personagens platônicas apresentam argumentos que contêm várias estruturas lógicas (Dillon, 1993, § 6). Claro que uma coisa é recorrer ao argumento do formato "Se A, então B; mas se A, portanto B", e outra coisa completamente diferente é fazer o que os estoicos fizeram: isolar o formato do argumento de maneira independente e denominá-lo de silogismo hipotético. Alcino estava disposto – na verdade, ansioso – a ignorar tal distinção. De igual modo, Alcino atribui despreocupadamente a Platão ideias de cunho manifestamente estoico a respeito da importância de resistir às emoções (Dillon, 1993, § 32). Em suma, a sua estratégia consiste em aniquilar as escolas rivais com benevolência. As melhores intuições dessas escolas são discretamente incorporadas a um sistema platônico e declaradas como descobertas de Platão, ao passo que outros aspectos do pensamento delas são silenciosamente descartados.

Esta estratégia, que evidentemente nos remete a Antíoco, não foi amplamente adotada pelos platônicos médios. Já vimos anteriormente o ataque de Eudoro às *Categorias* de Aristóteles. Este parece ter sido uma espécie de passatempo predileto dos platônicos do período inicial do Império Romano. Dois filósofos obscuros, Lúcio e Nicóstrato, são conhecidos apenas por suas críticas às *Categorias*. Talvez fossem platônicos que atacavam Aristóteles devido à rivalidade entre as escolas filosóficas. Nesse sentido, realça-se Ático, o líder do platonismo na cidade de Atenas perto do final do século II d.C. (Dillon, 1996, p. 247-258). Temos acesso a um extenso relato de suas devastadoras críticas a Aristóteles, sobretudo no que tange a temas relacionados à ética. Os estoicos tiveram uma reação severa diante do reconhecimento aristotélico de que os bens externos, como saúde e riqueza, poderiam impactar nossa felicidade. Ático também se vale deste argumento. Ele se queixa de que isso faz com que nossa felicidade ocorra como resultado do acaso em vez de como fruto da virtude, como se Aristóteles tivesse construído toda a sua teoria ética em torno da importância dos bens externos. É claro que o divino Platão jamais cometeria um erro destes. Para ele, a virtude é o que garante a felicidade, e nada mais importa.

Embora os nossos platônicos tendam a estar de acordo com os estoicos em relação à virtude e à felicidade, isto não ocorre com outros aspectos do estoicismo. É praticamente desnecessário dizer que eles rejeitam o materialismo estoico. Em sua condição de platônicos, na verdade consideram que os princípios imateriais – como as formas platônicas – são mais reais do que os objetos físicos. Entretanto há aqui, com efeito, um pequeno problema. Seja qual for a compreensão que se possa ter das formas, por certo haverá muitas delas. Portanto, de que modo as formas estão relacionadas à mais elevada fonte de unidade situada no topo de sua hierarquia metafísica? Muitos platônicos médios simplesmente consideram as inúmeras formas como ideias contidas na mente de um único Deus – problema resolvido, portanto. Para eles, o problema maior é o que fazer com os ensinamentos estoicos quanto à providência e ao destino. Eles concordam enfaticamente com a visão estoica de que o mundo material é governado pela divina providência. Porém, eles rejeitam o determinismo dos estoicos. Desse modo, os platônicos médios desenvolveram uma teoria engenhosa segundo a qual a providência divina é exercida no mundo material apenas por meio do estabelecimento, neste mundo, tanto de leis mais gerais quanto de ordem (cf. Boys-Stones, 2007, p. 431-447). Eventos individuais que ocorrem no mundo material, tais como os que decorrem da escolha humana, não são causados pelo destino, mas recaem em sua jurisdição. O significado disso é que o destino estabelece leis de causalidade que podem ser desencadeadas pela escolha humana. Considere o exemplo do bom e velho Édipo. As leis do destino não o obrigam a assassinar um rei numa encruzilhada para, então, casar-se com a rainha e esposa do falecido. Porém, elas garantem que, uma vez que Édipo pratique estes atos, o resto da história há de se desenrolar com sua lógica irrefreável até que o próprio Édipo descubra a horrível verdade que está por trás de seu gesto e arranque os próprios olhos. A esta altura, Édipo terá se encontrado, à risca, com seu próprio destino.

Uma vez mais estas características do platonismo médio servem de preparação do terreno para o neoplatonismo. Plotino também se dirige às escolas rivais – em particular, aos aristotélicos e aos estoicos – ao criticá-las abertamente, ao mesmo tempo que aceita, com discrição, muitas de suas ideias. Ele também critica as *Categorias* e a perspectiva aristotélica dos bens exteriores, mas reconhece princípios metafísicos e psicológicos importantes de Aristóteles. Da mesma maneira, incorpora ideias estoicas da providência universal, porém refuta o determinismo estoico. Acima de tudo, Plotino simplesmente pressupõe, tal como os platônicos médios que o antecederam, que Platão é um filósofo dogmático cujas teorias podem ser extraídas dos diálogos. Embora não tenhamos informações detalhadas de como Platão era lido na escola de Plotino, pode-se verificar que no platonismo médio havia uma tendência à organização do material platônico de acordo com orientações doutrinárias ou pedagógicas. A primeira tentativa de organização dos diálogos de Platão coube a um platônico chamado Trásilo (cf. Tarrant, 1993). Ele os reuniu em conjuntos de quatro diálogos e, de maneira deveras sensata, deixou-se orientar, às vezes, pela ordem dramática deste conteúdo. Portanto, Trásilo sugeriu que se começasse a partir dos quatro diálogos – *Eutífron*, *Apologia*, *Críton* e *Fédon* – que narram a história do julgamento, da prisão e da execução de Sócrates. Nosso amigo Albino (com *B*) considerava que isso tudo era superficial. Em vez disso, principiou pelos diálogos que poderiam fornecer uma orientação ética para discípulos iniciantes.

Qualquer que tenha sido o modo de organização dos diálogos, está claro que se assemelhavam, no entender de todos estes platônicos, ao menos em certa medida, a textos sagrados. Na Antiguidade Tardia os seguidores de Platão muitas vezes os chamavam de "divinos", e não era mero gracejo – eles acreditavam que os diálogos continham verdades de inspiração divina e sobre-humanas. Estas mesmas verdades haviam sido ensinadas por Pitágoras, mas Platão as elaborou no formato de um volumoso *corpus* de textos capaz de se tornar objeto de ensinamento e de comentário. É claro que os diálogos platônicos não foram os únicos textos reverenciados no mundo antigo. Havia inúmeros outros textos religiosos pagãos, e, ademais, o próprio paganismo começava a enfrentar uma competição acirrada contra o judaísmo e o cristianismo. Em alguns casos, as tradições se misturaram. Já no início do século I d.C. deparamo-nos com o surgimento de doutrinas do platonismo médio no contexto – deveras inesperado – da filosofia e da teologia judaica. Esta extraordinária combinação foi obra de um homem igualmente extraordinário. Embora muitas vezes seja descrito como um platônico, ele escreveu comentários não acerca dos diálogos platônicos, mas acerca dos livros de Moisés. Este homem nos dará uma primeira oportunidade de assistir à interação entre a filosofia grega e as religiões abraâmicas.

23

Ao farol: Filo de Alexandria

A história que narraremos a seguir é a de um homem chamado Noé, que cuidava de seus três filhos. Havia quatro homens que viviam juntos, mas eles não estavam desacompanhados. Na verdade, estavam rodeados por uma família extensa e por um casal de cada criatura que rasteja na Terra e que voa pelos céus; tais animais foram salvos e protegidos da ruína ao adentrarem uma arca cuja construção obedecera a especificações precisas. Ao chegar à terra firme, Noé deixou claras as suas prioridades: de imediato começou a plantar uvas, a transformar as uvas em vinho, e, então, a embriagar-se. Vendo-o num estado deplorável, seu filho mais novo foi chamar os dois irmãos, os quais, em um gesto respeitoso, cobriram o corpo nu de seu pai. Ao despertar, já sóbrio, Noé ficou furioso com o filho mais novo, que testemunhara sua nudez. Ele amaldiçoou o filho deste filho - seu próprio neto, Canaã -, e condenou tanto ele quanto seus descendentes à servidão.

Como você sabe, esta história lamentável aparece na Bíblia, na verdade bem no início da Bíblia (Gn 9). Quer sejas uma pessoa religiosa, quer não o sejas, é provável que tenha se perguntado: O que essa história faz ali? Por que a Bíblia nos diria que Noé, salvador da humanidade e, ademais, do reino animal, embriagou-se sem razão alguma e expôs-se vergonhosamente diante de seus filhos? Este é um problema não muito diferente daquele que surgiu com a tradição pagã. Alguns leitores da Antiguidade ficavam estarrecidos com histórias nas quais maldades exuberantes eram atribuídas aos deuses gregos. Alguns deles, como Xenófanes e Platão, recusavam-se a acreditar em tais histórias[111].

111. *Filosofia clássica*, caps. 3; 28.

Outros supuseram que estes mitos continham um significado menos óbvio e mais instrutivo. A prática de tornar inteligíveis trechos ininteligíveis era às vezes chamada de *therapeia muthon* ou "a cura dos mitos".

Na época dos platônicos médios a cura hermenêutica já era aplicada com frequência a Homero e a outros textos reverenciados pela tradição helênica. Em meados do século I d.C., um autor chamado Cornuto realizou uma compilação de tais interpretações (cf. Boys-Stones, 2001, p. 49-59). Ele se valeu particularmente de textos estoicos que recorriam a alegorias e à etimologia a fim de decifrar as mensagens que subjaziam aos relatos sagrados dos deuses. Mesmo antes dos estoicos, em seu diálogo *Crátilo*, Platão também recorreu à etimologia para extrair um significado filosófico dos nomes dos deuses. Em parte, inspirados por este precedente platônico, os platônicos da Antiguidade Tardia mostravam-se ávidos para identificar conteúdos filosóficos em textos de Homero e Hesíodo, de modo que recorriam a quaisquer meios necessários para encontrá-los. Eles tampouco ignoravam as escrituras judaicas. Conta-se que Numênio, um dos maiores platônicos do período inicial do império, teria perguntado: "Quem é Platão, se não um Moisés que fala em grego ático?" (Des Places, 1973, fr. 8). Platônicos de épocas posteriores, como Porfírio, cujo sentimento pelos cristãos se resumia ao desprezo e à hostilidade, mostrou um considerável interesse pelo judaísmo e tratou com respeito esta fé antiga e suas antigas escrituras.

Entretanto, para percebermos a aplicação da interpretação alegórica de modo mais amplo, sem limitar-se à arca e à embriaguez de Noé, teremos de voltar nossa atenção a Filo de Alexandria – o qual não deve ser confundido com Filo de Larissa, cético da Nova Academia. Filo de Alexandria é chamado às vezes de *Philo Judaeus*, em virtude de ser judeu. A maior parte de suas obras consiste na exegese do conjunto dos primeiros cinco livros da Bíblia, o Pentateuco (ou *Torá*), cuja autoria a tradição judaica atribui ao próprio Moisés. O modo pelo qual Filo trata deste texto sagrado foi inspirado, por um lado, em alegorias filosóficas como a que acabo de mencionar e, por outro, em comentários feitos por judeus de épocas anteriores. No entanto, o tratamento dado por Filo aos ensinamentos mosaicos não tem precedentes. Ele não estava tão somente determinado a "curar" os textos ao tentar minimizar a importância de episódios potencialmente constrangedores. Tampouco considerava a filosofia como uma simples ferramenta a ser usada vez por outra para a interpretação das Escrituras. Pelo contrário, no entender de Filo, Moisés era a fonte de toda a verdadeira filosofia. Pitágoras foi um seguidor de Moisés, e Platão um seguidor de Pitágoras; portanto, o platonismo era uma chave para decifrar a mensagem de Moisés. Isso permitiu que Filo compreendesse quer Homero, quer qualquer outro texto, de um modo muito superior ao dos intérpretes estoicos ou platônicos. Em *todos* os trechos da *Torá* ele identificou a transmissão de alguma instrução filosófica, que, em geral, poderia ser detectada apenas pelo recurso às alegorias (cf. Kamesar, 2009, p. 65-91). A estratégia de Filo continuaria a ser adotada como uma ferramenta poderosa para a prática da filosofia no contexto das religiões reveladas. A ideia de que um texto como a Bíblia ou o Alcorão possam conter, de modo implícito, ensinamentos filosóficos, é compartilhada pelo judeu Filo, pelo cristão Agostinho e pelo muçulmano Averróis. Eis o início de algo que tomará grandes dimensões.

Mas não nos desviemos da intenção de narrar a história de Filo sem lacunas. Ele nasceu perto do final do século I a.C. e morreu por volta do ano 45 d.C., o que faz dele um contemporâneo de Sêneca e de Jesus. Em Filo encontramos um casamento entre a filosofia helenística e a fé judaica, e não poderia haver um lugar mais apropriado para a celebração deste matrimônio do que Alexandria. Esta cidade orgulhava-se não apenas da biblioteca fundada pelos ptolomaicos, e de um farol que era, à letra, uma das maravilhas da Antiguidade, mas também de abrigar a mais numerosa população judaica no Egito. Esta comunidade fazia parte da diáspora helenística, ou seja, do deslocamento de uma grande quantidade de judeus para territórios para além de Israel e dentro dos limites da área mediterrânea onde a língua grega era predominante. Para entender como a comunidade de Filo chegou até aqui teremos de fazer uma breve incursão na história do povo judeu[112]. As principais evidências de sua história inicial estão, por certo, na própria Bíblia hebraica. Ela nos conta que Moisés livrou os judeus da perseguição que sofriam no Egito e conduziu-os pelo deserto até que se estabelecessem nas terras que haviam sido prometidas a Abraão, nos arredores da cidade do Rei Davi: Jerusalém.

112. Uma boa fonte de pesquisas é o *Cambridge history of judaism*, composto de vários volumes; em seus dois primeiros volumes (Davies; Finkelstein, 1984; 1989), narra-se esta história até a época de Filo.

Foi nessa cidade que Salomão, filho de Davi, construiu o primeiro templo, em meados do século X a.C. Este local era considerado a morada de Deus. O templo, uma sala do tabernáculo, abrigava o santíssimo lugar (também conhecido como o "santo dos santos"), onde estava guardada a Arca da Aliança, que continha as duas tábuas nas quais estavam inscritos os Dez Mandamentos que Deus dera ao povo judeu. A Bíblia nos narra as histórias de Moisés, de Davi e de Salomão, e prossegue a narrativa com os livros de profetas como Isaías, Jeremias e Ezequiel, os quais viveram entre os séculos VIII e VI a.C. Tais histórias nos conduzem até a época dos primeiros filósofos pré-socráticos e também a um evento traumático na história do judaísmo: a invasão babilônica, ocasião na qual um grande número de judeus foi deportado e cujo ápice fora a destruição do Primeiro Templo de Jerusalém no ano 586 a.C. O período do judaísmo em que Filo viveu é chamado, às vezes, de "Judaísmo do Segundo Templo". Tal período se inicia com a reconstrução do templo em 515 a.C., e finda no ano 70 d.C., uma geração depois da morte de Filo, época em que foi destruído pelos romanos em meio a um morticínio de judeus rebeldes. Além de abrigar ritos sacrificiais, o templo servia de moradia do sumo sacerdote e era, em última instância, a Casa de Deus. Não seria exagero descrevê-lo como o centro do mundo judaico. Judeus da Diáspora, qual Filo, tinham de lidar com o difícil tema do significado de ser judeu numa terra estrangeira, isto é, sem ter acesso ao templo. Depois da destruição do segundo templo, todos os judeus, independentemente de onde vivessem, passariam a lidar com este tema.

Mesmo antes dessa época, o destino do templo, e dos judeus de modo geral, costumava ser determinado por protagonistas políticos mais poderosos. O segundo templo só viria a ser construído depois que os persas venceram os babilônios e deram início a uma época de relativa paz para os judeus que viviam em Jerusalém e em seus arredores. Contudo, esta situação (bem como várias outras situações) mudou com a chegada de Alexandre o Grande. Ele conquistou o Oriente Próximo em 332 a.C., dez anos antes de morrer. De um período inicial em que esteve submetida, alternadamente, ao controle dos dois impérios que prosperaram depois da morte de Alexandre, esta região passou a ser dominada pela dinastia ptolomaica do Egito. Isso significa que Jerusalém era administrada pelas mesmas autoridades que governavam a cidade de Alexandria, e, por conseguinte, funcionava como um imã para povos de inúmeras culturas. Isso explica a numerosa população de judeus na época de Filo, quando Roma passou a controlar o território do Egito. Uma dinâmica de confrontos e cooperações culturais entre gregos, judeus e egípcios continuava a vigorar tal como antes, a despeito de que o prêmio político a ser conquistado era agora, acima de tudo, a preferência dos romanos.

Filo é o exemplo perfeito disso: ele narra a embaixada que liderou na condição de representante dos judeus de Alexandria diante do Imperador Caio Calígula no final da década de 30 d.C. (*Embaixada a Gaio*, 1)[113]. Esta missão representou uma reação à violência contra os judeus que irrompera na cidade entre os cidadãos helênicos, os quais se autodenominavam os verdadeiros alexandrinos. Não devemos nos enganar em relação a isso: as relações entre a comunidade judaica e seus vizinhos helênicos talvez fossem tensas; no entanto, o próprio Filo escrevia em grego, bem como lia sua própria Bíblia em grego. O título de sua versão da Bíblia é a palavra latina *Septuaginta*, ou "Versão dos Setenta", uma alusão aos 72 eruditos que foram incumbidos de vertê-la para o grego. Conta-se que estes eruditos receberam inspiração divina, o que levou Filo a acreditar que sua Bíblia grega poderia ser lida como a Palavra de Deus, em vez de como uma fonte indireta desta Palavra, em um novo idioma. Com efeito, ele evocou a inspiração dos tradutores ao alegar que cada uma das passagens do texto fora traduzida de maneira fidedigna a cada palavra do texto original, ao significado aparente do texto hebraico, *e também* ao seu significado profundo. Caso tenha tido, caro leitor, a oportunidade de traduzir uma língua para outra, há de concordar que a intervenção divina é o mínimo necessário para explicar essa proeza.

Na verdade, a *Septuaginta* não é exatamente a mesma coisa que a Bíblia hebraica, pois distingue-se pela ordem dos textos e por incluir material adicional. Com efeito, ela está mais para o que os cristãos passariam a denominar de "Antigo Testamento". Porém, para Filo, seja como for, a Bíblia consistia sobretudo nos cinco livros da *Torá*, e grande parte de sua filosofia é apresentada como a exegese da revelação de Moisés. Assim, escrevera uma série de três volumes em que faz uma longa explanação da *Torá*. O primeiro descreve os problemas relacionados ao texto e apresenta algumas

113. As citações das obras de Filo têm como base os volumes da série Loeb (Colson; Whitaker; Markus, 1929-1962). Para uma coleção (volume único) em inglês, cf. Yonge (1993).

soluções; o segundo traz um comentário versículo a versículo do Gênesis, no qual se apresenta o significado aparente e também o significado alegórico de cada verso; o terceiro volume traz a explicação mais longa acerca de uma "apresentação da lei" mais temática. No início desta série de três volumes está um dos tratados filosóficos mais interessantes, intitulado *Sobre a criação do mundo*, o qual trata das seções iniciais do Gênesis. Aqui, Filo toma para si a tarefa de conciliar a história bíblica da criação com o *Timeu*, diálogo em que Platão apresenta sua própria versão da criação.

Em certa medida, a tarefa de Filo não é nada complicada. Enquanto resume as principais doutrinas que subjazem à narrativa do Gênesis, sua lista pode ser aplicada com a mesma plausibilidade a Platão. Deus existe; Deus é único; Ele criou o mundo; este mundo também é único; e Deus exerce sua providência no mundo (*Criação do mundo*, § 61). Platão afirma tudo isso de maneira explícita no *Timeu*, embora descreva o criador divino como um artesão ou um demiurgo que conta com a colaboração de ajudantes que igualmente partilham a condição de deuses (*Timeu*, 40d). Porém, um olhar mais atento identifica tensões na tentativa que Filo empreende de conciliar Platão e Moisés. Assim como no *Timeu*, Filo compara o criador a um arquiteto humano – especificamente, um arquiteto que constrói uma cidade em conformidade com planos predeterminados (*Criação do mundo*, § 4). Estes planos, claro, são as formas platônicas. Porém, Platão afirma que o demiurgo "olha para" estas formas e constrói o mundo como uma imagem delas. Do texto inicial do Gênesis, Filo extrai uma mensagem diferente. Ele o entende como uma referência à criação de um mundo de formas inteligível. Trata-se da criação do primeiro dia, e o mundo físico é construído somente mais tarde na história do Gênesis. Como se estivesse ciente de que os leitores poderão suspeitar de que a filosofia é sutilmente importada para o interior das Escrituras, Filo comenta em sua defesa: "Esta doutrina é de Moisés, não é minha" (*Criação do mundo*, § 6).

Com esta alteração aparentemente sutil, Filo faz um reconciliação radical entre Platão e o judaísmo. Enquanto Platão parece presumir que o demiurgo é um princípio eterno que se distingue das formas, Filo reafirma a completa primazia do Criador único e, por conseguinte, situa as formas como ideias que residem na deste Criador. Encontraremos uma postura semelhante em Plotino, o qual explicitamente rejeitava a ideia de que as formas se encontram fora do intelecto divino, bem como a possibilidade de que este intelecto pudesse olhar para elas como se fossem um projeto cósmico preexistente. Em outra antecipação da doutrina platônica de épocas posteriores, Filo usa a palavra grega *logos* para descrever as formas, na medida em que estas servem como instrumentos de Deus para a criação do mundo (*Criação do mundo*, § 8). *Logos* é um dos termos mais difíceis de serem traduzidos na filosofia grega antiga, contudo, neste contexto, significa algo como "princípio racional". Filo segue não somente o exemplo de Platão, mas também dos estoicos, visto que estes também usavam a palavra *logos* para definir uma ordem divina e providencial que permeia todo o cosmo. A diferença é que, para os estoicos, o *logos* era algo tão somente idêntico a Deus. Para Filo, ele consiste nas ideias de Deus, que são criadas por Ele como um primeiro passo em direção à criação do universo físico que passará a existir no final do sexto dia.

Esta menção ao "sexto dia" despertaria a atenção (ou a surpresa) de qualquer platônico médio digno deste adjetivo. Já sabemos que platônicos dessa época costumavam mesclar os ensinamentos contidos nos diálogos com as teorias pitagóricas dos números, e Filo não é exceção a esta regra. Ele não encara estes seis dias da criação como uma referência temporal literal; para ele, os números atribuídos para cada um dos dias contêm um valor alegórico ou simbólico (*Criação do mundo*, § 3). Por exemplo, segundo esta narrativa, os animais foram criados no quinto dia porque as sensações são uma característica que lhes é própria e, ademais, o número do dia corresponde à quantidade de sentidos presentes neles. A totalidade da criação demandaria seis dias para ser concluída para transmitir a ideia de sua perfeição. Isso se dá porque seis é um número perfeito[114]. Poderíamos considerar absurda a possibilidade de esse tipo de numerologia ser uma chave de compreensão bíblica. Filo responderia que de fato seria absurdo imaginar que Deus literalmente precisasse de seis dias para criar o universo – Deus, decerto, criou todas as coisas de uma só vez. No entanto, Filo realmente admitia a ideia de que o universo material passou a existir em algum tempo definido. Ele escreveu outro tratado, intitulado *Sobre a eternidade do mundo*, em que resume argumentos em favor e contra a eternidade, no que seria a reverberação da estra-

114. Ou seja, um número equivalente à soma de seus divisores, exceto ele mesmo; neste caso: 1, 2 e 3. O próximo número perfeito, caso você tenha a curiosidade de saber, é 28 (1 + 2 + 4 + 7 + 14), e depois deste levará um tempo até que o terceiro número apareça.

tégia empregada pelos céticos da Academia para chegar à suspensão do juízo. Em nossa versão desse texto, por mais irônico que possa ser, sobreviveram apenas os argumentos em favor da eternidade, uma vez que Filo se alinharia, por fim, aos argumentos contra a tese da eternidade.

Portanto, Filo encontra no Gênesis doutrinas metafísicas de tópicos como o ato criativo de Deus e a condição das formas. No entanto, ele atribui a mesma importância a tópicos relacionados à ética. Em sua visão, a *Torá* exorta-nos a renúncia dos prazeres corporais e a aproximação da virtude, o que para ele é sinônimo de fidelidade a Deus. Moisés, em sua condição de fonte de toda a filosofia, foi o mestre mais importante a transmitir esta mensagem. Porém, não fora o único mestre. Na verdade, precisamente em virtude de Moisés ser a fonte de toda a filosofia, os filósofos helênicos podem ser considerados colaboradores na tarefa de interpretar seus livros. Filo nutre uma particular admiração pelos filósofos helênicos que defendem a racionalidade e a virtude em detrimento do prazer. Ele concordava com as perspectivas de Cícero e de Antíoco quando estes sustentaram que os grandes heróis do pensamento ético da Grécia eram Platão e os pensadores que eram considerados seus seguidores, ou seja, Aristóteles e os estoicos. Filo reproduz listas estoicas das virtudes, a doutrina aristotélica do justo meio e até mesmo a imagética platônica do *Fedro* segundo a qual a alma precisa criar asas para poder retornar ao seu lar celeste (cf. Lévy, 2009, p. 146-171).

A diferença, é claro, assenta-se no fato de que Filo entrelaça tais ideias com uma exegese bíblica. O Paraíso adâmico equivale à virtude, ao passo que a Queda significa a rendição ao prazer, do qual a serpente é símbolo. Para Filo, Eva simboliza as sensações da alma irracional (cf. Dillon, 1996, p. 175), e isso é o que leva a razão (personificada por Adão) a deixar-se ser seduzida pelo prazer – uma visão um tanto reducionista da mulher, que é parcialmente compensada pelas alegorias mais positivas de outras mulheres no Pentateuco. O enfoque de Filo na ética abarca outras histórias além da criação e do Jardim do Éden, e inclui episódios como o da embriaguez de Noé. Filo usa esta passagem bíblica como oportunidade para apresentar outro conjunto de argumentos em favor e contra uma tese filosófica: neste caso, o problema (que tem ares estoicos) de saber se, em algum momento, o homem sábio decidiria embriagar-se. De modo previsível, ele interpreta essa história como um alerta em relação a entregar-se aos prazeres carnais.

Entretanto, aqui ele deseja apresentar outro modo de ver mais surpreendente e menos estoico – o fato de que também existe uma espécie de embriaguez mais elevada e intelectual (cf. Lévy, 2009, p. 162). As pessoas que alcançam a sabedoria e o conhecimento de Deus podem parecer embriagadas aos olhos dos neófitos, pois elas são transportadas para fora de si mesmas.

Embora minha descrição possa transmitir a impressão de que a metafísica e a ética representam dois temas distintos nas obras exegéticas de Filo, na verdade o autor enfatizava a relação íntima que existe entre ambas. A própria lei judaica – imposta ao povo de Deus a fim de afastá-lo das tentações do prazer e aproximá-lo de seu Senhor – é uma espécie de imagem espelhada da lei da providência que rege o cosmo. Por exemplo, as leis judaicas da alimentação têm o propósito de induzir o autocontrole – elas não visam apenas a uma pureza ritual, mas também a uma pureza ética. Nosso objetivo é recuperar o que se perdeu na Queda do Paraíso, a saber, a perfeita comunhão com as ideias de Deus. O platonismo de Filo está novamente presente em sua interpretação da Queda. A criação da matéria, por sua própria natureza, está sujeita a mudanças e ao fluxo, de modo que a Queda é vista como uma necessidade metafísica (*Criação do mundo*, § 53). Porém, na condição de judeu, Filo compreende a Queda e a jornada rumo à redenção dentro de um contexto mais histórico no qual Moisés, por meio de sua liderança e, decerto, por meio da própria *Torá*, mostra a seu povo o caminho de volta para Deus.

Portanto, Filo não é tão somente mais um platônico que por acaso é judeu. Ele simplesmente nos oferece uma inestimável compreensão acerca da maneira como o platonismo era praticado nessa época. Ele completa uma descrição, de início vaga, que está baseada, sobretudo, em nosso conhecimento indireto a respeito de Eudoro de Alexandria, o qual viveu pouco tempo antes de Filo. Porém, Filo não é uma figura de menor importância para a história do judaísmo, tampouco para o cristianismo. Suas obras foram lidas com entusiasmo pelos Padres da Igreja cristã que preservaram – e dialogaram com – suas explicações alegóricas da Bíblia. Faz todo sentido que suas ideias tenham tido uma receptividade tão ecumênica. Ele apresentou uma maneira de solucionar os dilemas hermenêuticos, metafísicos e éticos contidos em cada um dos textos revelados – fossem estes da *Torá*, da Bíblia ou do Alcorão. Tais dilemas se mostrarão cada vez mais cruciais com o passar do tempo na Antiguidade Tardia, bem como à medida que o cristianismo começa a substituir a tradicional religião greco-romana. Por ora, contudo, estamos ainda no período inicial do império, e o platonismo pagão parece ter ainda um grande fôlego. Na sequência trataremos de um autor que, assim como Filo, apresentava sua filosofia na forma de uma interpretação de crenças e de símbolos religiosos. Porém, ele não era judeu; tampouco cristão. Na verdade, ele foi um sacerdote no Templo de Apolo, em Delfos.

24

As máximas délficas: Plutarco

Os temas deste capítulo são patrocinados pela letra E. Nele examinaremos temas como o mal, a eternidade, o ecletismo e a ética. Mas comecemos com a própria letra E – ou melhor, com a letra grega épsilon. Ao que parece, no Templo de Apolo, em Delfos, os gregos da Antiguidade não se limitavam a colocar estátuas e gravar inscrições, como as famosas "Conhece-te a ti mesmo" e "Nada em excesso". Eles também tinham moldes da letra épsilon – *ei* em grego –, construídos a partir de materiais como a madeira e o bronze, os quais eram deixados em homenagem a Apolo. Você poderia perguntar: Qual era a intenção deles ao fazer isso? No período inicial do Império Romano, a resposta a esta pergunta perdeu-se nas brumas do tempo, de modo que aos próprios gregos só cabia especular quanto às origens de tais práticas. Entre as mentes dispostas a investigar havia um homem que tinha mais razões para especular do que qualquer outro. Ele era um sacerdote em Delfos; seu nome era Plutarco.

Plutarco nasceu em Queroneia, próxima a Delfos, na Beócia, uma região da Grécia continental. Viveu entre os anos 45 e 125, época em que viajou muito não só pela Grécia como pelo mundo, viagens estas que lhe renderam amizades entre os aristocratas do Império Romano, a ponto de, ao que parece, ter conquistado a posição de cidadão romano. Plutarco, entretanto, manteve uma forte conexão com sua terra natal, local no qual se sobressaiu como um homem de considerável prestígio e onde associavam as origens de sua família aos heróis arcaicos – figuras lendárias e mitológicas – da Beócia. Contudo, Plutarco foi mais do que um sacerdote da aristocracia. Também foi autor de um enorme conjunto de escritos. Uma simples lista de títulos de suas obras já serve como indício de leituras interessantes, que subsistiram na forma de um documento intitulado *Catálogo de Lâmprias*. O *Catálogo* lista inúmeras obras que – assim como o motivo pelo qual ele dedica a letra E a Apolo – se perderam. Ainda assim, grande parte de sua obra sobreviveu até os nossos dias. Ele continua a ser uma das fontes mais valiosas para a história greco-romana. Porém, para os objetivos deste livro, nos concentraremos em suas obras filosóficas. Muitas delas estão no formato de diálogos, uma imitação que fizera da autoridade que mais reverenciava: Platão.

Os diálogos de Plutarco incluem uma obra intitulada *Do E de Delfos*[115]. Ela apresenta um diálogo filosófico em uma estrutura dramática na qual uma personagem narra uma conversa que acaba de ouvir. A estrutura do diálogo se assemelha à do *Banquete* de Platão, com a introdução de uma série de falas que apresentam diferentes perspectivas do mesmo tema. Aqui, o tema não é o amor, tal como no *Banquete*, mas aquelas misteriosas letras E em Delfos. Vários personagens apresentam diferentes teorias a respeito do *épsilon*, as quais Plutarco julgaria estarem numa ordem crescente de compreensão. Assim, principia-se com uma explicação um tanto banal e histórica que se baseia no fato de que o *épsilon* era usado em grego quando se queria escrever o número 5 – por ser a quinta letra do alfabeto grego, assim como o E em nosso alfabeto. De acordo com esta história, o *épsilon* representa cinco sábios da Grécia: os chamados "sete sábios" menos dois intrusos que não deveriam fazer companhia a este prestigioso grupo (*Do E de Delfos*, 385E). Porém, logo adentraremos um território mais filosófico. Um segundo personagem considera que o *épsilon* equivale à palavra grega para "se", também pronunciada *ei*. A intenção deste personagem é enfatizar a importância da lógica, que estuda orações condicionais, do tipo "Se X, então Y". Um terceiro personagem dá preferência a uma interpretação pitagórica na qual o *épsilon* equivale ao número 5, e, então, discorre com entusiasmo acerca de seu significado numerológico (*Do E de Delfos*, 389F).

Assim como o apogeu do *Banquete* ocorre quando Sócrates recebe de Diotima os ensinamentos filosóficos, Plutarco também aprende com seu mestre Amônio (cf. Opsomer, 2009, p. 123-186). Devo aqui chamar a sua

115. Plutarco, *Obras morais*, vol. 5. Texto em grego e tradução para o inglês de Babbit (1936).

atenção para o fato de que o nome "Amônio" está para a filosofia da Antiguidade Tardia assim como "Diógenes" estava para a filosofia helenística. O mestre do grande Plotino também se chamava Amônio, assim como tinha o nome Amônio o líder de uma escola de comentadores em Alexandria. Todos estes homens eram platônicos; todos foram mestres de homens famosos e todos são conhecidos indiretamente, isto é, por meio de seus ilustres discípulos. Aliás, cheguei a mencionar que os platônicos da Antiguidade acreditavam em reencarnação? De todo modo, quando este Amônio, mestre de Plutarco, apresenta sua explicação acerca do *épsilon*, ele explicita, desde o início, seu distanciamento em relação ao discurso pitagórico do número 5. Não que ele reprove o uso da numerologia; pelo contrário, sua inquietação reside no fato de que esta explicação pode minimizar a importância de um número diferente para Apolo: o 7 (*Do E de Delfos*, 391-392).

Amônio prefere, então, lembrar aos seus ouvintes que a sílaba *ei*, em grego, também pode estar associada a um verbo: seu significado é "Tu és". E esta, propõe ele, é a chave para a compreensão do E de Delfos. Trata-se de uma fala dirigida ao deus. É adequado dizer "Tu és" ao deus, pois deus existe no nível do ser, ao passo que as coisas em nosso domínio material estão sujeitas ao *devenir*. Isso talvez nos remeta a quando o Deus da Bíblia hebraica diz "Eu sou o que sou", porém o contraste entre ser e devenir é extraído diretamente do *Timeu*. Este diálogo platônico talvez não conste no repertório de leituras das pessoas hoje em dia, mas Plutarco, e, ao que parece, seu mestre Amônio, consideravam o *Timeu* uma obra platônica de particular importância. Como veremos mais adiante, Plutarco tinha opiniões polêmicas a respeito desta obra. Contudo, todos os platônicos deste período estariam de acordo com Amônio quanto ao divino ter uma natureza imutável e eterna, ao passo que as coisas corpóreas estariam sujeitas a um fluxo constante (*Do E de Delfos*, 392). Já que não somos deuses, permanecemos nesta região inferior onde a mudança é constante. Desse modo, Amônio conclui que o E em Delfos forma uma espécie de par com a famosa inscrição "Conhece-te a ti mesmo" (*Do E de Delfos*, 394C). Ao dizer *ei* – "Tu és", declama-se ao deus que ele é exaltado além de nosso reino; ademais, quando a inscrição nos lembra da necessidade de conhecermos a nós próprios, isso significa que jamais devemos nos esquecer de nossa posição mais humilde.

Esta combinação de metafísica ousada e humildade em relação à natureza humana e ao que ela é capaz de alcançar é deveras típica do próprio Plutarco. Ele incorpora a transição gradual do ceticismo da Academia helenística para o dogmatismo platônico – isto é, a aceitação de doutrinas filosóficas positivas. Plutarco não hesita em apresentar teorias da natureza dos deuses, do mundo inteligível, do cosmo e da natureza do homem. Tal como os demais platônicos "médios", Plutarco considera estas teorias como a essência doutrinária dos diálogos platônicos. No entanto, Plutarco adverte-nos, por vezes, que ele próprio diz tão somente o que considera "provável", uma ideia que nos remete ao cético acadêmico Filo de Larissa. A advertência de Plutarco, contudo, tem uma base diferente, e mais metafísica: se a realidade é divina e imaterial, então criaturas materiais como nós não devem nutrir esperanças de compreendê-la em sua plenitude. Já comentei antes que, com a ascensão do platonismo dogmático, a estratégia cética de Filo, de Sexto Empírico e de outros parece ter desaparecido. *Grosso modo*, isso é verdade; a modéstia epistemológica dos céticos, porém, continua viva em meio a platônicos de épocas posteriores, os quais sempre enfatizam a incapacidade dos humanos de compreender de todo as realidades divinas.

No entanto, mesmo de maneira modesta, Plutarco não hesitava em afirmar sua posição em favor do platonismo. Ele criticou severamente as teorias de outras escolas filosóficas em um tratado intitulado *Contra Colotes* (um filósofo epicurista) e em outra obra intitulada *Contradições estoicas*. Na verdade, ele é uma importante fonte de informações acerca destas tradições helenísticas. Cabe aqui uma clara comparação com Cícero, o qual também preservou informações preciosas de movimentos filosóficos, ainda que o fizesse em virtude de criticá-los. Porém, tal qual ocorrera com Cícero, a fidelidade de Plutarco à sua escola não o impedia de associar-se com representantes de outras tradições. Até mesmo um de seus discípulos, Favorino, revelou ter inclinações aristotélicas, e o próprio Plutarco também conviveu com estoicos e com epicuristas (Swain, 1997, p. 179; 184). Ele tampouco hesitava em recorrer às ideias de Aristóteles, especialmente no que tangia à ética. A receptividade de Plutarco a várias linhas do pensamento grego levou alguns intérpretes a descrevê-lo como "eclético"[116], mas

116. Para uma avaliação desta ideia, cf. Dillon (1987, p. 103-125).

isso só pode ser verdadeiro se considerarmos a acepção original desta palavra: alguém que deliberadamente escolhe a partir de variadas fontes. De fato, Plutarco baseou-se em fontes variadas, mas não restam dúvidas de que se manteve fiel aos princípios platônicos.

Na verdade, Plutarco envolveu-se com a disputa quanto à história da própria Academia, a mesma que havia provocado a polêmica entre Antíoco e Filo de Larissa. Com base no catálogo de suas obras, sabemos que ele escreveu um tratado intitulado *A diferença entre os pirrônicos e os acadêmicos*. Este texto se perdeu no tempo, mas sua suposta intenção era mostrar que a Academia Cética fazia parte da tradição platônica, enquanto os pirrônicos, mais radicais, não pertenciam mais a este grupo. Isso está em sintonia com a postura cética moderada que Plutarco adota em suas próprias obras. Porém, a característica platônica mais evidente dos textos que ele nos legou é o seu envolvimento explícito com os escritos de Platão. Temos acesso a um conjunto de breves *Questões platônicas*, obra na qual apresenta soluções para dificuldades que emergem quando se tenta interpretar os diálogos. Mais interessante ainda é uma obra intitulada *Sobre a geração da alma no "Timeu"*[117]. Com esse texto, começamos a tratar de tópicos essenciais acerca do platonismo da Antiguidade Tardia – na verdade, acerca do platonismo de qualquer época.

Quem é platônico acredita que o mundo material é apenas uma imagem, uma consequência de entidades divinas e perfeitas. Porém, se isso for mesmo verdade, terá de se perguntar por que o mundo se encontra tão distante da perfeição. Na verdade, mesmo sem o desejo de nos sentirmos deprimidos em relação a isso, é impossível não reparar que o mundo está repleto não apenas de males morais, mas de adversidades, de deformações das coisas naturais, de mortes e de fealdade. Como é possível que causas perfeitas possam produzir resultados tão imperfeitos? Você também terá de se perguntar de que modo as causas estão relacionadas a seus resultados. Elas os criam de um modo automático ou escolhem um momento inicial para provocar a existência do universo físico? Estas perguntas seriam motivo de inquietação para os platônicos ao longo de muitas gerações. Na verdade, elas preocuparam pensadores medievais, cuja relação com Platão é muito mais indireta do que Plutarco gostaria que fosse. Portanto, Plutarco

117. Plutarco, *Obras Morais*, vol. 13, parte 1.

fazia alguns avanços iniciais naquilo que se tornaria um prolongado debate; avanços que se baseavam em uma leitura cuidadosa dos textos de Platão.

Sua primeira alegação importante diz respeito à discussão da imperfeição do mundo. Porém, ele chega a ela de modo indireto, já que sua ambição mais imediata é esclarecer uma aparente contradição entre dois diálogos de Platão (1013C-F). No *Fedro*, Platão apresenta uma famosa prova de que a alma não é criada, e sim eterna, com base na ideia de que ela se movimenta. Porém, no *Timeu*, afirma explicitamente que a alma de todo o cosmo é criada por um deus artesão ou demiurgo. Cabe então perguntar: A alma é ou não criada? Plutarco esclarece esta dificuldade quando assere que Platão tinha em mente duas almas distintas (1017B). Há uma alma eterna, incriada, que não foi construída pelo demiurgo. Como não foi efeito de um criador sábio e perfeito, esta alma é irracional (1014B) e se associa aos movimentos desordenados que controlam a matéria antes que o demiurgo se apresente e crie um mundo ordenado. Parte deste processo de ordenamento é a criação, pelas mãos do demiurgo, de outra alma racional para todo o universo. Esta é a alma que, de acordo com o *Timeu*, é criada. Problema resolvido.

Por meio de um raciocínio tortuoso, Plutarco respondeu à nossa primeira discussão. O universo é imperfeito por ter sido criado não apenas por um deus perfeitamente sábio, mas também por uma alma desordenada. Trata-se de uma produção conjunta, tal qual uma obra de carpintaria realizada por um carpinteiro mestre em cooperação com um aprendiz particularmente incompetente. Platônicos de épocas posteriores ficarão preocupados com o dualismo que esta explicação introduz em nossa compreensão da alma: teríamos não apenas a alma boa e racional, mas também uma alma irracional, talvez até mesmo *malévola*. Portanto, eles apresentarão sugestões distintas da fonte da imperfeição no universo. Plutarco já antecipa uma destas sugestões, que consiste em atribuir a culpa à própria matéria. Ele, contudo, rejeita esta solução, pois a matéria é puramente passiva (1014F-1015A, 1015D). Na ausência de uma alma irracional que cause perturbação, a matéria não ofereceria ao demiurgo e à alma racional mais resistência do que a madeira perfeitamente flexível oferece ao carpinteiro que a trabalha. Ademais, Plutarco pode afirmar que o próprio Platão se comprometera com uma espécie de dualismo da alma. Platão argumentou que a alma humana não somente contém uma parte mais elevada e racional como também contém partes menos elevadas e irracionais. Para Plutarco, esta dualidade da alma humana simplesmente reflete a dualidade da alma de modo geral. Nós partilhamos da imperfeição do universo em que vivemos e, no entanto, temos a opção de nos identificarmos sobretudo com nossa parte racional; com isso, podemos aproximar-nos da perfeição dos deuses.

O segundo aspecto polêmico no ensaio de Plutarco acerca do *Timeu* já está implícito no que afirmei anteriormente: o universo físico não esteve sempre aqui. Uma vez mais, Plutarco pode mostrar as evidências que Platão apresenta para isso. A certa altura da obra, Timeu afirma que o universo é "criado" e que tem um "início". Entre platônicos de épocas posteriores corria a má fama de que Plutarco, juntamente com outro filósofo chamado Ático, o qual já encontramos brevemente no capítulo 22, davam a essa afirmação uma interpretação literal, isto é, uma negação da eternidade do mundo. Tanto Plutarco quanto Ático basearam-se nas palavras de Platão para afirmar que o mundo foi criado a partir de uma matéria preexistente e por meio da intervenção do demiurgo. Plutarco afirmou isso não apenas como uma interpretação correta de Platão, mas também na condição de verdade: se o mundo fosse eterno, perderíamos uma das maiores provas do poder e da existência dos deuses: a criação divina do universo (1013E). No entanto, sua perspectiva se revelaria minoritária entre platônicos da Antiguidade Tardia. Outro platônico, chamado Lúcio Calvino Tauro, numa época um pouco posterior à de Plutarco, afirmou que a palavra "criado" poderia ter significados variados (cf. Dillon, 1996, p. 237-247). Ao afirmar que o universo é criado, o que Timeu provavelmente quis dizer é tão somente que ele está sujeito à criação, isto é, no sentido de que é suscetível a mudanças constantes; ou, então, que o universo tem uma causa. Muito tempo depois veremos que neoplatônicos como Proclo se aproveitaram deste argumento de Plutarco. Isso contribuiu para ilibar a interpretação que os neoplatônicos fizeram do *Timeu* como uma defesa da ideia de eternidade do universo e, portanto, da compreensão ortodoxa platônica de como os deuses se relacionam com este universo.

De certa maneira, é uma pena que neoplatônicos como Proclo tenham criado a imagem de uma associação tão sólida entre Plutarco e a não eternidade do mundo. Ora, Plutarco foi um pensador muito apreciado por Proclo, pois fazia um grande esforço para combinar crenças filosóficas pagãs com a filosofia platônica. Já vimos um exemplo disso, a obra *Do E de Delfos*. Outro exemplo é o ensaio de Plutarco acerca do mito de Ísis e de Osíris[118]. Este texto fascinante, que está entre as primeiras narrativas mitológicas, é valioso em virtude da luz que lança na religião egípcia e na postura grega em relação a esta religião. Plutarco apresenta seu testemunho da interpenetração dos sistemas de crença pagãos neste período em que divindades gregas, romanas e egípcias são reunidas em um mesmo panteão, ou então eram identificadas umas com as outras. Como ele próprio afirma, os deuses são compartilhados por todos os homens, ainda que tenham nomes diferentes – assim como o Sol e a Lua são iguais para todas as pessoas, mas têm nomes diferentes em diferentes idiomas (377-378). Ainda assim ele apresenta um modo nitidamente filosófico de compreender este mito ao ver seus protagonistas como representações de princípios cosmológicos e metafísicos.

O mito egípcio narrado por Plutarco retrata um personagem malévolo, Tifão, a competir com o casal de heróis, Ísis e Osíris. Tifão despedaça o corpo de Osíris, de modo que a pobre Ísis se vê obrigada a tentar recompor os fragmentos do corpo do marido. Para Plutarco estes personagens personificam características físicas do cosmo – Osíris representa a umidade vital que gera a vida; Ísis simboliza a natureza e o filho do casal, Hórus, simboliza o mundo em si (363D). Tifão, por sua vez, representa a seca e a aridez que ameaçam a vida. Em um nível mais elevado pode-se considerar que Osíris representa o demiurgo, enquanto Tifão representaria a alma irracional apresentada em *Sobre a geração da alma no "Timeu"*. Plutarco não se arrepende das tendências dualistas de sua interpretação, mas estas teriam horrorizado um pensador como Proclo, para quem todas as coisas devem derivar de um único princípio que é pura e simplesmente bom. Como o próprio Plutarco afirma, sua visão dualista tem, na verdade, algo em comum com pensadores de épocas anteriores – Empédocles, com seus princípios dualistas de amor e de ódio, e até mesmo com a tradição de Zoroastro (369C-E).

118. Em Plutarco, *Obras morais*, volume 5.

No entanto, não quero deixá-lo com a impressão de que Plutarco passava o tempo todo refletindo acerca dos deuses e da metafísica. Na verdade, muitos de seus textos são dedicados ao tema da ética, e, em geral, a aspectos demasiado específicos: existem obras inteiramente dedicadas à tagarelice, a como lidar com o exílio, ao excesso de curiosidade e a como distinguir um bajulador de um amigo[119]. Não se trata propriamente de filosofia moral, mas antes de moralização; ademais, o estilo próprio de colunista de conselhos que se observa nessas obras faz lembrar escritos semelhantes de Sêneca, o qual outrossim examinou a reação conveniente ao exílio. Assim como Sêneca, Plutarco escreve para colegas da aristocracia. Porém, ao contrário dele, Plutarco não se mostra muito exigente: não tenta substituir seu sistema de valores por um sistema novo, mais filosófico. Em vez disso, dedica-se a oferecer conselhos úteis e a ampliar um pouco a perspectiva das pessoas em relação a seus problemas diários. A psicologia platônica de Plutarco poderia tê-lo conduzido por direções radicais como, por exemplo, a uma completa rejeição da riqueza e da saúde do corpo com a consideração de que são inúteis. Entretanto, Plutarco se mostra mais inclinado à visão aristotélica nesse aspecto, uma vez que reconhece que os bens externos podem muito bem ter seu espaço numa vida feliz que é vivida de acordo com a natureza.

As obras mais famosas de Plutarco consistem em textos éticos de um tipo diferente. Trata-se de *Vidas paralelas*, obra que narra as biografias de personalidades gregas e romanas. Seu projeto começa com as figuras de Rômulo e de Teseu, os lendários fundadores de Roma e de Atenas, e prossegue com outras duplas, como Alexandre e Júlio César. A importância destas obras para nosso conhecimento da história da Antiguidade é incontestável. Plutarco, porém, concebeu-as como estudos de caráter moral e utilizou o caráter como princípio estruturante de *Vidas paralelas*. Por exemplo, um dos sucessores de Alexandre, Demétrio, é apresentado ao lado de Marco Antônio – dois célebres hedonistas. O objetivo ético que subjaz a *Vidas paralelas* não é o único aspecto que a tornara atraente para leitores de épocas posteriores – a obra mostra que o autor tinha o dom de apresentar pormenores reveladores. Plutarco descreve Júlio César passando por um vilarejo

119. A esse respeito, cf. Van Hoof (2010).

remoto dos Alpes e observando que preferia ser o primeiro numa pequena aldeia a ser o segundo em Roma (cf. Lamberton, 2001, p. 109). Em situações eventuais, Plutarco chega a demonstrar senso de humor. Em um de seus tratados éticos, ao enfatizar a importância de olhar para o lado positivo das coisas, ele dá o seguinte exemplo: caso você sinta vontade de jogar uma pedra em um cachorro e, em vez disso, jogar a pedra em sua sogra, isso não é de todo ruim (cf. Van Hoof, 2010, p. 97).

Se o tema explícito de suas obras é a ética, o tema implícito destas é a relação entre Grécia e Roma. Plutarco escreveu em grego ático, uma forma clássica da língua que em sua época já era considerada arcaica. Ele foi um patriota helênico, e fez severas críticas ao grande historiador Heródoto por ter ousado retratar os gregos com uma imagem negativa. Para Plutarco, Atenas era uma cidade particularmente admirável não apenas por sua filosofia, mas também por suas importantes conquistas militares. No entanto, o universo de Plutarco era completamente romano. A esta altura, os romanos já possuíam o domínio inconteste da Grécia e dos territórios além de suas fronteiras de modo que, apesar de toda a sua devoção a Platão e à religião pagã, a postura cultural de Plutarco se assemelha mais à de Sêneca do que à de qualquer ateniense da Antiguidade. No século II d.C., homens como Plutarco já olhavam com nostalgia as glórias de um passado helênico. No entanto, a filosofia grega ainda tinha muito que oferecer. Na verdade, antes de chegarmos ao século III e tratarmos de Plotino, temos de examinar outros desdobramentos que ocorreram nos séculos I e II d.C. – sobretudo o renascimento do aristotelismo.

25

Achados e perdidos: O aristotelismo depois de Aristóteles

Parece haver uma necessidade humana profundamente arraigada de coletarmos coisas de que gostamos. Um verdadeiro aficionado por James Joyce não tem tão somente um único volume de seus contos e um exemplar de *Ulisses*; ele também tem *Finnegans Wake*. Na verdade, este aficionado poderá chegar ao extremo de tentar ler *Finnegans Wake*! No universo da música, o fã de verdade não é aquele que escuta repetidas vezes um álbum com os maiores sucessos de um artista ou de uma banda, e sim aquele que guarda um exemplar de cada álbum lançado por estes artistas, talvez até mesmo em diversos formatos. O mais obscuro dos álbuns é considerado o mais valioso pelo entusiasta de música erudita, capaz de dissertar a respeito dos pormenores mais elaborados de gravações de orquestras dos anos de 1950, ou então pelo fã de Led Zeppelin que não só insiste em dizer que *Presence* é o melhor álbum da banda, mas também coleciona gravações piratеadas de espetáculos ao vivo. Aliás, já existe uma palavra para definir esse tipo de comportamento: "exaustivismo". Eu mesmo sofro deste distúrbio. Não apenas tenho todos os filmes de Buster Keaton, os da época do cinema mudo, como também tenho cópias de alguns dos filmes que ele fez a partir do advento do cinema falado. Em mais de uma situação já me pediram para explicar aos neófitos as razões pelas quais o álbum de James Brown que realmente se deveria buscar é o pouco conhecido *In the Jungle Groove*.

Mas também preciso confessar meu fraco por livros de filosofia. As origens desta tendência remontam à época em que, logo depois de eu ter conseguido meu primeiro emprego na área acadêmica, um aluno comentou que dava para saber que eu era novo na universidade pelo amplo espaço vago em minhas estantes de livros. Asseguro-lhe: aquele comentário atingiu um ponto sensível. O lado positivo disso é que ao menos tentei colecionar todos os livros de filosofia publicados desde a invenção da imprensa. Antes dessa época os entusiastas precisavam rastrear tudo o que fora escrito por seu autor predileto, e, na sequência, pagar para ter acesso a cópias feitas à mão. Na Renascença chegou-se ao auge desse tipo de prática, mas ela já existia na Antiguidade – o mais ostentoso exemplo disso é a Biblioteca de Alexandria, onde os ptolomaicos do Egito aplicavam os princípios do exaustivismo à totalidade da literatura da Antiguidade. É claro que cópias manuscritas dos textos sempre contêm erros cometidos pelos escribas; muitas delas também foram danificadas de alguma maneira. Portanto, leitores da Antiguidade e da Idade Média já faziam o que eruditos clássicos fazem hoje: conseguem o acesso a múltiplos manuscritos e comparam-nos uns com os outros a fim de ampliar as possibilidades de saber o que o autor original realmente escreveu.

O procedimento que acabo de descrever era desafiador, mas para os povos antigos este era o melhor dentre os cenários possíveis. No pior dos cenários, as obras do autor tão somente se perdiam. Com frequência, o estado dos textos subsistentes, repleto de erros, era caótico, de modo que tais textos precisavam ser reorganizados e corrigidos. Esta descrição toda nos leva às obras de Aristóteles e a uma das histórias mais famosas a respeito da transmissão de textos na Antiguidade. Estrabão, que viveu entre o século I a.C. e o século I d.C., autor de um famoso tratado de geografia, relata uma complicada história quanto ao que teria acontecido com o acervo particular de livros de Aristóteles depois que morrera (2A)[120]. Aristóteles teria doado seu acervo a Teofrasto, um de seus seguidores. Neleu, um discípulo da escola aristotélica, teria herdado estes livros, junto com o restante da biblioteca de Teofrasto. Estes foram legados à família de Neleu, a qual os escondera numa vala subterrânea para evitar que fossem apreendidos e enviados à Biblioteca de Pérgamo. Nestas condições precárias, os livros foram danificados e, por fim, foram vendidos a outro homem, chamado Apelicão, que agravou ainda mais a situação ao produzir cópias que continham erros. Com Apelicão, estes livros foram enviados a Atenas, onde foram confiscados por Sula, general romano que conquistara esta cidade no ano 84 a.C. O final feliz desta história é que Sula traz estes livros de volta para Roma.

120. As citações entre parênteses que constam neste capítulo não são extraídas da interpretação de Long; Sedley (1987), mas do conjunto de textos traduzidos em Sharples (2010).

Esta narrativa é bastante detalhada e, visto que se trata de uma história a respeito de uma coleção particular de livros, é fascinante, ainda mais com o episódio da vala subterrânea e das façanhas de Sula em tempos de guerra. Na verdade, esta é uma das poucas históricas de filologia que parecem estar prontas para uma adaptação cinematográfica de *Hollywood*. Como sugere Estrabão, isso também explicaria o que nos parece ser uma característica intrigante da filosofia helenística antiga. Estoicos, epicuristas e céticos antigos não interagiram muito com as obras de Aristóteles, obras essas que hoje consideramos como o auge das conquistas intelectuais dos gregos. No entanto, Aristóteles ressurgiu como uma força surpreendente no século I a.C. Na verdade, a chegada daqueles livros em Roma aconteceu pouco antes de um aumento súbito de atividades que gravitavam em torno de Aristóteles. No entender de Estrabão, isso não deveria causar surpresa: as ideias de Aristóteles haviam se perdido, mas agora foram reencontradas. No entanto, essa história suscitou uma reação cética de alguns estudiosos modernos, em particular de Jonathan Barnes (cf. Barnes, 1997, p. 1-69)[121]. Ele observou que a perda temporária do acervo do próprio Aristóteles não seria uma explicação suficiente a não ser que existisse apenas um único exemplar destes livros, o que parece ser uma hipótese deveras duvidosa.

Barnes também nutria dúvidas em relação a outra hipótese que era sustentada há algum tempo. Assim que chegaram a Roma, as obras de Aristóteles tiveram de ser reunidas e reeditadas, sobretudo em razão de seu estado precário. Segundo a história tradicional, esta tarefa coube ao exaustivista original do Estagirita, um homem chamado Andrônico. Andrônico nasceu em Rodes, mas, ao que tudo indica, trabalhou tanto em Atenas quanto em Roma. Ele teria tido acesso a estes textos antigos de Aristóteles e produzido uma edição totalmente inovadora, semelhante a uma coletânea com suas obras completas. Há quem tenha aceitado a hipótese de que Andrônico editara e organizara os escritos aristotélicos mais ou menos no formato a que temos acesso hoje em dia. Barnes, entretanto, observou que esta hipótese era problemática. Por exemplo, autores da Antiguidade Tardia raramente veem Andrônico como uma figura de autoridade em querelas textuais relacionadas a

121. Um aspecto ignorado por Barnes é que o antiquado sistema de numeração usado nas obras de Aristóteles sugere que elas estavam mais ou menos fora de circulação no período helenístico. Cf. Primavesi (2007, p. 51-77).

Aristóteles. É bem verdade que o neoplatônico Porfírio compara sua própria edição das obras de seu mestre Plotino (cf. capítulo 29) à coleção compilada por Andrônico. Porfírio, entretanto, permitiu-se mais liberdades ao lidar com as obras de Plotino; por exemplo, quando dividiu um tratado único em múltiplas partes, e então, durante o processo de edição, espalhou estas partes pela obra de uma maneira que não constava no original. Portanto, este paralelo entre os dois não é muito estimulante. Por outro lado, ele confere credibilidade à ideia de que Andrônico seria capaz de fazer algo como, por exemplo, reunir uma pilha de textos que não tinham relação alguma entre si e editá-los todos juntos, como se formassem uma obra única escrita por Aristóteles.

Nesse aspecto, a filologia pode ter sérias implicações filosóficas. De todas as obras de Aristóteles, a que envolve uma história textual mais polêmica é a *Metafísica*[122]. Muitos especialistas contemporâneos consideram que ela consiste numa mera costura de textos que originalmente não estavam inter-relacionados, alguns dos quais talvez nem sequer teriam sido escritos por Aristóteles. No mundo da Antiguidade Tardia e da Idade Média, contudo, a *Metafísica* era vista de uma maneira muito distinta – considerava-se não somente que sua estrutura era bem-cuidada como também que conduzia a um apogeu no décimo segundo livro, no qual Aristóteles faz comentários acerca de Deus. Toda a filosofia de Aristóteles lhe parecerá muito diferente se você pensar que sua intenção era que este material teológico fosse lido juntamente com o restante da *Metafísica*, livro em que encontramos debates acerca de temas como o princípio da não contradição e a natureza das substâncias físicas. Portanto, muito dependerá do trabalho de edição que Andrônico pode ou não ter feito. Na verdade, pode-se ir mais além. Embora Aristóteles jamais use a palavra "metafísica", considera-se que, desde então, esta área da filosofia tem incluído mais ou menos o que foi tratado na obra aristotélica intitulada com este nome. Se de fato foi Andrônico que reuniu textos que não tinham nenhuma relação entre si a fim de compor a *Metafísica* tal qual nós a conhecemos hoje, então caberia a ele considerável parte do crédito – ou da culpa – por ter decidido o que deveria e o que não deveria ser incluído na própria disciplina da metafísica.

Qualquer que tenha sido a extensão de seu trabalho editorial, Andrônico é, por certo, o símbolo de um repentino aumento do interesse por Aristóteles no século I a.C. Na medida em que Aristóteles foi lido nos séculos posterio-

122. Para comentários e referências a outras obras sobre o tema, cf. Fazzo (2012, p. 51-68).

res, com frequência foram suas obras denominadas "exotéricas" que despertaram interesse. Aristóteles as escreveu para um público que não se limitava a seus alunos e colegas. Ironicamente, com exceção de alguns fragmentos, estes escritos que circularam mais amplamente se perderam no tempo. Supõe-se que eram modelos de uma escrita grega elegante, um fato que poderá surpreender quem se dispuser a ler com atenção as obras técnicas e complicadas de nossos tempos. Estes textos que subsistiram estão entre os chamados tratados "esotéricos" de Aristóteles. Este adjetivo não significa que eles eram repletos de ensinamentos místicos ou ocultos, mas apenas que foram concebidos para serem lidos dentro de sua escola, o Liceu. Levou um tempo considerável até que eles alcançassem um público mais amplo, mesmo depois de Andrônico e do renascimento do aristotelismo. Ao que parece, Sêneca e Plutarco, nos séculos I e II d.C., respectivamente, ainda não conheciam bem estes textos.

Até mesmo admiradores de Aristóteles, qual Cícero, por exemplo, reconheciam a grande dificuldade dos tratados esotéricos. Apoiadores de Aristóteles chegaram a afirmar que ele os havia deliberadamente escrito em um estilo obscuro (2E), talvez como um modo de ensinar o leitor a pensar (seria até mesmo possível estabelecer um paralelo entre a obscuridade de Aristóteles e o uso que Platão confere aos diálogos, os quais obrigam o leitor a refletir a respeito do conteúdo das falas das personagens). Porém, quer tenha havido, quer não, alguma deliberação na natureza desafiadora destes textos aristotélicos, eles claramente demandavam explicações e interpretações. Andrônico e outros pensadores atenderam a esta demanda. Ele e outros aristotélicos, também conhecidos como peripatéticos, escreveram comentários nos quais buscaram elucidar as obras do mestre. Em pouco tempo eles estariam entre os principais meios de transmissão das reflexões filosóficas na Antiguidade. Filósofos pagãos faziam comentários a respeito de Aristóteles, de Platão e até mesmo de Hesíodo e de outras obras da religião pagã, como os *Oráculos caldeus*. Em um procedimento similar, tanto judeus como cristãos apresentavam suas ideias em comentários acerca da Bíblia.

O mais antigo comentário acerca de Aristóteles, e que subsistiu até nossos dias, é de um autor chamado Aspásio que teria vivido na primeira metade do século II d.C. (cf. Konstan, 2006). O comentário inclui algumas partes da *Ética a Nicômaco* do próprio Aristóteles, o que é um pouco surpreendente, uma vez que a *Ética* não tinha a centralidade nos debates acerca do Estagirita que vemos hoje. Mais de um século antes de Aspásio já havia um debate acalorado quanto a um texto muito mais curto, mais superficial e menos interessante, as *Categorias*. Também neste caso, pelo menos parte do crédito por este fato deve ser atribuído a Andrônico. Ainda que não tenha preparado uma edição completa das obras de Aristóteles, Andrônico ao menos produziu um catálogo de tais obras. Isso implicava seguir uma ordem de leitura, bem como envolvia tomar decisões quanto a quais tratados seriam autênticos. Ele defendeu que uma obra de lógica, a saber, *Da interpretação*, não saiu, com efeito, da pena de Aristóteles (11A); a razão é que o trabalho contém referência ao *Da alma*, e Andrônico não logrou encontrar, neste, passagem alguma que se relacionasse ao trecho mencionado.

Autores de épocas posteriores consideraram que este raciocínio tinha certas fragilidades. Entretanto, eles foram muito influenciados por duas outras decisões que Andrônico tomara (cf. Griffin, 2012, p. 69-108, n. 77). Em primeiro lugar, ele defendeu o uso do título pelo qual o tratado é conhecido em nossos dias: *Categorias*, que significa "predicações". Em segundo lugar, ele situava as *Categorias* como a principal das obras lógicas de Aristóteles. Ao longo de séculos, as *Categorias* serviriam como uma introdução à lógica e, portanto, dado que a lógica era o primeiro tema a ser estudado na Antiguidade Tardia, servia como uma introdução à filosofia de modo geral. Ainda que tenha conquistado este lugar de relevo, as *Categorias* causaram polêmica. Esta obra estabelece uma divisão em dez categorias: substância, qualidade, quantidade, lugar, tempo, e assim por diante. Porém, o que tal divisão se propõe a dividir não fica claro. A obra começa com breves reflexões a respeito da linguagem; por exemplo, o fenômeno das palavras usadas de modo equivocado – como no caso em que tanto uma pessoa quanto sua imagem são chamados de "homem" – bem como a diferença entre orações simples, "homem", e orações compostas, "o homem corre". Isso sugere que as dez categorias acerca das quais as *Categorias* tratam supostamente consistem em uma lista de tipos de expressões linguísticas.

Críticos estoicos logo apontaram os problemas desta caracterização, pois, em seu entender, o livro *Categorias* é lamentavelmente inadequado quando comparado às sofisticadas distinções estoicas em matéria de filosofia da linguagem. Esta crítica foi rebatida por um discípulo de Andrônico chamado Boécio de Sídon – não confundir com o outro Boécio, filósofo cristão de mesmo nome, que é muito mais célebre e viveu séculos mais tarde. Boécio de Sídon neutralizou o desafio estoico ao minimizar sua importância. Ele afirmou que as *Categorias* não tinham a intenção de empreender uma análise completa da linguagem. Em vez disso, as dez categorias são apenas tipos de predicados, e dividem as expressões linguísticas na medida em que elas se relacionam com as coisas do mundo externo (8F, 8H). São descabidas aqui, por exemplo, as distinções estoicas entre usos literais e usos metafóricos da linguagem. Portanto, é natural que Aristóteles não faça menção a elas. Em vez disso, ele distingue termos substantivos como "homem" ou "girafa", termos qualificativos, como "preto" ou "elegante", termos que designam a quantidade, como "dois cúbitos de altura", e assim por diante. Aristóteles se interessa apenas pelos termos que revelam, por assim dizer, a natureza da mobília do mundo – as substâncias que o preenchem e as propriedades que estão contidas em tais substâncias. O próprio Andrônico adotava uma postura semelhante. Para ele, os termos que Aristóteles analisava em *Categorias* "esculpem a natureza em suas articulações", para usar uma metáfora que remonta às ideias de Platão. A correta divisão das palavras caminha de mãos dadas com a correta divisão das coisas do mundo externo.

Esta primeira defesa das ideias de Aristóteles foi bem aceita por comentadores da *Categorias* de épocas posteriores, os quais também se depararam com outro assunto que talvez já tenha sido examinado por Andrônico e Boécio. Se a obra *Categorias* classifica as palavras na medida em que estas se relacionam às coisas, então, para Aristóteles, como funciona tal relação? Estes comentadores consideraram duas possíveis perspectivas. A primeira é simples: as palavras se referem diretamente aos objetos ou às suas propriedades. Desse modo, o termo "girafa" seria uma referência imediata a coisas como a girafa "Hiawatha" mastigando capim em um cercadinho do zoológico. Esta ideia é simples, mas ela suscita alguns enigmas. Por exemplo, se eu pronuncio uma palavra sem saber o seu significado, esta palavra ainda se referirá a esta coisa? Pode-se tratar deste problema a partir de uma proposta diferente, inspirada nos comentários de Aristóteles a respeito da linguagem no início do livro *Da interpretação* (16a). Segundo estes comentários, as palavras se referem a coisas somente por meio da intermediação dos pensamentos. Quando digo "girafa", em primeira análise o que isso significa é o meu pensamento, uma ideia acerca de girafas; é a ideia que se relaciona diretamente com a girafa. Embora o debate entre estas duas posições tenha chegado até nós por meio de comentadores de épocas posteriores, é provável que estas posturas remontem à época dos primeiros peripatéticos. Algumas fontes atribuem a Boécio de Sídon a teoria das três partes, teoria esta que considera os pensamentos uma instância intermediadora entre as palavras e as coisas. A teoria das duas partes, por sua vez, se revelaria adequada àquilo que conhecemos a respeito de Andrônico. Afinal, ele nem sequer acreditava que Aristóteles fosse o autor de *Da interpretação*. Portanto, ele pode muito bem ter adotado uma teoria referencial mais simples que não incorporou suas observações quanto ao modo como os pensamentos se relacionam com a linguagem.

Não há dúvidas de que Andrônico, Boécio e outros peripatéticos tinham interesse pelas *Categorias*, em parte porque outras escolas helenísticas, sobretudo a estoica, haviam dedicado uma grande atenção a matérias linguísticas e a outras relacionadas à lógica. Em uma época de fidelidades filosóficas, eles precisavam demonstrar que Aristóteles era capaz de competir em um terreno cuja posse havia sido reivindicada por seus rivais. Isso remete-nos novamente à *Ética*. Em geral, filósofos helenísticos citam Aristóteles com o único propósito de menosprezar sua teoria ética, a qual, para eles, não é suficientemente rigorosa. Autores dos séculos I a.C. e I d.C., como Cícero e Sêneca, tendem ainda a restringir as sutis e sofisticadas reflexões éticas de Aristóteles a duas ideias fundamentais, ideias que contrastam com o estoicismo. A primeira delas é que as emoções devem ser moderadas, em vez de eliminadas, segundo a recomendação dos estoicos. A segunda ideia é que bens externos, como saúde e riqueza, cumprem um papel importante para viver uma boa vida, ao passo que os estoicos os consideravam indiferentes. Este não é, obviamente, um resumo adequado da ética aristotélica. Porém, os aristotélicos ainda precisavam apresentar uma resposta, sobretudo no que tange aos bens externos. Para tanto, fizeram concessões aos argumentos dos estoicos: eles reconheciam que basta a virtude para que se alcance a felicidade, e, ao mesmo tempo, defendiam a ideia de que o homem absolutamente feliz era o aquele que desfrutava de ambos, tanto da virtude quanto dos bens externos (15A).

No século II d.C., Aspásio, autor daquele primeiro comentário que resistiu ao tempo, ainda está envolvido nesta querela. Ele defende a ideia de que a virtude implica moderação de emoções como a raiva, argumentando que os bens externos também estão intimamente relacionados à virtude. Ser virtuoso significa, em parte, praticar atos nobres. E, conforme ele afirma numa célebre frase, uma pessoa cujo pai se prostituiu não terá muitas oportunidades para praticar atos nobres (18W). Aqui ele resiste à tentação de conferir tons estoicos a Aristóteles; em outros textos ele deixa passar a oportunidade de conferir tons platônicos a Aristóteles. Este havia afirmado, no final de sua *Ética*, que a vida contemplativa é o bem mais elevado que um homem pode almejar. Os platônicos, que eram admiradores de Aristóteles, posteriormente aproveitaram esta ideia para reiterar que o Estagirita, em última análise, partilhava da concepção platônica de felicidade, isto é, de que esta não consiste em nada exceto a satisfação intelectual. Aspásio, contudo, situa firmemente a felicidade humana em uma vida que envolve tanto a ação prática virtuosa quanto a contemplação intelectual; a saber: o campo de batalha e o senado, bem como a sala de aula.

Aqui, pode-se detectar em Aspásio a possibilidade de uma aliança entre peripatéticos e platônicos. Isso se dará com o neoplatonismo, sobretudo graças a Porfírio, a quem fiz menção anteriormente como o fiel aluno e editor de Plotino. Porfírio era, acima de tudo, um platônico; portanto, a maneira como tratara de Aristóteles era mais uma apropriação amistosa de suas ideias do que um simples gesto de fidelidade. A resposta dele, contudo, foi a mais influente à antiga indagação de saber se os platônicos e os aristotélicos deveriam fazer causa comum contra outras escolas ou, em vez disso, considerarem-se mutuamente alvos de refutação. Os platônicos haviam adotado inúmeras estratégias. Logo depois de Antíoco ter apresentado os pensadores da Antiguidade como uma família extensa e feliz, alguns platônicos, como Alcino, tentaram demonstrar que Aristóteles pretendia tão somente explicitar aquilo que já estava implícito nos diálogos de Platão. Em contrapartida, Ático desferiu ataques acerbos contra a ética de Aristóteles e, por assim dizer, levantou um grande letreiro; nele se lia: "Por aqui, para a felicidade; não se exige bem externo nem prazer: todas as cópias da *Ética a Nicômaco* devem permanecer do lado de fora".

Os peripatéticos tampouco tinham certeza quanto a se deveriam envolver-se num processo de apropriação ou até mesmo em polêmicas. Inúmeros resumos da doutrina aristotélica têm origem neste período (por exemplo, 3A, 15A), e eles tendem a mesclar os ensinamentos de Aristóteles com os de outras escolas, particularmente a dos estoicos. Mencionei há pouco as propostas conciliatórias que encontramos em Aspásio. Boécio, contudo, parece ter sido um feroz crítico de Platão numa época anterior. Dispomos de provas indiretas de um conjunto de argumentos que ele escreveu para criticar a defesa da imortalidade da alma que Platão faz no *Fédon* (cf. Gottschalk, 1986, p. 243-257). É bem verdade que é difícil interpretar tais argumentos. Nem sequer fica claro se a autoria de tais argumentos é de Boécio de Sídon ou de um pensador estoico que, de modo irritante, também tinha o mesmo nome e que, de modo ainda mais irritante, também nasceu em Sídon. Seja qual for o Boécio de Sídon que escreveu tais argumentos, ele não era um tolo. Por exemplo, ele apresenta uma ótima objeção ao argumento mais importante do *Fédon*, a saber, o de que a alma é essencialmente viva e, portanto, não é suscetível à morte, da mesma forma que o número 3 é essencialmente ímpar e, portanto, não é suscetível a ser par. Boécio afirma que é bem possível que a alma esteja viva em essência. No entanto, o que de fato nos preocupa é que a alma cesse de existir completamente, e não que ela continue a existir, e esteja morta. E, caso realmente deixe de existir, a alma perderá até mesmo suas qualidades essenciais.

A filosofia da Antiguidade Tardia deixará claro que a oposição a Platão não era um elemento essencial ao aristotelismo – este poderia sobreviver e até mesmo prosperar em meio a uma cosmovisão platônica. Graças a Porfírio, os platônicos conseguiram impor a sua leitura de Aristóteles, ao mesmo tempo que prometiam que o valor do Estagirita continuaria a ser respeitado. Contudo, antes que despontasse essa ampla visão conciliadora, ainda houve ensejo de os peripatéticos desfrutarem um derradeiro instante de fulgor. Esse momento concretizou-se na obra de um autor que, sem dúvida, se considerava fiel peripatético – e não platônico –, embora tomasse empréstimos de Platão ocasionalmente e viesse, por fim, a servir de guia indispensável, durante séculos, aos platônicos que desejavam compreender Aristóteles. Um filósofo excepcional como Aristóteles é digno de ter um comentador excepcional, e Alexandre de Afrodísias lhe proporcionara precisamente isso.

26

Não gravado em pedra: Alexandre de Afrodísias

Pessoas como eu costumam lamentar a perda de grande parte da cultura da Antiguidade. Contudo, deveríamos ser gratos pela grande quantidade de escritos gregos e latinos ainda existentes. Como sempre enfatizo, os textos antigos chegam até nós somente depois de séculos de cópias realizadas por eruditos de épocas posteriores. Muito raramente temos a possibilidade de ler os documentos originais escritos pelos povos antigos. Esta regra, entretanto, tem exceções. Rolos de papiro foram preservados pelas areias secas do Egito e por eventuais explosões vulcânicas. E quando os antigos de fato queriam que suas obras resistissem ao tempo, eles literalmente as incrustavam em pedras. Os gregos antigos já gravavam inscrições em tábuas de pedra quando queriam anunciar novas leis ou novos acordos feitos entre cidades, como parte de ritos funerários ou em contextos religiosos. Os romanos seguiram este exemplo, como, por exemplo na chamada *Res Gestae Divi Augusti*, ou *Os feitos*, que descreviam as conquistas de Augusto César, uma obra com exemplares que subsistiram em áreas isoladas do império.

As inscrições que sobreviveram ao tempo estão entre as mais ricas fontes investigadas por historiadores clássicos. Em geral, elas não têm um papel tão importante na filosofia antiga. Embora se tenha verificado a conservação da filosofia epicurista na inscrição de Diógenes de Enoanda, datada do século II da era cristã, por norma, parece haver um desajuste entre o ritmo da argumentação filosófica e o ritmo do cinzel na pedra. No entanto, vez por outra uma inscrição antiga nos oferece um claro vislumbre das vidas de filósofos, ou até mesmo de suas ideias. Isso aconteceu em 2001, quando uma tábua de pedra foi desenterrada da antiga cidade de Afrodísias, situada na atual Turquia (cf. Sharples, 2005, p. 47-56). Com pouco mais de um metro de altura, esta tábua traz a dedicatória de um filho feita à estátua de seu pai. Pai e filho têm o mesmo nome, Aurélio Alexandre, e a ambos foi atribuído o mesmo epíteto, *philosophos*. Porém, o filho atribui a si mesmo um título adicional: ele também se autodenomina *diadochos*, que significa "sucessor". Isso indica que o jovem Alexandre, que hoje conhecemos como Alexandre de Afrodísias, foi o diretor da escola filosófica aristotélica. Portanto, esta gravação contém provas de que Alexandre foi o responsável por uma das cátedras de filosofia fundadas em Atenas por Marco Aurélio.

Uma prova adicional aparece em outra dedicatória que inicia um dos textos filosóficos de Alexandre, uma diatribe lançada contra os ensinamentos estoicos acerca do destino. Alexandre dedica sua obra a outra dupla de pai e filho: os imperadores Sétimo Severo e Caracala. Isso nos permite datar esta obra – e, com ela, a carreira de Alexandre – por volta do ano 200 d.C. Ao criticar os estoicos, é evidente que Alexandre tomava parte na já tradicional prática dos debates entre escolas filosóficas. Nesse aspecto, ele parece estar parcialmente fincado na era helenística, com suas rivalidades intelectuais concorrentes. Porém, com sua outra parte, Alexandre ensejou outro gênero, que se tornou predominante no cenário filosófico dos séculos que se seguiram: o comentário. Alexandre foi o mais importante comentador de Aristóteles na Antiguidade. E foi reconhecido como tal por seus sucessores. Tal qual Andrônico e Aspásio, Alexandre foi um peripatético inveterado que se dedicou a interpretar, a analisar e a explicar em pormenores o pensamento de Aristóteles. Entretanto, isso não impediu os platônicos de respeitá-lo ou de usar suas obras. Seus textos foram estudados na escola de Plotino, o fundador do neoplatonismo, e os comentadores platônicos de Aristóteles frequentemente citam as interpretações de Alexandre.

Alexandre manteve sua posição de principal autoridade em Aristóteles mesmo com o término da Antiguidade Tardia. Ele ainda era considerado uma fonte importante para a filosofia bizantina, e, ademais, no mundo islâmico suas obras foram traduzidas para o árabe juntamente com as de Aristóteles. Na verdade, vários escritos gregos de Alexandre se perderam, mas inúmeros outros, os que foram traduzidos para o árabe, foram preservados. Até mesmo no século XII, o maior comentador medieval de Aristóteles, o muçulmano Averróis, incorporaria interpretações feitas por Alexandre à sua própria obra. Os comentários de Averróis foram, então, traduzidos para o latim e usados por pensadores cristãos medievais como Tomás de Aquino, o qual conheceu não apenas o nome de Alexandre, mas também pormenores relacionados à sua exegese. Para os platônicos da Antiguidade Tardia, bem como para autores medievais que escreviam em grego, em árabe e em latim, a filosofia muitas vezes equivalia à leitura de textos de Aristóteles. E ler Aristóteles muitas vezes significava ler Alexandre de Afrodísias, o mais confiável guia ao pensamento aristotélico.

A filosofia continuou a ser praticada na forma de comentários por muitos séculos, mas esta forma variou de época para época e de autor para autor. As obras que seriam comentadas poderiam ser resumidas, com a finalidade de se tornarem mais sucintas, e (com alguma sorte) mais esclarecedoras para os leitores. Poderiam ser transformadas em tema de uma paráfrase corrente que pudesse servir como guia explicativo ao longo do texto. O comentador poderia, ainda, realçar certos enigmas ou tópicos suscitados pelos ensinamentos de Aristóteles. Dispomos de uma série de exemplos de casos como estes, da escola de Alexandre, que apresentam – e solucionam – dificuldades do sistema peripatético[123]. Alexandre, entretanto, era conhecido sobretudo pela abrangência de seus comentários que, via de regra, citavam um tratado de Aristóteles na íntegra, item por item, e com extensos comentários a respeito de cada um deles. Para ajudá-lo a impressionar seus amigos com seu conhecimento da prática de comentários acerca da Antiguidade Tardia dir-lhe-ei que cada tópico do texto era chamado de "lema". À medida que os comentadores aprimoravam seu tratamento dos textos, era comum que começassem a interpretação de cada lema com uma chamada *theoria*, ou seja, uma explicação quanto à essência das observações feitas por Aristóteles. Na sequência passavam à *lexis*, uma análise do texto que examinava frase por frase, ou palavra por palavra. Tornou-se uma con-

123. Isso não quer dizer que os comentários se limitavam a um jogo peripatético. Já vimos de que maneira Plutarco e outros platônicos "médios" comentavam tópicos contidos na obra de Platão; um outro comentário platônico que sobreviveu até nossos dias é dedicado ao *Teeteto*, embora ignoremos sua autoria.

venção prefaciar a íntegra dos comentários com uma discussão de certos tópicos recorrentes, como, por exemplo, o significado do título da obra de Aristóteles, eventuais dúvidas em relação à sua autenticidade, sua intenção e seu tema gerais, e assim por diante.

A esta altura, o tratamento de Alexandre ainda não é padronizado de maneira tão elaborada, mas seus comentários – inúmeros dos quais sobreviveram até hoje graças ao trabalho de copistas bizantinos – tornaram-se "lemas". Em outras palavras, eles citavam a íntegra do texto de Aristóteles em trechos distintos e intercalavam extensas explicações entre uma citação e outra. Este formato é revelador. Cada frase de Aristóteles era examinada com grande cautela e atenção. Comentadores platônicos chegavam a permitir-se a conclusão de que Aristóteles cometeu eventuais erros, especialmente quando ousou criticar Platão[124]. Porém, o objetivo de Alexandre era explicar e justificar as ideias de Aristóteles com uma abundância de pormenores e com a explicitação das dificuldades apenas na medida em que estas pudessem ser solucionadas. Embora isso possa se parecer mais com apologética do que com filosofia, era necessária uma dose de sofisticação e até mesmo de criatividade para fazer com que as palavras de Aristóteles parecessem verdadeiras – sobretudo se considerarmos uma hipótese aventada por Alexandre e por comentadores de épocas posteriores: a de que Aristóteles era sempre coerente e nunca mudava de opinião. Raro se esforçavam os comentadores por originalidade, contudo logravam obtê-la; valiam-se de engenho notável para que Aristóteles concordasse consigo mesmo e defendesse as conclusões alcançadas.

É claro que, às vezes, a melhor defesa é um bom ataque. É por essa razão que nos deparamos com Alexandre escrevendo o polêmico tratado *Sobre o destino*, que mencionei anteriormente[125]. Embora não se trate de um comentário, esta é uma boa oportunidade de observarmos a prática filosófica de Alexandre. Sua promessa inicial é apresentar apenas a opinião de Aristóteles quanto ao tema do destino (§ 1), mas ele acaba propondo uma teoria do destino que certamente não consta nos escritos originais de

124. O melhor exemplo disso é o comentário crítico de passagens da *Metafísica*, cuja autoria atribui-se ao neoplatônico Siriano. Cf. capítulo 35.

125. Citado pelo número de seção em Sharples (1983).

Aristóteles. Alexandre também usa as ferramentas da filosofia helenística em seu próprio proveito. Ele começa por concordar com os estoicos em que o destino existe. Tal proposição mal se pode pôr em dúvida, afirma ele, pois todos partilhamos a chamada "concepção comum" de que certas coisas se acham, de fato, fadadas (§ 2). A expressão "concepção comum" faz parte de uma terminologia helenística, mais do que aristotélica, mas Alexandre não hesita em empregá-la. Porém, na sequência ele recorre a uma distinção aristotélica já testada, cuja eficácia foi comprovada: os quatro tipos de causa (§§ 3-4). Afinal, o destino consiste na causa das coisas predestinadas; então, em que tipo de causa podemos classificá-lo? Decerto não se trata da causa formal e nem da causa material. Tampouco trata-se da causa final, isto é, a do propósito ou objetivo. Só nos resta, então, a causa eficiente, a do agente. Contudo, há também diferentes tipos de causas eficientes. Na condição de coisas naturais, como o fogo, atuam automaticamente; agentes humanos atuam por meio da deliberação ao escolher um determinado procedimento em vez de outro. Nesse sentido, o destino parece se assemelhar mais ao fogo – inevitável e necessário, o destino dá origem a coisas. Portanto, o destino deve ser uma causa eficiente natural. A conclusão de Alexandre é que o destino, com efeito, deve tão somente ser identificado com a própria natureza (§ 6). Afinal, Aristóteles reconhece o fato de que a natureza oferece a constância ao universo. É por causa da natureza que as girafas fêmeas geram filhotes de girafa, em vez de filhotes de macaco. A natureza também assegura-nos de que a existência das girafas seja – ainda bem! – um atributo necessário e permanente do mundo que nos cerca. O destino está fadado a ser permanente, eterno e necessário. O que, por conseguinte, poderia ser mais óbvio do que identificar o destino com a natureza?

Outra obra de Alexandre, um texto que chegou a nós apenas em árabe, lida com um tema relacionado a este, o da divina providência, e, com isso, lança luzes neste problema do qual nos ocupamos[126]. Alexandre afirma que a atenção e o cuidado devotados ao nosso mundo pela providência divina se estende ao ato de causar os padrões e leis da natureza. Isso nos permite incluir aqui muitas coisas que não estavam nas intenções de Deus, como as ações perversas da humanidade e a eventual degradação da natureza em

126. Ainda sem tradução para o inglês. Para a obra em francês, cf. Thillet (2003).

forma de doenças, de anomalias e de coisas do gênero. Em resumo: destino equivale à natureza e atua em nosso mundo, de modo geral, graças ao dom da divina providência; porém, ao contrário da versão estoica do destino, a natureza está sujeita a exceções acidentais. Esta explicação protege tanto o destino quanto a providência, de modo que isenta Deus da culpa por todas as coisas ruins que acontecem. Este é o placar, até o momento: Alexandre 2 x 0 estoicos. E, no entanto, algumas dúvidas ainda pairam no ar. Todo o propósito do destino, poderíamos pensar, é que seu alcance é universal e, portanto, inclui tudo.

Alexandre simplesmente contesta esta ideia. Para ele, muitas coisas que ocorrem não são determinadas pela natureza. As ações humanas são um exemplo disso, como já vimos anteriormente. Ele também apresenta o tema dos eventos fortuitos – ou aleatórios (§ 8). Uma vez mais, e com base em debates deste tema em Aristóteles, ele explica que um evento é fortuito quando se trata de um no qual alguém pode desejar que aconteça, mas que não acontece de maneira deliberada. Por exemplo, se começo a cavar meu jardim para preparar um canteiro de abóboras e então descubro um tesouro enterrado ali, minha descoberta é fortuita, já que ocorreu de modo acidental enquanto eu trabalhava na terra. Em geral, quando reviro a terra, não encontro riquezas nela, e, na verdade, não era minha intenção encontrar nela nenhum tesouro. Por outro lado, se tivesse em mãos um mapa do tesouro que me indicasse o local correto para desencavá-lo, esta não seria considerada uma descoberta fortuita. Neste caso, o acesso ao tesouro seria o resultado esperado da escavação, em vez de algo acidental. A moral dessa história é que a natureza produz seus resultados de um modo previsível e regular, porém não tem como incluir eventos fortuitos e aleatórios, da mesma forma que não tem como incluir as ações humanas que são fruto de livre-escolha. Portanto, nenhum destes eventos é predestinado.

Embora Alexandre dedique uma atenção considerável ao tema da aleatoriedade, o fator realmente decisivo é a necessidade de preservar a escolha humana. Ele critica os estoicos por atribuírem ao destino a responsabilidade por todas as coisas, de modo que nada "dependa de nós". Ao seguir o exemplo de Aristóteles, como de costume, ele observa que ninguém premedita a respeito de coisas que considera inevitáveis (§ 11). Portanto, se tudo é necessário, então a premeditação é sempre inútil. Crisipo e outros estoicos já haviam respondido a esta objeção quando diziam que a premeditação é "predestinada juntamente" com a ação que se praticará (LS 55S). Quando você premedita, isso de fato afeta o resultado, mas a premeditação, em si, é predestinada; e o mesmo acontece caso deixe de premeditar. No entanto, Alexandre mesmo assim afirma que haveria aqui uma vantagem. Em sua condição de aristotélico ele oferece uma explicação razoável e plausível quanto ao que faz com que uma ação "dependa de nós", ou seja, nossa premeditação racional escolhe uma coisa, ao mesmo tempo que se revela capaz de escolher a coisa oposta (§ 12). Ao contrário do texto que Alexandre incrustou na estátua de seu pai, nossas ações futuras não estão inscritas na pedra. Embora possamos considerar esta atitude atraente, ao que parece a afirmação de Alexandre não convenceria um leitor estoico. Este, por certo, não concordaria que as ações humanas e a sorte são imunes ao mecanismo do destino. Em seu entender, os desígnios de Deus para o universo incluem tudo, e não podem ser impedidos. A meu ver, isso nos diz algo a respeito das intenções de Alexandre. Imagino que sua intenção não seja tão só irritar os estoicos, a fim de ver se consegue fazê-los ignorar as teorias de Sêneca a ponto de que se enraiveçam. É mais provável que ele se dirigisse a um leitor neutro. Trata-se, antes, de um blá-blá-blá de vendedor do aristotelismo do que de uma crítica sensata ao estoicismo.

Por outro lado, Alexandre tem um problema que os estoicos não têm. Lembre-se que Aristóteles havia dado uma grande ênfase ao papel desempenhado pelo caráter ético. Quando as pessoas virtuosas se deparam com uma oportunidade para exibir suas virtudes, elas têm a tendência, a capacidade e o desejo de aproveitá-la. Algo semelhante ocorre com as pessoas cruéis e as oportunidades de exibir seus vícios. Será que isso não significa que o caráter determina nossas ações da mesma maneira que o destino estoico? Alexandre reconhece este problema, mas argumenta que, ainda que o caráter de uma pessoa determine que ela será virtuosa, isso não definirá o tipo de ação virtuosa que ela praticará (§ 29). Uma pessoa virtuosa poderá decidir construir uma estátua para homenagear seu pai, enquanto outra direcionará suas energias para, digamos, escrever livros de filosofia. Ademais, todos somos responsáveis por nosso próprio caráter, pois, em primeiro lugar, nossas ações prévias é que contribuíram para a formação deste caráter (§ 28). As escolhas que fizemos no passado é que nos tornaram generosos ou gananciosos, corajosos ou covardes, sensíveis ou – como Buster Keaton e a estátua do pai de Alexandre – impassíveis.

Alexandre esculpiu as suas posições filosóficas não apenas em resposta a adversários como os estoicos, mas no alicerce lançado pelos aristotélicos que o precederam. Mal daria para imaginarmos o imenso projeto de elaboração de comentários de Alexandre sem o trabalho de antecessores como Andrônico, Boécio e Aspásio. Ainda assim ele não hesitou em fazer críticas a seus antecessores peripatéticos. Tome-se como exemplo Boécio de Sídon, que (provavelmente) criticou os argumentos de Platão em defesa da imortalidade da alma. Ele parece ter se mostrado muito disposto a evitar o platonismo em outros temas. Enquanto Platão defendia que as formas que conferem às coisas a sua natureza são isoladas e transcendentes, a proposta de Boécio era enxergá-las como meros atributos da matéria que habitam (cf. Sharples, 2010, p. 87). Por exemplo, a forma da girafa Hiawatha não seria nada mais do que a matéria da Hiawatha com atributos de uma girafa. Isso sugere que a relação entre forma e matéria é um tanto quanto aleatória, assim como a relação entre uma parede e a cor de sua superfície.

Mas, para Alexandre, esta proposta estava indo longe demais. A forma da girafa não está conectada ao corpo da girafa de uma maneira aleatória ou acidental, tal como a cor branca de uma parede. Pelo contrário, a forma faz da Hiawatha o que ela é, ou seja, uma girafa. Esse tipo de forma é, como o próprio Aristóteles havia postulado em sua *Metafísica*, a "substância" do animal. Uma forma qualitativa como o branco de uma parede é um mero acidente. Em outras palavras, a brancura não desempenha nenhum papel de transformar uma parede em uma parede – é por isso que ela permanece uma parede ainda que esteja pintada de verde. A teoria de Boécio impede-nos de distinguir entre estas duas situações. Mesmo assim, ao rejeitar o platonismo, ele tinha a melhor das intenções. Alexandre também não mostrava a menor admiração pelo conceito das formas platônicas, de modo que, em seu entender, as formas substanciais reconhecidas por Aristóteles tornaram-nas prescindíveis. Uma vez que espécies como plantas e animais são eternas, formas como o girassol e a girafa são atributos permanentes do mundo, embora tais formas só existam em flores particulares e em girafas particulares. Portanto, estas formas fornecem a base para um conhecimento humano universal e necessário.

Isso tudo está relacionado ao que Alexandre afirmara a respeito do destino e da divina providência. O que de fato importa, da perspectiva filosófica – e o que realmente importa para Deus –, é que tipos naturais de coisas, como girassóis, girafas, entre outros, estão sempre presentes no mundo. O destino assegura que isso ocorra por meio da disseminação natural da espécie. Porém, os pormenores específicos não importam – Deus deseja a existência das girafas, mas não se importa, tampouco nota no que a girafa Hiawatha come em seu almoço. Em nossa condição de humanos adotamos uma perspectiva menos elevada em virtude de estarmos ligados ao mundo dos particulares. Ou seja, não sei quanto a você, mas eu certamente me importo com o que comerei no almoço. É por isso que a premeditação e a escolha racional são atributos exclusivamente humanos. Deus não precisa premeditar, pois não há nenhuma decisão que precise tomar. Existem girafas necessárias e eternas, e isso ocorre em razão do gesto divino, necessário e eterno, de causar a movimentação dos céus. A movimentação celestial causa, de modo indireto, a criação de girafas e, claro, de todos os outros animais menos imponentes, como cabras e, de fato, os humanos.

Assim como inúmeros outros filósofos, Alexandre interessava-se muito mais pelos humanos do que pelas girafas. Ele escreveu vários tratados nos quais trata do tema da alma, e neles, como era de se esperar, confere à alma humana uma importância especial[127]. Seus comentários acerca da alma pareceram perturbadores para leitores de épocas posteriores, pois, em seu entender, a alma depende em grande medida da composição do corpo. Novamente encontramos aqui traços de um antiplatonismo, que já estava presente na tradição aristotélica ao longo de várias gerações. Galeno alega que Andrônico fazia tão somente uma identificação entre as misturas proporcionais do corpo e da alma. Assim como reagiu a Boécio quanto ao tema das formas, Alexandre mostra-se um pouco mais cauteloso – o que é

127. Cf. Sharples (2004); Caston (2012). Ambos os volumes pertencem à série "Ancient Commentators on Aristotle", que inclui textos traduzidos para o inglês de muitas obras de Alexandre.

natural, dada a afirmação de Aristóteles de que a alma representa a forma do corpo. À luz dessas ideias, Alexandre aceitaria, por certo, a natureza substancial da alma. A forma de uma girafa é uma substância, e a forma da girafa não é nada senão sua alma. Porém, também é coerente que ele retrate esta alma como amplamente dependente do corpo, isto é, como uma substância real que só pode existir no interior da matéria. Na interpretação que Alexandre dá a Aristóteles não parece haver grandes possibilidades de vida quando o corpo é extinto.

Tampouco restou algum tipo de vida no peripatetismo depois da morte de Alexandre. As gerações seguintes de filósofos – os séculos seguintes, para ser mais preciso – considerarão Aristóteles uma importante figura de autoridade. Alexandre, contudo, será o último pensador significativo da Antiguidade que se autodenominará peripatético, *em vez de* platônico. Comentadores platônicos tomariam de empréstimo sua análise especializada dos escritos aristotélicos, mas tal análise estaria inserida em um projeto platônico mais amplo. O mais próximo que chegaremos de uma exceção a esta regra é um homem que escreveu mais de um século depois, em meados do século IV d.C. Como filósofo, ele não tinha a envergadura de Alexandre, mas dedicou-se a uma explicação da obra de Aristóteles e deu mostras apenas eventuais de alguma fidelidade a Platão. Seu nome era Temístio. Ele nos dará a oportunidade de debater um assunto que ficou pendente a partir do que discorri há pouco acerca da alma. Embora Aristóteles afirme que a alma é a forma do corpo, ele também alega que o intelecto humano não depende de nenhum órgão. Será que isso nos oferece a perspectiva de uma avaliação mais dualista a respeito de Aristóteles, talvez até mesmo uma vida no além-túmulo que é mais real do que o fato de ser imortalizado numa estátua? Temístio também nos concederá uma janela para um fenômeno cultural mais amplo, pois ele foi tanto um retórico quanto um filósofo. Na Antiguidade Tardia a retórica estava tão estreitamente entrelaçada com a filosofia quanto a matemática ou a medicina. No próximo capítulo, portanto, voltaremo-nos para Temístio e consideraremos não apenas a alma humana, mas também a alma da agudeza de espírito.

27

A ELOQUÊNCIA NA FACÚNDIA: A RETÓRICA E A FILOSOFIA ANTIGA

Corria o mês de dezembro, com a véspera de Ano-novo à espreita, e Busy Bee Starski estava ao microfone. Ele entoava com entusiasmo algumas rimas bastante simplórias acerca de uma batida. Seu tema principal era que todos deveriam festejar. Eis então que o também artista de *hip-hop* Kool Moe Dee saltou para o palco. Kool Moe Dee prosseguiu a demolir o pobre Busy Bee com uma torrente de impropérios rimados e improvisados, a acusá-lo de carecer de imaginação lírica, de furtar rimas de outros *rappers* e de ser, em geral, deveras inepto. Uma passagem típica, a qual cito principalmente por sua incomum ausência de obscenidades, dizia assim: "Em uma batalha como esta, sabe que perderia; entre mim e ti, quem acha que escolheriam? Pois se pensa que é você, tenho más notícias, porque quando ouvir seu nome, ouvirá algumas vaias". Não é T. S. Eliot, decerto. Mas a língua de Kool Moe Dee era suficientemente veloz e venenosa para transformar isto numa humilhação lendária para Busy Bee e num momento pioneiro no desenvolvimento da "batalha de *rap*" em estilo livre, na qual os MCs lançam insultos rimados uns contra os outros. Como afirmou Kool Moe Dee em um de seus álbuns, ele considerava o *rap* "um esporte competitivo". No mundo antigo também havia artistas que competiam em atuações verbais improvisadas. Não rimavam ao compasso de uma batida, mas podiam ajudar réus a escapar de acusações: eram retóricos e sentiam-se à vontade nos tribunais, nos corpos legislativos ou mesmo diante do próprio imperador.

A arte da persuasão de plateias já desempenhava um papel na filosofia grega clássica: Platão travava batalhas verbais com os sofistas, e Aristóteles dedicou um de seus tratados à retórica. Porém, esta arte também ajudou a moldar o cenário filosófico na Antiguidade Tardia. E isso não é de surpreender: a retórica fazia parte do currículo educacional convencional dos homens jovens, e, vez por outra, de mulheres, que poderiam a partir daí seguir o aprendizado e a produção de filosofia. Se seus pais tivessem condições financeiras de lhe oferecer uma educação formal, você seria enviado, ainda na infância, a um tutor, para aprender a ler e a escrever. Muitos não iam além deste estágio básico de aprendizagem. Os que conseguiam ultrapassá-lo passariam a estudar gramática para tornar-se adequadamente letrados (na verdade, o significado da palavra grega *grammata* é "letras" ou, então, o alfabeto). Para os antigos, esta disciplina não incluía somente nosso atual conceito de gramática. Também significava aprender a apreciar os clássicos da literatura grega ou latina. Jovens estudantes aprendiam a ler em voz alta de maneira correta, seguindo a métrica poética; aprendiam acerca de alusões históricas e do rebuscado vocabulário usado por Homero e por outros autores; aprendiam acerca de etimologia e assim por diante. Também neste caso alguns alunos passariam desta etapa, mas os que progrediam passariam a estudar retórica. Estudar gramática e, na sequência, retórica, sobretudo com os professores certos, era um meio de ascender socialmente. Alunos desembolsavam quantias generosas para aprender com mestres respeitados e influentes, os quais retribuíam ao facilitarem os caminhos do poder em benefício de seus discípulos, utilizando suas relações para remover obstáculos. Aprender com um mestre excepcional era um sinal de condição, mesmo que a pessoa não se valesse desta conexão para obter favores imediatos. Em cidades como Atenas, professores de Retórica costumavam atrair alunos que pagavam altas somas e que vinham de todas as partes do mundo romano para sentarem-se a seus pés.

Uma testemunha extraordinária do lugar ocupado pela retórica nos assuntos educacionais do Império Romano é Marco Fábio Quintiliano, mais conhecido como Quintiliano. Nascido em 35 d.C., foi praticamente contemporâneo de Sêneca. Na verdade, Quintiliano, assim como Sêneca, nasceu na Espanha, na região ocidental do império. Mudou-se para Roma, onde foi nomeado, no ano 88 d.C., titular da cátedra de retórica latina fundada pelo Imperador Vespasiano. Esta cátedra não foi uma experiência isolada. Já mencionei anteriormente as cátedras de filosofia fundadas em Atenas por Marco Aurélio, que também criou cátedras de retórica em Roma. Estes cargos prestigiosos eram sinais de riqueza e de influência política. Quintiliano tirou um grande proveito de sua eloquência e de sua capacidade de persuasão, sendo alçado ao cargo de cônsul no império de

Domiciano. Porém, ele não considerava a retórica como um caminho para a conquista de riquezas e de poder. Na verdade, ele considerava a educação como um caminho para a excelência moral. Um professor de Retórica deve dominar não apenas a sua arte, mas ter domínio de si mesmo; deve ser um paradigma não apenas de persuasão, mas também de virtude.

O imenso tratado de Quintiliano, *Instituição Oratória*, converter-se-ia em obra clássica tanto de retórica quanto de teoria educacional para as gerações vindouras, até a Renascença (cf. Butler, 1920). No século XIV o humanista italiano Petrarca escreveu uma carta ao há muito falecido Quintiliano. Não consta nos registros que Quintiliano tenha respondido, mas, dada a sua desenvoltura com as palavras, não seria de estranhar que o tivesse feito. É claro que a maior parte do *Instituição* de Quintiliano trata da retórica propriamente dita: como coletar material suficiente para elaborar um discurso persuasivo, a arte da memória (indispensável para todos que viveram antes da era do teleponto), o uso dos gestos, a pronúncia correta, e assim por diante. Porém, é revelador que a obra se inicie com dois livros acerca da educação dos jovens que aspiram tornar-se oradores perfeitos. Ele começa ao se referir ao princípio de suas vidas, e chega a aconselhar as pessoas quanto a como escolher as cuidadoras de bebês pequenos – algo parecido com um escritor moderno e sua tentativa de explicar como ampliar as chances de um bebê recém-nascido de conseguir uma vaga numa universidade de elite. No que se refere à gramática, ele defende a prática de enviar os jovens rapazes à escola pública, onde eles poderão ser testados na comparação com seus colegas, receber elogios em público ou então ser maltratados com finalidades corretiva. Marco Aurélio discordaria desta estratégia: em suas *Meditações* ele expressa gratidão por ter sido educado em sua própria casa.

No entanto, Quintiliano e Marco Aurélio compartilham de algo mais: ambos têm uma profunda dívida de gratidão com os gregos. Marco Aurélio escreveu em grego, e embora Quintiliano não tenha chegado tão longe, suas análises a respeito da gramática e da retórica mostram a imensa influência que sofreram de autores gregos. Ele chega até a recorrer à obra – hoje perdida – de pedagogia de Crisipo, grande filósofo estoico (1.1). Ainda assim, Quintiliano fala em termos de um cânone de clássicos literários em latim, o qual inclui autores como Tito Lívio e, sobretudo, Cícero. Cícero também escrevera obras pedagógicas acerca da retórica, de modo que Quintiliano considerava que o estilo de Cícero era o melhor modelo a ser imitado por jovens rapazes. Quando faz referência a solecismos ou ao uso inapropriado de palavras estrangeiras (1.5), Quintiliano se esforça para minimizar a importância de trechos em que Cícero parece ser culpado de tais lapsos. A própria teoria educacional de Quintiliano é um tanto quanto sedutora. Ele realmente deseja que o aluno aprenda por meio da imitação, mas tão somente para conquistar sua independência, como um pássaro prestes a deixar o ninho (2.6). Em última análise, o objetivo do professor é fazer com que o aluno não precise mais de seus ensinamentos.

O modelo de educação concebido por Quintiliano foi notavelmente duradouro em todo o período da Antiguidade Tardia. O tipo de educação concebido por Quintiliano mostrou-se notavelmente duradouro ao longo da Antiguidade Tardia. Os filhos de famílias abastadas e aqueles que aspiravam à ascensão social eram submetidos a rigorosos exercícios e instruções ministrados por gramáticos e retóricos, ainda que imperadores ascendessem e sucumbissem, e invasores bárbaros fossem repelidos. Trezentos anos depois da época de Quintiliano, Agostinho relata que fora com grande dificuldade que seu pai juntara dinheiro para enviá-lo a Cartago a fim de que recebesse uma educação de excelência (Agostinho, Conf., 2.3). Nesta cidade recebeu ensinamentos de retórica, o que fica claro em cada página de seus volumosos escritos. O que os alunos aprendiam não se limitava a um conjunto de habilidades, mas incluía uma série de referências culturais que os identificava como membros das classes sociais instruídas. Naquela época, tal qual ocorre hoje, a educação envolvia não apenas as formações intelectual e ética, mas também as crenças religiosas – afinal, é impossível ler Homero de modo minucioso sem pensar nos deuses gregos tradicionais. Assim, a educação tornou-se uma arma na guerra cultural entre o paganismo e o cristianismo, tema acerca do qual trataremos mais adiante neste livro. No entanto, o currículo educacional permaneceu notavelmente estável durante a transição do paganismo para o cristianismo.

Uma vez que a gramática, a retórica e a filosofia faziam parte da mesma cultura educacional, era inevitável a presença de uma influência mútua entre estas disciplinas. Ademais, a gramática e a retórica suscitam muitas discussões filosóficas. Isso talvez seja mais evidente no caso da retórica. Seu propósito, o de incutir uma crença, a aproxima muito da epistemologia, o ramo da filosofia que lida com a natureza do conhecimento, com suas fontes e com justificativas. Não é por acaso que, na situação em que Platão precisa de um exemplo de um grupo de pessoas que acreditam que uma coisa é verdadeira sem conhecê-la, ele menciona o caso de um júri que foi persuadido a condenar um homem, com efeito, culpado (*Teeteto*, 201a-c). Um pouco menos óbvia, à primeira vista, é a conexão entre gramática e filosofia. Porém, uma vez que expressamos nosso conhecimento a respeito do mundo por meio da linguagem, os filósofos sempre acreditaram na possibilidade de que a compreensão da linguagem nos ajude a compreender o mundo. Por exemplo, autores da Antiguidade comparavam o conceito aristotélico de uma espécie, como a *girafa*, ao "substantivo comum" dos gramáticos (Luhtala, 2005, p. 46). Para eles, esta expressão designa um substantivo que nomeia coisas da mesma espécie, ao contrário de um nome próprio, como "Hiawatha" ou "Sócrates".

Este tema relacionado às partes do discurso revelou-se, de modo inesperado, uma rica fonte de conexões entre a gramática antiga, a retórica e a filosofia. Os gramáticos antigos identificaram inúmeras partes do discurso: em geral, esta lista inclui categorias como substantivo, verbo, pronome, advérbio, preposição, conjunção e artigo. Isso criou um problema para os filósofos; sobretudo para os platônicos. Em sua obra *O sofista*, Platão reconhecia apenas duas partes do discurso: o substantivo e o verbo (*O sofista*, 261e-262e). No século II Plutarco defenderá esta tese ao argumentar que estas duas partes são as únicas indispensáveis – as demais servem apenas para a variedade estilística, tal qual o tempero de nossa comida, segundo ele afirma[128]. Séculos mais tarde, Boécio, filósofo cristão e tradutor, seguirá lutando por esta que, ao que parece, é uma batalha perdida: tentar demonstrar que todas as demais partes do discurso são, em alguma medida, partes impróprias ou podem ser reduzidas às categorias de substantivo e de verbo[129].

É interessante que mesmo a lista mais abrangente, elaborada pelos gramáticos, não inclui os adjetivos. Na Antiguidade as pessoas precisavam de mais tempo para aceitar o conceito de adjetivo. Até mesmo depois de ser alçado à condição de categoria o adjetivo era concebido como um substantivo que precisa de outro substantivo para completá-lo. Isso mostra que a concepção de "substantivo" dos antigos era demasiado diferente da nossa. A palavra grega correspondente, *onoma*, pode significar "nome" assim como "substantivo", e afigura-se natural considerar uma palavra como "branco"

128. Plutarco, *Obras morais*, volume 13, parte 1. *Questões platônicas*, 10.3.

129. A esse respeito, cf. Suto (2012, cap. 4).

enquanto nome de, por exemplo, a cor de uma folha de papel. Surgem aqui, novamente, discussões filosóficas: Aristóteles recorre a este mesmo exemplo da brancura para ilustrar seu conceito de uma característica acidental que subsiste em uma substância (*Categorias,* 1a). Porém, a retórica também influenciou a teoria dos adjetivos. Ao que tudo indica, o adjetivo, por vezes denominado de "qualidade" ou de "epíteto", foi transformado em uma classe gramatical distinta a fim de possibilitar, ao menos em parte, a explicação das expressões de louvor ou de crítica que os retóricos usavam em seus discursos (cf. Luhtala, 2005, p. 55). O texto de uma gramática latina afirma que um chamado "epíteto" é simplesmente uma palavra usada para elogiar ou repreender alguém no que diz respeito à alma, ao corpo ou a circunstâncias externas desta pessoa. Não é uma coincidência que a própria distinção entre três partes – alma, corpo e elementos externos – tenha se originado em debates platônicos quanto às virtudes.

Não surpreende, portanto, que Platão e o platonismo continuem presentes em debates de gramática e de retórica. Afinal, Platão foi um clássico literário. Era aclamado por muitos como um grande estilista no grego ático, dialeto que se tornou um fetiche na era imperial, a mesma na qual o grande retórico Élio Aristides elogiava o ático como o único dialeto grego dotado de dignidade e de charme (cf. Anderson, 1993, p. 87). Filósofos como Plutarco seguiram seu exemplo ao cultivarem um interesse pelo vocabulário e pelo estilo áticos. Até mesmo o médico Galeno, também no século II, escreveu obras filológicas em que trata das diferenças entre os dialetos gregos no intuito de compreender melhor as obras de Hipócrates. Já expliquei anteriormente a vitória do platonismo em relação às escolas helenísticas quando descrevi o modo como ele não só se apropriou destas escolas como também se moldou para se alinhar a crenças religiosas. Entretanto, outro fator significativo é que pessoas letradas consideravam Platão como parte de seu cânone. Para os romanos, assim como para nós, a eventual citação de autores quais Homero ou Platão era uma maneira de salientar o tipo de instrução que o indivíduo recebeu, bem como um sinal de refinamento. Uma técnica corriqueira era fazer alusões à literatura grega que já era "antiga", mas sem a identificação da fonte. Com isso, o leitor é adulado pela suposição de que também está "a par" do tema.

Outra maneira de demonstrar o refinamento era assistir aos discursos dos filósofos. Aqueles que se dedicassem à filosofia de maneira hipócrita ou superficial tornar-se-iam um claro alvo de sátiras. Um excelente exemplo disso é Luciano, retórico do século II d.C., e autor de cáusticas paródias da filosofia de sua época. Em sua obra *Nigrinus*, um turista filosófico descreve com entusiasmo a sua mais recente viagem ao estrangeiro, onde pôde sentar-se aos pés de um mestre platônico[130]. Os traços cômicos se devem, em parte, ao fato de que as aventuras deste turista filosófico não terem promovido mudança alguma em seu caráter. Para ele, a filosofia não é nada além de uma atuação requintada. A filosofia não lhe impõe nenhuma exigência para que ele se torne mais virtuoso. Aqui, Luciano pôs o dedo numa ferida: romanos cultos estudavam literatura grega no contexto de uma educação que incluía a filosofia. Porém, quando a filosofia ameaçou a subverter os valores desta elite culta, a indiferença foi a maneira com que reagiram. Muitos aristocratas se mostravam fascinados ao ouvir discursos elegantes que ressaltavam a inutilidade do dinheiro e da reputação, e, em seguida, retornavam ao fórum, interessados por riquezas e pela fama.

Todas essas tendências chegaram a seu apogeu no auge do Império Romano, entre o século I e o início do século III d.C. Esta foi a era dos sofistas. A palavra "sofista" já nos era familiar pelo contexto da Atenas do século V a.C., mas ela ressurgiu no século III d.C. em Atenas, onde um homem chamado Filóstrato cunhou a expressão "Segunda sofística" para designar o movimento acerca do qual seu tratado *Vidas dos sofistas* (cf. Anderson, 1993, p. 13) versa. A reabilitação do termo "sofista" acompanhou uma reabilitação da eloquência propriamente dita. Neste período retóricos faziam discursos exemplares acerca de temas históricos, tal qual os sofistas da Antiguidade Clássica fizeram. Górgias escrevera um discurso em defesa de Helena; o grande sofista Dião de Prusa superou-o com um discurso que provava que, dissesse Homero o que dissesse, Troia jamais fora saqueada na Guerra de Troia. Dião também era conhecido como "Crisóstomo", que significa "facúndia", isto é, "aptidão para discursar". À semelhança de intérpretes de *hip-hop* contemporâneo, sofistas como Dião sabiam manejar a eloquência de sua facúndia sem ensaio prévio; falavam de improviso, muitas vezes a respeito de tema sugerido pelo público. Sempre pronto para ridicularizar seus pares, o satírico Luciano enxergava um potencial cômico na maneira como os retóricos dependiam de metáforas e de alegorias, de gestos exagerados e de expressões faciais dramáticas. Porém, apesar das sátiras de Luciano, estas técnicas de fato funcionavam. Fontes antigas nos descrevem retóricos admirados a tal ponto que seus seguidores passavam a usar o mesmo estilo

130. Cf. Costa (2005). Agradeço a Michael Trapp pela análise que apresento aqui.

de roupas que eles usavam, ou então caíam num choro compulsivo diante da simples menção do nome do orador (Anderson, 1993, p. 23).

A Segunda Sofística hoje é levada a sério por classicistas e historiadores, mas ela costumava ser vista como um sinal da decadência do império. Alguns contemporâneos dessa época tendem a concordar com isso. Como já vimos anteriormente, Sêneca, no século I, criticava as pessoas que valorizam o estilo em detrimento da substância; e, no século II, no auge da Segunda Sofística, Plutarco toca neste mesmo ponto. Homens tão austeros estavam fadados a ficar enfurecidos com o espírito brincalhão da retórica neste período. Meu exemplo predileto é de uma época posterior da Antiguidade: antes de ser ordenado bispo, no início do século V, Sinésio escreveu um tratado intitulado *Elogio da calvície* (Watts, 2006, p. 17). Em nome de minha própria desvantagem capilar, deixo aqui registrado o meu agradecimento a ele. A filosofia tampouco estava imune ao uso espirituoso da eloquência e da apropriação autoconsciente de temas alheios. Os sofistas adoravam trabalhar com novas versões de temas de Platão, criando pastiches ou novas versões do mito do Anel de Giges, da *República*, ou dos discursos acerca do amor, no *Banquete*.

Contudo, para encontrarmos uma verdadeira fusão entre filosofia e retórica, teremos de voltar nossa atenção a um homem que viveu no século IV, depois da época da Segunda Sofística: Temístio. Tal qual Quintiliano, ele se tornou famoso por seu dom da eloquência. Dezoito discursos que sobreviveram ao tempo documentam suas relações com uma série de imperadores[131]. Alguns discursos eram dirigidos pessoalmente aos imperadores; outros foram escritos no período em que ele exerceu o cargo de emissário. Embora fosse pagão, Temístio teve seu primeiro patrocínio imperial no governo do imperador cristão Constâncio II, e mostrou grande habilidade política, além de uma eloquência notável, que lhe permitiu manter sua posição de influência no governo de imperadores subsequentes, e, em seguida, ser nomeado como representante no Senado, ajudando a selecionar quem seria permitido participar desta instituição prestigiosa – ainda que, em grande medida, impotente, a esta altura. Ironicamente, o Imperador Juliano – um homem enfaticamente pagão e com inclinações filosóficas – mostrou uma postura mais amistosa em relação a Temístio, talvez pelo fato de que ele não compartilhava da necessidade dos imperadores cristãos de abrigarem em sua corte

131. (Heather; Moncur, 2001).

um filósofo pagão capaz de se mostrar receptivo a novas ideias ecumênicas e intelectuais. Temístio também se mostrava favorável a uma coexistência pacífica entre pagãos e cristãos, algo improvável no governo de Juliano[132].

Em seus discursos, Temístio inspirava-se em ideias de sofistas e de retóricos, tais quais Dião "facúndia" e Élio Aristides. Porém, ele também deu ênfase às suas próprias credenciais filosóficas ao adotar uma explícita postura de filósofo na corte e ao apresentar-se como um homem determinado a dizer a verdade aos poderosos, já que filósofos sempre dizem a verdade (é sério!). Ele tinha credenciais autênticas. Escreveu inúmeros comentários às obras de Aristóteles, embora "comentário" talvez seja, na verdade, uma palavra pomposa demais. Eles estão mais para paráfrases fluidas, versões facilitadas e mais claras de complicados textos aristotélicos. Ao mesmo tempo, Temístio fazia uma discreta indicação de pontos de contato e de sintonia entre Aristóteles e Platão. Nesse sentido, sua prática era típica do filósofo de sua época, na qual o neoplatonismo já conciliava o pensamento destes dois gigantes. Porém, sua postura filosófica mais ampla estava mais próxima à de Alexandre de Afrodísias, o grande comentador peripatético, do que a dos comentadores neoplatônicos de épocas posteriores.

No entanto, Temístio às vezes discordava de interpretações de Alexandre; o melhor exemplo disso é seu tratamento das observações de Aristóteles quanto ao intelecto[133]. A intenção de Temístio era sobretudo esclarecer as passagens mais controversas e provocadoras de toda a obra de Aristóteles: o capítulo 5 do terceiro livro de *Da alma* (430a). No capítulo anterior, Aristóteles argumentara que o intelecto humano é um tipo de potencialidade para captar formas inteligíveis, assim como a visão é uma potencialidade para captar formas visuais. Ora, Aristóteles afirma que, se existe um intelecto potencial, também deve haver um intelecto que é sempre atual. Este será, como ele diz, um "intelecto criador". Ele pode ser comparado à luz; está sempre a pensar; e é considerado isolado e eterno. Este capítulo sempre deixou os leitores fascinados e frustrados em igual medida. A única coisa que fica clara nesta passagem é sua grande importância. Até os dias de hoje não há um verdadeiro consenso em relação à identidade do "intelecto criador" descrito por Aristóteles.

---

132. Estes dois argumentos foram apresentados por Heather; Moncur (2001, p. 18).

133. Cf. Todd (1996), com o tratamento do capítulo crucial nas p. 122-134. Em relação a Alexandre e a Temístio quanto ao intelecto, cf. também Schroeder; Todd (1990).

Em pelo menos uma de suas obras, Alexandre de Afrodísias argumenta que tal intelecto deve ser identificado com o próprio Deus, dado que Deus está sempre a pensar, é isolado de tudo e é eterno. Porém, Temístio está convencido de que Aristóteles provavelmente fazia aqui a descrição de um aspecto da mente humana. Para ele, o intelecto criador universal é, conforme ele diz, "o que é ser eu". Isso facilita o surgimento de meus pensamentos, que são formas reais em minha mente – assim como a luz me possibilita enxergar objetos visíveis. A escolha entre estas duas interpretações tem uma enorme importância. Da perspectiva de Alexandre parece que a mente humana é apenas mais um poder que a pessoa encarnada tem; temos poucas razões para achar que sobreviveremos à morte de nossos corpos. Para Temístio, contudo, cada um de nós deve se identificar, acima de tudo, com o intelecto criador. Quando Aristóteles afirma que tal intelecto criador é eterno, está prometendo-nos uma imortalidade compartilhada.

Temístio também alcançou outra espécie de imortalidade, pois suas paráfrases de textos de Aristóteles continuaram a ser valorizadas por muitos séculos. Suas habilidades retóricas também eram tidas em alta estima; o teólogo cristão Gregório de Nazianzo o chamava de "o rei das palavras" (Heather; Moncur, 2001, p. 5). Em sua época, até mesmo imperadores percebiam a conveniência política de ter por perto um homem desta estirpe – uma carta (que sobreviveu ao tempo) enviada por Constâncio II a Temístio mostra o grande interesse do imperador em apresentar-se como um guardião da filosofia e da herança clássica de um modo geral. Entretanto, discursos e intelectuais da corte podiam ajudar os imperadores só até certo ponto; aquilo de que de fato precisavam eram evidências de um favorecimento divino. Uma conquista militar arrasadora era sempre útil. No entanto, na falta disso, um voto de confiança divino poderia ser obtido de outra fonte: as estrelas.

28

Escrito nas estrelas: Astronomia, astrologia e filosofia

O que seria necessário para que se olhasse no espelho e pensasse que verdadeiramente deveria ser a pessoa mais poderosa do mundo conhecido? Talvez você seja movido pelo dever cívico, pelo desejo de ajudar o povo. Talvez você tenha conexões – o pai foi a pessoa mais poderosa do mundo, e apraza manter essas coisas na família. Ou talvez você seja simplesmente um megalomaníaco, que pensa que o poder ilimitado na humanidade não é menos do que se merece. Na era romana, grande número de pessoas foi levado por tais razões a pensar que deveria vestir a púrpura e tornar-se imperador. Para ser justo, alguns mais ou menos tiveram o poder imposto a si. Mas a maioria apoderou-se dele avidamente com ambas as mãos, e amiúde com um exército também. Ocasionalmente as coisas saíram verdadeiramente de controle, como no ano 69 d.C., também conhecido como "o ano dos quatro imperadores". Este foi um momento da história em que não era preciso muito para fazer com que os homens se vissem como imperadores potenciais. Um dos quatro pretendentes daquele ano, cujo nome era Otão, fez uma ousada tentativa de tomar o poder, que incluiu o assassinato brutal de seu predecessor, Galba. Durou apenas três meses, mas tinha uma excelente razão para ver-se no trono: alguns astrólogos disseram-lhe que seria imperador. Creio que não mencionaram a parte de durar apenas três meses.

Ora, se você abrir o jornal hoje e, no texto do horóscopo de seu signo, ler que esta é uma boa semana para declarar-se presidente dos Estados Unidos, é pouco provável que largue tudo e comece a escrever seu primeiro discurso do Estado da União. Os romanos, no entanto, levavam a astrologia mais a sério do que a maioria das pessoas de nossos dias. A astrologia já desempenhava um papel na política imperial antes mesmo da época de Otão. Veja-se o exemplo da seguinte história de dois amigos que foram consultar um astrólogo. O primeiro deles se chamava Marco Vipsânio Agripa, a respeito de quem o astrólogo profetizou uma predestinação a alcançar uma grandeza quase inimaginável – uma profecia verdadeira, dado que Agripa além de ter sido o vencedor na Batalha de Ácio foi também o tenente mais poderoso do grande Augusto César. Depois deste evento, o amigo de Agripa se mostrou relutante até mesmo em ouvir as previsões do astrólogo a seu respeito, as quais dificilmente poderiam ser auspiciosas como as do amigo. Porém, quando, por fim, informara a data de seu nascimento, e os cálculos foram feitos, o astrólogo nem sequer se deu ao trabalho de dizer quais eram suas previsões. Ele tão somente atirou-se aos pés do homem, pois este segundo homem, chamado Otaviano, *tornar-se-ia* Augusto César.

É claro que esta história é uma lenda, mas Augusto de fato recorreu à astrologia para ajudar a compor sua imagem imperial. Ele divulgou publicamente o seu horóscopo, e seu signo de capricórnio pode ser visto em moedas cunhadas durante seu governo, as quais existem até hoje[134]. Aquilo que a astrologia poderia conceder, a astrologia poderia também ameaçar retirar. Muitas vezes os imperadores temiam que astrólogos ou outros adivinhos declarassem que outra pessoa estava predestinada a ascender ao poder, e, assim, minar sua autoridade. Historiadores da Antiguidade fazem inúmeros relatos nos quais alguém recebe o duvidoso benefício de uma profecia desse tipo, e logo depois recebe uma pena de morte destinada a impedir a concretização desta previsão. Em certas situações emitiam-se decretos imperais que proibiam o uso da astrologia para a previsão de mortes – evento nada fortuito, dado que aconteceu na fase final do governo de Augusto –, ou até mesmo o uso da astrologia para quaisquer finalidades. É claro que não faz muito sentido proibir e censurar algo que ninguém leva a sério. Estas leis são um exemplo das abundantes evidências de que a astrologia – ao lado da magia e de outras formas de adivinhação, como a leitura das vísceras de animais – era um elemento totalmente integrado à visão de mundo da Antiguidade.

Se pensares bem, um filósofo que vivesse numa sociedade em que a astrologia era amplamente aceita como realmente eficaz precisaria se revelar

134. A esse respeito, e também a respeito desta lenda, cf. Barton (1994, p. 40).

bastante medíocre para dar as costas a esse tema e decidir nem sequer pensar no assunto. Se os astros dão, com efeito, algum sinal de indicar a ocorrência de eventos futuros, isso ainda carece de explicações. Portanto, muitos filósofos da Antiguidade tentaram explicar o suposto êxito da astrologia. Este tema também lhes despertava o interesse, pois, ao contrário da magia ou da leitura de vísceras, estava intimamente associado a um importante ramo da filosofia: a cosmologia. Já vimos anteriormente que os corpos celestes eram uma fonte de constante fascínio para pensadores da Antiguidade. Isso já se revelava verdadeiro com os pré-socráticos – por exemplo, com a afirmação heraclitiana de que o Sol e a Lua são semelhantes a crateras de fogo[135] – e no *Timeu* de Platão. Aristóteles dedicou um tratado inteiro a este tema, intitulado *Do céu*.

Estes filósofos precederam a crença generalizada na astrologia na Bacia do Mediterrâneo, que parece ter começado apenas depois das conquistas de Alexandre e o intercâmbio de ideias entre os mundos grego e babilônico. Contudo, no século II d.C., um importante especialista em teoria astronômica já era capaz – e pode-se dizer que isso era mesmo inevitável – de escrever também a respeito de astrologia. Seu nome era Cláudio Ptolomeu. Sua sofisticada apresentação matemática dos corpos celestes perdurou durante séculos, mormente numa obra intitulada *Almagesto*. Este título nos dá um pequeno indício de sua extraordinária influência histórica. Originalmente intitulada *Tratado sistemático de matemática*, era conhecida em grego somente como "*He Megiste*", que significa *O grande tratado*. A obra foi traduzida diretamente para o árabe como *al-Majusi*, e o início do título *Almagest*, em inglês, simplesmente preserva o artigo "*al-*" do árabe. Aliás, uma etimologia semelhante explica o sentido da palavra "alquimia". Esta palavra tem origem na transliteração árabe do termo grego *chemia*, a mesma palavra que está contida em "química".

Ptolomeu não escreveu acerca da alquimia, mas compôs uma obra extensa de astrologia, intitulada tão somente *Os quatro livros*, ou *Tetrabiblos*. Por conseguinte, Ptolomeu personifica um fenômeno geral mais antigo, a saber, a estreita conexão entre práticas hoje tidas como desacreditadas e disciplinas intelectuais que continuam a ser ensinadas em nossas universidades. Os alquimistas valeram-se da química aristotélica, ou seja, das teo-

135. *Filosofia clássica*, cap. 5.

rias acerca da transformação elemental que ele apresentou em obras como *Da geração e da corrupção*. A magia poderia ser explicada com base em ideias da física estoica e platônica, particularmente a ideia de que o cosmo como um todo se assemelha a um único organismo. As partes do universo relacionam-se como as partes de um corpo, de modo que podem ser afetadas conjuntamente; os gregos denominam esse vínculo "simpatia", vocábulo do qual procede o substantivo homônimo em português. Os estoicos usaram esta mesma ideia para explicar a astrologia (Barton, 1994, p. 104), enquanto autores como Ptolomeu recorreram, em grande medida, à teoria aristotélica dos quatro elementos, bem como à cosmologia aristotélica.

Pode-se supor que a astrologia combinaria muito bem com o estoicismo. Afinal, os estoicos eram deterministas, e, portanto, defendiam a crença de que a ordem natural é um desdobramento inevitável da divina providência. A possibilidade de prever eventos futuros se encaixa muito bem com esta teoria; no entanto, os estoicos não demonstraram grande entusiasmo para aceitá-la. Há um trecho em que Cícero, com efeito, insinua que o estoico Crisipo aceitava a afirmação contida nesta oração condicional: "Quem nasce no momento que a estrela Sirius está se elevando no céu não morrerá no mar" (LS 38E). Contudo, novamente de acordo com Cícero, Diógenes da Babilônia, o representante estoico na famosa embaixada de filósofos que fora enviada a Roma em 155 a.C., argumentava que a astrologia tinha uma eficácia limitada[136]. Este quadro só começou a mudar efetivamente com Possidônio, um estoico que Cícero não só conheceu em pessoa como também cita em sua obra *Sobre a adivinhação*. Possidônio parece ter aceitado a astrologia e outras formas de adivinhação como uma confirmação bem-vinda da teoria determinista dos estoicos. Seu interesse neste tema pode estar relacionado à sua famosa construção de um modelo celeste: a esfera armilar.

Apesar disso, foi a teoria cósmica de Aristóteles que despertou o interesse de Ptolomeu e que passaria a ser adotada por astrólogos com tendências filosóficas (e por filósofos com tendências astrológicas) até mesmo na tradição árabe. A hipótese aristotélica, assim como a de quase todos os cosmólogos da Antiguidade, era de que a Terra está situada no centro de um cosmo esférico.

---

136. Quanto ao modo pelo qual Cícero via a astrologia, cf. Long (1982, p. 165-192); Ioppolo (1984, p. 75-91).

Na borda do cosmo estaria a esfera das chamadas estrelas “fixas” – dado que se presume que a Terra é imóvel, considera-se que esta esfera gira rapidamente em redor da Terra, uma vez por dia. Entre esta esfera mais externa e nosso mundo terrestre existem outras esferas mais transparentes, às quais os planetas visíveis estão incorporados. Todos os dias tais esferas mudam de posição em relação ao fundo giratório das estrelas fixas. Na verdade, a Terra está inclinada em seu eixo; ela não apenas está girando uma vez por dia, como também viaja em redor do Sol uma vez por ano, de modo que a cada quatro anos há um dia extra no calendário. Isso significa que o Sol – supondo que a Terra esteja imóvel – parece se mover em relação às estrelas fixas, num movimento descrevendo um círculo que forma um ângulo com o equador celeste. Este movimento leva um ano inteiro para ser concluído, e o caminho percorrido pelo Sol ao longo do ano é chamado de eclíptica. O ângulo da eclíptica está associado às mudanças nas estações do ano.

O caminho percorrido pelo Sol é desviado ligeiramente de ano a ano, um fenômeno chamado de “precessão dos equinócios” – com efeito, tal fenômeno se deve à oscilação da Terra ao girar em torno de seu próprio eixo. Ptolomeu afirmou que este efeito é de apenas 1 grau por século (Barton, 1994, p. 92). O fato de astrólogos da Antiguidade já conhecerem uma mudança tão sutil deixa claro como as observações e as mensurações eram feitas não apenas ao longo de anos, mas no transcorrer de gerações inteiras. Um fenômeno mais óbvio, que pode ser percebido até mesmo no intervalo de um único ano, é que os planetas não parecem se movimentar em círculos grandiosos em redor da Terra. O que de fato ocorre – um fato ignorado pelos povos da Antiguidade – é que eles se movimentam em órbitas elípticas em volta do Sol, assim como a Terra o faz. Isso significa que, da perspectiva de um observador situado na Terra, por vezes eles parecem parar e movimentar-se para trás. Portanto, é deveras óbvio que os planetas, bem como o Sol e a Lua, não se movimentam em círculos perfeitos em redor da Terra. Isso consistia em um problema para aqueles que, tal qual Aristóteles, acreditavam que os planetas estão assentados em esferas rotativas. O próprio Aristóteles precisou introduzir o conceito de múltiplos motores para cada esfera celeste a fim de explicar o movimento irregular dos planetas (*Metafísica*, 1074a). Posteriormente, recorreu ao epiciclo: o planeta assenta-se em uma esfera rotativa muito menor que está inserida na esfera que gira em redor da Terra. Portanto, o planeta é como um ponto em uma bola de gude giratória, e que está dentro de uma grande esfera de vidro rotatória. Este movimento giratório menor explicaria a razão pela qual o planeta parece às vezes se mover para trás. Outro conceito era o da "esfera excêntrica": uma esfera cujo centro não coincide com o centro do planeta – uma ideia incompatível com a descrição física das esferas celestiais aninhadas.

Como fica claro a partir destas tentativas de correção, era vital para Aristóteles e para Ptolomeu que o firmamento continuasse a ser um mundo de círculos perfeitos. Os antigos explicavam os movimentos não circulares como o resultado da interação de movimentos circulares múltiplos. Isso estabelecia um contraste entre, de um lado, os corpos celestes e, do outro, os quatro elementos do mundo sob os céus: ar, terra, fogo e água. Estes se movimentam de modo retilíneo. Os elementos leves, o ar e o fogo, têm um movimento ascendente; os elementos pesados, a água e a terra, um movimento descendente. Em outras palavras, os elementos leves afastam-se do ponto central do universo, enquanto os elementos pesados aproximam-se dele. Isso dá sustentação à tese aristotélica de que o firmamento é composto por um tipo de substância completamente diferente, o chamado quinto elemento [o éter], que é eterno e indestrutível[137].

De fato, Ptolomeu valorizava a posição privilegiada do estudo das estrelas, como fica claro em seu *Almagesto*. No início deste tratado ele afirma que não existe uma disciplina teórica mais importante que a astronomia (Toomer, 1984, § 1.1). Ele concorda com a visão aristotélica de que a teologia deve estudar o motor imóvel – causa primária de todo movimento do universo –, que é divino. Infelizmente, a humanidade é incapaz de chegar a uma compreensão plena desta primeira causa do movimento. Ao mesmo tempo, a filosofia natural, aquela que diz respeito ao mundo dos quatro elementos abaixo da esfera da Lua, lida com as coisas sujeitas a uma mudança constante. Portanto, estas disciplinas são imperfeitas – a teologia, por não oferecer uma compreensão adequada; a física, pois não há como ter uma compreensão estável de coisas instáveis. Em contrapartida, quando consideramos os céus com base em seus movimentos utilizamos a matemática, um estudo que combina exequibilidade com objetos de conhecimento per-

137. Para saber mais sobre o cosmo de Aristóteles, cf. *Filosofia clássica*, cap. 34.

feitamente estáveis. Aplica-se aqui a regra de Cachinhos Dourados: nem ambição em demasia, nem excessiva modéstia; o que importa é encontrar o equilíbrio. Ptolomeu cria uma atmosfera platônica ao afirmar que o estudo das estrelas trará às nossas almas uma espécie de ordem que imita a perfeita ordem dos céus. Este mesmo argumento foi apresentado no diálogo platônico predileto da Antiguidade Tardia, o *Timeu*.

Contudo, nada disso leva-nos da ciência examinada no *Almagesto*, que chamaríamos de astronomia, para a prática muito mais ambiciosa e controversa da astrologia. Os astrólogos usavam horóscopos para prever o destino das pessoas, bem como faziam declarações a respeito do resultado de eventos específicos quando aconselhavam quanto a todo tipo de assunto, desde o melhor momento para fazer uma viagem, as consequências de uma doença e os prováveis vencedores das corridas de bigas. Como isso era possível? De modo geral, dava-se dois tipos de resposta, as quais foram apelidadas de astrologia "rigorosa" e astrologia "flexível" (Long, 1982, p. 170). A astrologia rigorosa afirma que os corpos celestes de fato causam o acontecimento de eventos em nosso mundo. A astrologia branda diz que as estrelas significam apenas eventos futuros, sem causá-los, de modo que oferecem a possibilidade de prever o que ainda ocorrerá àqueles que sabem como interpretar esse tipo de escrita celeste.

Como já vimos anteriormente (capítulo 26), o aristotélico Alexandre de Afrodísias contestava a ideia de que as estrelas são a causa de tudo o que acontece aqui embaixo. Ora, as estrelas, com seus movimentos perfeitos e eternos, são partícipes da divindade. Ademais, encaremos a realidade: muito do que acontece aqui embaixo, com efeito, é lamentável. As pessoas erradas tornam-se imperadores; crianças recusam-se a terminar suas refeições; o cercado da girafa está fechado bem no dia em que decidimos visitar o zoológico. Atribuir às estrelas a culpa por estas coisas seria uma blasfêmia. A astrologia foi criticada de forma mais direta por representantes de outras escolas filosóficas (Barton, 1994, p. 53-54). Em meio às inscrições de Diógenes de Enoanda há um ataque dirigido a ela, o que não é de surpreender dado o desprezo epicurista pelo determinismo estoico. Sexto Empírico e outros céticos também combateram a astrologia. Eles também se opunham ao estoicismo, e é claro que os céticos antigos costumavam opor-se a qualquer tipo de pensamento que lhes fosse apresentado. Carnéades, um dos céticos da Antiga Academia, costumava apresentar um divertido argumento contrário à astrologia: se a data de nascimento puder determinar o destino de alguém, então todos os que morrem numa enorme batalha devem ter nascido no mesmo horário.

À medida que o cristianismo passou a predominar na Antiguidade Tardia, a própria astrologia tornou-se cada vez mais alvo de contestação. Autores de grande relevância, como Agostinho, tentaram refutá-la. Por exemplo, ele recorria ao que, em sua época, era considerado um argumento já antigo, não muito diferente daquele usado por Carnéades: se o momento do nascimento pode decidir o destino de uma pessoa, então gêmeos idênticos deveriam ter o mesmo destino, mas isso não é verdade (Agostinho, Conf., 7.6). O pensador cristão Orígenes de Alexandria, filósofo que viveu entre os séculos II e III, parece ter aceitado a "astrologia flexível" – a ideia de que as estrelas de fato conferem um significado a eventos futuros, ainda que sem causá-los. Depois de fazer esta concessão à astrologia, ele se retratou ao questionar a possibilidade de os humanos serem capazes de interpretar estes sinais. Entretanto, até mesmo para os cristãos, as coisas nem sempre eram tão claras. Orígenes achava que tinha de admitir que as estrelas servem como sinais devido a uma passagem no Livro do Gênesis; ademais, havia outras razões religiosas para permitir que as estrelas funcionassem como mensageiras de Deus. Basta lembrar da estrela que brilhava no céu de Belém no dia do nascimento de Jesus, uma história que fora interpretada como o equivalente cristão ao uso que Augusto fez do horóscopo para justificar sua legitimidade política (cf. Barton, 1994, p. 74-76).

É claro que era possível recorrer à filosofia não apenas para criticar a astrologia, mas também para apoiá-la. Um exemplo notável disso é o poema intitulado *Astronomica*, de um autor praticamente desconhecido chamado Marco Manílio (cf. Goold, 1977). Inspirando-se em Lucrécio, e provavelmente também no estoico Possidônio, Manílio fez a transposição de complexas explicações matemáticas dos céus para o formato de versos latinos tortuosamente difíceis. Esta é a mais antiga e completa obra teórica da astrologia antiga, a despeito de quase não ter sobrevivido ao período medieval até ser redescoberta, séculos mais tarde, na Renascença. Quem exerceu uma influência muito maior foi nosso novo amigo, Ptolomeu, que não apenas adotou uma cosmologia amplamente aristotélica em seu *Alma-*

gesto, como também valeu-se de conceitos da física aristotélica em sua obra de astrologia, o *Tetrabiblos*[138].

A cosmologia aristotélica sempre se viu às voltas com a dificuldade de explicar como os céus podem exercer influência no mundo terreno. Não é preciso acreditar em astrologia para se questionar a esse respeito. É evidente que o Sol e a Lua influenciam as estações e as marés e, com efeito, os astrólogos apresentavam suas teorias como uma mera extensão desse tipo de fenômeno. Porém, Aristóteles refutava a ideia de que o Sol é quente – assim, como é possível que ele nos aqueça? Ele flertava com a hipótese de explicar este fenômeno ao invocar o atrito, mas isso não faz muito sentido dado que a esfera do Sol está separada de nossa atmosfera pela esfera impenetrável e supostamente invulnerável ao calor em cujo interior a Lua está inserida. Na verdade, Ptolomeu tampouco apresentou uma solução a este problema; ele apenas associou vários planetas a determinadas propriedades elementares. O Sol, é claro, aquece, enquanto a Lua causa a umidade (a origem das marés), e assim por diante em relação aos demais planetas (1.4). Assim como outros astrólogos, ele associou estas propriedades a outras que eram mais nitidamente metafóricas, afirmando, por exemplo, que a Lua é feminina, e o Sol, masculino (1.6). Em obediência às convenções da astrologia antiga, Ptolomeu também fazia com que os efeitos exercidos pelos planetas dependessem de sua localização no zodíaco, isto é, de suas posições em relação aos demais planetas. Embora isso tudo possa fazê-lo parecer um representante descarado da "astrologia rigorosa", ele acrescenta a cautelosa afirmação de que a astrologia lida apenas com probabilidades. As estrelas de fato são a causa dos eventos, mas isso ocorre de um modo tão complexo que não se pode ter certeza em relação a quaisquer previsões. Desse modo, ele compara a astrologia à medicina: ambas são benéficas à humanidade, mas nenhuma delas nos garante certezas absolutas de coisa alguma (1.3).

Encontramos perspectivas igualmente matizadas entre os críticos à astrologia. Um século depois de Ptolomeu, Plotino mostrou um grande interesse pela astrologia, de modo que dedicou um tratado a esse tema e examinou-o em pormenores em outros tratados (cf. Adamson, 2008, p. 265-291). Tal qual o aristotélico Alexandre, Plotino evitava atribuir às estrelas divinas

138. Cf. Robbins (1940). Citado conforme o número da seção.

as causas por todos os males, e preocupava-se com as implicações deterministas da astrologia. Portanto, ele às vezes parece negar qualquer papel causal às estrelas quando compara, em tom sarcástico, esta sugestão à ideia de que os pássaros provocam a ocorrência de eventos futuros – uma alusão à prática antiga de adivinhação que se baseava no voo das aves (Plotino, En., 3.1.6). Por outro lado, ele se refere explicitamente às estrelas como se fossem um tipo de escrita que representa o futuro. Isso faz com que sua perspectiva pareça um claro exemplo de astrologia flexível. Na verdade, contudo, sua visão é mais matizada do que isso. Em uma de suas várias apropriações da teoria estoica, Plotino aceita a ideia de que o universo está interligado por uma espécie de sinfonia. Isso lhe dá uma base física para reconhecer a existência de algum tipo de influência causal das estrelas em nosso mundo. A concepção ponderada de Plotino permite isso, mas somente até certo ponto. Por exemplo, a localização das estrelas na hora de nosso nascimento pode influenciar nossa postura ética, mas ela não predetermina nossas ações. Isso não ocorre apenas porque as estrelas fazem parte de um sistema cósmico causal mais complexo, mas também porque nossas almas são imunes à influência de meros corpos – ainda que estes sejam corpos divinos, celestiais. Tudo isso passará a fazer sentido quando discorrermos a respeito dos aspectos mais fundamentais da filosofia de Plotino.

29

Meu copiloto é um deus: A vida e a obra de Plotino

Parece esperar-se que uma vida grandiosa culmine em desfecho grandioso. Por isso há fascínio pelas últimas palavras célebres, declarações proferidas no leito de morte que revelam engenho ou penetração intelectual, ou que parecem condensar a personalidade de quem se extingue. Quase sempre as melhores dessas declarações são apócrifas, entre elas a atribuída a Oscar Wilde, "Ou esse papel de parede sai, ou eu saio", e o suposto pedido derradeiro de Goethe por "Mais luz" (bom demais para ser verídico, esse). Contudo, ao que tudo indica, o grande físico Richard Feynman de fato afirmou: "Detestaria morrer duas vezes, é tão monótono". Tal como em tantos outros aspectos, os antigos estabeleceram padrão elevado para todas as épocas com as suas últimas palavras. É difícil superar o "Até tu, Bruto?" de Júlio César para o primeiro posto nessa disputa, mas o "Devemos um galo a Esculápio" de Sócrates (*Fédon*, 118a) decerto merece uma menção honrosa. Vale lembrar, ainda, a declaração derradeira do maior filósofo da Antiguidade Tardia, Plotino. Ele disse a um amigo que o acompanhava, "Procura reconduzir o deus que está em nós ao deus que está no universo" (*Vida de Plotino*, 2)[139]. Como se isso não bastasse, surgiu uma serpente que se esgueirou por uma fenda na parede no exato instante em que Plotino

139. Para o acesso às obras de Plotino, a versão inglesa mais bem conhecida é a de S. MacKenna, mas a série Loeb em sete volumes, editada pela Harvard University Press, por A. H. Armstrong, contém uma tradução mais confiável. Esta inclui, em seu primeiro volume, a obra *Vida de Plotino*, de Porfírio. O tratado, o capítulo e os números das seções que cito neste capítulo são as padronizadas, e são as que se encontram em todas as edições e traduções de Plotino. O livro *Vida de Plotino* também foi traduzido por M. Edwards (2000).

expirou. Ele morreu no ano 270 d.C., na Campânia, uma região na Itália e ao sul de Roma. Plotino viajara a Roma para fundar uma escola filosófica. Quer tivesse tal intento, quer não tivesse, inaugurou também um novo capítulo na história da filosofia.

Pode-se facilmente argumentar que Plotino é o filósofo ocidental mais influente de todos os tempos, exceção feita a Platão e a Aristóteles. A justificativa para isso seria o seguinte: Plotino é reconhecido como o fundador da tradição que denominamos neoplatonismo. Ele fundiu as doutrinas que alega ter encontrado em Platão com muitas ideias de Aristóteles, acrescentando-lhes uma dose saudável de estoicismo. O resultado desta mistura revelou-se interessante, para dizer o mínimo. Ela seria bem recebida pelos pagãos no Império Romano, pelos cristãos em Bizâncio e na Europa Ocidental, e por cristãos, judeus e muçulmanos que viviam no Império Islâmico e que escreviam nas línguas siríaca, árabe, persa e hebraica. Poucas décadas depois da morte de Plotino, Agostinho bebeu diretamente da fonte neoplatônica. E, um milênio mais tarde, Tomás de Aquino faria o mesmo. O neoplatonismo chegaria até a ter uma importância maior na Renascença até, por fim, perder sua posição de relevo no início da Modernidade. A filosofia ocidental começou a ser praticada há 2.500 anos, com os pré-socráticos. E, ao longo de aproximadamente metade desse tempo, do século III ao século XV d.C., a corrente predominante, em grande medida, foi o neoplatonismo.

Este predomínio é tão significativo que continua a ser impressionante até mesmo quando fazemos algumas poucas ressalvas. Para começar, Plotino nunca se propôs a criar um sistema filosófico novo. Vale a pena reiterar que ele e outros platônicos da Antiguidade Tardia se autodenominavam tão somente assim – platônicos, e não neoplatônicos, um termo criado por estudiosos modernos e originalmente usado de uma forma um tanto quanto desdenhosa. Devemos também reconhecer que o neoplatonismo de Plotino não é tão "novo" como às vezes se supõe. Os chamados platônicos "médios" anteciparam-se em relação a algumas ideias de Plotino numa medida considerável – na verdade, a tal ponto que os detratores de Plotino o acusaram de ter plagiado Numênio, platônico do século II (cf. capítulo 22). Por estas razões, os platônicos que surgiram depois de Plotino não consideravam que ele rompera com a tradição antiga, assim como ele próprio não atribuía a si mesmo este papel. Neoplatônicos como Jâmblico e Proclo nutriam profundo respeito por Plotino. No entanto, ambos o consideravam apenas um elo adicional, e particularmente significativo, em uma corrente de autoridades platônicas. Por fim, devemos lembrar que, sobretudo no período medieval, o neoplatonismo podia circular sem ter de carregar consigo os textos originais de Plotino. A maioria dos pensadores medievais latinos não tinha acesso a seus escritos. Em árabe, seus textos estavam apenas parcialmente disponíveis em uma tradução atribuída erroneamente a Aristóteles.

No que nos diz respeito, nossa sorte é maior: tudo que Plotino escreveu está à nossa disposição. Devemos isso a Porfírio, um de seus discípulos, que produziu uma edição de seus escritos. Foi ele quem deu títulos a tratados originais – dos quais até então careciam –, bem como deu à obra completa o nome de *Enéadas*, que deriva de *ennea*, o número 9 em grego. Isto se deu porque ele agrupou os tratados em seis conjuntos de nove textos. Porfírio era tão apaixonado por números e pelo seu simbolismo mais profundo quanto qualquer outro platônico. Portanto, é natural que lhe fosse irresistível a possibilidade de editar a filosofia de seu mestre neste formato. Na verdade, ele recorreu a uma pequena trapaça para obter o resultado dos números 6 e 9 que seriam multiplicados: dividiu obras maiores em vários tratados e, em um dos casos, para fazer esta divisão, cortou uma frase pela metade! O exemplo mais impressionante é uma extensa obra de Plotino que é conhecida hoje pelo apelido em alemão *Grosschrift*, o qual, aos ouvidos dos anglófonos, soa como se significasse "tratado nojento", mas significa apenas "grande tratado". Porfírio não apenas o dividiu em quatro partes distintas; também separou-os e colocou-os fora de ordem em várias seções das *Enéadas* (tratados 3.8, 5.8, 5.5 e 2.9). Moral desta história: se algum aluno seu oferecer-se para editar um conjunto de textos de sua autoria, peça lhe para ver o sumário do livro antes da publicação.

No entanto, devemos ser gratos a Porfírio, não apenas pela preservação dos escritos de seu mestre para a posteridade, mas também por ter escrito uma espécie de introdução à obra, a qual além de ter sido anexada a ela também foi transmitida por meio dos manuscritos das *Enéadas*. Esta introdução continha uma biografia de Plotino seguida de uma explicação acerca da forma de organização dos textos, bem como alguns textos de contemporâneos de Plotino que lhe prestaram homenagem. O livro de Porfírio, *Vida de Plotino*, está repleto de relatos inesquecíveis e de fascinantes vislumbres das atividades da escola de Plotino, e, a seu modo particular, é um documento tão precioso na condição de certidão de nascimento do neoplatonismo quanto qualquer um dos tratados do próprio Plotino. Nesta obra Porfírio trata de dois grandes temas. O primeiro: Plotino era, com efeito, um sujeito maravilhoso. O segundo: Plotino era *realmente* um sujeito maravilhoso. Porfírio raramente perde uma oportunidade para ver a si mesmo refletido em *Vida de Plotino*. O estudioso Gillian Clark comentou que frases que iniciam com "Eu, Porfírio..." são tão recorrentes no livro que se tornaram exemplos de humor involuntário (Clark, 2000, p. 29-51, n. 35). A intenção de Porfírio é dar ao leitor a forte impressão de que ele é o mais estimado e o mais importante discípulo de Plotino. Por exemplo, como quem nada pretende, afirma que Plotino escreveu suas melhores obras depois que ele, Porfírio, juntou-se à escola, bem como que algumas delas foram escritas como uma resposta direta a tópicos de investigação que ele propôs (*Vida de Plotino*, 13).

Porfírio aqui compete com outro discípulo de Plotino chamado Amélio. Isso talvez explique a razão pela qual Porfírio abre *Vida de Plotino* com a história a seguir (*Vida de Plotino*, 1). Amélio queria que Plotino posasse para um retrato (ou, então, para uma escultura). Plotino comenta: já não basta eu ter de carregar por aí esta imagem que é o meu próprio corpo? Ainda é preciso fazer uma imagem a partir desta imagem? Como resposta a esta pergunta, Amélio convidou um pintor para assistir a sessões de pintura na escola até que fosse capaz de memorizar o rosto do mestre; logo depois, com mais informações que Amélio lhe forneceu, o pintor compôs o retrato. Esta é uma boa história, pois ressalta a coerência de Plotino ao aderir aos princípios platônicos. Por acaso ela também mancha ligeiramente a imagem de Amélio. Pode-se imaginar Porfírio observando o desenrolar de todo o processo, e pensando: "Puxa, se um dia eu escrever uma biografia de nosso mestre Plotino, certamente é com isto aqui que começarei". Ele também menciona que um conjunto de cópias das obras de Plotino preparadas por Amélio foi motivo de reclamações (*Vida de Plotino*, 19-20), embora Porfírio isente Amélio de culpa ao dizer que sua caligrafia era um tanto incomum – isso pode ser confirmado por qualquer um que tenha lido um texto de Plotino em grego. Para agravar ainda mais esta dificuldade, segundo o relato de Porfírio, Plotino não enxergava muito bem e, portanto, nunca relia o que escrevia. Uma vez mais este episódio evoca um sábio platônico um tanto quanto místico – cuja mente revela-se mais perspicaz do que suas sensações – ao mesmo tempo que isenta Porfírio da culpa por quaisquer falhas em seu próprio trabalho na edição da obra.

Contudo, leitor, talvez eu tenha lhe transmitido uma imagem desfavorável de Porfírio, e de um modo deveras injusto. De fato, ele também faz comentários elogiosos a Amélio, e meu palpite é que a relação entre os dois estava mais para uma competição amistosa do que uma verdadeira rivalidade. Por exemplo, sabemos dos comentários que circularam quanto a Plotino ter plagiado Numênio, pois Porfírio inclui a citação da refutação de Amélio a esta acusação (*Vida de Plotino*, 17). Porfírio chega a narrar uma história que transmite uma imagem de si mesmo ainda mais desfavorável do que a do relato de Amélio. Na primeira vez que ele pisou na escola de Plotino, ele ainda era adepto de doutrinas que aprendera com Longino, seu professor anterior. Porfírio e Longino já estavam convictos de que as formas platônicas se encontram fora do intelecto divino, contempladas como uma espécie de *desígnio* externo de acordo com o qual Deus cria o mundo. Plotino encarregou Amélio da tarefa de converter Porfírio à doutrina da escola, ou seja, de que as formas são, na verdade, ideias contidas em uma mente divina. Passada uma troca de argumentos por escrito com Amélio, Porfírio enfim cede e converte-se aos ensinamentos de Plotino acerca do tema (*Vida de Plotino*, 18).

A obra *Vida de Plotino*, de Porfírio, trata de vários temas centrais da filosofia de seu mestre. Por exemplo, em seus escritos Plotino muitas vezes parece estar em conflito em relação ao valor do mundo físico. Seu ensinamento ético fundamental é que devemos nos afastar das coisas relacionadas ao corpo e buscar a vida da mente, o que significa descobrir nossa própria identidade. Este argumento é enfatizado em inúmeras histórias, até mesmo a história acerca da pintura. Em outra passagem do livro, Porfírio narra como Plotino era capaz de contemplar coisas inteligíveis mesmo enquanto dialogava com alguém (*Vida de Plotino*, 8). Outras histórias discorrem longamente quanto a esta perfeição espiritual de Plotino e tinham como pano de fundo as crenças religiosas da Antiguidade Tardia, lembrando-nos de que esta é uma época em que a astrologia, a magia e a presença dos deuses faziam parte da realidade cotidiana. Em uma dessas histórias, um mago que se mostra hostil a Plotino tenta lançar um feitiço nele, mas a alma de Plotino é tão poderosa que o feitiço se volta contra o próprio mago (*Vida de Plotino*, 10). Em outra história, Plotino é convidado por um amigo para uma invocação de seu espírito guardião. No momento em que o espírito surge, o sacerdote anuncia que o guardião de Plotino não é um mero demônio sem importância, mas um deus completo. Este deus, contudo, desaparece, pois seu amigo fica assustado e enciumado, de modo que acaba por estrangular os pássaros que tem nas mãos (*Vida de Plotino*, 10).

Estas histórias deixam-nos com a forte impressão de que Plotino é uma figura sobrenatural que não somente mal se digna a reparar em seu próprio corpo, como também vive mais tempo na companhia dos deuses do que com os demais humanos. Entretanto, Porfírio nos diz que Plotino era tanto um homem deste mundo quanto do mundo divino. Ele atraía discípulos originários de toda a região mediterrânea – Porfírio vinha de Tiro, cidade do atual Líbano, e outros discípulos vinham do Egito (como o próprio Plotino), da Península Arábica e da Palestina. Em Roma, Plotino circulava por ambientes aristocráticos, e as pessoas desta elite lhe confiavam a guarda de crianças órfãs (*Vida de Plotino*, 9). Até mesmo o Imperador Galiano era um admirador seu, de modo que, por intermédio das boas relações entre ambos, Plotino elaborou um plano para fundar uma nova cidade chamada Platãonópolis, cuja governança estaria de acordo com o sistema jurídico proposto por Platão (*Vida de Plotino, 12*). Isso tudo não parece condizer com um homem que não encontra tempo para o mundo físico em seu redor. Algumas das histórias mais pitorescas a respeito de Porfírio levariam o leitor a esta mesma conclusão. Quando Porfírio teve uma crise de depressão suicida, Plotino recomendou que ele viajasse para um país com um clima melhor, o que, com efeito, o curou (*Vida de Plotino, 19*). Em outra circunstância, contaram a Plotino que um roubo ocorrera na casa de uma família rica. Ele fez com que todos os escravos se enfileirassem, examinou-os detalhadamente, e foi capaz de distinguir o culpado tão logo se deparou com ele (*Vida de Plotino, 11*). Não resisto à tentação de lembrar que em *Bancando o águia*, um maravilhoso filme de Buster Keaton, há uma cena muito parecida com esta. Bem, talvez eu poderia ter resistido. Não sei ao certo, pois nem sequer tentei.

A resiliência de Plotino em resistir a tentações era muito maior do que a minha. Ele era abstêmio e se recusava a ingerir produtos de origem animal, ainda que estivessem presentes apenas na composição de remédios (*Vida de Plotino*, 2). Também se preocupava com o bem-estar das pessoas em seu redor, e dava tudo de si para alcançá-lo, como demonstra o projeto da cidade de Platãonópolis. No entender de alguns intérpretes de seus textos, a filosofia de Plotino nos deixa poucas razões – ou até mesmo razão nenhuma – para buscarmos as virtudes práticas[140]. No entanto, seu estilo de vida demonstra que sua filosofia lhe deu razões suficientes. Ainda assim, não restam dúvidas de que Plotino dedicou sua vida à filosofia. Por intermédio de Porfírio sabemos de um pormenor espantoso a respeito da infância de Plotino: aos 8 anos de idade ele ainda pedia para mamar no peito de sua mãe (*Vida de Plotino*, 3); contudo, o relato de sua história de vida centra-se sobretudo em seus desenvolvimentos filosóficos. Ele nasceu no Egito e viajou a Alexandria em busca de um mestre; nesta cidade encontrou-se com Amônio Sacas, acerca de quem, infelizmente, quase nada se sabe. Caso tenha contado, reparará que este é o segundo dos três homens com o nome de Amônio que mencionei no capítulo 24. Até mesmo a decisão de Plotino de juntar-se a uma expedição militar comandada pelo Imperador Gordiano é explicada por Porfírio como fruto do desejo de viajar rumo ao Oriente, onde ele poderia entrar em contato com a sabedoria da Pérsia e da Índia (*Vida de Plotino*, 3). Se nestes lugares ele aprendeu algo que possa ter influenciado seu pensamento, esta é uma pergunta interessante. As pesquisas mais detalhadas a que tive acesso sugerem – para nossa decepção – não haver provas de uma influência explícita da filosofia indiana em Plotino, a despeito de o conceito oriental de sabedoria ter fascinado ambos, mestre e discípulo (cf. Lacrosse, 2009, p. 103-117).

É claro que Plotino já lidava com um número suficiente de influências. Como já afirmei antes, ele combinou temas distintos não apenas a partir de ideias platônicas, mas também de ideias estoicas e aristotélicas. Porfírio nos

140. Em relação a este problema, cf. Dillon (1996, p. 315-335); Remes (2006, p. 1-23).

conta que a *Metafísica* de Aristóteles está insinuada nos textos das *Enéadas*, e que as obras de Alexandre de Afrodísias eram lidas na escola de Plotino (*Vida de Plotino*, 14). Mas é óbvio que a maior herança de Plotino tem origem na tradição platônica. Tal qual os platônicos "médios", Plotino dava uma clara preferência a alguns diálogos, bem como a determinados trechos destes diálogos. Para ele os textos cruciais eram diálogos ricos de um prisma metafísico, como o *Parmênides*, o *Timeu* e a parte que se encontra na metade da *República*, isto é, nos livros V, VI e VII. Alguns trechos dos diálogos *Filebo* e *Teeteto* também lhe causaram uma forte impressão. Em contrapartida, pode-se ler a íntegra das *Enéadas* sem ser remetido aos chamados diálogos "socráticos", como o *Eutífron*. Ainda assim, Platão era lido com atenção no círculo de Plotino, e uma pequena quantidade de tratados nas *Enéadas* são pouco mais do que comentários diretos a respeito de uma passagem de um diálogo de Platão. Com base em suas passagens prediletas dos diálogos platônicos, e nas interpretações de Platão a que ele teve acesso a partir de platônicos primitivos como Numênio, Plotino criou o sistema que continuaria a representar a essência do neoplatonismo pagão ao longo de várias gerações.

Este sistema adota a forma de uma hierarquia, na qual um princípio mais elevado dá origem a um segundo princípio, o qual, por sua vez, dá origem a um terceiro. Todos estes três princípios transcendem o mundo físico; no entanto, Plotino os descreve por meio de nítidas analogias inspiradas na natureza. Os princípios são comparados a luzes brilhantes; a fontes transbordantes; a chamas ardentes ou, como no exemplo de uma passagem fantástica, a uma esfera com vários rostos (*Enéadas*, 6.7.15). No topo temos uma primeira causa, com a qual os platônicos médios estão mais ou menos familiarizados: o uno, também chamado de o bem. Ela se compara a uma luz brilhante, que dá origem a uma luz secundária, à semelhança de um raio que brilha a partir do Sol. Plotino dá a este princípio secundário o nome de *noûs*, ou "intelecto". Já mencionei que, de início, Porfírio não estava convencido quanto às compreensões essenciais de Plotino acerca do *intelecto*, sobretudo a de que este deve ser identificado com as formas, as quais consistem nas próprias ideias do intelecto. Este intelecto é muito semelhante ao Deus de Aristóteles, uma mente pura que não faz nada além de pensar – embora este intelecto não seja a causa primeira, e sim a secundária em relação ao uno. Como emanação do intelecto, tem-se a alma do mundo, o princípio da vida e da ordem para o cosmo material. Sua função é transformar as imagens das Formas em matéria, o que resulta na criação das coisas materiais.

Tradicionalmente, a natureza – ou a matéria – é considerada o quarto degrau da escada metafísica de Plotino, que contém a seguinte ordem: uno, intelecto, alma do mundo e matéria. Plotino, entretanto, hesita em atribuir uma existência genuína às coisas do mundo material ou natural. A certa altura, afirma que "tudo que a matéria nos diz é mentira" (*Enéadas*, 3.6.7); isso nos sugere que, em seu entender, os corpos são mais uma ilusão do que uma realidade. Disso se origina a observação que fizera a Amélio, a saber, de que seu próprio corpo é apenas uma imagem de seu verdadeiro eu. Plotino discordaria de Hamlet, o qual se viu frustrado diante da impossibilidade de sua carne, sólida demais, desfazer-se e fundir-se no orvalho. Para Plotino, o nosso corpo é sólido apenas em aparência, já que está sempre em um fluxo contínuo, isto é, sempre recuando para um estado de não ser. Neste nível de realidade, ou de aparente realidade, Plotino revela-se um heraclitiano. Portanto, em grande medida, o quadro metafísico pintado por Plotino consiste *apenas* em: uno, intelecto e alma. Isso lhe trará dificuldades para explicar as razões da existência da matéria que recebe as imagens transitórias das formas que produzem os corpos.

As consequências disso tudo são decisivas, e não apenas para a metafísica. Elas ecoam, por exemplo, na epistemologia: o mero esboço do sistema que acabei de apresentar mostra que, para Plotino, o autêntico conhecimento tem de incluir o acesso ao intelecto e às suas formas, em vez de se relacionar com o mundo corpóreo. Ou, ainda, na estética: toda ordem e toda beleza em nosso ambiente é uma mera sombra da verdadeira ordem e da verdadeira beleza no reino das formas. Até mesmo na ética: ao que parece, a atenção que dedicamos ao mundo físico está equivocada; trata-se, à letra, de muito barulho por nada (para continuarmos na máxima shakespeariana). O que temos de fazer é ocuparmo-nos com as fontes de valor que transcendem nosso mundo de imagens, as formas no *noûs* e, em última instância, o bem em si, a partir do qual todas as coisas emanam. Ao distanciarmo-nos de nosso mundo físico, também podemos alimentar a esperança de descobrir quem verdadeiramente somos, já que não somos nossos corpos, e sim nossas almas. Na verdade, somos apenas a parte pensante e mais elevada de nossas almas, a parte que está mais distante do corpo.

A esta altura podes ter percebido onde residia a dificuldade com a qual Plotino se deparara para explicar por que devemos buscar a virtude prática. Por que o tempo que ele dedicou ao cuidado de órfãos e ao planejamento de cidades não foi mero desperdício, já que se tratava de desvios em relação à tarefa crucial de contemplação das realidades mais elevadas? E, de fato, por que compor as próprias *Enéadas*, que constituem, afinal, um meio de Plotino se dirigir aos discípulos e aos demais leitores que o circundam, em vez de aspirar às estrelas de seu céu ultramundano? Este é um enigma cuja solução pretendo adiar para um próximo capítulo. Antes disso, quero analisar os enigmas mais fundamentais que se encontram no topo da hierarquia de Plotino. Qual era sua justificativa para postular um princípio único e absolutamente simples como a fonte de todas as coisas? Como é possível – se é que é – conceber tal entidade, e como podemos entendê-la em relação aos princípios secundários desta hierarquia?

30

A SIMPLICIDADE EM SI: PLOTINO, O UNO E O INTELECTO

Eis uma pergunta que não se formulará num jogo competitivo baseado em conhecimentos gerais: "O que os exércitos, as casas, os girassóis e as girafas têm em comum?" Seriam, talvez, coisas pintadas por Van Gogh? Não. Ele inexplicavelmente omitiu a nobre girafa em todas as suas telas e, ao que parece, não mostrava grande apreço pelos exércitos. A resposta correta é: todos estes elementos são mencionados no início de um tratado de Plotino cujo título é *Sobre o uno* (6.9.1) e que fora incluído no finalzinho das *Enéadas* por Porfírio, seu discípulo e editor. Na verdade, ele não faz menções diretas a girassóis ou a girafas; refere-se, de um modo geral, às plantas e aos animais; contudo, penso que todos nós sabemos, no mínimo, que animal ele tinha em mente. Ele menciona estes elementos pelos traços que têm em comum: todos têm uma unidade. Sem unidade um exército seria apenas um ajuntamento de pessoas rodeadas de quantidade alarmante de armamento; e nada pode ser uma girafa sem ser uma única girafa. Na verdade, ser caracterizado como uma coisa de um tipo qualquer implica ser *uma* coisa – a unidade é uma condição para a existência.

Por outro lado, nem tudo contém uma unidade na mesma proporção. Embora se possa argumentar que cada exército é um exército único, assim como cada girassol é um girassol único, a unidade dos exércitos é certamente menor do que a dos girassóis. Assim como ocorre com todas as plantas e animais, os corpos dos girassóis e das girafas são animados por um princípio de vida interior. Isso explica a sua capacidade de nutrir a si mesmos, de voltar-se na direção ao Sol ou de trotar graciosamente na direção de saborosas folhas de acácia. Em contrapartida, a unidade dos exércitos e das casas lhes é imposta por generais ou por mestres de obra. Aristóteles diria que a unidade de tais coisas é acidental e ocorre do exterior para interior, enquanto os organismos vivos contêm uma unidade inata e essencial. Plotino concordaria com esta ideia, e dela passaria a inferir um princípio metafísico geral: quanto maior for a unidade de uma coisa, mais realidade ela terá, e vice-versa. Um exército é um ente numa proporção inferior à de um girassol, ainda que seja consideravelmente mais perigoso do que um girassol.

Nesta mesma passagem Plotino observa que condições favoráveis como a saúde e a beleza também são exemplos de unidade (6.9.1). Afinal, o que é a saúde senão o ordenamento colaborativo das partes do corpo (ao passo que a doença é o resultado do conflito que tais partes iniciam entre si)? O que é a beleza senão uma espécie de harmonia? E o que é a harmonia senão uma espécie de unidade? Algo similar se aplica até mesmo à alma humana, ao menos segundo o entender de Platão. A alma contém partes, e a alma virtuosa é aquela que alcança a harmonia e a unidade por meio do controle inconteste de sua parte racional[141]. Ou então, considere, por fim, a totalidade do cosmo. Pode-se dizer que a ciência contemporânea já descreveu o universo físico como algo semelhante a uma confusão caótica, embora haja quem argumente que, por detrás de um aparente caos, existe um plano divino. Porém, na Antiguidade, a grande maioria, com a notável exceção dos epicuristas, considerava que o universo era ordenado e unificado. Platão comparou-o a um animal singular (*Timeu*, 30b-d), e Aristóteles termina sua investigação acerca de como Deus movimenta os céus com uma citação de Homero: "É mau que muitos comandem; que um só tenha o posto supremo"[142] (*Metafísica.*, 1076a).

A partir destas considerações, Plotino chega a uma conclusão inevitável: caso se esteja buscando a origem de todas as coisas, deve-se buscar a origem da unidade que, em si mesma, é *una* em um grau máximo. Ela também será a fonte da bondade, da beleza, da harmonia e da ordem. Ela será a origem de todas as coisas, e todas as coisas farão de tudo para a ela retornar, da maneira que lhes for possível. Plotino a denomina de "uno", ou de "bem". É

141. Cf. *Filosofia clássica*, cap. 21.

142. Em Homero, *Ilíada*, tradução de Carlos Alberto Nunes. São Paulo: Ediouro, 2002.

claro que esta ideia de que tudo tem origem no uno não é uma exclusividade de Plotino. Caso se retroceda no tempo até Parmênides, chega-se à ideia de reduzir a realidade a um princípio de unidade. Em sua *República*, Platão apresenta uma forma do bem, e a transforma na fonte de inteligibilidade e de valor para todas as demais formas. Dessa maneira, aproximamo-nos da concepção de Plotino na Velha Academia e entre os platônicos médios, os quais buscam variados modos de considerar o princípio de unidade como o elemento mais importante de seus sistemas metafísicos[143].

Plotino reconhece sua dívida intelectual com todos estes autores, sobretudo a que tem em relação a Parmênides e a Platão. É revelador, contudo, que ele não comece seu tratado *Sobre o uno* com a reunião de opiniões alheias que lhe eram anteriores, tal qual Aristóteles teria feito. Em vez disso ele começa com uma referência a exércitos e a casas, a girassóis e a girafas. Da mesma maneira, em outro tratado a respeito do tema do uno ele afirma que não devemos começar nossa investigação pelo princípio supremo, mas sim começar por uma reflexão acerca de nós mesmos (6.8.1). Em parte, isso é o que distingue Plotino de seus predecessores entre os chamados "platônicos médios" – ao menos até onde podemos perceber, dado nosso conhecimento parcial destes autores. Plotino oferece, de fato, exposições minuciosas dos diálogos platônicos; e, por vezes, poupa tempo ao pressupor a veracidade da metafísica platônica, para que possa concentrar-se nos pontos mais sutis. Seu estilo natural, entretanto, é dialético. Ele examina os problemas e tenta persuadir e conduzir o leitor, mas não apenas para lhe dar explicações a respeito de uma doutrina preconcebida. Mesmo quando conduz sua investigação ao limite, na tentativa de compreender o uno, ele recomenda que nosso ponto de partida seja a reflexão acerca de coisas comuns e bem conhecidas, bem como acerca de nós próprios.

Ao contrário das coisas comuns e bem conhecidas de nosso mundo, é claro que o uno deve ser incorpóreo. Os corpos contêm muitas partes, bem como mudam com o decorrer do tempo; portanto, eles são múltiplos sob, no mínimo, dois aspectos. A alma é imaterial e, portanto, tem um tipo mais elevado de unidade. Entretanto, ela também contém partes, tal qual Pla-

143. Cf. *Filosofia clássica*, caps. 6, 22 e 43.

tão já havia demonstrado ao mencionar o fenômeno, deveras conhecido, do conflito psíquico interior. Assim como os corpos, a alma muda com o passar do tempo. Até mesmo o pensamento da alma envolve mudanças, na medida em que se passa de uma ideia à seguinte. Esta, naturalmente, leva-nos ao pensamento seguinte, e, assim, à pergunta: Será que o primeiro princípio não poderia ser uma mente? Talvez não a alma humana, mas um intelecto imaterial capaz de compreender todo o seu conhecimento de uma só vez sem precisar fazer nada mais? Esta hipótese, por certo, era uma alternativa para Plotino. Ora, o deus de Aristóteles é exatamente isso: um intelecto puro que sempre pensa acerca de si mesmo. Em épocas posteriores, platônicos como Filo de Alexandria concebiam as formas platônicas como ideias contidas na mente de Deus e como a causa de todas as coisas (cf. capítulo 23). Para Plotino, esta hipótese está no caminho certo. Ele concorda com a tese de que as formas são ideias contidas em uma mente divina ou no intelecto – em grego, *noûs*. Plotino apenas não defende a ideia de que este intelecto seja o primeiro princípio, uma vez que este não alcança a unidade total.

A esta altura começamos a perceber em que medida a compreensão de Plotino acerca do uno é radical. Na verdade, ela é radical a ponto de não deixar claro se ele, ou qualquer outra pessoa, é *de fato* capaz de compreender o uno. Afinal, supõe-se que as formas sempre foram os objetos que servem de alicerce para todo o nosso conhecimento. Elas representam tão só aquilo que é cognoscível, o que é inteligível. Transformá-las em ideias de um intelecto divino para então afirmar que o uno está além deste intelecto parece sugerir que o uno não pode ser conhecido. Em grande medida, Plotino aceita esta conclusão. Eventualmente, ele tentará ultrapassar os limites da linguagem e da filosofia (em particular no tratado 6.8), mas, em geral, sua postura é a de considerar o uno como inefável, isto é, algo que excede tudo o que possamos dizer ou pensar. Dizer ou pensar qualquer coisa a seu respeito implicaria transformá-lo em uma multiplicidade. Por exemplo, embora Plotino considere este princípio como o uno e, ao mesmo tempo, o bem, se eu disser algo como "O uno é bom", então, ao que parece, atribuirei uma qualidade a algo que já tem uma qualidade (6.9.6). Portanto, eu acabaria por ter duas coisas, o uno e a sua bondade, que são, para dizer o mínimo, conceitualmente distintas. No entanto, o aspecto mais importante em relação ao uno é que ele se situa além de toda e qualquer multiplicidade.

Com isso, resta-nos a possibilidade de que o uno nos seja acessível, mas não por meio da linguagem ou do pensamento. Se quisermos ter acesso ao uno, isso só seria possível, ao que parece, se alcançarmos uma unidade total. Na biografia de seu mestre, Porfírio relata que Plotino só conseguiu isso quatro vezes durante o tempo em que ambos conviveram (23). Os textos de Plotino fazem alusões a estas experiências, que só podemos qualificar com um adjetivo: místicas. A mais evocativa delas talvez seja a última frase de um de seus tratados, em que Plotino pergunta como poderemos chegar à origem de todas as coisas. Ele responde à sua própria pergunta com a expressão *aphele panta*: "desapegue-se de tudo" (5.3.17). Porém, a perspectiva da *henosis* – ou unificação com o uno – não tem um papel essencial nas *Enéadas* e tende, a meu ver, a adquirir demasiada importância em debates acerca de sua filosofia. Sua principal afirmação filosófica, e o mais importante legado por ele deixado aos pensadores de épocas posteriores, é que o uno transcende tanto o intelecto quanto as formas.

O resultado disso é paradoxal. Lembre-se de que buscávamos exemplos cada vez mais intensos de unidade, uma vez que observamos que ela está correlacionada à realidade, à inteligibilidade e à ordem. Porém, fomos levados a postular um princípio que transcende a inteligibilidade e a ordem. De modo ainda mais paradoxal, em certo sentido o uno chega até mesmo a transcender a realidade. Plotino concebe o intelecto como o paradigma do ser e as formas como a expressão múltipla de todos os tipos de seres que existem. A forma da girafa é tão somente o que significa ser uma girafa, e a forma do girassol consiste no ser dos girassóis. Portanto, Plotino faz constantes citações (por exemplo, em 3.8.9) de suas passagens prediletas de Platão, a saber, uma observação que Sócrates faz quanto à forma do bem: afirma-se que o bem "excede de muito a essência, em poder e dignidade" (*República,* 509b). Plotino entende que Platão quis dizer que o bem, ou o uno, de fato não constitui forma alguma, mas transcende o domínio das formas e, assim, "excede a essência"[144].

Plotino nos conduz a ideias tão radicais que fazem com que às vezes nos perguntemos se deveríamos tê-lo acompanhado até aqui. Será que de-

144. Quanto à defesa do argumento de que Plotino foi o primeiro platônico a interpretar (ou interpretar de modo equivocado) o trecho desta maneira, cf. Balter (1997, p. 3-23).

veríamos ter parado na etapa do intelecto e de suas formas, como o fez Filo de Alexandria? Mas isso significaria ignorar sua sutil análise do modo como o intelecto não alcança a unidade absoluta. Em princípio, mesmo que o intelecto esteja a pensar todas as formas ao mesmo tempo, sem jamais passar de uma forma à seguinte, ainda assim ele pensará acerca de muitas formas. Na verdade, é muito provável que exista um número infinitamente grande de formas – uma constatação que surgirá de imediato se aceitarmos o fato de que existem formas de números[145]. Portanto, o intelecto contém uma multiplicidade indefinida devido aos objetos de seu pensamento. Plotino também afirma que se as formas são uma parte interior do intelecto, ao pensar a respeito delas o intelecto pensará em si mesmo (5.5). Por conseguinte, ele é, a um só tempo, o que pensa e o que é objeto de pensamento. Na condição de sujeito do pensamento e de objeto do pensamento, o intelecto tem um tipo de dualidade da qual o princípio que é verdadeiramente o primeiro provavelmente carece. Plotino resume estas descobertas ao denominar o intelecto de *hen kai polla*: "um e muitos" (5.18, ao citar Platão, *Parmênides* 144e). O intelecto tem um impressionante grau de unidade, de modo que não é apenas imaterial, mas também imutável e idêntico aos objetos de seu próprio pensamento. Com efeito, ele é a entidade mais unificada que se pode conceber. Porém, o próprio fato de que ele possa ser concebido, e de ele conceber a si mesmo, deixa claro que não é completamente uno e que, portanto, não é o primeiro.

Quem não se convencesse com esta conclusão poderia apresentar a seguinte alternativa: E se as formas não estiverem no interior do intelecto, como alega Plotino, e forem diferentes dele? Neste caso, o intelecto talvez seja uma simples mente que olha para as formas que lhe são exteriores, num lugar seguro, onde elas não seriam capazes de comprometer sua unidade. Na verdade, no *Timeu,* Platão afirma que Deus "olha para as formas" enquanto está criando o mundo (29a), e alguns platônicos interpretaram isso no sentido de que as formas são independentes da mente divina. Na verdade, esta era a concepção defendida por Porfírio quando ele surgiu na escola de Plotino. Como já vimos anteriormente, até então ele recebe-

145. Plotino chega a afirmar que o intelecto é apenas um número, assim como a alma (5.1.5). Mais a esse respeito, cf. Slaveva-Griffin (2009).

ra ensinamentos de um professor chamado Longino, mais conhecido por suas habilidades linguísticas e textuais do que por sua sofisticação filosófica. Porfírio defendia com tenacidade o modo de ver de Longino e passou a aceitar a perspectiva de Plotino somente depois de um debate que teve com Amélio, seu colega de estudos. Embora não saibamos qual foi o argumento decisivo neste debate, em seus textos Plotino apresenta uma razão convincente para considerar que o intelecto é idêntico a seus objetos e que não busca formas externas a si mesmo. Seu argumento parece semelhante àquele apresentado por Sexto Empírico – uma rara influência da tradição cética.

O argumento começa com a ideia de que aquilo que apreende um objeto externo tem diante de si apenas uma representação deste objeto (5.5.1). Por exemplo, quando vemos uma girafa trotando em meio à savana, esta girafa não está em nossos olhos, nem em nossa visão. O que temos diante de nós, na verdade, é uma imagem visual da girafa. Contudo, quando se trata de imagens há sempre um risco de erros. É necessário um princípio adicional para nos dar algum tipo de garantia para confirmar a exatidão desta imagem. Portanto, a razão muitas vezes corrige as imagens que a sensação lhe oferece, em especial quando considera que talvez aquele objeto reluzente logo atrás da girafa não seja uma poça de água, como parece ser, e sim uma miragem. Não há problema algum com o fato de a sensação funcionar desta maneira, mas, no nível do intelecto, isso seria um desastre. Afinal, o intelecto é, supõe-se, um exemplo paradigmático de conhecimento. Desse modo, como ele poderia necessitar de um princípio adicional que lhe garanta que sua própria intelecção é verdadeira? O risco que se corre é o de uma regressão ao infinito, na qual cada tipo de cognição necessita de outro tipo de cognição para lhe assegurar de que obtém a correta percepção das coisas. Ao insistir na ideia de que as formas se encontram no interior do intelecto, Plotino evita este problema: o intelecto sabe que o seu conhecimento consiste em um conhecimento, pois o que ele conhece não é nada além de si mesmo.

Ora, fazer filosofia é como cuidar de crianças pequenas. Assim que você resolve um problema, o problema seguinte já desponta no horizonte (e não há como ser diferente). Neste caso, o êxito de Plotino em comprovar a multiplicidade do intelecto nos deixa diante do seguinte enigma: Como o uno poderia ter produzido algo desse tipo? Ora, o uno é supostamente a origem de todas as coisas. Porém, se ele é completamente uno, como pode criar algo múltiplo? Autores de épocas posteriores, ao perguntar-se quanto a esse aspecto do neoplatonismo, invocam o princípio *ex uno unum*: a partir de uma coisa só se pode obter uma coisa. E embora Plotino não respalde explicitamente um princípio desse tipo, ele claramente o considera como um desafio importante para explicar de que modo a unidade pode dar origem à multiplicidade. Ao contrário de Neil Armstrong, ele não tenta dar este salto gigantesco com um único passo. Em vez disso, a criação do *noûs* a partir do uno é um processo que ocorre em duas etapas.

Em primeiro lugar, o simples uno permite que um segundo princípio, igualmente simples, emane dele. Este segundo princípio, que se tornará o intelecto, retorna, então, à sua fonte, à semelhança de uma criança que olha para o pai. Em uma reviravolta quase trágica, ela se descobre incapaz de apreender seu pai – isso comprometeria a transcendência do uno. Em vez disso, o uno escolhe a segunda melhor opção: apreender a si próprio e fazer de si mesmo uma imagem do uno. Ao fazer isso, este princípio gera as formas como ideias suas, em um gesto simples de intelecção que imita a completa simplicidade do uno (5.1.7, 5.3.11, 5.4.2). O que permanece enigmático aqui – se é que há apenas uma coisa enigmática – é a razão pela qual isso daria origem às formas. A certa altura, Plotino afirma: "O uno consiste em todas as coisas, e também em nenhuma delas" (5.2.1), o que interpreto da seguinte maneira: o uno é capaz de criar tudo que surge depois dele, embora se mantenha diferente de tudo aquilo que cria. Somente quando o intelecto começa a pensar acerca de si mesmo é que fica claro o que estas coisas se tornarão. Pode-se perguntar, ainda, por que obtemos apenas as formas que emergem, e não outras. Por que existe uma forma de girafa e não existe uma forma de unicórnio? No entanto, estas nossas perguntas talvez sejam equivocadas. O intelecto conhece tudo que há para ser conhecido, e isso não inclui unicórnios, pois não existe uma coisa chamada unicórnio. Trata-se, aqui, de uma matéria de necessidade. Não é que o intelecto tenha tomado a decisão de pensar na girafa e não pensar no unicórnio, embora também pudesse pensar neste último. Neste nível do universo plotiniano, tudo o que acontece é inevitável.

É claro que isso tudo nos traz outro problema. Ainda que aceitemos essa história um tanto misteriosa de como o intelecto é criado pelo uno, podemos relutar em aceitar a ideia de que ele necessariamente procede do uno. Plotino recorre a variadas metáforas para descrever o modo como o intelecto emana do uno. O uno é comparado a uma fonte transbordante ou a uma luz reluzente. Plotino usa a mesma linguagem da "emanação" para referir-se à criação da alma a partir do intelecto. Posteriormente, muitos filósofos e teólogos levantarão a crítica de que isso transforma os princípios divinos em causas automáticas. Se o uno necessariamente dá origem ao intelecto, então ele é como o fogo que, sem pensar, emite calor. Quem concebesse o primeiro princípio como um Deus generoso, que, de boa vontade, oferece um presente ao criar o universo, acharia esta concepção frustrante, para dizer o mínimo. Na verdade, ficará frustrado em dois aspectos. O uno não apenas causa seus efeitos de um modo necessário, como causa a maioria de seus efeitos de um modo indireto. Em rigor, ele dá origem apenas ao incipiente objeto de pensamento que se transformará em intelecto quando passar a gerar formas dentro de si mesmo. Portanto, a alma é criada pelo intelecto, e não pelo uno; e o uno tem apenas uma relação distante e mediada com o universo físico. Isso tudo parece estar muito distante da ideia de uma criação voluntária de todas as coisas, tal qual é concebida pela Bíblia e pelo Alcorão.

No entanto, Plotino dedicou um ambicioso tratado ao tema da liberdade do primeiro princípio (6.8). Ele principia pela investigação da natureza da liberdade humana, perguntando o que significa dizer – como os estoicos gostavam de dizer – que "tudo depende nós". Sua resposta é que nossas ações dependem de nós quando temos domínio de nós próprios, sem nos deixarmos ser levados para um lado ou outro por forças externas (6.8.1). É claro que ele considera que os desejos e as necessidades que derivam da existência corporal são forças externas às nossas almas. Em contrapartida, o uno não está cercado de exigências que competem por sua atenção, bem como não é influenciado por nada externo a si mesmo. *Stricto sensu*, não se pode dizer que o uno "domina a si mesmo", pois isso introduziria o mesmo tipo de dualidade que surgiria se ele pensasse acerca de si (6.8.12). Porém, mesmo assim pode-se dizer que ele é livre no sentido negativo, a saber, de que não sofre nenhum tipo de coerção ou limitação.

Portanto, ironicamente, a concepção de liberdade de Plotino não parece muito distante da concepção que encontramos entre os estoicos, a despeito do materialismo destes – e, na verdade, em meio aos filósofos contemporâneos com inclinações semelhantes. Para ele, a liberdade consiste tão somente na capacidade de fazer o que se deseja sem impedimentos ou coerções de nenhuma espécie. Uma vez mais, rigorosamente falando, não podemos afirmar que o uno "deseja" fazer algo, mas este tratado é notável por mostrar a disposição de Plotino de discorrer acerca do uno de um modo mais positivo do que de costume, e muitas vezes com o acréscimo da ressalva *hoion*, que significa "por assim dizer", ou "como se..." Portanto, podemos afirmar que o uno é livre, pois é "como se" ele pudesse atuar do modo como bem entende, "por assim dizer". Nós, na condição de almas que existem em um nível muito inferior no esquema plotiniano, só podemos empenhar-nos para alcançar o mesmo tipo de liberdade de ação, uma liberdade sem empecilhos. Podemos alcançar isso sobretudo – e haveria algum outro modo? – ao praticar filosofia. Na verdade, embora a fama de Plotino se deva mais às suas ideias do uno, ele dedica uma atenção muito maior à alma quando investiga seus poderes, os perigos da relação entre ela e o corpo, e a relação entre a alma, os princípios mais elevados e o uno.

31

No horizonte: Plotino e a alma

Não seria divertido convidar um grupo variado de filósofos da Antiguidade para assistir a uma exibição do filme *O mágico de Oz*? Imagine-se a cena. Os estoicos resmungariam criticamente contra o deplorável desejo do Homem de Lata de entrar em contato com as próprias emoções e fariam notar que, se o Espantalho almeja ser perspicaz, deveria rogar por um coração e não por um cérebro. Aristóteles sentar-se-ia ao fundo e faria anotações acerca dos macacos alados para seus textos de zoologia. Galeno e os demais anatomistas de Alexandria bateriam o pé em compasso quando o Leão Covarde entoasse sua canção predileta: "Ai, se eu tivesse coragem". Tales teria a sensação de ter suas ideias validadas na cena em que a heroína do filme consegue vencer um vilão ao usar um simples balde de água. Nesse meio-tempo, os pitagóricos despenderiam esforços para fazer com que todos ficassem quietos. E quanto a Plotino? Imagino que sua sequência predileta seria uma das cenas finais em que Dorothy diz isto: "Se um dia voltar a buscar o desejo de meu coração, não procurarei fora do meu próprio quintal, pois, se não nele o achar, jamais o perdera de fato".

Esta frase de Dorothy poderia muito bem lembrar Plotino de algo que ele próprio afirma em um de seus tratados: "Pode-se não ter consciência de que se tem algo, agarrando-se a esta coisa com mais força do que se soubesse disso" (4.4.4). Plotino tenta descrever o modo como a alma humana se relaciona com as coisas que viu no reino inteligível, o reino das formas. Tal qual Platão, ele acredita que a alma é eterna e já contemplou as maravilhosas beleza e verdade deste reino antes de passar a existir em um corpo[146]. No entanto, a alma encarnada retém uma memória destas realidades, e aqui Plotino sugere que a memória arraigada das formas é possuída de maneira mais intensa do que as experiências conscientes da alma. Graças à relação entre a sua alma e um corpo, esta memória tem a consciência de um fluxo quase ininterrupto de fenômenos sensoriais – o turbilhão de cores, de movimentos e de sons que chegam até a alma por meio dos olhos e dos ouvidos. A alma pode ser facilmente distraída por estas impressões efêmeras. Em sua condição mais degradante, a alma pode ficar confusa a ponto de identificar-se com o corpo. Plotino, no entanto, acredita que mesmo pessoas nesta condição têm dentro de si a capacidade de lembrar-se daquilo que viram no mundo do intelecto.

Nesse aspecto, Plotino é muito mais otimista do que praticamente todos os demais platônicos da Antiguidade Tardia. Além de acreditar que somos capazes de encontrar indícios do inteligível dentro de nós mesmos, está convicto de que nunca partimos completamente do mundo inteligível. A alma permanece, em parte, "não descida"; em outras palavras, ela continua a contemplar as formas mesmo que esteja anichada em um corpo físico. Plotino sabe que esta ideia é controversa, e até mesmo paradoxal, de modo que, a certa altura, ele a introduz com a frase "Se pudermos ousar apresentar nossa própria opinião" (4.8.8). Afinal, conforme observado por platônicos como Jâmblico e Proclo, é difícil compreender como eu poderia estar envolvido, neste exato momento, com uma visão intelectual das formas sem ao mesmo tempo estar ciente disso. Porém, Plotino é, entre outras coisas, um pioneiro na filosofia da consciência. Para ele, o desafio da alma não é alcançar a união ou fazer contato com as formas inteligíveis. Na verdade, a alma precisa perceber que já está, e *sempre* esteve, em contato com estas formas e, nesse sentido, não é apenas uma alma, mas um intelecto. De modo típico, ele apresenta uma analogia baseada na experiência cotidiana (1.4.10): quando você está concentrado na leitura de um livro, não está ciente de que está lendo. O homem corajoso que luta numa batalha tampouco pensa, de modo consciente, que age com coragem (a propósito, *O mágico de Oz*, um filme surpreendentemente plotiniano, enfatiza este exato argumento: o Leão Covarde não percebe que é corajoso; o Homem de Lata tampouco tem consciência de sua própria compaixão).

146. Cf. *Filosofia clássica*, cap. 18.

Plotino demonstrou sua própria compaixão ao escrever as *Enéadas*. Elas são a representação de inúmeras coisas – um constante envolvimento com temas e passagens de textos de Platão e de pensadores de épocas posteriores; uma conversa com adversários imaginários e seus próprios discípulos. tratados técnicos repletos de imagens vigorosas e até mesmo poéticas. No entanto, acima de tudo, elas representam um gesto de caridade de Plotino. Ele já se identificou com seu verdadeiro "eu" intelectual. Porfírio nos diz que ele poderia continuar se comunicando com o intelecto até mesmo durante uma conversa (*Vida de Plotino*, 8). Portanto, ele já alcançou o desejo de seu coração e nada tem a ganhar pessoalmente ao forçar sua visão debilitada para escrever os tratados compilados nas *Enéadas*. Por mais que o uno e o intelecto deem origem, de maneira espontânea, às boas coisas que deles emanam, Plotino escrevia, de todo modo, como uma espécie de exortação a seus discípulos e leitores. A alma é a única parte do universo plotiniano que teria a necessidade de tal exortação. É claro que o uno reina com sua suprema e silenciosa singularidade, enquanto o intelecto pensa a todo instante acerca das formas, as quais são suas ideias. Em um plano abaixo da alma há a incerteza irracional da matéria, um tema a respeito do qual trataremos no próximo capítulo. Porém, a alma se vê dividida, por certo, entre duas possibilidades. Como afirma Plotino (1.1.3), ela se encontra "no horizonte" do mundo sensível (corpóreo) e do mundo inteligível. O propósito da filosofia é direcionar nossa atenção para o alto, distante de nosso corpo e na direção de causas imateriais que são mais reais do que qualquer corpo. A intenção de Plotino é fazer com que despertemos; dizer-nos que não há melhor lugar do que nosso lar, um lugar que nós jamais abandonamos.

Plotino tinha plena ciência dos rivais filosóficos que negavam a realidade tanto das formas quanto do mundo do intelecto, e que, ademais, chegavam até mesmo a negar a imaterialidade da própria alma. É-lhe difícil levar os epicuristas a sério; portanto, seus principais rivais são os estoicos. Não obstante a sua perspicácia exceder a de qualquer Espantalho, os estoicos nutriam a convicção de que eles mesmos, ou as suas almas, nada mais eram do que meros objetos materiais. Plotino contenta-se em encarar o materialismo estoico como um espantalho a ser destruído, bem como direciona suas críticas à afirmação aristotélica de que a alma é a forma do corpo (4.3.20, 4.7.8, 6.7.4). Em oposição a esta concepção, Plotino defende, das mais variadas maneiras, a ideia da independência da alma na condição de substância incorpórea. Como de costume, seu enfoque está na unidade. O corpo contém partes distintas, e isto não se dá com a alma. Em primeiro lugar, a alma é capaz de apreender objetos imateriais de pensamento, de modo que Plotino não consegue conceber como algo com partes separadas é capaz de apreender algo que não contém parte alguma. A partir da consciência da alma ele chega a uma conclusão semelhante quanto ao que ocorre no corpo. Afinal, não é como se tivéssemos uma alma em nosso dedo que nos permite perceber os eventos que acontecem a este dedo, e outra alma em outra parte do corpo (4.1.2). Em vez disso, a alma é um *locus* unificado de consciência para todo o corpo. Ele rejeita as tentativas estoicas de explicar isso por meio de algum tipo de reação causal de sinais físicos que percorrem o corpo e, ademais, atribuir o processo como um todo a uma "faculdade diretiva" que se situa no coração. Se isso fosse verdade, haveria apenas uma percepção indireta do que acontece no dedo. Plotino, pelo contrário, enfatiza que a alma está ciente de cada experiência corpórea de modo completo e imediato. Por outro lado, ao apresentar sua própria teoria da percepção, ele insiste na ideia de que a alma, na verdade, não tem como ser *afetada* por nada que aconteça ao corpo (3.6.1)[147]. Na verdade, a alma individual discrimina ou julga com base nos eventos materiais que ocorrem nos órgãos sensoriais.

De modo um tanto quanto irônico, dado o desprezo de Plotino pelo materialismo estoico, o filósofo que chega mais próximo de antecipar suas próprias ideias acerca do eu é, provavelmente, o estoico Epiteto. Há muito tempo os estoicos já postulavam que a parte racional de cada indivíduo julga as impressões das experiências sensoriais. E na ética estoica, sobretudo em Epiteto – o qual vivera poucas gerações antes de Plotino –, encontramos a ideia de que o verdadeiro "eu" é o aspecto racional do indivíduo, e que a sabedoria consiste em valorizar este verdadeiro "eu", em vez de valorizar meros bens materiais aparentes como a riqueza, a comida, a experiência prazerosa, ou até mesmo o bem-estar físico (cf. capítulo 13). Plotino respalda estas ideias estoicas, mas delas extrai conclusões mais radicais. No

147. Mais acerca desse tema em Emilsson (1988).

tratado que Porfírio inseriu logo no início das *Enéadas* (1.1), Plotino pergunta quem somos "nós", e com isso trata do tema do "eu" de maneira mais direta do que qualquer filósofo fizera antes. Como já era de se esperar a esta altura, ele conclui que nosso verdadeiro "eu" é o aspecto superior da alma que se engaja na intelecção, e não o eu da experiência corpórea.

No entanto, em um notável parágrafo conclusivo (1.1.13), Plotino se pergunta quem é que está investigando a identidade deste eu. Será que, com efeito, somos "nós"? Surge aqui um paradoxo: Se o verdadeiro "eu" é o "eu" que sempre contempla as formas, então de quem é a atenção que precisa ser direcionada a elas? Ao que parece não é a minha própria atenção, já que sou, na verdade, apenas o meu "eu" intelectual, quer a minha parte inferior e secundária tenha ciência disso, quer não tenha. Como de hábito, no entender de Plotino, a solução reside na unidade. Devo tentar não apenas descobrir qual parte de mim é o verdadeiro "eu", mas também fazer de todo o meu ser um único ente autoconsciente. Isso implica continuar a ter experiências corpóreas, porém reconhecê-las em sua condição de coisas incidentais, transitórias e desprovidas de valor – bem como entender como elas se relacionam com meu eu superior. Portanto, Plotino também pode afirmar que o meu "eu" é aquilo que se torna consciente tanto de sua própria natureza superior como de sua própria natureza inferior. O objetivo é, por meio da filosofia, integrar e unificar estes dois aspectos e, com isso, obedecer à ordem délfica, "Conheça a ti mesmo".

Será que isso significa que a alma não tem uma natureza própria que a distinga tanto do corpo quanto do intelecto? Será ela apenas um centro de atenção capaz de olhar para cima ou para baixo? Apesar de toda esta discussão quanto a uma alma existir no horizonte, Plotino de fato considera que algumas atividades existem propriamente no nível da alma, sobretudo a atividade do raciocínio discursivo (em grego, *dianoia*). Ele estabelece uma nítida distinção entre este tipo de raciocínio e a intelecção (*noesis*) que encontramos no caso do intelecto (*noûs*). Enquanto o *noûs* compreende todos os possíveis objetos de conhecimento a um só tempo, a alma tem como particularidade pensar primeiro a respeito de uma coisa e, na sequência, a respeito de outra. Talvez as pessoas que têm dificuldades em pensar até mesmo em uma única coisa por vez se impressionem com isso, mas para

Plotino a atividade de raciocínio da alma é uma mera imagem do pensamento perfeito do intelecto. Ainda assim, não devemos desanimar. A alma, com efeito, é capaz de pensar acerca das mesmas coisas que o intelecto o faz, ainda que de um modo mais trabalhoso e parcial. Assim, pode-se considerar que o raciocínio discursivo da alma constitui uma espécie de desdobramento ou explanação pormenorizada do conhecimento indiviso e integral de que o intelecto usufrui.

O fato de a alma reencenar a atividade do intelecto de uma maneira inferior e mais fragmentada traz consequências de grande envergadura na filosofia de Plotino. Para começar, isso lhe permite apresentar uma nova teoria do tempo e explicar de que modo a temporalidade se relaciona com a eternidade (3.7). Como é comum acontecer no platonismo da Antiguidade Tardia, o texto considerado fundamental é o *Timeu* de Platão. Nele aprendemos que o tempo surge junto com o movimento ordenado dos céus no cosmo físico, enquanto a eternidade se mostra adequada aos seres imateriais, como as formas e o arquiteto divino. Por intermédio de Platão, Timeu também afirma que o tempo é "a imagem móvel da eternidade" (*Timeu,* 37d). A partir desta distinção entre a atividade do intelecto (em que tudo ocorre ao mesmo tempo) e a atividade da alma, em que os eventos ocorrem em sucessão, Plotino é capaz de explicar as observações de Platão do seguinte modo. A eternidade é "a vida do intelecto" (3.7.3). Trata-se apenas de uma denominação para o modo como as formas são simultânea e permanentemente compreendidas pela contemplação do intelecto. De maneira semelhante, o tempo é "a vida da alma".

Uma vez que somos almas, temos uma experiência íntima com o tempo à medida que atravessamos nossos processos sequenciais de pensamento. Afirmar que nosso pensamento é "discursivo" significa tão somente dizer que ele acontece dentro do tempo – pensar em uma determinada coisa agora, e em outra coisa daqui a alguns instantes. Imagine que você acompanha um argumento filosófico. Você considera uma premissa por vez para, num segundo momento, atestar que destas premissas resultará uma conclusão. Ou então considere um exemplo mais simples, o da leitura deste capítulo, com as ideias que tento elucidar. Você não pondera todas estas ideias ao mesmo tempo, pondera uma depois da outra. Primeiro, você refletiu acerca de *O mágico de Oz*; em seguida, contemplou a ideia da alma "que não descende", e agora está se perguntando o que comerá no jantar, pois sua mente começou a divagar dois parágrafos atrás (não se sinta mal com isso, afinal, isto acontece com todo mundo). Uma vez que este tipo discursivo de pensamento é uma imagem ou o desdobramento da compreensão do intelecto, Plotino pode afirmar que Platão tinha razão. O tempo, com efeito, é uma imagem da eternidade.

Portanto, para Plotino, a eternidade não consiste apenas em um tempo infinito. De acordo com sua teoria, se você prometer a uma pessoa que a amará para sempre, não prometerá, num sentido estrito, que a amará "por toda a eternidade". Prometerá tão somente que a amará a cada momento do tempo futuro. Em contrapartida, a eternidade plotiniana não significa "a cada momento", seja este passado, presente ou futuro. Ela significa *atemporalidade*. A própria teoria de Plotino alcançou uma espécie de atemporalidade, de modo que foi adotada por muitas gerações de filósofos do neoplatonismo e de épocas posteriores. Pensadores cristãos como Boécio e Tomás de Aquino, por exemplo, concordarão de bom grado que Deus reside além do tempo, e que Ele conhece todas as coisas a um só tempo (quanto a Boécio, cf. capítulo 53). Embora o conceito plotiniano de eternidade exercesse uma grande influência, a maneira como ele tenta transmitir esta ideia pode ser enigmática. Embora ele afirme que os conceitos de "antes" e "depois" não se aplicam ao intelecto eterno, ainda assim ele aplica a este Intelecto a palavra "sempre", e a certa altura chega a dizer que "ele sempre existiu e sempre existirá" (5.8.12). Ao que tudo indica, Plotino está, no final e ao cabo, aplicando conceitos temporais à eternidade, embora nos alerte, de imediato, que as palavras que usa são enganosas[148].

Um problema adicional é o fato de Plotino julgar que a alma e o universo físico devem ser perenes, ou seja, infinitos nos tempos passado e futuro. Ele considera que isso os transforma na melhor imagem possível da eternidade. Contudo, é difícil compreender por que isso deveria ser verdade. Se a eternidade realmente significa a *ausência* de duração, por que a duração infinita deveria ser uma imagem mais fiel da eternidade do que a duração temporária? Na verdade, como é que um tipo qualquer de duração pode corresponder à imagem de algo que carece totalmente de duração? Ademais, há ainda aqui

148. No que tange a um exemplo no qual a eternidade plotiniana não é completamente atemporal, cf. Wilberding (no prelo).

outro enigma no que tange à relação entre a alma e o intelecto. Plotino nos diz repetidas vezes que, na condição de almas, nosso objetivo é estabelecer nossa conexão com o intelecto. Porém, na medida em que pensamos de maneira consciente à semelhança do intelecto, nosso pensamento é eterno e atemporal; como é possível, então, que ele se perca e seja recuperado em seguida? Talvez esta seja a razão pela qual Plotino diminui sua ênfase na teoria platônica da reminiscência[149]. A ideia platônica de que, quando compreende as formas, a alma se recorda de algo que costumava ter, algo, contudo, do qual se esqueceu temporariamente, não se coaduna muito bem com a afirmação plotiniana de que uma apreensão intelectual das formas deve ser atemporal.

Isso nos conduz a outra consequência do contraste entre o intelecto e a alma que Plotino aponta. Como o intelecto pertence ao reino das formas, ele deve ser reconhecido como a causa última do universo físico. Porém, ele não se relaciona diretamente com o universo; em vez disso usa a alma como uma assistente, que fica responsável por inserir imagens das formas em corpos materiais. Para compreender como isso tudo funciona devemos pensar em dois contrastes intimamente ligados, os quais têm papel central no sistema de Plotino: as atividades interna e externa, e a processão [*prohodros*] e a reversão. Plotino ilustra o primeiro desses contrastes com o exemplo do fogo (5.4.2). Uma chama tem sua atividade essencial e interna, a saber, a de queimar e de ser quente. Entretanto, ela também tem uma atividade externa: a influência que exerce em outras coisas ao aquecê-las. Da mesma maneira, a alma tem uma atividade interna e outra externa. Em seu interior ela se envolve com seu tipo especial de pensamento discursivo acerca das formas. Em seu exterior, entretanto, ela confere estas mesmas formas aos objetos físicos, na medida em que é capaz. Plotino não vê nenhuma tensão entre essas duas atividades, como se a alma fosse distraída do pensamento a respeito de girafas pela tarefa de realmente criar girafas físicas. Na verdade, a atividade externa é o resultado espontâneo da atividade interna – e o resultado será sempre mais frágil, tal qual o fogo emana um calor que é mais fraco do que seu próprio calor[150].

149. Recorro aqui ao argumento de Chiaradonna (2009, p. 5-33).

150. Acerca desta ideia na filosofia de Plotino, cf. Emilsson (2007, cap. 1).

Isso, portanto, nos conduz ao contraste entre a processão e a reversão. Dada a teoria da dupla atividade, cada nível no sistema de Plotino automaticamente cria algum tipo de efeito. No jargão neoplatônico este processo automático de emanação é chamado de "processão". Até mesmo o uno, apesar de sua transcendência, parece se submeter a este modelo. Ele permanece único e inviolado em si mesmo, o que é uma espécie de atividade interna. No entanto, ele também emana um efeito externo, que se torna o intelecto (5.2.1). No capítulo anterior, quando examinamos este processo, afirmei que o intelecto cria as formas quando ele retorna à sua própria fonte. Este momento de retorno é a "reversão". No sistema de Plotino tudo se reverte de volta para sua própria causa, exceto o próprio uno, já que ele não tem causa alguma. A alma se volta para seu pai intelectual, assim como o intelecto se volta para o uno. Se a processão é sair de casa, a reversão é voltar e pedir à mamãe que lave sua roupa. Acabamos por lavar nós mesmos a própria roupa e com menos qualidade, pois misturamos as roupas brancas com as coloridas. O intelecto não retorna completamente ao uno, e, ademais, precisa realizar uma atividade própria, a saber, contemplar em seu interior as inúmeras formas e, por conseguinte, dar origem à alma. De modo semelhante, a alma reverte ao intelecto, e o resultado disso é o seu pensamento discursivo interno e a sua ordenação processiva e externa do universo físico. Em ambos os casos as atividades ficam aquém da perfeição superior encontrada no nível de suas causas e dão origem a um efeito externo inferior.

Ora, quando Plotino afirma que a alma ordena o universo físico, o que ele tem em mente, em especial, não são as almas como a sua ou a minha. As nossas almas são "parciais" ou "individuais", e estão especificamente relacionadas a um corpo. No entanto, uma vez mais em conformidade com o *Timeu*, Plotino acredita que o cosmo inteiro tem uma única alma – a chamada alma do mundo. Esta alma é responsável pela ordenação das coisas que parecem carecer de alma, ou que praticamente não a têm: coisas como as plantas e as rochas. Plotino, entretanto, enfatiza que até mesmo as rochas são animadas quando argumenta que esta é a razão pela qual os minerais crescem dentro da terra (6.7.11). A alma do mundo, combinada com as inúmeras almas parciais presentes nos humanos e nos animais, garante que as formas no intelecto sejam representadas no nível dos corpos. Os pormenores deste processo são um tanto obscuros. Um dos problemas mais complicados da filosofia de Plotino é saber se, tomados um a um, os humanos, ou qualquer tipo de indivíduo, existem no nível do *noûs*. Será que o Intelecto contém uma forma de Sócrates e outra forma de Buster Keaton, ou apenas a forma de um homem, que é imitada por inúmeras imagens neste mundo? Plotino dedicou um tratado inteiro a este tópico (5.7), mas continua a ser difícil identificarmos com precisão qual é a sua opinião[151].

A certeza maior é que, quando as formas adquirem suas imagens físicas, o resultado disso é muito inferior ao original. A forma do homem é indivisível, eterna e perfeita, enquanto a de Buster Keaton não contém nem sequer algum desses atributos, quanto mais a forma do restante de nós. Em parte isso se explica pelo fato de que as coisas que vemos em nosso mundo são meras imagens criadas por uma alma, em vez de serem compreendidas por meio de uma perfeita contemplação intelectual. Porém, a explicação completa não pode estar resumida a isso. Plotino acredita que a alma do mundo também é uma espécie de divindade, e que ela exerce a providência ao ordenar o universo. Como é que o cosmo pode, então, estar repleto de males, de sofrimento e de fealdade? (a Bruxa Malvada do Oeste expressou isso de uma maneira melhor: "Que mundo, que mundo!") Plotino enfrentou este desafio com uma explicação poderosa a respeito do mal, explicação que continuaria a repercutir ao longo de todo o período da Antiguidade Tardia e da Era Medieval.

151. Cf., por exemplo, Kalligas (1997, p. 206-227).

32

Um cadáver ornamentado: Plotino, a matéria e o mal

És uma pessoa pessimista? Quando olhas para um copo com água pela metade, acaso pensas: "Água? Isso é o melhor que podem me oferecer?" Quando a vida lhe dá limões, fazes limonada, mas, em seguida, recusa-se a bebê-la por ter se dado conta de que o que preferes, no fim e ao cabo, é água? Dos sete anões da história da Branca de Neve, acaso identifica-te mais com o Zangado? A maioria desses anões não parece ter uma visão sofisticada em relação ao mundo, uma vez que se contentam com espirros ou com cochilos. De modo geral, Dunga é quem estabelece o tom. Feliz é uma exceção à regra, mas ele claramente está num processo de autoilusão. Ao menos Zangado tem a coragem de enfrentar o mundo tal como ele é. Este é um mundo de madrastas malvadas, de maçãs envenenadas e podres. Zangado sabe que a vida pode às vezes ser um pesadelo, bem como que o Príncipe Encantado não virá para nos despertar.

O fato inegável de que o mundo em nossa volta está repleto de males e de sofrimento sempre significou um desafio aos filósofos com inclinações mais otimistas. Na filosofia contemporânea é comum que este desafio se apresente na forma do "problema do mal"[152]. Na verdade, existem vários problemas relacionados ao mal, dos quais apenas dois são tratados pela filosofia hodierna. Dos dois, o que se apresenta com maior nitidez é chamado de problema "lógico" do mal, segundo o qual há uma contradição clara entre a existência do mal e a existência de um Deus perfeitamente

152. Para um debate contemporâneo acerca desse tema, cf. Adams; Adams (1990).

bom, todo-poderoso e onisciente. Trata-se da ideia de que um Deus que é perfeitamente bom desejará evitar qualquer mal de que tenha ciência, bem como que possa evitar. No entanto, o Deus ora em apreço está ciente de tudo que acontece. Ademais, Ele é capaz de fazer o que quer que seja; portanto, não há mal algum que possa escapar de sua percepção ou a respeito do qual ele não tenha poder. No entanto, sabemos que o mal existe. Portanto, Deus, pelo menos da forma como é descrito, não existe. Dado que os deuses do judaísmo, do cristianismo e do islamismo parecem se adequar a esta descrição – perfeitamente bons, oniscientes e onipotentes –, o problema lógico do mal imputa um erro fundamental aos adeptos destas crenças. Eles não somente acreditam que Deus existe, mas também que o mal também existe, e isto, por conseguinte, seria uma contradição.

Inclino-me a pensar que os filósofos da religião conseguiram responder a esta versão do problema do mal. Lembre-se de que, de acordo com esta versão, *não é possível* que Deus e o mal possam coexistir. Entretanto, isso parece estar errado. Deus pode muito bem ter suas razões para tolerar a existência do mal, a despeito de sua perfeita bondade. A razão que costuma ser apresentada é que se Deus quisesse conceder-nos o livre-arbítrio, Ele permitiria, como consequência de tal liberdade, a existência do mal. É claro que isso não soluciona o debate. Pode-se concluir que, dado que Deus é onisciente e todo-poderoso, Ele poderia encontrar um modo de trazer à existência seres livres sem que dessa criação resultasse mal algum. Neste ponto, as querelas filosóficas começam a ficar um tanto quanto complicadas[153]; contudo, basta dizer que, na versão lógica do problema, o ônus de provar que as crenças teístas são de fato contraditórias ou impossíveis recai nos antiteístas. Este é um padrão demasiado elevado a ser alcançado. Desse modo, os antiteístas poderiam recorrer a uma segunda versão, o chamado problema "evidente" do mal. De acordo com esta versão, reconhecemos que Deus *poderia*, em teoria, permitir a existência do mal; porém, afirmamos que a quantidade e os tipos de males que verificamos no mundo fazem com que a existência de um Deus

153. Por exemplo, temos dificuldade de definir se Deus poderia saber de antemão que tipo de ações uma criatura praticará livremente, caso Ele decida criar esta criatura. A possibilidade de existência deste chamado "conhecimento intermediário" foi debatida na filosofia escolástica medieval.

perfeito seja *improvável ao extremo*, e praticamente impossível. As evidências de que dispomos parecem incluir males desprovidos de sentido, males que um Deus perfeito teria eliminado. Neste caso, o ônus da argumentação entre os teístas e os antiteístas fica bem mais equilibrado.

Estas duas versões do problema do mal precisam ser diferenciadas do problema que despertou o interesse de Plotino e de inúmeros filósofos que o sucederam ao longo de vários séculos. Eu o chamaria de problema "metafísico" do mal; ele opera da seguinte maneira. Plotino, tal qual inúmeros pensadores depois dele, acreditava que todas as coisas derivam de um primeiro princípio, cuja bondade é perfeita. Na verdade, ele deu a este primeiro princípio não apenas a denominação de "uno", mas também de "bem": na condição de origem de todas as coisas, ele é a fonte de tudo o que é bom; portanto, é identificado com a própria bondade. Mas como é possível que um mal possa se originar em algo que é puramente bom? Seria como se a forma do cavalo pudesse produzir coisas que não são cavalos ou como se a água tivesse a capacidade de secar coisas. Por conseguinte, o problema plotiniano do mal é, com efeito, um problema de *causalidade*. Temos de explicar de que maneira efeitos malignos podem originar de boas causas. Na verdade, isso tampouco está certo. Plotino não está somente – ou sobretudo – preocupado com o mal moral. A palavra grega que ele usa, *kakon*, significa "mal" em um sentido mais amplo, de modo que para Plotino ela descreve qualquer estado defeituoso, como, por exemplo, uma doença ou uma deformação. Com efeito, o exemplo mais comum de algo ruim que ele apresenta não é o mal moral, mas a fealdade. Portanto, o que Plotino de fato deseja explicar é como o mal pode existir em um mundo cuja origem reside causas boas. Sua resposta básica, por mais paradoxal que possa parecer, é que isso não tem como acontecer; por conseguinte, não há mal nenhum no mundo.

Em parte isso acontece porque as causas do universo plotiniano não são causas meramente abstratas, como parecem ser as formas de Platão: elas são deuses benevolentes e providenciais. Um dos tratados mais influentes de Plotino, o qual fora dividido em duas partes por Porfírio (3.2-3) e inserido na terceira *Enéada* ao lado de um texto mais breve acerca do destino (3.1), é dedicado ao tema da providência. Aqui Plotino desenvolve a otimista cosmovisão dos estoicos, enfatizando que as desventuras e os males são benéficos e bons quando vistos de uma perspectiva divina mais ampla. Por exemplo, em um trecho um tanto estarrecedor, Plotino apresenta a conjectura de que os estupradores reencarnarão como mulheres que serão estupradas (3.2.13). Por outro lado, ele refuta a convicção estoica de que todos os eventos são determinados por uma inevitável providência divina. Quando tratei do determinismo estoico no capítulo 10 mencionei a afirmação de Plotino quanto ao determinismo transformar os homens em pedras que foram colocadas em movimento. Plotino considera que este erro caminha de mãos dadas com outro erro estoico: a compreensão estoica dos humanos como seres completamente materiais.

Para Plotino nossa capacidade de transcender a determinação por causas físicas se deve à imaterialidade de nossas almas – já que elas não podem ser afetadas por meros corpos, a independência e a autodeterminação nos são garantidas. Isto é, desde que não sejamos influenciados e controlados por nossos corpos, de modo que sucumbamos à sedução dos prazeres e das necessidades carnais. Para Plotino, a liberdade consiste em nos identificarmos com nosso eu imaterial e, em última instância, com nosso eu intelectual; isso pode soar deveras enigmático, pois Plotino parece afirmar que seremos livres se e somente se fizermos esta escolha, e nenhuma outra. Para ele, no entanto, a liberdade não reside na capacidade de escolher uma coisa em detrimento da outra. Afinal, em seu entender, o uno é livre, embora cause suas próprias consequências de maneira necessária e por toda a eternidade, sem precisar selecioná-las a partir de um cardápio de opções. Para Plotino, a decisão de uma ação "depende de nós" somente se formos a causa que determina a ação. O uno jamais poderá ser determinado desse modo, já que nenhuma causa pode afetá-lo. Nós, por outro lado, podemos ser escravizados pelo corpo, mas somente se permitirmos que ele nos escravize.

Estas reflexões de inspiração estoica quanto à providência e à autodeterminação não contribuem muito para convencer-nos de que o mal não existe. Na melhor das hipóteses, elas apenas mostram que os males estão entrelaçados a uma tapeçaria cósmica que, no todo, é boa. Mas neste jogo Plotino tem uma carta na manga. Ele reconhece, por certo, que coisas ruins acontecem. Porém, não existe *algo* denominado "ruindade". Em sentido estrito, ela não tem existência (1.8, 2.4.16). Em vez disso, a "ruindade" (ou, caso prefira, a "maldade") é sempre uma mera ausência, ou então uma deficiência, que pode ser atestada em algo que tem um grau de bondade. Em outras palavras, a "ruindade" ocorre quando algo deixa de ser tão bom quanto *deveria* ser. Entretanto, uma coisa que não fosse boa em nenhum aspecto simplesmente não poderia existir. A girafa pode estar doente e irritadiça, e estas são deficiências – seria muito melhor termos uma girafa saudável, brincalhona e cooperativa. Ainda assim, a girafa tem a sua vida, sua capacidade de movimentar-se e de enxergar. Tais capacidades, por mais prejudicadas que possam estar, permanecem boas, de modo que, se fossem eliminadas, não haveria girafa alguma. Isso também se aplica a qualquer caso de imperfeição que se possa mencionar, até mesmo ao mal moral. Quando a rainha malvada tenta envenenar Branca de Neve, isso é uma deficiência de sua racionalidade ou de seu autocontrole (1.8.4). Porém, sem sua astúcia, e sua capacidade essencial para atuar, ela não seria capaz de fazer coisa alguma, quer para causar algum mal, quer para não o causar.

Portanto, os males são os buracos no queijo suíço do universo. Não são coisas que existem por si sós e que foram trazidas à existência pelas causas divinas. Ao contrário, eles são justamente casos nos quais as causas divinas *não* trouxeram algo à existência, ou melhor, em que trouxeram menos do que poderíamos esperar. Desse modo, não há acusação que possamos fazer aos deuses. Eles não criaram os males, pois os males não são o tipo de coisa que possa ser criada. Eu diria que temos aqui uma solução incrivelmente inteligente e original ao problema *metafísico* do mal. Esta solução foi reconhecida como tal por muitos filósofos de eras posteriores, sobretudo por Santo Agostinho (cf. capítulo 47). Ele adotou a teoria plotiniana e transmitiu-a à tradição medieval, na qual se tornou uma parte habitual da argumentação usada para isentar Deus de toda responsabilidade pelos males. Ainda assim, alguém poderá achar que a teoria de Plotino, em si, carece de algo. Ainda que possamos conceder que os males não são seres que existem por conta própria, e sim meras deficiências, não permanece enigmático que os efeitos de causas perfeitas devam ser imperfeitos e deficientes?

Plotino admitia a existência deste enigma, mas ele ainda dispõe de uma cartada final: ele explicará por que as imagens das formas que encontramos neste mundo não são tão perfeitas quanto as próprias formas. De certa maneira, a resposta é óbvia. Dado que a deficiência não é encontrada no mundo inteligível, mas apenas no mundo material, a culpa deve ser da matéria (1.8.7,13). Nossa girafa doente é uma mesa bamba fabricada por um carpinteiro profissional que usou uma madeira de qualidade inferior. A ideia de que a matéria é de alguma maneira incapaz de receber as formas de um modo perfeito é, em certa medida, plausível. É evidente que, em certos aspectos, um objeto material será diferente de um paradigma inteligível. Até mesmo a melhor girafa ou a melhor mesa em nosso mundo contém partes, ocupa espaço e está sujeita a mudanças com o decorrer do tempo. Nenhuma destas características se aplica à forma da girafa ou à forma da mesa; e, para Plotino, elas já constituem um afastamento da perfeição. Lembremos que, para ele, existe uma conexão íntima entre a unidade e a bondade. Por conseguinte, no entender de Plotino, o simples fato de uma entidade conter partes e de mudar de um instante a outro já é um modo de mostrar-se inferior à forma.

Ainda assim, podemos pensar que é possível que cada um dos objetos materiais seja a melhor versão *material* possível de sua própria forma – todas as girafas seriam igualmente saudáveis e elegantes; todas as mesas seriam igualmente bem-feitas; todos os humanos seriam igualmente virtuosos. E por que isso não acontece? Ao que parece, a teoria de Plotino requer que a matéria resista à perfeição, isto é, que de alguma maneira se mostre recalcitrante e propensa a solapar a unidade e a proporção. Seria difícil de compreender isso da perspectiva de uma pessoa como Aristóteles, o qual concebe a matéria como nada mais do que potencialidade para a forma. Para um aristotélico, a razão de ser da matéria é aperfeiçoar-se dos mais variados modos. Plotino, contudo, recusa essa ideia positiva da matéria e chega ao extremo de caracterizar a matéria como uma espécie de não ser (1.8.7, 2.5.5). Aqui está o cerne da solução plotiniana, pois ela mostra por que a matéria está intimamente associada à maldade – outro tipo de não ser. Ela também explica por que um universo material deve incluir deficiências para que lhe seja possível receber as formas e o ser. Plotino enfatiza que a matéria não pode – tal qual alegava Aristóteles – ser atualizada ou aperfeiçoada. Pelo contrário, ela permanece inerte e inalterada, mesmo quando causas superiores tentam dar-lhe forma (3.6).

O resultado disso é uma radical reconsideração da realidade física que nos circunda. Os corpos talvez nos pareçam sólidos e reais. Contudo, consistem apenas numa conjunção de matéria que em si mesma nada mais é do que imagens incorpóreas, as quais imitam fracamente as formas. A experiência mundana que temos resume-se a essas meras imagens que cintilam na escuridão da matéria, sem, de fato, transformar essa matéria em algo real. Plotino compara tais imagens a reflexos de um espelho ou a fantasmas (3.6.7), e, com uma expressão maravilhosa, descreve a matéria como um "cadáver ornamentado" (2.4.5). As imagens muitas vezes são belas por serem, afinal, imitações das formas perfeitas no intelecto. No entanto, Plotino compara essa situação a um prisioneiro que está amarrado a correntes de ouro (1.8.15). Desse modo, sua teoria é muitas vezes resumida com a afirmação de que a matéria e o mal são uma só coisa. Porém, seria mais exato afirmar que a matéria é o *princípio* dos males[154]. Por si só, a matéria nada é, ao passo que um exemplo qualquer de mal nada mais é do que uma deficiência específica que ocorre quando a morte, a escuridão e a indeterminação da matéria solapam a recepção de uma forma específica em um corpo específico.

Isso tudo parece ter a intenção de explicar os males naturais, como as doenças e as deformações, em vez do mal que se encontra dentro de nós, seres humanos. Na verdade, talvez você imagine que Plotino terá uma grande dificuldade de explicar o mal moral. Se os humanos são, de fato, almas imateriais, como eles podem estar sujeitos às deficiências e à imperfeição causadas pela matéria? A resposta é: de um modo indireto. A matéria ainda é a causa da fraqueza humana, uma vez que, para uma alma, a fraqueza não é outra coisa senão o voltar-se na direção dos corpos e, por conseguinte, distanciar-se de seu verdadeiro lar inteligível. Isso, no entanto, também pode parecer um tanto inadequado. Será que Plotino de fato nada tem a dizer quanto à bondade e aos males humanos, além de pedir-nos para que deixemos de atentar-nos aos corpos? Lembre-se de que este é o homem que cuidou de órfãos e tentou fundar uma cidade que seria governada de acordo com teorias platônicas da justiça. Plotino, por certo, não era indiferente aos eventos mundanos.

154. Compare com Schaefer (2004, p. 266-294).

Imagino que ele seja capaz de explicar como e por que os humanos podem ser virtuosos de uma maneira prática em relação às teorias da matéria e do mal das quais tratamos aqui. Embora a matéria jamais possa ser redimida pelas imitações da forma que aparecem nela, é evidente que é melhor que a forma seja imitada o tanto quanto for possível. Portanto, assim como é preferível que uma girafa esteja saudável em vez de doente, é preferível que nossa ação seja virtuosa, em vez de imoral. Na verdade, as ações virtuosas de um homem sábio serão uma decorrência natural de sua sabedoria. O fato de o homem sábio apreender a forma da justiça, por exemplo, fará com que ele tente ser um exemplo de justiça no reino material. Mas continua a haver um paradoxo, aqui, na medida em que as pessoas sábias prefeririam, com efeito, despender todo o seu tempo na contemplação das formas inteligíveis. Porém, segundo o entender de Plotino, nossa condição encarnada simplesmente não permite que isso aconteça. Em uma de minhas passagens favoritas nas *Enéadas* (6.8.5) ele afirma que um homem que luta corajosamente em uma guerra se assemelha a Hipócrates quando cura uma pessoa doente. Hipócrates teria preferido que, de início, o paciente não estivesse doente; e, da mesma maneira, o homem corajoso teria preferido que sua cidade não precisasse ser defendida. Contudo, dado que o paciente foi acometido pela doença e que a cidade está cercada pelo inimigo, a decorrência natural de tais eventos é que o homem corajoso, movido pela virtude, e o médico, com sua habilidade, adotarão as medidas necessárias.

Porém, ainda não há como validarmos completamente a teoria de Plotino. Ele fez um grande trabalho quando tentou explicar de que modo a matéria solapa a recepção da bondade ao seduzir a alma a afastar-se de sua verdadeira vocação. Contudo, agora parece que somos forçados a perguntar: De onde veio a matéria? Afinal, se a cadeia de princípios emanados passasse do uno para o intelecto, e deste para a alma, mas fosse interrompida neste ponto, não teríamos todos estes problemas. É claro que a pergunta acerca da origem da matéria é um pouco estranha, dado que a matéria é um não ser. Em vez de afirmar que uma causa qualquer trouxe à tona todo este nada, Plotino pode apenas comparar esta causa (e às vezes ele de fato o faz) à maneira como a luz, por fim, se apagará e deixará a escuridão no lugar onde a potência da fonte de luz não é capaz de alcançar (1.8.4). Entretanto, ele também sugere que a matéria deve, de alguma maneira, derivar de princípios superiores. Sua percepção quanto a isso é uma matéria controversa. Alguns intérpretes consideram que, para Plotino, a matéria é o produto da alma, e apenas a última entidade na cadeia de emanações diretas. Segundo esta interpretação, a alma é frágil demais para dar origem a algo com um poder causal próprio; portanto, ela cria uma matéria inerte e morta. Outra possibilidade é que a matéria emerja a partir do próprio intelecto[155].

No entanto, seja qual for o mecanismo adotado, já ficou claro o que Plotino certamente quer evitar: a ideia de que a matéria é um princípio do mal, de caráter independente e que poderia contrabalançar o primeiro princípio que Plotino denomina de uno ou de bem. Já vimos anteriormente que Plutarco foi seduzido por esse tipo de teoria dualista que postula um princípio do mal que implode todo o bom trabalho realizado pelos deuses em nosso mundo. Porém, quando Plotino faz referência ao dualismo, o que ele tem em mente é outro adversário: os gnósticos[156]. Estes eram uma seita religiosa com uma teoria cosmológica sofisticada e moralizante, que poderia muito bem ser comparada às teorias do próprio Plotino. Temos sorte por dispormos de um conhecimento considerável a respeito deles, sobretudo graças à descoberta de manuscritos no Egito, no século XX. Esses textos, preservados na língua copta, afirmam que o universo físico é o produto de uma divindade ignorante e errante, e que apenas algumas poucas almas são selecionadas para escapar dos ciclos de renascimento na prisão dos corpos.

Sabemos que obras de autores gnósticos eram lidas no círculo de Plotino, bem como que Porfírio efetivamente deu a um dos tratados nas *Enéadas* o título de "Contra os gnósticos" (cf. 2.9, na verdade uma seção da chamada *Grosschrift*). Um segundo título que Porfírio deu a este tratado é revelador: "Contra aqueles que afirmam que o criador do universo e o próprio universo são o Mal". Aqui Porfírio demonstra ter compreendido bem os ensinamentos de seu mestre. Plotino talvez tenha transformado a

155. Um estudo inspirador é o de O'Brien (1991). Como veremos mais adiante neste livro, a doutrina plotiniana acerca do mal já era considerada polêmica na Antiguidade. Mais a esse respeito em Opsomer (2007, p. 165-189).

156. A obra de Narbonne (2011) apresenta as implicações de longo alcance que esta polêmica teve com Plotino.

matéria em um princípio do mal, mas ele era intransigente em sua oposição à ideia de que o cosmo físico como um todo é maligno, ou que seria melhor que ele não existisse. Seu elogio à providência divina que rege este cosmo era tão fervoroso quanto sua insistência de que deveríamos nos identificar com a parte superior e intelectual de nossa alma. Sua convicção de que realmente temos esta parte – e que todos nós a temos, e não apenas um grupo seleto de eleitos – é mais um sinal do profundo otimismo de Plotino. Ele considerava o mundo físico como imperfeito em seus pormenores, mas perfeito como um todo; como um perigo para as almas, mas um perigo que, não obstante, somos capazes de vencer.

Antes de começarmos a analisar Porfírio, cabem algumas palavras finais acerca de Plotino. Em décadas recentes, suas ideias e as do neoplatonismo, de modo geral, têm tido uma aceitação cada vez maior dos historiadores da filosofia. Mas nem sempre foi assim, e no imaginário popular o neoplatonismo ainda é, por vezes, associado a uma antifilosofia mística e ao "irracional". Nos próximos capítulos espero poder demonstrar que esta é uma avaliação imprecisa até mesmo em relação ao neoplatonismo tardio. Espero também que os capítulos anteriores tenham deixado claro que isso por certo não se aplica a Plotino. Muitas vezes ele recorre a metáforas e a gestos retóricos, bem como reconhece que a razão humana não consegue compreender as realidades mais elevadas. Porém, sua escrita se sobressai, acima de tudo, por uma insaciável capacidade investigativa que se apresenta por meio de um envolvimento cauteloso com seus adversários dialéticos, com seus alunos e com seus leitores. A melhor descrição de sua estratégia talvez seja sua própria definição acerca do contraste entre ele próprio e os gnósticos: "o gênero de filosofia que buscamos, entre outras coisas, recomenda a simplicidade de costumes, a pureza de pensamento, procura a austeridade e não a arrogância precipitada, inspira uma confiança cheia de razões, prudência e circunspecção; e assim comparai a doutrina deles com a nossa" (2.9.14).

33

O rei dos animais: Porfírio

Jamais subestime a importância de boas introduções ou de boas apresentações. Como já deves ter percebido, cada capítulo deste livro começa com um exemplo ou história chamativa, cuja relevância para o assunto em apreço (tenho de admitir) pode ser deveras duvidosa, a despeito de ressaltar um tema central acerca do qual desejo discorrer. Este capítulo não será uma exceção, já que o começo com uma homenagem ao homem que construiu toda sua carreira baseada em apresentações no palco. Seu nome é Danny Ray, sujeito que atuava como mestre de cerimônias. Ele teve um papel crucial em um dos melhores espetáculos de todos os tempos. Enquanto o artista principal da noite se preparava para subir ao palco, Danny Ray aquecia o público ao dizer que as pessoas na plateia estavam prestes a testemunhar a *performance* de um artista que lhes deixaria com o coração na mão, com frio na barriga e com as pernas trêmulas: "O pioneiro da música *soul*, o rei do *soul*, o número 1 da música *soul* em todo o mundo – James Brown!" Assim que o espetáculo terminava, Danny voltava à cena para escoltar James Brown para fora do palco, ao mesmo tempo em que lhe cobria os ombros com uma capa, a qual Brown repetidas vezes atirava de lado para retomar o microfone e oferecer um *bis* à plateia.

O Danny Ray da filosofia da Antiguidade se chamava Porfírio. Na verdade, esta era uma alcunha. Seu significado em grego é "púrpura", e ele foi apelidado com base nesta cor da realeza já que seu nome verdadeiro significava "rei" (embora não fosse o rei do *soul*). Porfírio não apenas escreveu *Vida de Plotino* como uma introdução à sua edição dos textos de Plotino, os quais reuniu para compor as *Enéadas*; escreveu também um pequeno tratado a que deu o título – que revelava uma maravilhosa criatividade – de *Introdu-*

ção (*eisagoge*, em grego)[157]. No devido tempo, esta se tornaria a obra mais inspiradora e mais famosa de Porfírio – na verdade, suponho que este tenha sido o tratado filosófico mais lido na Antiguidade Tardia. Em poucas páginas, e de modo primoroso, Porfírio esboça algumas ideias básicas da lógica aristotélica, tal qual as compreendia. Seu enfoque centrou-se nos conceitos que passaram a ser denominados de cinco "palavras" ou "expressões" de Porfírio: o gênero, a espécie, a diferença [específica], o acidente e a propriedade. Ao tomar como base sobretudo a obra *Tópicos*, de Aristóteles, Porfírio oferece-nos aqui uma classificação alternativa, e talvez mais geral, dos predicados que encontramos nas *Categorias* do Estagirita. Em outras palavras, cada termo que usarmos para a descrição de algo se encaixará em um desses cinco tipos.

Os tipos mais comuns são o gênero e a espécie, e imagino que você ficará decepcionado se eu não ilustrar isso com o contraste entre o animal e a girafa. O que distingue a espécie de seu gênero é a sua diferença específica (*Introdução* § 3). Por exemplo, se em meio aos animais, os humanos, e somente os humanos, são racionais – uma tese que será discutida por Porfírio em outros textos, como veremos em breve –, então a racionalidade pode servir como uma diferença específica para o gênero do animal. É claro que cada indivíduo pertence a um gênero e a uma espécie particulares, de modo que conterá muitas de suas características pelo fato de pertencer a este gênero e a esta espécie. Portanto, a Hiawatha estará viva, e capaz de ter sensações, por ser um animal, por ser vegetariana e por ter um pescoço longo, já que é uma girafa. No entanto, membros individuais da mesma espécie também são diferentes entre si. Aristóteles denomina de "acidentes" as características que os distinguem; portanto, Porfírio adiciona este item à sua lista (*Introdução* § 5). A quinta classe é a "propriedade" [características ou atributos não essenciais] (§ 4). Esta é uma característica comum a todos os membros de uma espécie e que só pode ser encontrada nesta espécie.

À espreita nos bastidores, tal qual James Brown no transcorrer da apresentação feita por Danny Ray, estão inúmeras discussões metafísicas. Porfírio se recusa a examiná-las em sua *Introdução* (§ 0) precisamente porque o propósito desta obra é servir de apresentação. No entanto, ele se arrisca a sugerir que cada indivíduo constitui apenas um conjunto singular de características dis-

157. Citado com base no número das seções na tradução de Barnes (2003).

tintas que se enquadram nos cinco tipos de predicado (*Introdução* § 2). Cada uma de suas características pode ser compartilhada por muitos outros indivíduos, mas nenhum indivíduo deterá todas as mesmas características. Destarte, cada indivíduo pode ser compreendido como nada mais do que a união dessas características. Na *Introdução* ele apresenta outros tópicos, mas sem respondê-los: Universais como gêneros e espécies devem ser considerados como coisas que realmente existem? Se a resposta for sim, como eles existem? Eles são imateriais? Caso o sejam, eles são independentes e separados dos indivíduos que se encaixam na categoria "universal"? Esta série de perguntas não respondidas foi uma das razões pelas quais a *Introdução* era demasiado popular. Autores de épocas posteriores que comentaram a obra tiveram a oportunidade de apresentar suas próprias soluções ao chamado "problema dos universais".

A *Introdução* foi usada para o ensino de gerações de alunos, e foi, portanto, comentada por platônicos de épocas subsequentes, os quais escreviam em grego. Assim que foi traduzido para o latim e para o árabe, recebeu novos comentários nestes idiomas. Já mencionei anteriormente (capítulo 26) que ao longo de séculos Alexandre de Afrodísias foi usado como um guia para a compreensão de Aristóteles. Mas Porfírio foi além. Sua *Introdução* foi, na verdade, incorporada à coleção de textos lógicos de Aristóteles, o tão conhecido *Órganon* (que significa "instrumento"). É deveras irônico, portanto, que praticamente todos os alunos que começaram a estudar Aristóteles na Antiguidade Tardia e na Era Medieval tiveram como ponto de partida textos escritos por um platônico. O próprio Porfírio teria ficado perplexo ao descobrir que seu vasto conjunto de textos – o qual incluía inúmeros comentários acerca de Platão e de Aristóteles (inclusive dois acerca das *Categorias*), exegeses homéricas, tratados de ética e obras de religião e de história da filosofia – seria eclipsado pela pequena *Introdução* que dedicara à lógica de Aristóteles. Ainda assim, ele teria ficado bastante satisfeito por ter desempenhado um papel tão crucial na integração entre platonismo e aristotelismo. Se a *Introdução* foi sua obra mais influente, sua ideia mais influente foi a de que Platão e Aristóteles estão essencialmente em harmonia[158].

Na verdade, esta ideia remonta a tempos anteriores, e chega até mesmo a referir-se aos platônicos "médios" anteriores a Plotino. Algumas gerações

158. Cf. Karamanolis (2005).

depois de Porfírio, um platônico chamado Hiérocles de Alexandria afirmou que este conceito de harmonia deveria ser atribuído sobretudo a Amônio Sacas, o mestre de Plotino[159]. E o próprio Porfírio afirma em *Vida de Plotino* que os textos de seu mestre estão repletos de ideias aristotélicas, o que é bem verdade. Mesmo assim, Porfírio teve um papel essencial em adotar Aristóteles em nome da família platônica. Ele foi o primeiro platônico a escrever comentários acerca de Aristóteles[160], bem como a propor um modo de conciliar estas duas grandes autoridades filosóficas. Em seu entender, Platão era o pensador com ideias mais avançadas, um filósofo que ensina a respeito da divindade e das causas mais elevadas. Aristóteles, por sua vez, discorre sobretudo a respeito do mundo natural, isto é, das coisas vivas, dos corpos, quer repouso, quer em movimento, do pensamento humano e da linguagem, na medida em que esta se relaciona com o âmbito físico. Ao rebaixar Aristóteles a um nível relativamente "introdutório", Porfírio tornou as obras aristotélicas mais acessíveis e aceitáveis para os platônicos. E os platônicos, com efeito, estudaram-nas a tal ponto que produziram mais comentários acerca de Aristóteles do que dos mais exaltados diálogos platônicos. A maioria dos extensos comentários do próprio Porfírio quanto a Platão, bem como quanto a Aristóteles, perdeu-se no transcorrer do tempo. No entanto, temos um considerável conhecimento a respeito destes comentários, pois eles foram usados e citados – às vezes sem que o autor os citasse – em outros comentários gregos que sobreviveram. Na opinião de Boécio, filósofo cristão que escreveu em latim e atuou como transmissor de ideias da Antiguidade para o mundo medieval (cf. capítulo 53), Porfírio foi a fonte mais importante para a compreensão da lógica aristotélica; entenda-se: ainda mais importante do que Alexandre.

Há outra ironia aqui: o fato de Porfírio também ser conhecido por suas críticas à religião que entendia ser a mais repugnante de sua época: o cristianismo. Ele não foi o primeiro filósofo pagão a criticar severamente os cristãos. No século II um autor chamado Celso apresentou objeções que foram preservadas numa refutação feita por Orígenes de Alexandria, um dos Padres da Igreja (retomaremos esse tema no capítulo 41). Assim como

159. Cf. Schibli (2002, p. 28).

160. Cf. Karamanolis (2004, p. 79-113).

os textos anticristãos de Celso, as críticas de Porfírio ao cristianismo são conhecidas apenas por meio de citações, mormente entre cristãos como Agostinho, que foram incitados a respondê-las[161]. Tampouco está claro se Porfírio escreveu uma extensa obra intitulada *Contra os cristãos* ou se autores de épocas posteriores fizeram citações de uma série de textos em que Porfírio apresentava críticas ao que considerava ser uma fé nova e irracional. Porfírio usou as habilidades de interpretação que aguçara com a leitura de Platão e de Aristóteles para contrapor-se à Bíblia. Ele criticou a natureza implausível da suposta revelação – por exemplo, a sobrevivência de Jonas no ventre de uma baleia – e o exagero das interpretações alegóricas dos cristãos. Ironicamente, dado que o judeu Filo de Alexandria foi um grande pioneiro neste tipo de interpretação, Porfírio mostra-se muito mais respeitoso em relação ao judaísmo, o qual ele respeita como uma fé digna de veneração. O que o incomoda no que tange aos cristãos não é apenas o fato de eles carecerem de uma herança filosófica, mas também a natureza injustificada de suas crenças – que ele chama de *alogos*, isto é, "irracional".

Por falar em racionalidade, as razões humana e não humana adquirem centralidade na obra mais fascinante de Porfírio: *Da abstinência de comer alimentos de origem animal*[162]. Trata-se de uma extensa e apaixonada defesa do vegetarianismo, dedicada a seu colega Firmo Castricio. Firmo era um homem abastado e admirador de Porfírio; este chega até a mencioná-lo em *Vida de Plotino*. Dado o gosto apurado que Firmo demonstra ter ao associar-se a este grupo platônico, Porfírio fica aflito e decepcionado com o fato de Firmo ter abandonado o vegetarianismo e passado a apreciar carne animal (1.1). Com *Da abstinência* Porfírio deseja mostrar a Firmo o equívoco de sua alimentação carnívora e, é claro, converter outros leitores a esse tipo de abstinência. Na verdade, Porfírio não é o primeiro filósofo da Antiguidade a recomendar o vegetarianismo. Há tempos este tipo de alimentação já estava associada aos pitagóricos e ao pensador pré-socrático Empédocles, ambos mencionados por Porfírio em sua obra (1.3). Ele

161. Cf. compilação em Berchman (2005).

162. Citação de acordo com o livro e o número da seção a partir da tradução de Clark (2000). A interpretação que se segue foi em grande medida influenciada pela de Fay Edwards. Acerca deste tema, cf. também Sorabji (1993).

também recorre muitas vezes a uma obra de Plutarco acerca dos animais, um autor mais próximo de sua época. Por intermédio do próprio Porfírio, sabe-se que Plotino também foi vegetariano (*Vida de Plotino,* 2). Porém, nenhum outro tratado antigo ao qual temos acesso trata deste tema de maneira tão ampla. Além de fazer a defesa do vegetarianismo, Porfírio enumera argumentos epicuristas, estoicos e aristotélicos que são contrários ao vegetarianismo, a fim de refutá-los.

A principal razão que Porfírio apresenta para a sua abstinência de carne é o fato de ela ser saborosa. Em consonância com as ideias de seu mestre Plotino, ele acredita que nosso verdadeiro eu é a nossa alma intelectual. Qualquer coisa que mantenha a alma presa ao corpo é contraproducente, pois atrapalha nossa capacidade de nos concentrarmos nos assuntos da mente (*Da abstinência,* 1.47). E não há nada que mantenha a alma presa ao corpo de modo mais enérgico do que o prazer. Como escreve Porfírio, o prazer é como um prego que nos mantém atados a nosso corpo (*Da abstinência,* 1.57)[163], que ele compara a simples roupas feitas com pele (*Da abstinência,* 1.31, 2.46). Aliás, o prazer não é o único problema. Adquirir carne, diz ele, é uma coisa difícil e muitas vezes cara – um argumento com um peso bem maior na Antiguidade do que teria hoje em dia. É muito melhor ingerir alimentos leves e simples, bem como qualquer outro alimento cujo acesso é fácil, e comer apenas o necessário para manter-nos vivos e com boa saúde (apesar de seu desdém pelo corpo, Porfírio considera que o suicídio é um erro (1.38), embora saibamos, uma vez mais com base em *Vida de Plotino*, que certa vez ele se sentiu tentado a cometê-lo).

Uma vez que este é o principal argumento de Porfírio contra o consumo de carne, ele recomenda o vegetarianismo apenas àqueles que estão realmente dispostos a se concentrar na atividade intelectual, mais do que em suas vidas encarnadas. A certa altura ele afirma, de modo explícito, que seus argumentos são dirigidos apenas a "filósofos" e não a soldados, a artesãos ou a políticos (*Da abstinência,* 1.27). Estas pessoas não estão tentando libertar sua alma das distrações do corpo, a fim de permitir-lhes

163. Porfírio usa a comparação feita por Platão, no Fédon, 83d. Quanto à postura de Porfírio em relação ao corpo, cf. vários dos estudos de Clark (2011).

se concentrar na contemplação intelectual. Por que, então, elas deveriam limitar-se a ingerir plantas? Este argumento do tratado de Porfírio talvez soe decepcionante para os vegetarianos de hoje, os quais, de modo geral, desejam que o maior número de pessoas – e não apenas uma elite intelectual – se abstenha do consumo de carne. Também vale a pena observar que as razões apresentadas por Porfírio em defesa do vegetarianismo também excluiriam, digamos, a decisão de desviar-se de seu caminho habitual para buscar um pote de *homus* orgânico e artesanal. Afinal, alimentos difíceis de adquirir e, ademais, perigosamente saborosos, também podem ser de origem vegetal, de modo que Porfírio considerava que o empenho para adquirir e desfrutar destes alimentos refinados seria uma maneira distinta de manter-se preso ao próprio corpo. Com base no que vimos até agora, ele parece se atentar ao tema da carne, sobretudo em razão de esta ser um item de luxo no mundo da Antiguidade.

Entretanto, caso queira ingeri-la, é evidente que precisarás matar um ser senciente. Embora esta não pareça ser a principal razão para a sua defesa do vegetarianismo, este é um tema a respeito do qual Porfírio discorre em pormenores nas respostas que dá a outros filósofos. Seus principais adversários nesta querela são os estoicos, cuja argumentação é que matar animais não pode ser considerado um ato injusto, uma vez que estes não estão incluídos em meio às considerações acerca da justiça. E por que não estão? Ora, segundo a teoria estoica, seres racionais como nós podem estabelecer uma relação que envolva justiça exclusivamente com outros seres racionais. Os animais, no entanto, não são racionais; o que significa que a diferença entre eles e nós é grande demais para eles serem incluídos no escopo da justiça (*Da abstinência,* 3.1) Porfírio responde que os animais são tão racionais quanto os humanos, embora não o sejam na mesma medida. Ele reconhece que, nos animais, a razão é imperfeita ou "indistinta" (*Da abstinência,* 3.18, 3.23). Porém, eles têm uma certa capacidade de raciocínio, e portanto, segundo a teoria estoica, que *realmente* temos obrigações de sermos justos em relação a eles.

Ao tentar provar isso, Porfírio se alinha com ideias estoicas acerca da racionalidade. Na verdade, talvez ele não acredite, de fato, que os animais são racionais no sentido que um platônico confere a este adjetivo. Em vez disso, todo o seu debate quanto à racionalidade animal é tão somente um modo de solapar os argumentos estoicos a partir de seus próprios princípios filosóficos. A concepção estoica da razão está baseada em uma complexa palavra grega, *logos*, que pode ter os significados de palavra, narrativa e razão, entre várias outras coisas. Desse modo, os estoicos afirmam que o que eles chamam de "*logos* externo" é um sinal do chamado "*logos* interno". O *logos* interno é o processo de pensamento que se desenvolve no interior da alma, ao passo que o *logos* externo é o discurso articulado na fala. O fato de os humanos usarem a linguagem é a prova de que são seres racionais. Portanto, para derrubar o argumento dos estoicos, Porfírio precisa apenas afirmar que animais não humanos também usam uma linguagem. Ele se dedica a esta tarefa com grande entusiasmo, e chega até mesmo a relatar inúmeras histórias fabulosas. Entre elas, o caso de um sábio pitagórico que compreendeu o gorjeio de uma andorinha quando esta comunicou a suas companheiras de espécie que um carregamento de grãos fora despejado nos arredores da cidade (*Da abstinência,* 3.3). O próprio Porfírio acha que esta é uma história fantasiosa, mas ela lhe tem serventia para falar de uma perdiz que ele mesmo possuía, e que tinha sua própria maneira de comunicar-se (*Da abstinência,* 3.4). Ademais, é bastante óbvio que animais, a exemplo dos cães, podem compreender o que os humanos dizem, bem como parecem comunicar-se muito bem entre si. Se somos incàpazes de compreender o que eles dizem, observa Porfírio, que importância isso tem? Nós tampouco compreendemos os persas ou os povos citas (*Da abstinência,* 3.5), e nem por isso saímos por aí alimentando-nos de suas carnes! Na sequência, Porfírio argumenta que, quer tenham uma linguagem própria, quer não a tenham, o chamado *logos* externo, é evidente que os animais têm um *logos* interno. Isso é comprovado por suas atuações inteligentes, como construir ninhos e evitar armadilhas, e também porque até mesmo a percepção sensorial se revela inútil caso não seja possível usar a razão para interpretá-la. Esta afirmação é comprovada pela observação, tomada de empréstimo de Estratão de Lâmpsaco, filósofo aristotélico, de que talvez não estaremos cientes do que vemos ou ouvimos se estivermos profundamente mergulhados no pensamento (*Da abstinência,* 3.21). Dado que os animais obviamente usam seus sentidos, eles também devem usar a razão.

Isso tudo traz para Porfírio um problema que não preocupa muitos vegetarianos hoje em dia: Se deixarmos de comer carne, como é que faremos sacrifícios aos deuses? Preciso explicar, aqui, que um ritual religioso comum entre os pagãos consistia em sacrificar um animal em um altar, assá-lo em honra dos deuses, e então deleitar-se com ele. Na verdade, esta prática já fora descrita na *Ilíada*. Porfírio, entretanto, argumenta que, no grande esquema das coisas, trata-se de uma prática religiosa relativamente nova. No início dos tempos não se ofereciam animais aos deuses, e sim os primeiros frutos das colheitas (*Da abstinência*, 2.5), de modo que as pessoas começaram a sacrificar animais apenas quando a escassez de alimentos ou uma guerra impediam-nas desta prática. Ele recorre à sua concepção platônica do divino para argumentar que, de todo modo, os deuses mais sublimes não desejariam nenhum sacrifício animal (*Da abstinência*, 2.37). Ora, os deuses são perfeitamente justos, portanto, ficariam horrorizados diante de qualquer oferenda que envolvesse a matança injusta de uma criatura. Porém, de qualquer maneira, todo este conceito é equivocado, já que os deuses são imateriais e se encontram além do alcance das oferendas materiais. O que devemos ofertar-lhes não é a vida de um animal, tampouco os frutos de nossa colheita, e sim pensamentos filosóficos. Caso existam entidades sobrenaturais que se deleitam com estes rituais, estas devem ser demônios malignos e vaporosos que se empanturram com carnes assadas e defumadas (*Da abstinência*, 2.42). Além disso, Porfírio afirma que mesmo que não precisássemos sacrificar animais para os deuses, não haveria necessidade alguma de *ingerir a carne* destes animais (*Da abstinência*, 2.44). Ele nos lembra que, em algumas culturas, as pessoas se envolvem com sacrifícios humanos sem necessariamente alimentar-se dos corpos de suas vítimas.

A súplica que Porfírio faz a seu amigo Firmo combina estas reflexões religiosas a argumentos que seriam facilmente encontrados em qualquer discussão acerca do vegetarianismo hoje em dia. Na essência de sua diatribe contra os estoicos está a discussão quanto aos atributos que os animais compartilham conosco, e se estes traços em comum são o bastante para dizermos que eles são dignos de nosso interesse moral. O vegetarianismo de Porfírio talvez seja motivado sobretudo por sua aversão às coisas relacionadas ao corpo, o que soa radical até mesmo para um platônico da Antiguidade Tardia. Entretanto, mesmo assim devemos lhe atribuir o mérito por ter exposto a fragilidade das velhas tentativas de criar uma distinção clara entre os humanos que merecem justiça e os animais que são servidos como refeição. Quer sejamos vegetarianos, quer não o sejamos, provavelmente concordaremos que Porfírio estava no caminho certo em sua tentativa de diluir a fronteira que separa os humanos dos animais. Infelizmente, o tratado *Da abstinência* não teve nada parecido com a influência histórica que a *Introdução* exerceu na lógica de Aristóteles, e foi só recentemente que passou a ganhar o devido reconhecimento. Uma reação mais imediata foi causada pela postura friamente racional de Porfírio em relação às crenças religiosas da Antiguidade. Acabamos de atestar que ele rejeitava a necessidade de sacrificar animais em honra aos deuses. Esta não foi sua única crítica aos rituais pagãos. Ele também escreveu, num tom um tanto cético, a respeito da prática da teurgia, na qual pagãos usavam objetos físicos para fazer contato com os deuses. Seu desprezo pelas coisas corpóreas parece ter feito com que se perguntasse de que maneira tais práticas poderiam ser eficazes. A resposta lhe seria dada por um de seus alunos, um homem que, ao integrar plenamente as crenças pagãs ao platonismo, se desviaria do caminho não só do Plotino altamente racionalista, como também de seu professor. E, ao fazê-lo, estabeleceria um parâmetro que serviria para todo o restante da filosofia pagã da Antiguidade Tardia.

34

Teoremas pitagóricos: Jâmblico

Antes de tornar-se o derradeiro soberano pagão do Império Romano, Juliano o Apóstata foi estudante de filosofia. (Que ninguém, pois, vos afirme que o estudo da filosofia não constitui movimento propício à carreira.) Um dos mestres de Juliano impressionou-o particularmente com o seguinte relato anedótico. Consta que um filósofo chamado Máximo convidou esse mestre a assistir a um ritual no templo da deusa Hécate. Queimou-se incenso, entoou-se um hino. Enquanto Máximo executava esses ritos, a estátua da deusa que presidia ao templo pareceu ganhar vida – sorriu e, em seguida, riu. Por ordem de Máximo, tochas empunhadas pelas mãos da estátua irromperam espontaneamente em chamas. Para o professor de Juliano a cena toda não passou de simples truques; Juliano, entretanto, teve uma reação diferente. Deixou sua cidade e partiu rumo à cidade de Éfeso, onde ele poderia sentar-se aos pés deste filósofo milagreiro[164]. Cerca de uma década mais tarde, Juliano assumiria o cargo de imperador, e por um breve período as ideias religiosas e filosóficas de pagãos como Máximo serviriam de alicerce para a política imperial. Foi a última ocasião na qual cristãos foram alvo da hostilidade de um imperador romano, bem como a última oportunidade para que os antigos deuses fossem venerados na condição de patronos de Roma.

Por mais que tenha impressionado Juliano, Máximo foi uma simples nota de rodapé na história do neoplatonismo pagão. Suas ideias, até onde sabemos, eram muito semelhantes às de um pensador muito mais influen-

164. A respeito desta história, cf. Athanassiadi (1981, p. 33).

te, que também era muito admirado por Juliano: Jâmblico. Na época de sua morte, no ano 325 d.C., pouco antes do nascimento de Juliano, Jâmblico estabelecera um modelo para todos os platônicos pagãos subsequentes. As ideias de Jâmblico, mais do que as de Plotino, eram as que predominavam tanto em Atenas quanto em Alexandria, os dois principais centros da filosofia platônica na Antiguidade Tardia. Sua filosofia era definitivamente pagã. Ele introduziu alterações complexas no sistema mais simples de Plotino, alterações estas que visavam dar espaço às inúmeras divindades reconhecidas na adoração pagã. Ele argumentava em favor da eficácia – na verdade, da absoluta necessidade – da prática da teurgia, a saber, das atividades rituais que permitiam que as divindades se manifestassem, em nosso mundo, tal qual Hécate o fazia quando atendia aos apelos de Máximo. Dentro em breve, a chama da filosofia pagã seria extinta pelos novos ventos do cristianismo que sopravam cada vez mais fortes pelo Mediterrâneo. Ao longo de dois séculos, entretanto, ela seguiu viva, alimentada sobretudo pelo combustível particularmente piedoso do platonismo pagão de Jâmblico.

Jâmblico nasceu na Síria, na antiga cidade de Cálcis, na Celessíria. Sua família pertencia à nobreza e é provável que sua origem estivesse ligada a antepassados da realeza. Ao longo de sua infância, a Síria foi palco de rebeliões e de insurreições. Na época de seu nascimento, este país ainda era território romano; os persas, contudo, invadiram-na e arrasaram a região no ano 256 d.C. Qualquer trauma que porventura tenha vivenciado não deixou vestígios em seus escritos, embora tenhamos visto que a filosofia neoplatônica oferecia uma fuga do mundo incerto da Antiguidade Tardia – e o mundo não se torna muito mais incerto do que quando persas subitamente invadem o país em que se vive. Jâmblico funda uma escola em Apameia, também na Síria, de modo que cria, com isso, um forte vínculo com esta província oriental do império. No entanto, é possível que ele tenha viajado para fora da Síria para estudar com Porfírio, seu colega sírio. Tal qual Sócrates fora mestre de Platão, e Platão, de Aristóteles, Plotino também fora mestre de Porfírio; e Porfírio, de Jâmblico. E, tal qual Aristóteles, Jâmblico teceu uma série de críticas aos textos de seu mestre, e ao mestre de seu mestre.

Já mencionei anteriormente que a ideia de que Plotino teria fundado uma nova tradição, o neoplatonismo, está, ela própria, assentada em alicerces frágeis. Não foram raras as vezes em que ele apresentou respostas, e, muitas vezes, de maneira crítica, a platônicos de épocas anteriores, sem ter considerado a si próprio como o pioneiro de um novo movimento filosófico. Assim como algo novo começou com Plotino, temos outro início com Jâmblico, início que trouxe mudanças ao platonismo à semelhança das que Plotino ocasionara. Um de seus legados mais influentes foi um currículo para o estudo dos textos de Platão. Jâmblico estabeleceu uma sequência de leitura que incluía 12 diálogos, cujo início seria com aqueles que, segundo ele, estariam centrados no tema da ética: o *Alcibíades*, uma espécie de introdução a Platão e, em seguida, o *Górgias* e o *Fédon*. O aluno então passaria ao nível seguinte, isto é, à filosofia teórica, quando tratasse da filosofia da linguagem com o diálogo *Crátilo*, à teoria do conhecimento com o *Teeteto*, e assim por diante. Os últimos diálogos a serem estudados seriam o *Timeu* e o *Parmênides*, os quais, em seu entender, contêm a totalidade do pensamento de Platão – o *Timeu* ensina-nos a respeito da natureza, e o *Parmênides*, da teologia. Todos os diálogos, porém, poderiam servir de fonte para a compreensão dos deuses.

Plotino e Porfírio, platônicos médios, decerto eram crentes pagãos que se referiam a seus princípios metafísicos não apenas com nomes do tipo "intelecto" ou "uno", mas também como deuses. E eles teriam concordado com a concepção de Jâmblico quanto aos diálogos proporcionarem ensinamentos teológicos a seus leitores. Com Jâmblico, entretanto, temos algo novo. Com ele, a religião pagã deixa de ser simplificada e racionalizada como um sistema filosófico. Há agora uma perfeita adequação entre o sistemático e o sagrado. Jâmblico multiplica as entidades transcendentes ao invocar regras complexas de causalidade. Aquilo que, para Plotino, consistia em um nível único, tal qual o intelecto, será dividido e, em seguida, subdividido em vários deuses intelectivos, os quais desempenham diferentes papéis metafísicos. Este é o resultado do princípio de Jâmblico segundo o qual, entre duas causas com naturezas diferentes, deve-se postular outra causa que contenha atributos de ambas. Por exemplo, sua hipótese é a de que, se, além do próprio cosmo físico, há deuses imateriais que transcendem o cosmo, então deve existir uma espécie de entidade que contenha os aspectos de ambos. Estas serão as estrelas, ou "deuses celestes", que contêm tanto a natureza divina dos deuses imateriais quanto a natureza física dos corpos. Em seu entender, isso oferece-nos uma base racional para atribuirmos divindade ao firmamento, um resultado muito bem-vindo, dado que a adoração aos planetas e às estrelas era inerente à religião pagã.

Jâmblico refere-se a estas entidades intermediárias como "meios", assim como o número 3 é o termo médio entre os números 1 e 5. O emprego da linguagem matemática aqui não é fortuito. À semelhança dos platônicos médios, Jâmblico considera Platão um ramo venerável que brota de raízes ainda mais antigas. Assim como Plutarco e outros, ele apresenta a hipótese de que uma sabedoria primordial foi transmitida não apenas pela cultura grega, mas também no Egito e no Oriente mais distante. Na literatura helênica ele considera que Pitágoras fora não somente a principal figura, mas também o precursor dos ensinamentos de Platão. Desse modo, Jâmblico se classificaria, a um só tempo, como pitagórico e platônico. Ele tinha Pitágoras em tão alta estima que escreveu uma extensa série de livros pitagóricos, incluindo *Vida de Pitágoras* – um texto que foi preservado –, bem como tratados acerca do significado filosófico da matemática (cf. Dillon; Hershbell, 1991; O'Meara, 1989). Na condição de pitagórico, Jâmblico acreditava que a matemática, tanto quanto os diálogos platônicos, poderia servir como fonte de compreensão das divindades transcendentes.

Em consonância com sua concepção de uma sabedoria antiga herdada de variadas culturas, seu olhar também se estendia além de Platão e de Pitágoras. Como já vimos ao tratarmos de Plutarco (no capítulo 24), os pagãos helênicos acolheram deuses egípcios em seu panteão, e até mesmo identificaram determinados deuses egípcios com algumas divindades greco-romanas. Portanto, é natural que Jâmblico tenha considerado o Egito como importante fonte de compreensão. Este afluente específico do rio do conhecimento da Antiguidade fluía, acima de tudo, por intermédio do conjunto de obras atribuídas ao "Hermes três vezes grande" (Hermes Trismegisto), uma divindade sincrética que representava o deus grego Hermes e o deus Tote dos egípcios antigos (cf. Copenhaver, 1992). Estas obras registram os ensinamentos que Hermes recebera de um personagem chamado Poimandres, bem como as lições por ele transmitidas a seus próprios discípulos, inclusive o deus Esculápio. Embora o texto seja lido mais como uma obra sagrada do que como um tratado filosófico, ele traz consigo fortes ecos de uma doutrina filosófica platônica. Por exemplo, o trecho introdutório do primeiro livro conta-nos a respeito de um primeiro deus intelectivo que dá origem ao *logos* – palavra ou razão. Já vimos anteriormente que platônicos qual Filo de Alexandria expressaram esta mesma ideia.

Assim, não se trata de coincidência, uma vez que este texto surgiu na mesma época do platonismo médio. O que Jâmblico considerava fonte inspirada e antiga de verdades platônicas era, de fato, ele próprio derivado da tradição platônica. Algo semelhante se aplica a uma importante fonte usada por Jâmblico, a saber, os *Oráculos caldeus*, assim batizados por supostamente se originarem no território oriental da Caldeia[165]. Um conjunto de versos escritos no século II ou II d.C., os *Oráculos* apresentam uma descrição visionária do universo e de suas causas. Neste sistema, as causas transcendentes da metafísica platônica são personificadas como personagens divinas. Um primeiro intelecto, associado ao pai, é a fonte primordial; o intelecto secundário, ou demiurgo, é responsável pela criação do mundo material, enquanto a alma do mundo é associada a Hécate – a mesma deusa que gentilmente sorriu e riu para o filósofo Máximo. É claro que Jâmblico poderia ter encontrado esse tipo de sistema metafísico – com ou sem ornamentos míticos – em quaisquer textos platônicos. A razão pela qual ele faz constantes alusões aos *Oráculos* e às obras de Hermes é que a suposta estirpe desses textos atestava as raízes veneráveis e sagradas dos ensinamentos pitagórico e platônico. Neoplatônicos de épocas posteriores invocarão a antiguidade das crenças pagãs, e sua suposta presença nas culturas egípcia e oriental, como uma prova de sua superioridade à fé demasiado recente dos cristãos. Além disso, esses textos ofereciam aos pagãos escrituras capazes de competir com a Bíblia. Jâmblico, no entanto, ao contrário de seu mestre Porfírio, não mostrava uma excessiva preocupação com os cristãos. Ele se preocupava mais com as inovações modernas de seus colegas pagãos. Eles deveriam voltar seus esforços a textos como os *Oráculos* a fim de aprender a respeito das autênticas práticas rituais.

165. Cf. Majercik (1989). Cf. Lewy (1978).

Mesmo quando Jâmblico dedica atenção a temas filosóficos mais mundanos, ele mantém os olhos voltados na direção dos deuses. Dado que era discípulo de Porfírio, ele bem sabia que não deveria ignorar Aristóteles e, assim como Porfírio, ele tinha um particular interesse pelas obras lógicas do Estagirita. Jâmblico escreveu um comentário acerca das *Categorias*, texto que se perdeu no tempo, mas que é conhecido indiretamente por meio de comentadores de épocas posteriores. Suas ideias, neste comentário, contrastam de maneira interessante não só em relação às de Porfírio como também às de Plotino. Para Porfírio, a obra *Categorias* é relevante apenas em relação às coisas materiais, e analisa certos termos de nossa linguagem na medida em que eles se aplicam a tais coisas – uma ambição útil, ainda que limitada. Plotino, por sua vez, fizera veementes críticas às *Categorias*, de modo que as considerava como uma tentativa inadequada de classificação da realidade. Plotino dava preferência ao conjunto de conceitos chamado de "as melhores categorias", no diálogo platônico *Sofista*[166]. Estas cinco categorias – ser, movimento, repouso, mesmo, e outro – compõem a verdadeira estrutura da realidade, a qual fora usada por Plotino para descrever o mundo inteligível do intelecto.

Em um gesto tipicamente ousado, Jâmblico apresenta, em vez disso, uma espécie de "interpretação intelectual" das *Categorias* de Aristóteles. Ao rejeitar a sugestão apaziguadora de Porfírio de que as *Categorias* se limitavam às coisas modestas do cosmo físico, ele enfatizava a ideia de que todas as dez categorias poderiam também ser aplicadas ao mundo inteligível e divino[167]. Mencionarei apenas um exemplo que mostra como isso funcionava. Ao analisar a categoria da substância, Aristóteles afirma que as substâncias em si podem ter seus atributos essenciais alterados – por exemplo, uma girafa pode passar de um estado faminto para um de saciado – ao passo que isso não pode ocorrer em relação a atributos não substanciais, como, por exemplo, a fome da girafa. Jâmblico não faz nenhuma objeção a esta afirmação de Aristóteles. Porém, como de hábito, o que ele deseja é elevar nossas mentes. Com a substância inteligível, diz ele, ocorre algo semelhante. A diferença é que ela é capaz de conter dois atributos opostos *ao*

166. Cf. *Filosofia clássica*, cap. 24.

167. Dillon (1997, p. 65-77).

mesmo tempo. Ironicamente, Jâmblico apresenta o mesmo exemplo usado previamente por Plotino: o intelecto compartilha das "melhores categorias" do *Sofista*, de modo que ambas estão em repouso e também em movimento, bem como são as mesmas e outras entre si. Jâmblico faz uma defesa semelhante no caso de cada uma das categorias. Todas elas se aplicam às coisas materiais de uma certa maneira, e ao inteligível de maneira diferente, de maneira mais exaltada.

A postura crítica de Jâmblico em relação a Plotino fica ainda mais evidente quando ele se volta para uma das doutrinas mais características de seu ilustre antecessor: a alma "não descendente". Plotino acreditava que todas as almas permanecem conectadas à esfera inteligível a todo instante (cf. capítulo 31). Até mesmo agora, enquanto você lê o que escrevi, uma parte sua comunga com as formas. Jâmblico não acredita em nada disso, e platônicos de épocas posteriores são unânimes no concordar com ele, em oposição a Plotino[168]. Ele faz algumas objeções óbvias, por exemplo: se já estamos conectados ao intelecto o tempo todo, e se a contemplação intelectual representa a realização suprema e a felicidade para a humanidade, então somos sempre pessoas realizadas e felizes, quer saibamos disso, quer não o saibamos. Esta ideia soa um tanto estranha até mesmo para os padrões do neoplatonismo. Isso também significa que não há motivo algum para buscarmos nos aprimorar por meio da filosofia – afinal, já somos perfeitamente felizes. Jâmblico faz outras objeções que são mais tipicamente… bem "jâmblicas". Dado que Jâmblico preencheu sua hierarquia metafísica com um número muito maior de entidades do que Plotino, ele não acredita que a alma humana esteja em continuidade com o intelecto puro. Não existem somente divindades inferiores, como os deuses celestes que já mencionamos antes, mas também seres sobrenaturais inferiores, como gênios e heróis – melhores que humanos, porém piores do que deuses. Uma vez mais, Jâmblico apresenta a hipótese de que estes seres garantem a combinação perfeita entre a doutrina filosófica e as crenças religiosas pagãs. No entanto, ele também apresenta uma razão mais bem fundamentada. Heróis e gênios são possíveis tipos de seres, e se eles não existissem, sua ausência deixaria

---

168. Cf. Steel (1978); Dillon (2005, p. 339-351).

uma espécie de lacuna no esquema metafísico. Os meios intermediários de Jâmblico proporcionam uma continuidade entre os diferentes níveis do esquema, um argumento que também se aplica à própria alma. Trata-se, em essência, de um termo intermediário entre o corpóreo e o imaterial. Enquanto Plotino muitas vezes pareça transformar a alma em nada além de um objeto de atenção, voltado ora para cima, na direção do intelecto, e ora para baixo, na direção do corpo, Jâmblico é enfático ao atribuir à alma a sua própria natureza distintiva. Sua opinião é que, ao situar a alma além de seu lugar apropriado, o otimismo de Plotino o levou a violar esta natureza.

Isso cria um problema: Se já não estamos sempre em contato com o intelecto, como é possível fazê-lo? Este problema tem uma premência especial para Jâmblico, já que ele enfatiza tanto o fato de as coisas inteligíveis não consistirem apenas em formas, mas em deuses. Se não podemos ter acesso ao inteligível haverá não apenas uma frustração filosófica, mas também consequências terríveis. A resposta de Jâmblico é que podemos ter acesso aos deuses por meio das práticas rituais descritas nos *Oráculos caldeus*, as mesmas admiradas por Juliano: as práticas da teurgia (Dillon, 2007, p. 30-41). O significado literal da palavra "teurgia" é "obra de Deus". Isso se aplica a uma ampla gama de exercícios e de tarefas, até mesmo à animação das estátuas descrita no início deste capítulo. Adivinhações de tipos variados também eram teúrgicas, tal qual costumes religiosos como a entoação de hinos e o uso de palavras de poder sem sentido, o sacrifício de animais, o uso de objetos como pedras sagradas, e assim por diante. Jâmblico viu-se obrigado a defender a eficácia e a integridade da teurgia, portanto, da religião tal como ele a concebia, diante dos questionamentos apresentados por seu próprio mestre, Porfírio.

No capítulo anterior vimos como o espírito investigativo e um tanto cético de Porfírio o levou a rejeitar os sacrifícios animais. Ele também escreveu uma obra de natureza mais ampla, na qual questiona os princípios da teurgia. Adotando um tom semelhante ao usado por Platão quando critica os mitos homéricos, Porfírio argumenta que muitas práticas teúrgicas parecem ser inapropriadas para os deuses – em alguns rituais, por exemplo, o indivíduo deve dizer palavras obscenas ou exibir efígies do órgão genital masculino. Em outras ocasiões, o teurgista poderá enviar ordens ou ameaçar os deuses.

Acima de tudo, Porfírio não compreendia como as práticas físicas da teurgia poderiam afetar os deuses transcendentes e imateriais. Como resposta a isso tudo, Jâmblico escreveu uma obra intitulada *Os mistérios* – título dado ao tratado de autoria de Marsilio Ficino, filósofo da Renascença que também o verteu para o latim[169]. Em *Os mistérios*, Jâmblico diz, em resposta a Porfírio, que nossa intenção, com nossas práticas teúrgicas, não é *obrigar* os deuses a fazer algo. Na verdade, os deuses estão presentes no cosmo em todas as épocas. As práticas aparentemente obscenas e repulsivas apontadas por Porfírio são tão somente simbólicas e, se forem interpretadas da maneira correta, não têm a intenção de ofender ninguém (*Os mistérios,* 1.11). De fato, o sacrifício animal não é apropriado para os deuses mais elevados e puramente imateriais, mas revela-se eficaz para uma comunhão com os deuses dentro do cosmo – novamente, aquelas divindades celestes (*Os mistérios,* 5.14, 5.19). Além de se defender destas objeções, Jâmblico faz uma enérgica defesa das práticas religiosas. A teurgia, e somente ela, é que nos permite estabelecer uma comunicação com os deuses inteligíveis. Diante da objeção porfiriana de que o teurgista parece tentar trazer os deuses para uma dimensão inferior, isto é, para seu próprio nível físico, Jâmblico responde: não; o teurgista tenta purificar sua própria alma, bem como as almas das demais pessoas, de modo que elas possam se elevar aos deuses (*Os mistérios,* 4.2).

Esta é uma afirmação surpreendente. Os platônicos, a começar pelo próprio Platão, sempre tentaram alcançar uma "semelhança com deus" (para tomarmos emprestada a célebre frase usada no *Teeteto*). Porém, desde a época de Aristóteles, e até mesmo a de Plotino, sempre se entendeu que o caminho para atingir este objetivo era a filosofia. Jâmblico foi o primeiro platônico a questionar com seriedade esta afirmação um tanto presunçosa. A certa altura encontramos o comentário sarcástico de que Porfírio está "se dissolvendo em meio à filosofia" (*Os mistérios,* 9.8), o que, por conseguinte, faz com que a filosofia soe como algo nitidamente de pouca monta quando comparada às atividades sagradas do teurgo. Este aspecto de *Sobre os mistérios* assustou alguns leitores. E. R. Dodds, um grande estudioso

169. Citação conforme o número das seções de Clarke; Dillon; Hershbell (2003). O tratado em que Porfírio apresenta suas dúvidas não sobreviveu ao tempo, mas temos uma boa ideia sobre seu conteúdo graças à resposta dada por Jâmblico.

da Antiguidade, classificou esta obra como "um manifesto da irracionalidade" (Dodds, 1951, p. 287). Até mesmo historiadores da filosofia que têm um grande respeito por Plotino mostram-se impacientes com as tendências religiosas e ritualistas de Jâmblico e de neoplatônicos pagãos que lhe sucederam.

Entretanto, convém dizer que o argumento de Jâmblico em favor da necessidade da teurgia é, em si mesmo, filosófico. Em última análise, ele se baseia em um conceito que é familiar até para Aristóteles: o de que todo tipo possível de ser deve ser expresso na realidade. Não é irracional que Jâmblico extraia disso sua conclusão lógica e, a fim de que a plenitude do ser seja alcançada, proponha termos médios e intermediários entre diferentes tipos de entidades. Uma consequência disso é que as almas humanas devem ocupar uma posição muito inferior em relação aos deuses exaltados do reino intelectual, bem como devem ter uma atividade distinta, que fica bem aquém da atividade intelectual divina (independentemente do que Plotino possa pensar). Jâmblico parece abrir uma exceção ao caso de certas almas "puras" (*Os mistérios,* 5.18). Estas ocupam outro lugar intermediário, cuja posição reside entre as almas normais e os deuses. Estas almas puras pertencem a homens como Pitágoras e Platão, a quem foi concedida uma compreensão imediata dos deuses. Para o restante de nós, a teurgia é indispensável. Ela é a única forma por meio da qual uma alma pode transcender suas próprias limitações ao recorrer à assistência divina. Os verdadeiros objetivos da teurgia, portanto, são a purificação e a ascensão, e não fazer com que estátuas sorriam ou adivinhem o futuro. Se Jâmblico de fato usou a teurgia para prever eventos futuros, talvez tenha se deparado com a boa notícia de que conseguiu definir os assuntos prioritários que seriam debatidos pelas últimas gerações de filósofos pagãos da Antiguidade. A má notícia é que estas seriam, de fato, *as últimas* gerações. Nessa época, o cristianismo já estava em ascensão, de modo que os pensadores pagãos seriam cada vez mais sitiados.

35

Deusas domésticas e rainhas filósofas: O lar e o Estado

A despeito de incorrer no risco de soar como um velho careta, gostaria de dizer o quanto lamento o fato de ninguém mais escrever cartas hoje em dia. Creio que, no futuro, os historiadores tenderão a concordar comigo nesse aspecto. Estudiosos que trabalham com o tema da Guerra Civil americana, por exemplo, podem analisar as cartas manuscritas enviadas a partir das frentes de batalha, as quais os relembram das experiências de soldados comuns. O que poderão ler os estudiosos interessados no início do século XXI? Provavelmente nada, pois, ao contrário das cartas físicas escritas no papel, todos os correios eletrônicos e as mensagens de texto já haverão sido apagados ou estarão armazenados em equipamentos obsoletos. Ainda que real mente sobrevivessem, estas missivas eletrônicas não têm o peso literal nem o metafórico de uma carta manuscrita; nesta, há implicação de que as palavras do autor são registradas para a posteridade. Caso você não esteja convencido disso, considere a seguinte pergunta: Se tivesse algumas ideias filosóficas estimulantes para compartilhar com o mundo, as guardaria em mensagens de correio eletrônico? É provável que não. Por outro lado, ao longo de toda a história da filosofia tem sido uma prática comum escrever filosofia no formato de cartas, embora muitas vezes tenhamos o hábito de engrandecer tais escritos quando lhes atribuímos um termo mais enobrecido: "epístolas".

Vários dos autores de que tratamos neste livro escreveram tais cartas, as quais, ao menos em tese, eram enviadas a um destinatário específico, e estas sobreviveram até os nossos dias – o que, por conseguinte, insinua que o formato de epístola era um mero pretexto para disseminar um texto de maneira mais ampla. Por exemplo, temos cartas acerca de temas filosóficos escritas por Epicuro, por Cícero, por Sêneca, por Plutarco, por Porfírio e por Agostinho. Tais cartas poderiam tanto conter um significado pessoal quanto uma importância filosófica mais abrangente, conforme atestamos nas epístolas enviadas no intuito de consolar alguém, que compõem um gênero próprio[170]. Elas também serviam como uma oportunidade para deixar o autor mais à vontade com seus textos, uma vez que lhe permitiam escrever a respeito de temas que, em geral, não eram vislumbrados em obras mais extensas ou mais formais. Jâmblico é um bom exemplo disso. Vinte de suas cartas constam em uma antologia que fora compilada mais tarde por um autor chamado Estobeu[171]. A ética é o tema tratado na maioria destas cartas, que são um tanto pragmáticas (para não dizer convencionais), quando comparadas ao conteúdo mais sublime, metafísico e religioso, que caracteriza a maior parte dos textos de Jâmblico.

A intenção de neoplatônicos como Jâmblico, tal qual a dos epicuristas e dos estoicos, era mostrar a seus leitores como alcançar a felicidade e a realização pessoal. No entanto, a receita neoplatônica para ser feliz envolvia, o mais das vezes, um desprezo pelas coisas do mundo material e uma postura transcendental que deu origem à percepção de que estes pensadores pagãos da Antiguidade Tardia praticamente não tinham nenhum interesse na filosofia prática. Porém, as cartas de Jâmblico nos deixam com uma impressão diferente. Nelas, ele discorre inúmeras vezes acerca da virtude, e, numa epístola endereçada a um homem chamado Asfálio, faz um comentário mais geral que nos dá uma chave para a compreensão neoplatônica quanto aos assuntos humanos de natureza prática. A sabedoria, afirma Jâmblico, permite-nos organizar da melhor maneira possível nossas relações mútuas. Ela nos mostra como "relacionar as cidades, os lares individuais e a vida privada de cada indivíduo com um modelo divino, retratando-os de um modo semelhante àquilo que é melhor", e, ao fazê-lo, torna o homem sábio semelhante a um deus.

É claro que esta última frase é mais uma lembrança da admoestação que Platão deixara a fim de que o indivíduo, na medida de suas possibilidades, torne-se semelhante a um deus. Os aristotélicos costumavam dividir a filosofia prática em três partes, de modo que lidavam, respectivamente, com o

170. Para estudos acerca de vários destes textos consolatórios, cf. Baltussen (2013).

171. Cf. Dillon; Polleichtner (2009). Estou citando a partir da tradução da Carta 4, abaixo, destes autores.

indivíduo, com o lar e com a cidade. As três subdisciplinas dedicadas a esses temas eram a ética, a "economia" (da palavra grega *oikos*, que designa lar) e a filosofia política. Portanto, o que Jâmblico explicita é que o homem sábio será capaz, à luz dos princípios divinos, de ordenar sua própria alma individual, seu lar e sua cidade. Este conceito de Jâmblico tem sólidos alicerces nas ideias de Platão, sobretudo no que diz respeito ao paralelo entre a alma e a cidade, tema central em um diálogo platônico importante como a *República*. O *Timeu* propõe uma analogia adicional entre a cidade bem-ordenada e o cosmo bem-ordenado, cujo arranjo mostra a existência da governança divina. Portanto, os platônicos de épocas posteriores tendiam a enxergar um paralelo entre quatro elementos: a virtude individual, um lar bem-ordenado, uma cidade bem-ordenada e o desígnio providencial do universo como um todo.

Em que medida devemos levar isso tudo a sério? Afinal, as tarefas cotidianas que envolvem a administração de um lar ou de uma cidade não parecem ter muito em comum com o exercício da divina providência – os deuses não têm necessidade alguma de ir às compras ou de criar projetos de reciclagem. Os platônicos, no entanto, explicaram esta analogia de um modo claro e detalhado. Um bom exemplo disso é o modo como eles tratam do destino. Já mencionei anteriormente (capítulo 22) que os platônicos médios consideravam que o destino tem a natureza de uma lei. Os deuses se certificam de que as más ações serão recompensadas com as penalidades devidas na condição de obra do destino. Esta ideia foi adotada pelo neoplatônico Hiérocles de Alexandria, o qual escreveu um tratado inteiro acerca providência em que tentava demonstrar que não se deve culpar os deuses pelas coisas ruins que acontecem aos humanos[172]. Para Hiérocles, o destino deve ser identificado com as leis que regem o cosmo como um todo. Estas leis regem até mesmo o destino dos animais não humanos. No caso dos humanos, o papel de tais leis é o de aplicar a justiça ou as punições – ou castigo (a palavra grega *díke* tem estas duas acepções). Caso você consiga escapar da justiça pelas más ações que praticou nesta vida, não suspire aliviado em seu leito de morte. Hiérocles assegura que pagarás por isso em sua próxima passagem pela Terra. A tese repulsiva de Plotino segundo a qual estupradores reencarnam como vítimas de estupro é uma aplicação

172. Cf. Schibli (2002); Adamson (2014, p. 437-452).

desta mesma ideia (cf. capítulo 32). Portanto, os neoplatônicos de fato consideravam os deuses como governantes ou legisladores. De que modo, então, os humanos devem imitar os deuses em seus assuntos cotidianos? Já dedicamos uma boa dose de atenção à ética neste livro, portanto, concentremo-nos, neste capítulo, no tema do lar e da cidade. Dentre as três esferas da filosofia prática, a que diz respeito ao lar foi a menos debatida na Antiguidade Tardia, embora haja exceções notáveis. Em outra obra acerca do tema da providência, cuja autoria pertence a Alexandre de Afrodísias, encontramos uma extensa analogia entre a governança divina do cosmo e o modo como um homem sábio administra seu próprio lar[173]. Alexandre recorre a esta analogia para defender seu argumento de que os deuses não se importam com eventos específicos, embora cuidem da estabilidade da natureza e da eterna sobrevivência da espécie natural. Isso tudo não é muito diferente do conceito do platonismo médio repetido por Hiérocles de que os deuses apenas estabelecem leis que garantem a punição para os malfeitores, sem que precisem intervir diretamente para que tal punição seja aplicada. Na opinião de Alexandre, em um lar bem administrado ocorre a mesma coisa. O dono da casa não precisa se preocupar com cada pormenor, controlando os camundongos e as formigas que circulam apressados neste ambiente, mas somente estabelecer regras gerais que deverão ser obedecidas por todos os moradores.

Aqui, Alexandre tem em mente um certo tipo de proprietário: um homem abastado. Os demais membros desta família devem incluir uma esposa, filhos e escravos (camundongos e formigas são opcionais). Em seu tratado acerca da providência, Alexandre, naturalmente, não entra em pormenores quanto aos arranjos domésticos, mas podemos ter uma boa ideia da compreensão intelectual dos romanos a respeito dos assuntos domésticos a partir da obra de Brisão, um autor de uma época anterior[174]. Ele provavelmente viveu no século I d.C. e foi um filósofo com tendências neopitagóricas, embora estas raramente fiquem visíveis neste tratado acerca da administração do lar. Brisão mostra-se determinado a oferecer ao seu leitor conselhos práticos, alguns dos quais têm um tom moralizante. Ele dedica boa

173. Cf. capítulo 26, n. 126.

174. Cf. Swain (2013). A edição em grego desta obra, assim como *On providence*, de Alexandre, perdeu-se no tempo, mas o livro sobreviveu na edição traduzida para o árabe. Faço a citação a partir dos números das seções presentes na tradução inglesa de S. Swain.

parte da obra ao tema do enriquecimento, já que o proprietário de terras e de *villas* romanas não tinha como avaliar sua situação doméstica sem levar em consideração sua situação financeira. Os custos para a manutenção de um lar deviam ser compensados pelos ganhos oriundos da venda de seus produtos.

Brisão deixa clara sua visão negativa quanto à prática de mentir e de enganar para obter lucros (25). Por outro lado, é bastante leniente em relação aos homens que se tornam demasiado ricos. Ele chega a recomendar que se economize para o investimento financeiro, uma prática que compara ao crescimento natural do corpo (34). Isso talvez nos cause surpresa, já que tendemos a imaginar que os filósofos da era romana consideravam a riqueza como algo desimportante. Na verdade, pensadores de várias escolas helenísticas mostravam uma atitude tolerante em relação ao mundo dos negócios[175]. Filodemo de Gádara, filósofo epicurista, afirmou que o filósofo ou o sábio ideal seria uma pessoa habilidosa em ganhar dinheiro, já que a conquista de riquezas e o bom uso destas se reverteriam em seu próprio benefício. De modo semelhante, enquanto os estoicos consideravam que a posse de riquezas não fazia nenhuma diferença para a nossa virtude, eles admitiam, não obstante, que este era um *indiferente preferido*. Isso não quer dizer que os filósofos da Antiguidade Tardia dispunham de algo parecido com a teoria "econômica", no sentido moderno desta palavra. Cícero observou corretamente que se pode aprender mais acerca do dinheiro com os banqueiros de Roma do que com os filósofos (*De Off.*, 2.87).

Mais assustadores para nós, porém perfeitamente convencionais para os leitores de Brisão, são seus comentários quanto à escravidão. Tal qual Aristóteles antes dele[176], Brisão tão somente considera que a escravidão é um fato essencial da vida. Para ele é óbvio que o proprietário bem-sucedido de uma casa tinha de possuir escravos. Ele repete a ideia aristotélica de que algumas pessoas são "escravos naturais" e observa que este é o tipo de escravo que o proprietário da casa realmente deseja ter como posse (57). Estes escravos são apenas inteligentes o bastante para cumprir as ordens de seu amo, sem terem suficiente inteligência para dominar a si próprios. Brisão identifi-

---

175. Este argumento é defendido de maneira enfática por Swain (2013, cap. 3), do qual retiro os exemplos que se seguem.

176. Para como Aristóteles entendia a escravidão, cf. *Filosofia clássica*, cap. 40.

ca dois outros tipos de escravo: os que simplesmente acabam tornando-se escravos (um exemplo disso seria aqueles que foram escravizados durante uma guerra, um evento comum na Antiguidade), e os que se mostram servis ao manifestar seus desejos – este último grupo é formado por pessoas inúteis. Por mais que Aristóteles descrevesse os escravos como ferramentas vivas, Brisão os considera como semelhantes aos membros do corpo de um amo (61), o que significa que o amo deve cuidar deles da mesma maneira que cuidaria de seu próprio corpo. Brisão chega a estimular o amo para que imagine a si mesmo no lugar do escravo. O escravo também é um ser humano, com os mesmos tipos de pensamento e desejos de seu amo, e a reflexão quanto a esta humanidade compartilhada deveria convencer o amo inteligente a mostrar sua bondade (62). Porém, Brisão não chega à conclusão de que, aos olhos modernos, seria evidente. Não lhe ocorre que esta mesma humanidade compartilhada constitui razões para que se rejeite completamente a instituição da escravidão. Na verdade, ser bondoso para com os escravos é o melhor modo de fazê-los trabalhar bem[177].

Brisão não foi o único autor da Antiguidade a recomendar um sentimento de compaixão pelos escravos sem questionar a legitimidade de tê-los como posse. Encontramos outro exemplo disso quando nos voltamos, uma vez mais, ao gênero da epístola filosófica, que teve em Sêneca um de seus maiores expoentes. Entre as cartas de sua autoria que sobreviveram há uma missiva curta que aconselha o destinatário a tratar os escravos com respeito, por exemplo, ao fazer as refeições ao lado deles (Ep., 47). Esta epístola começa com um trecho que poderia muito bem ter sido escrito por um abolicionista: "Eles são escravos – não, eles são humanos. Eles são escravos – não, eles são companheiros. Eles são escravos – não, eles são amigos humildes. Eles são escravos – não, eles são companheiros de escravidão (*conservi*), sujeitos aos caprichos do destino, assim como nós". Mais adiante na carta, Sêneca lembra ao destinatário que o escravo "nasceu a partir da mesma semente", respira, vive e morre da mesma maneira que seu amo. Sêneca também observa que as pessoas tornam-se escravas e, em seguida, livram-se desta condição, e faz referência a um homem que, ao tentar interpelar, em tom de súplica, um ex-escravo seu que enriquecera, este não lhe abriu as portas de sua casa. Sêneca alerta o leitor: é bem possível que um dia você também se torne um escravo.

177. Cf. a argumentação de Swain (2013, p. 267).

A despeito disso tudo, Sêneca não se mostra mais propenso do que Brisão para rejeitar a instituição da escravidão[178]. Seu comentário de que todos nós somos escravos da fortuna é deveras revelador, assim como o hábito do ex-escravo de Epiteto de dirigir-se a seus interlocutores como "escravos". Os estoicos não usavam a escravidão como um tema para a crítica política, mas como uma metáfora e um exemplo de argumento ético. Devemos refletir a respeito do fato de que qualquer pessoa pode se deparar com o azar de ser transformada em escrava, não para alimentarmos a indignação diante de tal injustiça, mas para nos lembrarmos de que todos nós estamos sujeitos a nos deparar com a adversidade. A situação deplorável do escravo demanda a nossa compaixão e nossa empatia. Isso deveria dar ao estoico uma boa razão para que ele trate bem os seus próprios escravos, e até mesmo para libertá-los, mas não o leva a propor a abolição. Esta atitude foi transmitida a filósofos de diferentes escolas. Em um tratado que mostra em que medida a ética estoica o influenciava, Plotino alude à escravidão como uma desgraça, porém uma desgraça que não é capaz, com efeito, de retirar a autonomia do indivíduo. Afinal, ele sempre tem a opção de se suicidar. Se nossas filhas também são arrastadas para a escravidão, não temos como dizer que não sabíamos que isso poderia acontecer (1.4.7).

E o que dizer daquela outra figura indispensável no lar, a dona de casa? Os povos da Antiguidade não são – para não dizer outra coisa – conhecidos por sua postura feminista; assim, poder-se-ia imaginar que o tratamento dado a uma esposa não era muito melhor do que aquele recebido pelo escravo. No entanto, Brisão confere às mulheres um alto grau de responsabilidade, e até mesmo de autonomia, para a administração da casa. A presença delas é necessária não apenas para a criação dos filhos, mas também para o gerenciamento do lar (88). Brisão também adota uma postura atípica entre autores da Antiguidade ao enfatizar a ligação emocional entre o homem e sua esposa, o que pode estar associado à sua defesa ainda mais atípica (entre os autores não cristãos) da absoluta interdição do sexo fora do casamento[179]. Dito isso, a esposa, em alguma medida, está em posição

178. Argumento também defendido por Finley (1980, p. 121); Bradley (1986, p. 161-172). Para uma avaliação mais positiva do ponto de vista de Sêneca, cf. Griffin (1976, p. 278). Quanto à continuidade da escravidão depois do advento do cristianismo, cf. Harper (2011).

179. Conforme a observação de Swain (1985, p. 370).

semelhante a do escravo, no sentido de que seu papel é obedecer ao homem e servi-lo, em vez de buscar o seu próprio bem-estar (82). A esposa deve compartilhar das virtudes e do bom caráter de seu marido (91), mas isso visa a garantir que ela possa administrar o lar de maneira eficiente, e não porque isso poderá fazer dela um ser humano mais perfeito ou realizado.

Os estoicos também afirmavam que as mulheres podem ser virtuosas. Já vimos anteriormente que Zenão, o fundador da escola estoica, se apropriou de algumas das ideias radicais acerca das mulheres encontradas na *República* de Platão. Em sua própria *República*, Zenão dizia que as mulheres deveriam ser tratadas da mesma maneira que os homens, e que poderiam se vestir da mesma maneira. Assim, comentou-se posteriormente que "A cidade de Zenão era um clube masculino na mesma medida que a cidade de Platão"[180]. Porém, alguém poderia dizer, tampouco o era em menor medida. Para Platão, as mulheres não devem ter um âmbito especial de atuação, pois elas compartilham da mesma natureza humana que os homens. Entretanto, ele também considerava que, de modo geral, elas eram inferiores aos homens[181]. Talvez esta também tenha sido a perspectiva dos estoicos primitivos, como por exemplo o de Cleanto de Assos, que escreveu uma obra – hoje perdida – intitulada *Sobre a teoria de que um homem e uma mulher compartilham da mesma virtude*.

A suspeita de que, para os estoicos, as mulheres têm o mesmo tipo de virtude que os homens, embora sejam menos virtuosas, é confirmada por fragmentos de textos de Musônio Rufo, um estoico romano[182]. Ele chegou ao extremo de defender que as mulheres deveriam praticar a filosofia precisamente porque mulheres e homens têm as mesmas virtudes. Isso tampouco era um discurso vazio. Como veremos adiante neste livro, na Antiguidade Tardia havia, de fato, mulheres filósofas, com destaque para Hipátia de Alexandria. No entanto, Musônio também diz, em alto e bom som, que os homens são superiores às mulheres e, ademais, que devem desprezá-las, uma vez que compara o relacionamento entre marido e esposa ao relacionamento entre o governante e o governado (vemos aqui, novamente, o paralelo entre

180. Schofield (1999, p. 45).

181. Cf. *Filosofia clássica*, cap. 42.

182. Quanto a esta visão menos otimista em relação à postura dos estoicos, cf. Nussbaum (2002, p. 283-326); Engel (2003, p. 267-288).

o lar e o Estado) (cf. Engel, 2003, p. 277). Assim como Brisão, Musônio defende que as mulheres devem ser virtuosas para poderem cumprir seu papel no lar da melhor maneira possível – o que inclui, aliás, a administração dos escravos! A virtude e a filosofia podem tornar-nos semelhantes aos deuses, mas a mulher virtuosa deve se contentar em ser uma deusa doméstica.

Mas o que dizer daquele outro argumento platônico de que na cidade ideal as mulheres não deveriam se limitar a permanecer dentro de casa, mas também participar do governo da cidade? É claro que essa ideia ia na contramão dos caminhos das sociedades grega e romana, e, de modo geral, os estoicos não parecem ter dado grande ênfase ao engajamento político das mulheres. Os platônicos não poderiam se esquivar desta matéria, dada a explícita recomendação de Platão na *República*. Por outro lado, um segundo e importante diálogo platônico acerca dos assuntos políticos, *As leis*, conferia às mulheres um lugar inferior ao dos homens na administração das cidades. O neoplatônico Proclo explica que o diálogo *As leis* antevê um cenário menos idealista do que a *República*. Atribuir às mulheres algumas tarefas civis, que sejam, contudo, mais limitadas do que as dos homens, é o que – de um prisma realista – pode ser alcançado numa comunidade que se desenvolve a partir de nossas cidades atuais e imperfeitas (cf. O'Meara, 2005, p. 85).

Os platônicos, por conseguinte, imaginavam um governante ideal que fosse um rei filósofo, não uma rainha filósofa. O governante ideal deveria administrar o Estado da mesma maneira que Deus, com sua providência, rege o universo, bem como o dono da casa administra seu lar. Nesse sentido, os filósofos apoiavam a organização social do Império Romano, que concentrava todo o poder nas mãos de um único imperador – embora pelo menos alguns imperadores talvez tenham sido, em sua opinião, tiranos injustos, em vez de reis sábios. Os platônicos, ao menos em tese, teriam mostrado admiração pela centralidade das leis nos assuntos políticos de Roma. Outra carta de Jâmblico é dedicada a este tema[183]. Nela, o imperador é descrito como o "mantenedor e guardião das leis", enquanto a lei, em si, é "a rainha de tudo", pois as boas leis induzem à virtude os que a elas se submetem. Portanto, o governante perfeito aplica sua compreensão filosófica sobretudo no estabelecimento e na conservação de leis que propiciem a manutenção

183. Carta 1; cf. Dillon; Polleichtner (2009).

da ordem para cada cidadão e para a sociedade como um todo. Esta ideia está em sintonia com a comparação que Alexandre de Afrodísias faz entre os deuses e o sábio proprietário de uma casa. Seja em relação ao Estado, à cidade ou ao universo, um bom governo é um princípio geral; não é uma matéria de tomar adequadas decisões *ad hoc* acerca de casos particulares.

Para os platônicos da Antiguidade Tardia, o poder bem exercido pelo governante deveria incluir as funções religiosas[184]. Na condição de imperador, Juliano atribuía a si mesmo o dever de defender os ritos religiosos da Antiguidade, bem como a nomeação dos sumos sacerdotes. Esta foi uma última tentativa de perpetuar o paganismo como uma religião autenticamente cívica e amparada pelo peso da autoridade política. Imperadores cristãos se mostravam igualmente dispostos a envolverem-se em assuntos religiosos. No decorrer de seu governo, o Imperador Constantino já convocava concílios eclesiásticos numa tentativa de solucionar as desavenças teológicas, de modo que estabeleceu um exemplo que posteriormente seria seguido por governantes na Europa Medieval e no Império Bizantino. Os imperadores cristãos também adotaram o ideal do filósofo-rei a partir da tradição filosófica clássica, o que pode ser atestado em um discurso laudatório a Constantino escrito pelo teólogo Eusébio. O ideal de um governante que literalmente exerce um poder divino não havia mudado, ainda que Constantino tenha sido retratado por Eusébio como uma imagem do Deus cristão, em vez da imagem do demiurgo do *Timeu* de Platão. Este é apenas um exemplo da maneira como a cultura cristã da Antiguidade Tardia se apropriou de ideias pagãs e permitiu que conceitos de Platão e de outros pensadores continuassem vivos em um novo contexto religioso – o que, obviamente, na melhor das hipóteses, serviria apenas como um pequeno consolo para pagãos convictos como o homem que estamos prestes a conhecer neste livro: Proclo.

184. Acerca deste argumento, cf. O'Meara, *Platonópolis*, cap. 10; acerca de Eusébio em relação a Constantino, cap. 12.

36

O SUCESSOR PLATÔNICO: PROCLO

Em Atenas, aos pés da Acrópole, encontra-se um sítio arqueológico descoberto no final do século XIX. Trata-se de uma *villa* da Antiguidade Tardia, próxima aos sítios sagrados de Dioniso e de Esculápio, o deus da medicina e da cura. Entre outras coisas, estas ruínas contêm uma estátua da deusa Ísis e os fósseis de um pequeno leitão sacrificado. Na década de 1950 aventou-se a hipótese de que o sítio poderia simplesmente ser a casa de Proclo[185]. Nascido em Constantinopla em 412 d.C., Proclo mudou-se para Atenas, adquiriu a fama de grande filósofo e praticante de rituais pagãos, de modo que acabou tornando-se diretor da escola platônica. Portanto, passou a ser conhecido como o "sucessor" platônico, um dos últimos pensadores no elo da corrente dourada que apresentou e defendeu o platonismo na Atenas da Antiguidade Tardia. Não sei dizer se Proclo e seus colegas transformaram seus leitões sacrificiais em linguiça, mas eles estavam determinados a acrescentar novos elos a esta corrente.

Sabemos hoje mais a respeito de Proclo do que teríamos direito graças a uma biografia deste distinto homem que foi escrita por Marino, seu próprio sucessor, a qual sobreviveu até nossos dias. O livro de Marino intitulado *Vida de Proclo* está mais para uma hagiografia do que uma biografia – o retrato não apenas de um filósofo, mas de um sábio, um homem com uma profunda devoção religiosa e de uma virtude inabalável[186]. Melhor seria dizer: virtudes. Marino organiza a história da vida de Proclo de acordo com

185. Para mais pormenores, cf. Wildberg (2017).

186. Cf. Edwards (2000).

os níveis de virtude reconhecidos pelos platônicos, a saber: o físico, o ético, o político, o purificativo, o teórico e o teúrgico. Por conseguinte, somos primeiro apresentados às belas feições e à robusta constituição física de Proclo – em 75 anos de vida ficou doente apenas duas vezes – e, em seguida, à sua superioridade ética, e assim por diante. É revelador que Marino associe o auge da virtude de Proclo à teurgia. Proclo concordava com a opinião de Jâmblico quanto à perfeição nesta arte de comunicação com os deuses proporcionar uma felicidade ainda maior do que aquela alcançada por meio da sabedoria filosófica. Marino nos apresenta vários exemplos dos notáveis dons de Proclo em relação a esse aspecto ao narrar, por exemplo, como ele operou uma cura milagrosa ao orar para Esculápio, além de sua habilidade de prever o futuro.

Muitos estudiosos, no entanto, valorizam mais a obra de Proclo por aquilo que ele nos narra a respeito do passado. Não dispomos, por certo, de todas as obras de Proclo; contudo, as que subsistiram contêm abundantes informações de sua própria herança platônica. Grande parte do que pude dizer acerca dos chamados platônicos "médios", e até mesmo acerca de pensadores de épocas posteriores, como Jâmblico, teve como fonte os relatos apresentados por Proclo. Isso significa que Proclo sofre da mesma síndrome que acomete Cícero, e que também afetará Simplício, comentador de uma época demasiado posterior: ele tem sido reconhecido como um verdadeiro tesouro de informações a respeito de outros pensadores, a despeito de ele próprio não ter sido muito valorizado. Até mesmo aqueles que demonstram um real interesse pela filosofia do próprio Proclo devem admitir que suas ideias parecem se basear, em grande medida, nas de seus antecessores imediatos. Proclo foi ensinado por Plutarco de Atenas, que não deve ser confundido com o Plutarco anterior, cujo pensamento foi examinado no capítulo 24. Este Plutarco posterior empregou a riqueza de sua família para restaurar a Academia Platônica em Atenas.

Um segundo professor parece ter exercido um impacto ainda maior: trata-se de Siriano de Alexandria, predecessor de Proclo na direção da escola. Seu relacionamento com o discípulo adquiriu tamanha intimidade a ponto de Proclo tomar providências para ser enterrado ao lado de seu mestre em uma sepultura compartilhada. A filosofia de Proclo, sobretudo em seus comentários acerca de Platão, estava fortemente alicerçada na filosofia de Siriano. Em certa medida, a sofisticada sistematização do pensamento platônico que encontramos em Proclo consiste, na verdade, no trabalho de seu professor. Em que medida, exatamente, a obra de Proclo está fundamentada na de Siriano não está claro, uma vez que a maioria das obras do próprio Siriano se perdeu no tempo. Decerto, dispomos hoje de inúmeros relatos acerca de suas opiniões em obras de Proclo e de outros autores, além de um comentário a respeito das partes da *Metafísica* de Aristóteles[187]. Aqui, Siriano desobriga-se da concepção que já encontramos em platônicos como Porfírio: a de que as ideias de Aristóteles e de Platão estão essencialmente em harmonia. Siriano concentra toda a sua atenção em passagens da *Metafísica* nas quais Aristóteles critica Platão. Ele tem admiração por Aristóteles, mas quando este critica ideias platônicas e pitagóricas, Siriano responde com sarcasmo, redarguindo-as.

De modo geral, porém, devemos voltar nossa atenção a Proclo a fim de identificar que tipo de platonismo foi adotado nesta escola ateniense ressuscitada. Deve-se dar um lugar de relevo às obras proclianas que lidam diretamente com Platão, e, em particular, com a vastidão de comentários – ainda que incompletos – de Proclo a respeito dos diálogos *Timeu* e *Parmênides*[188]. Outro comentário foi dedicado ao *Alcibíades*, um diálogo hoje considerado obscuro e cuja autenticidade é incerta, mas que serviu a Proclo (e, antes dele, a Jâmblico) como a introdução ideal para os neófitos devido a suas posições éticas[189]. Proclo também escreveu uma série de ensaios a respeito da *República* e um comentário acerca da investigação platônica dos nomes no *Crátilo*[190]. Outro tratado enorme acerca de Platão não é um comentário: trata-se da *Teologia platônica*, obra que interpreta os diálogos como monumentos da crença religiosa pagã[191]. Outro comentário de Proclo é dedicado aos *Elementos*, de Euclides, e ele ainda encontrou tempo para escrever um

187. Siriano (2006; 2008). Para seus comentários acerca dos diálogos platônicos, cf. Wear (2011).

188. O comentário acerca do *Timeu* foi traduzido em vários volumes, disponíveis na Cambridge University Press. Para o comentário a respeito do *Parmênides*, cf. Morrow; Dillon (1987).

189. Cf. O'Neill (1965).

190. Duvick (2007). Para os ensaios acerca da *República*, pode-se consultar a tradução para o francês, Festugière (1970).

191. Uma vez mais, disponível em francês; Cf. Saffrey; Westerink (2003).

conjunto de tratados a respeito do tema da divina providência, para além de vários hinos dedicados aos deuses[192]. A produção de Proclo inclui ainda outras obras, mas mencionarei apenas *Elementos da teologia*, que imita a estrutura euclidiana e axiomática dos *Elementos* ao apresentar princípios e ao propor uma investigação sistemática da metafísica de Proclo[193].

Em razão de sua relativa concisão e de seu estilo claramente expositivo, os *Elementos* de Proclo sempre foi seu texto mais famoso. Em certa medida, isso é lamentável, haja vista o próprio Proclo, sem dúvida alguma, considerar seus comentários acerca de Platão como uma contribuição filosófica mais importante. Ainda assim, a obra *Elementos* contribui para estabelecer os princípios segundo os quais o sistema de Proclo está organizado[194]. Talvez o mais importante dentre esses princípios seja a regra que ele compartilha com esta série de livros cujo segundo volume, caro leitor, você lê: não deve haver lacunas. Ele se apropriou da ideia que remonta a Plotino e aos platônicos do início do império: a totalidade da realidade surge a partir de um princípio simples, o uno, cujos efeitos tornam-se cada vez mais múltiplos à medida que se desdobram (*Elementos*, 11). Em termos gerais, ele também aceita o esquema plotiniano segundo o qual o uno, na hierarquia das emanações, é seguido pelo mundo do intelecto e pelas formas platônicas. Estes são seguidos pela alma e, por fim, pelo universo físico. Proclo, porém, diria que esta descrição é muito ampla. O que ele busca é garantir uma continuidade entre os níveis da hierarquia.

Para isso precisamos de mais regras, e Proclo oferece-nos algumas. Cabe observar, de modo notório, que Proclo emprega estruturas triádicas ou tríplices de modo que introduza complexidade em cada nível (Proclo exige que os formulários sejam preenchidos em triplicado. Essa graça não me é original). Esta é uma ideia que remonta a Jâmblico, mas é apenas nas obras de Proclo que podemos contemplar esse sistema em toda a sua glória. Considere-se, como exemplo, o mundo da mente ou do intelecto. É claro que Proclo está de acordo com Plotino e, aliás, também com Aristóteles, ao

192. Cf. Morrow (1970); Van der Berg (2001).

193. Citado na sequência a partir da proposição de Dodds (1933).

194. Para um guia útil sobre este sistema, cf. Chlup (2012).

considerar que o intelecto é algo divino. Ele também concorda com a concepção plotiniana de que o intelecto não pode ser o primeiro princípio, pois ele não é simples (*Elementos*, 20). Ainda que o universo reflita a respeito de si mesmo, ele será, em certo sentido, duas coisas distintas, pois é, a um só tempo, a coisa que pensa e a coisa que é objeto de pensamento. Para Proclo, no entanto, isso significa que não se pode falar somente de um intelecto divino. Em vez disso, aquilo que opera o pensamento – o intelecto – deve ser diferenciado daquilo de que se pensa – o inteligível. Portanto, Proclo afirma que há duas categorias de deuses: os deuses inteligíveis, os quais estão numa posição mais elevada do que a do outro tipo, a dos deuses intelectivos (*Elementos, 163*).

Isso, contudo, não é suficiente, pois parece deixar uma lacuna ou uma descontinuidade entre o inteligível e o intelectivo – como se o intelecto único de Plotino tivesse sido dividido pela metade, cada qual preenchida por inúmeras divindades. Proclo soluciona este problema quando diz que há uma terceira categoria de deuses entre as outras duas: os deuses que são inteligíveis *e também* intelectivos; eles consistem em um tipo de conexão entre as outras duas categorias (*Elementos, 181*). Juntas, as três categorias de deuses formam uma estrutura triádica com dois extremos e um elemento de ligação como intermediador. Tais estruturas são encontradas em todo o seu sistema. Desse modo, Proclo não apenas nos oferece um sistema filosófico admiravelmente desprovido de lacunas, como também estabelece a existência de uma grande quantidade de princípios divinos. E ele precisará deles. Proclo associa os níveis de seu sistema filosófico um tanto barroco a uma confusa variedade de deuses, de semideuses, de heróis e de demônios tradicionais gregos.

A intenção de Proclo é evitar lacunas, por isso se preocupa com a geração de coisas inteligíveis e intelectivas a partir do uno. Uma constante dificuldade para o neoplatonismo era definir a quantidade de coisas que derivam de um primeiro princípio absolutamente simples. Na verdade, detesto dizê-lo, mas será que não se quer *mesmo* ter uma lacuna, aqui? Se o primeiro princípio deve ser realmente transcendente, ele não deve compartilhar nada em comum com as coisas que dele derivam e, portanto – o que poderá parecer preocupante – não deve haver nem sequer uma conexão causal entre estas coisas. Afinal, todas as causas parecem compartilhar atributos com os seus efeitos: a razão pela qual o fogo aquece as coisas é o fato de ele ser quente. Por esta razão, Proclo reconhece que a causalidade poderia comprometer a elevada majestade do uno. Sua hipótese, portanto, é a de que deve haver um princípio de unidade inferior ao uno mais elevado, que "põe a mão na massa", por assim dizer, ao conferir unidade a todas as coisas. Este segundo uno é chamado de *limite*; e ele tem um parceiro, que naturalmente é chamado de *ilimitado* (90). Esta terminologia foi usada no diálogo platônico *Filebo* (16d), mas os dois princípios também estão claramente relacionados à mônada e à díade da tradição pitagórica, e já cumpriam uma função na reformulação da hierarquia neoplatônica empreendida por Jâmblico. Para Proclo, o limite e o ilimitado cooperam entre si em todos os níveis de realidade. Por exemplo, a unidade de uma alma ou de um corpo pode ser atribuída, em última instância, à influência do limite. Porém, a multiplicidade das próprias coisas – por exemplo, o fato de elas conterem partes ou de dependerem do tempo, em vez de serem atemporais – é explicada, em última instância, pelo ilimitado. Enquanto isso, o próprio uno está acima, quer do limite, quer do ilimitado, serenamente intocado por relações causais.

Nós, humanos, encontramo-nos a uma certa distância das elevadas esferas da unidade e da divindade que acabo de descrever. Proclo acredita que nossa postura diante destes princípios deve ser de reverência e de veneração, e não apenas de uma análise filosófica. Ainda assim, está claro que a análise filosófica tem sua relevância. Ele acredita na possibilidade de demonstrar a existência de coisas como, digamos, os deuses que são intelectivos, bem como inteligíveis, quando se recorre às leis da razão. A identificação destas divindades com deuses gregos, contudo, só é possível por conta dos ensinamentos revelados e inspirados nas Escrituras Sagradas. Estas incluem os diálogos de Platão, mas também os textos que Jâmblico tanto estimara, como os *Oráculos caldeus*. Ao ler Proclo, de imediato emerge uma dúvida: Ele era o fiel devoto de uma religião revelada ou um exigente racionalista? A verdade é que ele foi ambos: em seu entender havia uma união perfeita entre os ditames do pensamento e os ditames da religião pagã tradicional.

Proclo acredita que os ensinamentos religiosos são necessários em parte devido às limitações quanto ao que as almas humanas são capazes de conhecer. Assim como Jâmblico, ele redargui a opinião de Plotino de que alguma parte de nossa alma é "não descendente" e permanentemente conectada ao intelecto divino. Na melhor das hipóteses, nossa alma recebe, às vezes, uma iluminação vinda do alto – mais especificamente dos deuses intelectivos, o mais inferior dos três níveis do reino divino da mente (182-183). Porém, o funcionamento normal da alma humana, mesmo em seu melhor estado, não se assemelha ao funcionamento dos intelectos divinos. Nós pensamos em termos de tempo e de um modo discursivo, estabelecendo distinções e compreendendo ideias simples por meio de provas complexas. De maneira inesperada, a explicação mais clara de Proclo quanto a este processo aparece em seu comentário acerca dos *Elementos* de Euclides[195]. Dado o contexto, ele dá um enfoque especial à geometria, mas parte do que é exposto se aplicaria ao conhecimento da alma de um modo mais geral.

Se você se lembrar de Platão, verificará que em alguns diálogos ele faz com que nosso conhecimento dependa de uma "recordação" de coisas que a alma já conhece, mas de que se esqueceu. A partir disso, Proclo elabora a sofisticada teoria de que a alma sempre contém em si imagens das formas no divino mundo intelectual. Quando pensamos, por exemplo, por meio de uma demonstração geométrica, revelamos estas imagens que nos são inatas. Ele denomina este processo de "projeção", e o exemplifica com o uso da imaginação para construir diagramas em demonstrações geométricas. Por exemplo, todo o nosso conhecimento acerca dos triângulos deriva, em última instância, da forma simples do triângulo tal como compreendida pelos deuses intelectivos. Infelizmente, não podemos apenas, por meio de um esforço mental, compreender de imediato tudo o que pode ser compreendido acerca de triângulos – é por isso que, ao contrário de Zeus, precisamos de aulas de geometria. Quando, no entanto, nos sentamos numa sala de aula e tentamos provar o teorema de Pitágoras, não estamos nos baseando – como Plotino poderia pensar – numa conexão permanente e direta com a mente de Zeus ou de outro intelecto divino. Ao contrário, chegamos à explícita compreensão daquilo que já nos é inato. Portanto, quando o Oráculo de Delfos lhe diz "Conhece-te a ti mesmo", isso significa, em parte, que você deveria ter prestado mais atenção às aulas de matemática da sétima série.

195. A esse respeito, cf. Steel (1997, p. 293-309).

O fato de que as formas já se encontram dentro de nós ilustra mais uma regra geral da metafísica de Proclo. Quando glosa a famosa declaração de Anaxágoras de que "tudo está em tudo", Proclo afirma que "todas as coisas estão em todas as coisas, só que de um modo apropriado" (103). Por exemplo, as formas estão em nossa alma, mas somente da maneira que lhes é apropriada. No entanto, há uma ressalva a esta regra. Quanto mais elevado for um princípio, mais inferior, na cadeia dos seres, há de ser o nível que ele é capaz de alcançar (25). Portanto, o limite e o ilimitado, que se encontram no topo da hierarquia, exercem sua influência até chegar aos corpos físicos. Uma vez que os intelectos divinos estão em um nível mais inferior da cadeia, não são alcançados pelo limite e pelo ilimitado. Pode-se notar a influência destes nas almas, mas não em simples objetos físicos. Isso explica a razão pela qual as almas são capazes de pensar, mas as rochas, não (isso explica tudo).

Se o mundo em nosso redor, no entanto, está permeado pela divindade e é regido pela providência – e deve mesmo ser, pois os deuses mais elevados estão neste mundo, mas de maneira adequada –, então por que o mundo ainda parece deixar tanto espaço para aprimoramentos? O funcionamento da providência já parece ter sido amplamente comprovado pela existência de criaturas primorosas e bem projetadas como as girafas, para usarmos um exemplo totalmente aleatório. Contudo, o que se pode dizer em relação ao sofrimento de uma girafa que morre carbonizada num incêndio na floresta ou em decorrência de uma doença que afeta toda a manada? Plotino tinha uma resposta para tais perguntas (cf. capítulo 32). Em seu entender, a matéria é a culpada: ele não só a identificava como o princípio do mal, mas também como algo completamente não existente, de modo que casos específicos de males são compreendidos como meras privações ou exemplos de uma não existência – tal qual buracos de um queijo. Já vimos, também, que, ao apresentar esta solução, Plotino chegou perigosamente próximo à perspectiva dos gnósticos, os quais consideravam a matéria como uma entidade independente e contrária ao bem. Na verdade, Proclo considera que a solução plotiniana do "queijo" o faz mergulhar no borbulhante creme de queijo do dualismo gnóstico; portanto, ele se opõe à ideia de que a matéria seja um princípio dos males. Qual é, então, a origem dos males, dado que a providência rege nosso cosmo?

Proclo trata desse problema em três tratados, dos quais dois dizem respeito à providência e um que é intitulado *A existência dos males*[196]. Este título serve-nos de um bom indício no que tange à sua convicção de que os males realmente existem e não podem ser compreendidos tão somente como a ausência da bondade. Porém, ele se nega a acreditar que o mal provenha de uma única fonte. A matéria, decerto, não é o princípio do mal, tal qual alegava Plotino, pois ela tem origem em bons princípios – na verdade, no próprio bem. Pode-se perceber também que a matéria faz parte da bondade, uma vez que ela proporciona o potencial para o surgimento de boas coisas. O cosmo como um todo não é apenas bom, mas também divino, e, ademais, é formado por matéria. Os males, por sua vez, provêm de uma variedade de fontes. Eles resultam do fato de que as coisas físicas podem entrar em conflito, algo que não pode acontecer no reino mais unificado, mais simples e inteligível habitado pelos deuses imateriais. Na verdade, para poder existir, o mal depende de coisas boas e da busca por coisas boas. Por exemplo, o fogo é uma coisa boa, uma fonte indispensável de calor e de luz, bem como é evidente que as girafas são coisas boas. No entanto, é justamente no momento em que estas duas coisas boas se encontram no mesmo local, na savana, que um mal surge: a pobre girafa se vê encurralada no meio de um inferno atroz.

Assim, Proclo diz que o mal tem *parupostasis*, uma "existência parasitária", uma existência que não somente acompanha as coisas boas, mas delas depende. Embora esta seja uma nova hipótese em relação ao modo como o mal poderia se adequar a uma metafísica platônica, Proclo também recorre a argumentos tradicionais que podem ser encontrados em autores estoicos, bem como em Plotino, para defender que, de uma perspectiva cósmica, tudo que acontece converge para o melhor. E isso não é de surpreender: o universo físico é permeado pela divindade. A divindade, contudo, não emerge na mesma proporção em todos os lugares e em todas as épocas. É por esta razão que precisamos orar e praticar outros rituais que sirvam de convite ao divino para que ele se manifeste de maneira mais plena em nosso mundo. Para Proclo, assim como para Jâmblico, a teurgia é, na verdade, um meio mais elevado de acesso ao divino do que a filosofia. Isto se

196. Opsomer; Steel (2003). Sobre esse tema, cf. também Opsomer (2001, p. 154-188).

dá porque a filosofia, na melhor das hipóteses, poderá nos elevar apenas até uma compreensão das formas no nível mais inferior dos deuses, a saber, dos deuses intelectivos. As divindades mais glorificadas estão além do alcance da alma, o que significa que, se desejarmos entrar em contato com elas, devemos suplicar-lhes para que venham até nós. Dispomos de um registro escrito da maneira como Proclo fez isso; tal registro se estrutura no formato de inúmeros hinos que ele escreveu em honra de deuses como Atena. A escrita de tais hinos estava associada à sua ávida participação em ritos pagãos, e, ademais, visava purificá-lo para uma união com deus que fosse mais elevada do que qualquer coisa que um argumento filosófico pudesse lhe proporcionar. Marino narra-nos que os deuses de fato vieram ao encontro de Proclo. Depois que os cristãos removeram a estátua de Atena do Pártenon, a própria deusa apareceu-lhe em sonho e pediu-lhe que deixasse sua casa preparada, pois desejava morar com ele. Esta história se encaixa muito bem com o que foi descoberto na casa que supostamente pertencera a Proclo – e isso inclui o leitãozinho sacrificado.

Proclo entreteceu inúmeros fios da tradição grega. Ele chamou a atenção para a lógica subjacente ao sistema metafísico adotado por seu mestre Siriano e por Jâmblico, de modo que o mais explícito e sofisticado relato a respeito do platonismo da Antiguidade Tardia que sobreviveu até nossos dias. Ele também reivindicou sua posição de herdeiro de uma tradição filosófica muito mais antiga. Tal qual Jâmblico, ele considerava que Pitágoras e Platão cantavam hinos a partir da mesma partitura. De acordo com a biografia de Marino, Proclo autodeclarou-se a reencarnação de um filósofo e matemático pitagórico chamado Nicômaco de Gérasa, o qual viveu entre 60 d.C. e 120 d.C. Entretanto, o mais profundo comprometimento de Proclo se deu em relação às tão ameaçadas crenças religiosas dos pagãos em razão do crescente poder e autoconfiança dos cristãos. Esta foi uma época em que templos eram convertidos em igrejas e estátuas eram arrancadas de seus santuários. Os últimos filósofos pagãos da Antiguidade estavam diante da sombria perspectiva de um completo desaparecimento de sua fé.

37

Um conto de duas cidades: Os últimos filósofos pagãos

Arriscar-me-ei a fazer uma afirmação sem a menor possibilidade de comprovação: imagino que você nunca sacrificou um animal em honra de Zeus. Se minha afirmação estiver certa, parte do crédito deve ser atribuída a um anônimo soldado da infantaria persa. Em 363 d.C., esse soldado anônimo trespassou com sua lança o desprotegido abdômen do Imperador Juliano. Como é frequente acontecer ao longo da história, se os eventos tivessem acontecido de modo diferente, as consequências poderiam ter sido enormes. Juliano poderia ter sobrevivido se não tivesse se aventurado numa temerária campanha contra os persas e se não tivesse se precipitado rumo à batalha sem estar trajado de sua armadura. E, caso tivesse sobrevivido, poderia ter levado adiante seu projeto de enfraquecer o domínio do cristianismo no Império Romano, de ressuscitar os rituais pagãos e de reinaugurar os templos. Porém, como sempre se dá na história, o desenrolar dos eventos não foi diferente: Juliano foi fatalmente ferido e morreu pouco tempo depois. Tinha 32 anos de idade e exercera o cargo de imperador por menos de dois anos[197].

Juliano, assim como Marco Aurélio antes dele, foi filósofo e imperador. Juliano, contudo, não era estoico. Foi um platônico, e sua filosofia caminhava de mãos dadas com a crença na existência e no poder dos deuses tradicionais. Era um grande admirador de Jâmblico e um fervoroso crente nas práticas rituais pagãs conhecidas como teurgia. Acima de tudo, foi

197. A respeito da vida de Juliano, cf. Athanassiadi (1981).

um grande opositor ao cristianismo. Sobrevivente de um massacre político que vitimou a maior parte de sua família, Juliano foi educado na crença cristã. Converteu-se, porém, aos caminhos do paganismo. Esta é a origem de seu apelido, "O apóstata", que lhe foi atribuído por autores cristãos que o condenaram por ter renunciado à verdadeira fé. Juliano era um erudito por natureza, e ainda imperador escreveu obras filosóficas muito bem fundamentadas a fim de justificar sua cosmovisão pagã. Esta cosmovisão influenciou as decisões tomadas durante o curto período de seu império. Juliano adquiriu uma triste fama em razão de sua declaração de que os cristãos seriam proibidos de disseminar seus ensinamentos em toda a extensão do império. A intenção deste plano era impedir que os cristãos acessassem as instituições educacionais cuja importância era fundamental ao estilo de vida das elites da Antiguidade Tardia. Juliano, contudo, também tinha uma justificativa lógica para seu plano deveras plausível: como os cristãos poderiam ensinar a respeito das grandes obras da Antiguidade, como as de Homero e de Hesíodo, se eles rejeitavam os deuses mencionados nestes textos? Ele também recorreu a meios menos óbvios de solapar o pensamento cristão quando estimulou, por exemplo, a intensificação de debates sectários entre os adeptos da nova fé.

A morte do imperador pôs término a esta experiência de curta duração com o tradicionalismo pagão. Juliano não foi o último admirador de Jâmblico na Antiguidade. Mas ele foi o último homem com esperanças de, sozinho, restituir aos deuses sua posição de honra indiscutível. De agora em diante, caberia aos cristãos o exercício da autoridade imperial. O relato quanto a como esta autoridade foi usada contra os filósofos platônicos é um conto de duas cidades, a saber, Atenas e Alexandria. Ambas eram centros de atividade intelectual já havia algum tempo. Atenas atravessara tempos turbulentos na época dos romanos, mas seu prestígio como a cidade que abrigou Platão e Aristóteles ainda tinha o poder de atrair excursionistas intelectuais, dentre eles o próprio Juliano. Alexandria, por sua vez, não apenas abrigava a famosa biblioteca, como foi um centro do platonismo no início do Império Romano. Portanto, não é de surpreender que estas tenham sido as duas cidades a ostentar as duas escolas filosóficas mais importantes da Antiguidade Tardia.

Já se alegou que estas duas escolas tinham identidades intelectuais distintas; a Escola de Atenas com o platonismo fervorosamente religioso de Jâmblico, ao passo que Alexandria se centrava em Aristóteles, embora adotasse um estilo de platonismo que remontava à época dos platônicos médios. Esta distinção, entretanto, foi alvo de críticas contundentes. As duas escolas estavam conectadas por relacionamentos entre aluno e professor, e até mesmo por laços familiares. Se os alexandrinos não demonstraram grande receptividade ao entusiasmo pagão de Jâmblico, isso provavelmente se deu por razões políticas. Em ambas as cidades havia motivos para se ter cautela, mas o grupo de Atenas não prestou suficiente atenção aos sinais de alerta. O fundador da escola ateniense, Plutarco de Atenas (vale repetir: não confundi-lo com Plutarco, o platônico médio), tinha riquezas e posição suficientes para, com solidez, estabelecer a escola, de modo que ela prosperou ao longo de várias gerações. Proclo e seu amado mestre, Siriano, foram diretores da escola nessa época. A instituição, porém, foi fechada por um édito imperial no ano 529, época em que escola era dirigida por um homem chamado Damáscio. Ele e seus colegas foram obrigados a buscar asilo no Império Persa, embora tenham retornado pouco tempo depois. A "corrente dourada" dos professores e alunos platônicos havia sido rompida, e não seria recriada na cidade de Atenas.

O fechamento da escola foi um golpe que visava atingir diretamente a filosofia inspirada por Jâmblico que fora ensinada por homens como Proclo e Damáscio. Na verdade, Damáscio considerava que Proclo não era suficientemente fiel a Jâmblico, e lhe fazia frequentes críticas. Porém, os cristãos que pediram ao Imperador Justiniano o fechamento da escola não mostravam interesse por conflitos pagãos relacionados a sutilezas e minúcias metafísicas. Informantes cristãos persuadiram Justiniano de que os platônicos conduziam a prática ilegal da adivinhação, e isso se tornou a justificativa para o fechamento da escola (cf. Watts, 2006, p. 131-138). Isso não aconteceu sem um alerta prévio. Um século antes, Alexandria, a outra cidade dos platônicos, testemunhara o mais famoso ato de violência jamais praticado contra um filósofo pagão: o brutal assassínio de Hipátia no ano 415. No primeiro volume desta série vimos que as mulheres tiveram um papel importante na história da filosofia antiga praticamente desde os seus primórdios[198]. Na Antiguidade Tardia, as mulheres aristocratas continuavam a ter acesso a oportunidades concretas – embora limitadas – de praticar a filosofia. Já vimos que o círculo de patronos e amigos de Plotino incluía mulheres, bem como que estoicos como Musônio Rufo estimulavam as mulheres ao estudo da filosofia, ainda que não abandonassem suas tradicionais concepções quanto ao papel da mulher na sociedade. Quando chegarmos aos cristãos primitivos, veremos mulheres, uma vez mais, mudando os rumos da filosofia. Mônica, mãe de Santo Agostinho, e Macrina, irmã de Basílio de Cesareia e de Gregório de Nissa, os padres capadócios, participavam de discussões intelectuais e figuravam como personagens em diálogos filosóficos que foram escritos pelos membros masculinos desta família, na condição de versões cristãs de Diotima, mentora de Sócrates no *Banquete*.

Entretanto, enquanto mulheres como Mônica exerciam sua influência no interior de comunidades cristãs privadas, Hipátia lecionava, com efeito, em uma escola filosófica[199]. Ela e seu pai, Téon, eram ambos especialistas em matemática. Na verdade, Damáscio, ao escrever acerca de Hipátia, intuiu que não apenas se tratava da obra de uma mulher, como também que a autora estava mais para matemática do que para filósofa (cf. Damáscio, V. Isid. 106a *apud* Watts, 2006, p. 192). Este comentário pouco simpático de Damáscio tem um fundo de verdade, pois é provável que o verdadeiro interesse de Hipátia estivesse mais voltado à astronomia do que à filosofia platônica[200]. Isso seria compatível com o fato de seu pai, Téon, ter escrito comentários a respeito das obras de Ptolomeu, bem como com o teor das cartas a ela endereçadas por Sinésio, um de seus alunos cristãos. Sinésio não seria o único aluno cristão de Hipátia, e na verdade tudo indica que ela estava longe de ser uma personagem pagã e anticristã como Juliano o Apóstata. A morte de Hipátia estava mais relacionada com o fato de ela estar na cidade errada e no momento errado. Acusada de feitiçaria, ela foi violentamente assassinada por uma turba formada por correligionários do Bispo Cirilo de Alexandria.

198. *Filosofia clássica*, cap. 42.

199. A seu respeito, cf. Dzielska (1995).

200. Este é o argumento de Bernard (2010, p. 417-436).

O tratamento que Hipátia recebeu não foi o único caso de violência contra um platônico pagão de Alexandria. Hiérocles, de quem falamos brevemente no capítulo 35, tinha uma prática ativa nesta cidade em meados do século V. Além de seus comentários quanto ao tema da providência, temos acesso a um comentário seu a respeito de uma coleção de provérbios pitagóricos intitulado *Os versos dourados*[201]. Hiérocles foi convocado a comparecer diante de um tribunal cristão devido a uma suposta prática de teurgia. Foi espancado até sangrar, mas teve a coragem de recolher um pouco de seu próprio sangue e atirá-lo no juiz, enquanto recitava uma citação da *Odisseia* de Homero: "Ó Ciclope, olha, bebe este vinho! Já que devoras carne humana, então fica a saber como era a bebida que trazíamos na nossa nau" (Homero, Odis., IX, 347-348). Esta história, bem como o fechamento da Escola de Atenas e a morte de Hipátia, sugere que o contexto da época envolvia uma total repressão e até mesmo a selvageria contra os pagãos. Já se insinuou, entretanto, que o chocante assassínio de Hipátia na verdade teria propiciado o surgimento de uma escola pagã no século seguinte em virtude do terror que sua morte teria causado em muitos cidadãos (cf. Watts, 2006, p. 199).

Quando a escola de fato surgiu, ela se construiu em torno de um homem cujo nome lhe soará familiar: Amônio. Este terceiro registro em nossa coleção (em constante expansão) de platônicos da Antiguidade chamados Amônio seguiu os passos de Hipátia, no sentido de ter tanto alunos cristãos quanto pagãos. Na verdade, Damáscio fez severas críticas a Amônio por ter negociado com as autoridades cristãs locais, o que talvez explique a ausência de referências à teurgia e a outros temas tipicamente caros a Jâmblico entre as obras de sua escola. Sua estratégia cautelosa teve sequência com o último diretor pagão da Escola de Alexandria, cujo nome era Olimpiodoro. Ele claramente buscava uma coexistência pacífica com os cristãos quando, em seus comentários, sugeriu que seus leitores talvez preferissem considerar as inúmeras entidades divinas do sistema neoplatônico como atributos de um único deus (cf. Opsomer, 2010, p. 703). Ao evitar sobretudo os temas mais controversos, a escola se concentrava em um tema que poderia interessar aos pagãos e aos cristãos: a lógica de Aristóteles.

201. Traduções para o inglês em Schibli (2002).

Isso poderá parecer surpreendente, dado que Amônio e seus alunos eram platônicos dedicados. No entanto, o contexto pedagógico em que o trabalho deles se inseria era crucial. Tal qual Porfírio, eles consideravam que as ideias de Aristóteles e de Platão eram, em essência, harmônicas. E, em sua condição de platônicos, pressupunham que as obras aristotélicas eram as mais apropriadas para uma introdução à filosofia. Os diálogos do divino Platão eram reservados para estudos mais avançados. Assim, os comentários que eles faziam nesta escola tendiam a concentrar-se em Aristóteles, pois os textos do Estagirita eram os mais usados nas aulas ministradas na escola. Assim como a cada ano são impressos mais livros de geometria básica do que de topologia avançada, os antigos dedicavam mais comentários à obra de Aristóteles do que à de Platão, bem como mais textos ao tema introdutório da lógica do que a temas de disciplinas avançadas como a metafísica. Se isto também auxiliou os mestres pagãos a evitar a alienação dos estudantes cristãos e a aplacar a ira dos bispos cristãos, tanto melhor.

Isso também significava que as atividades da escola poderiam ser levadas adiante por platônicos cristãos da mesma maneira do que antes. Depois de Olimpiodoro, a tradição de comentários acerca de Aristóteles teve continuidade com seus alunos cristãos, um dos quais se autodenominava com o maravilhoso título de "Davi o Invencível". A esta altura, o próprio cristianismo era invencível. Não havia a menor necessidade de fechar a Escola de Alexandria por meio de um édito imperial, como acontecera em Atenas. No século V, os cristãos haviam derrotado pagãos como Hiérocles; no século VI, simplesmente juntaram-se aos pagãos. Os alunos cristãos de Olimpiodoro não hesitaram em registrar por escrito as ideias de seu mestre a respeito dos diálogos de Platão, tal como os alunos de Amônio haviam feito anotações a partir de suas aulas. Tais anotações são os comentários que sobreviveram até hoje. Em suas aulas acerca de Platão, tanto Damáscio quanto Olimpiodoro seguiam as instruções deixadas por Jâmblico, isto é, começar pelos diálogos que eles consideravam introdutórios e que se relacionavam à ética. Porém, até mesmo estes diálogos supostamente introdutórios e relacionados à ética foram interpretados de um modo sutilmente religioso pelos neoplatônicos. Por exemplo, o *Fédon*, diálogo que descreve a morte de Sócrates e sua última conversa com amigos acerca da imortalidade da alma, foi interpretado como uma referência não apenas à imortalidade, mas também à purificação de nossas almas. Damáscio e Olimpiodoro levaram a sério a menção feita neste diálogo quanto à filosofia poder ser compreendida como um tipo de preparação para a morte.

É uma grande sorte a nossa dispormos de comentários, ou, pelo menos, de uma série de anotações acerca do *Fédon*, escritos tanto por Damáscio quanto por Olimpiodoro[202]. Enquanto Olimpiodoro se mostra fiel ao pensamento de platônicos de eras anteriores, sobretudo ao de Proclo, Damáscio raramente perde uma oportunidade de seguir por caminhos diferentes. Com efeito, ele se empenha muito para refutar as interpretações de Proclo e de Jâmblico – as quais, aliás, conhecemos sobretudo por terem sido citadas nestes comentários feitos posteriormente. No entanto, o objetivo de todos estes neoplatônicos é um só: não apenas interpretar Platão, mas também defendê-lo. Estes neoplatônicos ainda estão cientes das críticas de antigos adversários de Platão, tais como Estratão, filósofo aristotélico. Eles citam tais críticas e as redarguem de um modo enérgico. Entretanto, é irônico que, ao fazê-lo, eles muitas vezes recorram a conceitos aristotélicos.

Um bom exemplo disso é o modo como Damáscio lidou com um argumento um tanto inconvincente do *Fédon* (103c-105e). De acordo com este argumento, tudo acontece em ciclos e se origina a partir de seu contrário. Por exemplo, a justiça tem origem naquilo que é injusto, e vice-versa. Isso significa que o que acontece entre o momento do nascimento e a morte deve voltar novamente à vida. Por conseguinte, a morte que nos acontece no final de nossas vidas atuais é apenas um estado temporário que será seguido de uma nova vida no futuro. Damáscio adota dois procedimentos para demonstrar que este argumento poderia ser melhor do que parece ser. Primeiro, ele reconhece, de imediato, que o argumento é frágil demais para provar, por si, a imortalidade da alma, segundo afirmara Jâmblico com o entusiasmo que lhe é tão característico. Para Damáscio, o único objetivo de Sócrates é mostrar que a alma passará por muitas vidas, e, ademais, admitir que em algum momento sua energia acabará. Esta possibilidade será descartada por uma série de diferentes argumentos, que são encontrados em outras passagens do *Fédon*.

202. Em relação à sequência desta argumentação, baseio-me em Gertz (2011).

Uma segunda maneira pela qual Damáscio diminui a importância deste argumento se dá por meio da afirmação de que Sócrates apenas presume que a "morte" é um estado no qual a alma pode se encontrar, mais do que a mera não existência da alma. Ora, de acordo com esta hipótese, o significado de a alma estar "morta" é ela estar separada do corpo. Damáscio observa que, desse modo, a alma é uma "substância" que incorpora os "acidentes" de estar vivo e estar morto – ou seja, está conectada ao corpo e, então, separada dele. Penso que devemos aqui reconhecer a contribuição de Damáscio. Ele tem razão quando afirma que, no *Fédon*, Sócrates só pressupõe que a alma e o corpo são duas coisas diferentes, e que a morte nada mais é do que a separação entre alma e corpo. Talvez ele também tenha razão ao afirmar que o argumento dos contrários visa a persuadir-nos de que aquilo que é separado pode ser reconectado novamente. É possível que alma não retorne ao mesmo corpo de antes, mas ela será reconectada a algum corpo, tal qual aquilo que é quente está sujeito a ficar frio, e vice-versa. Também é digna de nossa admiração – ou, no mínimo, de nossa atenção – a maneira natural com que Damáscio recorre a Aristóteles ao fazer a defesa de Platão. A ideia de uma substância que sobrevive a uma alternância de acidentes é, no fim das contas, puro aristotelismo. A novidade, aqui, reside no fato de ele aplicar esta ideia à alma e, em seguida, usá-la para explicar os limitados objetivos da argumentação platônica.

A obra mais famosa de Damáscio não é este comentário a respeito do *Fédon*, e sim um longo e complexo tratado intitulado *Problemas e soluções relacionados aos primeiros princípios* (cf. Rappe, 2010). Nesse texto, Damáscio lida com os problemas do sistema que lhe foi transmitido por Jâmblico e por Proclo. Ele não os segue de maneira submissa, mas aponta os problemas que surgem neste sistema neoplatônico a fim de poder solucioná-los. Sua contribuição mais importante aparece no início da obra, onde ele enfrenta o complexo problema do primeiro princípio. No decorrer dos séculos, os platônicos defenderam a ideia de que todas as coisas têm origem em uma fonte de unidade transcendente, o uno. Esta fonte é considerada completamente transcendente em relação às coisas que produz, isto é, uma divindade além de todas as demais divindades. E, no entanto, supõe-se que ela ainda esteja produzindo estas coisas, de modo que representa para elas, de algum modo, uma causa. Damáscio se pergunta como isso é possível. De modo geral, as causas não apenas estão relacionadas aos seus efeitos como também compartilham atributos com eles, conforme já vimos com o exemplo do fogo que emite calor na direção das coisas por ele afetadas. Porém, se este primeiro princípio se relaciona com as coisas que ele produz, e com elas compartilha atributos, isso não poderá comprometer a sua transcendência? Embora Proclo tivesse suscitado idêntica preocupação, Damáscio acusa-o e acusa também outros predecessores neoplatônicos de pretenderem ter o bolo e comê-lo ao mesmo tempo. Estes afirmam de modo categórico que o uno está completamente separado de todas as coisas, bem como acima de qualquer possibilidade de descrição em virtude de sua exaltação; logo na sequência, contudo, afirmam que, por consistir na fonte absoluta da unidade, o uno está intimamente conectado a todas as coisas.

Damáscio decide, então, apagar as velas desse bolo e deixar que a escuridão caia. Caso se queira ter um primeiro princípio transcendente, há de se aceitar que ele realmente está acima de toda e qualquer descrição. Ao inspirar-se em Jâmblico, Damáscio o chama tão somente de "o inefável", alertando-nos que até mesmo este nome é enganoso, pois o primeiro princípio nem sequer pode ser chamado como tal. Ele faz a distinção entre este inefável e o uno, o qual, em alguma medida, somos capazes de descrever quando o chamamos apenas de "um". No entanto, até mesmo este uno não deve se relacionar com o que quer que seja a fim de conferir-lhe uma unidade. Dessa forma, Damáscio antevê, à semelhança de companhia ao inefável, um uno *superior*, que se mostra indiferente a todas as coisas e permanece recluso em sua total unidade, de modo que é somente num segundo momento que emerge um segundo uno *inferior* que, na verdade, confere a unidade a tudo. Portanto, enquanto Proclo mencionava um único primeiro princípio chamado "uno", para Damáscio existem três: o inefável, o uno superior e o uno inferior, a partir do qual a unidade se ramifica na direção de outras coisas.

Até mesmo os admiradores do neoplatonismo talvez tenham a sensação de que, aqui, as coisas saíram fora do controle. Por certo, todo o conceito relacionado ao uno se limita ao fato de existir... bem, somente um.

Lembremos, contudo, dos platônicos médios (capítulo 22). Já vimos que, antes de Plotino, personagens como Numênio de Apameia postulavam que deve haver duas versões do primeiro princípio, que já se denominada de uno. O propósito desta hipótese era justamente que deve haver um princípio completamente unificado e transcendente ao lado de outro deus que desempenharia o papel do artesão divino do *Timeu* de Platão. Este seria o princípio que "põe a mão na massa" e se relaciona de fato com o restante do universo. Como resposta, Plotino identifica o princípio inferior com um intelecto universal. Damáscio, seguindo os passos de Jâmblico, desfez, com efeito, o bom trabalho empreendido por Plotino, dado que restabeleceu a distinção dos platônicos médios entre tipos de princípio: um que é exaltado, supremo, e outro que se condescende a fim de causar e criar outras coisas. Porém, ele dá um passo além dos platônicos médios ao postular que o inefável se encontra numa posição além do mais exaltado uno.

Teria sido interessante assistir ao movimento seguinte de peças neste xadrez metafísico. Não houve movimento algum, pois o próprio paganismo foi varrido para fora do tabuleiro, no qual restaram apenas os bispos. Damáscio foi o último autor a envolver-se com a extravagante especulação metafísica do neoplatonismo tardio. Isso não significa que o próprio neoplatonismo morreu após Damáscio – longe disso. Porém, depois dele o neoplatonismo foi domesticado pelas religiões monoteístas reveladas. Não seriam mais estabelecidas distinções conceituais claramente definidas a fim de abrigar as inúmeras divindades da religião grega tradicional. Os pagãos estavam agora em rota de fuga. Isso é explicitado de maneira pungente pela carreira de um homem que estudou com Damáscio, em Atenas, e com Amônio, em Alexandria. Seu nome era Simplício[203]. Ele fugiu para a Pérsia junto com a comitiva de Damáscio, de modo que suas obras aludem à complicada situação enfrentada pela filosofia pagã em Atenas. É bem possível que alguns de seus comentários acerca de Aristóteles tenham sido escritos durante seu exílio na Pérsia.

Onde quer que estes tenham sido escritos, devemos agradecer a Simplício por seu trabalho. Esses comentários não tinham precedentes seja em

203. A este respeito, cf. Baltussen (2008).

tamanho, seja em riqueza de pormenores. Ele os usou como uma oportunidade de registrar não apenas as ideias de comentadores anteriores, sobretudo as de Alexandre de Afrodísias, mas também textos de pensadores gregos de épocas anteriores que foram mencionados por Aristóteles. A fim de apresentar o contexto para a análise de Aristóteles, Simplício se deu ao trabalho de copiar os textos desse autor em seu comentário, muitas vezes à letra. Não fosse pela obra de Simplício hoje saberíamos muito menos a respeito de Parmênides, por exemplo; tampouco teríamos acesso a inúmeros fragmentos de outros filósofos pré-socráticos. Esta postura de Simplício não era mera coleção obsessiva. Seus comentários, por mais eruditos e áridos que possam ser, são permeados pela percepção de que a herança pagã está em processo crescente de obliteração por conta do cristianismo. A reação de Simplício é buscar mostrar a todo instante a unidade e a potência do pensamento grego pagão. Desse modo, ele se mostra como um dos principais defensores da ideia de que Platão e Aristóteles estavam essencialmente de acordo em relação a todos os aspectos significativos de suas respectivas doutrinas. E ele vai além quando enfatiza que os pré-socráticos também estavam em sintonia com estas doutrinas. Até mesmo os filósofos estoicos poderiam ser acolhidos pela família filosófica pagã. Simplício dedicou um comentário ao *Manual* de Epiteto, descrevendo-o como um texto útil para a introdução aos estudos da ética[204]. Embora ele não mostrasse afinidade alguma com o materialismo estoico, seu neoplatonismo dava-lhe boas razões para valorizar o *Manual*. Afinal de contas nós testemunhamos o modo como Epiteto estabeleceu uma clara oposição entre a vontade – que é interna a cada um de nós e está em nosso poder – e as coisas externas que estão fora de nosso controle. Isso está em conformidade com a sólida distinção metafísica que os platônicos da Antiguidade Tardia estabeleciam entre a alma e as coisas do mundo corpóreo. Também se insinuou que os conselhos de Epiteto em relação a mostrar coragem diante da tirania teriam ressoado em Simplício, que vivia sob a sombra do imperador cristão Justiniano (cf. Baltussen, 2010, p. 719). Quer esta insinuação seja verdadeira, quer não o seja, os textos de Simplício eram visivelmente motivados por sua esperança de manter viva a tradição unificada da filosofia pagã.

---

204. Cf. Brennan; Brittain (2002); McGroarty (2006).

É natural, portanto, que Simplício tenha ficado horrorizado quando um colega de estudos de Amônio, um cristão chamado João Filopono cometeu a ousadia de criticar um princípio fundamental da filosofia aristotélica. O horror de Simplício foi tamanho que ele se deu ao trabalho de citar detalhadamente os argumentos de Filopono, tal qual fizera com os textos dos pré-socráticos e de outros autores. Neste caso, ao copiar os argumentos de Filopono sua intenção não era preservá-los, mas sim expor a insensatez deles. Isso se revelou uma atitude equivocada. Os argumentos de Filopono estavam longe de ser insensatos; na verdade, eles figuram entre os fragmentos mais inteligentes da Antiguidade Tardia. Isso fez com que estudiosos modernos passassem a ler as citações que Simplício faz das obras de Filopono com grande interesse, embora ignorassem, muitas vezes, a refutação sarcástica e hostil de Simplício. Que isso lhe sirva de lição: caso decida alguma vez atacar uma pessoa por escrito, não lhe faça o favor de registrar cuidadosamente tudo o que foi dito por ela.

38

Somente por um tempo limitado: João Filopono

Cientistas contemporâneos estimam que a idade do universo seja de 13,7 bilhões de anos. Trata-se de um tempo demasiado longo. Se eu tivesse começado esta série de livros acerca da história da filosofia logo depois da grande explosão não apenas já o teria terminado como também teria cerca de 13,6999999 bilhões de anos para ocupar meu tempo. E, no entanto, por mais impressionante que este intervalo de tempo possa parecer, não pode ser comparado à idade do universo segundo Aristóteles. Você pode duplicar este tempo, triplicá-lo ou até mesmo multiplicá-lo por 1 bilhão, e ainda assim não chegaria perto. Para Aristóteles, o universo já existe há um tempo infinitamente longo, e nunca deixará de existir. Ademais, este universo sempre foi muito parecido com o que é hoje. Sempre foi esférico, com uma esfera externa de estrelas fixas em seu limite, a qual contém outras esferas concêntricas com planetas assentados nelas, e, em seu centro, uma região composta de ar, de terra, de fogo e de água, habitada por seres humanos, por plantas e por animais, todos eles igualmente eternos segundo suas espécies.

O compromisso de Aristóteles com a ideia de um universo eterno era tão enfático que nenhum outro filósofo da Antiguidade o contestava com seriedade. Somente mais tarde dúvidas oportunas quanto à autoconfiança de Aristóteles seriam apresentadas por pensadores medievais como Maimônides e Tomás de Aquino. Em relação a Platão, contudo, não havia uma clareza tão grande. Alguns platônicos médios, sobretudo Plutarco e Ático, interpretavam o *Timeu* como um respaldo à ideia de um início dos tempos para o universo, de modo que se contentavam em afirmar que nesse aspecto Platão tinha razão, ao passo que Aristóteles não. A partir de Plotino, no entanto, os platônicos passaram a considerar tal leitura uma interpretação equivocada dos textos de Platão. Alguns, como Porfírio e outros comentadores de Aristóteles, poderiam ter sido movidos pelo desejo de fazer com que Aristóteles concordasse com Platão sempre que possível. Eles, porém, também tinham outros motivos. Se o universo físico é uma consequência necessária de causas transcendentes, as quais lhe dão origem na forma de luzes brilhantes e fontes transbordantes, como é possível que o universo não fosse eterno? Portanto, todos os personagens que chamamos de neoplatônicos aceitavam a eternidade do universo, acreditando que, ao fazê-lo, estavam em sintonia com as ideias de Platão e de Aristóteles.

Tudo transcorria desta maneira até o ano 529 (ou, se contarmos desde o início da grande explosão, o ano 13.700.000.529, mais ou menos), quando um neoplatônico chamado João Filopono escreveu uma obra colossal na qual argumentava que o universo não é eterno, e que Platão sabia disso. Este tratado é intitulado *Contra Proclo*, um título deveras coerente dado que o texto demolia uma série de argumentos pró-eternidade compilados por Proclo. Os argumentos que Proclo apresentou se inspiravam não apenas nas teorias físicas de Aristóteles, mas também em interpretações platônicas do *Timeu*. Por exemplo, Proclo defendia a ideia de que o mundo resulta da bondade ou da generosidade de seu criador – um argumento implícito no *Timeu*, que afirma que o artesão divino não é "invejoso". Uma vez que o criador é sempre generoso, os resultados de sua generosidade também devem ser permanentes. Do contrário, o criador faria mudanças, e, por conseguinte, adquiriria de imediato a necessária generosidade ou habilidade para poder criar atributos dos quais carecia. Este era apenas o primeiro dentre os dezoito argumentos que foram refutados minuciosamente por Filopono. Cada um dos argumentos de Proclo ocupa o espaço entre uma e duas páginas, ao passo que a tradução (para o inglês) de *Contra Proclo* chega a conter quatro volumes[205].

Em outro tratado[206], Filopono atacou vigorosamente os argumentos favoráveis à eternidade encontrados nas obras aristotélicas *Física* e *Do céu*. A

205. Cf. Share; Wilberding (2005-2010). Citado abaixo conforme o livro e o número das seções. Quanto à obra criticada por Filopono, cf. Lang; Macro (2001).

206. (Wildberg, 1987). Citado abaixo conforme o livro e o número das seções.

versão original desse tratado perdeu-se no tempo, mas foi preservada pelo comentador Simplício, o qual reagira a Filopono da mesma maneira com que este reagira a Proclo, isto é, citou as palavras de seu adversário a fim de poder refutá-las. A ousadia de Filopono em dirigir ataques ao grande Aristóteles não agradou a Simplício. Simplício compara seu próprio trabalho aos de Hércules, que precisou limpar esterco de cavalos nos maiores estábulos da Grécia. Ele usa vários termos agressivos quando se refere a Filopono, mas deleita-se, em particular, ao chamá-lo de "o gramático". Isto provavelmente visa a chamar a atenção para o fato de que Filopono jamais dirigiu uma escola filosófica e exerceu sua carreira em um nível inferior do currículo educacional. No entanto, este gramático é hoje reconhecido como um dos filósofos mais inovadores de sua época. Grande parte do vigor de sua crítica a Aristóteles baseia-se em seu conhecimento especializado dos textos que submete à crítica. Filopono, assim como o próprio Simplício, havia sido discípulo de Amônio na cidade de Alexandria – ainda que, ao que parece, em épocas diferentes, já que Simplício afirma nunca ter encontrado seu antagonista em pessoa[207]. E, qual Simplício, Filopono escreveu inúmeros comentários que tratavam de Aristóteles. Dentre estes, alguns aparentemente são registros fiéis de aulas de Amônio. Outros contêm relatos a respeito destas palestras, intercalando, às vezes, ideias inovadoras do próprio Filopono. Na verdade, Filopono deu continuidade a seus comentários acerca de Aristóteles depois de ter iniciado sua campanha contra a ideia de eternidade do universo.

Mas qual era a motivação de Filopono? Ele, por certo, quer enfatizar a ideia de que Platão refutava a eternidade do mundo. Para muitos platônicos este teria sido um motivo suficiente para discordar de Aristóteles. Mas não para Filopono. Em *Contra Proclo* (9.1), ele afirma que, embora Platão, ainda que por acaso, esteja certo quanto a este argumento, o que mais importa é a verdade, e não a autoridade de Platão. Em seguida, num gesto provocador, ele enumera uma série de alegações encontradas nos textos platônicos que são simplesmente equivocadas; ao tratar de algumas delas, Filopono recorre a seu próprio conhecimento especializado em outra área, a medicina. Portanto, Filopono não refutava a eternidade em virtude de ser

207. *Contra Aristóteles*, prólogo.

um platônico; ele a rejeitava por ser cristão. Na verdade, esta talvez seja a explicação para seu apelido, "Filopono", que significa "amante do trabalho". Dada sua extensão, a obra *Contra Proclo*, por si só, já faria dele merecedor deste título. James Brown talvez tenha sido o homem que mais trabalhou no ramo do entretenimento, mas Filopono, decerto, foi quem mais trabalhou no ramo da eternidade. Ainda assim, a provável origem deste apelido é bastante diferente: o termo *philoponoi* fazia referência a certos cristãos que não tinham nenhuma função clerical, mas que, não obstante, apoiavam a causa da fé, e muitas vezes faziam campanhas contra os pagãos em Alexandria. Nosso João Filopono talvez tenha sido membro deste grupo.

No capítulo anterior vimos que era comum que professores pagãos como Amônio tivessem alunos cristãos, bem como que a relação entre ambos, na maioria das vezes, era tensa, porém respeitosa. Os pagãos se esforçavam, sobretudo em Alexandria, para encontrar interesses comuns com os cristãos. Aos exemplos mencionados acima podemos acrescentar o do próprio Amônio, que escreveu uma obra inteira para demonstrar que, para Aristóteles, Deus era uma causa não apenas do movimento, mas da própria existência do universo – uma tese, claro, muito estimada pelos cristãos (cf. Sorabji, 2004, p. 8c). É provável que não seja mera coincidência o fato de *Contra Ploco*, de Filopono, ter sido publicado em 529, o mesmo ano em que a escola platônica de Atenas foi fechada por um édito imperial. Talvez Filopono estivesse concorrendo ao cargo de diretor da Escola de Alexandria. Se isso for verdade, ele malogrou – foi superado pelo pagão Olimpiodoro. Não precisava, todavia, ser diretor da escola para ter um amplo conhecimento de Aristóteles. Esta é a diferença entre Filopono e outros cristãos que criticavam os neoplatônicos em relação a esta mesma matéria. Em particular, dois cristãos da cidade de Gaza, chamados Enéas e Zacarias, já haviam tratado do debate relacionado à eternidade (cf. Gertz; Dillon; Russell, 2012). Especialmente fascinante é a obra de Zacarias, um diálogo no qual um dos personagens principais é ninguém menos do que Amônio. Neste diálogo, Amônio é silenciado por uma série de argumentos contra a eternidade. Contudo, embora estes dois pensadores de Gaza tenham sido alunos de neoplatônicos, os argumentos por eles expostos se revelaram muito aquém da sofisticada argumentação de Filopono.

Uma vez que os pagãos apresentavam inúmeros argumentos em defesa da eternidade, Filopono precisava lutar em variadas frentes. Alguns argumentos pagãos em defesa da eternidade tomavam por base certas características do universo que vemos em nosso redor. Embora Proclo de fato recorra a argumentos desse tipo, a maioria deles é inspirada em Aristóteles. Por exemplo, ele defendia a ideia da eternidade com base no pressuposto de que os corpos celestes devem ser formados por uma substância incriada e incorruptível. Os pagãos também se julgavam capazes de mostrar que os princípios divinos devem dar origem a um universo eterno. Já vimos anteriormente um argumento como este – a primeira prova procliana, que evoca a generosidade de Deus – e, o mais das vezes, Proclo é o principal adversário quando se trata de argumentos metafísicos ou teológicos em defesa da eternidade. Por outro lado, Aristóteles é o principal alvo quando se trata de física e da natureza dos céus.

Vejamos, portanto, em primeiro lugar, de que modo Filopono enfrenta os argumentos físicos de Aristóteles para defender a ideia da eternidade do mundo. Como eu disse, estes evocavam as características singulares dos corpos celestes a fim de mostrar que não podem ter sido criados, tampouco destruídos. Aristóteles achava que isso poderia ser comprovado pelo fato de os céus se movimentarem em círculos, ao contrário do ar, do fogo, da terra e da água, que se movem em linha reta – seja ao se distanciarem do ponto central do universo, seja ao se aproximarem dele. A especificidade do movimento circular, segundo Aristóteles, é que ele não tem um contrário (*Do céu*, 269; 271a). Ora, um movimento é contrário a outro se ele se inicia no ponto em que o outro movimento para, bem como se ele cessa no ponto em que o outro tem início. Um movimento circular, entretanto, começa e termina no mesmo lugar – se você caminhar em um círculo, seja este do tamanho que for, sempre acabará no ponto em que começou, uma ideia que soa familiar a qualquer pessoa que já tenha se perdido no meio da mata. Além disso, as coisas sempre são destruídas pelos seus contrários. Portanto, se os céus se movimentam em círculos – como evidentemente o fazem – eles não têm contrários e, portanto, não podem ser destruídos.

Esta é uma ideia perspicaz, embora talvez não seja o conceito filosófico mais convincente que Aristóteles apresenta. Filopono rapidamente a rejeita quando observa que o contrário que interessa aqui não é um movimento numa direção contrária, mas a completa *ausência* de movimento (*Contra*

Aristóteles, 4.65). Em outras palavras, a pergunta relevante não é se os céus se movimentam de um modo diferente, tal qual o fogo que é forçado a mover-se para baixo, e não para cima, mas se os céus podem se originar na não existência, e, por conseguinte, serem reduzidos a ela. Chegamos, assim, ao verdadeiro cerne da divergência entre Filopono e Aristóteles. Aristóteles debruçou-se na questão de como explicar a mudança sem afirmar que as coisas surgem do nada ou são destruídas no nada[208]. O Estagirita concordava com a opinião de pré-socráticos como Parmênides no que tange à impossibilidade de mudança absoluta. Em vez disso, ele apresentou sua análise acerca da matéria e da forma: em qualquer tipo de mudança um objeto supérstite, a matéria, adquire ou perde alguma característica, a forma. Se, por exemplo, uma pedra fica quente, nada adquire existência ou deixa de existir de modo repentino. Uma pedra que já existia antes simplesmente adquire uma nova característica, isto é, o calor. Filopono, por outro lado, insiste na ideia de que Deus *pode* criar algo a partir do nada. Ele acrescenta que, até mesmo nos tipos de mudança reconhecidos por Aristóteles, algo ganha existência a partir do nada, a saber: a nova característica que se adquiriu (6.116). Ou seja, mesmo que uma pedra quente provenha de outra coisa, a saber, de uma pedra fria, o calor que surge na pedra passa a existir após não existir.

Contudo, Filopono apenas começa a desenvolver seu argumento. Até aqui ele questionou uma hipótese há muito tempo aventada pela filosofia grega, a saber, a de que nada surge a partir do nada. Sua intenção, a partir de agora, é questionar uma nova hipótese dos neoplatônicos, a de que Platão e Aristóteles estão de acordo em praticamente tudo. Ele observa que, de acordo com o *Timeu*, os céus *não são* formados por um quinto tipo especial de matéria, mas por versões puras dos elementos que encontramos em nosso mundo – sobretudo o fogo. Esta ideia remete-nos de volta a outra refutação de Filopono na obra *Contra Proclo*. Nela, Filopono despende longo tempo na interpretação de tópicos relacionados aos diálogos de Platão, sobretudo o *Timeu*. Sua intenção é demonstrar que Proclo se equivocara não apenas em relação à eternidade do mundo, mas também no modo como interpretara Platão. Proclo insistia em afirmar que não há como uma causa divina, como o demiurgo ou as Formas, começar a produzir seus efeitos depois de não os ter produzido. Filopono redargui, uma

208. *Filosofia clássica*, cap. 34.

vez que isso, em seu entender, de alguma maneira tornaria as causas dependentes de seus próprios efeitos (*Contra Proclo,* 2.3). Afinal, Proclo parece afirmar que é impossível que as causas existam sem produzir tais efeitos.

Eis que chegamos ao verdadeiro cerne de sua divergência com Proclo. Filopono se opõe à ideia de que Deus é forçado a criar um universo, e que Ele cria necessariamente o que vem depois dele, como os neoplatônicos têm afirmado desde Plotino. Isso explica a incansável atenção que Filopono dedica ao problema da eternidade: ele está tentando salvaguardar a ideia de que Deus concede livremente a existência a um universo que, de outra forma, não existiria. Esta ideia é subjacente a outra argumentação sua, deveras perspicaz, na qual ele usa em seu próprio favor uma passagem que, de início, parece ser favorável a Proclo. Platão retrata um divino artesão que promete que o universo nunca deixará de existir, uma vez que tenha sido criado. Por conseguinte, ao menos em relação ao futuro, o universo é eterno. Filopono, porém, agora desfere seu ataque: se o universo deve existir em todos os tempos – passado, presente e futuro – qual é o sentido de uma divindade prometer que não o destruirá? Com efeito, o fato de o universo *poder* ser destruído mostra que ele também está sujeito à criação. Assim, este trecho confirma que, para Platão, depende tão somente da divindade a decisão quanto ao tempo que universo deve existir[209].

Porém, nesse caso, Deus não poderia ter decidido – talvez por razões que escapam à nossa compreensão – criar um cosmo eterno, em vez de um cosmo que começa a existir? Dito de outro modo, se Deus pode fazer qualquer coisa, parece que o universo pode tanto ser eterno como não o ser; esta decisão dependeria somente dele. No entanto, aqui Filopono afirma que Deus não pode fazer nada que seja impossível. E, de fato, é impossível que o universo tenha existido por toda a eternidade. Seu principal argumento para esta alegação é tão sólido quanto simples: se o universo fosse eterno, o curso de sua existência teria um tempo infinito. Um tempo infinito, entretanto, não pode jamais terminar de transcorrer; portanto, nunca poderíamos chegar ao momento presente (*Contra Proclo,* 1.3). Nesse ponto, ele pode, uma vez mais, apontar as armas de seus inimigos contra si mesmos, pois o próprio Aristóteles afirmou que o infinito não pode ser atravessado ou completado. É por esta razão que Aristóteles se inquietava com o paradoxo

209. A esse respeito, cf. Judson (1987).

da dicotomia de Zenão[210]. Zenão alegava que todo movimento, na verdade, consiste em uma infinidade de submovimentos. A resposta de Aristóteles a este argumento foi que um movimento, uma distância ou um tempo podem apenas ser divididos *em potência*, até que se alcance o infinito: você pode dividi-los nas menores partes que puder, mas jamais conseguirá chegar a uma infinidade de partes. Desse modo, a Filopono só resta dizer que um tempo passado que é eterno nos daria um infinito *real*, e não apenas um infinito potencial. Mais ainda: este seria um infinito real que fica cada vez maior à medida que o tempo passa: o mundo já existe há um número infinito de anos, e a cada mês de janeiro é acrescentado um ano a este número infinito. Uma vez que Aristóteles refutou seja a possibilidade da existência de infinitos reais, seja a ideia de que o infinito poderia ser ampliado, estas objeções parecem ser devastadoras. No entanto, Simplício a responde dizendo que a eternidade passada, na verdade, é apenas infinita *em potência*. Um infinito real é aquele que é presente, a um só tempo, em sua totalidade, por exemplo, um infinito número de divisões que são, de fato, realizadas em um movimento ou em uma sequência. Porém, a eternidade passada não é assim, uma vez que os tempos e as coisas do passado já deixaram de existir.

De maneira um tanto quanto oportuna, este debate prosseguirá por um longo tempo, de modo que ressoará particularmente entre filósofos do mundo islâmico, alguns dos quais adotam os argumentos de Filopono; outros apenas repetem as respostas apresentadas por Simplício. Quanto a Filopono, na época em que deixou de se interessar pelo debate da eternidade, já havia solapado completamente o sistema aristotélico da filosofia natural. Isso o levou a fazer outras adequações a este sistema, das quais farei menção apenas à mais importante[211]. Na verdade, ela está relacionada ao tema do impulso: O que faz com que um objeto em movimento, como um dardo que é arremessado, continue seu movimento? Quando você está prestes a fazer o arremesso e sua mão ainda está em contato com o dardo, é óbvio que é ela que faz com que ele se movimente. Porém, assim que sua mão o larga, ele parece se mover sem que uma causa o impulsione, ao menos até que o dardo aterrisse no solo, a alguns metros de distância.

---

210. *Filosofia clássica*, cap. 7.

211. Para a sequência deste argumento, cf. Sorabji (2004, p. 22 f.); Wolff (1987, p. 84-120).

Para não ter de reconhecer que o movimento do dardo não teve, realmente, uma causa, Aristóteles elaborou a seguinte teoria, cuja engenhosidade é evidente, a despeito de ser totalmente falsa. Assim que sua mão solta o dardo, este começa a empurrar o ar e, desse modo, a abrir caminho. Este ar precisa ter algum destino, portanto, ele exerce uma força contrária em redor do dardo, até que o empurre por detrás. Afinal, enquanto o dardo continua seu voo, pós-arremesso, o espaço logo atrás dele fica disponível para que o ar deslocado entre. De um modo estranho, então, o dardo impulsiona o seu próprio movimento ao não somente empurrar o ar de volta, mas ao também usá-lo como uma espécie de motor. A única razão pela qual o dardo não pode continuar a voar indefinidamente desta maneira é que o ar resiste a ser deslocado. Portanto, o dardo cairá de volta no chão depois de percorrer uma certa distância. Em uma argumentação que se relaciona com esta, Aristóteles observou que quanto menor for a resistência enfrentada por um objeto em movimento, maior será a facilidade e a rapidez com que ele se move. Se isso estiver certo, então em meio ao vácuo, onde não há resistência alguma, todos os movimentos deveriam ser infinitamente rápidos! A partir deste raciocónio, Aristóteles conclui que não há a possibilidade de existência do vácuo. Filopono não se impressiona com estes argumentos, e apresenta uma teoria nova, que já foi comparada à teoria moderna do impulso. Na verdade, Galileu citará Filopono em seus próprios textos a respeito do movimento.

Para Filopono as coisas não se movem por causa de um ar que é deslocado – ele zomba da teoria de Aristóteles ao se perguntar por que os exércitos não arremessam dardos em seus inimigos usando foles para criar rajadas de vento. Com efeito, ao arremessar o dardo você aplica certa dose de força para que ele se movimente. O dardo estará em movimento até que esta força se esgote. Tudo o que o ar é capaz de fazer é obstruir o caminho. Isso significa que o movimento poderia, de fato, ocorrer no vácuo: se você arremessasse um dardo no vácuo, ele percorreria uma distância mais longa do que se estivesse no ar, já que o vácuo não oferece resistência. Porém (e aqui há uma diferença em relação à maneira moderna de pensarmos as coisas), ainda assim ele pararia, pois a força aplicada para que ele seguisse em movimento não é infinita. Isso não significa que Filopono acredite, de fato, na existência do vácuo. Na verdade, ele nega a existência deste. Sua única intenção é enfatizar que o vácuo é teoricamente possível, bem como que o movimento funcionaria, na verdade, até melhor nele do que por intermédio de canais que ofereçam alguma resistência.

A inovadora teoria de Filopono acerca do impulso está relacionada à sua concepção de eternidade. Dada sua rejeição à ideia aristotélica de que os elementos e os céus se movem eternamente em linha reta e em círculos de acordo com a natureza, cabe a ele explicar como é, então, que eles se movimentam. Sua resposta é que o próprio Deus transmite a estes corpos a força de que desfrutam. Portanto, em seu entender, todo e qualquer movimento depende de Deus, tal qual Aristóteles o fizera antes, porém de um modo muito mais direto: Deus confere a cada coisa o seu próprio movimento ao lhe conceder a existência e uma certa capacidade de movimento. Embora o universo não exista desde sempre, Filopono provavelmente concorda com Platão no que diz respeito à crença de que ele existirá para sempre no futuro. Isso não se dá porque ele tem a capacidade natural de ser eterno, como alega Aristóteles, mas, pelo contrário, porque Deus continua acima da tendência natural do universo físico de se degradar. Ele confere ao universo uma capacidade não natural e infinita para seguir sua existência e seus movimentos. A atitude de Filopono, aqui, é bem peculiar. Trata-se de uma inovação motivada pela crença cristã e que, no entanto, é resultado de seu profundo compromisso com a tradição filosófica pagã. É por isso que insisti em situá-lo neste ponto da história que estou narrando. Ele ao mesmo tempo encerra nosso exame do pensamento pagão na Antiguidade Tardia e nos proporciona novo impulso para lidarmos com o tema que nos ocupará ao longo do restante desta obra: a filosofia entre os cristãos[212].

212. Deve ser mencionado que Filopono adquiriu uma má reputação entre cristãos de épocas posteriores em razão de suas opiniões quanto às duas matérias teológicas mais controversas do cristianismo da Antiguidade Tardia: a Trindade e a encarnação. Ele foi condenado pelos "ortodoxos" por ser, ao mesmo tempo, um "triteísta" (ou seja, por dividir Deus em três substâncias) e um monofisista (ou seja, aquele que rejeita a distinção entre as naturezas humana e divina de Cristo). Para mais pormenores acerca destas controvérsias, cf. capítulos 42 e 44.

Parte III
A filosofia cristã no Império Romano

39

Figuras paternas: A filosofia cristã na Antiguidade

Na condição de historiador da filosofia, é um tanto constrangedor ter de reconhecê-lo: sou péssimo com datas[213]. Não me refiro às frutas secas, tampouco aos encontros românticos, embora, para ser sincero, eu nunca tenha me dado bem com nenhum dos dois. Refiro-me ao momento em que os eventos aconteceram, às datas de nascimento de pessoas famosas, bem como a aniversários e comemorações de datas importantes. Portanto, fico sempre deveras agradecido quando me deparo com uma figura histórica cuja data de nascimento – ou de falecimento – é fácil de ser lembrada. O melhor exemplo disso é Algazali, grande filósofo e teólogo muçulmano que fez a pessoas como eu o favor de morrer no ano 1111. Você poderá dizer que ele não merece crédito algum por este nobre serviço, já que esta data pertence ao calendário cristão; porém, no calendário muçulmano, ele faleceu em um ano que também é lembrado com facilidade, o ano 505. Que profissionalismo! É claro que, se nos limitarmos ao calendário cristão, ninguém tem um ano de nascimento mais fácil de lembrar do que o próprio Jesus de Nazaré, qual seja, o ano 1. Quanto ao seu dia de nascimento exato, até eu sou capaz de lembrar que Cristo nasceu no Natal.

Lamentavelmente, os estudiosos estimam que o Jesus histórico provavelmente não nasceu na noite de Natal em 1 d.C. Na verdade, Ele nasceu nos últimos anos da era a.C., o que, na última vez que verifiquei, é a abreviação de

213. Trocadilho com *date*, palavra que, além de data, pode significar tâmara, e também um encontro romântico [N.T.].

"antes de Cristo". O nascimento de Cristo tampouco significou um ponto de virada na história da filosofia. Alguns dos eventos que já analisei, tais como a emergência do platonismo médio e o renascimento do aristotelismo, ocorrem no período entre o século I a.C. e o século I d.C. Os estoicos romanos surgem nas décadas seguintes – Sêneca, por exemplo, viveu na primeira metade do século I d.C. O nascimento de Jesus e o surgimento de uma crença que o aceitou como um Messias não tiveram um impacto imediato na história da filosofia. Mas, em seu devido tempo, tiveram um impacto que não seria superado por nenhum outro evento histórico. Este impacto teve início já na Antiguidade.

Quando pensamos na relação entre cristianismo e filosofia, é mais provável que isso nos remeta à filosofia medieval na Europa, e então, talvez, à filosofia da religião contemporânea. No entanto, a filosofia cristã da Antiguidade remete-nos a um nome que nos é familiar: Agostinho. Ele era dotado de uma inteligência excepcional e exerceu uma enorme influência, mas nem de longe foi o único autor cristão sofisticado sob um prisma filosófico. Até um estudo informal do cristianismo nesse período poderá familiarizar o leitor com grandes teólogos como Tertuliano, Orígenes, Gregório de Nissa, Pseudo-Dionísio (o Areopagita) e Máximo o Confessor. Os pensadores cristãos primitivos são chamados como um todo de "Padres da Igreja" (uso esta expressão em um sentido mais amplo, sem a implicação de que os "padres" a que faço menção sejam considerados ortodoxos). A maioria teve uma formação intelectual cuja base era o currículo da retórica antiga, que fora descrito no capítulo 27. Esse aspecto é visível em cada página escrita por eles. É igualmente evidente que tais figuras estavam totalmente imersas na tradição filosófica helênica. Conheciam os textos de Platão, a lógica aristotélica e os ensinamentos dos estoicos. Alguns deles, que viveram na Antiguidade Tardia, conheciam até mesmo as ideias de Proclo. Os membros deste grupo que escreviam em latim também dialogavam com autores como Lucrécio, e sobretudo com Cícero, o qual teve especial influência em Agostinho. Não restam dúvidas, portanto, de que os Padres da Igreja usaram de ideias filosóficas amplamente. Imagino, entretanto, que alguns possam se mostrar céticos em relação às suas respectivas *contribuições* para a filosofia. Será que eles tinham ideias próprias que despertassem um interesse filosófico, e não apenas religioso e histórico? Até o final deste livro espero tê-lo convencido de que sim.

Em primeiro lugar, analisemos em linhas gerais o contexto histórico. Até o final da Antiguidade o cristianismo seria absorvido por sofisticados e complexos debates teológicos. Os cristãos primitivos, porém, teriam ficado perplexos – ou até mesmo aturdidos – se pudessem imaginar os conflitos que haviam de ocorrer. No século I d.C. ainda não possível encontrar uma reunião de bispos nas cidades para debater os pormenores da Trindade ou do uso das doutrinas platônica e estoica para refutar os heréticos. Alguns chegam a detectar vestígios da tradição filosófica na própria Bíblia – até mesmo nos ensinamentos de Jesus, cuja figura, desde a Antiguidade, tem sido comparada à de Sócrates. Os antigos cristãos optaram por identificar influências oriundas de outra direção. Ao contrário de mim, eles eram ótimos para lidar com datas, de modo que observaram que Moisés surgiu muito antes dos filósofos helênicos. Portanto, ele podia ser reconhecido como uma influência para o pensamento cristão. Ainda assim, os grupos de cristãos primitivos não formaram escolas filosóficas, como nos territórios neoplatônicos de Atenas e de Alexandria de épocas posteriores. Tampouco mostraram algum comprometimento com uma defesa apaixonada por dogmas. O que os unia eram as práticas de comunhão do pão e do vinho na Eucaristia, o Batismo e as orações em grupo, em vez da análise minuciosa de textos sagrados. Eles antecipavam um iminente acerto de contas final com Deus, e viviam esperançosos graças à mediação oferecida pela presença de Jesus Cristo.

Embora a nova fé ainda não estivesse associada à filosofia grega, estava intimamente ligada à língua grega. É claro que os livros do Novo Testamento foram escritos em grego, não em hebraico, bem como que a religião se disseminou pelo império por intermédio de missionários que falavam grego, qual Paulo. Até mesmo em Roma, muitos cristãos primitivos eram falantes do grego. Isso ajuda a explicar a razão pela qual a filosofia se disseminou em meio ao cristianismo e vice-versa. Já foi despendida muita tinta com o tema da natureza helênica do cristianismo e seu contraste com a cultura judaica que deu origem a esta nova fé (cf., *e.g.*, Norris, 2004, p. 71-90). Esta tem sido, desde a Antiguidade, uma discussão controversa, uma vez que as fronteiras entre o judaísmo e o cristianismo eram, no início, demasiado tênues. Um aspecto importante que as diferencia é que os cristãos não exigiam a circuncisão. Acreditava-se que, para eles, o batismo cumpria a função desempenhada por este ritual do judaísmo (cf. Ludlow, 2009, p. 14). Autores cristãos da Antiguidade, por sua vez, referem-se à circuncisão como uma metáfora, a qual simbolizaria, por exemplo, a maneira como os crentes deveriam renunciar às coisas relacionadas ao corpo. Não levaria muito tempo para que teólogos cristãos começassem a acusar seus adversários de serem "judaizantes".

Se a fronteira entre judeus e cristãos era tênue, a divisão entre cristãos e pagãos era nítida. Os cristãos se distinguiam por suas crenças éticas, e, em particular, por seu louvor à castidade. Os romanos já tinham uma tradição de admirar virtudes como a moderação e o autocontrole, mas sem que isso implicasse a renúncia a funções humanas básicas, tal qual a sexualidade. À semelhança dos judeus, os cristãos também se distinguiam por sua recusa à aceitação do panteão tradicional dos deuses greco-romanos. Já vimos anteriormente que este panteão tradicional era um tanto permeável e flexível, capaz de abrigar divindades egípcias e de outras culturas. Portanto, a insistência judaico-cristã na crença em um único e verdadeiro Deus parecia aos pagãos não apenas equivocada, mas espalhafatosa e desnecessariamente provocadora. Eles apropriadamente referiam-se aos cristãos pelo adjetivo de "ateus". Aos nossos ouvidos isso pode soar deveras estranho, mas Justino o Mártir, o grande padre da Igreja, reconheceu que, no que dizia respeito aos deuses de Roma, ele e seus correligionários eram realmente ateus[214].

O nome de Justino nos dá uma indicação que aponta na direção de outra importante característica da vida cristã na Antiguidade. Seu título honorífico, o de "mártir", é uma referência à morte que sofreu nas mãos dos romanos, no ano 165. E quem era o imperador, nessa época? O filósofo Marco Aurélio. A lendária moderação estoica de Marco Aurélio não incluía uma postura de tolerância com os cristãos, e, nesse sentido, ele estava longe de ser o único a nutrir tal postura. Alguns se mostravam mais tolerantes do que outros em relação aos cristãos, mas no transcorrer de dois séculos a nova fé enfrentou constantes ameaças de perseguição, ainda que a verdadeira perseguição tenha sido um evento mais ocasional e esporádico do que tendemos a acreditar. Alguns autores cristãos praticamente davam a

214. *Apologies*, ed. Blunt, A. W. F. (Cambridge, 1911), 1.6; citado em Bettenson (1956, p. 58).

impressão de deleitarem-se com os perigos de sua precária situação. Inácio, um padre da Igreja, prometeu que ofereceria de bom grado seu próprio corpo como trigo a ser triturado pelos dentes de feras selvagens, a fim de, dessa maneira, produzir farinha para o pão de Cristo[215]. Orígenes, o mais importante dos primeiros Padres da Igreja grega, escreveu uma carta a um amigo pedindo-lhe para que acolhesse seu autossacrifício com entusiasmo, e não com relutância (aqui fica claro a razão que o levou a escrever uma carta: não existem cartões de felicitação para ocasiões como esta). Houve quem julgasse necessário advertir seus companheiros cristãos para que evitassem fazer convites deliberados ao próprio martírio. Há uma linha tênue entre a disposição de morrer em nome da fé e o uso da fé como um pretexto para o suicídio.

Os romanos tinham aquilo que consideravam boas razões para as perseguições. Quando não atiravam os cristãos aos leões, faziam diversas acusações aos membros desta seita que despontava. Eles, no mínimo, fingiam pensar que as reuniões entre cristãos terminavam com orgias sexuais, além de chamá-los de canibais pelo fato de seus rituais envolverem a ingestão do corpo de Cristo. Porém, sua principal queixa era a acusação de ateísmo acima mencionada. Acreditava-se que a sobrevivência do império dependia dos favores dos deuses, e os cristãos não apenas se recusavam a fazer sacrifícios nos templos como contestavam a própria existência dos deuses! Com o decorrer do tempo passou-se a atribuir aos próprios imperadores a condição de deuses. Os cristãos, naturalmente, também rejeitavam isso, o que em si já era razão suficiente para serem perseguidos. A repressão e a violência contra os adeptos da nova fé só teriam fim quando um dos imperadores se convertesse ao cristianismo. E o primeiro convertido, claro, foi Constantino.

Isso tudo nos remete a outra data que merece ser lembrada: 306 d.C. – o ano em que Constantino tornou-se imperador na região ocidental do império. No ano 305, o Imperador Diocleciano abdicou do trono, evento que pôs fim a um reinado no qual a perseguição aos cristãos foi marcada por uma particular virulência. Constantino consolidou sua soberania no império na célebre Batalha da Ponte Mílvia, no ano 312. Também ficou famosa a visão milagrosa que ele supostamente teve antes desta batalha, visão esta que o

215. Ludlow (2009, p. 31), ao citar a *Epístola aos romanos* de Inácio.

estimulou a apoiar os cristãos. Se Constantino de fato teve esta visão, que imagens havia nesta visão e qual o papel que ela teve – se é que teve – em sua benevolência para com cristianismo, bem como quando exatamente ele próprio se converteu, são todos temas debatidos entre os historiadores. Mas nós, historiadores da filosofia, podemos deixar estas discussões de lado e apenas observar que, depois de Constantino, o Império Romano seria governado por cristãos, com a notável exceção de Juliano o Apóstata. Isso deu ao cristianismo a possibilidade de prosperar e de se transformar de uma comunidade oprimida a uma importante força institucional no seio do império.

Livres da perseguição dos pagãos, os cristãos não desperdiçavam seu tempo com ataques mútuos, já que estavam envolvidos de maneira cada vez mais intensa em controvérsias doutrinárias. No século II d.C. personagens como Justino o Mártir usavam suas habilidades retóricas e filosóficas para defender as ideias que eles consideravam ortodoxas e refutar as que consideravam heréticas. A institucionalização do cristianismo, contudo, proporcionou um novo contexto e um novo impulso para tais controvérsias. Já sob o governo de Constantino, conflitos doutrinários eram motivo de dor de cabeça para o imperador. Ele foi o primeiro imperador – e longe de ter sido o último – a buscar uma solução pacífica para os acalorados debates teológicos. Em seu devido tempo, divergências em relação a tópicos como a Trindade e a encarnação levariam à violência nas ruas, inspirariam insurreições contra imperadores do Oriente e estimulariam os principais intelectuais do Império Romano a escrever extensas obras marcadas por uma mútua refutação de ideias.

Isso tudo nos traz de volta à filosofia. Abundam evidências de que os Padres da Igreja foram influenciados pela tradição filosófica helênica. Aqui, não há a necessidade de olharmos além de Agostinho, que antes mesmo de sua conversão deu um enorme passo na direção do cristianismo graças à sua interpretação do que ele denomina de "os livros dos platônicos", o que, provavelmente, era uma referência a versões latinas de Plotino e de Porfírio (Agostinho, Conf., 7.9.13). Estes lhe mostraram a possibilidade de conceber Deus como uma causa imaterial, uma ideia que até então ele relutava em aceitar. É claro que Agostinho era um homem excepcional, mas nesse quesito ele não era tão excepcional assim. Tanto Clemente de Alexandria quanto Orígenes, dois grandes Padres da Igreja que escreviam em grego, estavam imersos na cultura helênica de um modo geral e, em particular, na filosofia helênica. Isso não significa que todos os pensadores cristãos ofereceram à filosofia uma calorosa acolhida. Os três teólogos que acabo de mencionar criticavam os filósofos pagãos das mais variadas formas. Outros teólogos, como Tertuliano, padre da Igreja latina, mostravam-se ativamente hostis na medida em que exaltavam o Evangelho em detrimento das obras de Platão e de Aristóteles.

Os textos cristãos, não obstante, devem ser considerados como parte da tradição filosófica da Antiguidade. Para sermos sinceros, esta não é uma visão amplamente compartilhada. Em periódicos de filosofia antiga é raro encontrar textos a respeito dos Padres da Igreja, e estes em geral não são incluídos nos currículos universitários de filosofia. Na verdade, o estudo dos padres, amiúde chamado de "filosofia patrística", geralmente se limita à esfera dos departamentos de teologia ou de estudos religiosos. Por exemplo, a atenção que historiadores da filosofia dedicam a Agostinho, um dos mais importantes filósofos de todos os tempos, é associada sobretudo ao estudo do pensamento medieval – embora Agostinho tenha morrido no ano 430. No entanto, estudiosos da filosofia antiga têm demonstrado um crescente interesse pelos Padres da Igreja, atraídos pela sofisticação desses textos e pela oportunidade de encontrar novos temas a serem pesquisados. Eu lhe darei algumas razões pelas quais esta pesquisa é muito oportuna.

Para começar, há a postura dos próprios cristãos da Antiguidade. É bem verdade que alguns, a exemplo de Tertuliano, fizeram severas críticas à filosofia pagã, de modo que chegaram até a apontá-la como uma fonte de heresia no cristianismo. Outros, contudo, tentaram apropriar-se da palavra "filosofia" para a nova religião. Veremos Justino Mártir referindo-se ao cristianismo como a verdadeira filosofia, bem como Clemente tratando a filosofia como um trampolim para se alcançar a verdade contida nos evangelhos. Já observamos anteriormente como este propósito foi servido no caso de Agostinho. Na verdade, seria surpreendente se os Padres da Igreja não tivessem tentado se apropriar da filosofia para seus próprios objetivos. Eles eram pessoas cultas e escreviam para um público culto. Sua intenção era mostrar a este público que sua fé era igual – ou melhor, superior – a sistemas pagãos de alta refinação intelectual como o estoicismo e o platonismo.

Seus adversários pagãos compreendiam o perigo de permitir que o cristianismo se beneficiasse da educação clássica. É por isso que o Imperador Juliano proibiu os cristãos de lecionar retórica. No que tange aos cristãos, eles não tardaram a enfatizar que "filosofia" significa "amor pela sabedoria", e, por conseguinte, que ela depende da razão – em grego, *logos*. Se Jesus representou, literalmente, a encarnação da divina sabedoria e do *logos*, o que poderia ser mais "filosófico" do que o cristianismo? Esta pergunta vai muito além de um simples jogo de palavras. Os cristãos reconheciam que os filósofos sempre estiveram em busca da verdade, e por vezes os elogiavam por esta prática. Em seu entender, no entanto, os filósofos estavam fadados, ao menos em parte, ao malogro, já que a verdade perfeita só é concedida ao homem na Bíblia e na figura do Cristo. A divina revelação abre um caminho rumo ao conhecimento que os filósofos há séculos tentaram alcançar somente com a capacidade da razão humana.

Será que isso significa, porém, que no fim das contas nossos teólogos não eram filósofos, uma vez que eles dão preferência à revelação em detrimento dos argumentos racionais? Bem, considere a obra *Sobre os princípios*, de Orígenes, possivelmente a principal obra cristã na Antiguidade, exceção feita às obras de Agostinho. Bem no início do livro, Orígenes enumera vários princípios da doutrina que não estão abertos para um debate sério, por já terem sido estabelecidos pelas Escrituras de um modo que não deixa margem para dúvidas. Estes incluem a existência e a unidade de Deus, a geração do Filho de Deus pelo Pai, o Filho de Deus encarnado em Cristo, e assim por diante. Orígenes, entretanto, explicita o quanto ainda permanece *aberto* para debate. Qual é a natureza da alma e de que modo ela se relaciona com o corpo? O que significa, exatamente, dizer que o Pai gera o Filho? O que existia antes de Deus criar o mundo, se é que existia algo? Eis apenas algumas das perguntas que Orígenes se propunha a investigar. Ao fazê-lo, ele apresenta, o mais das vezes, argumentos filosóficos cuja consonância com as Escrituras só foi revelada mais tarde. Muitas vezes – é forçoso reconhecê-lo – a suposta demonstração da convergência entre suas conclusões e a autoridade das Escrituras é a parte menos convincente de sua argumentação.

É natural que os Padres da Igreja tenham procedido desta maneira. As Escrituras, além das eventuais controvérsias textuais, eram de interesse comum a eles e a seus adversários teológicos. Os teólogos, com efeito, não hesitavam em mostrar provas textuais para seus oponentes, mas tais textos já eram amplamente conhecidos por estes, que poderiam responder aos argumentos por meio da citação de seus trechos prediletos. Desse modo, era comum que em tais debates se apelasse ao terreno comum do argumento racional, terreno que incluía, por vezes, o uso explícito da lógica e de outros instrumentos da filosofia helênica. Assim, a filosofia tornou-se uma arma que poderia ser usada não só para combater a heresia como para derrotar teorias teológicas rivais. Sobretudo nas mãos de autores mais aventureiros e investigativos, qual Orígenes e Agostinho, a filosofia podia servir de instrumento para solucionar perguntas que as Escrituras não foram capazes de resolver de maneira inequívoca. Como resultado disso tudo, podemos de fato encontrar ideias filosóficas inovadoras em antigos textos cristãos, isto é, ideias capazes de despertar o interesse até mesmo dos ateus mais convictos. Dentre estas ideias, darei relevo a três.

Em primeiro lugar, há o tema da causalidade. O tópico teológico que provocou o mais acalorado debate na Antiguidade Tardia é o da inter-relação entre os três elementos da Trindade. Todos concordavam que o Pai gerou o Filho. Porém, como podemos compreender esta relação divina em que um gera o outro? É muito provável que isso tenha algo em comum com a situação em que um pai humano gera um filho humano. Isso demanda uma análise cuidadosa da relação causal entre pais humanos e filhos humanos, bem como um exame igualmente cuidadoso quanto a em que medida o caso divino se distingue do exemplo humano. Isso tampouco bastaria. Afinal, os cristãos acreditam que o mundo existe por causa de Deus, mas fazem de tudo para negar que Ele se relaciona com o mundo criado da mesma forma que o Pai se relaciona com o Filho. Portanto, qualquer concepção acerca da Trindade que se pretenda satisfatória precisaria comparar e contrastar três relações causais distintas: entre Deus e o mundo, entre o Pai divino e o Filho divino, e entre o pai humano e o filho humano. Não é de surpreender que os Padres da Igreja promovam alguns dos mais sofisticados debates acerca do tema da causalidade na Antiguidade.

Em segundo lugar, há um tipo especial de causalidade envolvido na atuação que é escolhida com liberdade. Já vimos que filósofos da Antiguidade – *e.g.* estoicos e platônicos – ponderavam quanto a até que ponto os atos humanos são considerados livres. Autores cristãos apresentam respostas a estes debates, sobretudo ao conceito de vontade autônoma ou, ainda, o de capacidade de escolha, tal qual, por exemplo, o que encontramos no estoico Epiteto. No entanto, eles vão muito além na análise deste conceito, pois investigam as condições nas quais uma vontade – ou um arbítrio – pode ser considerada livre. Também discutem como a responsabilidade moral se relaciona com a vontade. De maneira geral, esta discussão também se insere no contexto de um debate teológico. Os ensinamentos de Agostinho acerca da vontade (ou do arbítrio), por exemplo, são desenvolvidos, ao menos em parte, no intuito de demonstrar que os humanos não serão dignos da salvação se não alcançarem a graça divina. Porém, as ideias cristãs acerca da liberdade e do arbítrio perduraram no tempo mesmo depois do desaparecimento destes debates ao longo da história. Hoje em dia, até mesmo não cristãos se deparam com fortíssimas intuições acerca da liberdade e da responsabilidade moral que estão mais sintonizadas com as ideias de Agostinho do que, digamos, com as de Aristóteles ou Platão[216].

Em terceiro lugar, os antigos cristãos nutriam um fascínio pela linguagem – tanto por seu poder quanto por suas limitações. A necessidade de interpretação das Escrituras os obrigava a refletir acerca do modo como a linguagem transmite significados, ao mesmo tempo em que os oculta. Às vezes de modo implícito, e muitas vezes de maneira explícita, eles apresentam novas ideias acerca do que chamaríamos de "hermenêutica", isto é, a interpretação dos textos. Este tema era investigado por filósofos pagãos, por gramáticos e por retóricos que faziam comentários a respeito de textos de Homero e de outros autores clássicos. Os cristãos reconheciam, entretanto – e com renovado vigor –, a possibilidade de que um determinado texto pudesse ter uma variedade infinita de interpretações. É claro que eles se referiam, sobretudo, ao texto divinamente revelado nas Escrituras, mas as teorias hermenêuticas desenvolvidas por Agostinho e por outros autores também se aplicam à linguagem em um sentido mais amplo. Os antigos cristãos também se preocupavam com a maneira pela qual a linguagem

216. Uma importante análise recente do conceito de vontade (ou arbítrio) na Antiguidade que enfatiza as novas contribuições oferecidas por pensadores cristãos é a de Frede (2011).

poderia descrever Deus, o que, por conseguinte, incluía os trechos das Escrituras que o descrevem em termos que evidentemente não poderiam ser compreendidos em seu sentido literal ou superficial

Nem de longe esta é uma lista completa dos temas a respeito dos quais os Padres da Igreja fizeram afirmações que despertaram renovado interesse filosófico. Pode-se facilmente acrescentar a ela mais exemplos, tais como a natureza da alma ou a relação metafísica entre as partes e o todo – outro tópico que surgiu com o debate trinitário. Outro aspecto central em seus textos era a dificuldade de identificar se o conhecimento de Deus acerca do futuro conduz ou não ao determinismo, uma versão de um problema que surgiu com a lógica aristotélica[217]. De um prisma filosófico, portanto, temos boas razões para passarmos mais algum tempo na companhia dos antigos cristãos. De um prisma histórico, a importância de tais figuras é ainda mais evidente. Não se pode compreender a filosofia medieval sem antes analisar o cristianismo antigo. Isso se aplica não apenas à Idade Média europeia, mas também à tradição bizantina, e até mesmo à filosofia no mundo islâmico. Em todas estas três esferas percebe-se um envolvimento com os cristãos da Antiguidade Tardia, de modo que as controvérsias teológicas que começaram a surgir nesse período permaneceram vivas ao longo de toda a história da filosofia.

217. *Filosofia clássica*, cap. 30.

40

Por favor, aceitem nossas desculpas: Os Padres da Igreja grega

Um menino está sentado no chão, de pernas cruzadas. Estamos na última noite de outubro, e um vento frio se infiltra a partir do chão em meio a uma camada de sinuosas trepadeiras. Tamanho é seu entusiasmo que ele não se dá conta do que está por acontecer. Escolheu este lugar com cuidado, em razão de sua autenticidade. Caso o tenha escolhido acertadamente e suas expectativas se cumpram, será recompensado com presentes, assim como todas as demais crianças virtuosas do mundo. Porém, ele será o único a testemunhar o surgimento da figura que emergirá por entre as trepadeiras, e provar, de uma vez por todas, que sua fé se justifica. Ele será o primeiro a contemplar... a Grande Abóbora. O menino, claro, é Linus, da tira de quadrinhos *Peanuts*, que a cada celebração do Dia das Bruxas tenta convencer Charlie Brown e as demais crianças a se colocarem à espera desta figura que virá à maneira de Papai Noel. Ano após ano ele se frustra, mas não abdica de sua fé.

Bem, as abóboras não são os mais filosóficos dentre os legumes. Esta distinção cabe ao tomate, que todos acreditam ser um vegetal, mas que, na realidade, é uma fruta. No entanto, a modesta abóbora já desempenhou um papel eventual nos textos filosóficos. Sêneca escreveu uma sátira como ataque ao Imperador Cláudio intitulada *Apocolocintose do divino Cláudio*, que significa algo como "aboborificação" (o título é um jogo de palavras com o termo *apotheosis*, usado com referência ao momento no qual os imperadores se tornavam deuses). Mais recentemente, Alvin Plantinga, filósofo das religiões, imaginou uma objeção às suas próprias perspectivas quanto à racionalidade da crença religiosa (cf. Plantinga, 1983, p. 74). Plantinga afirmou que um cristão é capaz de aceitar racionalmente a existência de

Deus sem que a tenha comprovado – ele poderia tão somente considerá-la uma crença avalizada, assim como acredita ter jantado ontem à noite sem a necessidade de apresentar nenhuma prova disso (você ganha alguns bônus se acreditar que sua sobremesa foi doce de abóbora). Se isto, porém, estiver correto, então será que uma pessoa como Linus não poderia acreditar de maneira racional na existência da Grande Abóbora sem precisar apresentar uma boa razão que sustente esta crença?

Na verdade, uma leitura atenta das tirinhas da série *Peanuts* nos mostra que a crença de Linus não é uma crença "religiosa". Em uma das tiras, ele diz: "Aprendi que há três coisas a respeito das quais nunca devo discutir com as pessoas: religião, política e a Grande Abóbora". Portanto, a aboborologia é diferente da religião, embora uma seja tão controversa quanto a outra. No entanto, se voltarmos no tempo a uma época mais próxima à de Sêneca, encontraremos a evocação de abóboras em meio a uma polêmica religiosa. O contexto a que nos referimos é a *Refutação de heresias*, da autoria de Irineu de Lyon, um padre da Igreja que escreveu no final do século II dC.[218]. Seu público-alvo eram chamados gnósticos, um grupo de pensadores que alegavam seguir Cristo, mas que, no entendimento de Irineu, nada tinham de cristãos. Vários gnósticos adotavam uma variedade de cosmologias – com efeito, para Irineu era prazeroso enfatizar as diferenças entre eles, assim como um cético aponta as divergências entre filósofos dogmáticos. Todos os gnósticos, contudo, postulavam a existência de um deus superior, o qual exerce sua autoridade em uma série de seres divinos inferiores, a quem são atribuídos nomes como silêncio, unidade, verdade, sabedoria e verdade. Em um trecho atipicamente divertido, Irineu insinua, de modo sarcástico, que é bem possível que eles acreditem numa divindade chamada *Kolokunthe* – "abóbora", em grego (*Refutação de heresias*, 1.11).

Alguns textos gnósticos que sobreviveram foram descobertos no Egito, próximo à cidade de Nague Hamadi, em meados do século XX. Porém, nosso conhecimento acerca desses textos seria muito menor se não tivéssemos acesso às *Refutações* de Irineu e às obras de outros Padres da Igreja que são, por vezes, chamados de "apologetas", em razão de sua incansável

---

218. Excertos extraídos de Grant (1997).

defesa da nova fé[219]. Tal qual são apresentadas pelos Padres da Igreja, as teorias gnósticas parecem ser, de fato, tão razoáveis quanto a fé de Linus na Grande Abóbora. Os gnósticos, entretanto, eram levados suficientemente a sério para provocar tais refutações. Eles também foram lidos por filósofos, sobretudo no século seguinte, na escola de Plotino (cf. capítulo 32). Em ambos os casos isso talvez tenha ocorrido porque a concepção dos gnósticos lhes parecia semelhante demais, a ponto de causar-lhes inquietação. A inspiração dos gnósticos provinha não apenas dos evangelhos, mas também da tradição filosófica: seus próprios ensinamentos remetiam a ideias dos platônicos médios. Eles não acreditavam que o cosmo foi criado por uma divindade superior, e sim por uma divindade mais ignorante e inferior. Isso explicaria por que nós não vivemos em um mundo perfeito, livres dos sofrimentos e do mal. Por conseguinte, eles desprezavam o mundo material e sustentavam que a redenção reside em uma vida estritamente espiritual que é definida por certo conhecimento. Até aqui, tudo soa demasiado platônico. No entanto, uma certa estranheza emergiu com a alegação gnóstica de que esta vida está disponível apenas para alguns poucos eleitos. Jesus veio ao mundo em nome desta pequena elite, e lhes trouxe uma nova mensagem acerca do deus superior. No entender deles, a mensagem do Antigo Testamento ou da Bíblia hebraica fazia referência apenas à divindade criadora e ignorante.

Já vimos anteriormente que os gnósticos incitavam Plotino a defender a beleza e a bondade do reino físico, embora considerassem a matéria como o princípio dos males. Os Padres da Igreja também foram incitados desta maneira. Mas por quê? Charlie Brown não acreditava na Grande Abóbora, mas reagia a Linus com bom humor e tolerância, e não com os inúmeros ataques verbais desferidos por Irineu e por outros Padres da Igreja. Irineu quer nos fazer acreditar que suas críticas são fruto de uma indignação moral. Ele se mostra particularmente incomodado com a reivindicação gnóstica de pertencimento a uma elite que se encontra acima do restante do mundo – eles comparam a si mesmos com o ouro imerso na imundície (*Refutação de heresias*, 1.6). Em virtude de já terem sido eleitos por deus para a salvação, eles não têm a menor necessidade de praticar o bem a fim de merecer as graças do divino, graça essa que cristãos como Irineu se esforçam para

219. Cf. Grant (1966); Edwards (1989, p. 26-47).

conquistar. Ao contrário, eles se sentem livres para adotar um comportamento escandaloso e seduzir jovens mulheres com a promessa de uma iniciação.

Desculpe-me, Irineu, mas seus ataques aos gnósticos não me convencem. Por mais imorais que tenham sido suas práticas sexuais, nada é capaz de explicar o modo detalhado como Irineu apresenta e contesta a teoria gnóstica. Suspeito que seus ataques verbais aos gnósticos tenham sido motivados por seu temor de que pudessem agradar seu público. Eles eram o tipo mais perigoso de adversário: o inimigo que concorda com você o suficiente para conseguir seduzir os seus amigos. Eram também um adversário conveniente, no sentido de que a cosmovisão oposta dos gnósticos colocou em relevo as conceções de Irineu acerca de Deus, da criação e da humanidade. Para ele, refutar os gnósticos era uma oportunidade de defender o único e verdadeiro Deus, o qual fora concebido não como um primeiro princípio isolado que é seguido por outros princípios, mas como um criador único que reina absoluto. Portanto, Irineu não se limita a rebatizar os princípios gnósticos com o nome de legumes. Sua esperança é a de que, ao erradicar a heresia deles, ele poderá plantar as sementes da verdade nas mentes de seus leitores.

Por exemplo, ele observa que se realmente existem divindades inferiores que atuam de modo contrário à vontade de Deus, como alegam os gnósticos, então estas divindades devem ser mais poderosas que Ele (*Refutação de heresias*, 2.2). Ora, de que outra forma elas poderiam desafiar sua vontade? Em vez disso, deveríamos dizer que todas as coisas estão sujeitas à vontade de Deus. Uma vez mais, se os princípios ignorantes provêm de Deus, então Deus também deve ser ignorante (*Refutação de heresias*, 2.17). Assim seria, uma vez que as causas compartilham sua natureza com os efeitos por elas geradas. Deve-se, portanto, rejeitar a ideia da existência de um Deus criador que é ignorante. No entanto, uma vez mais, no que tange ao dualismo gnóstico – a ideia de que há uma fonte dos males que está além do poder de Deus –, Irineu observa que, se Deus estiver separado do princípio inferior, isto é, do mal, deve então haver um terceiro poder entre os dois que os mantêm separados (*Refutação de heresias*, 2.1). Com efeito, uma vez que se abandona a ideia de um único Deus, não há razões para nos limitarmos ao número 2. Deparar-se-á com uma multiplicidade infinita de divindades que preenchem lacunas em meio a outras divindades. Aqui, Irineu mostra uma notável capacidade de premonição ao descrever com notável antecedência o magnífico sistema metafísico que seria adotado pelo filósofo pagão Proclo vários séculos mais tarde.

Isso se revela apropriado, pois para Irineu a videira da heresia está enraizada na filosofia pagã. Ele se satisfaz com o uso de premissas filosóficas em seu discurso injurioso contra os gnósticos. Por exemplo, acabamos de vê-lo empregando o princípio platônico segundo o qual as causas e os efeitos compartilham da mesma natureza. A filosofia, entretanto, geralmente surge como a matéria-prima que foi incorporada à estrutura do gnosticismo. Com efeito, ele compara a heresia a uma peça de vestuário costurada a partir dos velhos trapos da filosofia grega (*Refutação de heresias*, 2.14). Irineu identifica paralelos entre os gnósticos e as escolas helênicas: o comportamento vergonhoso deste grupo lembra o dos cínicos, o simbolismo numérico que eles associam a seus princípios soa como algo suspeitamente pitagórico, e assim por diante. Os gnósticos se apropriaram até mesmo das ideias de Platão para seus propósitos abomináveis. Eles apresentam os princípios inferiores como imagens de princípios superiores, de modo que tomavam de empréstimo a compreensão platônica das coisas particulares na condição de imagens das formas. Irineu parece se opor a isso tudo em parte porque admira Platão, ao menos até certo ponto. Para ele, Platão é evidentemente preferível aos gnósticos (*Refutação de heresias*, 3.25), ainda que tenha cometido eventuais erros, por exemplo, o de acreditar que, no além túmulo, as almas humanas reencarnam nos corpos dos animais (*Refutação de heresias*, 2.33).

Há outro aspecto que causa uma divisão entre Irineu, os gnósticos e os demais filósofos. Estes têm a certeza de que os humanos, em princípio, são capazes de alcançar o conhecimento perfeito. Sabemos que esta possibilidade era um compromisso fundamental dos estoicos, bem como que esta ideia é essencial para o elitismo dos gnósticos. Irineu, por sua vez, nega a possibilidade de que os homens tenham um pleno conhecimento a respeito de tudo, e apresenta exemplos de assuntos que escapam à nossa compreensão (*Refutação de heresias*, 2.28). Podemos apresentar apenas hipóteses plausíveis para explicar as causas das cheias do Rio Nilo ou então as causas da chuva e de outras variações climáticas. Em um nível mais sublime, como os humanos poderão saber o que Deus fazia antes de criar o mundo? Tempos depois, Agostinho formulará esta mesma pergunta, e não resistirá à tentação de citar uma piada que ouvira: Deus estava preparando o inferno para receber pessoas que fazem perguntas impertinentes como esta (Agostinho, Conf., 11.12.14). Irineu concorda com o espírito desta piada, de modo que chega a afirmar que qualquer coisa que as Escrituras tenham deixado inexplicada deve ficar a cargo de Deus.

Pode-se supor que todos os Padres da Igreja compartilhavam da postura de Irineu e que, na melhor das hipóteses, encarassem a filosofia como uma arma a ser usada para refutar as ideias dos adversários. Porém, esta mesma suposição é contestada por outra personagem do século II, o apologeta Clemente de Alexandria. O sobrenome "de Alexandria", que acompanha seu nome, já ajuda a explicar seu entusiasmo pela filosofia helênica. Enquanto Irineu era proveniente da região oriental do Império Romano, na Ásia Menor, e se estabeleceu no Ocidente como bispo de Lyon, Clemente morava no centro intelectual do império. Alexandria abrigava a maior biblioteca e o maior instituto de pesquisas da Antiguidade, bem como foi a sede do platonismo médio ao longo das gerações seguintes, até a de Clemente. Convém notar que Filo de Alexandria, um dos pensadores que mais influenciaram Clemente, viveu nessa cidade por volta da mesma época de Jesus. Anos mais tarde, Plotino estudará em Alexandria, a qual se tornará a sede da última escola dos neoplatônicos. Quanto ao próprio Clemente, ele atuou como preceptor dos cristãos convertidos nessa cidade requintada. Não é de surpreender que ele tenha tentado demonstrar como o antigo currículo educacional – que incluía gramática, retórica e a filosofia, em especial – poderia ser um fiel aliado do cristianismo.

A postura pedagógica de Clemente está indicada no título de uma de suas obras, *O pedagogo* – título que se refere a Cristo, aqui descrito como um professor que cura seus alunos do mal do pecado. Outra obra sua é intitulada *Stromateis*, ou *Tapeçarias*[220]. Isso remete-nos à desdenhosa descrição que se faz das doutrinas gnósticas, a saber, de que nada mais eram do que um amontoado de influências filosóficas. A tapeçaria de Clemente, contudo, conforme ele nos narra, foi tecida a partir das melhores partes da filosofia helênica, de modo que contribuirá para que o leitor tenha uma melhor

220. Para a tradução, cf. Ferguson (1991). Citado conforme livro e número da seção.

compreensão das verdades cristãs. Clemente decerto reconhece que alguns pensadores pagãos negociavam falsidades – ele apresenta exemplos óbvios, como o ateísmo epicurista e o materialismo estoico (*Tapeçarias,* 1.50-1). Porém, a verdade também pode ser encontrada nos filósofos helênicos, mormente em Platão. Tal qual uma moeda mantém seu valor independentemente de quem a manuseie, a verdade também pode ser usada para se alcançar a felicidade, ainda que ela seja desenterrada de solo pagão (*Tapeçarias,* 1.98). Na verdade, Clemente afirma que, para ele, o significado do próprio termo "filosofia" não é aquilo que foi afirmado pelos pensadores helênicos, mas apenas a parte verdadeira do que eles disseram, como uma noz que é extraída de sua casca (*Tapeçarias,* 1.18, 1.37). Este núcleo da filosofia foi enviado por Deus, antes de mais nada, para ajudar os pagãos a viver melhor do que viveriam sem ela – e é agora enviado aos cristãos para preparar seu caminho rumo à salvação.

Clemente afirma que ele não apenas extrai a verdade dos filósofos, mas *resgata* esta verdade. Ele apresenta uma cronologia detalhada para mostrar que Moisés viveu muitas gerações antes dos primeiros filósofos helênicos (*Tapeçarias,* 1.101-7). Isso confere credibilidade histórica à sua afirmação de que as ideias políticas de Platão, por exemplo, originam-se, em última instância, no Antigo Testamento. Com efeito, Moisés deixou a verdade como legado em todos os principais ramos da filosofia: na política, na ética, na física e na metafísica. De modo geral, as Escrituras oferecem-nos ensinamentos na mais filosófica das habilidades: a dialética, que Clemente considera como a capacidade de extrair o verdadeiro a partir daquilo que é falso. Ocorre que as melhores partes da filosofia, os fragmentos dignos de serem trazidos à tona para compor a tapeçaria cristã de Clemente, vêm, em última instância, da Bíblia. Claro que se trata, aqui, de uma crítica disfarçada de elogio. Clemente está nos dizendo que os gregos roubaram toda a sabedoria que possuíam, embora ao menos tenham tido a sensatez de roubar dos melhores. Nesse caso, contudo, por que não prescindir da filosofia e seguir o conselho de Irineu: buscar nas Escrituras as respostas para todas as nossas perguntas e, caso não as encontremos, conformarmo-nos com nossa ignorância?

A resposta dada por Clemente seria repetida por filósofos cristãos, judeus e muçulmanos por mais de mil anos. Recorre-se à filosofia para se preparar para a fé, para se ter dela uma compreensão mais plena e para defendê-la de seus inimigos. Aqueles que se entregam de imediato à fé sem estudo prévio se assemelham aos que têm intenção de colher abóboras sem antes cuidar do canteiro. Isso poderá soar estranho aos ouvidos modernos, já que hoje em dia nossa tendência é considerar a fé religiosa e o argumento filosófico, ou racional, como caminhos mutuamente excludentes. Não é verdade que a fé nada mais é do que uma crença que não leva em conta a razão ou que pode prescindir dela? Bem, Clemente diz que não. Ele faz uma minuciosa análise da palavra grega *pistis* (*Tapeçarias,* 2.14), que pode ser traduzida como "fé", mas também como "confiança" ou "convicção", traduções que talvez sejam menos enganosas neste contexto. De fato, Clemente emprega a palavra *pistis* para descrever a crença religiosa que surge em meio à ausência de reflexão filosófica. Mas ele também a usa para designar a postura que se adota em relação às próprias coisas que são demonstradas em um argumento filosófico – por exemplo, a conclusão de um silogismo aristotélico. Ademais, *pistis* descreve a crença que temos no exemplo dos primeiros princípios, isto é, as proposições básicas do conhecimento filosófico, de acordo com Aristóteles.

O que esses três tipos de crença têm em comum? É evidente que *pistis*, ou fé, não se aplica especificamente às crenças religiosas quando estas são tomadas em contraposição às crenças seculares. Ela tampouco seleciona coisas em que se acredita de imediato, sem apresentação alguma de um argumento lógico que fundamente a crença. Isso poderia se aplicar tanto a uma religião que não envolve uma reflexão crítica quanto aos primeiros princípios, mas não a conclusões demonstradas. Em vez disso, *pistis* distingue-se em razão do nível de comprometimento do indivíduo. Quando temos fé, acreditamos de um modo confiante, e até mesmo com certezas. Portanto, Clemente contrapõe a fé à mera opinião, situação na qual a crença de uma pessoa ainda deixa margem a dúvidas. Ele acrescenta, contudo, que a fé não é tão somente aquilo em que acreditamos em caso de desamparo. Ter fé envolve um ato de vontade por meio do qual somos responsáveis por aquilo em que acreditamos (*Tapeçarias,* 2.28). Aqui, Clemente parece se inspirar nos estoicos. Lembre-se de que pensadores estoicos como Epiteto também enfatizavam o fato de nosso assentimento estar em nosso controle, e apenas em nosso controle. Clemente junta a isso ideias aristotélicas acerca da crença e do conhecimento a fim de criar um novo conceito de *pistis* que possa ser usado pelo cristianismo.

Quando alcançamos esse tipo de crença sólida em Deus (comparável ao conhecimento alcançado pelos sábios estoicos), atingimos aquilo que Clemente explicitamente chama de *gnosis*. Esta palavra significa "conhecimento", e é por isso que os pensadores criticados por Irineu eram conhecidos pelo nome de "gnósticos". Clemente pretende reivindicar o sentido de verdadeira fé da palavra *gnosis*, do mesmo modo que recuperara a posse da filosofia dos pagãos. Com efeito, alguns estudiosos afirmam ter encontrado pontos em comum entre Clemente e os gnósticos, pois ele também retrata a realização humana de uma forma altamente intelectual (Lilla, 1971, p. 150). Um aspecto que também evoca o gnosticismo é a convicção de Clemente de que as Escrituras são textos simbólicos que precisam ser decodificados por meio da filosofia. Em ambos os casos, contudo, seu verdadeiro modelo não são os odiados gnósticos; seu modelo é Filo de Alexandria. Clemente segue o caminho de Filo, isto é, busca uma exegese filosófica da Bíblia, de modo que chega até a citar algumas das interpretações alegóricas de Filo. O papel que o gnosticismo desempenha na elaboração da estratégia de Clemente é o de um competidor, e não de uma inspiração. Clemente tenta mostrar que o cristianismo ortodoxo também pode recorrer ao aprendizado tradicional e equiparar-se ao gnosticismo em termos de sofisticação.

Tanto Clemente quanto Irineu empreendiam um grande esforço, seja para defender a ortodoxia, seja para defini-la. Nessa época, a crença ortodoxa cristã tinha vários rivais: não apenas os pagãos e os gnósticos, mas também os judeus. Ao longo do século I d.C. os limites entre o cristianismo e o judaísmo foram marcados por hostilidades. Agora, no século II, Clemente já podia considerar a Bíblia hebraica como a raiz de tudo que há de bom na filosofia, bem como ser agradecido pela possibilidade de se inspirar em Filo, um pensador judeu. Os cristãos, contudo, também sentiam a necessidade não apenas de diferenciar sua religião do judaísmo como de explicar as razões pelas quais ela era digna da preferência das pessoas. A melhor síntese desta relação problemática é encontrada no *Diálogo com Trifão*, um texto escrito por outro padre apologeta, Justino o Mártir[221]. À semelhança de um diálogo platônico, ele apresenta o encontro extraordinário entre um sábio e um interlocutor. O sábio, porta-voz de Justino, descre-

221. Mártir, Justino, *Diálogo com Trifão*. Para a tradução para o inglês. cf. Falls (2003). Citado de acordo com o número do capítulo.

ve a si mesmo como um filósofo que se veste com as típicas roupas de um filósofo. Ele trava um debate com Trifão, provavelmente um judeu fictício, a fim de convertê-lo ao cristianismo. O sábio, que muito provavelmente descreve a conversão do próprio Justino, conta como, no início, recebeu ensinamentos filosóficos, até que encontrou um cristão que lhe mostrou a incoerência de vários deles. Por exemplo, em princípio ele aceitou a doutrina platônica da imortalidade da alma, mas logo foi persuadido de que uma coisa sujeita a mudança e a falhas morais, tal qual a alma, não pode ser incriada – isso só pode se aplicar a Deus (*Diálogo*, 5). Desse modo, a alma não é, em sua essência, algo vivo, como Platão defendera no *Fédon*. Em vez disso, Deus cria a alma e lhe concede a vida. Se ela continua a viver depois da morte do corpo, isso ocorre porque a vida eterna lhe é dada como um presente que transcende sua natureza intrínseca.

Justino, entretanto, compartilha com Clemente a ideia de que a "filosofia" autêntica consiste em tudo que seja verdadeiro. Portanto, ele chega a alegar que o próprio cristianismo é a verdadeira filosofia (*Diálogo*, 8). De um prisma filosófico, contudo, o interesse no *Diálogo* de Justino começa a declinar logo depois das páginas iniciais. A maior parte do texto é dedicada à exegese do Antigo Testamento numa tentativa de mostrar que ele prefigura e justifica a crença cristã. Trifão, a personagem judia, mostra-se sobretudo como um passivo parceiro de cena, embora lhe sejam dadas eventuais oportunidades de contra-atacar, por exemplo, ao sugerir que a doutrina do nascimento da Virgem Maria é um plágio de mitos acerca de Zeus (*Diálogo*, 47). E, embora o diálogo seja retratado como uma conversa polida, Justino mostra-se, com efeito, pouco respeitoso em relação à fé judaica. Ele inclui no diálogo uma diatribe nada edificante na qual o porta-voz cristão alega que a circuncisão e as leis da alimentação são castigos impostos aos judeus por terem crucificado o Filho de Deus (*Diálogo, 18*). Mesmo em meio a este material perturbador encontramos trechos que despertam um interesse filosófico: o porta-voz faz uma pausa para tecer comentários quanto à possibilidade da existência do livre-arbítrio: se os judeus (e todos os homens) são dotados de livre-arbítrio, o castigo que Deus aplica aos que praticam más ações é merecido (*Diálogo*, 141).

Esta menção ao livre-arbítrio e ao mal nos traz de volta a Irineu e à sua refutação dos gnósticos. Você deve ter reparado que os ensinamentos gnósticos podiam reivindicar uma nítida vantagem em relação aos ensinamentos "ortodoxos" cristãos. Ao invocar um deus ignorante e secundário, bem como a vileza da matéria, os gnósticos conseguiam explicar por que o mundo está repleto de males e de pecados, algo difícil de explicar em um sistema que reconhece apenas um primeiro princípio único e totalmente bom. Para Irineu e para os demais Padres da Igreja, a dificuldade se revelava ainda maior. Já vimos anteriormente que Irineu dava ênfase à ilimitada liberdade de Deus, e, ao longo das gerações seguintes, os cristãos rejeitarão a alegação neoplatônica de que todas as coisas necessariamente têm origem no primeiro princípio. Entretanto, se Deus é livre e todo-poderoso, por que permite a existência de males e de sofrimento?

A solução proposta por Irineu não é a que predominaria na tradição, embora ela tenha encontrado admiração entre filósofos da religião contemporâneos (Hick, 1966). Ele parte da hipótese – de inspiração platônica – de que, se as almas são criadas, elas devem ser mutáveis e imperfeitas. No início, o estado delas é semelhante ao das crianças que precisam se desenvolver a fim de alcançar a sabedoria e a virtude (*Refutação de heresias*, 4.38). Os gnósticos afirmam que alguns, por sua própria natureza, são maus, e outros, por sua própria natureza, são bons. Irineu, por sua vez, acredita que cabe a cada alma individual tornar-se boa. O sofrimento é a consequência de nossa inevitável imperfeição, mas podemos nos empenhar para nos aperfeiçoarmos por meio do exercício de nossa liberdade de escolha. Em vez de culpar Deus por não nos ter criado como deuses como Ele próprio, devemos agradecer-lhe por nos convocar a um autoaperfeiçoamento e por nos oferecer orientações que podem ser seguidas ao longo do caminho. É notável reparar, aqui, no modo como a imperfeição da humanidade é explicada por meio da necessidade metafísica, em vez da explicação da doutrina do pecado original que será apresentada por Agostinho. Eis um caminho que o cristianismo poderia ter trilhado, mas que optou por não fazê-lo. Pelo menos, não no longo prazo. No curto prazo encontraremos uma versão surpreendentemente radical da proposta de Irineu em outro apologeta, o qual, por acaso, de uma perspectiva filosófica, é o mais interessante dos Padres da Igreja. Portanto, sigamos nossa análise das origens da filosofia cristã, agora com a filosofia cristã de Orígenes.

41

Queda e ascensão: Orígenes

Que sensação você tem quando ouve que "todos os homens são criados iguais"? Trata-se, por acaso, de uma verdade que você considera óbvia? Thomas Jefferson achava que sim, e é por isso que ele usou esta frase logo no início da mais importante solicitação de divórcio jamais escrita, a *Declaração de Independência dos Estados Unidos*. Porém, no que diz respeito a verdades óbvias, esta afirmação parece demasiado controversa. Antes de prosseguirmos, supõe-se que nossa intenção aqui seja entender a palavra "homens" como uma referência a todos os humanos, não apenas aos homens adultos. Na sequência, há a insinuação de Jefferson de que um criador divino concedeu a todos a igualdade aqui referida. Isso fica explícito na frase seguinte, que contém a afirmação de que todos os homens foram dotados pelo Criador de certos direitos inalienáveis tais quais a vida, a liberdade e a felicidade. Estas verdades podem ter sido óbvias no final do século XVIII, mas hoje em dia ainda causam controvérsia.

No entanto, até mesmo ateus provavelmente concordariam que Jefferson estava apresentando uma ideia de notável importância. A maioria de nós acredita que todos os seres humanos têm a mesma dignidade moral, e a maioria das teorias éticas defendidas pelos filósofos contemporâneos reflete isso. Seguidores de Kant afirmam que todos os seres humanos devem ser considerados como um fim e não como meios para se atingir algo. Os utilitaristas, herdeiros de Stuart Mill e Jeremy Bentham, em geral consideram que devemos tentar elevar a felicidade universal a seu grau máximo numa situação em que cada pessoa tenha o mesmo direito a esta felicidade. Estes sentimentos precisam ser confrontados com outras verdades aparentemente evidentes que nos fazem retroceder e que, por conseguinte, reforçam desigualdades: por exemplo, a verdade de que, em nossos cálculos morais, nossos entes queridos devem ter um peso maior do que completos estranhos. Ainda assim, a igualdade de cada ser humano parece ser um ponto de partida promissor para a reflexão moral. A igualdade não é apenas um ponto de partida; também é um objetivo. Empenhamo-nos para alcançar a igualdade nos acordos políticos e democráticos a fim de propiciar a todas as partes um tratamento imparcial em processos jurídicos e a fim de eliminar a desigualdade das condições sociais e econômicas.

Isso tudo conduz à seguinte ideia: se nós, humanos, fomos de fato criados por um Deus justo e amoroso, por que então *não fomos* criados iguais? É evidente que viemos para este mundo dotados de talentos e habilidades radicalmente diferentes. Alguns são inteligentes por natureza, ao passo que outros não o são. Alguns são atletas talentosos, outros carecem de coordenação motora e são desajeitados. Alguns têm cabelos abundantes e sedosos que se estendem até os ombros, outros são como eu. Pior ainda é o fato de que algumas pessoas, ao que parece, nascem *moralmente* melhores do que outras. É bem verdade que diferentes ambientes em que passamos nossa infância impactam em nosso caráter moral. No entanto, parece verdade que certas pessoas nascem com dons como: uma generosidade instintiva, um autocontrole espontâneo e uma perspectiva alegre diante da vida. Por morar no Centro-Oeste americano há muitos anos, posso lhe dizer que a maioria das pessoas que descrevi acima vive nesta região. No outro extremo do espectro, estão as sementes ruins: pessoas que tiveram todas as vantagens e privilégios no modo como foram criadas na infância, mas que, não obstante, descobrem que, tal qual Oscar Wilde, podem resistir a tudo, menos à tentação.

No mundo da Antiguidade, pelo contrário, considerava-se fato consumado que todos os homens – sem falar das mulheres – *não são* criados iguais. Basta lembrarmos das três classes da *República* de Platão, as quais são diferenciadas em termos de suas tendências inatas, bem como das opiniões de Aristóteles quanto à escravidão natural. À medida que a filosofia antiga se desenvolvia, tornou-se cada vez mais difícil explicar estas desigualdades naturais, até mesmo as desigualdades moralmente significativas. Os estoicos, e, na sequência, os platônicos e os cristãos, enfatizavam a ideia de que o mundo é resultado da atividade da divina providência. Por que Deus, apesar de seus poderes ilimitados, não conseguiu ordenar o mundo – enquanto nós humanos nos empenhamos em ordenar nossos modestos assuntos –, de modo que igualdade e justiça fossem concedidas para todos? A dificuldade é mais específica do que a que examinamos ao expor o "problema do mal" quando tratamos de Plotino. O que nos perguntamos agora não é a razão pela qual há coisas ruins no universo, e sim, mais especificamente, por que algumas pessoas nascem sem os dons que são concedidos por natureza a outras.

Uma possível resposta foi dada por um grupo que já mencionamos quando tratamos de Plotino: os gnósticos. Para eles, o plano de Deus tão somente incluía uma divisão das almas em três categorias. As melhores almas, das quais os próprios mestres gnósticos são dotados, são permanentemente íntegras e imunes às seduções do mundo material. Tais almas têm a garantia de que serão salvas. As piores almas não chegarão à salvação, de modo que estão perdidas desde o dia de sua criação. Em um ponto intermediário entre ambas estão as almas que precisam se empenhar para alcançar a retidão. A concepção gnóstica está fadada a parecer aviltante não apenas por seu elitismo, mas também pela suposição de que Deus mostraria algum tipo de favoritismo nesta sua atitude, à primeira vista, injusta. Esse modo de ver, por certo, escandalizou polemistas cristãos como Justino o Mártir e Clemente de Alexandria, figuras que enfatizavam que Cristo veio ao mundo para redimir toda a raça humana, e não apenas uns poucos agraciados. Porém, eles não avaliaram as consequências desta rejeição de um modo tão completo – na verdade, radical – quanto outro teólogo cristão. Dentre os Padres da Igreja primitiva, ele foi, de um prisma filosófico, não somente o teólogo mais sofisticado como também, de um prisma teológico, o mais ousado. Seu nome é Orígenes.

Filho de pai cristão, Orígenes morreu durante as perseguições empreendidas pelo Imperador Sétimo Severo, no início do século III. Nessa mesma época, a riqueza de sua família foi confiscada. Orígenes, porém, por volta de seus 20 anos de idade, já tivera acesso a uma excelente educação, a qual lhe permitiu sustentar sua família como professor de Gramática, bem como ofereceu-lhe as ferramentas para explorar o incomparável ambiente intelectual de Alexandria, sua cidade natal. Ele seguiu os passos de Clemente quando lecionou na escola da cidade para convertidos ao cristianismo, e seguiu-o novamente quando se inspirou em Filo de Alexandria, o grande filósofo judeu e exegeta bíblico. Alexandria também foi o centro do platonismo pagão, já na época de Filo e até mesmo ao longo dos séculos que se seguiram à época de Orígenes. Orígenes considerava os platônicos pagãos como aliados, não como inimigos; dentre eles, Orígenes dedica elogios especiais a Numênio. Talvez Orígenes tenha se familiarizado com eles ao estudar com Amônio Sacas, o mestre de Plotino. Por intermédio de Porfírio, sabemos que Amônio tinha um aluno chamado Orígenes, mas não está claro se se trata do mesmo homem[222].

Caso você tivesse a oportunidade de sentar-se ao lado dele no cais de Alexandria, admirando o farol e compartilhando histórias a respeito dos vários filósofos chamados Amônio, poderia perguntar a Orígenes o que ele considerava como sua principal realização. Ao apresentar algum tipo de justificativa ele poderia mencionar uma ou duas das obras colossais que sobreviveram até os nossos dias. Uma delas é a resposta a uma fulminante crítica ao cristianismo que fora empreendida por um filósofo platônico chamado Celso. Neste texto, Orígenes dá continuidade à tradição dos apologetas Justino e Clemente. Um segundo tratado, *Sobre os princípios*, é uma impressionante demonstração de especulação teológica, bem como o apogeu da literatura patrística grega para leitores com inclinações filosóficas. Ele sobreviveu em citações do grego feitas por autores de épocas posteriores, e numa tradução para o latim de Rufino, um admirador e apoiador que viveu quase dois séculos depois de Orígenes. Orígenes também escreveu extensos comentários acerca de vários livros da Bíblia, os quais foram somente preservados em parte.

Contudo, se Orígenes de fato quisesse impressioná-lo, ele provavelmente teria feito menção a uma obra que se perdeu no tempo, cujo título era *Hexaples*. Considerado uma das mais impressionantes proezas filológicas da Antiguidade, esse livro trazia uma comparação, lado a lado, de seis

222. *Vida de Plotino*, 3. Para um argumento contrário à identidade do aluno de Amônio e do teólogo cristão, cf. Edwards (1993, p. 169-181).

versões da Bíblia hebraica. Em seis colunas, apresenta-se o texto hebraico consonantal transliterado em caracteres gregos, três tentativas de tradução para o grego, e, por fim, a *Septuaginta* (a tradução grega da *Tanach*), na qual constam trechos em que o texto é diferente do original em hebraico. Orígenes nasceu na época errada. Imagino que ele adoraria ter publicado seu *Hexaples* na rede mundial de computadores, com direito até a palavras-chave que levariam o leitor a outras páginas ou abririam novas janelas de conteúdo no navegador do usuário. Dada a maneira pela qual produzira a obra, restava-lhe a esperança de que escribas estivessem dispostos a preservar esta gigantesca prova de erudição e a copiassem à mão ao longo daquele milênio. Mas eles não tinham tal disposição.

Isso nos traz de volta ao nosso tema: o mundo é um lugar injusto. Assim como os Padres da Igreja primitiva, Orígenes não aceitava a doutrina elitista dos gnósticos que fazia de Deus um ser tão arbitrário em suas escolhas quanto um escriba que decidiria qual texto ele deveria preservar. Mas ele também não conseguia compreender como o mundo, tal qual nós o concebemos, poderia ser a criação imediata do Deus perfeitamente justo cujas Escrituras estudara com tanta devoção nas *Hexaples*. Sherlock Holmes diria que "uma vez eliminado o impossível, aquilo que restar, por mais improvável que seja, constitui a verdade". Ao invocar a justiça divina, Orígenes pôde refutar a teoria gnóstica segundo a qual Deus optara por tornar-nos desiguais. A partir das provas que seus próprios olhos lhe ofereciam, ele podia descartar a ideia de que todos nós realmente nascemos iguais. O que restava era a possibilidade de que as almas fossem, em sua origem, criadas iguais, de modo que só mais tarde se tornariam desiguais, em decorrência de suas próprias escolhas. Um pensador menos ousado que Orígenes talvez evitasse esta conclusão radical. Tal pensador poderia, portanto, ter evitado sofrer uma série de críticas ao longo das gerações seguintes. Orígenes foi criticado por autores tão variados quanto Justiniano, o imperador bizantino, e Jerônimo, padre da Igreja latina – o qual discutia com Rufino, o tradutor de *Sobre os princípios* (Butterworth, 1973), a respeito da ortodoxia de Orígenes.

Porém, ousadia era o que não faltava a Orígenes. Nas páginas introdutórias de *Sobre os princípios*, ele explica as razões pelas quais permite a si mesmo grande liberdade para apresentar soluções a problemas teológicos e filosóficos[223]. Como cristãos, Orígenes e seu leitor assumem certos compromissos essenciais que derivam do significado inequívoco das Escrituras. Ele enumera estes compromissos, mas logo na sequência aponta o quanto ainda permanece sem solução. Estes são os temas que permanecem abertos à investigação. Seu método é o oposto daquele que encontramos em Irineu, o qual alertou seus leitores a não se dedicarem a tópicos cuja resposta não pode ser encontrada na revelação. A natureza da alma, o modo pelo qual Deus criou o mundo e se alguma coisa pode existir sem um corpo – eis alguns exemplos de temas aos quais Orígenes dará atenção em *Sobre os princípios*.

Embora suas ideias acerca da alma sejam formuladas, em parte, como uma resposta aos gnósticos, Orígenes compartilha um traço comum com seus adversários. Assim como estes, ele considera que a salvação da alma é encontrada na realização intelectual. O intelectualismo de Orígenes também o ajuda a explicar como as almas se afastaram de Deus. Quando Deus criou as almas, elas eram todas idênticas. Isso se deve não apenas em razão das exigências da justiça (*Sobre os princípios*, 1.5.3), um tema que enfatizo aqui, mas também porque o próprio Deus é simples, e, assim, não contém nenhuma diversidade. Portanto, as coisas que Ele causa não contêm variedade ou diversidade (*Sobre os princípios*, 2.9.6). Com efeito, todas as almas foram criadas em pé de igualdade, na condição de entidades racionais desprovidas de corpos, porém dotadas da livre-escolha. Como elas nada mais são do que mentes, só poderiam desfrutar desta liberdade por meio da formação de uma série de crenças. Orígenes chama a atenção para o modo como o desejo influencia a crença. Ele estabelece uma conexão entre a palavra grega *psyche* – ou "alma" – e o verbo *psychesthai*, que significa "esfriar", pois as almas se afastam de Deus quando o amor que elas sentem por Ele esfria (*Sobre os princípios*, 2.8.3). Orígenes retoma, aqui, o tema que encontramos em Clemente. Não formamos crenças a respeito das coisas de maneira tão somente passiva. Pelo contrário, a crença sempre envolve um exercício de escolha. Encontraremos esta ideia uma vez mais em Agostinho. Gostamos de imaginar que nossas crenças são formadas de modo racional em

223. Orígenes, *Sobre os princípios*. Para a tradução, cf. Butterworth (1973), livro 1, prefácio, seções 5-9. Citado abaixo conforme livro, capítulo e número da seção.

reação às evidências que temos à disposição. O que ocorre com maior frequência, entretanto, é que racionalizamos nossas crenças à luz de nossos desejos.

Para Orígenes esta não é uma mera observação psicológica, mas uma ideia-chave que explica como a diversidade surge no mundo. As almas que optaram por manter-se mais fiéis à verdade se transformaram em anjos, que se dividem em categorias de acordo com suas variadas crenças. Outras tornaram-se demônios malignos. Entre ambas – assim como as almas em conflito segundo o entender dos gnósticos – estão as almas que se encontram em corpos humanos. Nossa encarnação é o resultado de uma deficiência intelectual anterior, que também foi uma deficiência da vontade. Para desfazer o estrago, o próprio Deus precisou encarnar na pessoa do Cristo e nos conduzir à salvação. Orígenes também compreende este processo como uma expansão da sabedoria. Ele descreve Deus como um mestre que ensina as almas a aperfeiçoarem sua condição (*Sobre os princípios,* 3.5.8). Este tema pedagógico, que já identificamos em Clemente e que reaparecerá com Agostinho, é precisamente o que esperaríamos de Orígenes, o mentor de novos convertidos. Suas ideias também estão de acordo com as de Irineu, para quem a vida é um desafio oferecido às almas, uma oportunidade para que elas se aperfeiçoem. Ao contrário de Irineu, contudo, Orígenes afirma, de modo ousado, que o cosmo inteiro pode ser entendido como o resultado da queda e da ascensão das almas. É somente por causa da insensatez das almas que, antes de mais nada, ocorre o surgimento de um cosmo complexo e variado, em vez da comunidade imaterial de almas criada no princípio por Deus (*Sobre os princípios,* 2.1.3). Orígenes também acredita, quando se baseia em certas passagens bíblicas, que todas as almas – talvez até mesmo as dos demônios – conseguirão, por fim, retornar a um estado de salvação. Aqui ele se entrega a novas especulações e reflete a respeito da doutrina estoica dos ciclos do mundo, de modo que se pergunta se poderia haver uma série de dramas cósmicos em que as almas primeiro se afastam de Deus, e depois retornam a Ele (*Sobre os princípios,* 2.3.1).

Ao adotar uma postura que lhe é bastante típica, Orígenes apresenta esta possibilidade sem aderir a ela com muito entusiasmo. Sua hesitação ao examinar ideias é uma característica interessante de seu pensamento, mas isso pode dificultar a identificação de suas verdadeiras perspectivas.

Não ajuda em nada o fato de nossa versão mais completa de *Sobre os princípios* ser a versão latina de Rufino. Como a intenção de Rufino era defender Orígenes das acusações de heterodoxia, e até mesmo de heresia, ele corrigia com discrição os trechos em que Orígenes derrapava e adentrava um terreno arriscado. Nesse meio-tempo, críticos de Orígenes de épocas posteriores, como Justiniano, citam-no de maneira deveras tendenciosa, numa tentativa de fazê-lo parecer o mais herético possível. Desse modo, trechos de *Sobre os princípios* são às vezes preservados em duas versões, uma versão latina que parece um tanto banal, e uma versão grega, que parece ser escancaradamente herética. Em ambos os casos, não é uma tarefa fácil identificar as opiniões consolidadas – ainda que ele tivesse alguma – de Orígenes. Por exemplo, os críticos de Orígenes nos dizem, em termos nada vagos, que ele rejeitava a doutrina da ressurreição do corpo, bem como acreditava que, ao alcançarem a salvação, as almas perdem seus corpos. Isso faz com que Orígenes se assemelhe a um verdadeiro platônico: em sua essência, a alma é uma coisa imaterial que se associa de um modo fortuito com a uma série de corpos, mas que, não obstante, pode se libertar completamente do reino físico quando alcança a sabedoria. Na versão latina de Rufino, contudo, Orígenes se mostra bem mais cauteloso quanto à afirmação de que, no fim das contas, nós desencarnaremos[224].

Seja como for, *Sobre os princípios* é, decerto, uma obra profundamente influenciada pelo platonismo. Portanto, é um tanto irônico que o principal adversário de Orígenes também tenha sido um platônico cujo nome era Celso. Os dois não se conheceram. Celso viveu algumas gerações antes de Orígenes, de modo que sua virulenta crítica ao cristianismo despertou a atenção de Orígenes somente quando este recebeu um exemplar da obra de Ambrósio, seu patrono. Celso apelidara a sua diatribe de *logos alethes*, que significa *A verdadeira doutrina* ou *A verdadeira palavra* – claro que a palavra *logos* do título é uma referência jocosa à afirmação de que Cristo é a Palavra de Deus. A pedido de Ambrósio, Orígenes escreveu uma longa refutação em que reafirma a verdade do *logos* cristão em detrimento das verdades proferidas por este presunçoso pagão[225]. Orígenes pressupõe que o irreverente Celso seja um epicurista (*Contra Celso*, 1.8). Ao que parece,

224. A respeito da ressurreição e da salvação universal, cf. Scott (2012, caps. 5-6).

225. Citado com base no livro e nos números de seções, de Chadwick (1965). Acerca da crítica de Celso, cf. Hoffman (1987).

ele acha difícil acreditar que um filósofo tão abominável possa ser o que quer que seja! É evidente, no entanto, que Celso era um platônico, e um desses platônicos que não tinham *o menor* apreço pelos cristãos.

Celso retratou os adeptos desta nova fé do modo menos lisonjeiro que lhe era possível, uma vez que os acusava de deliberadamente guardar segredos, cuja principal motivação era a covardia, além de descrevê-los como vermes. Os apóstolos, segundo sua descrição, eram uma gentalha miserável, e Jesus não nasceu de uma virgem; foi o filho bastardo de um soldado romano (1.22). Em relação à fé cristã, ele também apresentava queixas fundamentadas em princípios éticos e morais. Menosprezava a confiança dos cristãos na fé, que se manifestava no hábito de desestimular perguntas e de exigir uma aceitação acrítica da doutrina. Ademais, exige-se dos pagãos a aceitação de doutrinas absurdas. O nascimento a partir de uma virgem é uma possibilidade demasiado implausível (1.28,32), e a ideia de que um Deus possa se tornar um homem é tão somente impossível de um prisma metafísico. Este é um dos trechos em que as tendências platônicas de Celso ficam visíveis em razão do gritante contraste entre o divino e o físico, um contraste com o qual nenhum epicurista se identificaria.

Sabemos disso tudo graças às citações que Celso fizera da obra de Orígenes, as quais são intercaladas com longas refutações. Celso cometeu o erro estratégico de colocar várias de suas críticas na boca de um fictício porta-voz judeu. Assim, Orígenes consegue, em certa medida, transformar o debate em uma discussão acerca do significado das Escrituras que tanto judeus quanto cristãos compartilham. Estamos aqui em um terreno semelhante ao de *Diálogo com Trifão*, de Justino, já que Orígenes mostra que o nascimento da virgem e a encarnação são, na verdade, temas que já aparecem no Antigo Testamento. Felizmente, ele nos apresenta apenas uma versão dos textos bíblicos que cita, em vez de seis. Com efeito, talvez ele esteja mais interessado em exibir seu profundo conhecimento da tradição pagã do que sua erudição da Bíblia. Celso havia retratado os cristãos como pessoas ignorantes, acríticas e imorais, um tipo de calúnia que Orígenes refuta ao exibir seu próprio conhecimento da filosofia e da cultura helênica. Por exemplo, quando Celso afirma que os apóstolos eram réprobos antes de tornarem-se seguidores de Cristo, Orígenes diz: sim, do mesmo modo que os seguidores de Sócrates antes de se converterem à filosofia (*Contra Celso,* 1.3).

Diante da alegação de que Deus é incapaz de habitar um corpo, Orígenes pergunta: Mas o que dizer do Oráculo de Delfos? (*Contra Celso,* 1.70). Ao contestar o argumento mais geral de Celso no que tange à exigência cristã de que as pessoas tenham uma crença cega em vez de argumentos razoáveis, Orígenes segue o caminho trilhado por Clemente: a filosofia helênica – ou pelo menos a sua parte platônica – em grande medida está de acordo com os evangelhos. E isso não é de surpreender. Conforme Clemente também havia dito, a origem das ideias supostamente "descobertas" por pensadores gregos remonta a Moisés (1.16). Portanto, não há oposição entre fé e filosofia.

Nada do que foi afirmado acima nos leva a dizer que Orígenes considerava a Bíblia como tão somente mais um texto filosófico. Pelo contrário: ele reconhece, em *Contra Celso* e nos seus comentários às Escrituras que sobreviveram até hoje, que a Bíblia, em alguns momentos, praticamente contesta as interpretações corretas. Ela chega a conter contradições e fatos históricos totalmente impossíveis, um aspecto apontado de modo veemente por críticos como Celso e Porfírio. Estes, contudo, no entender de Orígenes, não enfraquecem a validade das Escrituras. Ao contrário, foram providencialmente incluídos no texto a fim de assegurar que os leiamos não como simples narrativas históricas, mas com base em métodos alegóricos de interpretação (cf. Trigg, 1998, p. 33). As Escrituras foram concebidas para ajudar todos – do leitor mais simples ao mais avançado – a progredir. O significado mais básico, que poderíamos chamar de seu sentido "literal", é o que Orígenes denominaria de interpretação "corpórea". Quando nos deparamos com contradições neste nível, somos direcionados a uma interpretação "espiritual", a qual envolve o tipo de leitura simbólica do qual Filo de Alexandria foi o pioneiro. Ao arsenal de armas interpretativas de Filo, Orígenes acrescenta suas consideráveis habilidades filológicas. Por exemplo, quando a Bíblia diz "No princípio era o Verbo", Orígenes cataloga todos os diferentes sentidos da palavra grega *arche*, ou "início" (Trigg, 1998, p. 120). Por acaso, esta é a mesma palavra grega que Orígenes usa para designar "princípio" no título de sua obra *Sobre os princípios.*

Sua carreira nos mostra tanto a potência quanto as limitações da filosofia helênica – e, em particular, do platonismo – na tradição cristã primitiva. Por um lado, todo o seu saber poderia ser usado para defender a fé, sobretudo ao apresentá-lo como um exemplo da sofisticação que um cristão pode alcançar. Por outro lado, nem mesmo este saber foi capaz de impedir que Orígenes fosse perseguido, junto de seus correligionários. Perseguido pelo Imperador Caio Décio, por volta do ano 250, ele foi torturado e morreu pouco tempo depois. Também havia limites em até que ponto um homem como Orígenes era capaz de aceitar a filosofia helênica. A leitura de seu tratado *Contra Celso* nos traz a percepção de que Celso era um platônico mais verdadeiro do que Orígenes jamais poderia ser. Por exemplo, a hipótese de Celso é que a concepção racional do mundo é imutável, e que este mundo não pode conter uma quantidade maior ou menor de males do que os que existem atualmente. No entender de Orígenes, ao contrário, o mundo evolui rumo a um estado mais perfeito no qual todas as almas estão reconciliadas com Deus. Com Orígenes e com os demais Padres da Igreja, a história torna-se um elemento central para a história da filosofia. O mundo deixou de ser um objeto estático e imutável, disponível apenas para nossa contemplação. Ele é, antes, um palco no qual é encenada a maior das histórias já contada. No centro desta história encontram-se eventos históricos concretos, em particular o nascimento e a crucificação de Jesus, que conferem ao cosmo como um todo não somente o seu significado, mas até mesmo sua inteligibilidade.

Ainda assim, personalidades como Irineu, Clemente e Orígenes apenas nos propiciam as primeiras amostras de qual será o significado do cristianismo para a história da filosofia. Em particular, embora todos eles realmente façam referência às três Pessoas da Trindade e à encarnação, a esta altura as três figuras ainda não estão lidando com os complexos debates que serão travados assim que o cristianismo se transformar na fé predominante no império. Os principais adversários dos Padres da Igreja dos séculos II e III eram os gnósticos, os pagãos e os judeus. No século IV, nestes debates os cristãos serão colocados em oposição a seus iguais. Será instaurado um conflito acerca do tema mais controverso do cristianismo da Antiguidade Tardia: a Trindade. É claro que este é um tópico teológico, mas veremos, na sequência, em que medida ele é capaz de despertar um interesse filosófico.

42

Três pelo preço de um: Os capadócios

Há dons que estão no sangue da família. Por exemplo, o talento musical. Considere o caso da família Bach, da Turíngia. Nela teve origem não apenas o famoso Johann Sebastian Bach, como seus filhos, vários dos quais tornaram-se músicos talentosos por seu próprio mérito. Na história mais recente, pense na família Jackson, de Gary, Indiana. Tamanho era o talento compartilhado pelos membros desta família, que eles conseguiram formar o grupo *Jackson 5* sem nem sequer recorrer à ajuda da irmã Janet. É claro que o estrelato musical tem muitos aspectos em comum com a filosofia – os carros velozes, as admiradoras que seguem seus ídolos onde quer que eles estejam, a constante atenção da mídia. Tivemos os irmãos Friedrich Schlegel e Augusto Schlegel, ambos grandes pensadores do romantismo alemão. E não se deve olvidar os irmãos de Platão, Glauco e Adimanto, os quais figuram como personagens na *República*. É verdade que Glauco e Adimanto não foram, necessariamente, grandes filósofos. Mas, à semelhança dos Jacksons, esta família realmente pôde contar com um tremendo líder. No entanto, até onde sei, os irmãos filósofos mais importantes de todos os tempos foram os cristãos originários da Capadócia, uma região da Anatólia Central, localizada na atual Turquia. Seus nomes eram Macrina, Basílio e Gregório.

Na verdade, a família dos capadócios era formada por cinco irmãos e cinco irmãs. Macrina, a irmã primogênita, exerceu uma influência determinante. Ela ajudou a criar os irmãos mais novos, e foi em parte responsável por encaminhar os irmãos Gregório e Basílio rumo a uma vida religiosa. Quando Gregório escreve um diálogo acerca da alma, deveras similar ao

Fédon de Platão, ele retrata Macrina como uma espécie de Sócrates cristã. Ela aparece em seu leito de morte e tenta convencê-lo a não lamentar a sua morte iminente[226]. Se a descrição de Macrina que nos é apresentada por Gregório for fidedigna, ela se mostrava obstinada em suas ideias a respeito da filosofia helênica, acerca da qual tinha um grande conhecimento, e era capaz de discursar a respeito dos aspectos sofisticados do estoicismo, do epicurismo e da teoria médica. Como de costume, contudo, temos apenas de um conhecimento indireto acerca desta filósofa, a saber, por intermédio de textos escritos por homens – neste caso, por seus dois irmãos.

Dentre os dois irmãos, Gregório parece ter tido mais inclinação à filosofia do que Basílio. Embora tenha estudado em Atenas, estimulado por Macrina, Gregório tornou-se monge e teve uma vida ascética, em completo isolamento do mundo. Foi obrigado a abandonar sua vocação em nome do universo demasiado politizado que era a Igreja do século IV. Na década de 360 Basílio assumiu um cargo na cidade de Cesareia, na Capadócia, e mais tarde foi nomeado bispo neste local. Grande parte de sua vida seria dedicada a conflitos doutrinários acerca da teologia cristã, como veremos em breve. Para ajudá-lo nestas batalhas, ele contou com a ajuda de seu irmão Gregório, que fora nomeado bispo de uma pequena cidade chamada Nissa. Por esta razão, estes dois pensadores da Capadócia são conhecidos, respectivamente, como Basílio de Cesareia e Gregório de Nissa. Um terceiro filósofo importante – ou melhor, quarto, se contarmos Macrina – é outro Gregório, conhecido como Gregório de Nazianzo, pois ele também fora ordenado bispo no pequeno povoado de Nazianzo, a pedido de Basílio.

Este segundo Gregório era um amigo muito querido pela família, e muitas vezes escreveu a respeito de seu anseio pela tranquilidade de uma vida reclusa junto a Basílio e a Macrina. Entretanto, ele também era um retórico habilidoso imerso na filosofia cristã de épocas anteriores. Todos os três irmãos da Capadócia foram particularmente influenciados por Orígenes, embora não tenham seguido seus passos de maneira indiscriminada; por exemplo, rejeitavam sua concepção de que a alma existe antes de adquirir existência no interior de um corpo. A influência de Orígenes na Capadócia

226. Trad. em Moore; Wolfson (1954, p. 430-468). Apesar da óbvia comparação com o *Fédon*, o verdadeiro teor filosófico deste diálogo não está diretamente baseado no de Platão.

talvez remonte à época de outro Gregório – um nome que está para o pensamento capadócio assim como o nome "Amônio" está para o neoplatonismo. Gregório Taumaturgo – conhecido como Gregório, "o fazedor de milagres" – trouxera os ensinamentos de Orígenes a esta região na década de 250. Inspirados nesta tradição origenista e em sua formação em estudos retóricos e em filosofia, os capadócios se envolveram em extensos debates com adversários teológicos, ao mesmo tempo que cumpriam suas tarefas pastorais cotidianas. Nenhum dos Gregórios abraçou esta vida com um entusiasmo inabalável. Gregório de Nazianzo, em particular, abrigava em si sentimentos contraditórios. Seu ressentimento por ter sido designado por Basílio a tão remota cidade, bem como sua preferência por uma vida de recolhimento, levaram-no a lamentar-se amargamente de sua vocação e a abandonar seus deveres mais de uma vez.

No entanto, ele não se furtou a controvérsias políticas. Seus textos em defesa do que considerava ser a ortodoxia tornaram-se clássicos a tal ponto que, no final do período bizantino, ele era apenas chamado de "Gregório o Teólogo". Também enfrentou com coragem o lado perigoso da controvérsia. Na época em que viveu em Constantinopla, foi recebido com uma chuva de pedras arremessadas por monges rivais, e, em seguida, quase fora assassinado; o suposto assassino teve um último momento de arrependimento, e Gregório perdoou-lhe de imediato (cf. Daley, 2006, p. 16; 21). Quaisquer que tenham sido suas apreensões quanto à vida perigosa, dispersiva e contenciosa que levava como bispo, devemos ser gratos por ter sido forçado a uma vida de engajamento ativo com sua comunidade cristã. Muitos de seus escritos remanescentes são orações que foram proferidas àquela comunidade. Em uma das mais emocionantes orações deste conjunto, ele implora a seus ouvintes para que cuidem dos pobres, sobretudo dos que foram vitimados pela lepra[227].

Aqui, a experiência retórica de Gregório se revela em sua plenitude à medida que ele tenta incutir em seu público um sentimento de piedade e de compaixão pelos menos favorecidos. A certa altura ele menciona como os leprosos adquiriram um aspecto tão desfigurado que precisavam gritar seu

227. *Oration* 14. Para tradução, cf. Daley (2006, seção 75-97). Citado de acordo com o número da seção.

próprio nome a fim de que seus amigos de outrora pudessem reconhecê-los (10). Gregório, no entanto, não apela somente às emoções das pessoas; ele também recorre à filosofia. A lepra, diz ele, ensina-nos que as coisas relacionadas ao corpo estão sujeitas à destruição e ao sofrimento, e que apenas as coisas concernentes à alma são invulneráveis, um argumento que estoicos e platônicos já defendiam há séculos (19). Quando Gregório critica seus concidadãos por seu apego à luxúria – o chão recoberto por pétalas de flores, bem como escravos com cortes de cabelo estilosos servindo pratos requintados (17) –, ele nos faz lembrar de Epiteto ou ainda de vários outros autores do movimento retórico chamado de Segunda Sofística.

Epiteto, contudo, jamais afirmou que devemos dedicar nossas vidas aos cuidados com os pobres, tampouco que a saúde de nossa alma poderia ser assegurada por meio da assistência prestada aos enfermos. Assim que Gregório inicia sua oração, ao referir-se à tríade de virtudes de São Paulo – fé, esperança e amor –, percebemos que estamos em um novo território ético (2). Gregório exalta o amor até mesmo acima da fé e da esperança, de modo que identifica o amor pelos pobres como a expressão mais pura desta virtude. Temos aqui um marcante contraste em relação aos pensadores pagãos, e, em particular, aos platônicos pagãos da época de Gregório, tal qual Jâmblico (que viveu no século anterior) ou o Imperador Juliano. Na verdade, à semelhança de Basílio, Gregório fez sua peregrinação rumo a Atenas – a Meca da filosofia –, mais ou menos na mesma época que Juliano viveu nessa cidade. No entanto, no século IV não há maior contraste em uma dupla de pensadores do que entre Juliano, o imperador anticristão, e Gregório o Teólogo. Além de fazer ataques diretos a Juliano em apaixonadas orações cujo objetivo era a defesa dos cristãos, Gregório mostrava uma compreensão completamente diferente acerca do papel que a filosofia desempenha no viver uma boa vida. Não se trata apenas do fato de Gregório enfatizar mais a ação prática do que Juliano e os demais platônicos. A diferença também reside na natureza dos atos que ele propõe.

Para Jâmblico e para Juliano, o lado prático da filosofia consiste em usar o ritual teúrgico para entrar em contato com os deuses. Para Gregório, Deus já fez contato conosco ao nos enviar seu Filho. Devemos buscar a humildade, assim como Ele o fizera, conviver com os menos afortunados e dividir com eles todas as nossas posses (4). Em repetidas ocasiões, Gregório evoca a injunção platônica de que se deve imitar Deus na medida do possível. O

Deus de Gregório, contudo, é uma divindade demasiado diferente do deus de Platão, pois se trata de uma divindade que pode ser mais bem imitada se amarmos o nosso semelhante sem nos preocuparmos conosco, e ao optarmos, de bom grado, pela mesma pobreza que tentamos mitigar nos outros. Há tempos a ética grega já gravitava em torno do objetivo aparentemente egoísta de aprimorar a si mesmo. Gregório agora nos apresenta a versão cristã deste objetivo: auxiliamo-nos apenas quando auxiliamos os outros. A propósito, ele acrescenta: não se preocupe com os alarmistas que espalham a notícia de que a lepra pode ser contagiosa (28). Isso nada mais é do que um boato ridículo.

A lepra não era a única doença potencialmente letal no Mediterrâneo oriental daquela época. A tentativa de assassínio quase consumada de Gregório foi sintoma de uma doença crônica, quer social, quer política: um grave caso de divergência teológica. Tanto a carreira de Gregório quanto a de Basílio gravitavam em redor de um dos conflitos intelectuais mais hostis e prolongados da Antiguidade, uma controvérsia acerca da Santíssima Trindade. Esta controvérsia ameaçou a unidade do cristianismo antigo e causou dificuldades a líderes políticos das mais altas esferas do poder. Diversos imperadores tentaram impor uma solução, negociaram entre bispos em litígio e, por vezes, puseram uns contra os outros, quase sempre sem êxito. O ponto fundamental era o seguinte: os Padres da Igreja primitiva, como Orígenes e os apologetas, já haviam reconhecido que Deus é Pai, Filho e Espírito Santo. Tal qual os judeus que os antecederam, e os muçulmanos que os sucederam, os cristãos eram assertivos na afirmação de sua crença em um único Deus; no entanto, o Deus deles, de alguma maneira, era trino.

Este problema mereceu muita atenção[228]. Embora se pudesse especular a respeito da relação entre todos os membros da Trindade, grande parte da atenção direcionou-se à relação na qual o Pai "gera" o Filho. Se pudéssemos compreender como funciona este processo de "geração", seria mais fácil compreendermos como, exatamente, a Trindade forma uma unidade divina. No curso normal dos acontecimentos, é claro que a relação entre um pai e um filho é assimétrica. Pais geram seus filhos, e os filhos são gerados por seus pais. Por exemplo, seria impossível para Joe Keaton ser o pai de Buster Keaton e, ao mesmo tempo, ser o filho de Buster Keaton. No entanto, no caso de Deus, é precisamente isso que ocorre. Ele é, a um só tempo, Pai e Filho. Ao que parece, a relação de "gerar", que,

228. Para mais a esse respeito, cf. Ayres (2004).

segundo nossas expectativas, resolveria o problema de como Deus pode ser, ao mesmo tempo, três e um, apenas dá origem a mais enigmas.

Uma tentativa inicial e importante de resolver tais enigmas foi apresentada no Concílio de Niceia, reunido pelo Imperador Constantino no ano de 325 d.C. Bispos de todo o império reuniram-se e redigiram declaração de fé que posteriormente seria considerada afirmação definitiva da doutrina cristã. Porém, embora no concílio tenha se chegado a um consenso, este não duraria muito: Niceia seria seguido por vários outros concílios, e estes tampouco tiveram êxito em solucionar as controvérsias existentes. A posição oficial do encontro de Niceia no que tange à relação entre Pai e Filho foi que eles têm "a mesma substância (ou substância homogênea)". O propósito teológico mais amplo desta fórmula, claro, era preservar o conceito de que as Pessoas divinas, de fato, constituem uma unidade. O propósito político mais imediato era impedir a influência nefanda de um teólogo chamado Ário, figura que insistia em apontar uma diferença significativa entre Pai e Filho. No entanto, a intenção do concílio era evitar que os fiéis incorressem na heresia conhecida pelo nome de sabelianismo – crença cujo nome se deriva de Sabélio, teólogo do século III. Em seu entender, Deus é, na realidade, uma unidade, e não uma Trindade. Assim seria porque as três Pessoas, em si, são idênticas, e diferenciam-se umas das outras apenas por seus modos (ou aspectos) pelos quais a unidade divina expressa a si mesma.

Desse modo, teólogos do século IV apresentavam a si mesmos como se o rumo que adotavam estivesse situado entre duas visões extremas, o arianismo e o sabelianismo. Houve quem tentasse amainar a controvérsia com a proposta de que não se utilizasse o termo *ousía*, palavra grega que significa "substância" ou "essência", para se referir a Deus. Contudo, havia espaço para quem estivesse disposto a defender perspectivas intermediárias e conciliatórias. E se já houve na história um debate no qual todas as concepções possíveis foram defendidas por quem quer que seja, trata-se do debate acerca da Trindade. Alguns teólogos apresentaram a proposta de modificar a fórmula do Concílio de Niceia a fim de que se acrescentasse a ideia de que Pai e Filho são "*distintos* em substância". Com base nos termos gregos que designam esta expressão, estudiosos modernos chamam este grupo de "hétero-ousianos". A ideia consistia em reconhecer a existência de uma distinção real entre as três Pessoas, embora elas permaneçam unificadas por uma única vontade divina. Naturalmente, aqueles que defendiam esta perspectiva foram acusados por seus adversários de recaírem no erro de Ário, ao afirmar, com efeito, a existência de três divindades onde deveria haver apenas uma.

Alguns destes adversários perceberam a possibilidade de demarcar uma perspectiva intermediária entre esta concepção supostamente neoariana e hétero-ousiana e a concepção de uma identidade total dos sabelianos, ao afirmar que as três Pessoas são "*semelhantes* em substância". Esta foi a solução adotada pelos capadócios. É claro que eles não a consideravam uma correção da fórmula do Concílio de Niceia – de que as três Pessoas são iguais em substância –, mas como uma explicação do sentido em que isto é verdadeiro. Desse modo, Gregório de Nissa apresentou a analogia de três humanos que compartilham a *mesma* natureza de humanidade (cf. Meredith, 1999, p. 84). Conforme Aristóteles afirmou em suas *Categorias*, um universal como a "humanidade" é, em si mesmo, uma espécie de substância[229], a qual a situa em paralelo à substância única da divindade. Ao mesmo tempo, os três humanos individuais são diferentes entre si e, no entanto, "semelhantes" devido à similitude da natureza que compartilham, assim como as três Pessoas divinas são semelhantes sem serem completamente idênticas.

De modo oportuno, o próprio debate acerca destas ideias tinha uma dimensão deveras pessoal. O principal intelectual hétero-ousiano, bem como o principal alvo das refutações dos capadócios, foi um homem chamado Eunômio. Mediante uma minuciosa análise das implicaçoes de seu hétero-ousianismo, segundo o qual Pai e Filho são considerados como o mesmo Deus e, contudo, "diferentes", Eunômio apresentou uma explicação um tanto sofisticada da forma como as palavras se relacionam com as coisas. Naturalmente, ele tinha um particular interesse em palavras como "pai", "filho" e "gerar", mas sua perspectiva pode ser aplicada, de modo geral, a todos os nomes. Eunômio postulava que um nome pode revelar a essência ou a natureza da coisa nomeada. Os nomes não têm como adquirir esta capacidade por uma mera convenção; eles precisam desfrutar de algum tipo de exatidão inata. Não teríamos como saber que o Filho divino foi gerado se contássemos apenas com nossos recursos humanos. Entretanto, agora que Deus nos revelou sua capacidade de geração, podemos afirmar que

229. *Filosofia clássica*, cap. 30.

na frase "o Filho foi gerado pelo Pai", a palavra "gerado" oferece-nos uma compreensão imediata da substância do Filho.

Isso tudo se revela perfeitamente adequado à teologia hétero-ousiana, uma vez que palavras diferentes ("gerando" e "gerado") podem ser aplicadas ao Pai e ao Filho, de modo que haveria lugar para uma diferença de substância. Em sua trajetória, Eunômio toma partido em uma controvérsia que remonta, no mínimo, ao diálogo platônico *Crátilo*. Nele, Platão considera duas teorias dos nomes, uma das quais faz com que os nomes estejam relacionados por natureza com os objetos que nomeiam, o que ocorreria no caso de uma onomatopeia[230]. Não é em razão de um mero acaso, nem de um simples costume, que usamos o termo "bangue" com referência a um ruído alto. Ruídos altos simplesmente soam como a palavra "bangue". De acordo com a teoria naturalista, contudo, *todos* os nomes genuínos têm uma íntima relação com as coisas que nomeiam. Os nomes podem até mesmo ser analisados, talvez até com base na etimologia, para que se compreenda o que o nomeado é. Os estoicos também apreciavam esta teoria dos nomes. Na Antiguidade Tardia, porém, a visão predominante era a de Aristóteles, que afirmara à risca, em sua obra *Da interpretação*, que os nomes são convencionais (16a). De um modo arbitrário, atribuímos sons às coisas, e, com isso, criamos novos nomes que funcionam muito bem.

Portanto, quando Basílio de Cesareia se propõe a refutar Eunômio (cf. DelCogliano, 2010), ele precisa rejeitar a teoria naturalista dos nomes e, como seria de se esperar, ele se alinharia com a concepção aristotélica. Isso é exatamente o que Eunômio faz, embora haja alguma controvérsia a respeito de em que medida ele bebe diretamente de fontes filosóficas, bem como quanto disso tudo passa pelo crivo da literatura teológica cristã de épocas anteriores. Ele demarca uma posição que não é diferente da visão que encontramos em comentadores platônicos de Aristóteles; segundo ela, os pensamentos são um ponto intermediário entre a linguagem e o mundo. Quando ouvimos a palavra "girafa", compreendemos que ela se refere a uma girafa, mas isso só ocorre por meio de um pensamento que nos vem à mente, a ideia ou o conceito de girafa. Basílio trata desta perspectiva com certo ceticismo, pois afirma que os nomes que usamos podem nos conduzir apenas até os limites destes conceitos. Jamais nos deparamos com uma situação em que a lin-

230. *Filosofia clássica*, cap. 25.

guagem de fato revela a essência de uma coisa – ela significa apenas o modo como as coisas são conceitualizadas em nossa mente. No caso da Trindade, isso lhe permite afirmar que não existe uma distinção real quando usamos uma palavra como "gerando" para nos referirmos ao Pai, e outra palavra como "gerado" para nos referirmos ao Filho.

O resultado disso é que Basílio chega à visão antieunômica que deseja, mas somente mediante a suscitação de dúvidas acerca do poder da linguagem e do pensamento de apreender as coisas no mundo. Poder-se-ia recorrer a esta ideia para demonstrar que Eunômio leva uma grande vantagem em Basílio. Não é verdade – poder-se-ia objetar – que a linguagem se refere, de fato, às coisas reais, e não apenas aos conceitos mentais que temos delas? Não é verdade, também, que podemos conhecer a essência destas coisas, se é que de fato elas têm uma essência? A posição adotada por Basílio parece levar-nos a adotar um ceticismo radical não apenas em relação a Deus, mas a qualquer outra coisa que se possa nomear. O argumento de Basílio, no entanto, é um pouco mais matizado do que o que tentei mostrar até aqui. Embora ele de fato enfatize que a essência das coisas permanece além de nossa compreensão, Basílio acrescenta que a linguagem e nossos conceitos mentais nos permitem identificar estas coisas e controlá-las. Portanto, se eu disser "a criatura alta e incrivelmente linda que está naquele cercadinho", consigo discernir um objeto, isto é, uma girafa. Porém, tal descrição só me conduz à identificação da girafa, bem como à possibilidade de classificá-la junto de outras coisas que compartilham algumas de suas características. Jamais serei capaz de alcançar uma compreensão imediata de sua substância, de sua essência ou de sua existência (em grego, de sua *ousía*).

Outra objeção – que os capadócios considerariam, no mínimo, igualmente perturbadora – é de natureza religiosa: a teoria antieunômica dos capadócios situa Deus em um lugar que transcende totalmente o alcance de nossas mentes. Pode-se supor que os capadócios apenas aceitariam esta realidade. Afinal, ao contrário dos platônicos pagãos que reverenciavam a perfeição contemplativa, eles não enfatizavam as boas ações nesta vida, em vez da compreensão teórica? Já vimos que Gregório de Nazianzo tentara persuadir seu público a amar os pobres; Gregório de Nissa escreveu a respeito deste mesmo tema, em defesa da campanha social promovida por Basílio. Em seu bispado em Cesareia, ele construiu uma instituição que oferecia abrigo e comida aos indigentes. No entanto, os capadócios também eram fortemente atraídos por uma vida reclusa, uma vida dedicada à contemplação de Deus. A tensão entre as obrigações pastorais e a reclusão monástica enfrentada por ambos os Gregórios é um aspecto que será examinado em breve na exposição do movimento ascético.

Portanto, os padres capadócios enfatizam a ideia de que é possível, de um modo um tanto paradoxal, conhecer este Deus que está além da compreensão humana. Para começo de conversa, conforme Basílio observa, nosso conceito de Deus está baseado em sua obra, ainda que não conheçamos sua substância (cf. DelCogliano, 2010, p. 191; 217). Por exemplo, podemos dizer que Ele é bom em razão da bondade do mundo por Ele criado. De um prisma filosófico, isso está em pé de igualdade com nossa capacidade de identificar uma girafa com base nas impressões que temos dela, ainda que sejamos incapazes de conhecer sua substância. Isso ainda poderá parecer insatisfatório. Por mais maravilhosas que as girafas possam ser, nossa felicidade, em última análise, não exige que tenhamos conhecimento de sua substância. Já com Deus, as coisas são diferentes. Gregório de Nissa apresenta uma resposta radical a este dilema (cf. Meredith, 1999, p. 107-108). Ele reconhece a impossibilidade de conhecermos a essência de Deus, pois Ele é ilimitado e infinito. Porém, isso significa que nosso anseio por Ele também deve ser infinito. A recompensa que obtemos por meio da contemplação, e até mesmo no além, é um incessante progresso que ocorre ao longo de um caminho infinito de conhecimentos. Assim como, na matemática, uma curva pode se aproximar de uma linha reta, isto é, chegar indefinidamente mais próximo dela sem jamais tocá-la, a alma abençoada também está cada vez mais próxima da plena compreensão de Deus, ainda que este desejo nunca seja plenamente satisfeito. Alguns dirão que isso se assemelha mais ao eterno suplício de Tântalo do que a uma recompensa divina. No entender de Gregório, contudo, o amor e o desejo caminham de mãos dadas. O amor perfeito é o amor por um objeto estimado que jamais pode ser completamente conquistado, de modo que a chama do desejo jamais será apagada por meio da satisfação deste. Desse modo, Gregório mantém-se fiel à convicção tipicamente capadócia de que Deus está além de nossa compreensão. E o lado positivo desta infinita incapacidade de se conhecer algo é que sempre haverá algo a mais para dizer a seu respeito.

43

Nomear o inominável: Pseudo-Dionísio

Uma curiosidade adicional para vós: O que têm Stephen King e Soren Kierkegaard em comum? Ora, as suas iniciais, evidentemente, e um interesse pelo temor e pelo tremor. Contudo, tenho em mente algo diverso: o seu uso de pseudônimos. King escreveu romances sob o nome fictício de Richard Bachman. Kierkegaard, por sua vez, utilizou uma variedade de pseudônimos em obras filosóficas como *Temor e tremor*, supostamente de autoria de Johannes de Silentio. Outro livro de Kierkegaard, intitulado *Ou ou: Um fragmento de vida*, apresenta-se como obra de um erudito chamado Victor Eremita, o qual, por sua vez, apresenta a obra de outros autores denominados A e B. Nenhum filósofo importante fez uso mais abundante ou inventivo de pseudônimos. Todavia, na qualidade de leitores, sabemos que é Kierkegaard quem se encontra por trás de todos os nomes falsos. Não se pode dizer a mesma coisa do mais importante e famoso escritor pseudônimo da filosofia antiga. Suas obras foram traduzidas para o siríaco, para o árabe e para o latim. Ele influenciou místicos visionários e pensadores racionalistas, de modo que deixou sua marca na filosofia medieval, na teologia e até mesmo na arquitetura. Contudo, não temos ideia de quem ele era, apenas de quem alegava ser: um associado dos apóstolos e uma testemunha da crucificação de Cristo. Ele atendia pelo nome de Dionísio.

Dionísio o Areopagita foi, a princípio, uma personagem bíblica menor. O livro Atos dos Apóstolos (capítulo 17) o menciona como um homem oriundo de Atenas que se converteu à nova fé por intermédio de São Paulo. Sua ligação com Atenas talvez tenha tornado esta escolha de pseudônimo algo atraente para um platônico cristão. Porém, quaisquer que tenham sido os seus motivos, nosso filósofo inominável, de um modo um tanto irônico, assumiu a identidade de um homem que, para nós, nada mais é do que um nome – um convertido da era apostólica. As obras do autodenominado Dionísio completam o ardil ao aludir, de maneira quase fortuita, à sua própria presença em acontecimentos do período bíblico. Ele narra ter sido testemunha do eclipse que ocorreu quando Cristo foi crucificado, além de ter tido uma visão de Maria ao lado dos apóstolos Tiago e Pedro. Uma das cartas de uma série composta pelo autor destina-se a São João, exilado na Ilha de Patmos[231].

Porém, é claro que nem esta carta nem qualquer outro texto filosófico foi escrito por um companheiro dos apóstolos cujo nome era Dionísio. Na verdade, eles foram escritos vários séculos mais tarde, por volta do ano 500 d.C. Desse modo, os estudiosos passaram a chamar este autor de "Pseudo-Dionísio". O prefixo "pseudo" surgiu como acréscimo de uma era posterior. No intervalo de menos de uma geração, alguns começavam a questionar a identidade do autor, uma vez que acrescentavam a observação de que ele parecia ser um herético. Outros, no entanto, colocaram-se de pronto em defesa da autoridade apostólica de Dionísio. Um homem em particular, chamado João de Citópolis, escreveu uma série de comentários acerca das obras atribuídas a Dionísio, além de um prólogo que se pronuncia em favor da autenticidade e da interpretação ortodoxa de seus textos. O teólogo bizantino Máximo o Confessor, de quem falaremos no próximo capítulo, também foi um ardoroso apoiador de Dionísio. Graças a estes primeiros apoiadores a máscara usada por Dionísio permaneceu firme em seu lugar. Sua posição foi elevada a um nível ainda mais alto quando, numa situação um tanto incrível, confundiram-no com São Dionísio, o santo patrono da França.

Essa confusão acadêmica, deveras conveniente, ocorreu no século IX, quando as obras de Dionísio foram vertidas para o latim na França carolíngia. Nessa época, a influência filosófica exercida por Dionísio chegou ao auge, à medida que suas obras foram adotadas com grande entusiasmo e inventividade pelo tradutor e filósofo João Escoto Erígena. Erígena foi o maior filósofo do início da Idade Média que trabalhou com textos da tradição ocidental em latim, e teve em Dionísio um de seus principais

231. Carta 10 em Luibheid; Rorem (1987). Esta tradução indica, às margens das páginas, as seções da edição *Patrologia Graeca*, das obras de Dionísio. Eu as cito na sequência.

inspiradores. Isso talvez não tenha favorecido Dionísio de forma alguma, uma vez que Erígena era um pensador radical e polêmico. No entanto, até mesmo no século XIII um pensador da importância de Tomás de Aquino escrevia comentários acerca de Dionísio, citando-o inúmeras vezes em suas obras (cf. O'Rourke, 1992). A essa altura, as obras de Dionísio já haviam se tornado textos de referência na teologia cristã medieval. Sua influência pode ser notada não apenas nos textos de teólogos e de filósofos, mas até mesmo na arquitetura de igrejas góticas. A teoria das hierarquias angélicas de Dionísio encontra-se representada na Catedral de Chartres, e seus escritos, impregnados de imagens alusivas à luz, tiveram repercussão até mesmo no uso de vitrais góticos. Falando em hierarquias, essa palavra constitui indício adicional da influência dionisiana. Parece que cunhou em grego o substantivo *hierarchia*, de cujo uso deriva o termo hierarquia.

Isso tudo suscita algumas perguntas óbvias: Como é que este sujeito escapou impune por tanto tempo, e de que maneira este ardil foi finalmente descoberto? A começar pela segunda pergunta: foi somente no final do século XIX que dois estudiosos chamaram a atenção para o fato de que Dionísio inspira-se livremente nas obras de Proclo. Sim, aquele mesmo Proclo, o filósofo neoplatônico. Foi assim que se soube que Dionísio escreveu seus textos por volta do ano 500 – ele deve ter vivido numa época posterior à de Proclo, que morreu em 485, uma vez que Dionísio já é citado por outros autores na primeira metade do século VI; portanto, ele escreveu seus próprios textos antes dessa época. Dionísio aproveitou-se dos textos de Proclo – e de ideias neoplatônicas, em geral – de um modo tão extenso que até mesmo alguns de seus contemporâneos começaram a suspeitar. Se Dionísio tivesse sido, com efeito, um ateniense do século I d.C., ele teria se revelado um autor cuja superioridade a seu tempo seria patente. Outros leitores, entretanto, se entusiasmaram com sua ambiciosa apropriação do neoplatonismo para fins cristãos. É divertido constatar que uma observação inicial acrescentada aos manuscritos de Dionísio alega que Proclo fora quem plagiou Dionísio, e não o contrário! (Rorem, 1993, p. 14).

Estes manuscritos das obras de Dionísio preservam cinco textos distintos. De início há uma coleção de dez cartas, que culminam na epístola supostamente endereçada a João. Em seguida, aparecem duas obras que tratam do conceito de hierarquia. A primeira, intitulada *A hierarquia ecle-*

siástica, explica o papel dos sacerdotes, bem como dos propósitos e da função dos sacramentos. A outra, *A hierarquia celeste*, lida com anjos e aplica ao universo angélico a ideia neoplatônica de que o mundo imaterial deveria ser estruturado em categorias ordenadas. Aqui podemos fazer uma pausa e imaginar leais neoplatônicos anticristãos, a exemplo de Porfírio, bem como o próprio Proclo, a revirarem-se em seus túmulos pagãos, enquanto Dionísio reescreve suas metafísicas a fim de estruturar a teologia cristã. Mas para os historiadores da filosofia os textos mais empolgantes da coleção dionisiana tratam da linguagem e do conhecimento humanos, e de como estes falham quando se tenta apreender a natureza de Deus. Os dois textos restantes são estes: *Os nomes divinos* e *Teologia mística*. Graças a eles, Pseudo-Dionísio pôde ser devidamente homenageado como o santo patrono da teologia negativa, ainda que não fosse o santo patrono da França.

Antes de tratarmos dos textos em si, peço sua licença para dizer algo acerca desta expressão, "teologia negativa". Teólogos e filósofos da religião com frequência colocam em contraste duas posturas relacionadas à tentativa humana de compreender Deus. Por um lado, existe a teologia positiva, às vezes chamada de "catafática", que deriva da palavra grega *kataphasis*, cujo significado é "afirmação positiva". Quando se diz que Deus é bom, ou poderoso, ou ainda quando Ele é comparado a um leão ou a uma nuvem, está-se fazendo afirmações positivas a seu respeito. A teologia positiva tenta explicar como isso é possível. Por sua vez, a teologia negativa é às vezes chamada de "apofática", pois a palavra grega para negação é *apophasis*. Os teólogos negativos são mais pessimistas quanto à possibilidade de nomear, de descrever e de conceber Deus. Eles assinalam que, se Deus transcende totalmente o ser humano e as demais criaturas que criou, é improvável que a linguagem e os conceitos humanos se lhe apliquem integralmente, se é que se aplicam. Em seus momentos mais pessimistas, os teólogos negativos chegam a afirmar que nossa ignorância a seu respeito é total, e está fadada a permanecer assim.

Pseudo-Dionísio era propenso a esse tipo de pessimismo, de modo que a impossibilidade de se conhecer Deus era o seu tema predileto. Imitadores seguirão sua postura no decorrer de vários séculos. Em sua *Teologia mística*, por exemplo, Dionísio compara Deus à escuridão que está além de toda luz. Até mesmo no século XIV esta ideia serviu de inspiração a um autor místico para escrever um texto teológico intitulado *A nuvem do desconhecido*. Dionísio, entretanto, não nos apresenta meras metáforas: ele defende a ideia da impossibilidade de nomearmos e de conhecermos Deus. Por exemplo, Deus é simples; por conseguinte, nossas inúmeras formulações verbais não são capazes de distinguir características distintas de sua essência (636C-637A). Porém, sua argumentação lógica mais essencial é a de que a cognição humana simplesmente é inadequada para compreender um objeto que contenha a transcendência de Deus. A percepção sensorial não pode apreender adequadamente aquilo que é propriamente apreendido pela mente; do mesmo modo, a mente não pode apreender adequadamente aquilo que é propriamente apreendido por poder superior, isto é, pelo poder divino pelo qual Deus apreende a si mesmo. Este poder não nos é concedido; ao menos não nesta vida. Embora Dionísio mantenha a esperança de que nos será assegurada uma via a Deus mais fácil no Paraíso, por ora tudo que nos resta são ferramentas cognitivas inadequadas à tarefa de compreender nosso Criador.

Ludwig Wittgenstein, filósofo de uma época muito posterior, e, por vezes, um místico, aconselhava algo que, ao que parece, poderia ser aplicado nesse tópico: "Acerca daquilo de que não se pode falar, tem de se ficar em silêncio" (Wittgenstein, TLP, § 7). Na obra *Teologia mística*, Dionísio segue este conselho em alguma medida. Ele examina os vários tipos de linguagem com os quais uma pessoa poderia tentar compreender Deus, e afirma que alguns deles são patentemente mais inadequados do que outros – não é de todo adequado afirmar que Deus é "bom", ou chamá-lo de "pedra", mas é muito mais fácil perceber por que Deus não é uma pedra do que a razão pela qual Ele não é bom. Podemos ampliar nossa compreensão de Deus à medida que percebemos como várias expressões são inapropriadas para se referir a Ele – um processo que Dionísio compara à construção de uma estátua quando se esculpe a pedra aos poucos. Em última análise, entretanto, deveríamos descartar *toda e qualquer* descrição verbal que pretenda se referir a Ele, bem como descartar até mesmo as negações (1045D-1048B). Se não é possível afirmar que Deus é bom, tampouco é possível afirmar o contrário. Portanto, até mesmo as negações devem ser negadas, um argumento que Dionísio apresenta na última linha de sua *Teologia mística*. Ao criar para si mesmo uma situação de empate neste xadrez teológico, Dionísio adota o procedimento que Wittgenstein recomendaria, e interrompe sua escrita. Ao que parece, a primeira regra da teologia negativa é: "não fale a respeito da teologia negativa".

No entanto, Dionísio espera que o silêncio seja nosso destino, em vez de nosso ponto de partida. Isso explica como ele pôde ter escrito outra obra, ainda mais famosa, cujo título é *Os nomes divinos*. Nesse texto mais longo e mais complexo, Dionísio oscila entre estes dois polos contrários, a teologia positiva e a teologia negativa. Seu objetivo é explicar a linguagem positiva que as Escrituras atribuem a Deus. Eis o dilema clássico do teólogo negativo cristão – aliás, um dilema premente, em igual medida, para teólogos negativos judeus e muçulmanos, como veremos no próximo volume desta série. Por um lado, considerações filosóficas explicitam que a linguagem humana não pode ser aplicada a Deus. Por outro, os textos revelados recorrem à linguagem humana para referir-se a Ele. A solução que Dionísio apresenta para este problema é examinar em que medida cada palavra usada na Bíblia para se referir a Deus pode ser aplicada a Ele, embora reconheça, ao mesmo tempo, que estas palavras não podem, de fato, realizar essa tarefa. De fato, seu empreendimento em *Os nomes divinos* revela-se algo mais restrito do que isto; ele restringe-se à linguagem bíblica que se apresenta em nível conceitual em vez de físico (597B). Na Bíblia, Deus é comparado à pedra e à nuvem; é descrito como um ser com olhos, rosto e outras partes corporais, e assim por diante. Dionísio alega ter escrito outro livro a respeito destas descrições físicas de Deus, mas, se tal obra alguma vez existiu, ela se perdeu no tempo.

O que nos resta são termos como "bom", "amor", "poderoso", "eterno", "justo" etc. Estes termos é que compõem o tema de estudo de Os *nomes divinos*; Dionísio percorre a linguagem das Escrituras e explica como cada uma destas expressões revela algo acerca de Deus, ao mesmo tempo que traz consigo a ameaça de sermos induzidos a erros. É demasiado fácil pensar que, se um rei terreno é bom e se Deus é bom, então Deus e o rei terreno partilham, de certo modo, um atributo. Porém, as coisas não são assim. Ainda que seja possível nos depararmos com a bondade de um rei humano, Deus transcende nossa experiência imediata, pois é inacessível seja às sensações, seja à nossa mente. Como, pois, se pode atribuir a Deus bondade em algum sentido? A esta pergunta, Dionísio tem uma resposta preparada: ele presume que as coisas criadas por Deus revelam, de algum modo, sua natureza, uma vez que Ele é quem as causa (645A-D). Dado que os efeitos de Deus são bons, pode-se afirmar que Deus é bom. Por um lado, isso nada mais é que a convencional metafísica neoplatônica que conhecemos a partir de autores como Proclo. Esse autor nos ensinou, bem como o fizera a Dionísio, que os efeitos estão contidos de modo preeminente em suas causas. Por exemplo, a unidade de cada coisa é efeito da perfeita unidade do primeiro princípio, o qual é verdadeiramente uno. Em certa medida, isso é tão somente uma matéria de bom-senso: o fogo, por ser a causa do calor, é preeminentemente quente.

Dionísio não se mostra de todo satisfeito com esta descrição, pois ela permitiria fazer o que Proclo faz com seus próprios princípios metafísicos: aplicar-lhes a linguagem e os conceitos humanos de uma maneira relativamente não problemática. Dionísio, contudo, é um teólogo deveras negativo para adotar este procedimento. Portanto, ele enfatiza que, ainda que haja êxito na compreensão de Deus como uma causa, dados os seus efeitos, não se deve incorrer na ilusão de pensar que um dia seremos capazes de chegar a Ele. Em vez disso, quando dizemos que Deus é "bom" em razão de seus efeitos serem bons, devemos nos lembrar que Ele está além de qualquer conceito de bondade que se possa conceber. Dionísio ressalta este argumento ao recorrer a um poderoso truque linguístico: ele justapõe o prefixo grego *hyper* a todos os termos positivos (641A). Em latim, este prefixo foi traduzido como *super*. Desse modo, Deus não é apenas bom, mas hiperbom ou superbom. A genialidade – ou, caso a sua interpretação seja menos generosa, a artimanha – desta prática é que tanto os aspectos positivos quanto os negativos estão condensados num único termo. Com uma única palavra, ele capta a ideia de que Deus é tão eminentemente bom que Ele não é mais, de fato, "bom", em qualquer acepção que possamos compreender.

A tensão entre as maneiras positiva e negativa pelas quais se pode tratar de Deus é o tema que permeia toda a obra *Os nomes divinos*. Vemos, por exemplo, Dionísio retomar o tópico de identificar se os nomes sancionados pelas Escrituras podem ou não ser aplicados, em sua totalidade, a Deus. Em seu entender, podem. Deus é simples, portanto não é possível que um nome nomeie um aspecto de Deus, ao mesmo tempo que outro nome o faça com outro aspecto (641D-644D). No entanto, ele também se dá ao trabalho de negar que todos os nomes sejam sinônimos. Existe uma verdadeira diversidade de nomes, mas a causa de tal diversidade são os conceitos humanos, e não a natureza das coisas que são nomeadas. Isso é evidente.

Afinal, nomeamos Deus a partir daquilo que Ele causou, e as coisas que Ele causou têm muitas características diferentes. Dionísio recorre à analogia de um selo a partir do qual são produzidos carimbos em pedaços de cera (644A) – Deus é único e uno, não obstante cause uma grande variedade de efeitos por meio dos quais nós o nomeamos. Esta ênfase na simplicidade e na unidade divina pode provocar certo ceticismo, sobretudo dado que, há pouco, tratávamos dos capadócios. Assim como estes, Dionísio não deveria ressaltar que Deus é uma Trindade, que Ele é, a um só tempo, um e três? Bem, deveria; e Dionísio toma o cuidado de fazer menção à Trindade no início de *Os nomes divinos* (592A). Porém, os nomes com os quais ele lida no restante dessa obra são aqueles que revelam Deus – na medida em que o revelam – como um ser integral. Quando dizemos que Deus é "sábio", "poderoso" ou "bom", isso se refere à totalidade da divindade, não apenas ao Pai, ao Filho ou ao Espírito Santo.

Com frequência, Dionísio nos lembra que, ao revelar algo a respeito de Deus por meio destes nomes, somos tentados a acreditar que Ele está sendo revelado *em sua totalidade*. É por isso que as Escrituras por vezes se referem a Ele por meio de rudimentares nomes do universo físico, como que para nos alertar. Ninguém seria tolo o bastante para achar que Deus é literalmente uma pedra ou um leão (e muito menos uma pedra e um leão, ao mesmo tempo). Ademais, é evidente que a decisão final de Dionísio quanto ao tema dos nomes divinos é não empregar palavra alguma. No fim das contas, a teologia negativa supera a teologia positiva, e o mais elevado conhecimento de Deus consiste num tipo de ignorância ou de desconhecimento. Isso fica claro tanto em *Os nomes divinos* quanto em *Teologia mística*, e poderia levar-nos a perguntar: Qual é a diferença entre o teólogo místico que alcançou seu estado mais elevado e um ateu que tão somente nunca pensa em Deus, e que nada sabe a seu respeito? Se o destino final é a ignorância, parece que o destino do teólogo é o mesmo destino da alma "não descendente" de Plotino e de Dorothy em *O mágico de Oz*, os quais já estavam no lugar onde desejavam estar desde o início de suas jornadas.

Porém, embora Dionísio possa concordar com Dorothy que não há lugar melhor do que o lar, ele ainda diria que vale a pena viajar pela estrada dos tijolos amarelos da teologia negativa. Portanto, de certa maneira, ele precisa nos persuadir de que a ignorância ou o vazio alcançados, tão logo se transcende todos os nomes divinos, são diferentes da ignorância e do vazio de um indivíduo que nunca dedicou momento algum de sua vida para pensar em Deus. É claro que este é um problema com o qual todos os teólogos negativos se deparam. Entretanto, Dionísio o enfrenta de uma perspectiva nitidamente neoplatônica. Influenciado por Proclo, ele adota a ideia de processão e de retorno. Toda criação é uma processão que ocorre a partir de Deus e por meio das escalas ordenadas parcialmente descritas em *A hierarquia celeste*. Começamos nosso retorno a partir de nomes do universo físico de nosso cotidiano – pedra, leão, rosto e assim por diante – que são aplicados a Deus, mas que, obviamente, não são aplicados de modo literal. A partir daí, progredimos rumo ao tipo de termos apresentados em *Os nomes divinos*. Pode-se, contudo, ir ainda mais longe e abrir mão de conceitos como bondade e poder, já que deixamos de lado os nomes do universo físico (1025B).

Assim, o ponto de chegada não é a ignorância da qual partimos, mas a infinidade do próprio Deus. Dionísio dá a isso o nome de "desconhecido", não porque se trate de uma ausência de conhecimento, mas sim porque isso transcende o conhecimento. Trata-se, aqui – se você me permite dizê-lo –, de um superconhecimento. Com base em nosso razoável superconhecimento acerca dos neoplatônicos, poderíamos comparar isso ao modo como o primeiro princípio deles, o uno, reflete a matéria, a qual nada mais é do que não existência e indeterminação. Ambos se situam fora dos limites da existência, e ambos são infinitos, mas por razões muito distintas. O uno está além da existência; a matéria, abaixo da existência. Caso acompanhe futebol, talvez a comparação a seguir possa lhe ser útil. Quando um time disputa uma partida da Liga dos Campeões da Uefa – uma competição que envolve clubes de toda a Europa – esta partida não faz parte da competição nacional de seu país. Na verdade, o clube transcendeu as competições inglesa, francesa ou alemã – ele agora joga uma partida na Europa. O clube se encontra além de sua competição nacional por ser excessivamente bom, ao passo que os outros times não participam desta liga europeia por não serem bons o bastante. Portanto – caso você esteja se perguntando acerca dos motivos desta analogia –, isso é o que o Deus de Pseudo-Dionísio tem em comum com o Bayern de Munique.

44

O dobro ou nada: Máximo o Confessor

É impressionante ver o tipo de coisas que desperta o interesse das pessoas. Todos nós já reagimos com surpresa – ou de modo desaprovador – diante da cena em que torcedores choram desesperados ou gritam eufóricos em um jogo que nos dá uma sensação de tédio total. Ou, então, já exibimos um sorriso discreto diante do profundo apego emocional de um amigo a algum passatempo ridículo, como trens em miniatura, coleções de selos ou girafas. Nesses casos, não resta dúvida de que deveríamos comemorar a variedade e a riqueza dos valores das pessoas. Era de se esperar, poder-se-ia pensar, que, em um mundo variado e rico, isso é o que haveria. Em alguns outros casos, contudo, as paixões incompreensíveis das outras pessoas podem ser algo profundamente deprimente. Pense nos inúmeros conflitos violentos que colocam grupos étnicos ou religiosos em confronto direto. A animosidade entre os dois grupos faz total sentido para os envolvidos nestes conflitos; estas pessoas estão dispostas a morrer e a matar em nome de suas tribos. Aos olhos de um observador externo, isso parece inútil e irracional. Na verdade, vistos a partir de uma distância suficiente e a partir da devida perspectiva, nenhum destes conflitos parece fazer sentido.

Um bom exemplo disso é a controvérsia, na Antiguidade Tardia, acerca da relação metafísica entre os aspectos divinos e humanos de Jesus Cristo. Suspeito que, hoje em dia, nem mesmo os cristãos mais devotos dão alguma importância a esta querela. De uma perspectiva não cristã, este debate parece ser ainda mais intrigante. No entanto, alguns dos cidadãos mais inteligentes do Império Bizantino primitivo se envolviam muito nestas controvérsias. Para discutir o tema da humanidade e da divindade do Cristo, bem como definir se Ele tinha duas naturezas distintas ou apenas uma, não somente concílios foram convocados, mas instituições políticas foram colocadas em risco, de modo que houve muito derramamento de sangue. Parte deste sangue pertencia ao homem a respeito do qual este capítulo trata: Máximo o Confessor, um pensador do século VII. Este título honorífico, "Confessor", faz referência à sua firme defesa de uma concepção que se tornara ortodoxa na tradição bizantina: Cristo tinha duas naturezas, e estas estavam unificadas em uma única pessoa. Porém, ao longo de sua própria vida, a ortodoxia de Máximo não recebeu elogios ou exaltação. Pelo contrário: seus inimigos, com efeito, deceparam a mão com a qual ele escrevera acerca das duas naturezas do Cristo e cortaram a língua com que Máximo defendeu, de modo tão articulado, sua teologia. Ele morreu logo depois, no ano 662, juntando-se a Sócrates no seleto grupo de filósofos vitimados por uma violenta perseguição em razão de suas crenças.

Para entendermos por que alguém julgaria necessário mutilar Máximo desta maneira – e por que Máximo decidiu correr o risco de sofrer tal tormento –, precisamos retroceder algumas centenas de anos, ao século IV. Essa foi a época dos padres da Capadócia, cuja participação em controvérsias políticas acerca de aspectos sutis da teologia cristã foi marcante. Ao discorrer a respeito deles, meu enfoque esteve centrado no modo como as três Pessoas da Trindade se relacionam entre si. Vimos, então, que a intenção dessas figuras era seguir um caminho intermediário entre o arianismo – que defendia uma noção extrema que separava as três Pessoas da Trindade – e o sabelianismo, que tão somente as identificava entre si ao defender a concepção de que as três são diferentes apenas à luz do entendimento humano limitado. Os capadócios também se apresentavam como pessoas que buscavam uma via intermediária em outra controvérsia. Nesse caso, travou-se um debate a respeito da crença cristã fundamental, a saber, de que Jesus de Nazaré era divino – o Filho de Deus tornou-se carne, para que, por meio de seu sacrifício, a humanidade pudesse ser redimida do pecado.

Esta crença traz consigo um dilema muito semelhante ao que vimos no caso da Trindade[232]. Assim como teólogos preferiram não se alinhar à opinião dos arianos de que o Pai é totalmente diferente do Filho, a fim de que disso

232. Para a história deste debate, cf. Grillmeier (1965); Meyendorff (1974); McGuckin (1994); Bathrellos (2004); Behr (2004).

não resultasse dois deuses, eles tampouco se mostravam dispostos a fazer concessões em relação à unidade de Cristo. Ele foi uma única pessoa, ainda que tenha sido, a um só tempo, homem e Deus. Por outro lado, eles também rejeitaram o equívoco sabeliano de eliminar toda e qualquer diferença entre as três Pessoas. Portanto, parecia inaceitável simplesmente identificar a humanidade de Cristo com sua divindade. Afinal, o divino é radicalmente distinto do humano. Se não houver distinção entre as duas dimensões, segue-se estas duas alternativas excludentes: ou a humanidade de Cristo é absorvida por sua divindade ou sua divindade é rebaixada, pois seria trazida para o nível humano. Ambas as alternativas parecem aceitáveis. Se Cristo foi apenas divino, Deus não assumiu uma forma humana a fim de redimir a humanidade. Contudo, se Ele fosse apenas humano, então seu sacrifício terá sido apenas a morte de um homem particularmente virtuoso, e não a de um Filho de Deus. Ademais, Cristo foi reconhecido como um homem imune ao pecado. Como isso teria sido possível a menos que sua falível natureza humana tivesse sido, de algum modo, aperfeiçoada por intermédio de sua divindade?

Todas as partes envolvidas na controvérsia compreendiam, portanto, que a correta compreensão metafísica reconheceria tanto a divindade quanto a humanidade de Cristo. Entretanto, o consenso revelou-se difícil de alcançar no que tange aos pormenores. Muitas vezes, os pormenores eram delineados mediante distinções e pressupostos filosóficos. Considere, por exemplo, o teólogo Apolinário de Laodiceia, do século IV. Sua preocupação particular era salvaguardar a *unidade* de Cristo. Para tanto, ele evocava a justificativa visivelmente platônica de que a natureza humana está sujeita a mudanças, enquanto a natureza divina é imutável e eterna. Porém, tudo que está sujeito a mudanças pode se desviar do caminho, e, por conseguinte, rumar à imperfeição. Isso significa que se Cristo tem vontade e pensamentos humanos, é inevitável que esteja sujeito ao pecado. Uma forma de compreender isso é: se Cristo é verdadeiramente humano, então *talvez* Ele peque – o que já seria ruim o bastante. Apolinário, entretanto, parece ter ido mais longe, pois afirma que se Cristo tivesse uma vontade humana, Ele *realmente* pecaria, talvez porque supunha que qualquer capacidade autêntica precisa ser realizada em algum momento. Dado o que aconteceria no futuro, pode-se considerar que Máximo mostrou uma rara sensatez quanto a este aspecto. Ele proporá uma distinção mais rigorosa entre a capacidade de pensar ou de querer algo e o ato efetivo de pensar ou de querer.

Apolinário foi condenado no final do século IV, quando se considerou que suas tentativas de afirmar a unidade de Cristo implicavam a negação de sua plena humanidade. Uma concepção nitidamente oposta a esta foi a de um homem chamado Nestório, figura que nos traz ao século V. Para Nestório e para seus apoiadores, Cristo não apenas tem duas naturezas, como também duas *hipóstases*. E o que é uma *hipóstase*? É mais provável que os historiadores da filosofia se deparem com esta palavra em contextos neoplatônicos, a saber, como um termo técnico usado com referência aos níveis da hierarquia platônica, tal qual a alma e o intelecto. Neste contexto teológico, contudo, a palavra "hipóstase" significa algo menos elaborado: trata-se tão só de uma entidade que se distingue de outras entidades[233]. Em sua tentativa de evitar os problemas do apolinarismo, Nestório obteve a nota máxima na tarefa, mas quando o assunto era sustentar a ideia da unidade de Cristo, em seu boletim constava: "Você pode se esforçar mais". Ele e seus seguidores, os nestorianos, de fato afirmaram que Cristo foi uma única "pessoa", *prosópon* em grego. Porém, isso foi interpretado por críticos como um estratagema superficial, uma máscara de unidade que ocultava uma verdadeira dualidade subjacente. Com efeito, a palavra *prosópon* significa "face" ou "máscara", e era usada para descrever o uso de máscaras pelas personagens do teatro grego.

Quando os capadócios assumiram o protagonismo neste debate, eles também buscaram uma visão conciliatória que enfatizasse que Cristo é uma única hipóstase, uma entidade única e unificada, que, não obstante, é, a um só tempo, divina e humana. Ao explicar isso, Gregório de Nissa (seguindo o exemplo de Orígenes) inspirou-se na teoria estoica da mistura física para conceber uma situação na qual o divino e o humano possam se misturar e manter suas naturezas distintas – tal qual, em uma espada incandescente, o metal da lâmina é permeado pelo fogo, ainda que a natureza do metal permaneça distinta da natureza do fogo; e assim como o vinagre mantém sua natureza, mesmo quando é misturado com a água do mar[234]. Uma perspectiva similar foi defendida pelo influente teólogo Cirilo de Alexandria. A propósito, foi no período em que Cirilo ocupou o cargo

233. No contexto teológico, esta palavra é utilizada para descrever a subsistência ou a realidade individual de cada uma das pessoas da Trindade, dentro da unidade divina. No contexto filosófico, de modo geral, o significado é outro: "engano que consiste em tomar como real, concreto e objetivo o que só existe como ficção ou abstração" [N.T.].

234. Cf. Meredith (1999, p. 48); Tollefson (2012, p. 136).

de patriarca de Alexandria que Hipátia, filósofa platônica, foi assassinada por uma turba de cristãos (cf. capítulo 37). A teologia de Cirilo foi a que prevaleceu no Concílio de Éfeso no ano 431, encontro em que os ensinamentos de Nestório foram rejeitados. Entretanto, nem este concílio e nem o concílio seguinte, em Calcedônia, no ano 451 – no qual sustentou-se a fórmula "uma hipóstase em duas naturezas" – foram capazes de unir a Igreja. Algumas comunidades continuaram defendendo a teoria "monofisista" de Apolinário (palavra que se origina na expressão grega equivalente a "uma natureza"), ao passo que outros davam preferência à teoria de Nestório quanto a duas naturezas e duas hipóstases. Outros, ainda, mantiveram-se fiéis à concepção dos capadócios, a de que em Cristo existem duas naturezas – uma divina e uma humana – unidas em uma única pessoa [união hipostática].

Esta divisão teve profundas consequências sociais e políticas, de modo que serviu de semente para o enfraquecimento do Império Bizantino – isto é, a região oriental do Império Romano que sobreviveu após a queda da região ocidental. De um lado, os bizantinos enfrentavam constantes ameaças à sua segurança em razão das das tribos "bárbaras" que já haviam desestabilizado o Império Romano. De outro lado, tiveram repetidos confrontos com o poderoso Império Persa. Eis que, no século VII, os bizantinos de repente se viram diante de um novo e inesperado desafio: os exércitos do Islã. Depois da morte do Profeta Muhammad, no ano 632, exércitos muçulmanos alcançaram uma incrível série de rápidas conquistas militares. No período inicial da Antiguidade, o cristianismo expulsara o paganismo do Império Romano por meio de guerras, de coerções, de incentivos econômicos e dos velhos métodos de persuasão. O cristianismo se via agora diante da ameaça de ter um destino semelhante nas mãos do Islã. Todas estas pressões levaram à urgência da eliminação de divisões dentro da esfera greco-cristã, o que tornou a aceitação de um meio-termo uma opção mais atraente do que nunca. Uma série de imperadores bizantinos usou de sua influência para apoiar uma determinada decisão para a controvérsia. Talvez, por exemplo, ambas as partes possam concordar em discordar quanto ao número de naturezas em Cristo e concentrar-se em chegar ao consenso de que Cristo constitui unidade por ter vontade única?

Porém, há muitas gerações os teólogos já revelavam uma postura excessivamente teimosa – ou, talvez, excessivamente escrupulosa – para se satisfazer com fórmulas verbais que mascaravam diferenças reais entre as doutrinas.

Em outras palavras, eles continuariam a causar problemas, quer houvesse invasões dos bárbaros, quer não houvesse. Isso nos traz, por fim, ao personagem que é o centro deste capítulo: Máximo[235]. Por ter seguido os passos de Sofrônio, seu professor, que era, ao mesmo tempo, teimoso e escrupuloso, Máximo pretendia defender a teoria das naturezas. Tanto Sofrônio quanto Máximo contestaram com veemência o novo conceito de uma única vontade, considerando-o um compromisso excessivo. Não fazia sentido algum atribuir uma única vontade a uma pessoa que tem duas naturezas. Depois da morte de Sofrônio, Máximo seguiu a lutar por suas ideias, enfatizando que ter uma natureza humana e uma natureza divina significa ter duas vontades. Seus adversários contra-atacaram, dado que não recorriam apenas à conveniência política, mas também ao argumento a que Apolinário recorrera muito tempo antes: se Cristo tem duas vontades, estas vontades podem entrar em conflito. Isso significa que, inevitavelmente, Cristo pecará; ou, no mínimo, que sua capacidade de pecar segue-se de maneira inevitável.

Máximo respondeu quanto aprestou o argumento que mencionei acima: não se confundir a vontade tomada no sentido de habilidade com a vontade no sentido de uma decisão tomada por tal faculdade. A vontade divina de Cristo era uma habilidade distinta de sua vontade humana, mas estas duas vontades sempre se uniam para tomar uma única decisão conjunta, tal qual as duas naturezas de Cristo estão unificadas em uma única hipóstase. E, assim como os capadócios haviam ensinado que as naturezas divina e humana são fundidas sem serem *con*fundidas – ou seja, ambas as naturezas estão preservadas no seio de uma única entidade –, Máximo agora ensina que a vontade humana de Jesus está preservada, embora ela seja aperfeiçoada pela presença da divindade (cf. Tollefson, 2012, p. 150). Ele reagiu de modo semelhante diante de outra proposta de conciliação, a saber, de que Cristo tem uma "atividade" única (aqui, a palavra grega que traduzi como "atividade" é *energeia*, da qual deriva a palavra "energia", que muitas vezes é usada como uma tradução um tanto estranha de *energeia* em conversas envolvidas neste debate.

Assim como ocorre com a vontade, o ponto aqui é saber se as atividades – ou "energias" – de Cristo são de dois tipos ou de apenas um único tipo. Os partidários da tese da atividade única podiam recorrer à autoridade de Pseudo-Dionísio, o qual se referia a Cristo como alguém cuja atividade é

235. Quanto ao conteúdo a seguir, cf. Louth (1996).

"teândrica", ou seja, uma atividade caracterizada tanto pela natureza divina quanto pela natureza humana (cf. Bathrellos, 2004, p. 63). Máximo nutria grande admiração por Dionísio; no entanto, ele contestava a tese da atividade única com firmeza similar à firmeza com que rejeitava a tese da vontade única. Sua justificativa era muito semelhante àquela usada no caso da vontade: Cristo conservou uma capacidade humana para exercer a atividade, capacidade esta que foi aperfeiçoada pela fusão de sua natureza humana com a natureza divina. Máximo apresentou o exemplo da cena em que Jesus caminha nas águas. Caminhar é um ato humano natural, mas a divindade de Cristo lhe possibilitou caminhar de um modo sobrenatural. Por conseguinte, caminhar nas águas é, de fato, uma atividade única que, não obstante, deve ser compreendida como o emprego simultâneo de duas capacidades distintas de atuação (cf. Tollefson, 2012, p. 155).

Se você se lembrar do que afirmara Aristóteles (*Da alma*, 417a), perceberá que Máximo reproduz a distinção entre a *atualidade primeira* e a *atualidade segunda*[236]. Esta distinção é tradicionalmente ilustrada pelo próprio exemplo que Aristóteles apresenta, o de aprender algo; porém, proponho que concebamos uma imagem alternativa: a de um cartão de fidelidade de uma cafeteria. De início, ele está vazio: um estado de primeira potencialidade. Aos poucos, ele é preenchido por carimbos, um para cada café que se consome nesse local. Quando o cartão está totalmente preenchido pelos carimbos, encontra-se num estado de atualidade primeira – uma atualidade que é também uma segunda potencialidade ou capacidade; neste caso, uma capacidade da maior importância, a de reivindicar o direito a uma xícara de café gratuita. Quando se troca o cartão preenchido por este café extra, esta é a atualidade segunda. Ao aplicarmos esta distinção à cristologia de Máximo, percebe-se que Cristo tem duas atualidades primeiras, uma vontade divina e uma vontade humana. Estas são capacidades que lhe permitem produzir um ato concreto de vontade, o qual consistirá em uma atualidade segunda. Embora as duas vontades sejam capacidades distintas, ou atualidades primeiras, elas sempre estão em consonância e, portanto, coincidem no nível da atualidade segunda. Isso ocorre quando Cristo de fato manifesta a vontade de algo – quando, por exemplo, Ele opta por trans-

236. Tradução da palavra grega *entelékheia*, este termo designa a ideia de atualização ou realização de uma potencialidade [N.T.].

formar a água em vinho, em vez de café. Porém, é claro que nenhum tipo de bebida é filtrado na mente de Máximo enquanto ele analisa todos estes assuntos. Sua intenção, com efeito, é explicar os fundamentos metafísicos da perfeição de Cristo; sua libertação do pecado.

Esta análise acerca seja da cristologia da Antiguidade Tardia, seja de sua metafísica subjacente, talvez tenha lhe dado a sensação de que todo este debate carece de fundamento. Ele envolve reflexões superficiais que talvez lhe pareçam tão substancial quanto a espuma de um *capuccino* (aliás, de modo muito conveniente, a palavra "*capuccino*" tem origem na semelhança entre esta bebida e a peça de vestuário usada por uma determinada ordem de frades cristãos[237]. Isso faz com que o café seja um tema apropriado para nossa análise de Máximo. Talvez eu recorra a ele novamente quando tratar de John Stuart Mill). No entanto, para os participantes deste debate o ponto não era nada trivial. Explicar a natureza de Cristo significava explicar como toda a raça humana foi salva do pecado. Para nós, filósofos, esta controvérsia não é menos importante. Ela tem, obviamente, uma enorme importância histórica, mas também é, em seu próprio âmago, um debate metafísico. Se você precisar descobrir se duas coisas são, de fato, idênticas – por exemplo, se a mente é idêntica ao cérebro ou se a humanidade de Cristo é idêntica à sua divindade –, pode fazer um teste. Tente encontrar uma propriedade de que apenas uma delas desfruta. Caso consiga encontrá-la, então eis a prova de que você está lidando com duas coisas separadas, e não com apenas uma. Foi deste modo que filósofos como Platão e Descartes defenderam o conceito do dualismo entre mente e corpo. Eles alegaram ter descoberto uma característica que a mente tem, mas da qual o corpo carece. Por exemplo, Platão argumentou que a mente é simples e indestrutível, uma afirmação que não poderia ser aplicada ao corpo.

É justamente esta a estratégia que foi usada no debate cristológico da Antiguidade. Parecia haver uma certeza em relação à segunda pessoa da Trindade, o *logos* divino: ela não poderia sofrer nem ser afetada por coisa alguma. E, no entanto, se há algo que sabemos a respeito de Jesus é que Ele realmente sofreu – fora crucificado e morreu em agonia. Aqui, Nestório e seus seguidores, como bons metafísicos que eram, agarraram esta chance para argumentar: se

237. Referência aos frades capuchinhos [N.T.].

Deus não pode sofrer, então Cristo deveria conter em si mesmo algo distinto de Deus, que lhe permitia sofrer. Cirilo de Alexandria enviou a Nestório uma carta de refutação, na qual ele lida diretamente com esta dificuldade[238]. Ele reverteu a desvantagem que levava em relação a seus adversários ao salientar que o sentido da encarnação é que Deus submete seu Filho de bom grado aos sofrimentos da carne. A carta é concluída com uma lista de doze doutrinas que podem ser destrutivas à fé. O último item afirma que se alguém se recusa a reconhecer que a Palavra de Deus, a segunda pessoa da Trindade, sofreu ao ser crucificado, então esta pessoa deve ser considerada um anátema. Sim, Nestório, esse é um recado para você.

Outro exemplo disso é o debate aparentemente insólito para decidir se a Virgem Maria deve ser reverenciada com a expressão *theotokos*, palavra grega que significa "aquela que dá à luz a Deus". Nestório não gostava desta expressão, pois, uma vez mais, ela parecia atribuir indiretamente uma propriedade a Deus que Ele simplesmente não pode ter. Se Deus é eterno e precede todas as coisas, como é que Maria pode ter dado à luz a Ele? Em vez disso, Nestório postula que Maria deu à luz a Cristo na medida em que Ele era humano. Cirilo redargui ao dizer que Maria, de fato, deu à luz a um homem feito de carne, como nós. Porém, ao fazê-lo, ela deu à luz a Deus. Isso não é nenhum absurdo, como Nestório alegou, e sim o próprio propósito da coisa: ela deu à luz à Palavra de Deus que se tornou carne, e este era o significado exato da palavra "encarnação". Em todos estes aspectos, Máximo concordava com Cirilo, em oposição à visão de Nestório. Ele reconhecia que Cristo tinha duas naturezas, mas acrescentava que se deve resistir à tentação nestoriana de dividir tudo o que dizemos acerca de Cristo em duas categorias: um conjunto de afirmações que são verdadeiras porque Ele era Deus; o outro conjunto de afirmações que são verdadeiras porque Ele era um homem. A unificação destas duas naturezas é o que torna possível que tanto Deus quanto o homem sofram ou nasçam de uma virgem.

Máximo desenvolveu estes argumentos além da metafísica, de modo que adentrou no âmbito da ética. Nossa compreensão do bem humano é radicalmente transformada quando sabemos que a natureza humana foi divinizada na pessoa de Cristo. É claro que seres humanos normais não

---

238. Terceira epístola a Nestório. Para tradução, cf. McEnerney (1987); Ehrman; Jacobs (2004, p. 182-188).

estão livres do pecado, tampouco são a encarnação da Palavra de Deus, como foi o caso de Cristo. No entanto, precisamos nos esforçar para chegar à nossa própria perfeição, o que significa um esforço para alcançar nosso próprio tipo mais humilde de divindade. Máximo foi apenas o último de uma longa linhagem de filósofos da Antiguidade a explicar de que modo os humanos podem, como afirmara Platão, "alcançar a semelhança com Deus até onde isso for possível". Porém, ele também foi influenciado por capadócios mais recentes e por Pseudo-Dionísio. Foi com eles que Máximo adquiriu a convicção de que Deus não pode ser conhecido em sua essência: Ele pode ser compreendido apenas por meio de suas atividades. Portanto, mesmo às almas que alcançam a salvação no além-túmulo será permitido participar da atividade de Deus, em vez de unificar-se com a própria essência divina.

E quanto à nossa vida neste mundo? Aqui, Máximo apresenta de novo uma resposta a pensadores cristãos de épocas anteriores. Alguns deles, sobretudo Orígenes, defendiam uma concepção intelectualista do bem humano, bem como enfatizavam a contemplação de Deus. Máximo concordava que devemos buscar a contemplação do divino, mas isso deve ser feito por meio da compreensão de suas atividades, uma vez que o próprio Deus transcende a capacidade de compreensão de nossas limitadas mentes. Com efeito, ele sugere que o conhecimento de Deus é o que distingue os cristãos dos judeus; eis sua crítica a estes últimos por se contentarem apenas com o evitar o pecado. Máximo, contudo, reconheceu também que evitar o pecado não é uma proeza fácil. A natureza de nossa existência corpórea nos arrasta na direção do prazer e das paixões, de modo que precisamos de uma força de vontade – e não apenas de uma mente inteligente – para submetermos estes desejos à lei da razão e da divindade. Ao evocar uma tradição exegética que remonta a Filo, Máximo interpretou passagens bíblicas como um convite à luta contra as paixões. Por exemplo, a fuga de Moisés e do povo judeu do Egito simboliza, em seu entender, a necessidade de se afastar do reino das sensações e de se voltar para as coisas da mente. Ele se referia a isso como um tipo de "esvaziamento" de nós mesmos, com a remoção de todos os apegos carnais a fim de que nada mais permaneça, exceto uma abertura para a virtude e para Deus. Esta era uma disciplina ética que ele não apenas recomendava, mas também praticava. E nesta prática ele não estava sozinho.

45

A PRÁTICA LEVA À PERFEIÇÃO: O ASCETISMO CRISTÃO

Talvez você já tenha ouvido falar de um experimento psicológico um tanto perturbador conhecido como o teste do quindim. Um pesquisador reúne crianças pequenas numa sala e lhes serve um quindim ou, então, outro presente. É dito às crianças que, se elas conseguirem resistir à tentação de comer o quindim até que o pesquisador volte à sala, ganharão um quindim extra como recompensa. Algumas das crianças do grupo comeram seu quindim assim que se perceberam sozinhas na sala, enquanto outras foram capazes de aguentar até o retorno do pesquisador, mas com um esforço que as levava a remexer-se em seus assentos, a puxar o próprio cabelo, ou a lamentar, em voz alta, como o tempo demorava a passar. A parte perturbadora – além da pergunta "como é que os psicólogos saem impunes com estes experimentos ligeiramente sádicos?" – é que, anos mais tarde, os pesquisadores acompanharam aquelas crianças e descobriram que aquelas que se mostraram capazes de se conter mostraram dar-se melhor na vida, não só de uma perspectiva educacional como também de outras. É inquietante pensar que nosso destino como adultos já está determinado por nossa capacidade de autocontrole tão cedo em nossas vidas. Para ser sincero, ainda em minha idade atual, eu teria dificuldade de passar nesse teste, sobretudo se a recompensa fosse um folhado de amêndoas, em vez de um quindim.

Imagino que eu não seja o único. A maioria de nós luta com tendências comportamentais e volitivas todos os dias, desde o momento em que, logo pela manhã, resistimos ao desejo de continuar na cama alguns minutos a mais, até o momento em que decidimos nos abster de uma última taça de vinho antes de ir para a cama. Este não é tão somente um desafio cotidiano;

é também um misterioso fenômeno filosófico. Os filósofos costumam dar à incapacidade de resistir aos desejos o nome de *akrasia*, uma palavra grega que significa "falta de autocontrole", às vezes traduzida por "fraqueza de vontade". No sentido estrito da palavra, somos "acráticos" quando nossos desejos nos levam a atuar de maneira contrária a nosso julgamento quanto àquilo que, na verdade, é o melhor para a nós. Isso é difícil de explicar. Uma análise ingênua e atraentemente simples da ação humana seria a seguinte: uma pessoa, depois de considerar tudo o mais, pondera qual seria a melhor atitude; em seguida, toma uma decisão, e, então, age em conformidade a ela. Porém, em situações de *akrasia*, tomamos determinada decisão e, então, a ignoramos – nosso julgamento é superado por algo tão simples quanto um quindim.

Como o próprio uso do termo grego *akrasia* sugere, este fenômeno foi debatido por inúmeros filósofos da Antiguidade, sobretudo por Platão, por Aristóteles e pelos estoicos. Para Sócrates – conforme a descrição apresentada nos primeiros diálogos de Platão (mormente o *Protágoras,* 354e-355e) – e para os estoicos, a *akrasia*, em um sentido estrito, é algo impossível. Quando aparentemente atuamos em oposição ao que julgamos ser mais sensato, isso apenas significa que, no fundo, avaliamos, por exemplo, que é melhor continuar na cama do que chegar pontualmente ao local de trabalho, ainda que afirmemos acreditar no contrário disso. Aristóteles, por sua vez, pensa que desejos intensos podem fazer com que um julgamento se torne temporariamente inativo. Portanto, ele considera que a *akrasia* é possível, mas apenas em um sentido pouco convincente: uma pessoa não pode se revelar sensata caso julgue que deve fazer algo, ainda que seja incapaz de fazê-lo[239]. Para poder explicar esta "*akrasia* mais exata", precisaríamos de uma psicologia moral mais complexa, como a que encontramos na *República* de Platão. Platão postula que alma contém três aspectos que disputam o controle: a razão, o espírito e os desejos. Quando avalio racionalmente que é hora de ir para cama, e ainda assim bebo mais uma taça de vinho, isso acontece porque a parte desejante de minha alma predomina em relação à parte racional[240].

Na Antiguidade, a teoria mais influente da *akrasia* foi a de Platão, mas os filósofos que a levaram à sua conclusão mais radical são os cristãos da

239. *Filosofia clássica*, cap. 38.

240. *Filosofia clássica*, cap. 21.

Antiguidade Tardia que passaram a ser conhecidos como ascetas. O termo "ascetismo" tem origem no grego *askesis*, que significa "prática", e estes cristãos colocaram, com efeito, a teoria de Platão em prática, dada a submissão destes a limites extremos de autocontrole. A hipótese de muitos pensadores pagãos gregos era a de que as pessoas realmente virtuosas simplesmente não têm nenhum desejo vicioso. Por exemplo, Aristóteles acreditava que os virtuosos sempre *querem* fazer a coisa certa. Desse modo, ele fazia a distinção entre virtude e autocontrole – ou *enkrateia*, que designa o estado de caráter do indivíduo que tem desejos ruins, mas é capaz de superá-los por meio do julgamento racional. Em contrapartida, os cristãos presumiam, pelo menos em nosso estado decaído e pecaminoso, a inevitabilidade de que vida humana envolva uma luta para vencer as tentações. Cristo era o único que tinha a prerrogativa de não ter pecados, talvez até mesmo de não ter a menor inclinação para o pecado. O objetivo dos ascetas com sua "prática" era, na medida do possível, atingir um estado crístico no qual o desejo pudesse ser completamente vencido pelo julgamento racional, ainda nesta vida.

A mais famosa interpelação filosófica ao ascetismo não é da Antiguidade, mas a contundente crítica de Nietzsche às tendências ascéticas no cristianismo. Talvez você já esteja familiarizado com a afirmação nietzscheana de que o ascetismo é uma negação da própria vida, uma rejeição niilista da existência encarnada[241]. Pode-se evitar afirmar, de antemão, que esta é uma simplificação demasiado exagerada de Nietzsche, mas, decerto, é uma simplificação exagerada do ascetismo cristão presente na Antiguidade. Na verdade, o estilo de vida dos ascetas do século IV tinha como base a crença de que o próprio Deus havia encarnado neste mundo. Isso é demonstrado pela carreira de um dos ascetas mais célebres, Antão (também conhecido como Antão o Grande). Antão ficou conhecido por meio de uma biografia escrita por Atanásio, um teólogo também famoso por seus textos polêmicos acerca da Trindade (cf. Ehrman; Jacobs, 2004, p. 368-377). Atanásio apresenta Antão como um colega crítico dos arianos. Para Ário e seus seguidores, o Filho divino era, acima de tudo, um mediador entre Deus, o Pai, e a humanidade. Desse modo, os arianos situavam o Filho em um nível elevado, mas ainda assim subordinado, logo abaixo do Pai. Um sinal disso

241. Cf., *e.g.*, a análise que o filósofo alemão faz do ideal ascético em Nietzsche (2017).

foi seu reconhecimento de que o Filho divino não era coeterno com o Pai – na verdade, conforme eles afirmam, já houve um tempo em que o Filho não existiu. Para críticos como Atanásio e Antão, isso tudo equivalia à negação de que Jesus Cristo era plenamente Deus. Eles reafirmavam que Cristo era todo humano e todo divino, e que, portanto, era, a um só tempo, encarnado e perfeito. Para Antão, o ascetismo era um modo de imitar Deus, de empenhar-se para ter, na carne, uma vida perfeita, e não um modo de escapar do corpo (como Nietzsche teria afirmado).

Nestes alicerces teológicos Antão construiu uma vida que foi imortalizada por Atanásio numa biografia que seria lida e imitada por muitas gerações de cristãos, além da Antiguidade Tardia e até mesmo na Idade Média. Pode-se ter uma medida do impacto potencial desta obra com Agostinho, o qual nos conta a respeito de um homem que se converteu para o cristianismo logo depois da leitura desse livro (cf. Agostinho, Conf., 8.6.15). Na biografia de Atanásio o leitor fica ciente, de início, que Antão doou toda a fortuna de sua família aos necessitados. Reservou apenas uma parte desse dinheiro para as despesas com os cuidados de sua irmã, mas logo pensou melhor e também renunciou a esta quantia, de modo que tomou providências para que a irmã fosse viver numa comunidade com outros ascetas (Atanásio só não conta o que a irmã de Antão achou disso tudo). A existência dessa comunidade mostra que Antão não foi, como às vezes se alega, a primeira pessoa a viver uma vida deliberadamente ascética. Na verdade, Atanásio descreve-o como alguém que aprende com outros ascetas. Antão, contudo, encarou esta experiência com mais seriedade do que muitos. Alguns ascetas se mudaram para as periferias dos vilarejos no deserto egípcio, e, por conseguinte, sobreviviam com pouca comida e dormiam no chão. Antão, por sua vez, optou por enclausurar-se numa caverna e deixar a instrução de que um pedaço de pão lhe fosse levado em intervalos de alguns dias.

Em razão de gestos tão dramáticos, Antão ficou célebre por tornar-se um dos chamados “Padres do Deserto”, isto é, ascetas radicais do século IV d.C. cuja luta pessoal contra os desejos também lhes valeu o epíteto de “atletas de Deus”. Assim como Antão, muitos foram ricos outrora, mas doaram toda a sua fortuna. A literatura ascética contém abundantes relatos de pessoas que passaram rapidamente da riqueza à pobreza[242]. Uma vez que

242. Quanto a este fenômeno, cf. Brown (2012).

optaram pela pobreza, eles viviam em condições de sobrevivência básica e dedicavam suas vidas às preces, de modo que moravam em celas isoladas ou ainda em comunidades que foram as precursoras dos monastérios medievais. Ainda mais célebre que Antão é Simeão Estilita[243], que ganhou fama por viver no topo de uma coluna de pedra por alguns anos – supostamente sem comida – com o corpo atado a uma estaca para não cair quando estivesse debilitado pela fome. A justificativa pragmática de Simeão para seu estilo de vida elevado – tanto no sentido literal quanto no metafórico – era que isso o manteria afastado dos visitantes que a todo instante chegavam para interromper seus momentos de contemplação. Isso, entretanto, ensejou o efeito contrário, já que ele se tornou uma espécie de atração turística. Ele, então, decidiu elevar a altura da coluna. Os relatos a respeito de Simeão apresentam grande nitidez e chegam a ser repletos de pormenores, como na situação em que ele acorrentou a si mesmo a uma rocha, mas logo se convenceu de que sua força de vontade já era razão suficiente para mantê-lo ali. Quando a corrente foi removida, revelou-se que um enxame de insetos se contorcia em sua carne esfolada, uma situação que ele suportara sem queixas. Com esse tipo de pormenores inesquecíveis, não surpreende que a literatura acerca dos Padres do Deserto tenha encontrado tão grande acolhida entre leitores da Antiguidade Tardia e da Idade Média.

O movimento ascético também ofereceu rara oportunidade de que as mulheres assumissem protagonismo na literatura cristã. Isso se deu porque também havia "mães do deserto". Infelizmente, hoje não dispomos de nenhuma obra escrita por mulheres ascetas. De fato, em toda a Antiguidade Tardia, apenas um punhado de mulheres cristãs produziu textos que sobreviveram até nossos dias[244]. O exemplo mais notável é a poesia de Eudócia, imperatriz bizantina do século V – e é difícil aderir a um ascetismo mais intenso do que ser uma imperatriz bizantina no século V. Ainda assim, compilações de provérbios de heróis do ascetismo – outro gênero que se tornaria deveras popular nos séculos que se seguiram – muitas vezes incluíam observações de natureza devocional atribuídas a mulheres como Sinclética, uma eremita do século IV. Mulheres aristocratas também causavam certo impacto ao assumirem a função de patronas de comunidades ascéticas.

243. Cf. o capítulo que trata dele em Ehrman; Jacobs (2004, p. 381-387).

244. Cf. Harvey (2004, p. 382-390); Clark (1986); King (1989).

Exemplo extraordinário disso foi Melânia a Velha, figura que fundou uma comunidade na Palestina, e que, ademais, se associou a Rufino, o tradutor de Orígenes. Ela também ficou famosa por sua rotina de estudos: conta-se que ela teria lido cuidadosamente as obras de Orígenes e dos capadócios em leituras que se prolongavam por dias e noites a fio, de modo que retornava às palavras-chave do texto para aprofundar os estudos.

Para a história da filosofia, as ascetas mais importantes foram as mulheres que tinham ligações com os capadócios. Já vimos que Macrina, irmã de Basílio de Cesareia e de Gregório de Nissa, ajudou a direcionar seus irmãos ao caminho da devoção cristã. Ela também ajudou muitos outros neste percurso ao fundar uma comunidade ascética, assim como Melânia a Velha. Vimos também que Gregório apresentara sua irmã como grande conhecedora e crítica da filosofia helênica em sua obra que trata da imortalidade da alma. Gregório atribui a ela o papel socrático de um filósofo que enfrenta a morte com argumentos e de maneira destemida. Em sua obra *A vida de Macrina* (cf. Corrigan, 1989), Gregório a retrata de modo deveras diferente. Aqui, a ênfase recai em sua devoção religiosa, em sua humildade e em sua espiritualidade. Depois que o homem com quem ela tinha intenção de se casar morreu antes que pudessem consumar o casamento, ela se dedicou à virgindade e ao trabalho doméstico. Embora Gregório enfatize que aceita a possibilidade de uma mulher ser considerada um modelo cristão, ele não abandona suas ideias preconcebidas acerca dos papéis de gênero. Ele a elogia por viver e trabalhar junto às empregadas domésticas, e nesse texto não faz nenhuma insinuação de que ela também apreciava o bom e velho discurso socrático quanto à imortalidade. Ainda assim, vemos uma continuidade entre a Macrina retratada nesta biografia e a Macrina do diálogo de Gregório acerca da alma, no sentido de que *A vida de Macrina* a apresenta como exemplo de pessoa que adota um luto comedido diante das mortes na família. E, caso isso não baste para impressioná-lo: conta-se também que ela operou milagres ao recorrer tão somente a preces para curar uma criança de uma doença ocular, bem como a si mesma de um tumor maligno.

Temas semelhantes surgem em uma oração fúnebre escrita por outro capadócio: Gregório de Nazianzo, para sua irmã Gorgônia[245]. Neste caso,

245. Tradução em Daley (2006, p. 63-75).

Gorgônia chegou a se casar, mas convenceu o marido a fazer um voto de castidade junto a ela (tal qual o caso da irmã de Antão, não sabemos qual foi a reação dele em relação aos votos de Gorgônia, exceto pelo fato de que ele aceitou a proposta. E tudo isso antes da invenção do banho frio!). Assim como Macrina, Gorgônia recuperou-se milagrosamente de ferimentos e de sua doença por meio das preces. Sem colocar em dúvida a sinceridade destas heroínas ascéticas, podemos notar que a recusa do casamento ou das relações conjugais – como foi o caso de Gorgônia – lhes ofereceu a oportunidade de escapar das restrições da sociedade patriarcal da Antiguidade Tardia. A ideia de que o ascetismo poderia restabelecer a igualdade entre homens e mulheres – a qual fora perdida por meio do pecado – é uma poderosa força subjacente a esta literatura. Na verdade, Gregório de Nissa acreditava que a distinção entre os gêneros masculino e feminino é, em si, o resultado de nosso estado pecaminoso. No momento inicial de criação da humanidade não havia tal distinção, e esta será eliminada depois de nossa morte. Enquanto isso, nesta vida, mulheres extraordinariamente santas poderiam exercer uma influência pública, algo raro na Antiguidade. Elas exerceram um significativo impacto intelectual, mesmo que este fato tenha se tornado conhecido apenas por meio de homens como os dois Gregórios e de Agostinho, cuja mãe, Mônica, ele considerava como um paradigma de sabedoria cristã. A atitude das mulheres de usar as riquezas familiares para dar abrigo a grupos de ascetas que compartilhavam das mesmas ideias era outra maneira de exercer influência.

Como isso tudo sugere, embora os ascetas antigos estivessem associados à imagem de eremitas solitários, o movimento teve uma dimensão definitivamente política. Melânia, Macrina e outras fundadoras desejavam que suas comunidades demonstrassem como os seres humanos poderiam viver juntos, com dedicação a Deus em vez de à competição por riqueza e por poder secular. Em certa medida, até mesmo as desigualdades de gênero poderiam ser eliminadas nesses grupos, embora este obus político tenha sido parcialmente desarmado durante o século IV à medida que a convivência de mulheres e homens nas mesmas comunidades tornou-se cada vez menos aceitável. Os historiadores referem-se aos ascetas que viviam em comunidades com o termo “cenobitas”, que deriva do grego *koinos bios* – que significa “viver em comunidade”. Eles contrastam com os ascetas que viviam sozinhos ou em relativo isolamento, denominados "eremitas", que deriva do grego *eremos*, que significa "deserto" (esta é a raiz de nossa palavra "ermitão"). Pode-se considerar as comunidades cenobitas como a representação do primeiro tipo de cidade virtuosa descrita por Sócrates na *República* (372a-d), na qual não existem luxos e onde todos compartilham dos mesmos objetivos. O lugar que Glauco, interlocutor de Sócrates, rejeita, julgando-a uma "cidade de porcos" era visto de uma maneira mais positiva por estes cristãos da Antiguidade Tardia.

Quanto aos ascetas mais isolados, talvez isso nos remeta a um animal diferente. As façanhas contraculturais e o estilo de vida rudimentar de homens como Antão e Simeão inevitavelmente nos fazem lembrar dos cínicos, cujo nome, como você deve se lembrar, tem origem na palavra grega para "cão". E, tal qual os cínicos, os ascetas eremíticos não perderam sua relevância política com sua decisão de se abster da vida cívica cotidiana. É bem verdade que eles não agiam como Diógenes, que se sentava no meio da cidade e criticava a hipocrisia dos transeuntes que ali passavam. Eles não precisavam disso. Havia um público que ia atrás deles, ainda que no deserto. Em sua coluna de pedra, Simeão era um ímã para os visitantes que buscavam seus conselhos acerca de variados temas, desde a teologia aos mais mundanos. Algo similar se aplica a Antão: Atanásio registra que este padre do deserto, na melhor das hipóteses, alimentava sentimentos contraditórios em relação a isso tudo. Assim como Gregório de Nazianzo teve a intenção de abandonar suas tarefas pastorais e juntar-se a Macrina em uma vida de retiro e de autocontrole, Antão teria preferido, por vezes, ser deixado em paz. Contudo, ele interagia com seus companheiros cristãos por meio de conselhos dados a visitantes e, claro, na condição de exemplo a eles. Não devemos subestimar o poder simbólico e até mesmo a subversividade política contida na decisão de Antão de renunciar às próprias riquezas em prol de um estilo de vida que os ascetas chamavam tão somente de "filosofia".

No que tange aos fundamentos filosóficos deste estilo de vida filosófico, o principal autor é Evágrio Pôntico[246]. Ele nasceu na Capadócia e foi aluno de Gregório Nazianzo. Assim como outros Padres do Deserto, adotou um

246. A respeito dele, cf. Casiday (2006).

estilo de vida hermético a fim de fugir das tentações. Neste caso, "fuga" é uma palavra empregada no sentido literal, já que ele começou a competir como atleta de Deus depois de ter escapado de uma ligação política perigosa com uma mulher de Constantinopla. Ele adotou o estilo vida ascético, embora haja relatos de que tenha retornado a Alexandria para debater com filósofos pagãos. Em seu retiro no deserto, Evágrio escreveu longos textos a respeito dos desafios e das estratégias do ascetismo – obras muito admiradas por Máximo o Confessor. No entanto, a admiração pela obra de Evágrio não era unânime. Ao considerar que nos textos de Evágrio há claros empréstimos das ideias de Orígenes, os críticos a Orígenes não hesitaram em também desferir ataques a Evágrio. De fato, Evágrio parece às vezes concordar com as controversas afirmações de Orígenes, a saber, de que todas as almas já existiam livres do corpo antes que pecassem, bem como que todas as almas um dia alcançarão a salvação[247].

Esta associação entre o origenismo e o asceticismo não é fortuita. Por um lado, o próprio Orígenes tinha inclinações ascéticas. Supõe-se que ele teria castrado a si mesmo na adolescência para fugir às tentações do sexo. Eusébio, historiador da Igreja, registra que ele resistiu com bravura ao frio e à pobreza, de modo que só caminhava descalço (isso lhe faz lembrar de alguém?). Até mesmo as relações familiares eram às vezes tidas como um desvio da devoção religiosa e das preces: quando lhe disseram que seu pai havia morrido, Evágrio foi ríspido: "Não diga blasfêmias! Meu pai é imortal!" (Casiday, 2013, p. 25). Os ascetas tinham não apenas motivações religiosas, mas um argumento lógico e filosófico para explicar sua renúncia às coisas ligadas ao corpo. Orígenes descrevia a perfeição humana em termos altamente intelectualizados, como um processo em que se alcança a libertação do corpo de inúmeros ciclos de encarnação. Portanto, é natural que ele e seus seguidores encarassem os desejos do corpo como um obstáculo no caminho rumo à perfeição. No entanto, assim como Antão, Evágrio, em sua condição de admirador de Orígenes, considerava a guerra contra os desejos como uma batalha a ser travada aqui e agora, enquanto estamos encarnados. Seus textos traziam frequentes referências à alma tripartite de

247. Quanto a um argumento recente contrário à interpretação origenista acerca de Evágrio, cf. Casiday (2013).

Platão, bem como descreviam o projeto ascético como uma tentativa de silenciar os desejos inferiores e deixar a mente liberta para contemplar Deus por meio da oração. Portanto, suas meditações acerca dos esforços ascéticos eram realmente uma investigação sutil quanto a como evitar a *akrasia*. Ele transformou estes esforços em uma luta pessoal, uma vez que atribuiu a culpa pelos desejos inferiores a demônios que promoviam um constante cerco aos ascetas. Os demônios enfraquecem as orações ao inserir "pensamentos" indesejados, por exemplo, fantasias luxuriosas que podem ocorrer a um monge que tenta orar em sua cela ou então lembranças que o asceta tinha de sua vida anterior. Ele classificava estes pensamentos distrativos em oito categorias: gula, avareza, luxúria, e assim por diante, uma lista que se tornou o alicerce para a tradição dos sete pecados capitais de épocas posteriores (Corrigan, 2009, cap. 5).

Sua referência aos demônios, aqui, não é uma simples metáfora. Atanásio também descreveu as batalhas de Antão para alcançar o autocontrole como uma batalha contra demônios, e Evágrio apresenta em pormenores os truques ardilosos dessas criaturas. Eles se disfarçam de anjos e fazem ruídos dispersivos quando o asceta tenta rezar ou, então, isolam-se temporariamente a fim de dar ao asceta uma sensação ilusória de autoconfiança. Embora isso tudo possa nos parecer ridículo, há nas observações de Evágrio uma teoria deveras sofisticada a respeito da alma humana implícita. Ele considerava a imaginação como o aspecto da alma que poderia se tornar o alvo dos demônios do desejo, pois a imaginação está aliada aos sentidos, mais do que à mente – uma análise psicológica que remonta a Aristóteles. Ele também se inspira nos estoicos quando afirma que os sentidos transmitem impressões ou representações da mente, as quais esta pode, então, optar por seguir ou por rejeitar. Tais representações são a principal arma usadas pelos demônios. Eles tentam desviar nossa atenção da pura compreensão mental de Deus. Por ser imaterial, Deus não pode não ser compreendido por meio de impressões ou representações, mas apenas por meio do pensamento puro, que consiste no objetivo da prece. Evágrio também cita a afirmação de um homem sábio: o cérebro, ao que parece, é um alvo frequente de ataques demoníacos em virtude de ser um centro para a recepção de imagens sensoriais (Casiday, 2006, p. 73-74).

Para situarmos tudo isso em um contexto, é proveitoso voltarmos brevemente nossa atenção a um autor deveras diferente e do mesmo período: Nemésio de Emesa. Ele foi um bispo que provavelmente teve ligações com os capadócios, e, além disso, escreveu no final do século IV. É conhecido pela obra *Sobre a natureza do homem*, um tratado que é uma espécie de manual que sintetiza os ensinamentos de filósofos pagãos e cristãos[248]. Para os estudiosos modernos, este é um tesouro de referências a pensadores da Antiguidade cujas obras talvez tenham se perdido. Para leitores do século IV, serviu de guia útil para ideias contemporâneas acerca da anatomia, da psicologia, do livre-arbítrio e de outros aspectos da natureza humana. Em uma seção da obra, ele descreve várias capacidades psicológicas, entre elas a da memória e a da imaginação, e explica que elas estão assentadas no cérebro (§ 6). Nemésio, contudo, é platônico o bastante para defender a ideia de que a alma também tem funções que são exercidas sem o corpo – o tipo de raciocínio puro ou contemplativo que Evágrio também estimula. E, embora esteja claro que o próprio Nemésio não seja um asceta, ele menciona que um homem devoto permitirá a si mesmo apenas os desejos que Platão chamava de naturais e necessários, ou seja, aqueles que devem ser satisfeitos para a mera sobrevivência (§ 18). Antão, Simeão, Macrina e Evágrio concordariam com este modo de ver. Eles não levaram seu ascetismo aos limites do suicídio, mas renunciaram a coisas e a atividades desnecessárias – embora agradáveis – tais como o sexo, roupas decentes, banhos, ou ainda bebida e comida que fossem além do mínimo necessário. Quindins e folhados de amêndoas, por certo, não faziam parte do cardápio deles, e não apenas porque ainda não tinham sido inventados.

Outro aspecto que Nemésio tem em comum com os ascetas é o amplo alcance histórico de seus textos. A obra *Sobre a natureza do homem* foi traduzida para o armênio, o siríaco, o árabe e o latim. Compilações de provérbios a respeito das mães e dos Padres do Deserto também foram vertidas para todas estas línguas, e para outras mais. A cultura monástica que transmitia a literatura do ascetismo também se tornou um veículo crucial para a filosofia secular. As obras de Aristóteles circularam em monastérios

248. (Sharples; Van der Eijk, 2008). Citado com base no número da seção desta tradução.

cristãos do Oriente, onde foram lidas em siríaco antes de serem traduzidas para o árabe. Desse modo, as comunidades monásticas sírias, as quais se desenvolveram a partir do movimento ascético, ergueram uma ponte por meio da qual a filosofia transitou desde a Antiguidade Tardia até chegar ao mundo islâmico. Revisitarei esta história no próximo volume desta série. Já analisamos autores de modo deveras detalhado, porém mal discorremos a respeito daqueles que escreveram em latim – entre eles, o pensador cristão mais importante da Antiguidade: Agostinho.

46

Espalhe a notícia: Os Padres Latinos

Imagino que todos temos alguns prazeres que nos trazem uma sensação de culpa. Já admiti minha queda por folhados de amêndoas, e este livro já deu farta evidência de que não resisto à tentação de um bom trocadilho (ou mesmo de um trocadilho infame). Mas quantos de nós mostram-se impotentes para resistir às grandes obras da literatura latina? Este foi o prazer culposo de Jerônimo, padre latino do século IV. Ele não foi criado em um regime de folhados de amêndoas, e sim de eloquência latina, de modo que Cícero e outros autores pagãos integravam seu cardápio[249]. À medida que o cristianismo se tornou um tema cada vez mais sério para Jerônimo, isso passou a lhe trazer um crescente incômodo espiritual. Ele flertou com a ideia de que as Escrituras talvez pudessem lhe oferecer seu próprio tipo de eloquência; contudo, ele muitas vezes enaltecia a ausência de refinamento dos textos das Escrituras. Estes eram rudimentares e simples, e seu envolvimento com tais escritos podia ser visto como um tipo de disciplina, uma experiência penosa tão real quanto o jejum e a abstinência dos Padres do Deserto. Ao menos, é como Jerônimo descrevia esta experiência.

E ele deveria sabê-lo. Ele próprio era uma espécie de padre do deserto, a despeito de ter sido alguém que se retirou para o isolamento munido de vasta biblioteca e de um grupo de escribas para auxiliá-lo em suas pesquisas. Para tomar de empréstimo um gracejo, penso que sua caverna haveria de ser extraordinariamente grande. Sua prática ascética incluía não apenas submeter-se à prosa despojada e até mesmo rude da Bíblia, em vez

249. No que tange a esse ponto, cf. Hagendahl (1958).

da elegância de Cícero, mas também aprender a ler a Bíblia em hebraico. Consultou eruditos judeus e traduziu a Bíblia para o latim diretamente do hebraico, em vez de traduzir da *Septuaginta* grega. Em algumas das muitas dezenas de cartas que Jerônimo escreveu a seus patronos, a seus amigos e a seus rivais (c.f. Wright, 1933), reivindicara um privilégio interpretativo quase único com base nesse feito. Afirmava ele ter consultado a fonte hebraica e dela retornado com discernimentos acerca da Palavra de Deus, discernimentos estes haviam sido obscurecidos pela tradução. Poderíamos supor que a consulta à língua original de um texto constitui, obviamente, uma boa ideia, mas o uso que Jerônimo fazia do hebraico suscitava controvérsias. Afinal, naquela época, a *Septuaginta* grega era considerada uma tradução realizada com auxílio divino. Jerônimo discutia o valor do texto original em hebraico com ninguém menos que Agostinho (Carta 112).

Nesta empreitada, Jerônimo dava continuidade à obra de Orígenes. E muitas vezes, à risca: baseou-se não apenas em consultas com estudiosos judeus, mas também em seu amplo conhecimento das obras de Orígenes. Conforme mencionei antes, a *Hexaples*, a edição da Bíblia hebraica em várias colunas, cuja autoria pertencia a Orígenes, não sobreviveu até nossos dias, mas Jerônimo teve acesso a ela no decorrer de seu trabalho. Ele nos deixou uma pista quanto às razões pelas quais a *Hexaples* não sobreviveu quando se queixa dos preços exorbitantes da cópia de um exemplar. Isso também está associado a seus sentimentos de culpa em relação aos prazeres que encontrava nos livros e nos estudos literários[250]. Na Antiguidade, livros eram itens de luxo em todos os sentidos – eram caros, e devidamente valorizados apenas por aqueles que recebiam uma educação suntuosa. Não é de surpreender que Jerônimo alimentasse sentimentos contraditórios. Ele se inspirava não apenas na erudição de Orígenes, mas também em sua faceta ascética, bem como no exemplo de Padres do Deserto, a exemplo de Antão. Com efeito, uma das obras do próprio Jerônimo foi uma biografia de Paulo de Tebas o Eremita, um dos Padres do Deserto. A carreira de Jerônimo assim encarna tensão, pois por um lado enfatiza a importância espiritual da moderação e da pobreza voluntária e, por outro lado, engrandece a ima-

250. Recorro aqui, como principal fonte de pesquisa, ao livro de Williams (2006, p. 153). Quanto aos custos da *Hexaples*, cf. Williams (2006, p. 153).

gem do erudito cristão cuja formação e biblioteca equivaleram nos tempos antigos ao ensino particular da alta roda e aos carros esportivos; isso explica por que tantos heróis cristãos de outrora iniciaram sua trajetória na opulência e voluntariamente renunciaram às suas riquezas, pois perseguiram vida de pobreza, estudo e reclusão somente após haverem recebido formação condigna à alta roda. Em geral, os mais famosos ascetas cristãos já tinham seu bolo antes de decidirem recusar-se a comê-lo.

Mas qual é a relevância desta história da neurose cristã da Antiguidade para a história da filosofia? Uma pista para responder a esta pergunta está em um autor que já mencionei diversas vezes neste capítulo: Cícero. Já vimos anteriormente que a filosofia era parte integrante da educação das elites, bem como do cânone da literatura clássica, para os leitores da Antiguidade Tardia. Isso, por certo, se aplica à tradição grega que considerava Platão um paradigma de excelência não somente literária como também filosófica. Entretanto, aplica-se de igual modo aos leitores de latim. Todos os principais Padres da Igreja que escreveram em latim – Tertuliano, Lactâncio, Ambrósio de Milão, Jerônimo e Agostinho – tiveram uma excelente formação educacional; todos eles admiravam os grandes estilistas latinos qual Ovídio, Virgílio e Cícero. Como é irritante que todos esses autores fossem pagãos! E como é ainda mais irritante que Cícero, frequentemente considerado o maior dos autores latinos clássicos, tenha sido também o principal meio pelo qual a filosofia helênica pagã alcançou os leitores de latim.

Este argumento é muito bem ilustrado por Lactâncio. Sua fama se deve a uma obra intitulada *Instituições divinas*, a qual fora escrita no início do século IV como resposta à grande perseguição aos cristãos promovida pelo Imperador Diocleciano[251]. Nessa obra ele afirma, de modo explícito, que tem como objetivo usar seus dons retóricos para atacar as crenças pagãs e defender o cristianismo (1.1). Eis o terreno da apologética, o qual já examinamos anteriormente com os padres gregos Clemente e Justino o Mártir. Clemente, no entanto, revelou-se muito menos apologético do que Lactâncio – ou do que Jerônimo – em relação a seu amor pela tradição clássica. Na verdade, em suas *Instituições*, Lactâncio começa com sua crítica à religião pagã e,

251. Lactâncio (2003); citado com base no número das seções. Os trechos que fazem referência a Constantino foram acrescentados posteriormente.

aos poucos, passa a atacar filósofos pagãos de uma maneira que teria horrorizado Clemente. Suas críticas não poupam nem sequer o nobre Sócrates: Lactâncio ridiculariza o pedido derradeiro de Sócrates, a saber, que um galo fosse sacrificado em honra do deus Esculápio (3.20). Quanto a Platão, Lactâncio é capaz de provocar o desprezo de seus leitores com a simples menção da ideia contida na *República* de que, no Estado ideal, as mulheres não somente devem ser compartilhadas entre os homens, como também devem exercer as mesmas funções na sociedade (3.21-22). Por vezes, o escárnio de Lactâncio quanto aos filósofos é um exemplo de humor involuntário, como na situação em que ele ridiculariza a crença dos filósofos de que as pessoas poderiam viver do outro lado da Terra sem cair no céu (3.24). Australianos, aguentem firme: a ajuda que enviamos a vocês está para chegar.

Lactâncio, entretanto, é incapaz de evitar uma admiração por certos filósofos, sobretudo por Cícero. Ele venera Cícero, mormente como modelo de eloquência latina. Desse modo, embora Lactâncio critique diversos trechos de Cícero ao longo das *Instituições*, tais críticas contêm certa dose de respeito – ele parece julgar que Cícero realmente deveria ter mais discernimento. E dentre as várias tradições filosóficas herdadas por Lactâncio, em parte por intermédio dos textos latinos de Cícero, a escola cética predileta do próprio Cícero foi a que mais impactou Lactâncio. De maneira habilidosa, Lactâncio adota a clássica estratégia cética de enfatizar divergências entre seus adversários (3.4). Também considera que os céticos tinham razão quando reconheceram que o perfeito conhecimento está além da capacidade da humanidade, a despeito das alegações estoicas em sentido contrário. Por outro lado, os céticos dogmáticos exageram ao afirmar que não há nada que se possa conhecer. Segundo Lactâncio, isso seria autodestrutivo, pois sabemos, pelo menos, que nada sabemos (3.6). Na verdade, os humanos podem alcançar um conhecimento parcial que se encontra aquém da plena compreensão, mas que, não obstante, poder-se-ia reverenciar com o nome de "sabedoria" – *sophia*, em grego, e *sapientia*, no latim de Lactâncio.

Na melhor das hipóteses, uma filosofia praticada com base nas capacidades humanas só pode ser aquilo que seu próprio nome promete: o amor pela sabedoria, mas não a sabedoria em si. Para isso, teríamos de direcionar nossa atenção a uma fonte mais elevada do que a humanidade, isto é, ao próprio Deus. Portanto, Lactâncio argumenta que a sabedoria está inextricavelmente ligada à religião. É interessante que ele parece presumir que a filosofia helênica que inspirou Cícero *não tinha* uma natureza religiosa. Ele chega a afirmar que um pagão jamais seria capaz de envolver-se, ao mesmo tempo, com a filosofia e com um ritual religioso (4.3). Para Lactâncio, a palavra "filosofia" ainda está ligada a Sócrates, a Platão, a Aristóteles e às escolas helenísticas – o que não é de surpreender, dada a grande importância de Cícero para o conhecimento da filosofia em latim. Lactâncio parece desconhecer o neoplatonismo, e, em particular, personagens como Jâmblico, seu contemporâneo, que fundiu o platonismo e a religião pagã. De modo irônico, contudo, Lactâncio se engaja no mesmo jogo de Jâmblico. Seus textos agradam a um público erudito que, ainda assim, inclui muitos pagãos, de modo que lhes oferece uma sabedoria que se baseia nos textos revelados. Ele tende a citar mais autoridades pagãs do que a Bíblia o faz, e até mesmo mais do que os textos herméticos tão estimados por Jâmblico. Isso ocorre precisamente porque sua intenção não é pregar para os convertidos (em sentido literal), mas direcionar sua crítica acerca do paganismo a um público leitor mais amplo e culto.

Pelo menos um leitor cristão, o próprio Jerônimo, ficou mais impressionado com este projeto crítico de Lactâncio do que com sua exposição positiva das doutrinas cristãs. Não resta dúvida de que os trechos mais inesquecíveis das *Instituições* são aqueles em que ele zomba da irracionalidade da crença pagã e aponta os equívocos das pretensões filosóficas. Porém, à medida que seu trabalho progride, Lactâncio apresenta, de fato, um ensinamento ético inovador capaz de substituir as teorias filosóficas da virtude. Ele contesta os conceitos socrático e estoico de que a virtude e o conhecimento são idênticos. É possível – e, na verdade, frequente – que saibamos o que devemos fazer, e, não obstante, que careçamos da *vontade* de fazê-lo (6.5), um argumento que analisamos há pouco no contexto do movimento ascético, e que será mais bem desenvolvido por Agostinho. Se, por um lado, o conhecimento é algo que nos chega por vias exteriores, por meio do aprendizado, a virtude é um estado de caráter que deve provir do interior. Lactâncio também faz objeções à afirmação filosófica de que a virtude é o bem mais elevado para a humanidade. A virtude, na melhor das hipóteses, é um meio para alcançarmos nosso bem mais elevado: uma vida imortal junto a Deus. Isso explica um trecho anterior das *Instituições* no qual Lactâncio argumenta que o indivíduo deve aceitar a presença dos vícios e do sofrimento no mundo, já que sem estes a virtude não faria sentido algum (3.12). Lactâncio concordava com a perspectiva de Irineu quanto à vida nos ser ter sido concedida como uma provação e uma tribulação, a fim de que, por meio das dificuldades, possamos conquistar a salvação.

Portanto, em seu entender a virtude consiste, em grande medida, na fortaleza de espírito, isto é, em suportar todo tipo de adversidade que o destino coloque em nosso caminho. Se formos virtuosos, alcançaremos a imortalidade prometida no além-túmulo. Por ora, uma vida humana perfeita neste mundo contém dois aspectos, tal qual os aspectos contemplativo e prático da felicidade na tradição aristotélica. Lactâncio, porém, dá uma nova perspectiva a estes dois aspectos. Em vez da contemplação racional, devemos nos dedicar à adoração de Deus. E em vez de uma vida de heroicas atividades práticas ou de engajamento político – o tipo de vida enaltecido por Aristóteles e por Cícero –, devemos ajudar nossos semelhantes. Para Lactâncio, a caridade está no cerne da ética, uma ideia que Agostinho endossará. Em seu entender, a caridade e todas as demais virtudes práticas pressupõem a devoção religiosa, pois tornamo-nos caridosos a fim de imitar Deus e sua misericórdia. Ele desenvolve seu ponto de vista em parte atacando o filósofo cético radical Carneades, que, como bem se sabe, dirigiu-se a Roma e proferiu discursos em louvor da justiça e, logo em seguida, em reprovação desta (cf. capítulo 16). Neste segundo discurso, apresentou o luminoso exemplo de um sábio e de um tolo que estão prestes a se afogar no mar. Entre eles havia apenas uma tábua de madeira. O homem sábio lutaria pela tábua a fim de preservar a própria vida, pois esta tem valor superior ao da justiça (5.16). Lactâncio responde: "O que este homem supostamente sábio está fazendo em um barco?" Afinal, na Antiguidade a navegação era um perigo que as pessoas só enfrentavam se precisassem guerrear, ou então para ganhar dinheiro. Mais importante ainda: ele acrescenta que o homem verdadeiramente sábio temeria muito mais o pecado do que a morte, uma vez que o pecado consiste em qualquer ação que prejudica o nosso semelhante, em vez de ajudá-lo.

E é assim que, graças a Lactâncio, a caridade começa em Roma. Como já mencionei, quando se trata de trocadilhos, não tenho nenhuma moderação. Para este trocadilho em particular, talvez deveria ter me empenhado mais, já que nem Lactâncio nem os demais padres latinos viviam ou trabalhavam em Roma. Eles provinham de várias localidades e viviam em lugares da região ocidental do império, e até mesmo no Oriente. Foi da África do Norte, em particular, que vieram vários teólogos, os quais incluíam Lactâncio, Tertuliano e o próprio Agostinho. Isso faz todo o sentido. Na Antiguidade Tardia, Roma já não era mais o centro do império. No século IV, os imperadores se mudaram, de modo que passaram a residir em Milão, uma cidade mais fácil de proteger. E, na década de 380, o Imperador Valentiniano II não era nem sequer o homem mais poderoso de Milão. Em mais de uma ocasião, ele precisou ceder à autoridade e à influência de Ambrósio[252], bispo desta cidade. Tal qual os capadócios, seus contemporâneos, Ambrósio estava totalmente imerso em polêmicas teológicas e, nesse caso, sobretudo com os arianos. Ainda que com relutância, Ambrósio aceitou sua nomeação como bispo sob pressão de uma turba prestes a se rebelar; uma nomeação da qual, no devido tempo, o Imperador Valentiniano e sua mãe, Justina (que apoiavam o arianismo), se arrependeriam. No ano 385, quando Valentiniano tentou exigir que uma basílica da cidade fosse entregue aos arianos, Ambrósio e seus apoiadores os enfrentaram e os venceram. Este não foi o único confronto com as autoridades imperiais em que o bispo foi bem-sucedido. Anos mais tarde, outro imperador, Teodósio, ordenou o massacre de milhares de pessoas em Tessalônica. Indignado, Ambrósio excomungou Teodósio e exigiu dele um humilhante ato de penitência pública, que durou semanas. Por volta da mesma época, Ambrósio valeu-se de sua habilidade política para impedir que pagãos restaurassem o altar da deusa Vitória, próximo ao senado em Roma. Quando se triunfa em batalhas contra a própria Vitória, sabe-se estar em um período favorável.

Portanto, Ambrósio é muitas vezes citado como o primeiro líder cristão a exercer o poder eclesiástico como uma força política autônoma capaz de impedir eventuais ataques de imperadores, ou entao de colocá-los em seu devido lugar. É claro que estas realizações repercutirão ao longo de séculos na Idade Média. Como resultado disso, Ambrósio é mais conhecido hoje por suas manobras políticas do que por sua filosofia. Mesmo historiadores da teologia cristã provavelmente valorizam mais sua importante influência

252. A respeito de sua carreira, cf. McLynn (1994).

na formação de Agostinho do que propriamente suas ideias. Porém, assim como Lactâncio, Ambrósio contribuiu de modo significativo para a emergente tradição da ética cristã. Sua obra mais famosa, intitulada *Sobre o ofício dos ministros*, é uma resposta cristã ao tratado *Sobre os deveres*, de Cícero (ele, de novo!)[253]. De fato, pode-se pensar que essa obra de Ambrósio constitua reelaboração cristã de Cícero; em determinadas passagens, pontos éticos originalmente ciceronianos são meramente ilustrados com exemplos extraídos da Bíblia. Ele nos relata como a disposição de Abrão de sacrificar seu filho Isaac, a pedido de Deus, é uma demonstração das quatro virtudes gregas clássicas: a sabedoria, a justiça, a coragem e a temperança (1.25). Em uma justaposição de fontes particularmente extraordinária, ele compara a história do anel de Giges, a qual é narrada por Platão na *República* – em que se apresenta a pergunta: "Ao usar um anel que lhe confere invisibilidade, o indivíduo será capaz de resistir à tentação de cometer atos injustos?" – à virtude de Davi, que se absteve de matar um rei inimigo que estava adormecido, ainda que soubesse que poderia sair impune deste ato (3.5, com referência a 1Sm 26).

Como isso tudo nos sugere, Ambrósio está de pleno acordo com a visão dos Padres da Igreja grega, a exemplo de Clemente de Alexandria, de que as verdades encontradas na filosofia grega já haviam sido proclamadas outrora pelos profetas do Antigo Testamento. Ademais, Ambrósio enfatiza que somente os cristãos concretizaram as aspirações platônicas, estoicas e de outras escolas helênicas, sejam elas mais sensatas, sejam menos sensatas. Ele concorda com a afirmação platônica de que nosso objetivo ético deveria ser a subordinação do desejo às regras da razão (1.24). Contudo, considera que, ainda assim, todos os filósofos pagãos conferiam uma excessiva importância ao que, nesta vida, pode ser vantajoso a cada um de nós. Até os estoicos, apesar de sua rigorosa ética, reconheciam que é possível dar preferência ao conforto material, desde que isso não represente um obstáculo à conquista da virtude. Para Ambrósio, bem como para Lactâncio, a própria virtude é apenas um meio para atingir o objetivo da vida eterna. Portanto, ele condena a riqueza e outros bens exteriores como ativamente *prejudiciais* em nosso caminho de busca pelo bem (2.5), de modo que exalta a pobreza como um caminho que conduz à salvação.

253. Para a tradução, cf. Davidson (2001) citado com base no número da seção.

Ambrósio afirma que tal diferença é a justificativa para sua decisão de escrever um novo *Sobre os deveres* que pudesse substituir a obra pagã de Cícero.

Esse padrão de empregar e simultaneamente criticar a filosofia grega (o que, assim como meu apreço por trocadilhos, se torna cada vez mais familiar à medida que avançamos) remonta ao primeiro grande padre latino, Tertuliano, que escreveu no século II. Ele se tornou famoso por perguntar: "O que Atenas tem que ver com Jerusalém?" (*Prescrição contra os hereges*, 7.9). Esta pergunta retórica insinua que sua intenção era relegar a um segundo plano toda a tradição intelectual grega em favor da nova revelação cristã. E, sem dúvida, Tertuliano e os demais padres estavam tentados a deixar a filosofia completamente de lado, dado o alerta dado por São Paulo: "Tenham cuidado para que ninguém os escravize a filosofias inúteis e enganosas, que se fundamentam nas tradições humanas" (Cl 2.8). Entretanto, se voltarmos a atenção a uma obra que Tertuliano escreveu acerca do tema da alma, veremos que, na verdade, ele está imerso de todo no conhecimento filosófico, e se revela até versado na literatura médica[254]. Para Tertuliano, os textos médicos são particularmente úteis, pois – uma característica incomum na tradição patrística – ele considera a alma uma substância física.

Uma vez mais, aqui ele se baseia em uma fonte bíblica: o Livro do Gênesis, que afirma que Deus soprou nas narinas de Adão "o fôlego da vida" (Gn 2,7). Isso leva Tertuliano a alinhar-se com os estoicos e com autores da área médica, os quais descreviam a alma como uma espécie de *pneuma*, ou sopro de ar; respiração. No meio da obra ele inclui uma motivação teológica mais abstrata quando critica a declaração de Platão de que a alma é incriada e imaterial. Nesse caso, Tertuliano questiona: Por que não a chamar tão somente de "Deus"? (cap. 24). Uma explicação material da alma a insere em seu devido lugar: a alma é criada; não é divina. No entanto, Tertuliano não se baseia apenas em argumentos teológicos ou em citações das Escrituras. Ele apresenta argumentos filosóficos contundentes – por exemplo: se fosse imaterial, a alma não poderia exercer uma influência causal no corpo (cap. 6). Este, com efeito, ainda é um dos principais argumentos dos teóricos

254. Cf. Waszink (2010); tradução para o inglês de Quain (1950). Citado com base no número do capítulo.

fisicalistas da mente em nossos dias. Tertuliano chega a resistir à tentação de atribuir imaterialidade às faculdades superiores da alma, como, por exemplo, o intelecto. Em vez disso, ele considera o intelecto como mera função de uma alma que, em si, é física. De que outra maneira, ele questiona, o intelecto poderia ser influenciado pelos sentidos e até aprender com eles? (cap. 18).

Tertuliano parece praticamente criticar, ainda que por antecipação, uma teoria que, ao longo de gerações seguintes, será defendida por Orígenes em Alexandria. A explicação que Orígenes dará acerca do pecado e do cosmo gravitará em torno da afirmação de que a alma preexiste ao corpo. Tertuliano rejeita totalmente esta ideia. Ele a associa não apenas a Platão, mas aos odiados gnósticos, os quais, como vimos, foram contestados por outros teólogos do século II, qual Irineu e Justino o Mártir. Assim como eles, Tertuliano associa as origens da heresia gnóstica à influência da filosofia platônica. Esta ideia de que o pensamento helênico é uma fonte de heresia ajuda a explicar por que os Padres da Igreja muitas vezes expressam hostilidade a Platão e a outros pensadores pagãos, ainda que os Padres da Igreja apenas reproduzam argumentos destes filósofos pagãos. Eis um exemplo particularmente irônico: Tertuliano pensava que Platão estava certo ao argumentar, no *Fédon*, que a alma é imortal, dado que ela é simples (capítulo 51). É claro que, para ele, isso não significa que a alma seja imaterial, e sim que ela tem uma substância física uniforme. No entanto, no início dessa mesma obra ele pergunta, em tom sarcástico, se Sócrates de fato se sentia imperturbável no momento em que bebia a cicuta (capítulo 1). Tertuliano acredita que ninguém seria capaz de fazê-lo sem ter fé em Deus.

Se Tertuliano sentiu-se tão dividido quanto aos méritos de teorias platônicas acerca da alma no século II, como seriam as coisas no século IV, época em que teólogos enfrentavam a teoria supostamente herética de Orígenes? Com isso, voltamos ao ponto inicial, a Jerônimo. Em sua erudição bíblica, ele foi mais influenciado por Orígenes do que por qualquer outro autor. No entanto, ele também se tornou um dos principais críticos ao origenismo. Irrompeu-se, assim, uma acalorada disputa entre Jerônimo e Rufino, seu amigo de infância, quanto à ortodoxia das obras de Orígenes[255].

255. Cf. Williams (2008, p. 98); Clark (1992).

Cada um deles produziu sua própria tradução de *Sobre os princípios*, de Orígenes. Enquanto Jerônimo tentava salientar as características ultrajantes da obra, Rufino tentava minimizá-las. Para Jerônimo, Orígenes foi longe demais na direção do platonismo, uma vez que retratava a alma como uma entidade preexistente e puramente racional, e, por conseguinte, reduzia toda a bondade humana à perfeição intelectual. A posição contrária de Jerônimo reúne várias vertentes da tradição patrística latina: a insistência de Tertuliano de que a alma é criada e não é eterna, a rejeição de Lactâncio à ideia de que o conhecimento é o objetivo mais elevado do homem e a ética platônica mais moderada de Ambrósio, a qual nos pede para refrearmos os desejos em nome da razão, mas ainda assim reserva um espaço para emoções apropriadas em uma boa vida.

O chamado debate "origenista" entre Jerônimo e Rufino foi apenas uma dentre inúmeras e acirradas disputas teológicas no século IV. Já examinamos alguns confrontos em relação à Santíssima Trindade e à natureza – ou naturezas – de Cristo. Na sequência, voltaremos nossa atenção a um homem cuja carreira se estendeu até o século V, mas que ainda foi influenciada por estes e por outros debates teológicos. O padre da Igreja do qual trataremos a seguir exibe suas próprias hesitações e fragilidades psicológicas como nenhum outro autor da Antiguidade. No entanto, ele passou os anos finais de sua vida combatendo a heresia com uma postura de inabalável certeza. Nesse processo, estabeleceu doutrinas que se tornariam predominantes ao longo dos mil anos subsequentes, e até além deles. No próximo capítulo veremos a filosofia cristã da Antiguidade alcançar seu apogeu com as verdadeiras confissões de Agostinho.

47

VIDA E TEMPO: *CONFISSÕES*, DE AGOSTINHO

Entre em qualquer livraria e você encontrará estantes e mais estantes com autobiografias, com surradas narrativas de batalhas e de redenção pessoais, sua incômoda combinação de autocrítica retrospectiva e sofisticadas autojustificativas. É difícil imaginar por que alguém sentiria a necessidade de escrever esse tipo de livro. No entanto, alguém de fato o inventou, no início do século V. Seu autor é Agostinho e o livro foi intitulado *Confissões*. Essa obra faz referência deliberada a outras histórias de vida de cristãos da Antiguidade. A narrativa de conversão de Antão, padre do deserto, é mencionada na mesma passagem que contém o ápice da cena de conversão do próprio Agostinho (8.12.29). No entanto, se, por um lado, Antão é um herói que exibe um autocontrole sobre-humano diante de inimigos sobrenaturais – literalmente, de demônios que o tentam –, Agostinho mostra-se demasiado humano. A história de sua conversão é contada de um modo íntimo e com vivacidade, e Agostinho retrata suas próprias fraquezas com igual vivacidade. O efeito disso é que o leitor é capaz de se identificar com Agostinho; pode imaginar-se em seu lugar. Portanto, o leitor pode conceber que está seguindo o caminho de Agostinho rumo à salvação. Recorrendo a outra comparação do século XX, Antão foi o Super-Homem da literatura cristã da Antiguidade, uma personagem quase transcendente e de virtude inalcançável. Agostinho foi o Homem-Aranha, uma personagem na condição de adolescente atormentado por seus conflitos interiores e em busca de si mesmo, sempre suscetível a exibir fragilidades e inseguranças, como todos nós.

Agostinho não foi picado por uma aranha radioativa, e sim por uma aranha filosófica. Ainda jovem, enquanto estudava retórica (3.4.7), leu o diálogo *Hortênsio*, de Cícero, um texto que se perdeu no tempo[256]. Ele, então, se converteu; não à fé cristã nesse momento, mas à causa da filosofia. Mônica, sua mãe, uma mulher paciente e de profunda devoção, desejava muito que Agostinho seguisse sua religião, mas o pai de Agostinho não concordava com isso. Ele tinha outros planos para o jovem precoce. Sua família não era abastada, mas esforçou-se para juntar dinheiro suficiente para proporcionar a Agostinho uma educação de excelência em sua cidade natal, Tagaste, e, na sequência, em Cartago, ambas no litoral do norte da África. Por algum tempo, Agostinho perseguiria o sonho de seu pai, a saber, obter riquezas na Terra, em vez do sonho de sua mãe, de alcançar riquezas no céu. Foram necessários doze longos anos depois de sua leitura de *Hortênsio* para que Agostinho decidisse se converter ao cristianismo (8.7.17 Naquele momento, encontrava-se em Milão, onde trilhava carreira de retórico em ascensão, obtinha seu sustento como docente e empregava o seu tempo em atividades supérfluas, como a elaboração de panegírico em honra de Valentiniano II (6.6.9).

Grande parte da seção autobiográfica de *Confissões* é dedicada a este período de doze anos. Na época da escrita do livro, Agostinho está na casa dos 40 anos, lembrando-se de sua busca juvenil por um modo satisfatório de aceitar a exortação de Cícero para que estudasse filosofia. Sente-se atraído pela astrologia, bem como por uma escola de filosofia chamada maniqueísmo, cujo nome remete ao profeta persa que a fundou, Mani. Nas *Confissões*, Agostinho retrata os ensinamentos maniqueístas como algo que atendia a seus impulsos ingênuos e juvenis. Em particular, ele associa o maniqueísmo ao materialismo e à concepção gnóstica do mal como um segundo princípio que se opõe a Deus. Depois de sua conversão, Agostinho continuaria a escrever obras nas quais refutaria ideias maniqueístas. Porém, em sua condição de jovem estudante de retórica em Cartago, Agostinho ficou deveras impressionado com a doutrina mani-

256. Acerca das traduções (em inglês) das *Confissões*, Cf. Chadwick (1991); Sheed (1993). Citado com base no número da seção. Um estudo clássico moderno a respeito da vida de Agostinho é o de Brown (1969).

queísta. A desilusão se instalou quando ele teve a oportunidade de conhecer um professor maniqueu chamado Fausto, que passou a Agostinho a impressão de ter mais estilo do que substância (5.3.3; 5.6.11).

No entanto, se Agostinho teve dificuldade de libertar-se de algo, foi justamente da concepção maniqueísta de substância. Em repetidos trechos das *Confissões*, ele afirma que não conseguia deixar de imaginar Deus – e também o mal – como coisas físicas e materiais. Ele considerava Deus como um corpo que penetra o cosmo, à semelhança da água que encharca uma esponja (7.5.7). Isso lembra muito a compreensão estoica de divindade; portanto, faz sentido que Agostinho tenha se livrado destas concepções equivocadas ao ler os textos filosóficos e antiestoicos de Plotino e de Porfírio. Ele se deparou com versões latinas dos textos de ambos, as quais foram traduzidas por um homem chamado Mário Victorino (7.9.13; quanto a Victorino, cf. capítulo 52)[257]. Graças a estes "livros dos platônicos", Agostinho, por fim, conseguiu abandonar suas convicções materialistas. Agradou-lhe a explicação plotiniana de que algo poderia existir sem ser um corpo. Foi-lhe igualmente importante a teoria plotiniana de que o mal é uma espécie de não ser ou de privação, pois ela dissipou sua concepção maniqueísta do mal como um segundo princípio autônomo (7.12.18).

Esta seção das *Confissões* mostra-nos um Agostinho mais próximo da postura de um Clemente do que da postura de um Lactâncio: a filosofia não é um alvo para ataques zombeteiros, mas uma ponte útil que conduz à fé. Por outro lado, Agostinho enfatiza que os livros platônicos *não* lhe ensinaram as verdades fundamentais da encarnação e do sacrifício do Filho de Deus (7.21.27). Eis a razão pela qual nem mesmo as forças combinadas de Cícero e dos platônicos lograram conduzir Agostinho para longe do pecado e do interesse próprio em direção a um modo de vida verdadeiramente "filosófico". Somente o exemplo de Cristo seria capaz de atender à vontade – e não apenas ao intelecto – de Agostinho. De modo paradoxal, ele precisava desejar uma mudança em sua própria vontade, mas isso ele não conseguiu. E não foi por falta de bons exemplos a serem imitados. Em

257. Agostinho tinha algum conhecimento de grego, mas reconhece, nas *Confissões*, que nunca apreciou o estudo e a leitura de textos gregos tanto quanto dos latinos (1.13.20).

Milão ele podia recorrer não apenas à sua mãe, que se mudara para permanecer a seu lado, como também a Ambrósio, o maior clérigo de sua época. Agostinho sentiu-se fortemente impelido à conversão ao ouvir os sermões de Ambrósio (5.14.24). De início, ele os ouvia tão somente para apreciar as consideráveis habilidades retóricas de Ambrósio. Porém, neste caso particular, o estilo vinha acompanhado de substância, de modo que ele logo começou a assimilar a mensagem de Ambrósio.

No entanto, esta assimilação não foi total. Agostinho nos conta acerca de seu encontro com Ambrósio em três livros[258] antes da história de sua conversão final. Os capítulos intermediários das *Confissões* apresentam a vigorosa ilustração de um dilema humano que nos é demasiado familiar: saber o que se deve fazer, e recusar-se a fazê-lo. Graças ao "time dos sonhos" – o qual era formado por Cícero, por Plotino e por Ambrósio – a mente de Agostinho foi convertida. Ele rejeita os falsos ensinamentos da astrologia e do maniqueísmo, e passa a aceitar a existência de um Deus bom, imaterial e supremo. Porém, sua forte ligação com os prazeres da carne o impedia de atuar como deveria. Agostinho compara sua situação à de um homem plenamente ciente de sua necessidade de sair da cama pela manhã, não obstante ser incapaz de reunir vontade suficiente para fazê-lo (8.5.12); devo admitir que este exemplo me soa terrivelmente familiar e, nesse sentido, estou em boa companhia: ele também foi usado por Marco Aurélio (Med., 5.1). Em um trecho mais famoso, Agostinho descreve a si mesmo orando a Deus: "Conceda-me castidade e continência, mas não ainda" (8.7.17). Este conflito entre vontades é um dos temas centrais das *Confissões*, e, de um modo geral, dos escritos de Agostinho. O fenômeno já foi examinado anteriormente na narrativa do livro, com a famosa descrição de um jovem Agostinho que decide, com seus amigos, furtar frutos de uma pereira (2.4.9). A ironia da história, com sua inevitável evocação do Jardim do Éden, é que Agostinho nem sequer sentia desejo de comer peras. O furto foi um ato completamente perverso. Ele pecou a fim de encontrar-se em um estado pecaminoso, algo que Agostinho mostra dificuldade de com-

258. O texto integral de *Confissões* contém 13 partes, conhecidas como Livros (De I a XIII). Essa obra foi editada pela Vozes em 2015, com tradução de J. Oliveira Santos e A. Ambrósio de Pina [N.T.].

preender até mesmo anos mais tarde, enquanto escreve as *Confissões*. O tema do conflito interno atinge o ápice nas cenas que antecedem a conversão de Agostinho, nas quais ele se vê tomado por intenso anseio de abraçar o cristianismo, mas não consegue consumar tal conversão.

O que o mantém atado à sua vida pregressa, acima de tudo, é o desejo sexual. Quando jovem, ele teve uma amante durante muitos anos, e com ela teve um filho. De uma maneira pouco ética, ele tenta associar este caso amoroso às tendências maniqueístas que tinha à época, só que nem o jovem Agostinho nem os maniqueístas eram tão libertinos quanto ele gostaria que nós acreditássemos. Agostinho menciona, de passagem, que se manteve fiel à sua amante ao longo de todos aqueles anos (4.2.2), e é menos provável que o leitor moderno se escandalize com este caso amoroso do que com a maneira despreocupada com que a mulher – cujo nome não é mencionado – é dispensada quando um casamento é arranjado para Agostinho. Mas sejamos justos: Agostinho de fato nos diz que estava deveras chateado a essa época, embora isso não o tenha impedido de evitar assumir a custódia formal de seu filho, Adeodato. No que diz respeito à opinião da mulher, tudo que nos é dito é que ela jurou nunca mais ter relações com outro homem (6.15.25). Gosto de imaginar a cena em que a concubina de Agostinho se junta à irmã de Antão, a qual vimos que fora privada de suas posses e enviada a um convento por seu irmão. Com efeito, elas poderiam ter compartilhado observações quanto às escolhas relacionadas aos nobres impulsos ascéticos do cristianismo da Antiguidade.

Nossa compreensão do movimento ascético (capítulo 45) facilita a tarefa de compreender o dilema de Agostinho retratado acima. Por que, poderíamos indagar, ele apenas não se converte ao cristianismo e se casa? Afinal, não se trata de uma situação em que todos os cristãos deviam tornar-se celibatários. Porém, as *Confissões* deixam claro que Agostinho e vários de seus amigos achavam que a conversão ao cristianismo demandava a renúncia a todas as coisas mundanas, quer se tratasse de uma carreira, quer se tratasse de espetáculos de teatro ou de gladiadores, ou ainda de casamentos e de relações sexuais. Diante dessa escolha de estilo "tudo ou nada", Agostinho se vê diante de um adversário mais assustador do que qualquer maniqueu: ele próprio. Agostinho, por fim, alcança sua vitória numa área de jardim, para onde havia se retirado a fim de lamentar sua incapacidade de superar os próprios desejos. De repente, ele ouve a voz de uma criança perto dele, cantarolando em latim: *tolle, lege*. "Tome, leia isso". Ao pegar seu exemplar da Bíblia e abri-lo numa página aleatória, ele se depara com uma epístola de Paulo aos romanos, que o orienta a vestir-se de Cristo e a renunciar à luxúria (8.12.29)[259]. Tal qual o próprio Paulo, o qual, lembremos, fora derrubado de seu cavalo, Agostinho enfim se converte. Como já mencionei anteriormente, Agostinho faz alusão a um paralelo com a história de Antão, que também foi persuadido a renunciar às suas riquezas a partir da leitura da Bíblia.

Ao chegarmos neste apogeu, ainda nos encontramos no oitavo dos treze livros das *Confissões*. O trecho autobiográfico prossegue no Livro 9, com a história do batismo de Agostinho e a morte de Mônica, seguidos por uma visão mística que é compartilhada por mãe e filho (9.10.24). A esta altura, fica claro que Agostinho não se contenta apenas com a escrita da primeira autobiografia com matizes psicológicas. Sua intenção é escrever uma autobiografia com tais matizes que termine com algumas especulações metafísicas quanto à natureza da memória e do tempo; ademais, só como precaução, há um pouco de exegese das Escrituras. Mas o que a história da vida de Agostinho tem que ver com a filosofia do tempo, ou com um comentário dos capítulos iniciais do Gênesis?

Somos tentados a dizer que a vida de Agostinho não foi a vida de uma pessoa qualquer, bem como que ele é incapaz de narrar sua história sem entregar-se àquela que é considerada a mais agostiniana das buscas, "a fé que busca a compreensão". Contudo, talvez seja mais verdadeiro dizer uma vez mais que Agostinho, aqui, apresenta-nos sua própria história apenas como um exemplo especialmente ilustrativo. Seu caminho para chegar a Deus é um caminho que todos nós somos chamados a seguir, e suscita temas com os quais todos nós nos deparamos. Quando ele olha em retrospecto para sua própria vida, de que modo o seu passado continua a viver

259. Na própria Bíblia este trecho incrivelmente apropriado está assim: "Caminhemos na vida com decoro, como que em pleno dia, e não com festas e bebedeiras, nem com relações sexuais e libertinagens, nem com discórdia e inveja; mas, em vez disso, revesti-vos do Senhor Jesus Cristo e nada façais para providenciar a satisfação dos desejos da carne" (Rm 13,13-14).

em sua mente? Com efeito, o passado de Agostinho é algo além de uma lembrança? Além disso, a história que acabamos de testemunhar retrata uma figura que supera sua separação de Deus. Porém, até mesmo sua conversão só é capaz de aproximá-lo de Deus de um modo parcial; ora, ele é uma criatura, e, como tal, está sujeito a mudanças e à imperfeição, ao passo que Deus é eterno e perfeito. Portanto, no final de sua análise filosófica, Agostinho lamenta estar "disperso" no tempo, em vez de estar plena e eternamente presente (11.29.39). Ele apresenta este mesmo argumento, de modo mais geral, no livro final, onde recorre ao início do Gênesis para explicar como um Deus eterno pode estar associado ao mundo temporal criado por Ele. Desse modo, a autobiografia está intensamente conectada com a seção filosófica que conclui a obra. Ou talvez seja mais exato dizer que *Confissões*, em sua íntegra, é tanto um livro filosófico quanto autobiográfico. O tema da separação da criação e do retorno a Deus é tratado de duas maneiras. Primeiro, por meio da narração da história de vida de Agostinho; em seguida, por meio da análise do que significa sermos capazes, antes de mais nada, de ter nossas histórias de vida, já que vivemos inseridos no tempo, e não em uma eternidade imutável.

Até mesmo nesta seção, Agostinho preserva sua habitual e perspicaz capacidade psicológica de observação. Ele pergunta: "O que é, pois, o tempo?", e, logo na sequência, acrescenta: "Se ninguém me pergunta, eu sei; mas se quiser explicar a quem indaga, já o não sei" (11.14.17). Os enigmas que Agostinho apresenta a respeito do tempo tinham sido mencionados por Aristóteles e por filósofos céticos que lhe eram muito familiares graças a seu contato com a obra de Cícero. Contudo, não há outro texto antigo que examine de maneira tão completa a natureza paradoxal do tempo quanto o décimo primeiro livro das *Confissões*[260]. Agostinho identifica o problema fundamental quando pergunta como é possível que o tempo tenha uma duração. O tempo passado já se foi, e o tempo futuro ainda não chegou. Isso faz com que reste apenas a existência de um tempo presente, o qual teria uma duração. Entretanto, uma duração de tempo, como, por exemplo, um mês, um dia, um minuto ou um segundo, não pode ser o presente. Somente

260. Cf. Teske (1996).

o agora, *este exato momento*, pode ser o presente, e este instante parece não ter duração alguma (11.25.20). De fato, embora Agostinho o mencione, Aristóteles havia descrito o instante presente – em grego, *to nun*, que literalmente significa "o agora" – como uma divisão, ou limite, desprovido de duração entre o passado e o futuro. Portanto, Agostinho – assim como eu, quando me deparo com a dificuldade de me levantar da cama pela manhã – está em boa companhia. Ele também tem a companhia dos estoicos, quando afirma que, se existir, o tempo deve ser uma espécie de "extensão" ou de "distensão" (*distentio*, que corresponde ao termo grego *diastema*). No entanto, como isso é possível, se o tempo não tem duração alguma?

Para resolver este problema, Agostinho recorre ao exemplo não muito aleatório da frase *deus creator omnium*, "Deus, criador de tudo", do modo como é pronunciada. É necessário certo tempo para pronunciar estas oito sílabas em latim; portanto, o som da frase completa nunca está presente como um todo, assim como todos os minutos contidos em uma hora não podem estar presentes a um só tempo. Contudo, não temos dificuldade alguma de ouvir esta frase como uma unidade, tampouco de compreendê-la. Isso somente é possível porque nossas mentes – ao menos, caso saibamos um pouco de latim – se lembram dos sons e os interpretam à medida que eles penetram em nossos ouvidos. Retemos na memória as partes da frase que já ressoaram, bem como antecipamos as sílabas que estão prestes a ser pronunciadas. Ele também recorre ao exemplo do ouvir uma canção. Esta pode durar alguns minutos, mas sua mente é capaz de reunir todos os elementos da canção em uma única experiência mais ou menos coerente.

A conclusão de Agostinho é que a mente cria uma extensão temporal. Um longo tempo passado é tão somente a lembrança de que eventos passados levaram muito tempo para acontecer, e o mesmo fenômeno se aplica à expectativa de um longo tempo futuro. Esta explicação também lhe é útil para resolver outro problema. Parece que as únicas coisas existentes são aquelas que existem neste exato instante, uma vez que as do passado já não existem mais e as futuras ainda não existem. Mas, nesse caso, como pode ser verdadeiro afirmar, por exemplo, que Sócrates bebeu cicuta, ou ainda que um filme de Buster Keaton será exibido na TV amanhã? Este é um problema que ainda fascina os filósofos. Alguns deles, chamados de "presentistas", concordam com a concepção agostiniana de que as coisas passadas e futuras não existem, o que explica sua alcunha (o que talvez seja frustrante para os que têm a expectativa de que tais filósofos sempre apareçam com um belo presente). Outros filósofos, os que rejeitam o presentismo, criticam essa posição, de certo modo, quando formulam estas perguntas que envolvem Sócrates e Buster Keaton. O que, exatamente, tornam-nas verdadeiras em relação ao passado e ao futuro, se nem as coisas passadas, nem as futuras, existem em sentido algum? Já no final do século IV – quando ele próprio existiu – Agostinho tinha apresentado uma resposta. As coisas passadas e futuras vivem em nossa memória ou em nossas expectativas; nesse sentido, elas de fato existem no momento presente.

Por menos persuasiva que você considere esta afirmação de Agostinho, espero que compartilhe de minha alegria de saber que as *Confissões* são um tesouro que perdura até hoje. Esta obra é uma das três obras-primas de Agostinho. Ela nos apresenta não apenas uma das mais grandiosas biografias da Antiguidade, como uma orientação ideal a respeito das contribuições do próprio autor para a história da filosofia. Essa obra contém todos os temas de sua carreira. O cortejo e o posterior rompimento com os maniqueístas prefiguram uma vida marcada por polêmicas, a qual envolvem não apenas estes maniqueístas, mas também seitas cristãs rivais, como os donatistas e os pelagianos. O conflito interior de Agostinho só é solucionado por meio de um tipo de intervenção divina na cena que contém a instrução "Tome isso e leia". Isso sintetiza o modo de ver de Agostinho diante da liberdade humana, uma perspectiva que, em grande medida, desenvolveu-se em sua polêmica com os pelagianos. Segundo o entender de Agostinho, é somente graças ao auxílio divino que podemos ter êxito nesta batalha. Ora, todos nós herdamos de Adão o pecado, um pecado que não podemos eliminar somente por meio de um empenho pessoal. A graça de Deus se faz necessária, razão pela qual seu Filho precisou ser enviado para ser sacrificado por nós.

Confissões é uma obra que também mostra a complexidade da postura de Agostinho em relação à cultura pagã, e particularmente aos filósofos pagãos. Este será um tópico central na segunda das obras-primas de Agostinho, *A cidade de Deus*. Nesse livro, ele critica não só a religião como os valores políticos pagãos, de modo que indaga que tipo de relação um cristão comprometido poderia ter com o mundo político secular. Em *A cidade de Deus*, os filósofos pagãos são criticados com severidade. No entanto, ao longo de sua carreira, Agostinho também se vale da contribuição dos filósofos, sobretudo dos platônicos. Percebe-se a influência destes até mesmo – ou, talvez, especialmente – na mais ambiciosa obra teológica de Agostinho: *A Trindade*. Nela, seu projeto, já anunciado no final das *Confissões*, é compreender de que modo os seres humanos são imagens de Deus, e, por conseguinte, caracterizados por relações trinitárias. Ao explicar isso, Agostinho desenvolve ideias novas e inovadoras na filosofia do espírito. Em breve trataremos destas duas outras grandes obras de Agostinho. Por ora, proponho nos focarmos em um tema inspirado pelo último livro das *Confissões*, no qual Agostinho recorre à sua análise filosófica acerca do tempo e da eternidade para interpretar os versos iniciais do Gênesis. Voltaremos nossa atenção a dois livros mais breves, *O mestre* e *A doutrina cristã*. Embora essas obras talvez não sejam consideradas marcos importantes, à altura das três obras-primas de Agostinho, elas nos permitem compreender sua perspectiva a respeito da comunicação, e até da forma especial de comunicação que pode ser encontrada nas Escrituras.

48

O PAI NÃO ENSINA: AGOSTINHO E A LINGUAGEM

Há certas coisas que se espera que pais realizem com seus filhos, ainda que mães possam realizá-las com as filhas tão bem quanto, como jogar bola, pescar, assistir a partida de futebol, empinar pipa e discutir o empréstimo do carro. No mundo antigo, porém, as coisas eram um tanto diferentes, sobretudo se o pai fosse Agostinho. Sua concepção de atividade paterno-filial consistia em explorar em conjunto a natureza da linguagem e demonstrar, após longo debate filosófico, que todo o conhecimento deriva de Deus. Ele registrou por escrito um destes diálogos com seu filho Adeodato numa obra intitulada *De Magistro*, que significa *O mestre*[261]. Nas *Confissões*, ele nos narra que esta obra é um retrato fiel das contribuições de Adeodato (9.6.14). Se isso for verdade, Adeodato foi um rapaz deveras talentoso, cuja vida terminou de maneira trágica. Seu nome significa "presente de Deus"; no entanto, o que Deus dá, Ele também pode tirar. Adeodato foi o filho que nasceu do relacionamento de Agostinho com sua concubina, aquela que foi mandada embora quando um casamento foi arranjado para ele. Agostinho perdeu o filho antes mesmo que este completasse 20 anos de idade.

Em seu diálogo com o adolescente Adeodato, Agostinho não apenas trata de temas da filosofia antiga e primitiva como antecipa distinções feitas até hoje por filósofos da linguagem. O precedente mais óbvio é a teoria platônica da reminiscência. Em seu diálogo *Mênon*, Platão retrata que Sócrates defendia a ideia de que não somos de fato capazes de adquirir

261. Para uma versão em inglês, cf. King (1995). Citado abaixo de acordo com o número da seção. Para outros estudos, cf. Markus (1957, p. 60-83); Burnyeat (1987, p. 1-24); King (1998, p. 179-195).

novos conhecimentos por meio do aprendizado. Em vez disso, o que ocorre é que os professores nos estimulam a recordarmos um conhecimento esquecido que já existia em nossas almas. Agostinho não deve ter lido o *Mênon*, mas teve acesso, via Cícero, a um resumo deste trecho relevante. Em seu próprio diálogo, Agostinho defenderá uma conclusão semelhante: nós nunca adquirimos conhecimento junto a professores humanos, e sim dentro de nós mesmos. Por outro lado, ele se contrapõe a Platão no que tange a nos lembrarmos de conhecimentos que tínhamos ainda antes de nascer. Em vez disso, o próprio Deus é que nos ensina, de dentro para fora, embora não o percebamos, necessariamente, em nosso processo de aprendizagem.

O caminho percorrido por Agostinho para chegar a esta conclusão também difere bastante daquele que encontramos no *Mênon*. Enquanto o *Mênon* tem o formato de uma investigação acerca da virtude, *O mestre* analisa a linguagem. Mais especificamente, ele indaga como a linguagem pode conduzir as pessoas até o conhecimento, se é que isso é possível. Agostinho começa perguntando a Adeodato para que serve a linguagem, de modo que ambos concordam que a usamos para ensinar as pessoas e para nos lembrarmos das coisas (1.1-2). A linguagem, ao que parece, é capaz de cumprir esta função porque é constituída de signos e de sinais[262]. Nem todos os signos ou sinais são palavras. Por exemplo, há os sinais de trânsito e os dos gestos, como o de apontar com o dedo. Contudo, todas as palavras são signos ou sinais. É consensual que até mesmo palavras como "se" e "nada" são signos ou sinais, ainda que seja difícil dizer o que, exatamente, elas sinalizam (2.3). Nesse ponto, pai e filho se dão conta de que vários enigmas emergem. Quando conversamos, nem sempre fica claro se falamos de sinais – ou de signos – ou do significado destes. Agostinho nos dá o exemplo de argumentos sofisticados, tais como: se você pronuncia a palavra "leão", então uma fera selvagem acaba de sair de sua boca; ou ainda: se você é um homem (*homo*, em latim), então é formado por suas sílabas (8.23). Hoje em dia, para explicar o fenômeno que Agostinho realça aqui, os filósofos fariam a distinção entre o "uso" e a "menção" de uma palavra. Se eu *uso* a palavra "leão", transmito o significado de um leão verdadeiro. Se apenas *menciono* a palavra "leão", então uso esta

262. No original, *sign*, que pode significar "signo", mas também "sinal". Em outros contextos pode ter a acepção de "símbolo", "cartaz" ou "placa". Neste capítulo usaremos apenas o termo "signos" quando o contexto deixar claro que se trata de um signo linguístico [N.T.].

palavra para me referir ao signo, e é neste sentido que posso dizer que "um 'leão' acaba de sair de minha boca". A aplicação proveitosa das aspas não estava ao alcance de Agostinho, e ele encara com seriedade a ameaça que essa e outras ambiguidades representam para a tentativa de esclarecer com exatidão o funcionamento da linguagem. Ele compara o emprego da linguagem com a finalidade da filosofia acerca da própria linguagem a alguém que busca o alívio de um prurido nos próprios dedos, de modo que já não consiga distinguir quais dedos coçam e quais realizam a coçadura (5.14).

No entanto, o diálogo apresenta um conceito interessante de como o aprendizado pode ocorrer. Usamos sinais e signos que, em geral (mas nem sempre), são linguísticos, para ensinar as pessoas a respeito das coisas, e também a respeito de outros signos. Isso (uma vez mais, ao que parece) conduz nosso ouvinte a adquirir conhecimentos de coisas em relação às quais transmitimos significados. Assim, posso dizer-lhe que "as girafas são altas" e, com isso, saberás um pouco mais acerca das girafas, na eventualidade de não teres conhecimento prévio deste fato de tamanha importância. Também posso recorrer a signos para lhe falar de outros signos, como quando lhe digo: "a palavra 'girafa' é um substantivo". Agostinho não faz objeções em relação a este segundo caso, em que os signos nos ensinam acerca de signos. Contudo, ele duvida que os signos (ou os sinais) podem, de fato, nos transmitir conhecimento acerca das coisas. Isso, por certo, não acontece quando lhe ensino o significado de uma palavra. Na verdade, o contrário é o que se dá: se eu tiver de lhe ensinar o significado da palavra "girafa", é preciso que você saiba, de antemão, o que é uma girafa. Por exemplo, eu poderia apontar e dizer: "Veja aquela criatura graciosa, com um longo pescoço. Aquilo é uma girafa". Neste exemplo, uso uma coisa para lhe ensinar a respeito de um signo, e não o contrário (10.33). O fato de que aponto para a girafa – o gesto de apontar também é um signo (ou um sinal) – tampouco lhe oferece conhecimento algum acerca das girafas. Ele apenas dirige a sua atenção à girafa, e suas percepções sensoriais fazem o resto do trabalho.

Na verdade, Adeodato e Agostinho percebem que há enigmas relacionados até mesmo a como podemos usar coisas para ensinar sinais e signos. Por exemplo, se eu quiser lhe mostrar o significado da palavra "dança", posso me levantar e dançar por um minuto. Você, contudo, poderá concluir que a palavra "dança" significa "dançar por um minuto", ou então "fazer uma imitação tosca de James Brown". Ou seja, você não perceberia necessariamente que esta palavra se refere à dança de modo geral. Este problema da indeterminação, isto é, o de que jamais seremos capazes de transmitir a alguém o significado exato de uma palavra, reapareceu muito mais tarde, na filosofia da linguagem do século XX. Um filósofo chamado Quine apresentou um enigma para sugerir a ideia de que toda tradução é um ato indeterminado[263]. Ele pede que imaginemos um linguista estudando a língua de uma tribo nativa. Os nativos apontam para um coelho que passa correndo e dizem "*gavagai*". O linguista poderá inferir que *gavagai* significa "coelho", mas, além desta, existem infinitas possibilidades de compreensão. Por exemplo, o significado pode ser "uma parte de um coelho", ou "eu adoraria comer um coelho ensopado". Somente depois de ter aprendido a língua dos nativos o linguista poderá interagir com eles de um modo que lhe permitirá excluir estas possibilidades. Porém, como isso será possível permanecerá um enigma, caso o linguista não se disponha a aprender o significado individual de cada palavra.

Com efeito, Agostinho não despende muito tempo preocupando-se em saber se podemos usar as coisas para aprender os significados dos signos e dos sinais. Talvez esteja subestimando a dificuldade dessa tarefa; supõe-se que uma pessoa com suficiente inteligência será capaz de inferir o significado de um signo (ou sinal), ainda que outra pessoa os compreenda de modo equivocado (10.32). Em sua opinião, a maior dificuldade está em como ensinar acerca das coisas por meio do uso de palavras. Imagine que você já sabe o significado das palavras "girafa" e "alta", e, então, eu lhe digo "girafas são altas". Na melhor das hipóteses, ao dizê-lo, lhe darei uma *crença* de que as girafas são altas. Se você quiser *saber* que as girafas são altas, o simples ato de me ouvir pronunciar estas palavras não bastará. Você terá de fazer uma investigação empírica – ir atrás de algumas girafas e verificar se elas são, de fato, altas. Porém, neste caso, aprenderá a partir de sua própria experiência (e não de minha afirmação) que as girafas são altas. Em outros casos, a investigação empírica não será relevante. Posso lhe dizer: "a justiça é uma coisa boa". Uma vez mais, ainda que você saiba o significado destas palavras, isso não poderá lhe trazer conhecimento, ainda que eu tente convencê-lo de que tenho razão. Em última análise, você terá de recorrer à sua própria compreensão de justiça e de bondade para concluir se minha afirmação é verdadeira ou não.

263. Quine (2010, cap. 2).

Quer você use sua experiência sensorial, quer analise em sua mente um tema mais abstrato, nenhum professor humano lhe dará o conhecimento. Tudo o que um professor é capaz de lhe oferecer é a crença, bem como o estímulo para que você investigue as coisas por conta própria. Todo e qualquer conhecimento que obtiver neste processo não é algo inato, como sustentava Platão, mas tem origem no próprio Deus. Afinal, foi Deus quem criou as coisas que experimentamos por intermédio dos sentidos. Portanto, quando você olha para uma girafa para saber se ela é alta, dependerá do ato criativo de Deus, que lhe possibilitará adquirir conhecimento. Nos casos mais abstratos, como o que envolve a justiça, você consultará, nas palavras de Agostinho, uma "verdade interior" (12.39). O próprio Adeodato faz isso enquanto tenta decidir se os argumentos de Agostinho acerca da linguagem são convincentes. A verdade interior, cuja luz nos permite adquirir conhecimento, nada mais é que Deus habitando dentro de nós (13.46). Portanto, Deus, o Pai – e não Agostinho, o pai – é quem está mais apto para conduzir Adeodato ao conhecimento.

Será, então, que a linguagem – assim como a guerra, na opinião de Edwin Starr – não serve para absolutamente nada? Bem, já vimos antes que os signos e os sinais são úteis para nos ensinar a respeito de outros signos e sinais. Porém, além disso, eles parecem nos oferecer apenas uma crença. Até no caso em que você me diz que realmente acredita em algo, não terei como *saber*, com isso, se você de fato acredita – talvez seja uma mentira ou um equívoco (13.42). Por exemplo, se você disser "Eu adoro Buster Keaton", pode ser que eu acredite que você adora Buster Keaton. Mas esta pode ser apenas uma tentativa de me convencer acerca de seu bom gosto, quando, na verdade, você nunca assistiu a nenhum filme dele (se este for o caso, interrompa a leitura agora mesmo e assista a um deles. Quando retomá-la, o livro ainda estará aqui). O resultado é que os signos (ou sinais) só podem nos oferecer crenças a respeito das coisas. Mas isso não implica que eles sejam inúteis: eles nos levam a investigar as próprias coisas, bem como a examinar nosso próprio sentido de verdade. Ademais, um professor humano poderá usar a linguagem para eliminar concepções equivocadas e errôneas ao demonstrar sua incoerência ou falta de verossimilhança. É isso que Sócrates costumava fazer em suas conversas, e que também é uma ocorrência comum nos diálogos escritos pelo próprio Agostinho no início de sua carreira. Para Agostinho, portanto, os signos e sinais, de modo geral, e a linguagem, em particular, de fato cumprem uma função importante ao nos conduzir em direção à verdade.

Convém observar, a propósito, que os argumentos apresentados por Agostinho em defesa desta opinião poderiam ser aceitos até mesmo por um ateu. O ateu simplesmente rejeitará a suposição agostiniana de que a verdade que habita dentro de cada um de nós deve ser identificada a Deus. Porém, não compartilhará a crença de Agostinho de que um conjunto específico de signos linguísticos – os textos compilados na Bíblia – pode nos conduzir ao conhecimento. A cena de sua conversão nas *Confissões* – na qual ele ouve uma voz que lhe ordena "Tome isso e leia", e, em seguida, se depara com um trecho particularmente apropriado do Novo Testamento – é um exemplo ilustrativo de como os signos e os sinais podem conduzir alguém à verdade. A Bíblia que Agostinho apanhou para ler, naquela situação, foi escrita em latim. De fato, ele sabia um pouco de grego, mas lamenta, nas *Confissões*, nunca ter encontrado prazer nos estudos desse idioma quando criança (1.13.20). Quanto ao hebraico do Antigo Testamento, para Agostinho este era, perdoe-me pela expressão, um "livro fechado", um enigma. Portanto, era esperado que ele desse boas-vindas ao projeto de Jerônimo, seu contemporâneo, de recorrer ao hebraico para produzir uma nova Bíblia em latim; e ele, de fato, chamou a atenção para a utilidade das traduções latinas que vertem o texto das Escrituras de uma maneira servilmente exata "palavra por palavra". Por outro lado, Agostinho também defendia as afirmações contidas na *Septuaginta*, a versão grega do Antigo Testamento.

Agostinho examina estes aspectos em uma espécie de manual que escreveu, cujo título é *De Doctrina Christiana*, ou *A doutrina cristã*[264]. No prólogo desse livro, ele nos diz que essa obra apresenta instruções gerais para a interpretação das Escrituras, à semelhança de quando se ensina alguém a ler uma nova língua. Para uma exegese mais detalhada da Bíblia, podemos direcionar nossa atenção, por exemplo, a seu chamado comentário "literal" acerca do Gênesis. Aqui, "literal", *ad litteram* em latim, significa que Agostinho evita uma interpretação alegórica ou simbólica. No entanto, em *A doutrina cristã* ele de fato aceita a necessidade desta interpretação, ao menos em relação a determinados trechos. Ora, como poderemos saber quais trechos devem ser lidos de

264. (Green, 2008); acerca da utilidade das traduções literais, cf. 2.13.19, e acerca da *Septuaginta*, 2.15.22. Para estudos a respeito da obra, cf. Arnold; Bright (1995); Jordan (1980).

modo alegórico e quais interpretações alegóricas devemos aceitar? Agostinho responde a esta pergunta com um tipo de chave para compreender a Bíblia, que ele apresenta no primeiro livro de *A doutrina cristã*.

Sua tese central é que o conjunto das Escrituras tem um propósito único e abrangente: conduzir seu leitor à *caritas* (1.36.40). Para Agostinho, esta palavra, o mais das vezes traduzida por "caridade", significa um amor duplo: direcionado tanto a nosso semelhante quanto a Deus. Também devemos sentir um amor por nós mesmos, mas, em seu entender, ninguém precisa ser orientado nesse sentido. Todos os seres humanos, por natureza, amam a si próprios, como se pode atestar a partir de seu instinto de autopreservação (1.24.25). No entanto, é preciso que sejamos ensinados – e, a todo instante, lembrados e persuadidos – a amar a Deus e aos nossos semelhantes. Esta mensagem é transmitida de um modo tão claro e enfático na Bíblia que pode servir de critério para avaliarmos interpretações de qualquer trecho específico. Se o propósito mais amplo da Bíblia é nos conduzir à caridade, podemos estar certos de que toda interpretação que não seja coerente com a caridade deve estar errada. Obviamente, se determinado trecho parece insinuar que devemos prejudicar nosso semelhante, então deveremos recorrer à interpretação alegórica (*e.g.*, 3.16.24). É claro que sempre há a possibilidade de uma interpretação alegórica. Porém, contanto que tais interpretações promovam a caridade, podemos ficar tranquilos quanto a aceitar qualquer uma delas. Agostinho chega até a sugerir que Deus antevìu a possibilidade de que diferentes leitores adotassem interpretações variadas; portanto, em certo sentido, todas elas estariam corretas (3.27.38).

Tentemos relacionar esta obra, *A doutrina cristã*, à teoria do aprendizado que encontramos em *O mestre*. Nessa última, vimos Agostinho afirmar que os signos (ou sinais) não podem nos oferecer o conhecimento, mas apenas crenças. A partir disso podemos refletir por nós próprios, e, por fim, transformá-las em conhecimento graças à luz de nossa verdade interior. Agostinho parece seguir mais ou menos a mesma linha de raciocínio em seu manual de como interpretar as Escrituras. Pelo menos, ele afirma, em um trecho impressionante, que a pessoa que obteve a confirmação de sua fé, de sua esperança e de sua caridade deixa de ter a necessidade de recorrer às Escrituras, a menos que queira fazê-lo para ensinar aos outros (1.39.43). Ademais, aqui ele afirma novamente que, para que alguém seja beneficiado de tais ensinamentos, a assistência de Deus é imprescindível. E, no entanto, o gesto humano de ensinar alguém vale o tempo e o esforço despendidos – sobretudo se os ensinamentos tiverem como base as Escrituras –, tal qual o bom-senso recomenda prescrever remédios a uma pessoa, ainda que ninguém seja capaz de se recuperar da doença sem a vontade de Deus (4.16.33).

Um aspecto que não encontramos em *O mestre*, no entanto, é a ideia de que existe, na verdade, somente uma coisa que é digna de ser aprendida. Ora, em *A doutrina cristã*, Agostinho não apenas rejeita as interpretações das Escrituras que sejam incoerentes com o conceito de caridade. Ele parece descartar qualquer atividade intelectual que não contribua para que alcancemos este objetivo. Isso fica patente em meio a uma prolongada discussão quanto ao que é digno de ser preservado dos textos pagãos. O sentimento inicial de Agostinho é de que toda verdade que os pagãos tenham descoberto deve ser adotada pelos cristãos (2.18.28). Porém, se, nesse sentido, todas as verdades são iguais, algumas, ao que parece, são mais iguais do que as outras. Por exemplo, deve-se evitar a busca de conhecimentos detalhados de astronomia, pois isso não apenas não nos ajuda a compreender as Escrituras, como também pode conduzir-nos em direção aos perniciosos caminhos da astrologia (2.29.46). O próprio Agostinho trilhou tais caminhos em sua juventude, como se sabe pelas *Confissões*. Ele diz a seus companheiros cristãos que, de modo geral, a interpelação correta do conhecimento pagão é a postura adotada pelos israelitas aos tesouros egípcios. Eles rejeitavam os ídolos pagãos dos egípcios, mas, de bom grado, se apossaram de seu ouro e de seus objetos de valor, a fim de fazer destes bens um melhor proveito do que os próprios egípcios seriam capazes (2.40.60). Agostinho comenta que os platônicos, em particular, nos ofereceram um material do qual valeria a pena se apropriar para ser usado nos ensinamentos cristãos.

Esta passagem também nos remete às *Confissões*, que comentam como os "livros dos platônicos" ajudaram a libertá-lo de suas crenças materialistas. As *Confissões* também ilustram o fato de que, para Agostinho, os livros platônicos são bons o suficiente para ajudar na interpretação do "Bom Livro". Ele encerra sua autobiografia não apenas com uma análise filosófica acerca do tempo, a qual examinamos no capítulo anterior, mas também com uma interpretação detalhada dos versos iniciais do Gênesis (*Confissões*, 12.1.1, e trechos subsequentes). Pelo menos três dos argumentos que ele apresenta aqui são extraídos de seu estudo da filosofia platônica. O primeiro deles é que Deus é eterno, numa acepção semelhante a que Plotino confere a este conceito, a saber, de que Ele não está submetido ao tempo, embora o Gênesis nos transmita a impressão contrária, com sua referência aos "dias da criação". Na verdade, o tempo foi criado junto com o universo físico. O segundo argumento: podemos compreender a sentença inicial do Gênesis, "No início, Deus criou o céu e a terra", com a ajuda da metafísica platônica. Agostinho associa este "céu" a uma frase que se encontra no Livro dos Salmos, o "céu dos céus" (12.13.16). Para ele, isso representa um reino inteligível de formas criado por Deus, mas, ainda assim, eterno; novamente, no sentido de estar além do tempo. O terceiro argumento é que o Gênesis continua a falar que a terra é "sem forma". Agostinho compreende isso à luz de uma teoria da matéria semelhante à de Plotino, como se esta fosse completamente informe. Uma vez mais, ele contrapõe este conceito platônico às concepções mais rudimentares e materiais de sua própria juventude, época em que estava sob a influência dos maniqueus (12.6.6).

Em sintonia com a teoria hermenêutica de *A doutrina cristã*, nas *Confissões* Agostinho mostra-se aberto à possibilidade de que outras interpretações sejam verdadeiras. Se a mensagem que emerge a partir de uma interpretação for verdadeira, ele considera que a missão foi cumprida (12.18.27). Na verdade, Agostinho parece insinuar a inevitabilidade de que o texto da Bíblia dê margem a múltiplas interpretações. A expressão de sua linguagem, no Gênesis e em outros livros, é tão concisa que se assemelha a um poderoso jato de água oriundo de uma fonte confinada. Desse modo, talvez sejam necessários muitos intérpretes para desvendar seu completo significado (12.27.37). É evidente, no entanto, que se deve ter cautela para não defender uma interpretação com base no sentimento de orgulho de posse de tal leitura, e não com base no fato de ela ser verdadeira. A leitura da Bíblia deve ser um trabalho cooperativo desempenhado por toda a comunidade, e não uma competição. Em um círculo virtuoso, é necessário adotar a postura caridosa ensinada pelas Escrituras caso queiramos adotar a postura adequada em relação à própria tarefa de interpretá-las. A receptividade de Agostinho em relação a outras interpretações certamente é, em si, um exemplo desta postura caridosa.

Então, de que modo os argumentos platônicos que Agostinho apreende a partir do trecho inicial do Gênesis se adequam à sua explicação mais geral da Bíblia? Em que sentido posso me tornar uma pessoa mais caridosa ao me dar conta de que a matéria é informe, ou de que Deus é eterno e transcende o tempo? A resposta é simples: esta percepção me ajuda a amar a Deus. No momento em que Agostinho passa a reconhecer Deus como um criador transcendente que cria a matéria informe e, na sequência, modela um mundo a partir desta matéria, ele abandona os ensinamentos dualistas dos maniqueístas. Isso implica aceitar que o mundo inteiro é, em si, uma espécie de signo (ou sinal) que aponta para um criador que não tem um princípio contrário. Este é apenas um exemplo da convicção agostiniana de que até verdades metafísicas demasiado avançadas da filosofia estão inextricavelmente associadas a assuntos de moralidade. Acreditar que o mal é um princípio implica a impossibilidade de apreciar o bem e, com isso, em não conseguir alcançar a bondade.

Portanto, Agostinho percebe a existência de uma ligação poderosa – ou até uma identidade – entre a busca pelo conhecimento e a busca pela bondade. Assim, não devemos nos surpreender se identificarmos um paralelo entre suas perspectivas acerca da linguagem e seu famoso ensinamento acerca da vontade. Já vimos neste capítulo que, em seu entender, a linguagem, em si mesma, é incapaz de conduzir-nos ao conhecimento. Para isso, precisamos do envolvimento do Deus que habita dentro de nós. Da mesma maneira, Agostinho acredita que não podemos ser bons sem o auxílio de Deus. Todos os seres humanos nascem em um estado pecaminoso, e, por mais admiráveis que sejam suas intenções, eles voltarão a pecar repetidas vezes, caso sejam largados à sua própria sorte. Até quando o indivíduo se converte ao cristianismo e é batizado, cada um de seus dias será uma luta contra as tentações. Agostinho ilustra este argumento de um modo ilustrativo em suas *Confissões* – o que ele confessa não é apenas uma fraqueza ou uma indiscrição juvenil, mas uma permanente suscetibilidade aos apelos exercidos pelo pecado. Isso nos leva a outro problema. Este talvez seja o maior problema da filosofia de Agostinho, e que continuará presente na história subsequente do cristianismo: se podemos evitar o mal apenas se tivermos o auxílio de Deus, pode-se de fato dizer que continuamos a desfrutar de uma liberdade moralmente significativa?

49

O AUXÍLIO NECESSÁRIO: AGOSTINHO E A LIBERDADE

Todos nós dizemos coisas de que nos arrependemos mais tarde. O político, depois de cometer um descalabro constrangedor durante um debate. A criança, depois de deixar escapar o comentário de que, se seus pais estivessem em casa, a esta hora ela já estaria na cama. Eva, ao dizer a Adão: "Claro, sei bem que ela é uma serpente. Mas acho que ela nos apresentou bons argumentos". Poucos, contudo, são os que se sentam, revisam tudo o que escreveram e produzem um livro inteiro no qual listam trechos em que poderiam ter escolhido as palavras com mais cautela. Agostinho foi uma destas pessoas. Alguns anos antes de sua morte, em 430 d.C., ele escreveu as *Retratações* – *Retractiones*, em latim –, obra em que analisa seus principais textos e ressalta passagens que precisariam ser corrigidas ou comentadas de modo mais extenso. Esta tarefa não seria nada fácil. Sua obra completa tinha uma extensão inacreditável. Já idoso, Agostinho ficou impressionado, findado o cálculo, ao se dar conta de que escrevera 232 obras[265]. Porém, por mais grandiosa que fosse esta tarefa, Agostinho tinha boas razões para reconsiderar o que escreveu. Alguns de seus adversários se valeram de suas próprias palavras, extraídas de trechos de suas obras anteriores, para redarguir seus argumentos. "Vejam", diziam eles, "a prova de que nossa perspectiva é razoável é que o próprio Agostinho concordou com ela há alguns anos".

265. (Epístola 224, citada em Kirwan 6). O medievalista Isidoro de Sevilha escreveu um verso em que afirmava: "Qualquer um que afirme ter lido todas as suas [de Agostinho] obras é um mentiroso". No entanto, esta é uma referência à inacessibilidade aos textos de Agostinho, não à sua extensão (com a qual não seria possível lidar), uma opinião expressada, entre outros autores, cf. Kent (2012, p. 228). Seja como for, se alguém lhe disser que leu toda a obra de Agostinho, tens o direito de reagir com ceticismo.

Exemplo desta prática foi uma obra que Agostinho terminou de escrever no ano 391, intitulada *Sobre o livre-arbítrio*. Ao lhe dirigir o em retrospecto, Agostinho reconhece não ter formulado suas ideias a respeito da liberdade e da graça divina com a amplitude que desejava. Porém, ele é categórico ao afirmar que seus adversários se equivocam ao tomar como aliado o Agostinho que escrevera aquela versão do livro. O número de seus adversários nunca se esgotou. Já o vimos narrar a história de seu desencanto com as ideias dos maniqueus nas *Confissões*, de modo que dera continuidade a inúmeras obras em que os criticara. Na verdade, ao longo de toda a fase madura de sua carreira como autor, Agostinho sempre criticou um ou outro grupo. Este traço de sua personalidade pode parecer um tanto desagradável. Como afirmou o estudioso J. J. O'Donnell: "um homem que foi capaz de passar 43 anos, do momento de sua conversão até sua morte, sem dedicar nem um momento sequer à produção de uma obra polêmica [...] deve certamente ser considerado como parte do problema, e não como parte da solução" (O'Donnell, 2005, p. 110). Contudo, esta foi uma época de disputas polêmicas, e Agostinho estava longe de mostrar uma prática incomum ao dedicar suas sofisticadas habilidades retóricas à tarefa de produzir refutações por escrito. Contudo, o caso de Agostinho era extraordinário de outro aspecto. As posições teológicas que ele defendeu ao longo desses debates tornaram-se fundamentais para o cristianismo ocidental, como se pode atestar em relação à Idade Média, à Reforma Protestante e até mesmo aos nossos dias.

Além dos maniqueístas, Agostinho tinha dois grupos principais de antagonistas: os donatistas e os pelagianos. Os donatistas surgiram décadas antes de seu nascimento como reação às perseguições enfrentadas pelos cristãos no início do século IV. O Imperador Diocleciano ordenara aos cristãos que fizessem sacrifícios aos tradicionais deuses romanos, bem como que entregassem bens da Igreja e cópias das Escrituras sagradas às autoridades pagãs. Os membros do clero que obedeciam eram denunciados como radicais, o que levou a uma ruptura na Igreja. A igreja dos radicais foi nomeada em homenagem a Donato, bispo de Cartago. O movimento "donatista" determinava que os padres culpados de colaborar não poderiam mais realizar uma cerimônia legítima de batismo, pois estavam corrompidos pelo pecado. Eles também acreditavam que os cristãos talvez tivessem de ser batizados uma segunda vez, a fim de serem purificados dos pecados cometidos depois de seu batismo inicial. A Igreja donatista teve particular influência no norte da

África, região na qual Agostinho nasceu e foi ordenado bispo. Ele despendeu considerável dose de energia à destruição desse movimento. A influência de Agostinho foi determinante no Concílio de Cartago, realizado no ano 411, ocasião na qual o donatismo foi condenado e na qual ele próprio deu total respaldo a um novo édito imperial que (ironicamente, dada a origem do movimento) estabelecia a perseguição dos donatistas, ao proscrever a fé de seus adeptos e tornar suas propriedades sujeitas ao confisco.

Embora o apoio de Agostinho a este tratamento impiedoso não tenha sido nada agradável, pode-se entender por que ele considerava o donatismo como pernicioso. Além de este movimento ter conduzido a uma divisão interna da Igreja, seus conselhos evangélicos[266] ameaçavam solapar as funções mais básicas da Igreja. Se os donatistas estivessem certos, era preciso conhecer o estado da alma de um sacerdote para ter a certeza de que um batismo havia sido realizado com sucesso. Pior ainda, até mesmo um batismo bem-sucedido poderia ser temporário, já que poderia ser desfeito pelo pecado. A objeção de Agostinho, no entanto, não tinha teor meramente prático. Enquanto os donatistas consideravam a Igreja como uma comunidade à parte, purificada do pecado e destinada ao Paraíso, Agostinho acreditava que, quer batizados, quer não batizados, os humanos continuam propensos ao pecado e em constante necessidade do apoio de Deus para resistir a esta tentação. Nas *Confissões* (em especial, no livro 10), ele descreve sua batalha diária contra a sedução de uma série de prazeres, da comida à música, e até do sexo. Não se trata, aqui, de uma simples confissão, mas de um modo de defender uma perspectiva mais ampla. A convicção teológica e a experiência pessoal lhe ensinaram que a tendência ao pecado é uma parte inevitável da vida humana; não é algo que pode ser eliminado em um simples ritual. É claro que o batismo ainda é necessário. Porém, mais do que a eliminação de desejos pecaminosos, ele representa uma receptividade à ajuda de Deus para superar tais desejos.

Assim, a despeito de sua fama de moralista sombrio e exigente, neste debate Agostinho estava engajado, na verdade, na promoção de uma luta contra o perfeccionismo moral. Algo semelhante se aplica à polêmica em que ele

266. Frequentemente associados a uma vida monástica, trata-se dos três conselhos que visam à busca da perfeição moral e espiritual: a pobreza, a castidade e a obediência [N.T.].

se envolveu contra os pelagianos[267]. Trata-se de um grupo que surgiu mais tarde, cujo nome homenageava Pelágio, contemporâneo de Agostinho (aliás, Pelágio é o primeiro pensador de origem britânica mencionado nesta história da filosofia). A essência do pensamento deste grupo era: se a ordem de Deus é que sejamos bons, é porque somos capazes de sermos bons. Afinal, não faz sentido algum ordenar às pessoas que façam algo de que elas não são capazes. Se eu lhe ordeno que termine a leitura deste capítulo, é porque você é capaz de me obedecer. Caso eu lhe ordene, entretanto, que se transforme numa girafa, você rejeitará minha ordem, considerando-a não apenas tola como também impossível. Ademais, Pelágio argumenta que para estar na posição de obedecer às ordens de Deus, os humanos precisam ter o livre-arbítrio. Tornar-se virtuoso ao exercer essa capacidade de escolha está ao alcance de todos. As ideias de Pelágio tiveram o apoio de Juliano, bispo de Eclano, uma cidade no sul da Itália. Juliano tornou-se principal adversário e alvo de Agostinho, que escreveu uma série de obras polêmicas e cada vez mais hostis à doutrina pelagiana.

Os pelagianos, em seu entender, tal qual os donatistas, solapavam todo o propósito da fé cristã. Se, conforme eles alegavam, a vontade humana é soberana e capaz de resistir ao pecado por sua própria conta, então por que é preciso que Deus nos envie seu Filho e permita que Ele seja sacrificado? Na verdade, Deus não precisa fazer coisa alguma. Ele pode tão somente esperar para ver quem, por meio do exercício do livre-arbítrio, alcançará a bondade, e quem não conseguirá fazê-lo, e, em seguida, atribuir as devidas recompensas ou punições de acordo com cada indivíduo. Segundo a perspectiva pelagiana, Cristo parece ter sido enviado como um professor moralizador que nos estimula a buscar a virtude, e não como uma fonte indispensável de salvação. Esta é uma visão com a qual alguns dos Padres da Igreja mais intelectualistas flertavam; portanto, não é surpreendente que ela apareça aqui, no pelagianismo. Em oposição a esta concepção, Agostinho recorre sobretudo aos textos de São Paulo para apresentar aquele que talvez seja o mais influente de seus ensinamentos: a doutrina do pecado original. Talvez você já esteja familiarizado com a ideia básica desta doutrina: o pecado cometido por Adão foi, de alguma maneira, herdado ou compartilhado por todos os humanos que o sucederam. Somente o sacrifício do Filho de Deus e, de maneira mais geral,

267. Cf. Bonner (1992, p. 33-51; 1993, p. 27-47).

seu dom da divina graça poderá permitir aos humanos que se recuperem de seu estado caído. Desse modo, Agostinho, em oposição frontal à perspectiva pelagiana, defende a ideia de que nós, humanos, *não* somos capazes de merecer a salvação por nossos próprios méritos. Só podemos obedecer às ordens de Deus caso Ele nos ajude a fazê-lo.

Um problema evidente em relação à postura antipelagiana de Agostinho é a dificuldade de conciliá-la com a possibilidade do livre-arbítrio. A ideia de que os seres humanos realmente têm livre-arbítrio, e um livre-arbítrio que é moralmente significativo, é um tema fundamental em toda a obra de Agostinho. Um de seus primeiros tratados, *O livre-arbítrio*, o qual fora demasiado criticado por seus adversários, não poderia ter sido mais enfático em reconhecer a existência da liberdade[268]. Essa obra é estruturada como um diálogo entre Agostinho e um amigo chamado Evódio, o qual fora testemunha da morte de Mônica, mãe de Agostinho, e, assim como seu amigo, também fora ordenado bispo. A esta altura de sua carreira, os adversários que importunam Agostinho ainda não são os pelagianos, e sim os maniqueus, cuja crença era de que o sofrimento no mundo é causado por um princípio do mal que independe de Deus. Por sua vez, tanto Agostinho quanto Evódio consideram o sofrimento como um castigo que nos é aplicado segundo a justiça divina – sem o pecado humano, não haveria sofrimento.

É neste ponto que o livre-arbítrio entra em cena. Os dois concordam que ninguém pode ser justamente punido por algo que não foi oriundo de sua própria escolha. Agostinho argumenta que nós pecamos quando valorizamos as coisas de nosso reino temporal em vez das coisas eternas (1.15). Em outras obras, Agostinho reafirma esta ideia ao dizer que a origem de todos os pecados é o orgulho. Demonstramos orgulho quando atribuímos às coisas criadas a estima que é devida somente a Deus. Aqui, na obra *Sobre o livre-arbítrio*, Agostinho, em vez disso, decide defender seu argumento por intermédio de uma linguagem mais platônica, evocando as ideias de Plotino ao contrastar o reino eterno e imutável com o mundo das coisas corporais e limitadas ao tempo. Entretanto, tal qual o próprio Plotino, ele depende de argumentos cuja origem remonta aos estoicos. Ele sustenta que não se deve atribuir valor algum às coisas temporais, porque podem ser retiradas de nós; sustenta também que o domínio da própria felicidade e o domínio da própria vontade dependem de atribuir va-

268. Williams (1993). Citado com base no número da seção.

lor ao que não se apresenta vulnerável dessa maneira. Para historiadores da filosofia expertos como nós, a personagem que inevitavelmente nos vem à mente é Epiteto. E o traço epitetiano dessa obra é um elemento que permite que adversários pelagianos encontrem nela um conteúdo capaz de constranger o velho Agostinho. Por exemplo, ele observa que a mente virtuosa não pode se tornar escrava dos desejos (1.11), e que se pode alcançar a virtude apenas por meio da vontade (1.13). Estas observações se encaixam melhor com as exigentes restrições morais do estoicismo e do pelagianismo do que com a teoria da graça que Agostinho apresentará nos anos seguintes.

Como não é um pelagiano, Evódio defende um argumento bem diferente em seu diálogo com Agostinho (2.1). Se a capacidade de livre-arbítrio é o que nos permite pecar, então por que Deus nos concedeu tal capacidade, para começo de conversa? Esta pergunta estabelece o tom para todo o restante do trabalho. O objetivo de Agostinho, em vez de tentar defender a existência do livre-arbítrio, será demonstrar que Deus não o é culpado pelos males que vemos no mundo criado. E, aqui, ele fica nos devendo uma explicação. Já que rejeitara a solução maniqueísta – a qual explica o mal e o sofrimento ao apelar para um segundo princípio, contrário a Deus –, ele precisa mostrar que toda a maldade, em última instância, é uma decorrência das escolhas humanas. Tudo o que for mal deve constituir-se em mal diretamente desejado pelos seres humanos ou deve ser enviado por Deus como punição justa pelos males anteriores voluntariamente desejados por esses mesmos seres humanos. Daqui nasce a pergunta de Evódio: por que Deus teria nos concedido o livre-arbítrio, se este produz resultados tão horrorosos? Já vimos que, em suas *Confissões*, Agostinho defende a explicação plotiniana de que o mal nada mais é que uma deficiência ou uma não existência. Ele aprova esta solução para o "problema metafísico do mal", o problema de saber como algo ruim pode surgir em um mundo cuja origem é uma causa totalmente boa. Por outro lado, aqui, em *Sobre o livre-arbítrio*, Agostinho trata de um tema mais próximo ao moderno problema do mal, a saber, por que um ser bom e onipotente permitiria a existência do mal.

Esta dificuldade surge para ele – de um modo que não surgiu para Plotino –, pois ele pressupõe que Deus seja um agente livre que poderia ter ordenado as coisas de maneira muito diferente. Ele poderia, por exemplo, ter optado por não dar vida a criaturas livres, dado que é capaz de antever os males que elas poderiam praticar. Então, por que, ainda assim, Ele nos criou? A resposta de Agostinho é simples: Deus nos concede o livre-arbítrio para que possamos usá-lo para sermos bons. Quando pecamos, usamos esta capacidade de maneira equivocada. Porém, não devemos concluir a partir disso que a vontade, em si, é algo ruim, assim como não devemos concluir que nossos olhos ou mãos são ruins por poderem ser usados para praticar o mal (2.18). De fato, não faz sentido lamentarmos o fato de Deus nos conceder a possibilidade de pecar. O pecado, por definição, é aquilo que Deus não deseja. Portanto, se pecamos, deve ser porque nos afastamos daquilo que Deus destinou que fizéssemos com os poderes que nos concedeu (3.16). Portanto, a vontade humana é, nas palavras de Agostinho, um "bem intermediário". Isso significa que ela é necessária à bondade, mas pode ser utilizada para o mal. Nessa configuração, a vontade ocupa posição intermediária entre bens maiores, essenciais ao bem e jamais empregados para o mal, como a virtude, e bens menores, como os bens do corpo. Estes últimos não são sequer indispensáveis para conduzir uma vida boa, segundo os estoicos (2.19).

Evódio, porém, vislumbra outro problema iminente (3.2). Mesmo que não tenha sido erro de Deus conceder-nos livre-arbítrio, como foi possível que Ele o fizesse? Afinal, Ele conhece tudo o que faremos antes mesmo de o fazermos. Como então podemos ser livres? Se o próprio Agostinho pudesse prever o futuro, verificaria que este "problema da presciência divina" seria debatido inúmeras vezes pelos filósofos no decorrer de toda a Idade Média e até no início da Idade Moderna. Porém, até antes de Agostinho, uma versão não teológica deste problema já havia sido apresentada. A obra *Da interpretação*, de Aristóteles, apresenta o chamado "argumento de uma batalha naval", que levantava o seguinte problema: "Se é verdade que haverá uma batalha naval amanhã, será inevitável e necessário que esta batalha naval aconteça?[269] Agostinho pondera mais ou menos acerca deste mesmo problema (cf. Craig, 1984, p. 41-67). Ele acrescenta, contudo, que Deus *sabe* que haverá uma batalha naval amanhã. Isso altera completamente o cenário de duas maneiras. Primeiro, a solução adotada por Aristóteles foi a de negar a existência de verdades do momento presente em relação a eventos futuros. Contudo, esta solução não está mais disponível: deve haver uma verdade do momento presente, pois Deus já a conhece. Em segundo lugar,

269. Cf. *Filosofia clássica*, cap. 30.

o cenário, com efeito, pode ter sido modificado com a introdução da ideia de *presciência* divina, em vez da simples verdade. Ora, se Deus realmente tem um conhecimento prévio a respeito de uma batalha que ocorrerá no futuro, então Ele tem total certeza acerca dela. Ele simplesmente não pode estar equivocado. Pode-se supor que esta certeza gera a necessidade da batalha naval, ainda que a mera verdade não a produza.

Outra diferença é que a análise apresentada por Agostinho é mais limitada do que a de Aristóteles. Ele não está preocupado com todas as verdades acerca do futuro, mas apenas com o conhecimento de Deus quanto a qual será a *vontade* das pessoas. A solução apresentada por Agostinho funcionará apenas neste caso. Ele diz a Evódio que é insensato preocupar-se com o fato de que o conhecimento de Deus obrigue uma pessoa a querer algo. Isso porque ninguém pode querer nada se estiver sob coação (3.3). Ora, esta solução parece um tanto inadequada. Evódio deveria responder a Agostinho: "Não me inquieta o fato de que Deus me obriga a escolher *livremente*, ou, ainda, que eu *queira* algo. Na verdade, o que me inquieta é que, em virtude de Deus saber de antemão o que eu farei, o que motiva minha ação não é a livre-escolha ou a vontade, ainda que assim pareça". Não é desta maneira que Evódio defende seus argumentos. Caso fosse, Agostinho poderia responder que é apenas evidente que exercemos nossa vontade. Isso mostra que não estamos sendo obrigados, seja pelo conhecimento de Deus, seja por qualquer outra coisa. Agostinho faz outra afirmação que pode ser útil: em geral, ninguém faz com que um evento aconteça só por saber que ele ocorrerá (3.4). Se eu lhe disser que em breve lhe apresentarei mais um exemplo que envolve girafas, isso lhe permitirá saber que eu o farei; no entanto, o fato de você sabê-lo não me obriga a fazê-lo. Portanto, se a preocupação for tão somente a de que Deus *confere às nossas ações uma necessidade causal*, então esta preocupação é infundada. Esta resposta tampouco elimina todo o problema da presciência divina, mas talvez seja o bastante para assegurar a Agostinho o que ele busca em sua obra; isto é: mostrar que Deus não é responsável por nossas más escolhas.

Agostinho ainda será capaz de absolver Deus de tal culpa numa fase posterior de sua carreira, quando já tiver desenvolvido sua doutrina do pecado original, em oposição à concepção dos pelagianos? De acordo com esta doutrina, não posso ser bom a menos que Deus me conceda o auxílio da graça. Mas isso não significa que estarei condenado a pecar caso Deus decida não me ajudar? Afinal, sem a graça, eu literalmente não sou capaz de escolher ser bom – ou, pelo menos, não sou capaz de fazer uma escolha eficaz. Na melhor das hipóteses, estarei na famosa situação descrita por Agostinho em suas *Confissões*: desejarei me converter à virtude e à pureza, mas estarei impossibilitado de fazê-lo em razão dos desejos pecaminosos que ainda tenho. Uma possível solução seria a seguinte[270]. Ainda que eu não possa ter uma boa vontade sem o socorro de Deus, talvez eu possa, sem a sua ajuda, *querer* ter uma boa vontade. Este desejo é o que os filósofos de nossos dias chamam de "um desejo de segunda ordem", ou seja, um desejo que se relaciona a outro desejo. Um exemplo clássico é a vontade de parar de fumar. O simples desejo de fumar é um "desejo de primeira ordem"; já o desejo de não ter mais tal desejo seria o de segunda ordem. Existem também as crenças de segunda ordem, como no caso em que acredito que minha crença quanto à girafa ser alta é uma crença verdadeira (sim, você tinha razão: de fato, apresentei mais um exemplo que envolve girafas. Era inevitável). Ora, usando esta terminologia, pode-se dizer que, ainda que nos seja impreterível ter pecaminosos desejos de primeira ordem em relação ao sexo, a riquezas e assim por diante, podemos, não obstante, alimentar o desejo de segunda ordem, isto é, de que estes desejos de primeira ordem desaparecçam. Como sabemos a partir das *Confissões*, isso é o que Agostinho desejou fervorosamente na época que fora levado à conversão. Já na obra *Sobre o livre arbítrio*, Agostinho trata dos desejos de segunda ordem. Ele fala da capacidade da vontade de aplicar isso a si mesma, ou seja, ter a vontade de desejar ou de não desejar algo (2.19).

Agora, talvez possamos solucionar o dilema que Agostinho enfrentava. Podemos dizer que tenho a possibilidade de desejar ter uma boa vontade e, quando faço isso, Deus intervém e me ajuda a ter uma boa vontade. Para usar os termos da terminologia apresentada há pouco, o meu estado pecaminoso me impede de ter bons desejos de primeira ordem, mas posso ter bons desejos de segunda ordem, os quais são recompensados por Deus, que transforma a natureza de meus desejos de primeira ordem: de maus, estes passam a ser bons. Isso se adequa bem com a observação agostiniana anterior de que posso ser bom apenas ao desejar ser bom. Esta solução, no entanto, pressupõe

270. Cf. Stump (2001, p. 124-147); Rist (1969, p. 420-447); O'Daly (1989).

duas coisas, nenhuma das quais Agostinho está disposto a aceitar quando se confronta com o pelagianismo. Primeiro, nós supomos que Deus *deve* ajudar toda pessoa que queira transformar seus desejos de primeira ordem. A graça, entretanto, é uma dádiva, não é algo que se receba mediante um pedido. Ainda que Deus seja misericordioso e sempre ajude aqueles que lhe pedem a graça, Ele não precisa fazer isso. Ademais, como a polêmica de Agostinho contra os donatistas já deixou claro, não podemos esperar que Deus mude nossa vontade, de pecaminosa para justa, da noite para o dia. Pelo contrário, a luta contra os maus desejos e a vontade corrupta dura uma vida inteira e deve ser travada todos os dias. Mais problemática ainda é a suposição relacionada à solução que tentamos encontrar, a saber, a de que posso ter um bom desejo de segunda ordem por conta própria, sem o auxílio de Deus. Agostinho veria isso como uma tentativa de introduzir o pelagianismo pela porta dos fundos. Em vez disso, ele defende a ideia de que todos os desejos humanos, sejam eles de primeira, sejam eles de segunda ordem, dependem da ajuda de Deus, se a intenção é escolher o bem de uma maneira confiável.

De que modo, então, Agostinho poderá se livrar da acusação que o bispo Juliano de Eclano lhe dirigia em nome dos pelagianos, de que o seu Deus é, na verdade, um monstro injusto? Este Deus nos pune por pecados que não conseguimos evitar, e nossa incapacidade de evitá-los é o resultado de um pecado original que não foi cometido por nós, mas por Adão. Uma resposta completa nos levaria a dar um mergulho profundo no reino da teologia de Agostinho. Uma resposta mais concisa, porém, é a seguinte: quando uma pessoa deseja o mal, ela faz exatamente o que quer fazer. Afinal, este é precisamente o significado de vontade. Como Epiteto já havia observado, ninguém, nem mesmo Deus, pode forçá-lo a desejar coisa alguma. O fato de você não ser capaz de ter um desejo melhor não o livra da desgraça e da falência moral, e, por conseguinte, da culpabilidade de desejar o mal. Portanto, tudo o que podemos fazer é orar com fervor pelo auxílio de Deus, bem como louvá-lo com igual fervor por conceder-nos a capacidade de desejar. Ora, esta capacidade pode ser usada para que façamos escolhas corretas, ao menos se Deus de fato nos ajudar. Com a sua ajuda, podemos nos afastar das coisas mundanas e nos dedicarmos aos bens eternos. Quando fizermos isso, nossos valores não somente serão transformados, como serão harmonizados aos de outra comunidade, uma sociedade celeste. Esta sociedade é a que nomeia uma das obras mais importantes de Agostinho: *A cidade de Deus*.

50

Céu e terra
A cidade de Deus, de Agostinho

A esta altura, imagino que já tenha ficado mais claro para você de que modo os textos de Agostinho dialogam com os de outros Padres da Igreja menos conhecidos. A relação de amor e ódio que Agostinho tem para com Cícero e para com outros estilistas latinos é compartilhada por Jerônimo, seu contemporâneo, e antecipa a ênfase dada à virtude da caridade que encontramos no guia agostiniano *A doutrina cristã*. E a posição de Agostinho acerca da liberdade e do pecado é uma resposta não apenas aos pelagianos, seus adversários, mas também a um conceito apresentado por Tertuliano. Você deve se lembrar de que, no entender de Tertuliano, a alma é uma substância material; um tipo de respiração. Com base nisso, ele defendia a ideia de que a alma é fisicamente transmitida de pai para filho, uma crença conhecida pelo nome de "traducianismo"[271]. Isso explicaria a fragilidade de nossas almas humanas. Se, em vez disso, as almas tivessem sido criadas por Deus, seriam perfeitas. Ao contestar esta ideia, Agostinho defendia que Deus é o criador imediato de cada alma humana. No entanto, ele enfatizava que todos os humanos compartilham do pecado original de seu ancestral original, Adão. Esta doutrina agostiniana do pecado original também pode ser compreendida como uma alternativa à teoria de Orígenes, segundo a qual as almas, de início, perfeitas, decaíram como o resultado de uma deficiência intelectual. Agostinho concorda com o entender de Jerônimo quanto a esta ser uma maneira equivocada de conciliar a justiça divina e a imperfeição humana.

271. Agostinho faz referência a esta doutrina em *Sobre o livre-arbítrio,* 3.21.

Agostinho critica as ideias de Orígenes naquela que talvez seja sua obra mais ambiciosa, *A cidade de Deus* (em 11.23)[272]. Um tratado gigantesco que compreende 22 livros, *A cidade de Deus* é, em parte, um ataque ao paganismo, não muito distinto do ataque empreendido por Lactâncio. A motivação imediata dessa obra não está relacionada ao contexto intelectual em que Agostinho vivia, mas ao contexto histórico. Ela foi escrita logo depois de um dos eventos mais traumáticos que assolaram o Império Romano: a derrota de Roma para o exército de Alarico, rei dos visigodos, no ano 410. Ao adotar a postura de um soberano generoso, Alarico mostrou relutância quanto à decisão de saquear Roma. Sua intenção não era fazer com que o Império Romano se ajoelhasse a seus pés, mas sim obter concessões e reconhecimento; portanto, o cerco à cidade foi muito mais limitado do que poderia ter sido. Ainda assim, era impossível ignorar o simbolismo deste evento. Agostinho relata que, nessa época, os pagãos que se queixavam do tempo seco diziam: "Não temos chuva – isso é culpa dos cristãos!" (2.3). Se aos cristãos podia ser atribuída até mesmo a culpa pela falta de chuvas, eles também poderiam, por certo, ser culpados pela queda de Roma. Segundo os pagãos, esta era a retaliação divina à cristianização do império e ao abandono dos deuses que protegeram Roma desde a sua fundação.

A cidade de Deus começa com a refutação desta acusação, mas certamente não para por aí. Ao longo dos 22 livros que compõem a obra, Agostinho tem tempo suficiente para analisar a história romana, para ridicularizar as crenças pagãs e para antever o que espera por nós além desta vida, e, com efeito, narrar toda a história da humanidade, a começar pelo Jardim do Éden. No livro 8, ele chega a nos apresentar uma sucinta história da filosofia, que principia pelos pré-socráticos (ainda bem que Agostinho viveu muito tempo atrás – não preciso desse tipo de concorrência). Sua primeira tarefa é isentar o cristianismo da responsabilidade de ter privado Roma de seu sistema de defesas divino. Ele descreve alguns dos desastres que a assolaram muito antes de o cristianismo ter se estabelecido, como, por exemplo, as guerras civis que levaram à queda da república. Por meio de uma hábil estratégia que visava a fazer com que Homero, o herói literário dos pagãos,

272. (Dyson, 1998). Para estudos acerca dessa obra e acerca da filosofia política de Agostinho, cf. Dodaro (2004); Dyson (2005); O'Daly (1999); Heyking (2001); Wetzel (2012).

fosse usado contra o paganismo, Agostinho afirma que se os deuses pagãos fossem capazes de oferecer proteção às cidades, Troia não teria sido queimada pelos gregos (3.2).

Ele também redargui a acusação em um nível filosófico, remetendo-nos ao sistema de valores estoicos ao observar que somente um tolo julgaria que a derrota na guerra, ou o saque de uma cidade, é o pior dos desastres (4.2). A verdadeira calamidade é a depravação moral, e Roma sucumbiu diante das forças da imoralidade muito antes da chegada de Alarico. Uma vez mais, Agostinho consegue fazer com que a própria literatura dos pagãos se volte contra eles. Os aristocratas romanos lamentavam a todo instante o esfacelamento da estrutura moral de sua sociedade quando a república foi substituída pelo império. Para reforçar seu argumento, um entusiasmado Agostinho cita passagens de Cícero (2.21) e nos lembra de que esta mudança ocorreu antes mesmo do nascimento de Cristo; sem falar que o cristianismo se tornou predominante quando império já havia sido instaurado. Da mesma forma, ele alude à *República* de Platão, e à sua crítica à tragédia, quando condena a devassidão das encenações teatrais dos romanos (2.14, 8.13).

À primeira vista, pode parecer que esta polêmica não nos interessa muito – a prática de citar filósofos com a mera intenção de auferir pontos em um debate cultural. Contudo, aqui somos apresentados de maneira deveras sutil ao tema principal de *A cidade de Deus*, cuja importância é crucial para a história da filosofia. Agostinho divide sua análise dos malogros de Roma em duas partes: uma que trata das preocupações mundanas, como o saque das cidades, e a outra que trata dos tópicos mais essenciais, como a virtude e os vícios. Esta divisão reflete outro contraste que justifica o nome da obra, a saber, o contraste entre a cidade dos homens e a cidade de Deus. A cidade de Deus é eterna; seus membros buscam um eterno estado de bem-aventurança. A cidade dos homens tem preocupações mundanas; seus membros buscam a felicidade nesta vida. Agostinho identifica a origem destas duas cidades no momento do surgimento do homem, e até mesmo antes de tal evento. O orgulho típico da cidade mundana surgiu com os anjos decaídos, ao passo que os bons anjos são os cidadãos mais extraordinários da cidade eterna. Em meio aos primeiros humanos que habitaram a Terra, a cidade do homem é associada particularmente a Caim, o qual homicidiara seu irmão

Abel. Agostinho não abre mão de nos lembrar que outro fratricídio ocorreu no momento da fundação de Roma, quando Rômulo matara Remo (15.5).

Para narrar o restante deste conto de duas cidades, Agostinho dedica uma longa seção de *A cidade de Deus* à história da humanidade, entendida, sobretudo, pelo prisma do Antigo Testamento. Ele não mostra o menor receio de fazer digressões e de comentar temas como as providências práticas tomadas a bordo da Arca de Noé (Gn 15,27). É uma pena que Agostinho não faça referência alguma à minha maior dúvida: se o casal de girafas teve ou não direito a uma cabine especial com pé-direito alto. No entanto, ele se pergunta se a arca era, de fato, grande o bastante para acomodar todos aqueles animais. Ademais, qual era a alimentação dos animais carnívoros? (Agostinho insinua que eles comiam castanhas.) O objetivo mais amplo de *A cidade de Deus*, contudo, não é saber se as cabras e as ovelhas estavam protegidas da ameaça de leões e de tigres na Arca. O objetivo é separar ovelhas de cabras em um sentido metafórico, ao defender os valores da cidade eterna e expor a fraude da cidade dos homens. Para poder fazê-lo, Agostinho precisa criticar não apenas as crenças religiosas dos pagãos, mas também os valores essenciais da sociedade por eles criada. Ao longo do caminho, ele expõe o malogro dos filósofos que tentaram oferecer um fundamento racional a esta cultura pagã.

Nesse processo, ele busca inspiração em Marco Varrão, historiador pagão. Varrão serve de contraponto a Agostinho na maior parte de *A cidade de Deus*. Dada sua prolífica carreira como escritor, é engraçado que Agostinho fique tão impressionado ao atestar a produtividade de Varrão, a ponto de se perguntar se alguém seria capaz de ler a obra completa desse historiador (6.2). Agostinho analisa a sociedade pagã primeiro no que tange aos "assuntos humanos", e, num segundo momento, no que tange aos "assuntos divinos", uma divisão que Varrão já estabelecia em seus textos (4.1, 6.3). Sabemos que Agostinho não se impressionava nem um pouco com a sociedade pagã quando se tratava dos assuntos humanos – os espetáculos teatrais e coisas desse gênero. Porém, ele também apresenta uma análise perspicaz da história política romana. Por que os romanos expandiram seus domínios e subjugaram um povo após o outro, a fim de que seu império se estendesse da Bretanha até a Mesopotâmia? Em prol da glória: da glória que se alcança por intermédio da vitória reivindicada em nome de algum general ou imperador, ou até da própria Roma.

Embora Agostinho considerasse o anseio pela glória como o pecado tipicamente romano (5.13), esta é apenas uma versão do pecado que aflige toda a humanidade: o pecado do orgulho. Revelamos nosso orgulho quando atribuímos uma estima a coisas criadas que, por direito, pertencem a Deus. Agostinho comenta que, na cidade terrena, o amor por si próprio conduz ao desprezo por Deus; ao passo que, na cidade eterna, o amor por Deus leva ao desprezo por si próprio (14.28). No entanto, amar a si mesmo não é, necessariamente, um pecado. Na verdade, Agostinho considera que não há como evitarmos a amor por nós próprios. Devemos também amar os seres humanos, nossos semelhantes. Entretanto, devemos amar a nós próprios e aos demais humanos na condição de coisas criadas, de modo que este amor esteja direcionado a Deus, o Criador. Em vez de buscar a glória acima de todas as coisas, porém, os romanos evidenciaram que davam mais valor a si próprios, ou a seu império, do que a Deus. Esta é a má notícia para os romanos, e Agostinho acredita que não há como esta situação se agravar.

Contudo, também há boas notícias, pois a busca obstinada pela glória pode ajudar o indivíduo a evitar outros males (cf. Harding, 2008). Os homens notáveis de Roma, sobretudo em sua história mais remota, eram capazes de grandes sacrifícios pessoais, dispondo-se a sofrer e até a morrer em nome da fama. No fim das contas, esta fama revelou-se inútil, e as conquistas militares tampouco revelavam ter um verdadeiro valor, fosse para o conquistador, fosse para o conquistado (5.17). Agostinho, entretanto, mostra uma espécie de respeito ressentido quanto aos grandes homens da República romana. O que eles buscavam talvez fosse inútil, mas esta busca era realizada com implacável autodisciplina, de modo que, como recompensa, detiveram o domínio de territórios. Desse modo, Agostinho faz uma comparação positiva entre a paixão pela glória e a simples paixão pelo domínio ou pelo poder político. A mera sede de poder é compatível com a libertinagem e com a criminalidade escancaradas – aqui, talvez tenha em mente figuras como Cômodo ou Calígula. Por outro lado, aqueles que buscam a glória atuam bem, pois querem ser admirados (5.19). Os comentários de Agostinho acerca da honra estão em harmonia com as ideias de Aristóteles, o qual sustentava que não devemos valorizar a honra, mas valorizar o tipo de pessoa que seria honrada *com legitimidade*.

Portanto, os obcecados pela glória resultam em melhores governantes do que os obcecados pelo poder. Isso não significa, contudo, que eles resultem em *bons* governantes. Agostinho comenta que muitas campanhas militares dos romanos foram iniciadas sobretudo em nome da conquista de prestígio. Portanto, os que buscam a glória deflagram uma violência desnecessária, cujas consequências são terríveis para todas as pessoas envolvidas. Um bom governante, por sua vez, dedicaria atenção ao verdadeiro bem-estar de seu povo. De modo previsível, Agostinho considera que governantes cristãos, como Constantino, são exemplos paradigmáticos de uma excelente liderança (5.25). Embora não inclua o domínio político entre os objetivos da cidade de Deus, ele considera que os melhores governantes são os que buscam alcançar a vida eterna. Isso ilustra uma tensão que permeia toda *A cidade de Deus*. Agostinho despreza até mesmo as necessidades físicas mais básicas, atribuindo-lhes uma importância menor quando comparadas à necessidade de aperfeiçoar a alma. Por exemplo, a certa altura ele comenta que é preferível ser escravizado por outro ser humano do que ser escravizado pelos próprios desejos (19.15). Nesse mesmo trecho, ele sugere que a escravidão nada tem de natural e que é um resultado do pecado, embora não ofereça nenhum indício de que a tarefa de um cristão seria tentar eliminar a prática da escravidão, ou até libertar um escravo, caso surgisse tal possibilidade. Em tais passagens, Agostinho revela-se, de modo perturbador, um quietista – tão preocupado em desprezar a importância dos bens terrenos que nenhum mal terreno é capaz de chocá-lo a ponto de fazê-lo recomendar uma ação política.

No entanto, Agostinho certamente acredita que é importante saber se as pessoas estão sofrendo, se estão sendo escravizadas ou se estão famintas. Ele enfatiza os bons resultados produzidos aqui na Terra sempre que o domínio político está alicerçado na devoção cristã. E, no plano individual, ele afirma que o homem que pertence à cidade de Deus oferece ajuda aos outros e nunca os prejudica (19.14). Ora, este homem ama a Deus e compartilha o amor de Deus pelos outros homens. É claro que estas observações estão em consonância com o louvor à caridade que detectamos em *A doutrina cristã*. E, em certa medida, Agostinho praticava as coisas que pregava. Ele tentou usar sua posição de bispo para fazer o bem, de modo que teve inúmeras oportunidades para fazê-lo, uma vez que, na Antiguidade, o bispado não apenas envolvia a pregação, como era uma autoridade jurídica significativa. Ele também escreve uma carta em que lamenta o rapto de pessoas livres que são vendidas como escravas[273]. Porém, o que de fato impressiona é ele se mostrar mais interessado em combater, digamos, as falsas doutrinas teológicas dos pelagianos e dos donatistas do que o violento tratamento dado às mulheres, bem como a prática da escravidão. *A cidade de Deus* nos ajuda a explicar isso. Nessa obra, Agostinho argumenta que os humanos não têm como erradicar os males nesta vida. Ao contrário da cidade dos homens, a cidade de Deus conhece seus próprios limites. Como consequência, o comprometimento morno com a ação prática, tanto no nível político quanto no individual, lembra-nos a postura que encontramos em Plotino. Com efeito, Agostinho evoca o argumento plotiniano de que aqueles que lutam nas guerras, até em guerras travadas em nome de uma boa causa, veem a si mesmos como impelidos por uma necessidade lamentável, e não por uma oportunidade bem-vinda para exibir coragem ou outras virtudes (19.7)[274].

Isso não significa que, com *A cidade de Deus*, Agostinho pretendia respaldar a filosofia de Plotino. Longe disso. Na verdade, o livro contém algumas de suas críticas mais diretas aos platônicos. Ele reconhece que os platônicos foram os que mais se aproximaram da expressão dos valores adotados por cidadãos da cidade celestial (8.5). Porém, isso só torna ainda mais frustrante o fato de que, ao final, eles malograram. Agostinho considera que os três filósofos, Platão, Plotino e Porfírio, reconheciam a realidade de uma única causa divina, de modo que atribui a Porfírio, em particular, um mérito adicional por manifestar suas dúvidas quanto às práticas ritualísticas e pagãs da teurgia, na *Carta a Anebo* (10.11; cf. capítulo 34). Os platônicos, entretanto, eram obstinados quanto à crença em inúmeras divindades. Isso teve início com o próprio Platão, cujo diálogo *Timeu* discorre acerca de deuses inferiores que ajudam o artesão divino a criar o mundo (12.15). Próximo à época de Agostinho, Porfírio não teve coragem de rejeitar a teurgia como um todo, tampouco de abolir a existência de outras divindades para aceitar o único e verdadeiro Deus (10.24).

273. Carta 10.

274. Compare-se com Plotino, Enéadas, 6.8.5.

No próprio livro *A cidade de Deus*, Agostinho já havia ridicularizado os absurdos dos deuses pagãos. Ele se deleita ao descrever as inúmeras divindades inferiores que são imprescindíveis para a celebração de um casamento pagão: um deus para conduzir a noiva até sua casa, outro para certificar-se de que ela se manterá fiel a seu marido, e o deus Príapo, cujas responsabilidades não podem ser descritas aqui, a menos que se acrescente uma mensagem de alerta aos pais na capa deste livro. Agostinho se pergunta: Como é que um jovem casal pode desfrutar de sua primeira noite de núpcias quando está sendo observado por esta multidão de deuses em redor? (6.9). Mais importante ainda: Como é possível que os platônicos deem credibilidade intelectual a crenças religiosas tão absurdas? Pode-se perguntar a mesma coisa em relação a Varrão, que forneceu a Agostinho não apenas informações históricas, como também uma extensa análise da religião pagã. Varrão era sábio demais para aceitar tais crenças à risca, e mostrava uma postura crítica, ainda que discreta, ao culto de ídolos e a outras práticas pagãs (4.9, cf. também 4.31). Contudo, tal qual Porfírio, de quem também se esperava uma postura de maior discernimento, ele não se alinhou completamente com o verdadeiro monoteísmo defendido pelos judeus e pelos cristãos.

Agostinho, entretanto, aprofunda sua crítica à filosofia helênica. Se sua intenção é, de fato, expor as falsas promessas da cidade dos homens, ele precisa mostrar que nenhum reino terrestre e nenhuma vida terrena podem nos propiciar a felicidade. Os platônicos e os estoicos ensinavam que o homem sábio pode alcançar a bem-aventurança nesta vida ao libertar-se das emoções, bem como ao deixar de atribuir valor às coisas terrenas. Em *A cidade de Deus*, Agostinho recorre a toda sua habilidade retórica para refutar estas afirmações ao se questionar quanto à possibilidade de acreditar que alguém poderia se sujeitar a extremas torturas físicas ou à devastação causada pelas doenças e, ainda assim, considerar-se feliz (19.4). Tampouco, em seu entender, deveríamos almejar o estado de *apatheia*, tão exaltado pelos estoicos, que se caracteriza pela completa indiferença[275]. Agostinho se mostra horrorizado diante da insinuação de que uma pessoa poderia não se enlutar com a morte de um amigo querido (19.8), um argumento que adquire ainda maior relevância dadas as suas histórias de luto pelas mortes

275. Acerca deste tema, cf. Byers (2012, p. 130-148).

de seu bom amigo e de seu filho Adeodato, relatadas nas *Confissões*. Mas o que dizer de uma vida virtuosa, identificada por Aristóteles, bem como por Varrão, como o bem superior? (19.3). Por mais admirável que a virtude possa ser, ela consiste, nesta vida, numa incessante batalha contra o mal, sejam eles os males praticados pelas outras pessoas, seja o mal que mora dentro de nós. Isso dificilmente pode constituir a base de uma verdadeira felicidade.

Parece, portanto, que as escolas helênicas não nos mostram o caminho que conduz à suprema bem-aventurança, mas tão somente uma lição de como suportar as adversidades. Agostinho não abandonou a ideia de que a filosofia deveria consistir na busca pela felicidade, mas sim o conceito de que a felicidade pode ser alcançada *nesta* vida. Pode-se imaginar uma cidade de homens mais iluminada do que Roma, a qual buscaria justiça e paz, em vez de glória. Porém, não existe um reino terreno que possa prometer paz e felicidade permanentes. Tal recompensa é concedida apenas àqueles que vivem na cidade de Deus, e ela não lhes será dada nesta vida, mas no além-túmulo. Quem são, portanto, as pessoas dentre nós que são consideradas os cidadãos da cidade eterna, os que serão verdadeiramente felizes? Por ora, não há como dizer. É tentador supor que a representação terrena desta cidade possa ser a Igreja cristã, mas esta não é a perspectiva de Agostinho. Esta seria, sobretudo, a perspectiva de seus adversários, os donatistas, que consideravam sua igreja como uma cidade murada, que separava a pequena quantidade de pessoas justas da multidão de pecadores. Para Agostinho, um fervoroso crítico aos donatistas, o ingresso em uma igreja não pode libertar o indivíduo das seduções superficiais da cidade terrena. Na verdade, ao menos em tese, já deveria existir cidadãos da cidade de Deus antes da época de Jesus – bem como das instituições da Igreja –, embora Agostinho acredite que essas pessoas precisariam de uma especial revelação da graça salvadora de Cristo (18.47). O resultado disso é que, neste mundo, as duas cidades estão misturadas. Somente depois desta vida é que descobriremos quem são as ovelhas, e quem são as cabras, ou os bodes (cf. 1.35).

Parece claro, entretanto, que ao menos os filósofos pagãos são os bodes (talvez por isso eles insistam em manter sua barba). Agostinho acusa até mesmo os melhores dentre eles, os platônicos, de usar sua grande capacidade intelectual para alcançar objetivos que são caracterizados pela soberba. Nas *Confissões*, Agostinho menciona que os platônicos o teriam ajudado a compreender como Deus poderia ser uma substância imaterial. Porém, aqui, em *A cidade de Deus*, ele critica a presunção dos platônicos de identificarem-se com tais substâncias imateriais. Os humanos não são apenas almas, mas almas que habitam em corpos. Os platônicos deveriam ter mostrado sua admiração diante do modo como Deus fundiu a alma com o corpo (22.4). Em vez disso, eles revelaram uma admiração por si mesmos, alegando orgulhosamente gozar da posição de uma elite, um grupo único de pessoas dentre os humanos que seriam capazes de libertar-se de preocupações corporais. É esta a acusação, entre outras, que Agostinho faz a Porfírio, quando insinua que este reservou a verdadeira purificação intelectual a filósofos, tal qual ele próprio, ao mesmo tempo em que, de modo condescendente, possibilitava a participação em práticas profanas de teurgia aos humanos inferiores. No entanto, Agostinho continua a recorrer a temas e a metáforas platônicos. Com frequência, os platônicos descrevem a si mesmos como exilados ou como prisioneiros que anseiam pela libertação do corpo e pelo retorno ao mundo inteligível. Agostinho, por sua vez, refere-se à cidade de Deus a partir de sua condição de ser cativo aqui na Terra, ou como alguém que participa de uma peregrinação (19.17). Agostinho nos estimula a tornarmo-nos, em vez de almas separadas livres do mal em razão do esforço individual, membros de uma sociedade humana que recebe, de maneira agradecida, uma salvação imerecida.

Estes são apenas alguns exemplos do modo como *A cidade de Deus* dialoga criticamente com a sabedoria dos gregos, e sobretudo com a de Platão e de seus discípulos. Agostinho fora inspirado pelos platônicos, mas também se decepcionara com eles. De todos os gregos, eles foram os que mais se aproximaram do reconhecimento de um único e verdadeiro Deus; eles decidiram, contudo, adotar a crença pagã. Ironicamente, eles poderiam ter compreendido Deus de maneira mais plena caso tivessem obedecido à inscrição gravada em seu próprio templo em Delfos: "Conhece-te a ti mesmo". Ora, cada ser humano é uma imagem de Deus, de modo que conhecer a natureza de si mesmo é um caminho para se conhecer o divino. Agostinho percorreu esse caminho e escreveu um manual àqueles que se dispuserem a segui-lo. É provável que se trate da obra mais importante da filosofia cristã da Antiguidade: *A trindade*.

51

A MENTE TRINA:[276]

AGOSTINHO, A MENTE E A MEMÓRIA

Em *A cidade de Deus*, Agostinho afirma que ninguém pode duvidar de sua própria existência. Se alguém, talvez um membro da Academia Cética, afirmasse que até mesmo esta declaração é duvidosa, podemos responder que é incoerente imaginar alguém pensar em sua existência e estar equivocado quanto a isso. Afinal, não se pode estar equivocado sem existir. Assim, como diz Agostinho, *si fallor, sum*: "Erro; logo, existo". A frase lhe soa familiar? Ela parece ser uma versão da mais famosa afirmação feita em três palavras latinas em toda a história da filosofia, *cogito, ergo sum*: "Penso; logo, existo". De fato, quando Descartes apresentou este argumento em suas *Meditações*, alguns de seus leitores comentaram que esta mesma ideia já fora apresentada por Agostinho[277]. Porém, o modo como Descartes emprega seu argumento traz pelo menos uma vantagem em relação a Agostinho: ele o usou em um contexto deveras proeminente, como um primeiro passo crucial na direção da eliminação do completo ceticismo. Mas e Agostinho,

276. O título original, "Me, myself and I", alude a uma canção romântica, interpretada por Beyoncé. Três pronomes pessoais que, na verdade, se referem a uma única pessoa. O título que escolhemos para encabeçar este capítulo está baseado na seguinte argumentação: "Agostinho formula uma analogia entre a Trindade e as criaturas, que permite a estas alçar-se ao mistério supremo. Como vestígios ou imagens da Trindade, todas as criaturas são trinas ou ternárias, ou seja, têm unidade, forma e ordem. Também trina, a mente humana conhece a si mesma, lembra-se de si mesma e ama a si mesma, de tal modo que a mente, seu conhecimento e seu amor são um só e coincidem na vida perfeita" (Marilena Chauí, in *Introdução à história da filosofia – A patrística*, vol. 3, op. cit.) [N.T.].

277. Quanto à relação entre estes dois pensadores, cf. Menn (1998).

onde ele insere seu argumento? No vigésimo sexto capítulo do décimo primeiro livro que compõe o total de vinte e dois livros de *A cidade de Deus*, um livro absurdamente longo. No jargão jornalístico, o nome que se dá a isso é "enterrar o parágrafo introdutório da matéria".

Na verdade, este tesouro agostiniano e enterrado não é nem sequer o principal argumento apresentado por Agostinho no vigésimo sexto capítulo de seu décimo primeiro livro. Está mais para uma digressão, a qual foi ocasionada por sua observação de que a mente humana é uma imagem da Trindade divina. Todos nós somos um reflexo da trindade de Deus na medida em que existimos, sabemos que existimos e amamos o fato de existirmos. Isso é tipicamente agostiniano, em mais de um sentido. Além de ser uma pepita filosófica apresentada em um invólucro teológico, ela emerge a partir da reflexão de Agostinho acerca de si mesmo. Embora Epiteto e Plotino sejam fortes candidatos a este título, nenhum outro filósofo da Antiguidade revelou-se um observador tão perspicaz de sua própria vida mental quanto Agostinho. Em inúmeras situações ele encontra soluções para problemas teológicos e filosóficos ao voltar-se para seu interior. Suas reflexões acerca do mal estão ligadas a uma preocupação quase obsessiva com sua própria luta contra o pecado. Sua impiedosa e detalhada autoanálise expõe o abismo que separa os seres criados e imperfeitos, tal qual ele próprio, de seu Criador. Contudo, o conhecimento de si não cumpre apenas o papel de nos permitir ver em que medida somos diferentes de Deus. Inspirado por um verso do Gênesis (Gn 1,26-27) que afirma que o homem foi criado à imagem de Deus, Agostinho acredita que o estudo da natureza humana será um grande passo rumo à compreensão da natureza divina.

Este é, em resumo, o projeto do livro *A trindade*, a obra filosófica mais ambiciosa de Agostinho, bem como o apogeu de sua eterna busca por compreender a si próprio. Esta busca inicia-se com a percepção de que a mente tem acesso imediato a si mesma. Portanto, não causa surpresa alguma Agostinho ter sido o primeiro a descobrir o argumento anticético que ressurgiria séculos mais tarde, com Descartes – em particular porque, assim como Descartes, ele também dedicou considerável dose de reflexão ao problema do ceticismo. Cícero, uma das principais fontes filosóficas de Agostinho, foi um cético. No início de sua carreira de autor, Agostinho escreveu *Contra acadêmicos*, uma referência aos céticos da Nova Academia. Até então, ele não havia formulado o argumento "Erro, logo existo", encontrado em *A cidade de Deus*, mas identifica outros tipos de conhecimento infalível, incluindo verdades lógicas e matemáticas. Em uma obra anterior, *Sobre o livre-arbítrio*, ele apresenta o argumento de que nenhuma pessoa pode ter dúvidas em relação a ela realmente existir (2.3). É revelador que, tal qual em *A cidade de Deus*, o argumento do erro é aqui apresentado como um passo na direção de mostrar algo acerca de Deus, ou seja, que Ele existe e é a causa de todas as coisas no mundo.

Em ambos os casos, dedicar uma excessiva atenção ao argumento do erro seria, no entender de Agostinho, um desvio de rota. Trata-se, por certo, de um argumento brilhante. Agostinho realmente mereceria ser imortalizado em uma infinidade de camisetas, de canecas e de cartazes, uma honra que, no fim das contas, ficaria reservada apenas a Descartes (mais de um estudante de filosofia já arruinou seu primeiro encontro amoroso ao aparecer vestido de uma camiseta com os dizeres "Bebo; logo, existo"). Porém, conforme Agostinho também afirma em *Sobre o livre-arbítrio* (1.11, 2.2), o exame dos argumentos filosóficos é uma tentativa de compreender melhor aquilo em que ele, na condição de cristão, já acredita. Portanto, a máxima predileta de Agostinho é uma citação bíblica (Is 7,9), a qual você não verá ser parodiada em muitas camisetas ou murais de alojamentos estudantis – *Crede, ut intelligas*: "Acredite, a fim de que possas entender". Ao contrário de Descartes, seu ponto de partida não é o ceticismo, mas a fé; Agostinho recorre à filosofia para explicar os seus artigos de fé, suas declarações doutrinárias. Esta postura é compatível com – e, na verdade, requer – uma investigação extensa e contínua de temas filosóficos convencionais, tais quais a natureza da linguagem, a ética e a metafísica.

A maneira como Agostinho trata da mente não é exceção a esta regra. Assim como a maioria dos filósofos helênicos, ele considera a razão, ou a mente, como a função mais elevada da alma humana; ao passo que a alma, de modo geral, seria um princípio de vida. Como se pode verificar a partir dos primeiros textos que Agostinho dedicou ao tema da alma[278], ele se mostra particularmente concorde com os platônicos ao considerar que a alma é imaterial, bem como que permanece viva depois da morte do corpo. Uma

278. *Sobre a imortalidade da alma* e *Sobre a potencialidade da alma*, escritos, respectivamente, nos anos 387 e 388.

de suas primeiras obras distingue sete níveis (graus de atividade) ou faculdades da alma[279]. Na base desta escala estão as funções que compartilhamos até com as plantas, tal qual a capacidade de crescimento e de nutrição. No topo, encontramos duas funções da mente: a contemplação [a capacidade de buscar a verdade] e a conquista desta verdade. Esta inclusão da busca (ou amor) pela verdade no nível mais elevado da vida da alma é um sinal de traços mais tipicamente agostinianos que apareceriam em *A trindade*. Na obra *O mestre*, Agostinho afirma que não é por meio da instrução dos humanos que nós alcançamos o conhecimento, mas voltando-nos na direção de um critério interior de verdade. Uma vez mais, esta ideia soa um tanto platônica, e, com efeito, em várias obras Agostinho faz referência a formas imateriais que contêm princípios regulatórios (*regulae*) que orientam o nosso conhecimento. É claro que estas não são exatamente as formas tal qual Platão as concebia – Agostinho refere-se a elas como ideias na mente de Deus, à semelhança do precedente de vários dos chamados platônicos "médios", como Filo de Alexandria. Isso situa a alma agostiniana no mesmo lugar que foi escolhido pelos demais platônicos da Antiguidade Tardia, de Plutarco a Plotino, passando por Proclo (para ser platônico não é preciso que seu nome se inicie com a letra P, mas esta inicial pode ajudar). Em sua condição de substância imaterial, a alma tem uma existência superior à do corpo. Contudo, ela é inferior ao divino, o qual deve ter como referência se quiser alcançar o conhecimento. Tal qual Tertuliano o fizera antes dele, Agostinho enfatiza que a alma não deve ser colocada em pé de igualdade com Deus. Agostinho não chega a concordar com Tertuliano, que, a fim de mantê-la bem abaixo da posição de divindade, identificava a alma com a respiração física. Ele enfatiza, no entanto, que a alma se transforma e sofre um progresso moral, ao passo que Deus é eterno e, portanto, imutável (cf. O'Daly, 1987).

No entanto, há aquela passagem do Gênesis que nos diz que somos criados à imagem de Deus. Ademais, há o Credo Niceno. Você deve se lembrar que o Concílio de Niceia estabeleceu uma doutrina acerca da Trindade que se transformou em dogma para muitos cristãos (cf. capítulo 42). Agostinho foi um deles. Em sintonia com o Credo, e em oposição aos arianos, ele afirmava a total igualdade das três Pessoas da Trindade, as quais, juntas, formam uma substância única. Isso significa que, ao examinar sua

279. *Sobre a potencialidade da alma*, p. 70-76, analisado em O'Daly (1987).

própria natureza humana em *A trindade*, ele não empreende uma investigação desapaixonada da natureza da alma, de como ela se relaciona com o corpo ou do funcionamento da mente, embora todos esses temas apareçam na obra e sejam tratados de modo sutil e inovador. Em vez disso, Agostinho crê a fim de poder entender. Ele busca uma forma em que nós, humanos, sejamos trindades, ou seja, substâncias que, por sua própria natureza, unificam três aspectos ou funções, tal qual Deus é a unidade de três Pessoas. Seria um ganho extra se a trindade dentro de nós tivesse outros atributos que evocam aqueles da Trindade divina. No mundo ideal busca-se um aspecto da natureza humana que contenha uma estrutura trinitária, mas também um aspecto no qual os três elementos desta estrutura sejam iguais, do mesmo modo que as três Pessoas são iguais; um aspecto em que o segundo elemento seja "gerado" pelo primeiro, assim como o Filho é gerado pelo Pai.

Parece um desafio assustador, mas Agostinho não tem nenhuma dificuldade para listar vários candidatos a esta trindade que estamos buscando. Ao dedicar os primeiros livros de *A trindade* aos fundamentos bíblicos e à correta compreensão da própria doutrina trinitária, ele passa a examinar toda uma série de trindades que podem ser encontradas na natureza humana[280]. Os exemplos apresentados envolvem diferentes tipos de percepção, de consciência e de cognição. Agostinho precisa recorrer à alma para encontrar bons exemplos, pois uma trindade de corpos jamais seria o bastante. Os corpos jamais estariam todos no mesmo lugar, e, portanto, seriam incapazes de compor uma substância única (8.2). O mesmo problema se aplica às percepções sensoriais. Aqui, Agostinho identifica, de fato, uma espécie de trindade: há o objeto externo, a percepção deste objeto e a concentração da mente neste objeto, que reúne estes dois primeiros elementos (11.2). Entretanto, como a coisa que é vista está fora da alma, este é o tipo de trindade errado. Imagine, por exemplo, que você está no zoológico e se detém para contemplar uma girafa. A girafa acha-se separada e independente da faculdade de visão humana, como se demonstra pelo fato de que, logo que regressa a passo largo ao seu redil, já não é possível enxergá-la.

Casos como este ensinam duas lições a Agostinho. A primeira é que a trindade que buscamos deve estar completamente dentro de nós mesmos.

280. Para versões em inglês, cf. Hill (1991); MacKenna; Matthews (2002); este último inclui apenas os Livros 8 a 15. Citado a partir do número da seção.

Se algum dos três membros da trindade humana estiver fora de nós, ele será separado e independente, a exemplo da girafa. Esta situação não guardaria a menor semelhança com o caso da Trindade divina; portanto, devemos evitá-la. A segunda lição é que a vontade, ou intenção humana, une a mente a seus objetos. No exemplo que acabamos de apresentar, a intenção da mente, isto é, enxergar a girafa, é que produz um ato de visão. Se considerarmos estas duas lições juntas, uma estratégia promissora pode ser buscar uma situação em que a mente deseja conhecer algo dentro de si mesma. E, felizmente, isso acontece o tempo todo: sempre que penso em algo que conheço, ou quando imagino algo, ou me lembro de algo. Nestes casos, não dependo de algo que está fora de mim. Quer eu tome como exemplo o teorema de Pitágoras, quer eu imagine uma girafa pintada de azul, quer eu me lembre do nome de meu professor predileto no ensino médio, direcionarei a atenção de minha mente a algo que já está dentro dela. Portanto, em todos estes casos, há três elementos. Primeiro, o conteúdo mental – o teorema, a girafa azul imaginária e o nome do professor. Em segundo lugar, a compreensão mental de seu próprio conteúdo – o pensamento relacionado ao que a mente conhece, imagina ou de que se lembra. Em terceiro lugar, a intenção ou vontade da mente de compreender seu próprio conteúdo por meio destes atos mentais. É esta vontade que explica a razão pela qual a mente considera o conteúdo específico que escolheu. Por exemplo, escolho lembrar-me de meu professor predileto e não do professor que me obrigou a ficar na sala depois do horário das aulas só porque eu fazia desenhos de girafas azuis, em vez de prestar atenção à sua aula.

Com efeito, Agostinho considera que, para seu projeto, a memória é particularmente crucial. Ela está relacionada até mesmo aos outros exemplos que dizem respeito a conhecer ou a imaginar. Quando refletimos acerca de um conhecimento previamente adquirido, lembramo-nos daquilo que já sabemos, e, quando imaginamos coisas novas, combinamos imagens que fazem parte da nossa experiência anterior, tais como azul e girafa. Portanto, o encantamento de Agostinho pela memória faz parte de seu interesse pelo conhecimento de si. Além de a memória ocupar um lugar de destaque em *A trindade*, Agostinho a analisa com pormenores no décimo livro das *Confissões*[281]. Neste, ele se refere à memória como uma espécie de armazém ou de cofre no

281. Cf. Mourant (1980); Teske (1984, p. 220-235); Hochschild (2012).

qual são guardadas as coisas que aprendemos ou as experiências que vivemos, cuja capacidade de armazenamento, ao que parece, é ilimitada (*Confissões,* 10.8). De algum modo, as coisas de que lembramos ficam escondidas na memória até que desejemos trazê-las à tona. Este processo pode ser mais ou menos difícil, uma vez que algumas coisas nos vêm à mente de imediato e outras pairam fora de nosso alcance, como no caso em que uma palavra está na ponta de nossa língua. Porém, será que as coisas, em si, é que são os objetos da memória? Afinal, consigo me lembrar de coisas que não estão mais presentes, e até mesmo de coisas que já deixaram de existir.

Com isso, Agostinho conclui que, em alguns casos, o que a memória produz para nós não é a coisa de que nos lembramos, mas uma imagem dela. Isso ajuda a explicar por que o ato de lembrar de algo parece ser tão diferente de viver a experiência. Você pode se lembrar de ter se irritado com seu professor sem precisar se irritar agora, ou então lembrar-se de ter sentido uma dor intensa sem, com isso, sentir nenhuma pontada de dor (10.14-15). Porém, é misterioso que, em outras situações de lembranças, temos a sensação de ter as coisas diante da mente. Se me lembro de um número, pareço pensar no número em si, e não em sua imagem. Isso também parece se aplicar à própria memória. Parece absurdo supor que, quando me lembro de minha própria memória, obtenho apenas uma imagem desta memória (10-15). Isso conduz Agostinho rumo a um enigma dentro de outro enigma. Se a memória é capaz de lembrar de si mesma sem a necessidade de uma imagem, então ela deve ser capaz de esquecer-se da mesma maneira. Se, contudo, isso acontece de maneira imediata, e não por meio de uma imagem, de modo que o esquecimento é tão somente o conteúdo de minha memória, isso não significa que temos um ato mental que é, a um só tempo, uma lembrança e um esquecimento? (10.16). (Este enigma talvez nos faça recordar de um argumento semelhante que Agostinho apresenta em *O mestre*: a palavra "nada" deve ser um sinal – ou um signo –, mas é difícil saber o que este sinal ou signo representaria.)

Por mais intrigado que Agostinho possa estar diante deste enigma, nas *Confissões* ele chega a uma sólida conclusão que é de grande relevância para *A trindade*. Ele é platônico o bastante para julgar que é a sua própria mente, o que significa que ele é a sua própria memória. Afinal, ao lembrar-se de sua própria mente, o que ele está fazendo nada mais é do que acessar a si mesmo.

Parece, portanto, que a memória começa a nos apresentar a trindade que buscávamos. Uma vez que a coisa ou a imagem lembrada está dentro de nós, podemos evitar o problema que surgiu no caso da visão, no qual um elemento da trindade estava separado dos demais. A memória, aquilo de que ela se lembra e a vontade de lembrar-se são, os três, a mesma coisa, isto é, a própria mente. Os três, portanto, são uma única substância. Com este raciocínio, Agostinho também ganha pontos extras, pois os três parecem ser iguais entre si, de modo que esta trindade parece ainda envolver um caso de "geração" interna, tal qual a Trindade divina. Quando nos lembramos de algo, a mente provoca um episódio de lembrança por meio de um ato de vontade, o que equivale a "gerar" seu próprio conteúdo dentro de si mesmo[282].

Embora os resultados obtidos por Agostinho estejam em sintonia com a teologia cristã, ele mira, ainda que indiretamente, o mais helênico dos objetivos: obedecer à ordem inscrita no Oráculo de Delfos: "Conhece-te a ti mesmo"[283]. Ao contrário de filósofos que identificavam a mente ou a alma com algum tipo de corpo, como o fogo ou o ar, Agostinho considera que o conhecimento de si equivale a uma mente imaterial que conhece a si própria. Esta ideia talvez soe como uma dose extra de platonismo, mas tal afirmação equivale a prestar um desserviço a Agostinho. Lembre-se da estratégia de Plotino acerca do perfeito conhecimento de si de que o intelecto desfruta. Ele argumentava que o intelecto que pensa ou conhece a si mesmo não poderia ser o primeiro princípio, como sustentava Aristóteles, pois, por conter dois aspectos, ele necessariamente ficaria aquém da unidade perfeita. Ele seria, ao mesmo tempo, o que pensa e o que é pensado – tanto o conhecedor quanto o conhecido. Agostinho dá um passo além deste argumento por considerar que o conhecimento de si envolve não apenas a dualidade, mas também a trindade. Não existe apenas a mente como sujeito e objeto de seu próprio ato mental, mas também sua vontade, a qual possibilita tais atos mentais. Isso fica particularmente evidente nas situações aqui analisadas nas quais a mente se lembra de algum conteúdo específico dentro de si, por intermédio *da escolha* de lembrar-se disso. Sem esta intenção, que Agostinho costuma

282. Em *A trindade*, 9.12, ele já apresenta este argumento no que tange ao conhecimento.

283. Mencionado em *A trindade*, 10.9.

chamar de "amor", não haveria nenhum ato de lembrança. Ainda que a motivação de Agostinho, com esta busca teológica, seja a de encontrar uma imagem humana da Trindade divina, este argumento é filosoficamente poderoso.

O próprio Agostinho, no entanto, ainda não está satisfeito, pois os exemplos que consideramos até agora também contêm um equívoco fatal. Passamos da lembrança de uma coisa à lembrança de outra, de modo que o conteúdo de nosso pensamento está em constante mudança (11.8). Em certo sentido, claro, o alvo do pensamento nunca muda, pois em cada caso particular a mente está pensando acerca de si mesma. Não obstante, ocorre uma mudança, da qual resulta uma ausência de analogia com o exemplo divino. Em alguma medida isso é inevitável, já que, em sua condição de uma coisa criada, é inescapável que a mente humana esteja sujeita a mudanças. Entretanto, podemos melhorar isso, deixando de lado os atos de pensamento e de lembrança que vêm e vão, de um momento para outro. Estes talvez pareçam constituir a totalidade de nossa vida mental. Porém, numa afirmação ousada, Agostinho propõe que a mente jamais para de se conhecer, de se lembrar e de amar a si mesma (10.8, 14.3). Nossa vida mental não se limita a pensamentos e a imagens passageiras, mas baseia-se em uma autoconsciência permanente. Ele chega a afirmar que a presença da mente diante de si mesma, de um momento a outro, é uma espécie de memória. Desse modo, podemos dizer que neste exato momento você se lembra de si, ainda que seja mais comum empregar a palavra "memória" quando tentamos apreender imagens de coisas do passado (14.11)[284].

É evidente que a autoconsciência permanente, em razão de sua própria permanência, oferece-nos uma melhor imagem da eterna Trindade divina do que as demais trindades humanas que consideramos antes. No entanto, não devemos nos deixar levar por esta ideia e concluir que todos os humanos necessariamente têm uma compreensão adequada de si mesmos. Longe disso; inúmeros filósofos, por mais inteligentes que fossem, chegaram a alimentar a falsa crença de que a alma é uma espécie de corpo. Eles cometeram o equívoco de acrescentar uma imagem corpórea extrínseca à

284. Para o eu em Agostinho, cf. Cary (2000), e para este conceito de "lembrar-se" do que ocorre agora, cf. Teske (1984, p. 220-235).

compreensão básica que a mente tem de si mesma. E não foram os únicos a cometer tal erro. Na verdade, é quase impossível libertarmo-nos de imagens físicas quando pensamos em nossa própria mente. Desse modo, temos aqui o mais agostiniano dos paradoxos: compreender a si mesma deve ser uma tarefa demasiado difícil para a mente, ainda que seja impossível que ela evite o conhecimento de si mesma. Isso nos faz completar a volta do círculo, trazendo-nos à indubitável consciência que a mente tem de si própria. Uma vez mais, em *A trindade* Agostinho apresenta o argumento que nos remeteu a Descartes, a saber, de que a mente não pode estar em dúvida quanto a si mesma (10.10). No entanto, as profundezas da mente, representadas pelo potencial aparentemente infinito da memória, ameaçam escapar a uma investigação mais completa. Nas *Confissões*, Agostinho afirma que nada está mais próximo da mente do que ela mesma; ainda assim, ela permanece desconhecida para si própria (10.16). Há, aqui, um paralelo entre suas ideias de conhecimento e seu modo de tratar do pecado. Assim como somos incapazes de nos conhecermos plenamente, no domínio da ética não há nada que esteja mais em nosso controle do que nossa própria vontade; no entanto, seguimos incapazes de desejar o bem, ainda que queiramos fazê-lo. Isso significa que o projeto de *A trindade*, tal qual o próprio Agostinho reconhece, está, na melhor das hipóteses, fadado a ter apenas um sucesso parcial. Se nossas próprias mentes estão além de nosso conhecimento e de nossa vontade, então até que ponto Deus transcenderá nossos esforços de compreendê-lo e de amá-lo como deveríamos?

52

Renascidos: O platonismo latino

Estamos prestes a fechar as cortinas na encenação do drama clássico que é a filosofia da Antiguidade. Começamos no século VI a.C., com Tales de Mileto. Terminaremos por volta do século VI d.C., com as últimas gerações da escola platônica em Alexandria, e com Boécio na fase de declínio do Império Romano do Ocidente, e, por fim, entraremos no período medieval. Na verdade, pode-se situar estes limites antes ou depois destes eventos. Já tratamos, aqui, de um pensador que viveu em meados do século VII: Máximo o Confessor; teólogo e filósofo bizantino. No que diz respeito ao Oriente, em particular, onde o grego é a língua mais falada, deve se considerar a filosofia medieval como uma continuidade da filosofia da Antiguidade. No Ocidente, onde o latim predominava, o colapso social ocorreu numa dimensão maior. Ainda assim, encontramos um nível de continuidade, graças, em boa medida, a alguns pensadores que preservaram a filosofia da Antiguidade, sobretudo o platonismo, em um atrativo invólucro latino. Aqui, a figura mais representativa é Boécio, mencionado acima. Porém, antes de discorrermos a seu respeito, quero tratar de várias outras figuras, as quais podemos chamar de platônicos latinos. Um tanto quanto desconhecidos em nossos dias, eles estiveram entre os pensadores da Antiguidade que foram estudados com mais avidez por pessoas que liam em latim na Idade Média.

A introdução da filosofia helênica na língua latina não foi novidade alguma. Já no século I a.C., Cícero e Lucrécio se empenhavam em transmitir as sutilezas das escolas helenísticas aos leitores de latim. Na sequência, houve Sêneca, um dos maiores filósofos estoicos. Na época medieval, contudo, a obra de Lucrécio passou completamente despercebida, ao passo que Cícero e Sêneca seguiam a exercer sua influência, sobretudo por meio de Agostinho. Com estes gigantes perdidos em meio à história, os povos medievais tinham de se contentar com autores de menor envergadura. Caso considere que dois dos autores filosóficos mais indispensáveis de todos os tempos são Calcídio e Marciano Capela, você deve ser um monge que vive no século X ou XI – neste caso, é bem provável que este livro não seja uma de suas leituras. No entanto, o conhecimento do legado medieval dos platônicos latinos pode ser algo enganoso. Eles não tentaram salvar a filosofia, registrando-a em latim pouco antes do badalar da meia-noite e de a sombra descer. Pelo contrário, os textos que analisaremos aqui são tratamentos eruditos e até lúdicos do conhecimento grego, os quais eram voltados para uma elite da Antiguidade Tardia. São textos demasiado divertidos, o que ajuda a explicar sua influência histórica.

Além da ideia equivocada de que os povos medievais não liam livros por mero prazer, gostaria de desfazer a impressão de que eles se recusavam a ler autores não cristãos. Em algumas obras desses platônicos latinos é possível identificar uma crença profunda e explícita no paganismo. Mesmo autores cristãos como Boécio e Calcídio, seu companheiro de traduções, deram pouco ou nenhum sinal de afiliação religiosa quando escreveram a respeito do pensamento helênico. Boécio é um caso particularmente impressionante. Seus tratados filosóficos transmitem a sensação de terem sido escritos por um pagão. Contudo, ele também recorria a ideias filosóficas para explicar a Trindade. Boécio seguira os passos de Mario Victorino[285]. Agostinho relata que Victorino surgiu como um ferrenho opositor ao cristianismo, talvez inspirado pelas polêmicas anticristãs alimentadas pelo filósofo platônico Porfírio – o que representa uma razão adicional para celebrar sua radical conversão ao cristianismo, a qual Agostinho narra em suas *Confissões* (8.2.3-5). Em poucas páginas vemos Victorino passar de um paganismo militante a um cristianismo morno, que não inclui a prática de ir à igreja ("Paredes transformam as pessoas em cristãs?", ele pergunta), e, por fim, ao entusiasmo de sua conversão à nova fé. Já na condição de cristão, ele teve de abdicar de sua cátedra

285. Para um estudo clássico quanto ao lugar ocupado por Victorino na tradição platônica, cf. Hadot (1968).

de professor de Retórica por conta da política pagã de Juliano o Apóstata (8.5.10). Victorino não somente escreveu obras teológicas, mas também comentários acerca da Bíblia e da Trindade. Sua maior contribuição à história da filosofia, contudo, foi a tradução do que Agostinho chama de "livros dos platônicos", a saber, as obras de Plotino e Porfírio que, traduzidas para o latim, exerceriam grande influência na formação de Agostinho.

Como já sabemos, Agostinho havia estudado grego, mas nutria clara preferência pelo latim. Isso explica sua dependência da obra de Victorino, bem como o amplo uso dos textos de Varrão em obras como *A cidade de Deus*. Assim como Cícero, Varrão escreveu de maneira extensa e instrutiva a respeito da filosofia helênica; e o fez em latim. Agostinho também cita Apuleio, o qual considera o primeiro dos platônicos latinos. Apuleio escreveu no século II, o que faz dele um contemporâneo de platônicos "médios" como Numênio, e isso o situa em um momento anterior ao da síntese inovadora da tradição platônica empreendida por Plotino. Em *A cidade de Deus* (8.14,9.8), Apuleio é ridicularizado por suas opiniões acerca dos demônios. Este era um assunto de particular importância para Apuleio, pois ele identificara a voz que surgia para Sócrates como um sinal de alerta à voz de um demônio. Ele escrevera um tratado filosófico acerca deste tema, e toma Platão como sua inspiração ao referir-se aos demônios como intermediários entre os deuses e os humanos[286]. Agostinho usa sua verve e seu sarcasmo típicos para criticar todas estas ideias, enquanto Apuleio era estimado por autores pagãos latinos de épocas posteriores. Outra obra particularmente valorizada era intitulada *O asno de ouro* [também conhecida com o título de *Metamorfoses*]. Nela, um dos protagonistas é transformado em um asno, o que fazia de *O asno de ouro* de Apuleio o *Sonho de uma noite de verão* da Antiguidade Tardia.

Se Agostinho tivesse lido o texto dessa peça, poderia muito bem tê-lo citado com referência a Apuleio e outros filósofos pagãos: "Senhor, como são tolos estes mortais!" Sua postura desdenhosa é dirigida não apenas a figuras falecidas há tempos, tal como Apuleio, mas também a pessoas praticamente contemporâneas, o que nos faz lembrar que, no início do século

286. Cf. Platão, Symp., 202d-203a. Apuleio também escreveu uma introdução mais geral a Platão, intitulada *Platão e seus ensinamentos*.

V, o paganismo ainda despertava interesse e desfrutava de alguma importância. Com efeito, os dois platônicos latinos de que trataremos a seguir foram pagãos que viviam nessa época. Um deles escreveu a respeito de um sonho, e o outro, de um casamento. O *Comentário sobre o sonho de Cipião*, de Macróbio, recorre à filosofia platônica para explicar um texto escrito por Cícero (cf. Stahl, 1952). O texto em apreço aparece no final da *República*, de Cícero, cuja obra não sobreviveu por inteiro. Como o próprio título indica, Cícero buscava inspirar-se em Platão, e a passagem comentada por Macróbio deixa isso ainda mais evidente. Platão termina a sua *República* com um mito; neste, um homem chamado Er tem uma visão do cosmo e do destino das almas na vida além-túmulo[287]. Portanto, Cícero termina sua própria *República* apresentando uma visão cósmica no formato de um sonho (ele não menciona se o sonho teria acontecido numa noite de verão).

O protagonista do sonho é Cipião, neto de Cipião Africano, famoso general romano que derrotou Aníbal na Guerra Púnica. No sonho, Cipião Africano aparece para seu neto e lhe mostra uma visão panorâmica dos céus e da terra. O propósito disso é apresentar as coisas terrenas numa perspectiva que revele ao jovem Cipião a minúscula extensão do Império Romano se comparado ao cosmo como um todo. Perto do final do sonho, Cícero também inclui uma síntese do argumento platônico da imortalidade da alma, extraído do *Fedro*. O argumento se baseia na ideia de que a alma é o princípio do movimento e da mudança, tanto para si mesma quanto para as demais coisas. Nada pode movimentá-la ou causar sua mudança, por exemplo, ao trazê-la à existência. Isso mostra que ela é eterna. Se este argumento não é capaz de impressioná-lo, então você está em boa companhia. Aristóteles, por exemplo, o contestava, ao afirmar que as almas, de fato, não se movimentam sozinhas, mas são movidas por coisas que elas percebem e desejam. Este trecho do *Fedro*, no entanto, tornou-se um dos argumentos platônicos mais conhecidos. Sua popularidade é comprovada pelo fato de ele aparecer aqui, com Cícero.

Como Cícero fez uso ostensivo de Platão, não surpreende que um antigo platônico como Macróbio se interessasse pelo *Sonho*. O seu comentário assemelha-se com frequência a uma discussão de perguntas que se fazem acerca da fonte ciceroniana. Por que Cícero e Platão encerram suas

287. *Filosofia clássica*, cap. 28.

obras com a inclusão de mitos? (1.1-2). O que, afinal, são os sonhos, e como podemos classificar o sonho de Cipião? (1.3). Qual é o significado mais amplo que Cícero tenta transmitir com o sonho? (1.4). O que significam os números mencionados na cosmologia de Cícero? (1.7). E assim por diante. Ao longo de seu percurso, Macróbio nos deixa várias pistas em relação à natureza de sua própria postura filosófica. É evidente que ele tem grande interesse por enfatizar o encontro das mentes de Cícero e de Platão segundo a interpretação de platônicos dogmáticos da Antiguidade (de fato, Macróbio reconhece que os dois divergem quanto a um argumento relacionado a pormenores cosmológicos, em 1.19). Com base no *Comentário* de Macróbio, jamais saberíamos que Cícero nutria uma verdadeira simpatia pela Academia Cética. Ao contrário de outros platônicos da Antiguidade, Macróbio parece não mostrar fidelidade às ideias de Aristóteles. Ele o cita sobretudo para defender o argumento do *Fedro* acerca da imortalidade da alma, tão somente a fim de opor-se à redarguição de Aristóteles.

Podemos ser um pouco mais específicos quanto ao tipo de platonismo antigo que é adotado por Macróbio. Ele parece ter um amplo conhecimento de Plotino e de Porfírio, e, ao contrário de Apuleio, compartilha da cosmovisão de ambos, e não da perspectiva dos chamados platônicos "médios". Desse modo, Macróbio reconhece um Deus mais sublime que é inefável, e, ademais, que é acompanhado dos segundo e terceiro princípios chamados de intelecto e alma, tal como Plotino o fizera (1.14). Ele também consente com a perspectiva plotiniana a respeito da ética, dado seu argumento de que o objetivo da humanidade deveria ser uma vida de contemplação intelectual afastada das coisas relacionadas ao corpo. Ele justifica o uso ciceroniano e platônico dos mitos, pois, em seu entender, este é um modo apropriado para apresentar ideias a respeito da alma e de seu destino cósmico. Hoje em dia, muitas pessoas, ao ler o mito que se encontra no final da *República*, consideram perturbador o fato de Platão retratar a vida no além-túmulo como um lugar de recompensas e de punições, em vez de fundamentar seu argumento na afirmação central do restante do diálogo, qual seja, de que a virtude é a sua própria recompensa, e o vício, sua própria punição. Dizer que isso não incomoda Macróbio seria um eufemismo. Para ele, a perspectiva de recompensas e de punições não apenas é vital, como a lição central a ser aprendida com o *Sonho* de Cícero.

Macróbio, no entanto, mostra igual entusiasmo quando se propõe a expandir os comentários relativamente breves de Cícero acerca da cosmologia. Ele ostenta seu conhecimento da tradição filosófica ao discutir aspectos matemáticos que se relacionam ao firmamento, conforme foram tratados no *Timeu* de Platão. Macróbio também se mostra bem-informado quanto a temas como a Via Láctea. Ele cita inúmeras teorias filosóficas deste fenômeno celeste (1.12, 1.15), incluindo uma teoria de Teofrasto, aluno de Aristóteles, segundo a qual ela seria uma espécie de costura que interconecta os céus. Ele também cita a opinião do atomista Demócrito, o qual, ao sugerir que a Via Láctea consiste na luz de inúmeras estrelas misturadas, respalda a teoria de Teofrasto. No entanto, Macróbio não faz menção à opinião popular de que a Via Láctea é uma barra de chocolate[288]. Sua investigação de temas científicos também se estende à esfera terrena. Você deve estar lembrado da situação em que Lactâncio ridiculariza a ideia de que as pessoas poderiam viver no outro lado de uma terra esférica, ao dizer que, se isso fosse verdade, elas tão somente cairiam. Macróbio contesta tais preocupações com a observação de que as coisas caem, mas não em uma única direção, "para baixo", e sim na direção do centro da Terra. Do contrário, a chuva cairia para o lado no Equador, em vez de cair em direção ao chão (1.22).

E assim terminamos o sonho; agora, chega a hora do casamento. Esta união será, com efeito, realizada nos céus, já que o noivo é o deus Mercúrio, que esposará uma mulher humana chamada Filologia. Esta história é narrada por Marciano Capela. Já sei o que lhe veio à mente; e não, ele não é o criador do canto *a capella*. No entanto, ele é o criador de uma alegoria extravagante que tem como título autoexplicativo *O casamento entre Mercúrio e Filologia*[289]. A primeira seção desse livro entrelaça os ensinamentos platônicos com uma descrição da cerimônia de casamento divina. Depois de uma abertura exuberantemente pagã, sete "damas de honra", as quais representam os sete ramos da educação na Antiguidade, fazem discursos nos quais apresentam as artes que cada uma delas simboliza. A edificante narrativa é permeada por interlúdios pouco edificantes, nos quais os deuses se queixam de estarem entediados, ou tentam convencer Mercúrio a dar fim aos discursos para que ele possa levar Fi-

288. Referência à marca de chocolates "Milky Way", da fabricante norte-americana Mars, que deixou de ser comercializada em 2016 [N.T.].

289. Cf. Stahl; Johnson; Burge (1971-1977), com a tradução de *Marriage* no volume 2. Citado abaixo de acordo com o número da seção.

lologia para a cama o quanto antes. Tudo isso é narrado em um latim tortuoso, adornado com um vocabulário obscuro, a ponto de leitores medievais terem dificuldade de compreendê-lo. Em outras palavras, o que temos aqui é uma fortíssima candidata ao título de "Obra filosófica antiga com a maior probabilidade de ter sido escrita com a mente adulterada por alucinógenos". Um leitor da estatura de C. S. Lewis afirmou (sei que isso parece bom demais para ser verdade, mas não é invenção minha): "Este universo, que deu origem à orquídea e à girafa, não produziu nada mais estranho do que Marciano Capela"[290].

Marciano teria adorado a ideia de narrar uma história da filosofia sem lacunas. Em sua obra, ele tenta incluir não apenas todos os deuses de que consegue se lembrar, mas também todos os filósofos. Alguns deles, como Platão e Pitágoras, são deificados e incluídos na cerimônia de casamento ao lado de outros deuses (212-213). A possibilidade de alcançar uma posição divina por meio do aprendizado talvez seja a ideia central de toda esta alegoria, já que temos aqui um símbolo do aprendizado humano, a filologia, casando-se com o deus Mercúrio. De modo alternativo (ou adicional), Mercúrio pode representar a eloquência, e a própria obra de Marciano é um exemplo do que tal eloquência representa no plano simbólico: a erudição unida ao estilo literário. É claro que a ideia de alcançar a semelhança com Deus por meio da filosofia já é um tema puído, que remonta ao próprio Platão. Marciano podia, porém, inspirar-se em ideias mais recentes para explicar como isso poderia ser possível. Ele identifica Mercúrio com *noûs*, e usa a palavra grega para designar "mente" (92), ao passo que a Filologia parece representar não os humanos de modo geral, ou ainda a alma humana, mas, mais especificamente, a alma racional (cf. Gersh, 1986, vol. 2, p. 639). Até a escolha do nome da nubente talvez tenha a intenção de indicar isso: "Filologia" é a amante do *logos*, da razão e do discurso. Portanto, ao escrever isso, Marciano era influenciado por outrem – influenciado pelos neoplatônicos. Por exemplo, ele se baseou no comentário de Porfírio (hoje perdido) que se dedicava aos textos pagãos sagrados conhecidos como os *Oráculos caldeus*.

290. Citado por Stahl; Johnson; Burge (vol. 1, p. 21). Merece igual registro o juízo que Stahl emitiu acerca da prosa do autor: "Professores de índole malévola impõem Marciano a estudantes incautos de latim medieval como antídoto à ilusão de que os escritos decadentes do período pós-clássico sejam de fácil leitura. Submeter até mesmo o mais promissor pós-graduando a doses cavalares de Marciano pode dissuadi-lo definitivamente de prosseguir carreira em filologia clássica" (Stahl; Johnson; Burge, 1971, p. 33-34).

É claro que os leitores da Cristandade medieval valorizavam Marciano não por conta de seu paganismo explícito e de inspiração platônica, mas *apesar* dele. Por mais que apreciassem uma sofisticada estrutura narrativa, a verdadeira utilidade da obra, em seu entender, residia nos discursos das sete damas de honra. Estes discursos versavam acerca das disciplinas que seriam posteriormente denominadas de "artes liberais". As sete disciplinas foram divididas em dois grupos: as disciplinas do *trívio*, acerca de temas linguísticos como a gramática, a dialética e a retórica; e as do *quadrívio*, tal como a aritmética, a geometria, a astronomia e a música. Marciano ofereceu aos autores medievais um manual explicativo das sete artes, o qual era valioso não apenas pelas informações que preservou, mas também por sua natureza relativamente sucinta e introdutória. Contudo, nada disso teria a menor importância se a obra não tivesse sido escrita em latim. O próprio Marciano, em repetidas ocasiões, é explícito quanto ao fato de estar transmitindo o conhecimento grego em um novo idioma. Quer na dialética, quer na geometria, comenta-se como é incomum apresentar estas artes em latim (334, 339, 587), e *noûs* não é o único termo técnico que aparece no texto de Marciano. As origens gregas dos próprios nomes das artes também ganham relevo. A etimologia de "geometria", em particular, é deveras significativa: "medição da terra", o que explica a razão de este discurso tratar em pormenores daquilo que chamaríamos de "geografia".

Embora *O casamento*, de Marciano, tenha sido de grande utilidade para leitores de latim, não se trata de uma tradução, de sorte que seus leitores medievais não tinham acesso às palavras do próprio Platão. Para tanto, eles dependiam totalmente de uma única e incompleta tradução de um diálogo: o *Timeu*. O tradutor desse texto foi Calcídio, figura que também escreveu um comentário profundamente influenciado pelo platonismo médio e pelo neoplatonismo[291]. Não sabemos muito a seu respeito; nossa principal pista é um prefácio, cujo destinatário seria um clérigo espanhol chamado Ósio. Isso possibilita datá-lo da primeira metade do século IV, bem como inferir que Calcídio era cristão. No entanto, embora faça eventuais referências à Bíblia, Calcídio não despende o mínimo esforço de cristianizar quer Platão, quer seus seguidores. O mais das vezes, ele tão somente atribui a Platão ideias que só emergiriam no platonismo posterior. Por exemplo,

291. Não há uma tradução inglesa completa do *Comentário*; porém, acerca dos estudos que citam algumas partes desse texto, cf. Winden (1959) e Den Boeft (1970).

assim como Marciano, Calcídio mostra-se adepto da doutrina de que o Deus superior é seguido de um segundo princípio intelectivo, chamado *noûs*.

Um exemplo mais complexo do uso que Calcídio faz das ideias platônicas está no modo como ele trata da providência (cf. Den Boeft, 1970). Os platônicos médios faziam uma distinção entre destino e providência. *Grosso modo*, o destino era o tipo de controle divino reconhecido pelos estoicos, ou seja, um princípio imanente dentro do mundo natural. Ele é uma espécie de lei que uma providência mais elevada estabelece para o cosmo físico, uma lei que deriva de princípios divinos e imateriais. Todas as coisas estão submetidas à providência, mas apenas as coisas do mundo físico e natural estão submetidas ao destino. Ora, em razão de as almas humanas terem uma parte imaterial – a parte com a qual os humanos raciocinam e podem alcançar a virtude –, eles não estão necessariamente sujeitos ao destino. Enquanto vivermos somente de acordo com a razão, bem como centrarmos nossa atenção na pura contemplação, estaremos imunes à lei do destino. Entretanto, tão logo comecemos a atuar no mundo físico, estaremos submetidos a estas leis. Quando Édipo, numa encruzilhada, assassinou um homem que, por acaso, era seu pai, seu ato foi praticado dentro da esfera física. O destino rege tais ações, no sentido de que distribui recompensas e punições em conformidade com as leis estabelecidas pela providência.

Portanto, pode-se dizer que Édipo estava "destinado" a casar-se com sua própria mãe, a atrair uma praga para sua cidade e a furar os próprios olhos. Tudo isso soa demasiado estoico, exceto a ressalva platônica e crucial de que Édipo tinha uma alma racional, a qual não era controlada pelo destino. Se sua escolha se fundamentasse na razão, ele poderia ter evitado ceder ao impulso enraivecido naquela encruzilhada, um sinal evidente de que a sua alma inferior e tempestuosa lhe comandava. Estas ideias do platonismo médio quanto à providência reaparecem com os neoplatônicos, incluindo Plotino, Porfírio e Hiérocles[292]. Calcídio traz esta teoria para a língua latina, e no contexto de um comentário acerca do *Timeu* que seria lido por inúmeras gerações vindouras. Uma de suas alusões à Bíblia chega a mencionar a teoria platônica do destino ao lado do Antigo Testamento. Ele cita uma afirmação na qual Deus promete enviar recompensas e punições pelos nossos atos, um indício de que o destino é uma lei divinamente estabelecida, bem como que é desencadeado por aquilo que praticamos neste mundo (cf. Den Boeft, 1970, p. 68).

292. Analiso este tema em Adamson (2014, p. 437-452).

Os textos que analisei neste capítulo têm muitos aspectos em comum. O mais evidente deles é que todos estão em latim, um fenômeno deliberado, por certo. Assim como Cícero em épocas anteriores, estes textos comentam a respeito da tarefa de transmitir ideias gregas em um novo idioma. O impacto da cultura latina também se faz presente neles. Macróbio e Marciano Capela conheciam Varrão, Cícero, Sêneca, Ovídio e Virgílio, de sorte que faziam uso de seus textos. Na verdade, Macróbio escreveu outra obra, intitulada *Saturnalia*, que descreve Virgílio como um perfeito filósofo (ele ficaria irritado comigo por eu ter dedicado um capítulo de meu livro às *Enéadas*). Outro aspecto em comum é que os platônicos latinos muitas vezes se baseavam em um número relativamente limitado de fontes. A importância do *Timeu* é maior do que a de outros diálogos, embora estes façam referência a passagens de outros textos de Platão, tais como o argumento em defesa da imortalidade da alma encontrado no *Fedro*. Mencionei que isso foi defendido por Macróbio, bem como que Calcídio também acrescentou este argumento ao seu comentário acerca do *Timeu* (cf. Gersh 1986, vol. 2, p. 479). No que tange aos filósofos da Antiguidade Tardia, é notável que a influência mais predominante nos platônicos latinos não tenha sido exercida por um padre da Igreja, tampouco por Plotino; mas sim por Porfírio. Já indiquei o impacto que Porfírio teve em Vitorino, em Macróbio e em Marciano Capela, mas não mencionei que é bem provável que seu comentário acerca do *Timeu* foi uma importante fonte para Calcídio. O único platônico latino que não foi influenciado por Porfírio foi Apuleio, e por motivos óbvios, já que Porfírio viveu muito tempo depois de Apuleio. Ademais, nossos platônicos latinos aprovam o interesse de Porfírio pela lógica aristotélica sem que tal interesse demande exames mais detidos dos textos de Aristóteles. Victorino traduziu a obra *Isagoge*, de Porfírio, bem como *Categorias* e *Sobre a interpretação*, de Aristóteles, as quais também servem de base para uma longa parte do discurso a respeito da dialética que pode ser encontrado em Marciano Capela.

Em todos estes aspectos, nossos platônicos latinos antecipam o que encontraremos no último filósofo da Antiguidade a ser tratado neste volume: Boécio. Ele foi um especialista na lógica aristotélica e fez extenso uso da obra de Porfírio. Assim como Calcídio, Boécio verteu textos filosóficos do grego para o latim, bem como teve um enorme impacto na cultura medieval[293] – na verdade, tanto Boécio quanto Macróbio foram lidos com entusiasmo e usados por Geoffrey Chaucer. No entanto, assim como Victorino antes dele, Boécio não deixou que seu interesse pelo pensamento pagão o impedisse de escrever acerca da Trindade. Marciano Capela, por sua vez, antecipa, em parte, a maior obra de Boécio, uma alegoria que também personifica uma disciplina intelectual – neste caso, a própria Senhora Filosofia[294]. Desta vez, porém, a ocasião é menos festiva. Boécio escreveu sua *Consolação da filosofia* na prisão, na época em que foi condenado à morte; a consolação que lhe é oferecida pela Senhora Filosofia é necessária, já que ele estava prestes a ser executado. Já tivemos o casamento; terminemos, agora, com um funeral.

293. Quanto ao impacto destas obras no período medieval, cf. Gersh (2002, p. 3-30).

294. Ela também faz uma breve aparição na obra de Marciano Capela (*Marriage*, 96).

53

Destino, esperança e clareza: Boécio

Percebo-me, às vezes, a ler livros de filosofia em lugares um tanto estranhos. Nos trens, nos ônibus, na praia, no centro comercial enquanto familiares meus experimentam roupas nas lojas – estes são apenas alguns exemplos de lugares em que já me enfurnei em algum canto, na companhia de Platão ou de Avicena. Na verdade, enquanto me preparava para escrever este capítulo, você poderia ter me encontrado em minha cozinha, lendo a respeito de Boécio, quando cozinhava um purê de batatas. Contudo, estabeleço um limite, quando se trata de aviões; deixam-me demasiado ansioso para trabalhar, embora reconheça que esse receio seja descabido (sei que a probabilidade de perecer num desastre aéreo é ínfima). Portanto, uma hora que passo dentro de um avião é, para mim, uma hora desperdiçada. Isso me deixa ainda mais impressionado ao lembrar-me de Boécio, que escreveu sua obra filosófica mais importante com total ciência de que estava prestes a morrer. Não em um acidente de avião – isso lhe demandaria ter de escrever com muita rapidez –, mas enquanto aguardava ser executado por ordem de Teodorico, rei ostrogodo, no ano 525 ou 526. Por outro lado, Boécio recebeu um tipo de ajuda que jamais me foi oferecida. No tempo que passara na prisão, foi visitado pessoalmente pela Senhora Filosofia. Seu diálogo com ela está registrado em *Consolação da filosofia*, o qual, além de ser sua obra mais importante, exerceu uma enorme influência na filosofia e na literatura subsequentes.

Em *Consolação*, Boécio queixa-se à Senhora Filosofia de ter sido vítima de uma intriga política, o que, em verdade, aconteceu. Ele havia ocupado um alto cargo na corte do Rei Teodorico, mas caiu em desgraça por ter defendido abertamente um senador chamado Albino, que fora acusado de traição. A natureza desta suposta traição nos lembra que estamos, agora, no fim da Antiguidade: o Império Romano encontra-se, com efeito, dividido em duas metades, e a porção ocidental vacila, embora ainda não tenha ruído. Teodorico foi um rei ostrogodo que conquistou a Itália na década de 490, porém, aos olhos do imperador romano em Constantinopla, ele era considerado um mero vice-rei. Desse modo, Teodorico teve uma relação turbulenta com Constantinopla, e mostrava-se afetado pela possibilidade de que sua independência fosse arruinada. É provável que este cenário estava por trás da acusação de traição contra Albino, o qual, supostamente, tivera uma comunicação com a corte do Oriente. Quando Boécio se manifestou em defesa da lealdade de Albino, ele caiu em desgraça. Foi preso, levado até Pavia e, transcorrido um período longo o suficiente para que conseguisse escrever sua obra-prima, executado.

Por ter vivido exatamente no final da Antiguidade e pelo fato de seus textos terem exercido uma influência tão decisiva na filosofia medieval, Boécio muitas vezes é considerado como um autor medieval. Porém, ainda que Boécio inaugurasse, de fato, uma nova era do pensamento na Europa cristã – uma época com acesso mais limitado à literatura filosófica, uma vez que o conhecimento da cultura grega desaparecia aos poucos –, ele não pode ser considerado um autor medieval. Boécio foi um aristocrata romano, cujo universo intelectual se assemelhava mais ao de Cícero do que ao de Anselmo, de Abelardo ou de Tomás de Aquino (para ser um filósofo medieval, seu nome não precisa começar com A, mas isso pode ajudar). Tal como Cícero, Boécio teve uma vida pública ativa, e dedicou grande parte de seu tempo livre aos estudos e à tradução da filosofia grega para o latim. Ao contrário de Cícero, contudo, sua atenção esteve voltada quase inteiramente a Platão e a Aristóteles. Ademais, Boécio foi um cristão que escreveu obras acerca da teologia trinitária. Estudiosos do século XIX tinham dúvidas quanto ao autor da *Consolação* e de obras lógicas – as quais não têm nenhum conteúdo explicitamente cristão – também ter escrito estes textos teológicos. Tais dúvidas, contudo, eram infundadas. Com efeito, até mesmo uma leitura descompromissada das obras teológicas de Boécio mostra que ele recorre a seu conhecimento da filosofia aristotélica para explicar Deus, a Trindade e a encarnação.

Proponho, porém, que comecemos pelo ponto que Boécio provavelmente desejaria: suas obras acerca da lógica aristotélica. Em uma delas, ele anunciou sua intenção de traduzir todas as obras de Platão e de Aristóteles. Se este ambicioso projeto tivesse sido levado a cabo, a filosofia medieval poderia ter resultado em algo muito diferente – e Teodorico teria sido responsabilizado por seus atos. Antes de sua morte precoce, Boécio foi um autor deveras prolífico, a despeito de conseguir verter para o latim apenas as obras lógicas de Aristóteles. Como bem sabemos, o currículo filosófico em Alexandria tinha a lógica como o primeiro tema, de sorte que Boécio também seguiu este preceito. Elaborou traduções de diversas obras e comentários a outras; em certos casos, redigiu mais de um comentário acerca de um mesmo texto, tendo comentado a *Introdução* de Porfírio e a maior parte do *Órganon* de Aristóteles. Também escreveu tratados independentes, um deles relacionado aos *Tópicos*, também do Estagirita, mas inspirado, em grande medida, na obra homônima de Cícero. A atenção que Boécio dedica ao tema da lógica não é o único aspecto que ele compartilha com os filósofos de Alexandria. Ele foi quase contemporâneo de Amônio, e é comum depararmo-nos com suas observações a respeito de Aristóteles que muito se assemelham a observações feitas por Amônio e por seus alunos. É provável que isto se deva não ao contato de Boécio com a Escola de Alexandria, mas sim às mesmas fontes que tomara como base. Entre elas, a mais importante era Porfírio. Boécio não apenas escreveu dois comentários acerca da *Introdução* de Porfírio, como também se baseou amplamente nos comentários porfirianos a respeito de Aristóteles.

Boécio foi um lógico proficiente, ainda que suas ideias não mostrassem grande inovação. Não obstante, sua importância para a história da lógica é imensa, já que ele se tornou o principal veículo por meio do qual os filósofos medievais que liam em latim podiam ter acesso à lógica aristotélica[295]. Uma amostra de sua influência está em sua decisão de analisar um tópico apresentado – mas não respondido – por Porfírio, em sua *Introdução*. Como você deve se lembrar, Porfírio indagava o que nós deveríamos dizer quanto à condição dos universais – características gerais compartilhadas

295. Para o impacto que os textos lógicos da Antiguidade Tardia, incluindo os de Boécio, exerceram na Era Medieval, cf. Ebbesen (1982, p. 101-127).

por uma miríade de indivíduos, tais como a branquitude ou a humanidade. Boécio decidiu analisar este problema neste comentário a fim de que os leitores medievais pudessem considerar como fundamental o problema metafísico do estatuto dos universais nos textos latinos acerca da lógica[296]. A lógica, num sentido mais geral, era fundamental para o próprio Boécio, e ele se baseou em seu conhecimento especializado deste tema em suas obras a respeito da teologia cristã, bem como em sua *Consolação*. Em homenagem a seu interesse pela Trindade, dar-lhe-ei, leitor, três exemplos.

O primeiro deles está relacionado às *Categorias*, de Aristóteles. Você deve se lembrar de que nessa obra Aristóteles classifica tipos de predicados ou de termos que se aplicam às coisas. Um tipo de predicado é a relação, que inclui, por exemplo, "amo" e "escravo", ou "pai" e "filho". Aliás, minha escolha deste segundo exemplo não é fortuita. Em um tratado intitulado *Sobre a Trindade*, Boécio se dá conta de que pode investigar o conceito de uma relação a fim de explicar a diferença entre as pessoas da Trindade: Pai, Filho e Espírito Santo. Em princípio, contudo, ele se precaveu ao afirmar que Deus é uma unidade indivisível. Ao contrário das coisas criadas, e tal qual um humano que é composto tanto de corpo quanto de alma, Deus é, nas palavras de Boécio, nada além daquilo que Ele é (*id quod est*, 2)[297]. Portanto, se dizemos que Deus é bom, não queremos dizer que Deus é uma substância da qual a bondade é predicada, assim como o branco seria predicado de uma folha de papel, ou como uma forma, como a alma, é predicada de um corpo. O que se pretende dizer, na verdade, é tão somente que Deus é a própria bondade.

Esta parece ser uma boa maneira de nos certificarmos da total simplicidade de Deus – o que quer que digamos a respeito de Deus refere-se a uma natureza que é idêntica a Ele próprio. Porém, isso parece criar problemas para a doutrina da Trindade. Ora, se o Pai é idêntico a Deus, e o Filho também o é, então o Pai não será idêntico ao Filho, de sorte que teremos uma Pessoa divina, em vez de duas? Sim e não, responde Boécio. De fato, eles

---

296. Cf. a seleção de textos lógicos latinos organizada e traduzida por Spade (1994). Esta inclui a *Introdução*, de Porfírio, e parte do segundo comentário de Boécio acerca desta.

297. Faço esta citação a partir de Stewart; Rand; Tester (1973). Todas as demais citações de obras de Boécio se referem a números das seções desta edição, que traz o texto em latim e em inglês, em páginas duplas.

serão idênticos, mas (eis o exame de Aristóteles), continua a haver entre eles uma relação que é suficiente para produzir a diferença entre as Pessoas. Esta diferença não transforma Deus em dois seres distintos, pois o acréscimo de relações a uma coisa não muda o que esta coisa é em si mesma (5). Por exemplo, posso colocar-me junto de certa pessoa, de modo que ela passe a ter a condição de estar à minha esquerda; se, então, eu der a volta e me puser do lado oposto, essa mesma pessoa assumirá a relação de estar à minha direita. No entanto, ela permanecerá, em si, inalterada durante todo o tempo. (Aliás, talvez nem se aperceba: ficarei muito silencioso, porquanto, provavelmente, estarei lendo filosofia o tempo todo). De modo semelhante, Deus está sujeito a relações como o estado, ou condição, de ser Pai e o estado, ou condição, de ser Filho, sem que isso o transforme em mais de uma coisa. Afinal, conforme observa Boécio, uma coisa pode ter relação consigo mesma, como é o caso, por exemplo, da relação de autoidentidade. Isso nos dá uma ideia geral do que acontece com a Trindade, ainda que nossa compreensão não seja total, pois jamais experienciaremos a relação trinitária nas coisas criadas.

Esta menção às coisas criadas remete-nos a outra obra teológica de Boécio: *De que modo as substâncias por existirem são boas*[298]. Nela, Boécio usará outra arma de seu arsenal lógico. Ele a toma de empréstimo de Porfírio: o acidente inseparável. Trata-se da ideia de que, embora um atributo não possa ser, com efeito, removido de algo, é possível removê-lo conceitualmente. O exemplo típico disso é a capacidade humana de rir. Porfírio também apresentou o exemplo de uma cicatriz de uma pessoa, que (antes da invenção da cirurgia a *laser*) não poderia ser removida. O argumento é o seguinte: já que tais características podem, no mínimo, ser removidas de nosso pensamento, elas não devem ser essenciais à coisa que tem esta característica – se a cicatriz de meu dedão desaparecesse milagrosamente, eu continuaria a ser quem sou, e continuaria a ser humano.

Portanto, munidos desta argumentação, voltemos nossa atenção ao tratado teológico da razão pela qual as coisas são boas. O que Boécio tenta explicar aqui é o fato de que "as substâncias que existem, na medida

298. Texto e tradução em Stewart; Rand; Tester (1973). Para um estudo valioso acerca dessa obra, cf. Macdonald (1988, p. 245-279).

em que elas existem, são boas". Obviamente, a primeira coisa que tentamos compreender é por que Boécio considera que isso é verdade. Uma possível explicação seria dizer que ele aceita a compreensão pioneira de Plotino acerca da bondade e o mal, uma compreensão aceitada por Agostinho, um dos autores prediletos de Boécio. De acordo com esta concepção, o mal é apenas a ausência de existência, a incapacidade de algo de perceber sua própria natureza conforme poderia e deveria fazê-lo. Isso, contudo, significa que, na medida em que algo existe, deve ser bom; se algo carecesse completamente de bondade, ele simplesmente deixaria de existir. Isso cria um problema para Boécio. Sua intenção não é dizer que as coisas são essencialmente boas (elas não são "bens substanciais"). Se parte do que significa ser eu é ser bom – do mesmo modo que parte do que significa ser eu é ser racional e estar vivo –, então eu seria bom exatamente da mesma forma que Deus, porque Deus, em si mesmo, é bom.

Boécio resolve este problema quando nos pede para nos concentrarmos nas coisas criadas, isto é, no modo como seriam se não tivessem relação alguma com Deus. Podemos pensar nelas a partir do que elas são por si mesmas, abstraindo a existência de Deus, tal qual um matemático abstrai um triângulo a partir da matéria, a fim de poder concentrar-se na forma em si. Se Deus não estivesse presente, argumenta Boécio, as coisas não poderiam mais ser boas em virtude de sua existência. Isso nos mostra que a bondade substancial não pertence à natureza daquelas coisas criadas. Assim como um "acidente inseparável", ela pode ser removida no plano conceitual, ainda que isso não possa ocorrer na realidade. Ora, a bondade não é parte do que deve ser, digamos, um humano, uma girafa ou qualquer outra coisa criada – este é um aspecto que os distingue de Deus. Se a bondade não é intrínseca a eles, deve lhes ser extrínseca. Nossa conclusão deve ser a seguinte: embora as coisas sejam realmente boas em virtude de sua existência, isso só ocorre por causa da relação que mantêm com outra coisa, ou seja, a causa perfeitamente boa que as engendrou. Aqui, Boécio parece mostrar suas tendências platônicas. Ele acredita que as coisas criadas existem por meio de uma relação com Deus, que é a própria bondade, como se participassem de uma forma platônica do bem. A bondade lhes chega vinda de fora, porquanto concedida por Deus, em vez de pertencer às suas próprias naturezas. Entretanto, a bondade permanecerá intimamente ligada à sua existência, pois estas coisas só podem existir graças à vontade de Deus, o bem primordial.

Nosso terceiro e último tema lógico é o problema das verdades a respeito do futuro, que parece fazer com que os eventos futuros sejam inevitáveis. Aristóteles tratou dele pela primeira vez em *Da interpretação*, com o famoso exemplo da batalha naval, e Boécio o retoma em seu comentário a essa obra. A interpretação boeciana do texto de Aristóteles também é encontrada em comentadores gregos, como Amônio[299]. Segundo ela, Aristóteles soluciona o problema ao afirmar que existem apenas verdades "indefinidas" em relação aos eventos futuros. Infelizmente, não fica claro, uma vez mais, o que Boécio quer dizer. Talvez que, de acordo com Aristóteles, afirmações acerca do futuro, quando feitas no momento presente, se revelarão verdadeiras ou falsas, a despeito da indefinição de seu valor de verdade. Portanto, se eu disser "Vou assistir a um filme de Buster Keaton amanhã", tal afirmação, com efeito, se revelará ou verdadeira ou falsa, mas não se tornará nem uma e nem outra até que eu efetivamente assista ao filme, ou deixe de fazê-lo. Por outro lado, Boécio talvez entenda que uma afirmação como "Vou assistir a um filme de Buster Keaton amanhã" já é verdadeira, em vez de falsa, neste exato momento, mas não *necessariamente* verdadeira. Portanto, posso de fato afirmar que por certo assistirei ao filme, sem que isso signifique que é inevitável que eu lhe assista. Afinal, a verdade que afirmo agora é contingente, pois eu poderia facilmente ter optado por não assistir a um filme de Buster Keaton, embora isso fosse insensatez minha. Se, por outro lado, eu disser "Dois mais dois será igual a quatro amanhã", o que estou dizendo será *necessariamente* verdadeiro.

Uma célebre discussão deste problema aparece no final daquele clássico que fora escrito na prisão, a *Consolação da filosofia*. Aqui, contudo, lidamos com a versão da dificuldade que é analisada por Agostinho. Uma vez que reconhecemos que Deus tem um conhecimento exato a respeito dos eventos futuros, não devemos concluir que existem, de fato, verdades

299. Cf. Blank; Kretzmann (1998), que contém não apenas os textos, mas também um valioso material introdutório.

atuais acerca de tais eventos, bem como que estas verdades são necessárias? Boécio só chega a esta conclusão depois de um longo diálogo com sua visitante, a Senhora Filosofia. A princípio, o prisioneiro Boécio está angustiado demais para pensar nestas sutilezas lógicas. A Senhora Filosofia o consolou quando lhe apresentou uma série de argumentos, dando a ele, de início, remédios suaves e, na sequência, remédios mais amargos (1.5). Entre os remédios suaves está a tentativa de fazer Boécio refletir acerca das coisas que ainda lhe proporcionam felicidade – por exemplo: os membros de sua família ainda estão vivos, ainda que sua morte seja iminente. Na sequência, a Senhora Filosofia mostra a Boécio que não faz sentido lamentar-se pelo modo como a roda da fortuna gira. Faz parte da natureza da fortuna que os humildes, em algum momento, sejam elevados, e os poderosos, derrubados. A única coisa que não se altera na fortuna é sua constante mudança (2.1). A Senhora Filosofia lembra muito Marco Aurélio quando menospreza o papel do acaso no universo (1.6) ou quando comenta que não devemos valorizar nada que possa ser retirado de nós (2.4).

Uma atmosfera mais agostiniana é criada quando a Senhora Filosofia apresenta sua explicação positiva da felicidade. Esta não se encontra na virtude e no autocontrole, como defenderiam Epiteto ou Marco Aurélio, mas deve ser identificada como o próprio Deus, uma ideia que talvez nos remeta à obra agostiniana *A cidade de Deus*. Não obstante, o pensamento da Senhora Filosofia nunca se distancia das fontes helênicas pagãs. Ela parece ter lido o *Górgias* de Platão com esmero, na medida em que consola Boécio dizendo-lhe que somente as pessoas más deste mundo parecem ser poderosas e felizes. Na verdade, somente os bons são poderosos e fazem o que bem entendem, ao passo que os maus sofrem com sua própria maldade. O que seria bom para estes, conforme defendia Platão, é uma punição corretiva (4.3). Encontramos aqui mais do que uma simples alusão ao pensamento de Plotino, a qual é misturada aos cuidados administrados pela Senhora Filosofia, talvez filtrados por meio de Agostinho. Isso porque, aqui, deparamo-nos, uma vez mais, com a ideia de que o mal, em si mesmo, não é nada (3.12), e que, portanto, quando praticam atos vis, os maus estão apenas deixando de fazer algo. Da perspectiva da divina providência, o mundo não contém mal algum. É bem verdade que ele contém sofrimento, mas até mesmo este sofrimento nos é enviado pela providência, seja na forma de um teste para os bons, seja na forma de punição para os maus (4.7).

Até este ponto, o otimismo é predominante. Porém, isso traz a Boécio aquela dificuldade no que tange à providência em si. Se a providência divina está ciente de tudo que acontecerá no futuro, então não é verdade que tudo é necessário? A Senhora Filosofia admite que isso, de fato, parece suceder-se, pois Deus, com efeito, não pode estar equivocado quanto ao que quer que seja. Já que parece que Ele não pode ter certeza a respeito de coisas que, em si, são incertas, não há nenhuma possibilidade de que as coisas que Ele conhece não sejam necessárias. Portanto, tudo o que Deus conhece – incluindo os eventos futuros – é necessário. E Deus sabe de tudo. Portanto, tudo é necessário. Na direção de uma solução, a Senhora Filosofia observa que, se você testemunhar algo que ocorre neste exato momento, isso não torna necessário o evento que você está testemunhando. Ela apresenta o exemplo de uma corrida de bigas (5.4). Se os movimentos dos condutores das bigas não são nem sequer necessários enquanto ocorrem, então eles seriam ainda menos necessários antes de acontecerem. Além disso, enquanto tais movimentos ocorrem, você pode estar certo de que o que você vê realmente ocorre. Isso mostra que, de algum modo, a certeza é, de fato, compatível com a ausência de necessidade.

O problema é que os eventos futuros não parecem ser assim. De nossa perspectiva, eles ainda permanecem abertos ou instáveis de um modo que não ocorre com o evento do presente. Nossa perspectiva, contudo, não é idêntica à de Deus. Ao recorrer a uma distinção apresentada pelo neoplatônico Jâmblico, Boécio faz com que a Senhora Filosofia diga que o modo como as coisas são conhecidas é adequado não àquilo que é conhecido, mas ao conhecedor. Portanto, os eventos que parecem incertos para nós podem ser certos para Deus. Isso se dá porque Deus, na verdade, não concebe os eventos futuros *na condição de* eventos futuros. Deus nunca muda; portanto, ao contrário de nós, Ele detém um conhecimento que não se altera de um momento a outro. Pelo contrário, Ele vê todas as coisas – coisas que para nós pertencem ao passado, ao presente ou ao futuro – com base em um conhecimento único e simultâneo. Boécio defende este argumento em latim dizendo que o conhecimento de Deus não é a *praevidentia* ("saber com antecedência"), mas *providentia*, que significa saber a partir de uma perspectiva privilegiada e abrangente, como a de alguém que observa as coisas a partir de uma montanha alta (5.6).

Esta ideia também é neoplatônica em sua origem, mas, novamente, Boécio poderia tê-la encontrado em Agostinho. Deus tem uma relação imutável com as coisas que mudam com o passar do tempo e, conforme Plotino afirmou, um ser que vive uma vida imutável pode ser chamado de "eterno". À primeira vista isso só dificultaria ainda mais o problema. Ora, estamos dizendo não apenas que Deus sabe, agora mesmo, o que eu farei amanhã, mas que Ele sabe, *de um modo eterno* e *imutável*, o que eu farei amanhã. Se o argumento da batalha naval faz com que meus atos pareçam inevitáveis, este aqui, ao que parece, poderia fazer com que eles sejam não só inevitáveis, mas também imutáveis. Não é exatamente o que buscávamos. A Senhora Filosofia, contudo, chega à conclusão oposta. A eternidade de Deus significa que Ele testemunha a ocorrência de cada evento como se este fosse presente para Ele (5.6). Na perspectiva dele, a corrida de amanhã é simplesmente semelhante à perspectiva que você tem da corrida que acontece agora. Portanto, não devemos concluir que a sua presciência implica a necessidade de um evento futuro, assim como não devemos achar que nosso conhecimento comum implica a necessidade de um evento presente.

Se Boécio também pudesse prever o futuro, o que ele teria previsto para a Senhora Filosofia? Ele provavelmente ficaria satisfeito com o desenvolvimento da filosofia na Cristandade latina, já que suas próprias viriam a ter um papel central nesta história. Esta é a tradição que logo nos vem à mente quando ouvimos a expressão "filosofia medieval": textos latinos de antigos personagens como Alcuíno, Erígena e Anselmo, seguidos pela ascensão do escolasticismo, que atinge seu auge com gênios como Tomás de Aquino, João Escoto e Guilherme de Ockham. Esta tradição latina será o tema de um futuro volume desta série de livros. Nos séculos vindouros, contudo, o latim não seria o único idioma falado pela Senhora Filosofia. A filosofia grega continuaria presente no mundo bizantino, com autores menos famosos, mas igualmente fascinantes, como Michael Pselo e Pletão, os quais deram continuidade à tendência da Antiguidade Tardia de fundir a teologia cristã, o aristotelismo e o platonismo. Este é um tema que também analisaremos em um futuro volume, que será dedicado ao pensamento e à filosofia bizantinos na Renascença.

Porém, antes de seguirmos com a Cristandade de línguas latina ou grega, analisemos uma parte do futuro da Senhora Filosofia que Boécio certamente não teria como prever. A roda da fortuna trará a ascensão de uma nova civilização, isto é, de mais um vasto império que abrigará alguns dos mais brilhantes filósofos do período medieval. Se você me pedisse para nomear o maior e mais influente filósofo medieval, eu não escolheria Tomás de Aquino ou qualquer outro pensador que escreveu em latim. Minha escolha seria Avicena, o principal filósofo do mundo islâmico. O próximo volume desta série analisará não apenas Avicena, mas a história completa da filosofia nos territórios dominados pelo Islã, desde Alquíndi, no século IX, até Mulá Sadra, no século XVII, e em um período posterior a ambos, uma vez que seguiremos com nossa história até o século XX. Veremos que esta história abrange não apenas os muçulmanos, tal como as figuras que acabo de mencionar, mas também os cristãos e as grandes personagens da filosofia judaica medieval, cuja mais notável é Maimônides. Atestaremos que os textos escritos em siríaco, em árabe, em persa e em hebraico são capazes não apenas de transmitir e de interpretar as ideias da Antiguidade Tardia, mas também de transcender esta herança, e, por conseguinte, integrar a filosofia nas três tradições abraâmicas. Teólogos e místicos do sufismo e da cabala tomarão de empréstimo e desenvolverão as ideias de alguns filósofos, ainda que possam ter dúvidas quanto à filosofia ser realmente o único ou o mais elevado caminho que conduz à verdade. Estou ansioso para lhe contar mais a respeito da filosofia no mundo islâmico no próximo volume de *História da filosofia sem lacunas*.

Fontes em português

AGOSTINHO. *A doutrina cristã*. Trad. de Frei Ary E. Pintarelli. Petrópolis: Vozes de Bolso, 2023.

AGOSTINHO. *Cidade de Deus*. Trad. de Oscar Paes Leme. Petrópolis: Vozes, 2020.

AGOSTINHO. *Confissões*. Trad. de J. Oliveira Santos e A. Ambrósio de Pina. Petrópolis: Vozes, 1999.

AGOSTINHO. *Contra os acadêmicos; O mestre*. Trad. de Ênio Paulo Giachini. Petrópolis: Vozes de Bolso, 2018.

AGOSTINHO. *Sobre a imortalidade da alma*. Trad. de Frei Ary E. Pintarelli. Petrópolis: Vozes de Bolso, 2023.

AGOSTINHO. *Sobre a potencialidade da alma*. Trad. de Aloysio Jansen de Faria. Petrópolis: Vozes, 2018.

AGOSTINHO. *Sobre o livre-arbítrio*. Trad. de Bernardo Luís Brandão. Petrópolis: Vozes, 2021.

ÁRIO DÍDIMO. *Epítome de ética estoica*, 2.7.5A-2.7.5B. Trans/Form/Ação, Marília, v. 39, n. 2, p. 255-274, abr.-jun. 2016.

AULO GÉLIO. *Noites áticas*. Trad. de José Rodrigues Seabra Filho. Londrina: Eduel, 2010.

BOÉCIO. *Escritos* (Opuscula sacra). Trad., estudos introdutórios e notas explicativas de Juvenal Savian Filho. Prefácio de Marilena Chauí. São Paulo: Martins Fontes, 2005.

CÍCERO. *Acadêmicas*. Trad. de José Rodrigues Seabra Filho. Belo Horizonte: Edições Nova Acrópole, 2012.

CÍCERO. *Sobre o destino*. Trad. de José Rodrigues Seabra Filho. São Paulo: Nova Alexandria, 2001.

CÍCERO. *Textos filosóficos II: Diálogos em Túsculo*. Trad. de José Antônio Segurado e Campos. Lisboa: Fundação Calouste Gulbenkian, 2014.

CÍCERO. *Textos filosóficos III: A natureza dos deuses: a adivinhação*. Trad. de José Antônio Segurado e Campos. Lisboa: Fundação Calouste Gulbenkian, 2020.

CÍCERO. *Textos filosóficos*. Trad. de José Antônio Segurado e Campos. 2. ed. Lisboa: Fundação Calouste Gulbenkian, 2018.

CLEANTES. *Hino a Zeus* – fragmento. Trad. de Rodrigo Pinto de Brito. Anais de *Filosofia clássica*, Rio de Janeiro, v. 7, n. 14, p. 55-73, nov. 2013.

DESCARTES, R. *Meditações metafísicas*. Trad. de Gentil Avelino Titton. Petrópolis: Vozes, 2022.

DIÓGENES LAÉRCIO. *Vidas e doutrinas dos filósofos ilustres*. Trad. de Mário da Gama Kury. Brasília: Editora Unb, 2008.

EPITETO. *Diatribes, livro 1*. Trad. de Aldo Dinucci. Coimbra: Imprensa da Universidade de Coimbra, 2020.

EPITETO. *Encheirídion*. Trad. de Aldo Dinucci e Alfredo Julien. Coimbra: Imprensa da Universidade de Coimbra, 2014.

GALENO, C. *Sobre as escolas de medicina para os iniciantes*. Trad. de Sussumo Matsui e de Rodrigo Pinto de Brito. São Paulo: Unesp, 2022.

LOCKE, J. *Ensaio acerca do entendimento humano*. Trad. de Eduardo Abranches de Soveral. 5. ed. Lisboa: Fundação Calouste Gulbenkian, 2014.

LUCIANO DE SAMOSATA. *O bibliômano ignorante*. In: Luciano [I]. Trad. de Custódio Magueijo. Coimbra: Imprensa da Universidade de Coimbra, 2012.

LUCRÉCIO. *Sobre a natureza das coisas*. Tradução de Rodrigo Tadeu Gonçalves. Belo Horizonte: Editora Autêntica, 2021.

MALEBRANCHE, N. *A busca da verdade*. Trad. de Plínio Junqueira Smith. São Paulo: Paulus/Discurso Editorial, 2004.

MARCO AURÉLIO. *Meditações*. Trad. de Vinícius Chichurra. Petrópolis: Vozes, 2023.

MÁRTIR, J. *Diálogo com o Judeu Trifão*. Coleção a Patrística, v. VIII. São Paulo: Fonte Editorial, 2021.

MORRIS, T. *E se Aristóteles dirigisse a General Motors?* Rio de Janeiro: Elsevier, 2004.

MORTARI, C.; QUERÍQUELLI, L. Anício Mânlio Severino Boécio: de seu segundo comentário sobre a Isagoge de Porfírio. *Cadernos de Tradução*, Florianópolis, v. 43, n. 1, p. 1-16, 2023.

NIETZSCHE, F. *Além do bem e do mal: prelúdio de uma filosofia do futuro*. Trad. de Mário Ferreira dos Santos. Petrópolis: Vozes, 2012.

NIETZSCHE, F. *Genealogia da moral*. Trad. de Mário Ferreira dos Santos. Petrópolis: Vozes, 2017.

NIETZSCHE, F. *Obras incompletas*. Trad. de Rubens Rodrigues Torres Filho. São Paulo: Abril Cultural, 1974.

NIETZSCHE, F. *Schopenhauer como educador*. Trad. de Giovane Rodrigues e Tiago Tranjan. São Paulo: Mundaréu, 2018.

ORÍGENES. *Contra Celso*. Trad. de Orlando dos Reis. São Paulo: Paulus, 2004.

PASCAL, B. *Conversa com o Senhor de Sacy sobre Epiteto e Montaigne*. Trad. de Flávio Fontenelle Loque. São Paulo: Alameda, 2014.

PLOTINO. *Enéada VI: livro I*. Trad. de Juvino A. Maia. João Pessoa: Ideia, 2023.

PLUTARCO. Que os estoicos falam mais paradoxalmente que os poetas. Trad. de Rodrigo Pinto de Brito. *Anais de Filosofia Clássica*, Rio de Janeiro, v. 7, n. 13, p. 110-116, mai. 2013.

PORCHAT, O. A noção de phainómenon em Sexto Empírico. *Analytica – Revista de Filosofia*, Rio de Janeiro, v. 17, n. 2, p. 291-323, 2013.

PORCHAT, O. *Rumo ao ceticismo*. São Paulo: Unesp, 2007.

QUINTILIANO. *Instituição oratória*. Trad. de Bruno Fregni Bassetto. Campinas: Editora da Unicamp, 2015. v. 1.

QUINTILIANO. *Instituição oratória*. Trad. de Bruno Fregni Bassetto. Campinas: Editora da Unicamp, 2015. v. 2.

QUINTILIANO. *Instituição oratória*. Trad. de Bruno Fregni Bassetto. Campinas: Editora da Unicamp, 2016. v. 3.

QUINTILIANO. *Instituição oratória*. Trad. de Bruno Fregni Bassetto. Campinas: Editora da Unicamp, 2016. v. 4.

SÊNECA. *Cartas a Lucílio*. Trad. de José Antônio Segurado e Campos. 4. ed. Lisboa: Fundação Calouste Gulbenkian, 2009.

SÊNECA. *Consolação à minha mãe Hélvia*. Trad. de Alexandre Pires Vieira. São Paulo: Montecristo Editora, 2017.

SÊNECA. *Sobre a brevidade da vida & Sobre o ócio: diálogos estoicos sobre o tempo*. Trad. de Renata Cazarini de Freitas. Petrópolis: Vozes, 2021.

SÊNECA. *Sobre a brevidade da vida. Sobre a firmeza do sábio*. Trad. de José Eduardo S. Lohner. São Paulo: Penguin/Companhia das Letras, 2017.

SÊNECA. *Sobre a ira. Sobre a tranquilidade da alma*. Trad. de José Eduardo S. Lohner. São Paulo: Penguin/Companhia das Letras, 2014.

SÊNECA. *Sobre a providência. Sobre a vida feliz. Sobre o ócio*. Trad. de José Eduardo S. Lohner. São Paulo: Penguin/Companhia das Letras, 2021.

WITTGENSTEIN, L. *Tratado lógico-filosófico*. Trad. de Manuel António dos Santos. 6. ed. Lisboa: Fundação Calouste Gulbenkian, 2015.

XENOFONTE. *Memoráveis*. Trad. de Ana Elias Pinheiro. Coimbra: Imprensa da Universidade de Coimbra; Annablume, 2009. 300 p. ISBN 978-989-95858-9-8

BIBLIOGRAFIA

ADAMSON, P. Galen on void. In: ADAMSON, P.; HANSBERGER, R.; WILBERDING, J. (eds.). *Philosophical themes in Galen*. London: Bloomsbury, 2013.

ADAMSON, P. Plotinus on astrology. *Oxford studies in ancient philosophy*, v. 35, p. 265-91, 2008.

ADAMSON, P. The Arabic reception of greek philosophy. In: SHEFFIELD, F.; WARREN, J. (eds.). *The Routledge companion to ancient philosophy*. London: Routledge, 2014.

ANNAS, J.; BARNES, J. *The modes of scepticism*. Cambridge: Cambridge University Press, 1985.

ARMSTRONG, A. H. (trad.). *Plotinus: Enneads*. 7 vols. Cambridge, Mass.: Harvard University Press, 1966-88.

ATHANASSIADI, P. *Julian: An intellectual biography*. London: Routledge, 1981.

AYRES, L. *Nicaea and its legacy: An approach to fourth-century trinitarian theology*. Oxford: Oxford University Press, 2004.

BAILEY, C. *Epicurus: The extant remains*. Oxford: Clarendon Press, 1926.

BALTUSSEN, H. (ed.). *Greek and roman consolutions*. Swansea: Classical Press of Wales, 2013.

BALTUSSEN, H. *Philosophy and exegesis in Simplicius*. London: Duckworth, 2008.

BALTZLY, D. Stoic pantheism. *Sophia*, v. 34, p. 3-33, 2003.

BARAZ, Y. *A written republic: Cicero's philosophical politics*. Princeton: Princeton University Press, 2012.

BARNES, J. Antiochus of Ascalon. In: GRIFFIN, M.; BARNES, J. (eds.). *Philosophia Togata I: Essays on philosophy and roman society*. Oxford: Oxford University Press, 1989.

BARTON, T. *Ancient astrology*. London: Routledge, 1994.

BATHRELLOS, D. *The byzantine Christ*. Oxford: Oxford University Press, 2004.

BEARD, M. Was he quite ordinary? *London Review of Books*, 23.7.2009.

BEHR, J. *The formation of christian theology*, vol. 2: *The nicene faith*. New York: St Vladimir's Seminary Press, 2004.

BERCHMAN, R. M. *Porphiry against the Christians*. Leiden: Brill, 2005.

BETT, R. Carneades' Pithanon: A reappraisal of its role and status. *Oxford studies in ancient philosophy*, v. 7, p. 59-94, 1989.

BETTENSON, H. *The early christian church fathers*. Oxford: Oxford University Press, 1956.

BOBZIEN, S. Chrysippus and the epistemic theory of vagueness. *Proceedings of the aristotelian society*, v. 102, p. 217-38, 2002.

BOBZIEN, S. *Determinism and freedom in stoic philosophy*. Oxford: Oxford University Press, 1998.

BOBZIEN, S. Stoic syllogistic. *Oxford studies in ancient philosophy*, v. 14, p. 133-192, 1996.

BONAZZI, M. Eudorus of Alexandria and early imperial platonism. In: SHARPLES, R. W.; SORABJI, R. (eds.). *Greek and roman philosophy 100 BC – 200 AD*. London: Institute of Classical Studies, 2007.

BONNER, G. Augustine and pelagianism. *Augustinian studies*, v. 23, p. 33-51, 1992; v. 24, p. 27-47, 1993.

BOYS-STONES, G. 'Middle' platonists on fate and human autonomy. In: SHARPLES, R. W.; SORABJI, R. (eds.). *Greek and roman philosophy 100 BC – 200 AD*. London: Institute of Classical Studies, 2007.

BRADLEY, R. Seneca and slavery. *Classica et Medeivalia*, v. 37, p. 161-172, 1986.

BRENNAN, T. *The stoic life: Emotions, duties and fate*. Oxford: Oxford University Press, 2005.

BRITTAIN C. *Philo of Larissa: the last of the academic sceptics*. Oxford: Oxford University Press, 2001.

BROWN, P. *Augustine of Hippo*. Berkeley: University of California Press, 1969.

BROWN, P. *Through the eye of a needle: Wealth, the fall of Rome and the making of christianity in the West 350-550 AD*. Princeton: Princeton University Press, 2012.

BURNYEAT, M. F. Idealism and greek philosophy: What Descartes saw and Berkeley missed. *Philosophical Review*, v. 90, p. 3-40, 1982.

BURNYEAT, M. F. Wittgenstein and Augustine De Magistro. *Proceedings of the aristotelian society*, suppl. v. 61, p. 1-24, 1987.

BURNYEAT, M.; FREDE, M. (eds.). *The original sceptics*. Indianapolis: Hackett, 1997.

CARY, P. *Augustine's invention of the inner self*. Oxford: Oxford University Press, 2000.

CASIDAY, A. M. *Evagrius Ponticus*. London: Routledge, 2006.

CASIDAY, A. *Reconstructing the theology of Evagrius Ponticus*. Cambridge: Cambridge University Press, 2013.

CHADWICK, H. (trad.). *Origen: Contra Celsum*. Cambridge: Cambridge University Press, 1965.

CHIARADONNA, R. Le traité de Galien Sur la démonstration et sa postérité tardo-antique. In: CHIARADONNA, R.; TRABATTONI, F. (eds.). *Physics and philosophy of nature in greek neoplatonism*. Leiden: Brill, 2009.

CHIARADONNA, R. Plotin, la mémoire et la connaissance des intelligibles. *Philosophie antique*, v. 9, p. 5-33, 2009.

CHLUP, R. *Proclus. An introduction*. Cambridge: Cambridge University Press, 2012.

CLARK, E. A. *Ascetic piety and women's faith: Essays on late ancient christianity*. Lewiston, NY: Edwin Mellen Press, 1986.

CLARK, E. A. *The origenist controversy*. Princeton: Princeton University Press, 1992.

CLARK, G. *Body and gender, soul and reason in late antiquity*. Farnham: Ashgate, 2011.

CLARKE, E. C.; DILLON, J. M.; HERSHBELL, J. P. (trad.). *Iamblichus: On the mysteries*. Atlanta, Ga.: Society of Biblical Literature, 2003.

COOPER, J. Posidonius on emotions. In: SIHVOLA, J.; ENGBERG-PEDERSEN, T. (eds.). *The emotions in hellenistic philosophy*. Dordrecht: Kluwer, 1998.

COPENHAVER, B. P. *Hermetica*. Cambridge: Cambridge University Press, 1992.

CORRIGAN, K. (trad.). *Gregory, Bishop of Nyssa: The life of St Macrina*. Toronto: Peregrina, 1989.

CORRIGAN, K. *Evagrius and Gregory: Mind, soul and body in the 4th century*. Farnham: Ashgate, 2009.

CRAIG, W. L. Augustine on foreknowledge and free will. *Augustinian studies*, v. 15, p. 41-67, 1984.

DALEY, B. A. *Gregory of Nazianzus*. London: Routledge, 2006.

DAVIDSON, I. J. (trad.). *Ambrose: De officiis*. 2 vols. Oxford: Oxford University Press, 2001.

DELCOGLIANO, M. *Basil of Caesarea's anti-eunomian theory of names*. Leiden: Brill, 2010.

DEN BOEFT, J. *Calcidius on fate*. Leiden: Brill, 1970.

DES PLACES, E. (ed.). *Numenius: Fragments*. Paris: Les Belles Lettres, 1973.

DESMOND, W. *Cynics*. Stocksfield: Acumen, 2008.

DIHLE, A. *The theory of the will in classical antiquity*. Berkeley: University of California Press, 1982.

DILLON, J. M. (trad.). *Alcinous: The handbook of platonism*. Oxford: Clarendon Press, 1993.

DILLON, J. M. Iamblichus' criticisms of Plotinus' doctrine of the undescended soul. In: CHIARADONNA, R. (ed.). *Studi sull'anima in Plotino*. Naples: Bibliopolis, 2005.

DILLON, J. M. Iamblichus' defence of theurgy: Some reflections. *Journal of the platonic tradition*, v. 1, p. 30-41, 2007.

DILLON, J. M. Iamblichus' Noera theoria of Aristotle's Categories. *Syllecta Classica*, v. 8, p. 65-77, 1997.

DILLON, J. M. 'Orthodoxy' and 'Ecleticism': Middle Platonists and Neo-Pythagoreans. In: DILLON, J. M.; LONG, A. A. (eds.). *The question of eclecticism*, Berkeley, p. 103-25, 1987.

DILLON, J. M. 'Orthodoxy' and 'Ecleticism': Middle Platonists and Neo-Pythagoreans. In: DILLON, J. M.; LONG, A. A. (eds.). *The question of eclecticism*. Berkeley: University of California Press, 1987.

DILLON, J. M. *The middle platonists: 80 B.C. to A.D. 220*. Ithaca, NY: Cornell University Press, 1996.

DILLON, J. M.; POLLEICHTNER, W. (ed. e trad.). *Iamblichus of Chalcis: The letters*. Atlanta, Ga.: Society of Biblical Literature, 2009.

DILLON, J.; HERSHBELL, J. (trad.). *Iamblichus: On the pythagorean way of life*. Atlanta, Ga.: Scholars Press, 1991.

DODARO, R. *Christ and the just society in the thought of Augustine*. Cambridge: Cambridge University Press, 2004.

DODDS, E. R. *Proclus: The elements of theology*. Oxford: Clarendon Press, 1933.

DODDS, E. R. *The greeks and the irrational*. Berkeley: University of California Press, 1951.

DYSON, R. W. *St Augustine of Hippo: The christian transformation of political thought*. London: Continuum, 2005.

DZIELSKA, M. *Hypatia of Alexandria*. Cambridge, Mass.: Harvard University Press, 1995.

EDWARDS, M. (trad.). *Neoplatonic saints: The lives of Plotinus and Proclus by their students*. Liverpool: Liverpool University Press, 2000.

EDWARDS, M. Ammonius, teacher of Origen. *Journal of Ecclesiastial History*, v. 44, p. 169-181, 1993.

EDWARDS, M. Gnostics and valentinians in the church fathers. *Journal of Theological Studies*, v. 40, p. 26-47, 1989.

EHRMAN, B. D.; JACOBS, A. S. *Christianity in late antiquity 300-450 C.E.: A reader*. New York: Oxford University Press, 2004.

ENGEL, D. M. Women's role in the home and the state: Stoic theory reconsidered. *Harvard Studies in Classical Philology*, v. 101, p. 267-288, 2003.

ERRINGTON, R. M. *A history of the hellenistic world. 323-30 BC*. Oxford: Blackwell, 2008.

EVANS, M. Can epicureans be friends? *Ancient philosophy*, v. 24, p. 407-424, 2004.

FAZZO, S. The Metaphysics from Aristotle to Alexander of Aphrodisias. *Bulletin of the Institute of Classical Studies*, v. 55-1, p. 51-68, 2012.

FESTUGIÈRE, A. J. (trad.). *Proclus: Commentaire sur la République*. 3 vols. Paris: Vrin, 1970.

FINLEY, M. I. *Ancient slavery and modern ideology*. London: Chatto & Windus, 1980.

FREDE, M. *A free will: Origins of the notion in ancient thought*. Berkeley: University of California Press, 2011.

FREDE, M. Stoic vs. aristotelian logic. In: FREDE, M. *Essays in ancient philosophy*. Oxford: Oxford University Press, 1987.

FREDE, M. Stoics and skeptics on clear and distinct impressions. In: FREDE, M. *Essays in ancient philosophy*. Oxford: Oxford University Press, 1987.

FREDE, M. The stoic notion of a lekton. In: EVERSON, S. (ed.). *Language*. Cambridge: Cambridge University Press, 1994.

GERSH, S. *Middle platonism and neoplatonism: The latin tradition*. 2 vols. Notre Dame, Ind.: University of Notre Dame Press, 1986.

GERSON, L. P. (ed.). *The Cambridge history of philosophy in late antiquity*. 2 vols. Cambridge: Cambridge University Press, 2010.

GERTZ, S. R. P. *Death and immortality in late neoplatonism: Studies on the ancient commentaries on Plato's Phaedo*. Leiden: Brill, 2011.

GERTZ, S.; DILLON, J. M.; RUSSELL, D. (trad.). *Aeneas of Gaza: Teophrastus with Zacharias of Mytilene: Ammonious*. London: Bloomsbury, 2012.

GILL, C. Psychology. In: WARREN, J. (ed.). *The Cambridge companion to epicureanism*. Cambridge: Cambridge University Press, 2009.

GILL, C. *The structured self in hellenistic and roman thought*. Oxford: Oxford University Press, 2006.

GILL, C.; HARD, R. (eds.). *The discourses and handbook of Epictetus*. London: Everyman, 1995.

GLIDDEN, D. Epicurean Prolepsis. *Oxford studies in ancient philosophy*, v. 3, p. 175-217, 1985.

GOTTSCHALK, H. B. Boethus' psychology and the neoplatonists. *Phronesis*, v. 31, p. 243-57, 1986.

GRANT, R. M. *Gnosticism and early christianity*. New York: Columbia University Press, 1966.

GRANT, R. M. *Irenaeus of Lyons*. London: Routledge, 1997.

GREENBLATT, S. *Swerve: How the Renaissance began*. London: Bodley Head, 2011.

GRIFFIN, M. J. What does Aristotle categorize? Semantics and the early peripatetic reading of the Categories. *Bulletin of the Institute of Classical Studies*, v. 55-1, p. 69-108, 2012.

GRIFFIN, M. *Seneca: A philosopher in politics*. Oxford: Oxford University Press, 1992.

GRILLMEIER, A. *Christ in christian tradition*. 2 vols. London: Mowbray, 1965.

HADOT, P. *Porphyre et Victorinus*. Paris: Études Augustiniennes, 1968.

HAGENDAHL, H. *Latin fathers and the classics*. Göteborg: Almqvist & Wiksell, 1958.

HANKINSON, R. J. Galen and the best of all the possible worlds. *Classical Quarterly*, v. 39, p. 206-227, 1989.

HANKINSON, R. J. *The sceptics*. London: Routledge, 1995.

HARDING, B. *Augustine and roman virtue*. London: Continuum, 2008.

HARPER, Kyle. *Slavery in the late roman world AD 275-425*. Cambridge: Cambridge University Press, 2011.

HEATHER, P.; MONCUR, D. *Politics, philosophy and empire in the fourth century: Select orations of Themistius*. Liverpool: Liverpool University Press, 2001.

HEYKING, J. Von. *Augustine and politics as longing in the world*. Columbia, NY: University of Missouri Press, 2001.

HICK, J. *Evil and the god of love*. London: Macmillan, 1966.

HOCHSCHILD, P. E. *Memory in Augustine's theological anthropology*. Oxford: Oxford University Press, 2012.

HOFFMAN, J. R. (trad.). *Celsus: On the true doctrine. A discourse against the christians*. Oxford: Oxford University Press, 1987.

IERODIAKONOU, K. The stoic division of philosophy. *Phronesis*, v. 38, p. 57-74, 1993.

INWOOD, B. *Reading Seneca: stoic philosophy at Rome*. Oxford: Oxford University Press, 2005.

IRWIN, T. Aristippus against happiness. *The monist*, v. 74, p. 55-82, 1991.

JORDAN, M. D. Words and word: Incarnation and signification in Augustine's De Doctrina Christiana. *Augustinian studies*, v. 11, p. 175-96, 1980.

JUDSON, L. God or nature? Philoponus on generability and perishability. In: SORABJI, R. (ed.). *Philoponus and the rejection of aristotelian science*. Ithaca, NY: Cornell University Press, 1987.

KAHN, C. Discovering the will: from Aristotle to Augustine. In: DILLON, J. M.; LONG, A. A. (eds.). *The question of eclecticism*. Berkeley: University of California Press, 1988.

KALLIGAS, P. Forms of individuals in Plotinus: A re-examination. *Phronesis*, v. 42, p. 206-27, 1997.

KARAMANOLIS, G. *Plato and Aristotle in agreement?* Oxford: Oxford University Press, 2005.

KARAMANOLIS, G. Porphiry, the first Platonist commentator of Aristotle. In: ADAMSON, P.; BALTUSSEN, H.; STONE, M. W. F. (eds.). *Science and exegesis in greek, arabic and latin*, London, v. 1, p. 79-113, 2004.

KARAMANOLIS, G. Porphiry, the first Platonist commentator of Aristotle. In: ADAMSON, P.; BALTUSSEN, H.; STONE, M. W. F. (eds.). *Science and exegesis in greek, arabic and latin*. London: Institute of Classical Studies, 2004.

KING, M. H. *The desert mothers*. Toronto: Peregrina, 1989.

KING, P. (trad.). *Augustine: Against the academicians and The teacher*. Indianapolis: Hackett, 1995.

KING, P. Augustine on the impossibility of teaching. *Metaphilosophy*, v. 29, p. 179-195, 1998.

KONSTAN, D. Epicurus on the gods. In: FISH, J.; SANDERS, K. (eds.). *Epicurus and the epicurean tradition*. Cambridge: Cambridge University Press, 2009.

LACROSSE, J. Plotinus, Porphyry and India: A re-examination. In: VASSILOPOULOU, P.; CLARK, S. (eds.). *Late antique epistemology: Other ways to truth*. New York: Palgrave Macmillan, 2009.

LACTANTIUS. *Divine Institutes*. Trad. BOWEN, A.; GARNSEY, P. Liverpool: Liverpool University Press, 2003.

LAMBERTON, R. *Plutarch*. New Haven: Yale University Press, 2001.

LEITH, D. Galen's refutation of atomism. In: ADAMSON, P.; HANSBERGER, R.; WILBERDING, J. (eds.). *Philosophical themes in Galen*. Londres: Bloomsbury, 2013.

LEWY, H. *The Chaldean Oracles and theurgy*. Paris: Études Augustiniennes, 1978.

LILLA S. R. C. *Clement of Alexandria*. Oxford: Oxford University Press, 1971.

LONG, A. A. Astrology: Arguments pro and contra. In: BARNES, J. et al. (eds.). *Science and speculation: Studies in hellenistic theory and practice*. Cambridge: Cambridge University Press, 1982.

LONG, A. A. *Epictetus: A stoic and socratic guide to life*. Oxford: Oxford University Press, 2002.

LONG, A. A. Soul and body in stoicism. *Phronesis*, v. 27, p. 34-57, 1982.

LONG, A. A. The socratic legacy. In: ALGRA, K. et al. (eds.). *The Cambridge history of hellenistic philosophy*. Cambridge: Cambridge University Press, 1999.

LONGRIGG, J. *Greek medicine from the heroic to the hellenistic age: A source book*. London: Duckworth, 1998.

LOUTH, A. *Maximus the confessor*. London: Routledge, 1996.

LUDLOW, M. *The early church*. London: I.B. Tauris, 2009.

LUHTALA, A. *Grammar and philosophy in late antiquity*. Amsterdam: John Benjamins, 2005.

LUIBHEID, C.; ROREM, P. (trad.). *Pseudo-Dionysius: The complete works*. London: SPCK, 1987.

MACDONALD, S. Boethius's claim that all substances are good. *Archiv für geschichte der philosophie*, v. 70, p. 245-79, 1988.

MAJERCIK, R. *The Chaldean Oracles*. Leiden: Brill, 1989.

MANSFELD, J. Aspects of epicurean theology. *Mnemosyne*, v. 46, p. 172-210, 1993.

MARCUS AURELIUS. *Meditations*. Trad. STANIFORTH, M. London: Penguin, 1964.

MARKUS, R. A. Augustine on signs. *Phronesis*, v. 2, p. 60-83, 1957.

MARKUS, R. A. *The end of ancient christianity*. Cambridge: Cambridge University Press, 1990.

MARTYR, Justin. *Dialogue with Trypho*. Trad. FALLS, T. B. Washington, DC: Catholic University of America Press, 2003.

McCABE, M. M. Extend or identify: Two stoic accounts of altruism. In: SALLES, R. (ed.). *Metaphysics, souls and ethics in ancient thought*. Oxford: Oxford University Press, 2005.

McGROARTY, K. *Plotinus on eudaimonia: A commentary on Ennead I.4.* Oxford: Oxford University Press, 2006.

McGUCKIN, J. *St Cyril of Alexandria: The Christological controversy.* Leiden: Brill, 1994.

McLYNN, N. B. *Ambrose of Milan: Church and court in a christian capital.* Berkeley: University of California Press, 1994.

MEIJER, P. A. *Stoic theology: Proofs for the existence of the cosmic God and of the traditional gods.* Delft: Eburon, 2007.

MENN, S. *Descartes and Augustine.* Cambridge: Cambridge University Press, 1998.

MEREDITH, A. *Gregory of Nyssa.* London: Routledge, 1999.

MEYENDORFF, J. *Byzantine theology.* New York: Fordham University Press, 1974.

MIGNUCCI, M. The liar paradox and the stoics. In: IERODIAKONOU, K. (ed.). *Topics on stoic philosophy.* Oxford: Oxford University Press, 1999.

MOURANT, J. *Saint Augustine on memory.* Villanova: Villanova University Press, 1980.

NARBONNE, J.M. *Plotinus in dialogue with the gnostics.* Leiden: Brill, 2011.

NUSSBAUM, M. Serpents in the soul: A reading of Seneca's Medea. In: CLAUSS, J. J.; JOHNSTON, S. I. (eds.). *Medea: Essays on Medea in myth, literature, philosophy and art.* Princeton: Princeton University Press, 1997.

NUSSBAUM, M. The incomplete feminism of Musonius Rufus, platonist, stoic and roman. In: NUSSBAUM, M.; SIHVOLA, J. (eds.). *The sleep of reason: Erotic experience and sexual ethics in ancient Greece and Rome.* Chicago: University of Chicago Press, 2002.

NUTTON, V. *Ancient medicine.* London: Routledge, 2004.

OBBINK, D. 'All gods are true' in Epicurus. In: FREDE, D.; LAKS, A. (eds.). *Traditions of theology: studies in hellenistic theology, its background and aftermath.* Leiden: Brill, 2002.

O'BRIEN, D. *Theories of weight in the ancient world.* 2 vols. Paris: Les Belles Lettres, 1981 e 1984.

O'CONNOR, D. K. The invulnerable pleasures of epicurean friendship. *Greek, roman and byzantine studies*, v. 20, p. 165-86, 1989.

O'DALY, G. *Augustine's City of God: A reader's guide*. Oxford: Oxford University Press, 1999.

O'DALY, G. *Augustine's philosophy of mind*. Berkeley: University of California Press, 1987.

O'DALY, G. Predestination and freedom in Augustine's ethics. In: VESEY, G. (ed.). *The philosophy in christianity*. Cambridge: Cambridge University Press, 1989.

O'DONNELL, J. J. *Augustine: A new biography*. New York: HarperCollins, 2005.

O'KEEFE, T. Is epicurean friendship altruistic? *Apeiron*, v. 34, p. 269-305, 2001.

O'KEEFE, T. The cyrenaics on pleasure, happiness and future-concern. *Phronesis*, v. 47, p. 395-416, 2002.

O'MEARA, D. *Platonopolis: Platonic political philosophy in late antiquity*. Oxford: Oxford University Press, 2005.

O'MEARA, D. *Pythagoras revived: Mathematics and philosophy in late antiquity*. Oxford: Oxford University Press, 1989.

O'NEILL, W. (trad.). *Proclus: Alcibiades I*. The Hague: Martinus Nijhoff, 1965.

OPSOMER, J. M. Annius Ammonius, a philosophical profile. In: BONAZZI, M.; OPSOMER, J. (eds.). *The origins of the platonic system*. Leuven: Leuven University Press, 2009.

OPSOMER, J. Olympiodorus. In: GERSON, L. P. (ed.). *The Cambridge history of philosophy in late antiquity*, Cambridge, v. 2, p. 697-710, 2010.

OPSOMER, J. Olympiodorus. In: GERSON, L. P. (ed.). *The Cambridge history of philosophy in late antiquity*. Cambridge: Cambridge University Press, 2010.

OPSOMER, J. Proclus vs Plotinus on matter (De mal. subs. 30-7). *Phronesis*, v. 46, p. 154-88, 2001.

OPSOMER, J. Some problems with Plotinus? Theory of matter/evil: An ancient debate continued. *Quaestio*, v. 7, p. 165-89, 2007.

OPSOMER, J.; STEEL, C. (trad.). *Proclus: On the existence of evils*. London: Duckworth, 2003.

ORIGEN. *On first principles*. Trad. BUTTERWORTH, G. W. Gloucester, Mass.: Peter Smith, 1973.

O'ROURKE, F. *Pseudo-Dionysius and the metaphysics of Aquinas*. Leiden: Brill, 1992.

POWELL, J. G. F. *Cicero the philosopher*. Oxford: Oxford University Press, 1995.

PRIMAVESI, O. Ein Blick in den Stollen von Skepsis: Vier Kapitel zur frühen Überlieferung des Corpus Aristotelicum. *Philologus*, v. 151, p. 51-77, 2007.

RAPPE, S. Abhel (trad.). *Damascius' problems and solutions concerning first principles*. Oxford: Oxford University Press, 2010.

REMES, P. Plotinus' ethics of disinterested ethics. *Journal of Philosophy*, v. 44, p. 1-23, 2006.

REYDAMS-SCHILS, G. *Demiurge and providence: Stoic and platonist readings of Plato's Timaeus*. Turnhout: Brepols, 1999.

RIST, J. M. Augustine on free will and predestination. *Journal of Theological Studies*, v. 20, p. 420-47, 1969.

ROREM, P. *Pseudo-Dionysius: A commentary on the texts and an introduction to their influence*. Oxford: Oxford University Press, 1993.

ROSENBAUM, S. How to be dead and not care: A defense of Epicurus. *American Philosophical Quarterly*, v. 23, p. 217-25, 1986.

SAFFREY, H. D.; WESTERINK, L. G. (ed. e trad.). *Proclus: Théologie Platonicienne*. 4 vols. Paris: Les Belles Lettres, 2003.

SCHAEFER, C. Matter in Plotinus's normative ontology. *Phronesis*, v. 49, p. 266-94, 2004.

SCHIBLI, H. S. *Hierocles of Alexandria*. Oxford: Oxford University Press, 2002.

SCHOFIELD, M. *The stoic idea of the city*. Cambridge: Cambridge University Press, 1991.

SCOTT, M. S. M. *Journey back to God: Origen on the problem of evil*. Oxford: Oxford University Press, 2012.

SEDLEY, D. Epicurus' theological innatism. In: FISH, J.; SANDERS, K. (eds.). *Epicurus and the epicurean tradition*. Cambridge: Cambridge University Press, 2009.

SEDLEY, D. Philosophical allegiance in the greco-roman world. In: GRIFFIN, M.; BARNES, J. (eds.). *Philosophia Togata I: Essays on philosophy and roman society*. Oxford: Oxford University Press, 1989.

SEDLEY, D. The School, from Zeno to Arius Didymus. In: INWOOD, B. (ed.). *The Cambridge companion to the stoics*, Cambridge, p. 7-32, 2003.

SEDLEY, D. The School, from Zeno to Arius Didymus. In: INWOOD, B. (ed.). *The Cambridge companion to the stoics*. Cambridge: Cambridge University Press, 2003.

SEGAL, C. P. *Epicurus on death and anxiety*. Princeton: Princeton University Press, 1990.

SELLARS, J. Stoic cosmopolitanism and Zeno's Republic. *History of political thought*, v. 28, p. 1-29, 2007.

SHARE, M.; WILBERDING, J. (trad.). *Philoponus: Against Proclus on the eternity of the world*. 4 vols. London: Duckworth, 2005-10.

SHARPLES, R. W. (trad.). *Alexander of Aphrodisias: On fate*. London: Duckworth, 1983.

SHARPLES, R. W. *Alexander of Aphrodisias: Supplement to On the soul*. London: Duckworth, 2004.

SHARPLES, R. W. Implications of the New Alexander of Aphrodisias inscription. *Bulletin of the Institute of Classical Studies*, v. 48, p. 47-56, 2005.

SHARPLES, R. W. *Peripatetic philosophy 200 BC to AD 200*. Cambridge: Cambridge University Press, 2010.

SHARPLES, R. W.; EIJK, P. J. van der (trad.). *Nemesius: On the nature of man*. Liverpool: Liverpool University Press, 2008.

SLAVEVA-GRIFFIN, S. *Plotinus on number*. Oxford: Oxford University Press, 2009.

SORABJI, R. *Emotion and peace of mind*. Oxford: Oxford University Press, 2000.

SORABJI, R. *The philosophy of the commentators 200-600 AD*. 3 vols. London: Duckworth, 2004.

SORABJI, R. *Time, creation and the continuum*. London: Duckworth, 1983.

STEEL, C. Breathing thought: Proclus on the innate knowledge of the soul. In: CLEARY, J. J. (ed.). *The perennial tradition of neoplatonism*. Leuven: Leuven University Press, 1997.

STEEL, C. *The changing self: A study on the soul in later neoplatonism*. Brussels: Royal Academy, 1978.

STRIKER, G. Following nature: a study in stoic ethics. *Oxford studies in ancient philosophy*, v. 9, p. 1-73, 1991.

STRIKER, G. The ten tropes of Aenesidemus. In: BURNYEAT, M. (ed.). *The skeptical tradition*. Berkeley: University of California Press, 1983.

SUTO, T. *Boethius on mind, grammar and logic*. Leiden: Brill, 2012.

SVAVARSSON, S. H. Pyrrho and early pyrrhonism. In: BETT, R. (ed.). *The Cambridge companion to ancient scepticism*. Cambridge: Cambridge University Press, 2010.

SVAVARSSON, S. H. Pyrrho's undecidable nature. *Oxford studies in ancient philosophy*, v. 27, p. 249-95, 2004.

SWAIN, S. *Economy, family and society from Rome to Islam: A critical edition, English translation, and study of Brisão's "Management of the estate"*. Cambridge: Cambridge University Press, 2013.

SWAIN, S. Plutarch, Plato, Athens and Rome. In: GRIFFIN, M.; BARNES, J. (eds.). *Philosophia Togata II: Plato and Aristotle at Rome*. Oxford: Oxford University Press, 1997.

SYRIANUS. *On Aristotle Metaphysics 13-14 e 3-4*. Trad. DILLON, J. M.; O'MEARA, D. London: Duckworth, 2006 e 2008.

TARRANT, H. *Thrasyllan platonism*. Ithaca, NY: Cornell University Press, 1993.

TESKE, R. J. *Paradoxes of time in St Augustine*. Milwaukee: Marquette University Press, 1996.

TESKE, R. J. Platonic reminiscence and memory of the present in St Augustine. *New Scholasticism*, v. 58, p. 220-35, 1984.

THILLET, P. *Alexandre d'Aphrodise: Traité de la providence*. Lagrasse: Verdier, 2003.

THORSRUD, H. Arcesilaus and Carneades. In: BETT, R. (ed.). *The Cambridge companion to ancient scepticism*. Cambridge: Cambridge University Press, 2010.

TOLLEFSON, T. T. *Activity and participation in late antique and early christian thought*. Oxford: Oxford University Press, 2012.

TOOMER, G. J. (trad.). *Ptolemy's Almagest*. London: Duckworth, 1984.

TRIGG, J. W. *Origen*. London: Routledge, 1998.

TSOUNA, V. Rationality and the fear of death in epicurean philosophy. *Rhizai*, v. 3, p. 79-117, 2006.

TSOUNA, V. *The ethics of Philodemus*. Oxford: Oxford University Press, 2007.

VAN HOOOF, L. *Plutarch's practical ethics*. Oxford: Oxford University Press, 2010.

VAN WINDEN, J. C. M. *Calcidius on matter*. Leiden: Brill, 1959.

VLASTOS, G. Minimal parts in epicurean atomism. *Isis*, v. 56, p. 121-47, 1965.

WALZER, R.; FREDE, M. (trad.). *Galen: Three treatises on the nature of science*. Indianapolis: Hackett, 1985.

WARREN, J. Epicurus and the pleasures of the future. *Oxford studies in ancient philosophy*, v. 21, p. 135-79, 2001.

WARREN, J. *Facing death: Epicurus and his critics*. Oxford: Oxford University Press, 2004.

WATTS, E. J. *City and school in late antique Athens and Alexandria*. Berkeley: University of California Press, 2006.

WEAR, S. Klitenic. *The teachings of Syrianus on Plato's Timaeus and Parmenides*. Leiden: Brill, 2011.

WETZEL, J. (ed.). *Augustine's City of God: A critical guide*. Cambridge: Cambridge University Press, 2012.

WILDBERG, C. (trad.). *Philoponus: Against Proclus on the eternity of the world*. London: Duckworth, 1987.

WILLIAMS, M. HALE. *The monk and the book: Jerome and the making of christian scholarship*. Chicago: University of Chicago Press, 2006.

WINDEN, J. C. M. van. *Calcidius on matter*. Leiden: Brill, 1959.

WOLFF, M. Philoponus and the rise of preclassical dynamics. In: SORABJI, R. (ed.). *Philoponus and the rejection of aristotelian science*. Ithaca, NY: Cornell University Press, 1987.

WOODRUFF, P. The pyrrhonian modes. In: BETT, R. (ed.). *The Cambridge companion to ancient scepticism*. Cambridge: Cambridge University Press, 2010.

WOOLF, R. Pleasure and desire. In: WARREN, J. (ed.). *The Cambridge companion to epicureanism*. Cambridge: Cambridge University Press, 2009.

WOOLF, R. What kind of hedonist was Epicurus? *Phronesis*, v. 49, p. 303-22, 2004.

YONGE, C. D. *The works of Philo*. Peabody, Mass.: Hendrickson, 1993.

ZILIOLI, U. *The cyrenaics*. Durham, NC: Acumen, 2012.

Bibliografia complementar

Nesta seção, apresentam-se leituras complementares relativas a cada uma das principais partes da obra, juntamente com recomendações para os temas de determinados capítulos; as referências que tratam de assuntos mais específicos encontram-se nas notas aos capítulos deste volume.

Filosofia helenística

ALGRA, K. et al. (eds.). *The Cambridge history of hellenistic philosophy*. Cambridge: Cambridge University Press, 1999.

ANNAS, J. *Hellenistic philosophy of mind*. Berkeley: University of California Press, 1992.

BRUNSCHWIG, J. *Papers in hellenistic philosophy*. Cambridge: Cambridge University Press, 1994.

BURNYEAT, M.; SCHOFIELD, M. (eds.). *Doubt and dogmatism: Studies in hellenistic epistemology*. Oxford: Oxford University Press, 1980.

GILL, C. *The structured self in hellenistic and roman thought*. Oxford: Oxford University Press, 2006.

GRIFFIN, M.; BARNES, J. (eds.). *Philosophia Togata I: Essays on philosophy and roman society*. Oxford: Oxford University Press, 1989.

GRIFFIN, M.; BARNES, J. (eds.). *Philosophia Togata II: Plato and Aristotle at Rome*. Oxford: Oxford University Press, 1997.

LONG, A. *Hellenistic philosophy*. London: Duckworth, 1974.

LONG, A.; SEDLEY, D. *The hellenistic philosophers*. Cambridge: Cambridge University Press, 1987. v. 1.

LONG, A.; SEDLEY, D. *The hellenistic philosophers*. Cambridge: Cambridge University Press, 1987. v. 2.

SCHOFIELD, M.; STRIKER, G. (eds.). *The norms of nature: Studies in hellenistic ethics*. Cambridge: Cambridge University Press, 1986.

SHARPLES, R. *Stoics, epicureans and sceptics: An introduction to hellenistic philosophy*. London: Routledge, 1996.

STRIKER, G. *Essays on hellenistic epistemology and ethics*. Cambridge: Cambridge University Press, 1996.

O legado socrático

BOYS-STONES, G.; ROWE, C. (eds.). *The circle of Socrates: Readings in the first-generation socratics*. Indianapolis: Hackett Publishing, 2013.

LONG, A. Socrates in hellenistic philosophy. *Classical Quarterly*, London, v. 38, n. 1, p. 150-171, 1988.

LONG, A. The socratic legacy. In: ALGRA, K. et al. (eds.). *The Cambridge history of hellenistic philosophy*. Cambridge: Cambridge University Press, 1999. p. 617-641.

MERLAN, P. Minor socratics. *Journal of the history of philosophy*, Baltimore, v. 10, n. 2, p. 143-152, 1972.

WAERDT, P. (ed.). *The socratic movement*. Ithaca: Cornell University Press, 1994.

Os cínicos

BRANHAM, R.; GOULET-CAZÉ, M. (eds.). *The cynics*. London: University of California Press, 1996.

DESMOND, W. *Cynics*. Stocksfield: Acumen, 2008.

DUDLEY, D. *A history of cynicism from Diogenes to the sixth century AD*. London: Methuen, 1937.

Os cirenaicos

IRWIN, T. Aristippus against happiness. *The monist*, La Salle, v. 74, n. 1, p. 55-82, 1991.

O'KEEFE, T. The cyrenaics on pleasure, happiness, and future-concern. *Phronesis*, Leiden, v. 47, n. 4, p. 395-416, 2002.

TSOUNA, V. *The epistemology of the cyrenaic school*. Cambridge: Cambridge University Press, 1998.

ZILIOLI, U. *The cyrenaics*. Durham: Acumen, 2012.

Epicuro

BAILEY, C. *Epicurus: The extant remains*. Oxford: Clarendon Press, 1926.

FISH, J.; SANDERS, K. (eds.). *Epicurus and the epicurean tradition*. Cambridge: Cambridge University Press, 2009.

MITSIS, P. *Epicurus' ethical theory: The pleasures of invulnerability*. Ithaca: Cornell University Press, 1988.

O'KEEFE, T. *Epicurus on freedom*. Cambridge: Cambridge University Press, 2005.

O'KEEFE, T. *Epicureanism*. Durham: Acumen, 2010.

RIST, J. *Epicurus: An introduction*. Cambridge: Cambridge University Press, 1972.

WARREN, J. *Facing death: Epicurus and his critics*. Oxford: Oxford University Press, 2004.

WARREN, J. (ed.). *The Cambridge companion to epicureanism*. Cambridge: Cambridge University Press, 2009

Lucrécio

ALGRA, K. et al. (eds.). *Lucretius and his intellectual background*. Amsterdam: Royal Netherlands Academy, 1997.

CLAY, D. *Lucretius and Epicurus*. Ithaca: Cornell University Press, 1983.

FURLEY, D. Lucretius and the stoics. In: FURLEY, D. *Cosmic problems*. Cambridge: Cambridge University Press, 1989.

FURLEY, D. Lucretius the epicurean: On the history of man. In: FURLEY, D. *Cosmic problems*. Cambridge: Cambridge University Press, 1989.

GILLESPIE, S.; HARDIE, P. (eds.). *The Cambridge companion to Lucretius*. Cambridge: Cambridge University Press, 2007.

SEDLEY, D. *Lucretius and the transformation of greek wisdom*. Cambridge: Cambridge University Press, 1998.

SMITH, M. (trad.). *Lucretius: On the nature of things*. Indianapolis: Hackett Publishing, 2001

O estoicismo

BOBZIEN, S. *Determinism and freedom in stoic philosophy*. Oxford: Oxford University Press, 1998.

BRENNAN, T. *The stoic life: Emotions, duties, and fate*. Oxford: Oxford University Press, 2005.

GRAVER, M. *Stoicism and emotion*. Chicago: University of Chicago Press, 2007.

IERODIAKONOU, K. (ed.). *Topics in stoic philosophy*. Oxford: Oxford University Press, 1999.

INWOOD, B. *Ethics and human action in early stoicism*. Oxford: Oxford University Press, 1985.

INWOOD, B. *The Cambridge companion to the stoics*. Cambridge: Cambridge University Press, 2003.

LONG, A. *Problems in stoicism*. London: Athlone Press, 1971.

LONG, A. *Stoic studies*. Cambridge: Cambridge University Press, 1996.

RIST, J. (ed.). *The stoics*. Berkeley: University of California Press, 1978.

SALLES, R. (ed.). *God and cosmo in stoicism*. Oxford: Oxford University Press, 2009.

SAMBURSKY, S. *The physics of the stoics*. London: Routledge, 1959.

SELLARS, J. *Stoicism*. Chesham: Acumen, 2006.

STRANGE, S.; ZUPKO, J. (eds.). *Stoicism: Traditions and transformations*. Cambridge: Cambridge University Press, 2004

Sêneca

BARTSCH, S.; WRAY, D. *Seneca and the self*. Cambridge: Cambridge University Press, 2009.

COOPER, J.; PROCOPÉ, J. (eds. e trads.). *Seneca: Moral and political essays*. Cambridge: Cambridge University Press, 1995.

GRIFFIN, M. *Seneca: A philosopher in politics*. Oxford: Oxford University Press, 1992.

INWOOD, B. *Reading Seneca: Stoic philosophy at Rome*. Oxford: Oxford University Press, 2005.

INWOOD, B. (trad.). *Seneca: Selected philosophical letters*. Oxford: Oxford University Press, 2007.

Epiteto

GILL, C.; HARD, R. (eds.). *The discourses and handbook of Epictetus*. London: Everyman, 1995.

LONG, A. *Epictetus: A stoic and socratic guide to life*. Oxford: Oxford University Press, 2002.

SCALTSAS, T.; MASON, A. (eds.). *The philosophy of Epictetus*. Oxford: Oxford University Press, 2007.

Marco Aurélio

ASMIS, E. The Stoicism of Marcus Aurelius. *Aufstieg und Niedergang der römischen Welt*, Berlin, v. II.36.3, p. 2.228-2.252, 1989.

AURELIUS, M. *The meditations*. Trad. GRUBE, G. Indianapolis: Hackett Publishing, 1983.

HADOT, P. *The inner citadel: The meditations of Marcus Aurelius*. Trad. CHASE, M. Cambridge: Harvard University Press, 1992.

McLYNN, F. *Marcus Aurelius: Warrior, philosopher, emperor*. London: Bodley Head, 2009.

RIST, J. Are you a stoic? The case of Marcus Aurelius. In: MEYER, B.; SANDERS, E. (eds.). *Self definition in the greco-roman world*. Philadelphia: Fortress Press, 1982.

RUTHERFORD, R. *The meditations of Marcus Aurelius*. Oxford: Oxford University Press, 1989.

SELLARS, J. *The art of living: The stoics on the nature and function of philosophy*. Aldershot: Ashgate, 2003.

O ceticismo

BARNES, J. *The toils of scepticism*. Cambridge: Cambridge University Press, 1990.

BETT, R. (ed.). *The Cambridge companion to ancient scepticism*. Cambridge: Cambridge University Press, 2010.

HANKINSON, R. *The sceptics*. London: Routledge, 1995.

SEDLEY, D. The motivation of greek skepticism. In: BURNYEAT, M. (ed.). *The skeptical tradition*. Berkeley: University of California Press, 1983. p. 9-29.

A Nova Academia (Cética)

ALLEN, J. Academic probabilism and stoic epistemology. *Classical Quarterly*, London, v. 44, n. 1, p. 85-113, 1994.

BETT, R. Carneades' Pithanon: A reappraisal of its role and status. *Oxford studies in ancient philosophy*, Oxford, v. 7, p. 59-94, 1989.

BRITTAIN, C. *Philo of Larissa: The last of the academic sceptics*. Oxford: Oxford University Press, 2001.

Pirro

BETT, R. *Pyrrho, his antecedents and his legacy*. Oxford: Oxford University Press, 2000.

BRENNAN, T. Pyrrho on the criterion. *Ancient philosophy*, Pittsburgh, v. 18, n. 2, p. 417-434, 1998.

SVAVARSSON, S. Pyrrho's undecidable nature. *Oxford studies in ancient philosophy*, Oxford, v. 27, p. 249-295, 2004.

Cícero

BARAZ, Y. *A written republic: Cicero's philosophical politics*. Princeton: Princeton University Press, 2012.

GLUCKER, J. Cicero's philosophical affiliations. In: DILLON, J.; LONG, A. (eds.). *The question of eclecticism*. Berkeley: University of California Press, 1987. p. 34-69.

INWOOD, B.; MANSFELD, J. (eds.). *Assent and argument: Studies in Cicero's academic books*. Leiden: Brill, 1997.

MacKENDRICK, P. *The philosophical books of Cicero*. London: Duckworth, 1989.

POWELL, J. (ed.). *Cicero the philosopher*. Oxford: Oxford University Press, 1995.

WOOLF, R. *Cicero: The philosophy of a roman sceptic*. Durham: Durham University Press, 2015.

Sexto Empírico e o pirronismo

ANNAS, J.; BARNES, J. *The modes of Scepticism*. Cambridge: Cambridge University Press, 1985.

ANNAS, J.; BARNES, J. (eds. e trads.). *Sextus Empiricus: Outlines of Scepticism*. Cambridge: Cambridge University Press, 2000.

BAILEY, A. *Sextus Empiricus and pyrrhonean skepticism*. Oxford: Oxford University Press, 2002.

BURNYEAT, M.; FREDE, M. (eds.). *The original sceptics*. Indianapolis: Hackett Publishing, 1997.

STRIKER, G. The ten tropes of Aenesidemus. In: BURNYEAT, M. (ed.). *The skeptical tradition*. Berkeley: University of California Press, 1983. p. 95-115.

Galeno e as escolas de medicina da Antiguidade

ADAMSON, P.; HANSBERGER, R.; WILBERDING, J. (eds.). *Philosophical themes in Galen*. London: Institute of Classical Studies, 2013.

BARNES, J.; JOUANNA, J. (eds.). *Galien et la philosophie*. Vandoeuvres: Fondation Hardt, 2003.

EDELSTEIN, L. The relation of ancient philosophy to medicine. *Bulletin of the history of medicine*, Baltimore, v. 26, n. 4, p. 299-316, 1952.

LONGRIGG, J. *Greek medicine from the heroic to the hellenistic age: A source book*. London: Duckworth, 1998.

NUTTON, V. *Ancient medicine*. London: Routledge, 2004.

SINGER, P. (trad.). *Galen: Selected works*. Oxford: Oxford University Press, 2002.

VAN DER EIJK, P. *Medicine and philosophy in classical antiquity*. Cambridge: Cambridge University Press, 2005.

WALZER, R.; FREDE, M. (trads.). *Galen: Three treatises on the nature of science*. Indianapolis: Hackett Publishing, 1985.

Filosofia da Antiguidade Tardia

BOYS-STONES, G. *Post-hellenistic philosophy*. Oxford: Oxford University Press, 2001.

DILLON, J.; GERSON, L. *Neoplatonic philosophy: Introductory readings*. Indianapolis: Hackett Publishing, 2004.

DÖRRIE, H.; BALTES, M. *Der Platonismus in der Antike*. Stuttgart: Frommann-Holzboog, 1993.

EDWARDS, M.; SWAIN, S. *Approaching late antiquity*. Oxford: Oxford University Press, 2004.

GERSON, L. (ed.). *The Cambridge history of philosophy in late antiquity*. Cambridge: Cambridge University Press, 2010. 2 v.

REMES, P. *Neoplatonism*. Stocksfield: Acumen, 2008.

REMES, P.; SLAVEVA-GRIFFIN, S. (eds.). *The Routledge handbook of neoplatonism*. London: Routledge, 2014.

SCHOFIELD, M. (ed.). *Aristotle, Plato and Pythagoreanism in the first century BC: New directions for philosophy*. Cambridge: Cambridge University Press, 2013.

SMITH, A. *Philosophy in late antiquity*. London: Routledge, 2004.

SORABJI, R. (ed.). *The philosophy of the commentators, 200-600 AD: A sourcebook*. London: Duckworth, 2004. 3 v.

TUOMINEN, M. *The ancient commentators on Plato and Aristotle*. Stocksfield: Acumen, 2009.

O platonismo médio

DILLON, J. (trad.). *Alcinous: The handbook of platonism*. Oxford: Oxford University Press, 1993.

DILLON, J. *The middle platonists: 80 B.C. to A.D. 220*. Ithaca: Cornell University Press, 1996. 2. ed.

KARAMANOLIS, G. *Plato and Aristotle in agreement?*. Oxford: Oxford University Press, 2005.

SHARPLES, R.; SORABJI, R. (eds.). *Greek and roman philosophy 100 BC–200 AD*. London: Institute of Classical Studies, 2007. 2 v.

TARRANT, H. *Thrasyllan platonism*. Ithaca: Cornell University Press, 1993.

Filo de Alexandria

KAMESAR, A. (ed.). *The Cambridge companion to Philo*. Cambridge: Cambridge University Press, 2009.

MANSFELD, J. Philosophy in the service of scripture: Philo's exegetical strategies. In: DILLON, J.; LONG, A. (eds.). *The question of "eclecticism"*. Berkeley: University of California Press, 1988. p. 70-102.

REYDAMS-SCHILS, G. Philo of Alexandria on stoic and platonist psycho-physiology: The socratic higher ground. *Ancient philosophy*, Pittsburgh, v. 22, n. 1, p. 125-147, 2002.

RUNIA, D. *Philo and the Timaeus of Plato*. Leiden: Brill, 1986.

SANDMEL, S. *Philo of Alexandria: An introduction*. New York: Oxford University Press, 1979.

SCHENCK, K. *A brief guide to Philo*. Louisville: Westminster John Knox Press, 2005.

WOLFSON, H. *Philo: Foundations of religious philosophy in judaism, christianity, and islam*. Cambridge: Harvard University Press, 1948.

Plutarco

BRENK, F.; HERSHBELL, J.; STADTER, P. (eds.). Plutarch. *Illinois classical studies*, Urbana, v. 13, n. 2, 1988.

HERSHBELL, J. Plutarch and stoicism. *Aufstieg und Niedergang der römischen Welt*, Berlin, v. II.36.5, p. 3.336-3.352, 1992.

HERSHBELL, J. Plutarch and epicureanism. *Aufstieg und Niedergang der römischen Welt*, Berlin, v. II.36.5, p. 3.353-3.383, 1992.

JONES, C. *Plutarch and Rome*. Oxford: Oxford University Press, 1971.

LAMBERTON, R. *Plutarch*. New Haven: Yale University Press, 2001.

OPSOMER, J. Plutarch's De animae procreatione in Timaeo: Manipulation or search for consistency? In: ADAMSON, P.; BALTUSSEN, H.; STONE, M. (eds.). *Philosophy, Science and exegesis in greek, arabic and latin commentaries*. Londres: Institute of Classical Studies, 2004. v. 1, p. 137-162.

VAN HOOF, L. *Plutarch's practical ethics*. Oxford: Oxford University Press, 2010.

A ascensão do aristotelismo

ALBERTI, A.; SHARPLES, R. (eds.). *Aspasius: The earliest extant commentary on Aristotle's ethics*. Berlin: De Gruyter, 1999.

BARNES, J. Roman Aristotle. In: BARNES, J.; GRIFFIN, M. (eds.). *Philosophia Togata II: Plato and Aristotle at Rome*. Oxford: Oxford University Press, 1997. p. 1-69.

GRIFFIN, M. *Aristotle's Categories in the early roman empire*. Oxford: Oxford University Press, 2015.

GOTTSCHALK, H. Aristotelian philosophy in the roman world. *Aufstieg und Niedergang der römischen Welt*, Berlin, v. II.36.2, p. 1.079-1.174, 1987.

SHARPLES, R. *Peripatetic philosophy 200 BC to AD 200*. Cambridge: Cambridge University Press, 2010.

SHARPLES, R.; SORABJI, R. (eds.). *Greek and roman philosophy 100 BC–200 AD*. London: Institute of Classical Studies, 2007. 2 v.

Alexandre de Afrodísias

FREDE, D. The dramatization of determinism: Alexander of Aphrodisias' De Fato. *Phronesis*, Leiden, v. 27, n. 3, p. 276-298, 1982.

RASHED, M. *Essentialisme: Alexandre d'Aphrodise entre logique, physique et cosmologie*. Berlin: De Gruyter, 2007.

SHARPLES, R. (trad.). *Alexander of Aphrodisias: On fate*. London: Duckworth, 1983.

SHARPLES, R. Alexander of Aphrodisias: Scholasticism and innovation. *Aufstieg und Niedergang der römischen Welt*, Berlin, v. II.36.2, p. 1.176-1.243, 1987.

TWEEDALE, M. Alexander of Aphrodisias' views on universals. *Phronesis*, Leiden, v. 29, n. 3, p. 279-303, 1984.

Retórica e filosofia antiga

ANDERSON, G. *The second sophistic*. London: Routledge, 1993.

BOWERSOCK, G. Philosophy in the second sophistic. In: CLARK, G.; RAJAK, T. (eds.). *Philosophy and power in the graeco-roman world*. Oxford: Oxford University Press, 2002. p. 157-170.

HEATH, M. Platonists and the teaching of rhetoric in late antiquity. In: VASSILOPOULOU, P.; CLARK, S. (eds.). *Late antique epistemology*. London: Palgrave Macmillan, 2009. p. 143-159.

HEATHER, P.; MONCUR, D. *Politics, philosophy and empire in the fourth century: Select orations of Themistius*. Liverpool: Liverpool University Press, 2001.

LUHTALA, A. *Grammar and philosophy in late antiquity*. Amsterdam: John Benjamins, 2005.

SLUITER, I. *Ancient grammar in context*. Amsterdam: VU University Press, 1990.

SWIGGERS, P.; WOUTERS, A. (eds.). *Grammatical theory and philosophy of language in antiquity*. Leuven: Peeters, 2002.

TRAPP, M. *Philosophy in the roman empire: Ethics, politics and society*. Aldershot: Ashgate, 2007.

Astronomia e astrologia

ADAMSON, P. Plotinus on astrology. *Oxford studies in ancient philosophy*, Oxford, v. 35, p. 265-291, 2008.

BARTON, T. *Ancient astrology*. London: Routledge, 1994.

BOUCHÉ-LECLERCQ, L. *L'astrologie grecque*. Paris: Ernest Leroux, 1899.

LONG, A. Astrology: Arguments pro and contra. In: BARNES, J. et al. (eds.). *Science and speculation: Studies in hellenistic theory and practice*. Cambridge: Cambridge University Press, 1982. p. 165-192.

NEUGEBAUER, O. *Astronomy and history: Selected essays*. New York: Springer, 1983.

TAUB, L. *Ptolemy's universe*. Chicago: Open Court, 1993.

Plotino

ARMSTRONG, A. (trad.). *Plotinus: Enneads*. Cambridge: Harvard University Press, 1966-88. 7 v.

GERSON, L. (ed.). *The Cambridge companion to Plotinus*. Cambridge: Cambridge University Press, 1996.

GERSON, L. *Plotinus*. London: Routledge, 1998.

O'MEARA, D. *Plotinus: An introduction to the Enneads*. Oxford: Oxford University Press, 1993.

RIST, J. *Plotinus: The road to reality*. Cambridge: Cambridge University Press, 1967.

Plotino, o uno e o intelecto

ARMSTRONG, A. The background of the doctrine that the intelligibles are not outside the intellect. In: *Les sources de Plotin*. Geneva: Fondation Hardt, 1960. p. 393-413.

BUSSANICH, J. *The One and its relation to intellect in Plotinus*. Leiden: Brill, 1988.

EMILSSON, E. *Plotinus on intellect*. Oxford: Oxford University Press, 2007.

SLAVEVA-GRIFFIN, S. *Plotinus on number*. Oxford: Oxford University Press, 2009.

Plotino e a alma

BLUMENTHAL, H. *Plotinus' psychology*. The Hague: Martinus Nijhoff, 1971.

CHIARADONNA, R. (ed.). *Studi sull'anima in Plotino*. Naples: Bibliopolis, 2005.

EMILSSON, E. Plotinus on soul–body dualism. In: EVERSON, S. (ed.). *Psychology: companions to ancient thought*. Cambridge: Cambridge University Press, 1991.

REMES, P. *Plotinus on self: The philosophy of the "we"*. Cambridge: Cambridge University Press, 2007.

Plotino, a matéria e o mal

NARBONNE, J. *Plotinus in dialogue with the gnostics*. Leiden: Brill, 2011.

O'BIRNE, D. *Plotinus on the origin of matter*. Naples: Bibliopolis, 1991.

O'MEARA, D. Evil in Plotinus (Enn. I, 8). In: O'MEARA, D. *The structure of being and the search for the good*. Aldershot: Ashgate, 1998.

RIST, J. Plotinus on matter and evil. *Phronesis*, Leiden, v. 6, n. 2, p. 154-166, 1961.

Porfírio

BARNES, J. (trad. e comentários). *Porphyry: Introduction*. Oxford: Oxford University Press, 2003.

CLARK, G. (trad.). *Porphyry: On abstinence from killing animals*. London: Duckworth, 2000.

EBBESEN, S. Porphyry's legacy to logic. In: SORABJI, R. (ed.). *Aristotle transformed*. London: Duckworth, 1990. p. 141-171.

JOHNSON, A. *Religion and identity in Porphyry of Tyre*. Cambridge: Cambridge University Press, 2013.

KARAMANOLIS, G.; SHEPPARD, A. (eds.). *Studies on Porphyry*. London: Institute of Classical Studies, 2007.

SMITH, A. *Porphyry's place in the neoplatonic tradition: A study in post-plotinian neoplatonism*. The Hague: Martinus Nijhoff, 1974.

STRANGE, S. (trad.). *Porphyry: On Aristotle's Categories*. London: Duckworth, 1992

Jâmblico

AFONASIN, E.; DILLON, J.; FINAMORE, J. (eds.). *Iamblichus and the foundations of late platonism*. Leiden: Brill, 2012.

BLUMENTHAL, H.; CLARK, E. (eds.). *The divine Iamblichus*. London: Bristol Classical Press, 1993.

BLUMENTHAL, H.; FINAMORE, J. (eds.). Iamblichus the philosopher. *Syllecta Classica*, Iowa City, v. 8, 1997. Edição especial.

CLARKE, E.; DILLON, J.; HERSHBELL, J. (trads.). *Iamblichus: On the mysteries*. Atlanta: Society of Biblical Literature, 2003.

SHAW, G. *Theurgy and the soul: The neoplatonism of Iamblichus*. University Park: Penn State University Press, 1995.

Proclo

CHLUP, R. *Proclus: An introduction*. Cambridge: Cambridge University Press, 2012.

DODDS, E. *Proclus: The elements of theology*. Oxford: Oxford University Press, 1933.

HELMIG, C. *Forms and concepts. Concept formation in the platonic tradition*. Berlin: De Gruyter, 2012.

PERKAMS, M.; PICCIONE, R. (eds.). *Proklos: Methode, seelenlehre, metaphysik*. Leiden: Brill, 2006.

SIORVANES, L. *Proclus: neo-platonic philosophy and science*. New Haven: Yale University Press, 1996.

Neoplatonismo tardio

ATHANASSIADI, P. *Julian: An intellectual biography*. London: Routledge, 1981.

BALTUSSEN, H. *Philosophy and exegesis in Simplicius*. London: Duckworth, 2008.

CAMERON, A. *The last pagans of Rome*. Oxford: Oxford University Press, 2010.

DZIELSKA, M. *Hypatia of Alexandria*. Cambridge: Harvard University Press, 1995.

STEEL, C. *The changing self: A Study on the soul in later neoplatonism*. Brussels: Paleis der Academiën, 1978.

WATTS, E. *City and school in late antique Athens and Alexandria*. Berkeley: University of California Press, 2006.

Filopono

HAAS, F. *John Philoponus' new definition of prime matter: Aspects of its background in neoplatonism and the ancient commentary tradition*. Leiden: Brill, 1997.

PHILLIPS, J. Neoplatonic exegeses of Plato's cosmogony (Timaeus 27C–28C). *Journal of the history of philosophy*, Baltimore, v. 35, n. 2, p. 173-197, 1977.

SORABJI, R. (ed.). *Philoponus and the rejection of aristotelian science*. London: Institute of Classical Studies, 2011. Nova edição.

VERBEKE, G. Some late neoplatonic views on divine creation and the eternity of the world. In: O'MEARA, D. (ed.). *Neoplatonism and christian thought*. Albany: State University of New York Press, 1982.

O lar e o Estado

BROWN, P. *The philosopher and society in late antiquity*. Berkeley: University of California Press, 1978.

GARNSEY, P. *Ideas of slavery from Aristotle to Augustine*. Cambridge: Cambridge University Press, 1996.

O'MEARA, D. *Platonopolis: Platonic political philosophy in late antiquity*. Oxford: Oxford University Press, 2005.

SMITH, A. (ed.). *The philosopher and society in late antiquity*. Bristol: Bristol Classical Press, 2003.

SWAIN, S. *Economy, family and society from Rome to Islam: A critical edition, English translation, and study of Brisão's "Management of the Estate"*. Cambridge: Cambridge University Press, 2013.

A filosofia na Antiguidade cristã

BETTENSON, H. *The early christian Church Fathers*. Oxford: Oxford University Press, 1956.

BETTENSON, H. *The later christian Church Fathers*. Oxford: Oxford University Press, 1970.

CHADWICK, H. *Early christian thought and the classical tradition: Studies in Justin, Clement and Origen*. Oxford: Oxford University Press, 1966.

EDWARDS, M. *Christians, gnostics and philosophers in late antiquity*. Farnham: Ashgate, 2012.

EVANS, G. *The first christian theologians*. Oxford: Blackwell, 2004.

KARAMANOLIS, G. *The philosophy of early christianity*. Stocksfield: Acumen, 2014.

LÖHR, W. Christianity as philosophy. *Vigiliae Christianae*, Leiden, v. 64, n. 2, p. 160-188, 2010.

OSBORNE, E. *The beginning of christian philosophy*. Cambridge: Cambridge University Press, 1981.

STEAD, C. *Philosophy in christian antiquity*. Cambridge: Cambridge University Press, 1994.

WOLFSON, H. *The philosophy of the Church Fathers*. Cambridge: Harvard University Press, 1970.

YOUNG, F.; AURES, L.; LOUTH, A. (eds.). *Cambridge history of early christian literature*. Cambridge: Cambridge University Press, 2004.

Os Padres da Igreja na Grécia

GRANT, R. *Greek apologists of the second century*. Philadelphia: Westminster Press, 1988.

GRANT, R. *Irenaeus of Lyons*. London: Routledge, 1997.

LILLA, S. *Clement of Alexandria*. Oxford: Oxford University Press, 1971.

OSBORNE, E. *Clement of Alexandria*. Cambridge: Cambridge University Press, 2005.

TIMOTHY, H. *The early christian apologists and greek philosophy*. Assen: Van Gorcum, 1973.

Orígenes

BUTTERWORTH, G. (trad.). *Origen: On first principles*. Gloucester: Peter Smith, 1973.

CROUZEL, H. *Origen: The life and thought of the first great theologian*. Trad. WORRALL, A. San Francisco: Harper & Row, 1989.

EDWARDS, M. *Origen against Plato*. Aldershot: Ashgate, 2002.

KANNENGIESSER, C.; PETERSON, W. (eds.). *Origen of Alexandria: His world and his legacy*. Notre Dame: University of Notre Dame Press, 1988.

SCOTT, M. *Journey back to God: Origen on the problem of evil*. Oxford: Oxford University Press, 2012.

TRIGG, J. *Origen*. London: Routledge, 1998.

Os capadócios

DALEY, B. *Gregory of Nazianzus*. London: Routledge, 2006.

DELCOGLIANO, M. *Basil of Caesarea's anti-eunomian theory of names*. Leiden: Brill, 2010.

McGUCKIN, J. *Saint Gregory of Nazianzus: An intellectual biography*. Crestwood: St. Vladimir's Seminary Press, 2001.

MEREDITH, A. *The Cappadocians*. Crestwood: St. Vladimir's Seminary Press, 1996.

MEREDITH, A. *Gregory of Nyssa*. London: Routledge, 1999.

ZACHHUBER, J. *Human nature in Gregory of Nyssa*. Leiden: Brill, 2000.

Pseudo-Dionísio

GERSH, S. *From Iamblichus to Eriugena: An investigation of the prehistory and evolution of the Pseudo-Dionysian tradition*. Leiden: Brill, 1978.

LOUTH, A. *Denys the areopagite*. London: Geoffrey Chapman, 1989.

LUIBHEID, C.; ROREM, P. (trads.). *Pseudo-Dionysius: The complete works*. London: SPCK, 1987.

ROREM, P. *Pseudo-Dionysius: A commentary on the texts and an introduction to their Influence*. Oxford: Oxford University Press, 1993.

SCHÄFER, C. *The philosophy of Dionysius the areopagite*. Leiden: Brill, 2006.

Máximo o Confessor, e o debate cristológico

BATHRELLOS, D. *The byzantine Christ*. Oxford: Oxford University Press, 2004.

BRADSHAW, D. *Aristotle East and West*. Cambridge: Cambridge University Press, 2007.

LOUTH, A. *Maximus the Confessor*. London: Routledge, 1996.

MEYENDORFF, J. *Byzantine theology*. New York: Fordham University Press, 1974.

TOLLEFSON, T. *The christocentric theology of St Maximus the Confessor*. Oxford: Oxford University Press, 2008.

TÖRÖNEN, M. *Union and distinction in the thought of St Maximus the Confessor*. Oxford: Oxford University Press, 2007.

O ascetismo cristão na Antiguidade

BROWN, P. *Through the eye of a needle: Wealth, the fall of Rome and the making of christianity in the West 350-550 AD*. Princeton: Princeton University Press, 2012.

CASIDAY, A. *Evagrius Ponticus*. London: Routledge, 2006.

CLARK, E. *Ascetic piety and women's faith: Essays in late ancient christianity*. Lewiston: Edwin Mellen Press, 1986.

CLARK, G. *Body and gender, soul and reason in late antiquity*. Farnham: Ashgate, 2011.

ELM, S. *"Virgins of God": The making of asceticism in late antiquity*. Oxford: Oxford University Press, 1994.

HUNT, H. *Clothed in the body: Asceticism, the body and the spiritual in the late antique era*. Farnham: Ashgate, 2012.

Os Padres da Igreja latina

CHADWICK, H. *Early christian thought and the classical tradition: Studies in Justin, Clement and Origen*. Oxford: Oxford University Press, 1966.

DIGESER, E. *The making of a christian empire: Lactantius and Rome*. London: Cornell University Press, 2000.

HALE, M. *The monk and the book: Jerome and the making of christian scholarship*. Chicago: University of Chicago Press, 2006.

KELLY, J. *Jerome: His life, writings, and controversies*. London: Duckworth, 1975.

McLYNN, N. *Ambrose of Milan: Church and court in a christian capital*. Berkeley: University of California Press, 1994.

OSBORNE, E. *Tertullian, first theologian of the West*. Cambridge: Cambridge University Press, 1997.

RAMSEY, B. *Ambrose*. London: Routledge, 1997.

SMITH, J. *Christian grace and pagan virtue: The theological foundation of Ambrose's ethics*. Oxford: Oxford University Press, 2011.

Agostinho

BROWN, P. *Augustine of Hippo*. Berkeley: University of California Press, 1969.

BYERS, S. *Perception, sensibility, and moral motivation in Augustine*. Cambridge: Cambridge University Press, 2012.

CHADWICK, H. *Augustine*. New York: Oxford University Press, 1986.

CHADWICK, H. (trad.). *Augustine: Confessions*. Oxford: Oxford University Press, 1991.

KIRWAN, C. *Augustine*. London: Routledge, 1989.

MARKUS, R. (ed.). *Augustine: A collection of critical essays*. Garden City: Anchor Books, 1972.

O'DONNELL, J. *Augustine: A new biography*. New York: HarperCollins, 2005.

RIST, J. *Augustine*. Cambridge: Cambridge University Press, 1994.

STUMP, E.; KRETZMANN, N. (eds.). *The Cambridge companion to Augustine*. Cambridge: Cambridge University Press, 2001.

VESSEY, M. (ed.). *A companion to Augustine*. London: Wiley-Blackwell, 2012.

O platonismo latino

DEN BOEFT, J. *Calcidius on fate*. Leiden: Brill, 1970.

GERSH, S. *Middle platonism and neoplatonism: The latin tradition*. Notre Dame: University of Notre Dame Press, 1986. 2 v.

GERSH, S. The medieval legacy from ancient platonism. In: GERSH, S.; HOENEN, M. (eds.). *The platonic tradition in the Middle Ages*. Berlin: De Gruyter, 2002. p. 3-30.

STAHL, W. (trad.). *Macrobius: Commentary on the dream of Scipio*. New York: Columbia University Press, 1953.

STAHL, W.; JOHNSON, R.; BURGE, E. *Martianus Capella and the seven liberal arts*. New York: Columbia University Press, 1971, 1977. 2 v.

VAN WINDEN, J. *Calcidius on matter*. Leiden: Brill, 1959.

Boécio

GIBSON, M. (ed.). *Boethius: His life, thought and influence*. Oxford: Blackwell, 1981.

MARENBON, J. *Boethius*. New York: Oxford University Press, 2003.

MARENBON, J. (ed.). *The Cambridge companion to Boethius*. Cambridge: Cambridge University Press, 2009.

RLIHAN, J. (trad.). *Boethius: Consolation of philosophy*. Indianapolis: Hackett Publishing, 2001.

STEWART, H.; RAND, E.; TESTER, S. (trads.). *Boethius: Theological tractates and Consolation of philosophy*. London: Heinemann, 1973.

ÍNDICE ANALÍTICO

B

C

D

G

H

I

J

K

L

M

N

O

P

Q

R

S

T

EDITORA VOZES LTDA.
Rua Frei Luís, 100 – Centro – Cep 25689-900 – Petrópolis, RJ
Tel.: (24) 2233-9000 – E-mail: vendas@vozes.com.br